恩来生平

国总理

1949
-1965

周恩来

南山　南哲　编著

山西出版传媒集团 山西人民出版社

图书在版编目（ＣＩＰ）数据

开国总理周恩来：1949-1965 / 南山，南哲编著 . -- 太原：山西人民出版社，2018.6（2021.9 重印）

（周恩来生平）

ISBN 978-7-203-10361-5

Ⅰ.①开… Ⅱ.①南… ②南… Ⅲ.①周恩来（1898-1976）—生平事迹 Ⅳ.① K827=7

中国版本图书馆 CIP 数据核字 (2018) 第 048632 号

开国总理周恩来：1949-1965

编　　著：南　山　南　哲
责任编辑：崔人杰
复　　审：傅晓红
终　　审：梁晋华
装帧设计：三形三色

出 版 者：山西出版传媒集团·山西人民出版社
地　　址：太原市建设南路 21 号
邮　　编：030012
发行营销：0351-4922220　4955996　4956039　4922127（传真）
天猫官网：http://sxrmcbs.tmall.com　电话：0351-4922159
E-mail：sxskcb@163.com　发行部
　　　　　sxskcb@126.com　总编室
网　　址：www.sxskcb.com

经 销 者：山西出版传媒集团·山西人民出版社
承 印 厂：三河市明华印务有限公司

开　　本：710mm×1000mm　1/16
印　　张：33.75
字　　数：567 千字
版　　次：2018 年 6 月　第 1 版
印　　次：2021 年 9 月　第 5 次印刷
书　　号：ISBN 978-7-203-10361-5
定　　价：78.00 元

如有印装质量问题请与本社联系调换

目录
CONTENTS

意气风发　高歌奋进
（1949—1958）

一、出任总理理万机

1　出任"内阁总理"　　　　　　　　　　　　　　2

2　抗美援朝临危受命　　　　　　　　　　　　　10

3　建设一支现代化、正规化的国防军　　　　　　24

4　治理水患除害兴利　　　　　　　　　　　　　30

5　坐镇中南海打"老虎"　　　　　　　　　　　46

二、精心奠基大格局

6　新中国航空事业的奠基人　　　　　　　　　　58

7　精心绘制第一幅建设蓝图　　　　　　　　　　67

8　提出四个现代化　　　　　　　　　　　　　　79

9　开启知识分子的春天　　　　　　　　　　　　88

10　在冒进和反冒进中　　　　　　　　　　　　102

11　苦闷的 1958 年　　　　　　　　　　　　　119

三、关心文体细无声

12　对北京人民艺术剧院的厚爱和关怀　　　　　131

13　为了新中国体育事业的腾飞　　　　　　　　151

四、魂系海天促统一

    14 为祖国统一探路   168

    15 心系香港   178

五、首任外交掌门人

    16 组建外交部   186

    17 首次出访苏联   191

    18 叱咤风云日内瓦   201

    19 求同存异万隆城   218

    20 外交大师与反共头子的较量   230

曲折行进　再创辉煌

（1958—1965）

六、高歌猛进慎反思

    21 从"大跃进"到庐山会议   246

    22 勤政爱民重民生   269

    23 特赦战犯促"月圆"   283

    24 从化读书   297

七、多事之秋大调整

    25 邯郸调查   309

    26 新侨会议上的争论   330

    27 经济调整东北行   339

    28 接到班禅"七万言书"的前前后后   367

    29 处理"跃进号"事件   386

八、脚踏实地创辉煌

    30 与戴高乐密使富尔商谈中法建交   403

31　首访非洲十国　　　　　　　　　　　　　　　421

32　原子能事业的主帅　　　　　　　　　　　　462

33　同东方歌舞团的未了情　　　　　　　　　　477

34　音乐舞蹈史诗《东方红》的总导演　　　　　493

35　最后一次访问苏联　　　　　　　　　　　　502

36　带领中国民航专机首次国际远航　　　　　　520

附　注　　　　　　　　　　　　　　　　　　533

意气风发　高歌奋进

（1949—1958）

一、出任总理理万机

1 出任"内阁总理"

周恩来组建了新中国一个民主空前的政务院（1954 年 9 月以后为国务院）。4 名副总理、21 名政务院领导、109 名正副部长，民主人士各占了一半。"周总理不愧为'周'总理啊！"

出任总理，组建内阁

1949 年 10 月 1 日，中央人民政府委员会第一次会议任命周恩来为中央人民政府政务院总理。这项任命，反映了中国共产党全党同志、各民主党派人士和人民团体负责人对周恩来的高度了解、信任和支持。

开国大典后，早已被毛泽东亲切地称之为"内阁总理"的周恩来，便把主要精力放在筹建新中国首届"内阁"——中央人民政府政务院的工作上。

政府机构的人事安排是一件亟须解决的重要事情。政务院及其下属机构所需要的为数众多的工作人员从哪里来？这是毛泽东、周恩来等中央领导人在筹建政务院时首先碰到的一个大问题。经过毛泽东、周恩来等人的反复考虑和研究，最后一致商定：首先将华北人民政府撤销，把这个班底拿过来作为中央人民政府政务院的基础，并参照华北人民政府的经验组织政务院；然后再从其他大区陆续抽调一部分人特别是负责人来充实和加强政务院。各大行政区负责人李富春、高岗、

1949年10月1日，中央人民政府委员会举行第一次会议，周恩来被任命为政务院总理兼外交部部长。这是周恩来在会上讲话

邓小平、彭德怀、邓子恢、贺龙、陈毅、乌兰夫、李先念、习仲勋等，就是这以后陆续调来政务院工作的。

在人选问题上，政务院以及下属委、部、会、院、署、行的主要负责人，有许多是周恩来提名，同毛泽东慎重商议后，经政治局审定，再由中央人民政府正式任命。

对民主人士的安排，是周恩来非常重视的一个问题。鉴于民主党派在为争取中国人民解放事业的斗争中做出了应有的贡献，周恩来认为，各民主党派的主要人物都应有所安排。

但是，怎样平衡却是一件极为复杂的事情。由于周恩来在国民党统治区工作的时间比较久，对各党派民主人士的情况比较熟悉，经验积累得也多，因此民主人士的任职名单，基本上是周恩来提出来的，并且做了大量思想工作。

当时，中央决定成立人民革命军事委员会，其中包括了程潜、张治中、傅作义、龙云等一批国民党著名将军。毛泽东、周恩来考虑到傅作义将军对和平解放历史名城北京有着特殊贡献，这是他为中国人民的解放事业立下的一个大功，因此决定要再给他安排一个部长职位。傅作义在绥远时，曾在兴修河套水利工程方面做过许多工作。这样，周恩来又提名傅作义担任水利部部长，并安排当时的北京市委副书记李葆华到水利部任副部长、党组书记，协助傅作义开展工作。

周恩来很尊重傅作义将军，在酝酿配备水利部领导班子时，他请傅推荐人选，并对李葆华等人说："凡是傅作义提的人我们都要用。"很快，傅向周恩来推荐了两位民主人士，一位是张含英，曾是国民党黄河治理委员会比较负责的技术专家；一位是刘瑶章，曾任国民党河北省党部主任委员、中央执行委员和北平市市长。不久，张含英被任命为水利部副部长，刘瑶章被任命为水利部办公厅主任。同时，周恩来委托薄一波每年请傅去做一次客。

中国民主建国会主任委员黄炎培在旧中国曾多次拒绝旧政府的高官厚禄。对此，有人说他是自命清高，也有人说他茹素皈依，有出世思想。从 1946 年直至北平解放后，他都无意做官。一次，在中南海怀仁堂的晚会上，毛泽东问他："北洋军阀政府两次请你当教育总长，你为什么不去？"黄炎培回答说："我的信念是，看不清真理所在，是绝不盲目服从的。"

鉴于这一情况，10 月 11 日晚，周恩来亲自来到黄炎培家，诚恳地提出请他担任政府公职。黄炎培抱定初衷，说："1946 年我才 68 岁，已觉得年纪老了，做不动官了。如今 72 岁了，还能做官吗？"

周恩来回答说："这不同于在旧社会做官。现在是人民的政府，不是做官，是做事，是为人民服务。在政治协商会议上，由各党派斟酌制定了《共同纲领》，就是为人民服务的'剧本'。我们自己有了'剧本'，自己怎能不上台唱呢？"

经过周恩来 2 个多小时的恳谈，黄炎培被说服了。但是，他表示还需要再考虑考虑，等他第二天回话。这天夜里，黄炎培辗转反侧，心潮起伏，久久不能入睡。

12 日早晨，黄炎培广泛征求了江问渔、杨卫玉和孙起孟等一些知交好友的意见，他们一致认为他应该接受政务院的职位。

这天晚上，周恩来再次登门听取黄炎培的答复。这时，黄炎培高高兴兴地向周恩来表示，他愿意出任政务院副总理兼轻工业部部长。

这时他已经年过 70 了。他的这一行动，反倒使他的子女感到难以理解。任职不久，他在回答自己子女提出的疑问时，详告了周恩来向他动员的经过，并严

中央人民政府委员会部分委员合影

肃地解释道："以往坚拒做官是不愿入污泥。今天是中国共产党领导下的人民政府，我做的是人民的官啊！"

无独有偶。在旧社会也曾拒绝过反动政府高官厚禄的著名学者梁希，在10月里也欣然受命担任林垦部部长。

周恩来让李书城出任农业部部长。有人为此大惑不解，提出为什么要委任一位大家都不甚了解的人来担此大任呢？周恩来认为："他是同盟会的早期会员之一，辛亥革命首义后在武汉当过黄兴的参谋长，继之又投入了讨袁护国战争和护法战争，在旧民主主义革命斗争中起过重要的作用；我们党的第一次全国代表大会是在他家召开的，他的弟弟李汉俊过去在我们党内有过贡献；在中国人民的解放事业中，他也做过有益的工作。"

这样安排，体现照顾到了民主人士的各个方面。

为此，周恩来派薄一波找李书城谈话，并对薄说："他有这么一个历史，要照顾这个历史。你去跟他谈谈，说要委任他为农业部部长。"李书城就是在这种情况下出任新中国第一任农业部部长的。

周恩来深谋远虑，费尽心思，在他的精心安排下，各民主党派的主要负责人、社会贤达和知名人士差不多都安排进了政务院及其下属机构。

10月19日下午，毛泽东主持中央人民政府委员会会议，正式通过了政务院副总理以及下属委、部、会、院、署、行主要负责人的任命。在这项任命中，各党派民主人士和无党派民主人士占了相当大的比重：4名副总理中，民主人士占2名（郭沫若和黄炎培）；21名政务院领导成员中，民主人士占了11名；政务院下属34个机构的109个正副职位中，民主人士占了49个，其中15个是正职（郭沫若担任了2个正职），他们是：

文化教育委员会主任、科学院院长郭沫若

人民监察委员会主任谭平山

轻工业部部长黄炎培

邮电部部长朱学范

交通部部长章伯钧

农业部部长李书城

林垦部部长梁希

水利部部长傅作义

文化部部长沈雁冰

教育部部长马叙伦

卫生部部长李德全

司法部部长史良

华侨事务委员会主任何香凝

出版总署署长胡愈之

对以上安排，许多民主人士非常感动，称赞道："周恩来总理不愧为'周'（指考虑问题周到、完备）总理啊！"

主持政务院第一次政务会议

1949年10月21日的中南海，人们依旧沉浸在新中国成立的欢乐气氛中。新上任的政务院总理周恩来召集了政务院第一次政务会议。

下午，首先召开了扩大的政务会议。由中央人民政府委员会第三次会议任命的政务院副总理、政务委员等组成人员，以及政务院所属委、部、会、院、署、行的领导人，都陆续来到会场——勤政殿。他们庄严地在政务院首次会议签到簿上写下了自己的名字。总理也挥毫在签到簿上留下了"周恩来"三个大字。

3时整，周恩来宣布：中央人民政府政务院今天成立了。接着，他发表了重要讲话，详细地论述了政务院的组织形式、人事安排、干部来源、合作共事，以及当前必须抓紧做的工作问题。

周恩来讲到政务院的组织形式时说，政务院以总理1人，副总理4人，秘书长1人和政务委员15人组成。政务院在中央人民政府领导之下进行国家事务工作。现在是战争时期，军事方面不属于政务院而属于人民革命军事委员会。政务院作为国家管理机构的首脑部，包括很广泛，不仅有它所属的各部、会、院、署、行，还有指导各行政部门的3个指导委员会，即政治法律委员会（简称政法委，下同），财政经济委员会（又是中共中央的财经委员会，简称中财委，下同），文化教育委员会（简称文教委，下同），另外还有人民监督察委员会（简称监委，下同）。周恩来说：4个委员会称"委"，其负责人称"主任""副主任"。政法委、中财委、文教委3个指导委员会下面设立的委员会称"会"，其负责人称"主任委员""副主任委员"。周恩来继续说：政务院的政务会议，通过决议和命令，研究和决定日常的重要工作。政务会议由总理、副总理、秘书长、政务委员等21人组成，这便于议事和工作；政务会议成员加上各委、部、会、院、署、行的主要负责人参加，成为政务院的扩大政务会议，共有40多人。讨论一般政策，报告一般工作。

周恩来讲到政务院的人事安排时说：根据中央人民政府委员会的意见，3个指导委员会扩大了。这样可以容纳各方面的人士，以便集思广益，还可以将政府的方针政策宣传到各方面去。政法委，国民党革命委员会的人士参加的较多；中财委，民主建国会的人士参加的较多；文教委，民主同盟的人士及无党派民主人士参加的较多。

会上，周恩来还针对人事安排中个别人的名位思想指出，有的人计较安排的地位，是旧官僚思想在作祟。今天我们是为人民服务的，何必计较地位的高低。现在大家都是同事了，我们必须说服这些同志不能计较地位。

周恩来讲到干部来源时说：政府草创之始，需要很多干部。人才的来源，一是长期参加革命工作的解放区的干部，二是原国民党政府旧工作人员，三是社会上被埋没的知识分子和新教育出来的青年学生。他详细地分析了这三个方面人的长处与不足后说：我们要把这三个方面的人合起来，取长补短，才能做好工作。各部门用人都要照顾到这三个方面。

周恩来认为，由于干部来自不同的三个方面，就有个团结与合作共事的问题。他说：党与非党或无党派各团体的合作，现在恐怕还不习惯，因此，有的同志就可能来个关门主义，干脆不与人合作共事，这在历史上也是有代表人物的。周恩来举了关羽的例子，并强调：我们的新政府要防止关门主义、不能合作共事、计较地位和不肯学习等倾向。

周恩来十分重视新政府这部机器能够尽快地有秩序地运转起来。他要求各部门要制定组织条例，建立工作制度。为了便于各部门制定组织条例有所遵循，他提出先由政务院拟定若干原则，再由各部门自拟，报政务院批准。

当晚，周恩来主持了法定的政务会议，对于当务之急的问题作出如下决定：

一、为接收国民党中央政府各机关人员、档案、财产、图书、物资等，成立专门小组，由陈云副总理召集，拟定具体接收办法。

二、为了建立政务院及所属各机关的办公制度及办事程序，成立专门小组，由董必武副总理召集，拟定具体条文。

三、为拟定政务院及所属各机关组织通则，成立专门小组，由黄炎培副总理召集，提出草拟组织通则的原则。

四、即日起建立政务院及所属各机关的事务汇报会议制度，由政务院秘书长召集，参加会议者为各委秘书长或副秘书长，各部、会、院、署、行办公厅主任或副主任。

政务院第一次政务会议以后，政务院所属各机关，都进行了紧张的工作，并宣布于 11 月 1 日起开始办公。

政务院建立伊始，面临着许多除旧布新的问题，而政权机关的建立和健全则是首要的一环，否则其他一切工作便无法开展。周恩来把相当多的精力集中在这个方面，他和副总理主持的政务会议或其他会议，除讨论决定国家的重大政策方针问题外，有很多次会议是讨论决定和通过政务院及所属各机关和地方各级政府组织通则及有关机关工作制度方面的规定和办法。

政务院的第一道命令

不知是历史的巧合还是有某种内在的必然的因素，一生以廉洁著称的周恩来出任共和国总理以后，发布的第一个通令，就是令知政务院所属各机关不许违反政策、侵犯人民群众利益、影响人民政府的威信。

1949 年 10 月，中央人民政府成立，在首都的各机关都在组建。这时，有的部门竞相高价抢购房屋，以致房价飞涨。为此，周恩来于 11 月 1 日以政务院总理名义签署了向政务院所属各机关发布的通令。通令指出：凡需购房，均须向政务院呈报房屋情况、价目，经指定机关审批始得购买，否则以违法论。

这个通令同时函达中央军事委员会、最高人民法院、最高人民检察署及中国人民政治协商会议全国委员会，希望他们通知其所属部门也遵照办理。

为了保证这个通令的切实执行并且统筹分配房屋，政务院第四次政务会议决定成立首都各机关房屋统筹分配委员会，统一审批、分配首都各机关的用房。会上还提出了解决机关房屋的三个原则：

（一）力求清理使用现有房屋，不购买房屋；

（二）对临时训练班和学校不批拨城内房屋；

（三）除特殊情况（如中央人民政府及招待外宾之房）外，各机关房屋、用具皆应因陋就简使用。

通令和会议精神既经传达，迅速制止了各机关当时抢购房屋之风。

2 抗美援朝临危受命

侵略者欺人太甚。唇亡齿寒，毛泽东决策中南海，周恩来秘密赴苏联。有人说，周恩来的角色，集总参谋长、总后勤部部长、谈判总指挥于一身。侵略者承认："美国在错误的时间和地点打了一场错误的战争。"

伟大的战略决策

新中国成立后，周恩来还担任了中共中央军委副主席，协助毛泽东主持中央军委工作。他既要处理繁重的军事工作，又要兼管政府工作，繁忙程度可想而知。

前方，解放战争进展神速，到1949年底，全国大陆除了西藏外，已经全部解放。1950年4月16日至5月1日，人民解放军解放海南岛，歼灭国民党军薛岳部队3万多人。剩下的战事不多了，而人民解放军的人数包括改编的原国民党部队，已经达到500多万人。这是一个庞大的数字，需要很大的财政支出。为了争取国家财政经济状况基本好转，中央准备大量复员军人。

1950年4月间，周恩来在第28次政务会议上说："1950年把军队数目从560万减到400万。"

5月16日，周恩来在中央军委参谋会议上，对军队的整编问题提出意见，说我们的整编原则是使人民解放军在现有的基础上提高，在近代化条件下发展。6月5日，中央复员委员会成立，由15名委员组成，周恩来任主任，聂荣臻任副主任。

正在新中国准备大量裁减军队的时候，情况突变。6月24日，周恩来还在主持政务院会议，讲1950年准备再减少军队120万人。6月25日，朝鲜北南双方爆发了内战。26日，美国总统杜鲁门命令美国驻远东的空军、海军参战，支援朝鲜南方李承晚政府。27日，杜鲁门公开宣布武装侵略朝鲜，干涉朝鲜内政，还命令他的海军第七舰队侵入台湾海峡，霸占中国领土台湾。年轻的中华人民共

1949 年 10 月 19 日，周恩来在中央人民政府委员会第三次会议上被任
命为人民革命军事委员会副主席。这是人民革命军事委员会成立时部
分委员合影

和国受到帝国主义武装进攻的威胁。

中国立刻作出反应。6 月 28 日，周恩来代表中国政府发表声明，指出："杜
鲁门 27 日的声明和美国海军的行动，乃是对于中国领土的武装侵略，对于联合
国宪章的彻底破坏"，"我国全体人民，必将万众一心，为从美国侵略者手中解
放台湾而奋斗到底"。

周恩来在百忙中，时时关心着朝鲜战事的发展。朝鲜是我国东北的近邻，而
东北，白山黑水，区域辽阔，物产丰富，人口众多，是中国的重工业基地，当时
中国仅有的一点重工业企业，基本上都在东北。战火会不会蔓延开来？会不会影
响到我国东北的安全？这些，都是周恩来等领导人思考的重大问题。

他同毛泽东商议了这件事。根据毛泽东的提议，周恩来在 7 月 7 日和 10 日，
两次召开了中央军委会议，讨论组建东北边防军的问题。13 日，周恩来书面报

告毛泽东说：这两次会议商定了《关于保卫东北边防的决定》，分别从河南、广东、广西、湖南、黑龙江等地抽调第13兵团、第42军和若干炮兵师、高炮团、工兵团，共25.5万人，组成东北边防军，8月5日前到达安东（今丹东）、辑安（今集安）、通化、本溪、铁岭等地。空军编成三个团在东北训练，成立东北空军司令部。

8月26日，周恩来主持开会，检查和讨论东北边防军的准备工作。在会上，他说：中央人民政府成立以来，解放了华南、西南广大地区和海南岛、舟山群岛等。这期间重要的是建设，大家忙于政府工作，部分力量搞军事。今年对军队提出了生产任务和考虑复员一部分，只用部分部队进行解放海岛和准备进军西藏，而在生产和复员上却用了很大力量。朝鲜战争爆发后，给了我们新的课题。美帝国主义企图在朝鲜打开一个缺口，准备将其作为世界大战的东方基地。它如果压服朝鲜，下一步必然是进攻中国。我们对于朝鲜，不仅是看作兄弟国家问题，不仅是看作和我国东北相连接有利益关系的问题，而且应该看作是重要的国际斗争问题。根据战争的情况，要设想战争的长期化。这和我们东北边防军的准备工作是有联系的。我们现在如果不抓紧时间积极准备，万一形势恶化，就会措手不及，陷于被动。

在这次讲话中，周恩来讲到了将来如果出国作战，可以采取"换班的办法，轮流补充"，"用这种办法整补为最好"。

8月25日，在第47次政务会议上，周恩来也讲道："现在看，朝鲜战争可能变成长期"，"拖长的可能性增加了"。他讲了在北伐时期、东北抗日联军和关内抗战，以及后来的解放战争中，都有朝鲜子弟参加，朝鲜民族与我们是血肉相连的。

朝鲜战争之初，朝鲜人民军6月28日占领汉城（今韩国首尔），7月20日攻克大田，到8月中旬，占领了南朝鲜（现韩国）百分之九十的地区，把美军和李承晚军队压缩到洛东江以东一万平方公里的狭小地域内，美军一面负隅顽抗，一面利用釜山港继续增援兵力。战争成了胶着状态。

我国人民解放军总参谋部和外交部在密切注视着，8月中旬连续开会，研究朝鲜的战争情况。总参谋部作战室根据朝鲜战场的状况进行了图上模拟演习，对演习的结果作了分析，认为美军的下一步行动最大的可能是在人民军的侧后登陆，进行中间截断。对于在什么地方登陆也作了分析，认为适宜登陆的港口有6个，可能性最大的是在仁川登陆，它的后果也最严重。8 月 23 日凌晨，作战室的负责同志向周恩来报告了这个分析结果。周恩来很重视，带他向毛泽东作了汇报。后来，9 月 15 日，美军 7 万多人果然在仁川登陆，朝鲜人民军在两面作战的不利形势下转入退却。28 日，敌军攻占汉城，29 日进抵南北朝鲜的分界线——"三八线"。

美军过不过"三八线"？如果过"三八线"北进，就是对朝鲜民主主义人民共和国的侵犯，这是一个严重的行动。周恩来同毛泽东等中央领导人，都密切地关注着。

9 月 30 日，周恩来在中国人民政治协商会议全国委员会为建国一周年举行的庆祝大会上，作了《为巩固和发展人民的胜利而奋斗》的报告。报告中说："中国人民密切地关心着朝鲜被美国侵略后的形势。""很明显，中国人民在解放自己的全部国土以后，需要在和平而不受威胁的环境下来恢复和发展自己的工农业生产和文化教育工作。但是美国侵略者如果以为这是中国人民软弱的表现，那就要重犯与国民党反动派同样严重的错误了。中国人民热爱和平，但是为了保卫和平，从不也永不害怕反抗侵略战争。中国人民决不能容忍外国的侵略，也不能听任帝国主义者对自己的邻人肆行侵略而置之不理。"最后一句"也不能"三字下面"听任帝国主义者对自己的邻人肆行侵略而置之不理"，是这一讲话稿的画龙点睛之笔，这是在定稿时周恩来亲笔加上的。

这个讲话，10 月 1 日的《人民日报》用显著的版面公布了。

接着，10 月 3 日，周恩来约见印度驻华大使潘尼迦，说："美国军队正企图超越'三八线'，扩大战争。美国军队果真这样做的话，我们不能坐视不顾，我们要管。请把这点报告贵国政府总理。""我们主张和平解决，使朝鲜事件地方化。我们至今仍主张如此。"这次约见的时间是在凌晨一点钟，这也说明了周恩来急迫的态度和制止战争扩大的心情。浦寿昌是这次会见的翻译，周恩来事先对他讲，要突出一个"管"字，把这个字翻译成英文要有相当的分量。周恩来这次谈话，是因为中国和美国还没有直接外交关系，要通过印度政府给美国传话，让他们知道中国的态度。他知道中文的"管"字在英文中不大好翻译，特意要浦寿昌好好琢磨一下，以便在翻译时准确无误。

中国将会采取什么态度？美国政府当然是要考虑的。8 月间，杜鲁门曾经派阿弗里尔·哈里曼到东京见"联合国军"总司令麦克阿瑟，问他这个问题。麦克

周恩来和中国人民志愿军第一任司令员兼政委彭德怀元帅在一起

阿瑟表示不相信苏联有意于直接干涉，或卷入一场大战，他相信中国共产党也是这样。9月27日，杜鲁门批准了美国参谋长联席会议给麦克阿瑟的指示，要他"摧毁北朝鲜的武装力量"，并授权他在"三八线"以北进行军事行动。

周恩来的国庆讲话和同潘尼迦的谈话，迅速地传到了白宫，杜鲁门没有重视，认为这只是周恩来的"恫吓"。但是，杜鲁门觉得"中国对朝鲜的干涉的可能性当然不能不加以考虑"。他要参谋长联席会议给麦克阿瑟下指示。指示中说："今后中国共产党要是不事先声明就在朝鲜任何地方公开或隐蔽地使用大量的部队，你应该根据自己的判断做出决策，只要在你控制下的部队有可能获得胜利，你就继续行动。"一方面，美国政府却放出消息，说是美军将停止在"三八线"上。

10月15日，杜鲁门乘飞机到太平洋中的威克岛，会见麦克阿瑟。麦克阿瑟向杜鲁门保证："朝鲜的战局是赢定了"，"中国共产党参加战争是不大可能的"，最多，他们可能派五六万人进入朝鲜，但是他们没有空军，"如果中国人南下到平壤，那一定会遭受惨重的伤亡"，"在南北朝鲜，抵抗都会在感恩节前结束"。杜鲁门给麦克阿瑟颁发了勋章，说："这次会谈回来更增强了我的信心。"10月7日，美国侵略军已经开始越过"三八线"，疯狂地向中朝边境进犯。

中国出兵不出兵？中共中央酝酿了多次。10月5日，中共中央政治局开会讨论这个问题。6日，又召开党政军高级干部会议讨论。毛泽东是主张出兵的。周恩来也是主张出兵的，说：我们不想打，但是敌人逼我们，敌军快到鸭绿江边了，不能见死不救，这是援朝，也是卫己，唇亡齿寒嘛！在这之前的4日下午，中央已经派飞机从西北把彭德怀接到北京的会场上。彭德怀也认为，"出兵援朝是必要的"。会上决定彭德怀领兵前去。

10月8日，毛泽东以中国人民革命军事委员会主席的名义发布命令："为了援助朝鲜人民解放战争，反对美帝国主义及其走狗们的进攻，借以保卫朝鲜人民、中国人民及东方各国人民的利益，着将东北边防军改为中国人民志愿军，迅即向朝鲜境内出动，协同朝鲜同志向侵略者作战并争取光荣的胜利。""任命彭德怀同志为中国人民志愿军司令员兼政治委员。"

受命秘密赴苏联

10月8日，周恩来受中共中央委派，带着翻译师哲和机要秘书康一民，秘密前往苏联。

周恩来此行的目的有两个：一是向斯大林通报我中央政治局会议讨论出兵朝鲜的情况；二是中国要出兵朝鲜，需要取得苏联的军事支持和援助，尤其是需要斯大林派空军对入朝作战部队实行空中掩护。

周恩来乘坐的是时速只有200多公里的安2型飞机。林彪也搭乘这架飞机前往莫斯科治病。本来，党中央和毛泽东曾考虑让林彪率中国人民志愿军入朝作战，因为作为志愿军主力的四野是林彪的老部队，他去担任志愿军的统帅最合适。但林彪一再以有病为借口进行推脱，并要求到苏联治病。

周恩来到达莫斯科时，斯大林正在靠近高加索的黑海之滨休养。周恩来不敢停留，立即飞抵黑海之滨的克里米亚，同斯大林会谈。

会谈中，周恩来首先通报了中共中央政治局会议讨论朝鲜局势和是否出兵朝鲜的情况。周恩来说：在目前情况下，中国要出兵朝鲜，面临许多大的实际困难。原因是中国由于长期战争的创伤，现在许多有关国计民生的问题还没有解决。况且，部队的武器装备也落后。如果中国要出兵，苏联必须提供军事上的援助，尤其是要求苏联空军提供空中掩护。

周恩来说这番话既是摆明中国的实际困难，同时也是希望斯大林能多给一些援助。

斯大林说：按目前情况，美军已越过"三八线"，如果朝鲜没有后援，至多只能维持一个礼拜的时间。如果让敌人占领整个朝鲜，美军和伪军将陈兵鸭绿江、图们江（中朝、朝苏边界）。那时我们，特别是中国的东北恐怕就不会有安宁的日子了。他们可以随时从空中、陆地、海上对我们进行骚扰。这种情况，我们必须考虑到。

斯大林还说：我们曾经设想如何帮助朝鲜同志，但我们（苏联）早已声明过，我们的军队已全部撤出朝鲜了。现在我们再出兵到朝鲜去有困难，因为这等于我们同美国直接交战。中国可以出动一定数量的兵力，我们供应武器装备。在作战时，我们可以出动一定数量的空军作掩护，但空军只能在后方和前沿活动，不能深入敌后，以免被敌人击落后俘获飞行员，在国际上造成不良影响。

但是，在出动空军问题上，斯大林又表示：苏联空军尚未准备好，要在两个月或两个半月内才能出动。

会谈结束后，周恩来与斯大林联名致电毛泽东，通报了会谈情况。随后，周恩来离开克里米亚返回莫斯科。

毛泽东收到联名电后，于10月13日下午召开中央政治局会议，对最新情况进行了讨论。会议决定，即使暂时没有苏联空军的掩护，中国也要尽快出兵援朝。会后，毛泽东致电周恩来，电文说：（一）与政治局同志商量结果，一致认为我军还是出动到朝鲜为有利。（二）我们采取上述积极政策，对中国，对朝鲜，对东方，对世界都极为有利；而我们不出兵让敌人压至鸭绿江边，国内国际反动气焰增高，则对各方都不利，首先是对东北更不利，整个东北边防军将被吸住，南满电力将被控制。总之，我们认为应当参战，必须参战。参战利益极大，不参战损害极大。

毛泽东还在电文中指示周恩来在莫斯科再停留几天，同斯大林商量确定：（一）苏联援助中国的军事装备能否用租借办法而不用钱买，以便使中国政府明年能保持20亿美元的预算用于经济文化等项建设及一般军政费用，保证我军能在朝鲜进行长期战争。（二）只要苏联能在两个月或两个半月内出动志愿空军帮助我军在朝鲜作战，又能出动掩护空军到中国北京、天津、沈阳、上海等地，则我们也不怕空袭。

周恩来是在13日晚上接到毛泽东的电报的。深夜，周恩来紧急约见莫洛托夫，要他立即把毛泽东来电的内容转告给斯大林。

斯大林很快复电周恩来，答应：苏联对提供给中国的军事装备将给以信用贷款，苏联将出动16个团的喷气式飞机掩护中国人民志愿军。

周恩来接到斯大林的复电后，于14日再电斯大林进一步提出：苏联空军在出动16个团的喷气式飞机之后，可否继续出动轰炸机至朝鲜配合中国军队作战？苏联政府除派志愿军参加朝鲜作战外，可否加派掩护空军驻扎中国近海各大城市？苏联政府的援助，除飞机、坦克、火炮类及海军器材外，中国政府请求在汽车、重要工兵器材方面也给予信用订货的条件。

同日，周恩来还先后收到毛泽东的两封来电，一是告诉我志愿军拟在10月19日出动；二是告诉我志愿军出动后，拟在平壤至元山以北山岳地区组织防御，待苏联空军到来后再打。

周恩来又立即将这两封电报的内容通报给了斯大林。

然而，就在中国盼望苏联空军援助的节骨眼上，斯大林却突然改变了主意。

斯大林指示莫洛托夫转告周恩来：苏联只派遣空军到鸭绿江北岸的中国境内驻防，两个月或两个半月后也不准备进入朝鲜境内掩护中国人民志愿军作战。

周恩来接到莫洛托夫的转告后大吃一惊。他没料到斯大林已答应了的事情又突然变卦。更使周恩来忧心的是，朝鲜山高林密、地形狭窄，受这种地理条件的限制，志愿军入朝作战将难以运用我国解放战争时期所采取的大踏步前进或后退的运动战，而不得不采取阵地战方式。入朝志愿军对拥有绝对空中优势和大量大炮、坦克的美国侵略军要采取这样一种作战方式而又没有任何空中掩护，必将付出的巨大牺牲是可想而知的。因为这等于让美军飞机对志愿军阵地进行肆无忌惮的轰炸、攻击。

其实，和德国法西斯希特勒较量过的斯大林也非常清楚这一点。但他仅仅从维护苏联自身的利益去考虑，担心苏联出动空军入朝作战会把苏联卷入到这场战争中去。斯大林觉得中国军队装备那样差，能不能打败美军还很难说。如果中国军队打不赢这场战争，而苏联又出动空军掩护了中国军队，那苏联就会有直接与美国对抗的危险。还有一点，斯大林害怕拥有核武器的美国急了眼会投原子弹。1948年8月，正当中国人民解放军与美国支持的蒋介石集团进行战略决战的前夕，斯大林就担心美国会为挽救蒋介石集团的失败和维护其在华利益而动用原子弹。因而他打电报给毛泽东说中国不能再打，要是再打，就可能把民族引向有毁灭的危险的地步。周恩来后来评论说，斯大林显然是被原子弹吓倒了。

周恩来心中很不愉快，但他又不得不面对现实。10月16日，周恩来飞离莫斯科回国。

18日，毛泽东主持召开中央政治局会议，再次研究出兵朝鲜问题，会上，周恩来介绍了同斯大林会谈的情况。会议认为，在苏联不出动空军掩护的情况下中国还是要出兵朝鲜，并正式决定中国人民志愿军于10月19日开赴朝鲜。

1950年10月19日晚，中国人民志愿军4个军和3个炮兵师1个高射炮兵团开始秘密渡过鸭绿江。

而对于这次苏联之行，周恩来后来多次谈到。1960年7月31日，周恩来在中共中央工作会议上说：他（指美军）逼近了鸭绿江，我们就下决心，去与斯（大林）讨论。两种意见：或者出兵，或者不出兵，这是斯大林说的。我们问，能否帮空军？他动摇了，说中国既困难，不出兵也可，说北朝鲜丢掉，我们还是社会主义，中国还在。

1971年12月30日，周恩来在一次谈话中又谈道：抗美援朝时，我同林彪一道去苏联与斯大林谈判，说苏联是否出点空军，这样我们就可以去了（指出兵朝鲜），没有空军有困难。斯大林说，空军不能派。林彪就很高兴。后来，毛主席决定，即使苏联不派飞机，我们还是出兵。

总参谋长、总后勤部部长、谈判的总指挥

为了保证抗美援朝战争的胜利，周恩来又像战争年代一样，挑起协助毛泽东

组织指挥这次战争的重任。有人说,这期间的周恩来,其角色相当于集总参谋长、总后勤部部长、谈判总指挥于一身。

新中国成立之初,中共中央还没有设政治局常委,中央书记处是领导核心,书记处总揽全局。毛泽东主要抓中心问题,具体事务交由周恩来负责处理。从志愿军的编组、干部配备、武器装备调拨、兵员补充,到军工生产、交通运输、后勤保障、争取外援、新闻报道等,周恩来都要亲自过问,亲自组织安排。在那段时间里,每天经过他批阅的文电就有一二百份,而且所有前方来电都是首先由周恩来审阅定夺。遇有重大情况,他要亲自到总参谋部作战室听取汇报,分析形势,掌握战况,为毛泽东决策提供可靠的依据,并根据中央的决策,起草和部署前线部队的军事行动。而耗费他精力最多的,是组织指挥和维护战区的交通运输和后勤保障,在敌机疯狂轰炸的情况下,千方百计克服重重困难,及时把朝鲜战场所需要的大量物资和兵员源源不断地送上前线,保证了战争的急需。

与此同时,周恩来还要做工作,解决当时国内存在的崇美、恐美的思想;与民主人士谈话,通报情况,统一思想,合力对敌。周恩来就是这样整天忙个不停。在西花厅总理办公室,许多高级官员进进出出。周恩来每天都接待很多人,毛泽东也风趣地说:"你那里是轴心。"

后来,朝鲜战争进入一面打一面谈判阶段。中共中央派富有谈判经验的外交部副部长李克农驻开城与北京热线联系。上午谈判,下午将谈判情况汇总,报到北京,北京当天研究第二天的发言及斗争策略,由当时政务院总理办公室起草发言稿,交周恩来连夜审阅修改呈毛泽东审定后转发开城。李克农接到国内指示后,迅速组织负责谈判人员领会精神,指挥前台进行谈判。在什么问题上据理力争,在什么问题上可以妥协让步,都是按照周恩来的指示进行的。

周恩来经常要和第一线通电话,了解最新情况,作出最新指示。那时的电话线路不好,又没有扩音设备,不易听清,周恩来扯破嗓子喊,每次打完电话都累得一身汗。可以毫不夸张地说,周恩来是抗美援朝战争的总参谋长、总后勤部部长和指导谈判的决策人。整个抗美援朝期间,前方是彭德怀总指挥,后方周恩来总揽一切具体事宜。谁也说不清花费了他多少心血和精力。周恩来因劳累过度,曾一度患病,仍不肯休息。毛泽东知道后,要他离京休息一段时间。他到大连仅休息了很短时间,又回北京投入紧张的工作中了。

为了履行国际主义义务,中共中央确定志愿军出国作战,要自力更生,立足于国内供应的方针。周恩来坚决贯彻了这一方针，1951年1月，东北军区召开后勤会议，研究志愿军后勤保障问题。周恩来和代总参谋长聂荣臻一道赶赴沈阳，听取汇报，解决问题。在会议上，周恩来特别强调战争的持久性、复杂性和艰巨性。为了保障作战物资源源不断地供给，周恩来亲自过问抢修和保护铁路、公路、车站、码头等交通枢纽的安全，要求在漫长的运输线上，普遍建立交通岗、防空哨，部署高炮部队和机动抢修力量，建立起打不烂、炸不断的钢铁运输线。根据作战部队反映，我军被服不适于爬山、钻林子。周恩来当即指示：将大盖帽改换成解放帽，将棉衣轧上绗线。当了解到前线战士因敌机轰炸和战斗频繁吃不上饭时，他立即责成政务院向一些省、市布置，发动群众炒面、炒米供应前线。中央和北京市的各机关都分担了任务。周恩来回到北京后，还亲自到北京市的一些基层单位视察，同大家一起动手炒面。为了鼓舞士气，勉励后方人民参军、参战，举国上下开展了大规模慰问志愿军和朝鲜人民军的活动，从而大大增强了全国人民的爱国主义思想，掀起了支援前线和大生产的热潮。后方军民的热情支援，极大地激励了前方将士杀敌立功、报效祖国的决心和斗志。

中国人民志愿军以正义之师，在朝鲜军民的全力支持下，从1950年10月到1951年6月，接连发起5次战役，将不可一世的美国侵略军及其帮凶的军队，从鸭绿江边打回"三八线"以南地域，歼敌20余万人，缴获和击毁飞机、大炮、坦克等一大批重型武器，大长了中朝人民的志气，大煞了美国侵略军的威风。1951年7月10日，美国被迫同意在开城举行停战谈判，周恩来亲自掌握谈判的进行。本着"能战方能言和"的思想，"争取和平，但也不怕战争，立足于打，以打促谈"的谈判方针，采取了"边打边谈，以打促谈"的谋略，粉碎了美国种种破坏谈判的阴谋。谈判开始后，美方代表无理提出将军事分界线划在我军阵地的后方，妄图不战而获取朝鲜120平方公里的土地。当遭到我军严词驳斥后，竟又狂妄叫嚣"让炸弹、大炮和机关枪去辩论"的军事威胁。接着，对我军发动了所谓有限目的的"夏季攻势"和"秋季攻势"。我军坚决还击，在夏、秋两季防御作战中，歼敌15.7万余人，将战线稳定在"三八线"附近地区，迫敌不得不于10月25日恢复停战谈判。而敌人并不甘心，为取得谈判的有利地位，以大量航空兵对朝鲜北部铁路干线及交通枢纽实施长时期的"绞杀战"和进行惨无人道的"细菌战"，中朝军民于1952年9月18日，向敌发起全线性的战术反击作战。10月14日，举行了闻名中外的上甘岭战役。经过43天的激战，共歼敌2.5万余人，创造了我军依托坚固阵地——坑道工事进行坚守防御战役的范例。

1953 年 6 月中旬，停战谈判各项协议均已达成，正待签字之际，李承晚集团无理扣留我方战俘，并叫嚣要单独干下去，继续北进，公开反对实现停战。我志愿军为狠狠教训李承晚集团，密切配合停战谈判，打掉敌人伸向"三八线"的突出部，拉直金城以南战线，于 7 月 10 日发起了金城战役，歼敌 7.8 万余人，收复土地 178 平方公里，迫使敌人向我方作出实施停战协定的保证。朝鲜的停战谈判历时两年之久，就这样经过谈谈停停，边打边谈的较量，最终，美国方面被迫坐下来，于 1953 年 7 月 27 日在板门店正式签署了朝鲜停战协定。至此，朝鲜战争宣告结束。从 1950 年 6 月 25 日至 1953 年 7 月 27 日的 37 个月里，中朝军队共歼敌 109.3 万余人（其中美军 39.7 万余人）；击落击伤和缴获敌机 12224 架，击毁击伤和缴获敌军坦克 3064 辆，击毁击伤和缴获敌军各种炮 7695 门，击沉击伤敌军舰艇 257 艘。美军几易其帅，开支战费 830 亿美元。当时的美国参谋长联席会议主席布莱德雷承认："美国是在错误的时间、错误的地点和错误的敌人进行了一场错误的战争。"

朝鲜停战后，中朝方面一再提出从朝鲜撤出一切外国军队的建议，但都遭到美国政府的无理拒绝。1958 年 2 月 5 日，朝鲜政府再次发表声明，要求从南北朝鲜同时撤出一切外国军队。中国政府坚决支持，志愿军总部于 1958 年 2 月 20 日发表声明：决定于 1958 年底以前，分批全部撤出朝鲜。说到做到，人民志愿军从 1958 年 3 月 15 日至 10 月 26 日，分三批全部撤离朝鲜回国。

当杨勇上将和王平上将率领最后一批志愿军回国时，周恩来怀着喜悦的心情到北京火车站迎接。他非常激动，大步走向杨勇，说："你为抗美援朝画上了一个完美的句号。"原来，正当朝鲜停战谈判达成全部协议，准备签字时，李承晚竟公然破坏协议，叫嚣要单独向鸭绿江进行一次全面的军事进攻。于是我志愿军决定严惩一下李承晚。这时，毛泽东在沉思让谁去朝鲜唱"末台戏"呢？周恩来提出："让杨勇去，让'三杨'开台（三阳开泰）嘛！"由于种种原因，杨得志、杨成武先期赴朝"开台"，而杨勇未能如愿。这时经周恩来一提，毛泽东当即决定调杨勇任中国人民志愿军第 20 兵团司令员。1953 年 5 月 11 日，杨勇赴朝任职。杨勇一上任，便冒着敌军炮火，深入前沿了解地形、敌情，在志愿军总部的指导下，精心制定了"金城战役"计划。这一仗，是杨勇戎马生涯中最辉煌的一页，促使美李军在停战协议上正式签字。因此，周恩来说杨勇画了个完美的句号。

1958 年 10 月，周恩来和陈毅元帅在北京火车站欢迎中国人民志愿军凯旋

为庆贺抗美援朝的胜利，为表示欢迎和慰问志愿军将士们凯旋，周恩来在北京饭店举行盛大宴会，宴请志愿军指战员的代表。那天，周恩来特别高兴，一开始他就满怀激情地说："今天我们都很高兴，要请大家喝庆功酒。要动真格的，喝我国的名酒——贵州茅台。"

抗美援朝终于胜利结束了，志愿军凯旋，面对这些过去打败过蒋介石，打败过日本帝国主义，现在又打败了美帝国主义的老战友，周恩来的确高兴。他频频举杯，欢庆中朝人民的伟大胜利。那天，谁也没数周恩来喝了多少杯酒，反正出席宴会的所有志愿军代表，都和他碰过杯。在这样的场合，身边工作人员虽然担心总理喝醉，但谁都不敢也不应该去劝阻他，只有在旁边注视着他，也分享他的欢乐。当周恩来高兴地喝完最后一杯酒想回到座位上时，总理办公室主任童小鹏看到周恩来的身子有点摇晃，便和卫士们赶上前去，知道他醉了，赶快扶他到休息室。代表们都满足了，高兴了，周恩来把欢乐送给了大家，自己却醉卧了一天。尽管酒后他自责影响了工作，但大家都觉得周恩来更可亲，更可敬，更可爱，他是真正有情、有义、有最丰富感情的人。

周恩来醉酒，这并不是第一次。还有一次是 1938 年在武汉，那时国共关系比较融洽，国民党有一些高级官员、将领和周恩来很熟，部分留学苏俄的国民党人士如邵力子、张冲、康泽等以"留俄同学会"名义请王明、周恩来、叶剑英、李克农等喝酒。那次周恩来一高兴也喝醉了，当晚就住在郭沫若家，没回长江局住处。就这事，邓颖超还批评他违反纪律。周恩来也作了检讨。

当然，周恩来喝酒不是在什么场合都乱喝的，绝没有像有的人写的那样和他的下级随便斗酒。

3 建设一支现代化、正规化的国防军

军威显国威。"没有军事工业的国家是软骨动物。"开国总理如是说。周恩来、刘伯承四商建立高等军事学府。"小米加步枪"开始了向"钢铁长城"的转换。

筹建高等军事学府

周恩来积累了长期的军事工作经验，具有远大的战略眼光。

新中国成立后，人民解放军的任务除继续完成肃清国民党反动军队的残余，解放一切尚未解放的国土外，主要担负捍卫国家主权和领土完整的重要使命。而在新中国成立后的相当长的时间里，我国周边国际环境一直处于十分紧张的状态。对新中国持敌视态度的美帝国主义极力插手我国周边国家事务，企图四面包围封锁新生的人民共和国。1950 年 6 月，美国出兵入侵朝鲜，把战火烧到了鸭绿江边，同时公然以武力阻挠我军解放台湾。我国的安全受到严重威胁。在这样一种新的历史环境下，迅速发展军事教育，建设一支现代化、正规化的国防军，就成为新中国国防建设的首要任务。

对人民解放军干部的军事素质，周恩来有深入的了解，他们纪律极为严明、军事特别过硬，而作风更为优良，但是，这支革命的军队，更需要从文化和科技等方面迈向现代化。我军大部分军事指挥干部来自农村，文化程度低，虽然在长期的革命战争中积累了丰富的实战经验，但对军事理论，特别是对像诸兵种大规模协同作战等现代军事战争知识还缺乏了解，因此，发展新中国的现代军事教育极为紧迫和重要。

1950 年 6 月，周恩来以中央军委副主席的身份，主持召开中央军委会议，研究创办全军军事院校的有关事宜，以解决教育和训练全军掌握现代军事科学技术，学会诸兵种协同作战的问题。朱德总司令、聂荣臻代总参谋长等出席了这次会议。会议商定：在战争年代原有学校的基础上，改造和新建适应现代化战争条件的各类正规院校，各军兵种都要着手建立自己的专业院校；全军首先创办一所教育和训练中高级干部的最高学府——陆军大学。

远在四川重庆任西南军政委员会主席、第二野战军司令员的刘伯承得知创办陆军大学的决定后，心情非常激动。他立即致信党中央，请求辞去现职，去参与筹建陆军大学的工作。党中央考虑到他早年曾是苏联最高军事学府的优等生，一向注重并长于军事理论研究，便批准了他的请求，派这位身经百战、威震中外的军事家去办陆军大学。

11月初的一天上午，周恩来邀请刚刚奉命到京的刘伯承和原第三野战军参谋长兼第八兵团司令员陈士榘等陆军大学筹委会的成员，到中南海西花厅商谈学校的筹建问题。

会议开始后，刘伯承说："总理，我来是来了，就是怕搞不好。"

周恩来笑着鼓励说："你搞得好，搞得好。你有几个特长：一有学问，二又非常严格，严师出高徒嘛！"

随后，周恩来、刘伯承和其他成员一起研究讨论了陆军大学临时党委的组成方案和学校的组织机构及有关领导干部的人选问题。

几天后，周恩来又约刘伯承等人谈话。首先，周恩来传达了毛泽东关于办好陆军大学的指示，并告诉说，为办好陆军大学，已决定从苏联聘请一批顾问来学校帮助工作。

在请苏联人当顾问的问题上，我党有过教训。中央苏区革命时，共产国际派来的军事顾问李德，不了解我国具体国情，却以共产国际代表自居，搞瞎指挥，结果给中国革命造成了巨大损失。鉴于这样的教训，刘伯承坦诚地提出："总理，我考虑了很长时间，叫顾问不如叫专家好。顾问顾问，就是要顾我们的问。可是，叫专家就超脱了。他当他的专家，我们干我们的工作。我请你，你就讲；我不请你，你就不要顾我的问嘛！"

周恩来略加思索，当即赞同刘伯承的意见："对，对，叫专家好。"此后，国务院专门发出通知，规定除过去按顾问名义聘请来中国的苏联专家仍称顾问外，以后新聘者和过去未按顾问名义所聘的苏联方面的人员，一律称专家。

接着，周恩来就陆军大学的正式校名、校址、干部人选等问题，与大家一起磋商。刘伯承建议：今后空军、海军还要发展，叫陆军学院太局限，可考虑叫军事学院。周恩来综合刘伯承等人的意见，最后确定：（一）为了便于学校今后增设海军系和空军系，将原拟陆军大学正式定名为中国人民解放军军事学院。（二）校址暂设南京华东军政大学所在地，待条件成熟后再迁北京。（三）以华北、华东军政大学一部分干部作基础，依靠华东军区组织军事学院各级机构。

两三天后，周恩来第三次邀请刘伯承等人继续商谈军事学院的建校问题。

在谈到教学方针时，周恩来说："就是要在人民军队现有的军事素质的基础上，熟悉并能指挥各技术兵种和陆军步兵的协同动作，同时熟悉参谋、勤务和通信联络，以适应现代化战争的要求。"在谈到军队文化课教学问题时，周恩来又指出："由于历史的原因，军队学员的文化水准低，但只有具备了相当的文化、科学知识，才能掌握现代军事科学技术。因此，一定要搞好文化和科学知识的教学。"

鉴于在军队中选调合适的教员有困难，刘伯承建议：有一些起义、解放过来的国民党军官可以利用。他们当中有黄埔军校毕业生，还有国民党陆军大学的教官，既有相当的文化水平，也懂一些军事。周恩来当即拍板肯定了这一建议。他说："行啊，可以让这些人当教员，团结、教育他们为新中国的国防建设事业服务。以后，再陆续从学校每期的毕业生中选留一些任教。"他还说："搞现代化的军事建设，搞现代化的军事学院，我们都没有经验。要认真研究现代战争的特点，把人民军队丰富的作战经验加以总结提高。同时需要不断地学习外国的先进经验，学习外国现代军事科学。"

会议结束时，周恩来提议由刘伯承召集筹委会成员根据这三次会议商谈的精神，尽快地搞出一个办校的书面综合意见，然后再开一次会讨论定案，报中央军委批准。

1950 年 11 月 13 日晚，周恩来在西花厅召开总参谋部、总政治部、军训部和军事学院筹委会负责人会议，讨论刘伯承、陈士榘拟出的《关于创办军事学院的意见》，对《意见》的部分条款进行了补充和修改。

三天后，周恩来写信给毛泽东、朱德，汇报座谈修改《关于创办军事学院的意见》的情况，建议予以批准。当天，毛泽东、朱德批准了这个《意见》。

1951 年 1 月 15 日，中国人民解放军军事学院在南京宣告成立，刘伯承任院长兼政治委员。此后，军事学院为我军的正规化、现代化和革命化建设，培养了大批的军事指挥人才。

军队正规化、现代化建设的奠基者

军队有军威，军威又直接关系到一个国家的国威。

堂堂的中华人民共和国必须有一支与之相称的有强大威严的国防军。

显然，这与刚刚从农村转入城市的中国人民解放军还存在相当的距离。

因此，在创办高等军事院校、培养军事干部的同时，周恩来还从军队的军事生活、纪律、制度等方面入手，大抓军队的正规化、现代化建设。

当时担任中央军委军训部部长的萧克将军后来回忆说：

> 在正规化方面，主要是制定各种条例、条令，以统一规章制度。1950年夏，我们组织班子，起草了三部共同条令。起草之前，我写了四条原则，主要是根据我军光荣传统并参考苏联红军经验，并经过总理审定。12月伯承同志来北京，周总理立即指定由他审查。1951年初，由军委将草案在全军颁布试行。周恩来认为现代化军兵种的战斗行动，最重要的是协同动作，而协同动作，就要有计划性、组织性、准确性和纪律性，要做到这几点，就要制定各种条令条例。他曾形象地说，解放军像一部大机器，这个齿轮和那个齿轮，必须准确地运行，才能真正协同动作。条令条例就是保证正规化的根本条件之一。他对个别高级干部在外事活动中不遵守内务条令的规定，进行严肃批评。他说："你们颁布的条令，自己不遵守，迎宾尚未结束，我还没有离开，你就懒散地走了，这样影响多不好，军队还要条令干吗！"他抓住典型事例对高级干部进行严格批评的原则态度，对我军的正规化建设有很大作用。
>
> 对现代化建设，周恩来从两个方面着手。一个方面是改善军队的装备技术，注意抓三个问题，第一，充分利用战争时所缴获的美制武器装备，指示我们在训练中要多用这些弹药。因为将来战场上不一定用，储藏久了会过时。第二，从社会主义国家进口舰艇、飞机、坦克及60个陆军步兵师装备，这些装备很快就在抗美援朝战场上发挥了作用。

第三，先筹建现代化的常规武器的工业，继则筹建原子弹、导弹等尖端武器工业。为了加速军工建设又成立了中央兵工委员会，由他任主任，李富春、聂荣臻任副主任。他常说，一个国家没有自己的军事工业是一个软骨动物。这样就使抗美援朝的弹药及常规武器，得到及时的补充；为原子弹及导弹工业，在完全空白的条件下发展打下基础。军队现代化建设的另一个方面，是除了抓干部的学校训练之外，又要抓部队的训练。部队训练，主要是抓准备参加抗美援朝的部队，特别是新建的技术军兵种。他从对飞行员的挑选及训练，到油料供应，都很注意。甚至对驻南口新建的坦克师的训练计划及交接手续，都加以过问。

1950 年 11 月中上旬，在周恩来、朱德的亲自指导下，在北京召开全军军事院校及部队训练会议。会后起草了《关于军事学校建设与军队训练问题》的报告，请军委审批。有一天，总理办公室通知我晚饭后去开会。会议有国务院和中央一些部委的负责同志参加。按顺序解决问题。轮到最后，已经 11 点多了，前面的人也陆续离开了，他就开始审阅我们的报告。他逐段逐段地读，逐段琢磨，重要的地方，要反复几次。给我印象特别深的是在他读到"掌握新的技术，学会联合作战"两句的时候，以同志式的讨论态度同我研究。因为过去常说什么现代化，什么联合兵种，这当然是对的。这次会议，我们进一步把现代技术与现代指挥结合起来，概括为明朗的两句话，就更便于理解和记忆（刘伯承同志后来把联合兵种这一词改为诸兵种合同战术，更为贴切）。总理再三斟酌后同意了。这份六七千字的报告，他修改完毕，已到次日 4 点了。他在修改时说，这是军事学校和部队训练方针性的综合文件。他很重视，所以不辞辛苦地认真修改，我在他的精神感召下，虽然已到鸡鸣时刻，但根本不知道疲劳。在这大转变时期，我作为一个部门的主管人，感到多么高兴啊！这时，抗美援朝十分紧张，国内百废待兴，国际风云变幻，外交斗争极度激烈，周恩来日理万机，但还给我们逐字逐句修改报告。他这种严肃认真负责的革命精神对我们是一次极深刻的教育。

确实，这次会议后，在继承与发扬我军革命传统的基础上，确定以学会现代军事技术与诸军兵种协同作战的指挥作为我军长期的训练方针，这是新时代建军的总要求。所以，在抗美援朝战争中，我军便能很顺手地成为朝鲜战场上抗击高度现代化的美国侵略军的新英雄。从军事角度来说，就是及时实行了这种大转变。1954 年秋后，中央令叶剑英同志来主持领导全军的训练，军队的正规化、现代化程度，继续得到加强。可惜的是，从 20 世纪 50 年代后期开始，我军政治工作逐渐受到"左"的指导思想的影响，错误地开展反教条主义斗争和批判"资产阶级军事路线"，给我军建设和政治工作造成很大的损害。这是我军自新中国成立以来前进中的大曲折，是个沉痛的历史教训。

1952 年夏季后，周总理不直接管军队日常工作了。一年后，抗美援朝结束了，但我国的战略方针、国防建设、海陆边防斗争、军队的装备供应，由常规武器到尖端武器，以及军事部署、军事训练等，始终离不开他的指导；重要的军事演习他去参观；重大军事建设项目，由他审查核定。

4 治理水患除害兴利

失业率高、水患严重等，对共和国新政权的一切挑战都严峻地横在开国总理的面前。周恩来说："水利是关系到人民生命的大事，我虽是外行，也要抓。"

新中国刚刚成立，严重的自然灾害问题，旧社会遗留下来的失业工人、失业知识分子及其他失业人员等问题，摆到了人民政府的面前。为了迅速解除人民群众的困苦，安定人心，稳定社会秩序，巩固人民新政权，周恩来领导政务院和各级人民政府，付出了巨大的努力。

治水患为水利

水是农业的命脉。早在革命根据地的时候，党中央和各根据地的人民政府就非常重视河道治理和农田水利建设。可是在国民党统治区，反动政府对于许多河道从不治理，甚至还人为地破坏，如在花园口决堤，造成水患连年不断，广大人民生活在水深火热之中。新中国成立后，中央人民政府一成立，毛泽东和周恩来就极为重视这个关系到千百万人民、子孙后代和农业生产恢复发展的迫切需要解决的水利建设问题。

新中国成立之初，周恩来说："农业的恢复是一切部门恢复的基础，没有饭吃，其他一切就都没有办法。"又说："要恢复农业生产，第一件工作就是要抓'兴修水利'。"

1949 年 11 月 18 日，政务院成立还不到一个月，周恩来在政务院第 6 次政务会议上，听取了水利部部长傅作义关于召开解放区水利联席会议的报告。紧接着，11 月 20 日他又亲自召集出席这次联席会议的水利专家、教授及有关部门负责人举行座谈会，直接听取他们的意见。会上，周总理谈了水利工作的重要性及

周恩来、刘少奇、邓小平等参加水库劳动

其远大前途以后鼓励大家说：水利工作是为人民除害造福的工作，是恢复与发展农业生产的关键。大家要全心全意从事水利工作。

周恩来认为，农业的发展，首先是实行土地改革，解放生产力，配合土地改革还要着手做好几件事。周恩来提出的第一件事就是兴修水利。他说："兴修水利。我们不能只求治标，一定要治本，要把几条主要河流，如淮河、汉水、黄河、长江等修治好。华北的永定河，实际上是'无定'的，清朝的皇帝封它为'永定'，它还是时常泛滥。不去治它，只是封它，有什么用？国民党统治时，有一个南京河海工程专门学校。也得不到支持，因为反动派不需要做水利工作，反动政府不是为人民办事的。我们今天必须用大力来治水。要开展这一工作，把全国的水利专家都集中起来也不够。兴修水利，联系到动力，更需要有长远的计划。"

建国还不到一年，1950年6月到7月间，河南和安徽交界地区连降暴雨，多条河流洪水猛涨，泛滥成灾，造成豫皖境内受灾面积达4000万亩，灾民1300万人。为解除这里人民长期水患之苦，周恩来首先从这里开始，领导了新中国建立之初所进行的第一个巨大的治水工程——变水患为水利。

7月20日，毛泽东看到华东防汛指挥部报告水灾情况的电报以后，极为重视，当即批给了周恩来总理：

> 周：除目前防救外，须考虑根治办法，现在开始准备，秋起即组织大规模导淮工程，期以一年完成导淮，免去明年水患。请邀集有关人员讨论（一）目前防救，（二）根本导淮两问题。如何，请酌办。

根据毛泽东的批示，周恩来于7月22日召集政务院副总理董必武、政务院财政经济委员会副主任薄一波和水利部部长傅作义，副部长李葆华、张含英等有关领导同志开会，对导淮问题进行研究。决定由水利部与财政经济委员会计划局负责草拟导淮根本方针及1951年度水利计划。

8月25日至9月12日，在周恩来的指导和参加下，水利部召开了治淮会议，专门讨论治淮计划方案。

其间，9月2日周恩来召集董必武、薄一波、傅作义等有关人员13人开会，研究治淮计划。会上决定，治淮必须苏皖豫三省同时动手，专家、群众与政府三者相结合，新式专家与土专家相结合。要求9月份订出动员和勘测具体计划，10月份动工，3年为期，根除淮患。

9月7日，周恩来召集有关领导和专家开会，研究和分析了淮河上中下各段危险水位及最大流量，提出"蓄泄兼筹，上中下游兼顾，以达根治之目的"的总方针。

9月22日，周恩来写信给政务院财政经济委员会主任陈云，副主任薄一波、李富春并转水利部部长傅作义，副部长李葆华、张含英，具体部署治淮的有关事项。信中说：

> 此两文件已送华东、中南审议，请他们研讨后提出意见，以便乘十月五日饶、邓两同志来京之便与水利部作最后确定，再行公布。在公布前，此计划业已付之实施，昨已面告傅、李两同志加紧督促实行。昨晚毛主席又批告，治淮工程不宜延搁。故凡紧急工程依照计划需提前拨款者，亦望水利部呈报中财委核支；凡需经政务院令各部门各地

方调拨人员物资者，望水利部迅即代拟文电交院核发。至华东、中南
届时如有修正意见，必关系于勘察后的工程，对于目前紧急工程谅无
变更，因此类事业经各方多次商讨，均已认为无须等待。专告。

经过上述的一系列反复研讨、多方磋商，1950年10月14日政务院发布了《关于治理淮河的决定》。决定指出：关于治理淮河的方针，"应蓄泄兼筹，以达根治之目的"。决定具体规定："上游应筹建水库，普遍推行水土保持，以拦蓄洪水发展水利为长远目标。""中游蓄泄并重，按照最大洪水来量，一方面利用湖泊洼地，拦蓄干支洪水，一方面整理河槽，承泄拦蓄以外的全部洪水。""下游开辟入海水道，以利宣泄，同时巩固运河堤防，以策安全。洪泽湖仍作为中下游调节水量之用。"

根据以上方针，决定中还具体规定了工程的施工步骤和组织领导，以及豫皖苏三省如何配合等有关问题的处理原则。

同月，毛泽东主席题词："一定要把淮河修好"。

10月，政务院第56次政务会议通过任命华东军政委员会副主任曾山为治淮委员会主任，任命安徽、河南、江苏省及华东水利部门的负责人曾希圣、吴芝圃、刘宠光、惠浴宇为副主任。

11月，政务院第57次政务会议听取了水利部傅作义部长关于治理淮河问题的报告。在讨论这个报告中，周恩来发言论述了治淮的一系列原则。这些原则是："统筹兼顾，标本兼施""有福同享，有难同当""分期完成，加紧进行""集中领导，分工合作""以工代赈，重点治淮"。他对每项原则，都进行了详细阐述。

关于统筹兼顾，标本兼施。周恩来说：淮河应该根治，因工程太大，治本的计划不能一下全部弄出来。据水利专家说，唯独淮河的水文没有很好的历史记录，所以制订计划很困难。但是，又不能不治淮河，不能等到明年才动工，必须今年就开始动工。因此，要标本兼施，治标又治本。他说，治淮总的方向是：上游蓄水，中游蓄泄并重，下游以泄水为主。这次治水计划，上下游的利益都要照顾到，并且还应有利于灌溉农田，上游蓄水注意配合发电，下游注意配合航运。总之，要统筹兼顾。

关于有福同享，有难同当。周恩来说：站在苏北的立场，当然是要维护苏北的利益，想保存归海坝以东几千万亩的土地，当地人民也不愿意大水从自己的附

近过去。但是，我们不能只叫皖北被水淹而苏北不淹。三河活动坝如果挡不住水，下游就不可能不淹。这叫作有福同享，有难同当，不能只保一省的安全。事情总是应该大家分担一些才能解决，哪一方面想单独保持安全都不行。

关于分期完成，加紧进行。周恩来说：治淮不可能明年便全面开工，人才、器材、勘测等准备工作都不够，要买某些器材，也不是一下就能买到手。因此，明年只能做一部分，分期完成。但是，我们要加紧进行，应该设想到明年还要受灾。治淮的过程是由有灾到少灾，由少灾到无灾，一步一步来。同时也不能错过时机，秋汛一过就要动工，治水和打仗一样，迟一步都不行，处处要配合上天时和人力，行动要非常机灵。

关于集中领导，分工合作。周恩来说：过去治淮机构设在南京，有几栋房子，我们的治淮组织又舍不得放弃那地方，是很不对的。为了集中领导，治淮机构应靠近淮河，搬到蚌埠才能更好地办事。今后治淮工作，以华东为主，中南为辅，集三省之力一块来搞，上下游共同合作。在工作进行时，水利部应经常驻人在当地具体领导、监督。

关于以工代赈，重点治淮。周恩来说：在灾区实行以工代赈，而不是以赈代工，重点在治淮工作。如果观念上是以赈代工，那么就不应该用那么多钱来赈，工作也要找强壮的人来做，工人要合乎工作上的需要。

治淮工程于1950年下半年开始动工。1951年上半年派出了以邵力子政务委员为团长，由民革、民盟、民建及水利部、内务部、卫生部等有关部门组成的中央治淮视察团到实地视察。视察历时52天，视察团将绣有毛泽东主席题词"一定要把淮河修好"的锦旗赠给治淮委员会和豫皖苏三个总指挥部。

在淮河治理过程中，周恩来仍不断听取有关方面的汇报，解决施工过程中存在的问题。

1951年6月，在政务院第91次政务会议上听取了水利部傅作义部长关于视察淮河工程的报告和邵力子团长关于中央治淮视察团的工作报告。

8月13日，周恩来召集水利部和安徽、江苏、河南省的负责同志11人开会，座谈治淮问题。会上，周恩来指出：一年来的治淮工作是有成绩的，上中下游通力合作，争论较少，方针上也进了一步。去年决定的蓄泄兼筹，下游入海水道的开辟经实地调查后再作最后决定的方针，在当时资料不全的情况下，基本上是正确的。现在经过一年的实践，在总结治淮过程中，证明了"蓄泄兼筹，以达根治

1958年2月底至3月初，周恩来和李富春、李先念、王任重等从武汉溯江而上，勘察长江三峡大坝坝址。这是他在湖北省南津关视察

周恩来和李富春、李先念、王任重在湖北省三斗坪中堡岛上现场审查大坝工程设计方案

之目的"的这个总方针的正确。对总方针作了若干修改也是必要的，如入海水道不必开辟。

治淮工程今后如何工作，周恩来作了四条指示：（一）通力合作，依靠群众，相信一年会比一年前进；（二）要善于接触与发现新鲜事物；（三）要发扬历史的经验（包括人民群众和封建帝王治水的经验）；（四）不要故步自封，满足现有成绩。周恩来说：有了这四条，就可以帮助我们总结经验，提出新的任务，更往前进。

水利部部长傅作义在总结新中国成立初1950年、1951年的水利事业发展情况时说：

"1951年举办的更为巨大的工程，就是毛泽东所确定所指示的根治淮河的工程。这是我国所举办的第一个多目标的流域开发的工程，这是一个改变整个淮河流域自然面貌的工程，它的主要目标是使淮河流域5500万人民，21万平方公里的土地，永绝水患，同时还可增加4000万亩的农田灌溉，改善1000公里的航道交通，并有相当数量水力发电的利益。"

傅作义还说："治淮工程不但是一个规模巨大的工程，而且给我国水利事业的发展，指出一些新的方向。第一个是通盘规划的方向，过去治水因为受封建割据的影响，总是枝枝节节的治理，淮河的治理，则是把上中下游打通了，先把淮河流域有多少水，用多少水，算了一篇总账，然后才制订计划，所以不但可达到根绝水患的目的，而且同时兼顾了兴利的需要。第二个是蓄水的方向，过去治水的方法，不外是防水、分水、泄水，总之是把水当作有害的东西，赶快送到海里，等农田灌溉或航道交通用水的时候，却又无水可用。治淮工程采取了以蓄水为主的方针，要把今年七、八、九月的洪水储蓄起来，供给明年四、五、六月使用。所以对水就可调剂盈虚，汛期洪水既不为害，干旱季节也有水用。第三个是水土保持工作。"

傅作义在谈到1950年、1951年两年的整个水利情况时说：因为水利事业是广大群众的迫切需要，1950年全国用在水利事业方面的经费，相当于国民党反动统治时期水利经费最多一年的18倍，1951年相当于42倍。两年来全国动员参加水利工程的民工，先后共达1037万人，还有人民解放军32万人协助工作，共做工5亿余工日。所做大小建筑物总共11283座。所做土工总量，总共9.59亿立方米，若筑成高宽各1米的长堤，可以围绕地球赤道24周。

1959 年 10 月，周恩来在黄河三门峡大坝工地视察

建国伊始,百废待兴,经济还十分困难,再加上抗美援朝,更需要大量人力、物力和财力,但是,毛泽东、周恩来等中共领导人为解除人民的苦难,造福于子孙后代,下决心先根治淮河,与此同时,还在全国各地大搞兴修水利的工程。

由于水是经济建设的重要资源,周恩来一直关心着我国的水利事业。祖国的许多大大小小的河流都留下了他的足迹。黄河、长江、海河等河流的治理,十三陵、密云、怀柔、新安江等水库的工地,都倾注着他的心血。

周恩来曾说:水利,是关系到人民生命的大事,我虽是外行,也要抓。

在治水方面,从大的事情上看:20世纪50年代前期,周恩来主要抓治理淮河,随后他又领导制定了兴修荆江分洪工程、兴修官厅水库、兴修引黄济卫工程的战略决策,初步解决了淮河、长江、永定河流域的燃眉之急。20世纪50年代后期,周恩来领导研究了长江流域规划和三峡坝址、三门峡设计方案的修改和施工方案,密云水库坝址和设计方案等重大水利设施的决策。20世纪60年代,周恩来领导制定了三门峡工程的改建、海河治理和北方抗旱等重大决策。20世纪70年代,周恩来为葛洲坝工程的修建及其领导机构、设计方案作出了一系列重要决策,保证了长江第一坝的胜利建成。

水利部原部长钱正英后来这样评述:

> 敬爱的周总理在任的27年中,他亲自领导我国的水利事业,指挥我们治水。他的足迹,遍及我国的江河。每一个时期水利工作的方针任务,每一条大江大河的治理,都是周总理亲自主持审定。在"文革"前,每年制订经济发展计划时,他都要另外安排时间,听取水利工作的汇报。他说:"水利计划很复杂,要专门研究。"即使在"文革"那样艰难的岁月,许多重大的水利水电工程,在周恩来的直接主持下,仍能及时作出正确决策。由于他的领导和支持,我们才有条件克服各种干扰挫折,避免一些重大失误。现在,我国的主要江河,已初步建成具备一定标准的防洪体系,灌溉面积从解放初的2亿多亩发展到7亿亩,水力发电从新中国成立初的16.3万千瓦发展到2700多万千瓦,机电排灌设备从新中国成立初的9万多马力发展到8000多万马力。可以说,江河面貌和农业生产条件发生了根本改观。人民政府确实解决了百余年来历届中国政府所未能解决的中国人民的吃饭问题。

消除失业

旧中国造成城市的广大失业群，新中国成立后，西方国家和敌对势力对中国实行的经济封锁等，加重了工商业的困难。新中国成立前已有的那些脆弱的工商业，在新中国成立后不可避免地没落了。此外人民政府为扭转通货膨胀、平抑物价，在财政经济方面采取了若干重大措施，也带来暂时的市场停滞和工商业凋敝，甚至出现关厂、停业的现象。所有这一切，使得某些城市，尤其是上海、南京、武汉、重庆等城市，发生了相当严重的工人失业现象。1950 年三四月间全国新增加的失业职工约 10 万人，失业人口总数达 117 万人。与此同时，各地区，特别是新解放区，旧社会留下来的教师失业、学生失学现象也相当严重，加之新中国成立后一部分学校教育内容不适应新社会的需要，管理不当，以致部分学校停闭（绝大多数为私立学校），教师失业、学生失学的人数因而增加。

为了及时帮助失业工人、教师解决生活困难，在周恩来的主持下多次开会讨论措施。

1950 年 5 月、7 月，政务院第 33 次、第 42 次政务会议先后通过了周恩来签署的《政务院关于救济失业工人的指示》《政务院关于救济失业教师与处理学生失学问题的指示》。

救济失业工人的指示中指出：目前发生的工人失业现象只是暂时的，是发展中的困难。但是已经失业的工人，生活异常困难，急需救援，无法等待，人民政府应予以极大的同情和关怀，并给以可能的援助和救济。

指示决定：（一）拨出 2 亿公斤粮食作为救济失业工人基金。（二）凡举办救济失业工人事业的地区，所有国营、私营的工商业的行政方面或资方及所有在业工人和职员，均应按月缴纳一定的失业救济金；同时，地方政府亦应设法拨出一部分资金作为救济失业工人之用。（三）救济办法，以以工代赈为主，以生产自救、转业训练、还乡生产、发给救济金等为补助办法，以求达到救济金的使用既能减轻失业工人的生活困难，又有益于市政建设的事业。

此后，经政务院会议批准，劳动部又颁布了《救济失业工人暂行办法》，规定了具体细则。

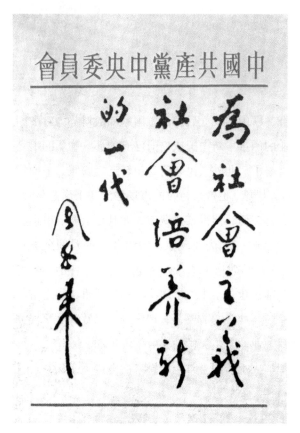

中国共产党中央委员会

为社会主义
社会培养新
的一代

周恩来

1954 年周恩来为教育工作的题词

　　周恩来对于上海工人阶级遇到的困难特别关注。在签署政务院关于救济失业工人的指示以前，4 月 29 日，他指示政务院秘书厅向各部门发出通知，为上海失业工人捐米救济。这个通知说：奉总理指示，上海失业工人亟待救济，现决定中央人民政府及其所属中央机关之工作人员，每人一次捐出小米 1 公斤。各机关分别向工作人员传达并宣传动员，使其了解对多年以来坚持反帝反国民党反动统治英勇斗争的上海工人给予救援是我们光荣的任务。

　　5 月 13 日，周恩来又在电复上海市人民政府，同意上海失业工人临时救济计划草案的时候，作出两点指示：（一）两三个月以上的长期救济，应用以工代赈（如修筑公共工程等）为主要方向。（二）开大锅饭救济不如发救济米为妥。

　　在周恩来签署的救济失业教师与处理学生失学的指示中，要求各地人民政

1950年6月，周恩来和毛泽东出席第一届全国高等教育会议。这是他们步入会场的情景

府，除尽可能维持公立学校外，应本着公私兼顾的原则，积极维持城市中现有私立学校，对其进行必要改革，减低学费，多收学生，师生互助，克服困难。私立学校中，办理成绩较好，经多方设法而仍无法维持的，政府应予以适当的经费补助。

10月，政务院第56次政务会议又通过了周恩来签署的《政务院关于处理失业知识分子的补充指示》。这个补充指示中说：上述指示和办法在各地实施以后，使过去国民党反动统治所造成的大批失业知识分子已有一部分就业或获得物质救济。但除上述指示和办法中所规定的失业知识分子以外，还有其他失业知识分子的问题，亦应予以适当解决。指示强调指出：中国现有知识分子为数不多，在国家建设事业进一步恢复和发展的过程中，将日益感到知识分子的重要和缺乏。今后处理失业知识分子的基本方针，应当是经过训练或其他方式，帮助他们获得或增加为人民服务的观点和技能，尽可能吸收他们参加国家建设和社会服务的各种实际工作。

经过中央人民政府和各级人民政府的努力，截至 1951 年底，失业工人重新就业的达 120 余万人，失业知识分子，经过各种训练招聘以及个别安置参加工作的达 100 万人。这时，失业人员较之历史上的任何时期都大大减少了。

但是，还有一部分旧社会遗留下来的失业知识分子和旧军官、旧官吏，由于自身未经改造，或者缺乏专门的知识和技能，在国家各项建设和各方面工作还未大量发展起来以前，就业问题尚不能完全解决。同时，由于社会经济不断地进行改组，生产与劳动组织不断改进，先进生产方式的运用和推广，因而劳动效率提高，企业中原有的职工就有了剩余，也带来新的失业半失业现象。这种前进中不可避免的困难，本质上是与反动统治下的失业问题完全不同的。尽管如此，最快地解决城市各种失业人员的就业问题和大量剩余劳动力之充分应用问题，仍然是人民政府的责任。毛泽东对这个问题也非常重视，5 月 31 日他专门给周恩来写信，指示要进一步采取措施：

> 周总理：失业问题仍颇严重，此件请一阅。似宜由中央劳动部或直接由政务院召开一次失业问题处理会议，由各大城市及各省派员参加，订出可行的处理办法。请酌定。

根据毛泽东和周恩来的指示，政务院专门召开了劳动就业会议，讨论研究提出了办法。

1952 年 7 月周恩来主持政务院第 146 次政务会议，听取了劳动就业会议的报告，并通过了《政务院关于劳动就业问题的决定》。决定指出：中央人民政府政务院为迎接即将开始的大规模的国家建设，全面解决各种失业人员的就业问题，逐步消灭失业半失业现象，有计划地把城乡大量的剩余劳动力充分应用到生产事业及其他社会事业中来，并进而逐步做到统一调配劳动力，特于 7 月召开了劳动就业问题的专门会议。决定规定，一切公私企业、劳动部门、工商管理部门应慎重处理解雇职工、歇业、转业及开业问题。要对城市中一切失业人员进行一次普遍统一登记。决定还提出了对失业工人、失业知识分子、旧军官、旧官吏等各类人员的处理方针。

周恩来在会上指出：要从多方面想办法，创造条件，提供解决失业人员的就业机会。当前，各部门举办各种训练班招收学员的时候，应适当照顾到年龄较大者，使他们亦可入学，不要再过严地规定年龄限制。各地高等院校招考新生的时候，可酌收一部分年纪较大、尚能入学的旧知识分子和旧军官。目前各级行政机关应当选送一部分青年入学校学习，换用一部分老年人。

这是一项艰巨而又复杂的工作。为了统一领导，全面安排，这次的政务会议还决定成立政务院劳动就业委员会，李维汉为主任，安子文、李立三、章乃器、钱俊瑞为副主任。大行政区、省和大城市均设立劳动就业委员会，并建立有专人负责的办事机构，指导劳动部门及其他有关部门办理对一切失业人员的登记处理事宜。

8月，政务院劳动就业委员会提出并经政务院批准公布了《关于失业人员统一登记办法》。

10月，政务院劳动就业委员会举行会议通过并经政务院批准，制定了对各类人员具体处理的八个办法，即：《关于处理失业工人的办法》《关于解决失业知识分子问题的方针和办法》《关于处理失业旧军官旧官吏的方针和办法》《关于解决农村剩余劳动力问题的方针和办法》《僧尼道士的生活情况及处理意见》《关于处理少数民族劳动就业与救济问题的意见》《对被迫害回国的难侨和有困难的归侨的安置问题》《有关城市社会救济问题的情况及处理意见》。

在周恩来的领导下，从全面考虑、多方设想，从长远着眼、当前能办的事入手，经过第一个五年计划的胜利实施，大规模的经济建设和生产的发展，使各类人员各得其所，大大减少了失业现象，旧社会长期遗留下来的失业问题基本上得到解决。

大力救灾

1949年全国各地都发生了异常严重的自然灾害。从春至秋，旱、冻、虫、风、雹、水、疫等灾害相继发生，尤以水灾最为严重。全国被淹耕地1.2亿亩，灾民达4000万人。

周恩来对新中国建立伊始，就遇到这样严重的灾害十分重视。为了迅速动员和组织灾区广大人民群众开展生产自救，渡过灾荒，他于1949年12月主持政务院第11次政务会议，讨论通过了由他亲自修改并签署的《政务院关于生产救灾的指示》。指示说：当灾害发生的时候，各地人民政府发动与组织了群众，进行了顽强的斗争，已取得成绩，但是我们绝不能自满于这些成绩，必须认识灾情是严重的，救灾工作仍是艰巨的。必须引起各级人民政府及人民团体更高度的注意，认识到生产救灾是关系到几百万人的生死问题，是人民政权在灾区巩固的问题，是开展明年大生产运动、建设新中国的关键问题之一，绝不可对这个问题采取漠不关心的官僚主义态度。

这个指示发布后，周恩来多次主持政务会议，听取内务部和有关省关于灾情和救灾情况的报告，并决定给重灾区人民调拨救济粮。

在中央人民政府提出的"不要饿死一个人"的口号下，经过广大干部和广大人民群众的努力，胜利地渡过了 1949 年严重的冬荒。但是 1950 年青黄不接的春荒又接踵而来。为了继续抓好这个关系广大人民群众生死的问题，周恩来又签署了政务院命令，决定成立中央救灾委员会，以董必武副总理为主任，薄一波、谢觉哉、傅作义、李书城为副主任，陈其瑗、戎子和、姚依林、宋裕和、石志仁、李运昌、李德全、孟用潜、叶笃义、薛暮桥、罗叔章等 11 人为委员。

1950 年 2 月 27 日，董必武副总理根据周恩来指示主持召集中央人民政府各有关机关负责人会议，宣布成立中央救灾委员会，并作了《深入开展救灾工作的报告》，他指出：目前正处在春荒时节，全国亟待救济的灾民约有 700 万人，所有灾区应把救灾工作作为当前的中心工作。还指出，救灾的方针是：生产自救、节约渡荒、群众互助、以工代赈、辅以必要的救济。

此后，中央派出救灾视察团，分别赴皖北、苏北、山东灾区，对灾情进行实地视察。周恩来 5 月 19 日主持政务院第 33 次政务会议，听取了救灾视察团的报告。这时，中央救灾委员会主任董必武曾因病一度休养，周恩来就亲自代替了救灾委员会主任的职务，直接领导了这一工作。

1950 年冬季到来以前，为准备解决灾民越冬的御寒问题，政务院副总理、中央救灾委员会主任董必武于 9 月 18 日发起成立皖北、苏北、河南、河北灾民寒衣劝募总会并向周恩来报告，周恩来立即批示同意。19 日，中华全国总工会、中华全国民主妇女联合会、中华全国民主青年联合会、中华全国学生联合会、中国新民主主义青年团中央委员会、中国人民救济总会、中国红十字会等单位集会，宣布总会成立，推举董必武为主任，张治中、许广平、杨立三、妇联一人为副主任。总会成立后，董必武主任即同几位副主任联名致电各大行政区军政委员会、华北各省、市人民政府，要求他们成立分会，立即开展劝募寒衣运动。在各地人民政府和分会的努力下，劝募寒衣很快就超过了 600 万套，使数百万灾民冬季得以御寒。

作为人民共和国的总理，对人民生产生活和生命财产等方方面面生死攸关的问题，周恩来都始终如一地给予了高度的重视和关心。

5 坐镇中南海打"老虎"

1951 年，一股逼人的"寒气"袭来，直接威胁新生的共和国政权。

面对糖衣炮弹的袭击，毛泽东、周恩来坐镇中南海部署打"老虎"。

毛泽东、周恩来同时感觉到一股"寒气"

1951 年前后，是共和国的初春季节。但是毛泽东与周恩来，以及中央的许多领导，都同时感觉到一种寒气自四面袭来，这使他们产生了一种忧虑。这种忧虑既有来自内部的，也有来自外部的。它像白蚁一样迅速繁衍，啃噬着共和国的房梁。在党内，人们把经不住糖衣炮弹诱惑而贪污腐化者叫作"老虎"。

到了 1950 年下半年，特别是进入 1951 年，共和国的财政经济好转，不仅社会主义国有经济有了巨大发展，领导地位大大加强，而且私营资本主义工商业经历了一次改组，初步纳入了国家计划的轨道，渡过了困难时期，使有利于国计民生的企业获得了迅速的恢复和发展，那些曾被国民党统治压弯了腰，又被解放大军隆隆炮声震得不知所措的民族资产阶级，一觉醒来，突然发现共产党"并不吃人""也不抢粮食"，还和蔼可亲地将他们搀扶起来，重新送到柜台前。他们的眼睛重新放光，喘过了气，直起了腰，又抓起了算盘、秤杆和账本……

1951 年同 1950 年相比，全国私营工业的户数增加了 11%，生产总值增加了 39%，私营商业的户数也增加了 11.9%，批发额增加了 39.9%，零售总额增加了 36.6%。到了年尾，当资本家依然有些惶惶，轻轻地拨拉算盘，小心地点钱的时候，他们惊喜地发现，手中的高额利润竟是国民党统治 22 年间任何一年从未有过的。

这一年是资本家大发横财的一年。

面对这一切，资本家中的一些人开始晃膀子了，开始感觉到不满足，那永无止境的发财欲望变得更加贪婪，那唯利是图的本性开始暴露，并加倍地增长……

偷税漏税是资本家中最为普遍的违法行为。部分调查表明，在天津市 1807

家纳税户中，有偷税漏税行为的占82%；老牌商业城市上海更为严重，在351家纳税户中，有偷税漏税行为的占99%。偷税的税额也相当巨大，一般占付税款的50%，有的甚至高达80%。

盗骗国家资产是资本家直接进攻的手法，他们有的骗取、盗卖国家资产，有的买空卖空、"白手起家"，有的虚报成本，提高价格，有的隐匿应由国家没收的敌伪财产。

偷工减料也是资本家常用的一种赚黑钱的办法。仅以承办抗美援朝军用物资为例，他们有的把用废胶、次胶制造的一穿就断底的胶鞋，用方铁等制造的一撞就断裂的铁镐，用油桶皮制造的一铲就卷刃的铁锨卖给志愿军；有的丧尽天良地用臭牛肉、坏牛肉、死猪肉制成罐头，用坏鸡蛋、胡萝卜粉制成蛋粉，用发霉的面粉制成饼干，在咸菜中掺进砂子，供应朝鲜前线，使志愿军不仅不能吃饱吃好，甚至中毒致死；还有的制造劣质青霉素，有的用从尸体上和垃圾堆里拾取的腐烂棉花制成急救包，以高价卖给志愿军。这些劣质药品和带有病菌的急救包，在抢救伤员时，非但无效，而且造成不该致残的致残，不该牺牲的牺牲了。所以当时彭德怀对后方的供应大发脾气。这些不法资本家利欲熏心，已达到了无以复加的地步。可以说，他们是用志愿军的鲜血和生命喂肥了自己，在几乎使人难以置信的强盗式的肮脏交易中装满了钱袋。

盗窃国家经济情报和行贿也是资本家惯用的手段。为了获取经济情报，资本家先是通过交朋友，称兄道弟，捧场拍马，拉拉扯扯，请吃请喝，请看戏打牌跳舞，建立"感情"，施"美人计"，然后送东西，开始"夏天送瓜，秋天送蟹"，逐步发展到送珍贵药品、衣料服饰、成套家具、钞票、佣金、回扣、股票，一步步地将一些国家干部腐化成为资产阶级在政府机关里的代理人。以上海大康药店反动资本家王康年为例，他专门在自己的商店里建立一个腐蚀、勾引干部的"外勤部"，指使他的"外勤部部长"对国家干部和采购员"投其所好，送其所要"，先后将25个机关的65名干部拉下水。王康年摇晃着安乐椅，得意地宣称："大康就是干部思想改造所，凡来大康做生意的干部，都可以得到改造。"

人们把这些违法行为简称为"五毒"。

许多清醒的国家干部也已意识到这一点。1951年秋天，上海市工商界召开全市代表会议时，市工商局局长许涤新在大会上作了一个批判资产阶级不法行为的报告。经陈毅市长肯定，这篇讲话在上海《解放日报》头版全文刊登。这年

11月，许涤新去中央参加统战会议，周恩来的秘书面告："总理要找你谈话。"

许涤新赶到西花厅已是下午4时，周恩来立即在办公室接见他，询问上海工商界的情况。周恩来抱肘仔细听着，听完基本情况，他语调沉重地说："上海资本家的这种情况，是不能忽视的。我同意你对他们的批判，但觉得不够，必须从脱离社会主义经济的领导和破坏市场的正常活动的角度，去加以批评。现在，上海市人民代表大会正在进行，你今天就应坐夜车回去，向陈总汇报后，把我的意见明明白白地在大会上说一说。"

许涤新遵嘱急急忙忙赶回上海，立即向市长陈毅和副市长潘汉年做了汇报。陈毅是个直性子的人，一听许涤新传达的周恩来的话，淡淡的眉毛一竖，拍了一下桌子："总理的指示来得正及时。明天你就在大会上放他一炮，统战统战，不应只统不战。"

第二天下午，开会时起先还嗡嗡嘤嘤，交头接耳，而许涤新一说话，全场顿时静了下来。后来他自己都为之一惊，因为自从进了上海，他还是头一次用这样大的声音讲话，用这样尖刻的言辞批判工商界的种种错误。一位熟悉许涤新的资本家严谔声侧身对旁边的人耳语道："许涤新是一个并不随随便便放炮的人，他突然放出这么一炮，这很可能是不祥之兆。"

原先松松散散的会议，被许涤新一炮轰紧了弦，敏感的资本家们已预感到要发生什么事。到会议结束的那一天，陈毅市长自己揭开了谜底：

"许涤新放的这一炮，是相当厉害的。现在我把真相告诉你们。他的那一番话，是周总理要他来说的。周总理希望上海工商界服从社会主义经济的领导。中国不是有一句老话吗？'君子爱人以德。'许涤新传达周总理的指示，你们要仔细思量，这对你们是有好处的。"

所以，后来的"五反运动"开始之后，严谔声等人暗中说："我说的吧，去年许涤新在市人大的那一炮，就是'五反'的照明弹。"

反对"五毒"的斗争已经摆在中南海的议事日程上。

周恩来在全国政协一届常委会三十四次会议上，严肃指出，对资产阶级的"五毒"，"如果不加以打击和铲除而任其发展下去，使我们革命党派、人民政府、人民军队、人民团体日益受资产阶级的侵蚀，其前途将不堪设想。……不能容许行贿、欺诈、偷税漏税、盗窃、引诱等犯法行为的继续发生，不能听其侵蚀人民政权，损害国家财产，腐蚀国家人员。凡有犯者必须惩办，坦白自首从宽处理"。

1953 年周恩来和毛泽东在中央人民政府委员会会议上

1952 年 1 月 26 日，中共中央发出了《关于在城市中限期展开大规模的坚决彻底的"五反"斗争的指示》，由此正式拉开了"五反"运动的序幕。

2 月上旬，"五反"运动首先在全国各大城市展开，随后迅速扩展到全国各中小城市。

由于民族资产阶级来自旧社会，他们在夹缝中求生存的特定环境中养成的许多恶习及其资本主义的经营作风，使得"五毒"行为在资本家中相当普遍。因此党和政府派出检查组，对私营工厂、商店进行检查。这一来，不仅违法者害了怕，连那些守法户也胆战心惊。如上海的"煤炭大王""火柴大王"刘鸿生，他的全部企业都受到检查，心中甚为不快。他告诉他的儿子："如今国家有了前途，共产党在经济问题上也很有办法，不要我们资产阶级朋友了。你们各自想办法吧！"他自己也是唉声叹气，担心早晚也被清除掉。

群众运动不搞则已，一搞起来，轰轰烈烈，难免锄杂草而伤了禾苗。

中南海里，毛泽东和周恩来时常收到一些知名民主人士对"五反"担忧的信件。因为有些地方已经闹出了人命，一些没沾"五毒"或刚沾了点边的资本家也被列入了"五毒"分子。

周恩来来到毛泽东办公室，谈了有关"五反"中出现的问题后，向毛主席建议："现在广大群众十分拥护'五反'运动，大胆地、彻底地揭发控诉不法资本家的罪行。"

毛泽东赞同："什么事情群众发动起来了就好办。很有些当年打土豪分田地的味道。"

周恩来分析说："我看对私人工商户要分类排排队，区别对待，发现问题，确定重点。"

"具体地说呢？"显然毛泽东对此十分关注。他闭起一只眼，躲开香烟的熏烤。

"对基本守法户，以思想教育和思想改造为主，指出他们的错误所在，要求他们以后不再重犯，一般不予追究，并采取团结和保护的政策，打消他们的顾虑，减轻他们的思想负担，鼓励和支持他们照常营业。对问题不大的违法半违法户，除令其补税一年，退回侵吞盗窃的财产外，宣布免于罚款，并尽快作出结论。这样，可以安定绝大多数的资本家，使罪大恶极的少数资本家陷于孤立。"

"我大致算了一下，有五种类型。这样吧，关于处理违法工商户的五条基本原则，由我来起草，你们再做补充。"

周恩来告辞时，毛泽东没有起身相送。一般党内同志来往，毛泽东都是足不出户，只有党外人士或国外来宾，他才会起身到门外迎送。而今天，他的思路还在"五条原则"里，周恩来一走，他就一手夹烟，一手擎笔，写下了在"五反"运动中对工商户处理的基本原则：过去从宽，今后从严（例如补税一般只补1951年的）；多数从宽，少数从严；坦白从宽，抗拒从严；工业从宽，商业从严；普通商业从宽，投机商业从严。毛泽东还将过去所定的划分私人工商户的四种类型改为五类，即守法的、基本守法的、半守法和半违法的、严重违法的和完全违法的。这个指示由党中央在3月5日发出。

从划分的结果看，就大城市而言，前三类约占95%，后两类约占5%。

"火柴大王"刘鸿生的全部企业都被定为守法户，顿时举家欢庆。他又把儿子召过来，一边品酒，一边感叹："我原以为上海这个大码头很难改变，除非连根挖掉。没有想到共产党本事如此之大，一夜之间社会风气大变，我佩服，佩服啊。"

儿子挖苦他："我看是你自己的脑袋转得快。"

"不能这样讲。"父亲严肃起来，"共产党里的确能人多，拿上海来讲，陈老总，小开（潘汉年），北京更不要讲了，毛泽东是头一号，再加上周恩来……"

6月13日，周恩来批发了政务院《关于结束"五反"运动中的几个问题的指示》，提出要注意防止和反对两种倾向：一种是虎头蛇尾，草率结束，特别是对处理从宽的原则产生误解，以致对违法工商户缺乏应有的严肃性，引起工人和店员的不满，导致一些不法工商户再施"五毒"；一种是不愿意根据实际情况，对原来计算较高的工商户违法所得的数目认真加以核实，以便正确定案。政务院要求各地在"五反"结束阶段，必须本着宽大与严肃相结合的精神，实事求是地做好定案处理工作，做到合情合理，使之既有利于清除"五毒"，又有利于团结工商业者发展生产和营业。

对民族资产阶级的改造，周恩来一直持谨慎态度。新中国成立后，周恩来曾多次将一些著名企业家和民主人士引见给毛泽东，也曾与毛泽东一道，多次登门拜访。在老舍创作《春华秋实》这部话剧时，周恩来向老舍详尽地解释党对民族资产阶级的政策，提醒老舍，切不可把这出戏写成政治宣传。当这出戏写出后，周恩来看完演出，立即打电话给老舍，婉转地告诉他还存在哪些值得推敲的地方。

在运动后期，周恩来还在统战部部长会议上讲道："在'五反'中，有些同志曾经在资产阶级两面性的问题上发生过动摇，这是不对的。刚才我从历史根源上讲了它的两面性，现在它仍然有两面性。……关于'五毒'，毛泽东同志在提出'五反'的时候就确定了这样五项，这是具体化而又集中化了的。说得过多就不利。比如对于资产阶级的限制问题就是这样。"他举了一个例子："我看了一个同志的发言，他好像认为跟资产阶级做统一战线工作就是讲'外交'、应付、说空话。这是不对的。难道毛泽东同志是在那里闲着没事做，把黄炎培找去聊天讲闲话吗？大家晓得，毛泽东同志没有这样的闲工夫。他找一个人去总是有目的的。毛泽东同志向黄炎培讲清道理后，黄炎培就给资产阶级写信，首先是给上海资产阶级写信，用他自己的口气向资产阶级传达毛泽东同志的指示，这有什么不好呢？"毛泽东同黄炎培讲的话，就是"四马分肥"的政策，即把利润分成四份，其中国家一份，即税收；工人一份，就是福利费；还有一份是公积金，作为再生产之用；第四份就是私人应该得到的纯利。实际上，资本家得到的是一份多一些，因为公积金在将来发展生产中的所得又可分成四份，在四份中他又得到了一份。资本家得的利润如果是在这样一个范围内，就是合法的利润。我们要鼓励他们这样去取得利润。

中南海部署打"老虎"

"五反"历时半年，到 1952 年 6 月基本结束。

然而令一党主席和一国总理真正担心的，并不是资本家，也不是商人，而是来自内部的威胁，即所谓堡垒是最容易从内部攻破的。共产党的力量在于团结、纯洁，就像热核聚变放出极大的能量；分裂、腐朽，则无异于原子核的裂变。

正像毛泽东曾经预料的，有些人没有被钢铁炮弹打倒，却被"糖衣炮弹"击中。

新民主主义革命在全国取得基本胜利以后，中国共产党成为执政党。在这种新的情况下，部分党员沾染上了官僚主义的流毒。他们高高在上，脱离群众，脱离实际，饱食终日，言不及义；有的虽然在进城前艰苦奋斗，但在进城以后却丢掉了调查研究的优良传统，逐渐失去了对新鲜事物的敏感性，同样脱离群众、脱离实际。更有少数党员在人民群众的一片赞扬声中，在资产阶级施放"五毒"的袭击下，丧失了政治警惕性，甚而有的竟蜕化变质，堕落成为资产阶级的俘虏，人民的罪人。

中南海是警惕的。

1951 年 12 月 1 日，党中央作出《关于实行精兵简政、增产节约、反对贪污、反对浪费和反对官僚主义的决定》，要求采取自上而下和自下而上相结合的办法，检查贪污浪费现象，号召党内外广大群众大张旗鼓地、雷厉风行地检查和惩治贪污人员。7 日政务院举行第 114 次政务会议，周恩来作了在全国范围内展开精简节约、增加生产、反对官僚主义运动的重要发言，会议决定成立中央人民政府节约检查委员会。8 日党中央再次发出《关于反贪污斗争必须大张旗鼓地去进行的指示》。

进入 1952 年 1 月，"三反"的内容更加具体，进程更加急迫。毛泽东要求各级党委立即抓紧"三反"斗争，缩短学习文件的时间（有四五天就够了），召开干部会，限期（例如 10 天）展开斗争，送来报告，违者不是官僚主义分子，就是贪污分子，不管什么人，一律撤职查办！

中直总党委召开干部会议，宣布运动进入集中打"老虎"阶段。所谓"老虎"，即指贪污犯。贪污旧币1亿元以上的大贪污犯叫"大老虎"；1亿元以下，1000万元以上的叫"小老虎"。当时的1万元即后来的1元。

1月5日，周恩来在全国政协常务会议上作了报告，9日又在中央、华北和京津两市的大会上讲话，对"三反"运动的方针、政策、步骤等问题作了明确指示，号召全国人民和国家工作人员，从自己的社会生活和工作岗位上，迅速地、彻底地、无保留地开展"三反"运动，反对资产阶级的侵蚀，洗净旧社会遗留下来的污毒。

2月1日，北京市召开公审大会，对7名大贪污犯进行了公开审判。中国畜产公司业务处原副处长薛昆山因非法所得旧币23亿元被判处死刑，公安部行政处原科长宋德贵因贪污6.4亿元亦被判处死刑，另有3人被判有期徒刑，其余2人免于刑事处分。

中央带头处理了一批人，其中一些人如宋德贵，毛泽东、周恩来都熟悉，也算是老革命，有过战功，杀了他们，对领袖们来说心里不是滋味，但又不得不如此。

中南海内的人们也不能不有所震动。

江青在延安时期就不喜欢参加整风运动。在"三查""三整"运动中，她还跟毛泽东发生过一次大争吵，从那以后，凡是运动，她能躲就躲，很少参加。这次"三反""五反"运动起来，她又躲出去一段时间，不参加组织活动。机要秘书徐业夫很纳闷，就问李银桥："为什么运动一来，江青就走？"李银桥顺口说了一句："躲风呗。"不知这话怎么传进了江青的耳朵。她就趁打牌的机会，把怒火发泄到李银桥身上。

群众运动一起来，总会有过火的行为。尤其在毛泽东发出有关限期和指标的指示后，就有些"草木皆兵"了，连周恩来身边的一些工作人员也惹起嫌疑。

有人怀疑到周恩来的厨师桂怀云头上，说他家高级瓷器不少，又精致又漂亮，一个厨师哪来的那么多精瓷，肯定不干净。众人议论纷纷，被周恩来听到了，他对大家说："新中国成立前一个名厨师家里有点高级瓷器算得了什么？你们太不了解情况了。"这样，对桂师傅的猜忌才被制止。

不过，有些事情周恩来心里也有些着急。有些地方的"三反"运动已经影响到正常经济生活。

1952 年 2 月 14 日，天津市委就"三反"期间维持正常经济生活问题，曾给毛泽东写了报告，提出：在不影响"三反"运动的条件下，公营部门要抽出一定的时间和干部照顾业务；请中央各经济部门继续拨给加工订货任务；给资本家中问题轻微者都作结论，使他们好做买卖；市政建设中该办的事要照常进行。2 月 15 日，毛泽东复电天津市委并转各中央局，指示各地在开展"三反"和"五反"的同时，注意维持经济生活的正常进行，鼓励守法的工商户照常营业，对半违法半守法的工商户应分批作出结论，安定他们，以孤立严重违法和完全违法的资本家。

据周恩来与陈云、薄一波交谈，发现许多地方的业务停顿现象仍很严重，毛泽东有关指示还有值得补充的地方。周恩来于当天又给毛泽东写了信，说明自己的意见。

主席：

今日政务会议散后，我与陈云、一波两同志谈到"三反"斗争中业务停顿问题，现在已到应该予以解决的时候了。我们认为照中央级"三反"斗争的目前情况看来，每个机关抽出三分之一或四分之一的人来专搞业务，留下三分之二或四分之三的人继续"打虎"是完全可能的，而且不至于影响"打虎"工作。这里所指的三分之一或四分之一，是每个机关的各级领导同志，并非指一般科员和勤杂人员，但各部门业务如果没有各级领导同志来管是无法进行的。

会后，读了主席复黄敬（天津市委书记、市长）的电报，觉得经济生活的正常进行，主席所指示的办法是主要的一面；同时，机关业务的恢复，也是必须解决的另一面。没有这一面，黄敬所提有关经济工作的四点意见，便有三点因与此有关而得不到解决。这正足以证明国家经济的领导作用。顷又与彭真同志通电话，他认为目前各机关抽出四分之一的人来专搞业务是可能的，到 25 日以后便可抽出二分之一的人来。我想，在中央及京津两地的各机关，从现在起就可这样做，在全国至迟 3 月 1 号也可以这样做了。我们这种想法，如主席同意，请予批示，以便先在中央及京津开始执行。

周恩来

2 月 15 日

尽管"三反""五反"风起云涌，各地每天都有案情报到薄一波那里，薄一波转呈毛泽东和周恩来的卷宗也不少。但真正动人心魄的还是杀了天津的两只"大虎"。

据初步统计，北京市属各机关和企业部门工作人员中，已发现贪污分子650人，贪污总额15亿元。贪污分子中公安部门占112名，共产党员占105名，老干部占79名；

天津市12个公安分局中，仅一个分局就因受贿赂而将674个反革命分子释放或取消管制，其干部、警士受过3514户商家的贿赂；

陕西省纪委一年半时间处理了犯贪污蜕化错误的党员1400余人；

华东区人民监察委员会从1950年6月至1951年11月统计，因个人贪污而造成国家财产损失即达124亿元。华东区直接处理的179件贪污案涉及的615名罪犯中，有老干部126人，共产党员116人；

南昌市税务局60人集体贪污。一个粮食局局长贪污20万斤大米，从其老婆鞋底即查出12两黄金。江西省有一个区的区委书记、区长、派出所所长集体嫖娼。一建筑公司开幕时请客70桌，唱戏7天。不少干部贪污腐化，铺张浪费，竞相攀比，不以为耻，反以为荣，艰苦奋斗者反被讥笑为"牛列主义"……

毛泽东痛心，愤慨，焦虑。

1951年10月，天津专署的一位副专员向河北省委组织部揭发了刘青山、张子善的严重犯罪事实。河北省委立即开展了调查。根据他们的罪行事实，河北省委建议省人民政府依法逮捕刘、张二人，并请示华北局，华北局讨论后报请周恩来批准，周恩来签字同意。11月29日上午，河北省公安厅依法逮捕了张子善；12月2日，刘青山从国外访问回国后被立即逮捕归案。12月4日，河北省委报请华北局批准，作出了开除刘青山、张子善党籍的决定。

河北省委会同天津市委，对刘、张贪污一案进行调查、侦讯，于12月14日提出处理意见："刘青山、张子善凭借权利，盗窃国家资财，贪污自肥，为数甚巨，实为国法党纪所不容。以如此高级干部知法犯法，欺骗党，剥削民工血汗，侵吞灾民粮款，勾结私商，非法营利，腐化堕落达于极点。若不严加惩处，我党将无词以对人民群众，国法将不能绳他人，对党损害异常严重。因此，我们一致意见，处以死刑。"华北局研究后，向中央提出处理意见："为了维护国家法纪，教育党和人民，我们原则上同意，将刘青山、张子善两贪污犯处以死刑（或缓期两年执行），由省人民政府请示政务院批准后执行。"

当毛泽东的目光再一次盯在了刘青山、张子善的罪行材料上时，他几乎是震怒了。

刘、张二人在进城后就成了毛泽东所预言的那种人。进城后，他们公开扬言："天下是老子打下来的，享受一点还不应当吗？"他们利用职权盗用飞机场建筑款，克扣救济灾民款、干部家属救济款、地方粮款、民工供应粮等共计171亿元（旧币），用于经营他们秘密掌握的所谓"机关生产"，他们勾结奸商，从事倒买倒卖的非法经营活动，曾以49亿元巨款倒卖钢材，使国家蒙受21亿元损失。为了从东北盗购木材，他们不顾灾民疾苦，占用4亿元救灾款，并派人冒充军官进行倒买倒卖。另外，他们以高薪诱聘国有企业的31名工程技术人员，成立非法的"建筑公司"，从事投机活动。在兴建潮白河、海河等工程中，盘剥民工，将国家发给民工的好粮换成坏粮，抬高卖给民工的食品价格，从中渔利22亿元。他们生活腐化堕落，挥霍大量金钱。张子善为了逃避罪责，曾一次焚毁单据300多张。他们还把自己负责的地区视为个人的天下，说天津地区党内只能有"一个领袖""一个头"。在工作中实行家长式的统治，欺上压下，独断专行。被捕前，刘青山任天津地委书记、石家庄市委副书记；张子善为天津专区专员、天津地委书记。

毛泽东在总体把握这类事情上，一向是教育为主，不主张打击面过宽；能不杀尽量不杀。在他与周恩来及刘少奇、朱德、薄一波、彭真等人议论时，大家一致的看法是，对那些所谓"手上不干净"的，还应区别轻重大小，经过深入调查核实，实事求是地分别对待，以免整错、杀错。但是，像刘青山、张子善这样的大贪污犯，则不论他们有多大功劳，都是不可饶恕的。周恩来赞成枪毙刘、张二犯。

毛泽东不但赞成，而且决心不可动摇："对于这样的叛徒和蛀虫，有多少就必须清除多少。清除了他们，不是党的损失，而是党的胜利，不是降低了党的威信，而是提高了党的威信。"但是在执行前，他仍不放心，又做了大量的调查研究。

1952年12月下旬，党中央征求了天津地委及所属部门对刘、张二犯量刑的意见。当时地委在家的8位委员一致同意处以刘青山、张子善死刑。552名党员干部的意见是：对刘青山，同意判处死刑的有535人，判处死缓的有8人，判处无期徒刑的有3人，判处有期徒刑的有6人；对张子善，同意判处死刑的有536人，判处死缓的有7人，判处无期徒刑的有3人，判处有期徒刑的有6人。绝大多数人同意判处其死刑。毛泽东与周恩来商量后，根据这些材料，又请民主人士发表意见，作出决定，同意河北省委的建议，由河北省人民法院宣判，经最高人民法院核准，对大贪污犯刘青山、张子善处以死刑，立即执行，并没收本人全部财产。

在天津，有人找过市委书记黄敬。黄敬想找毛泽东说情。因为，刘、张在新中国成立前曾在他手下工作过，他是看着他们成长起来的，他知道刘、张错误严重，罪有应得，应当判重刑。但他们都曾被国民党政府抓进监牢，都宁死不屈，在战争年代也曾出生入死，在干部中也有很大影响，是否能给他们一个改造自新的机会，不要枪毙。当年，刘青山 36 岁，张子善 38 岁，都还年轻。

毛泽东听说黄敬要来北京说情一事后，明确告诉周恩来："正因为他们两人的地位高，功劳大，影响大，所以才要下决心处决他们。只有处决他们，才可能挽救 20 个，200 个，2000 个犯有各种不同程度错误的干部。"

随后，中央的一纸电文到达河北省委，要求他们妥善安排二犯后事。省委决定了几条措施，交代与行刑人员及善后单位执行：（一）子弹不打脑袋，打后心；（二）敛尸安葬，棺木由公费购置；（三）二犯之亲属不按反革命家属对待；（四）二犯之子女由国家抚养成人。

宣判大会是在保定体育场进行的，而后押赴东关大校场执行枪决。两声枪响，惊起旷野一丛寒鸦。也可以说，这两声枪响，穿越了几十年的时空，至今仍在人们的记忆中回荡。人们说：杀了两个人，管了几十年，值！

枪响之后，人民在深思，毛泽东和周恩来也在深思。

二、精心奠基大格局

6　新中国航空事业的奠基人

周恩来说："我们甚至连缝衣针和自行车都还不能生产，却必须学会制造飞机。"毛泽东批准周恩来拿出110亿斤小米办航空、造飞机。航空事业拓荒者的慨叹：周总理是当之无愧的新中国航空事业奠基人。

新中国成立伊始，周恩来在一次会议上说："目前，我们甚至连缝衣针和自行车都还不能生产，却必须学会制造飞机。"

周恩来的这句话，道出了共产党人的胆识和气魄，也道出了共和国之初经济技术的落后程度。

的确，用白手起家来形容新中国航空事业的创建、发展，是最恰当不过的了。这其中又凝聚了开国总理周恩来的难以估量的心血。老一代的航空拓荒者谈起周恩来，都不约而同地慨叹道："周总理是新中国航空事业的奠基人。"

当年在重工业部参与航空工业筹建，后又担任航空工业局局长、三机部副部长、航空工业部顾问的段子俊深有感触，以下是他的回忆。

精心筹划和指导创建航空工业

建设强大的航空工业是中国人民渴望已久的心愿。新中国成立不久，党中央和毛主席便把建设航空工业提到重要议事日程上来，并由周恩来总理亲自筹划，直接领导创建工作。

1950年12月下旬，我由东北邮电总局调到重工业部，参与航空工业的筹建工作。到北京后，先在周总理办公室开过两次会议，参加的有代总参谋长聂荣臻、空军司令员刘亚楼、重工业部代部长何长工等同志。会议由总理亲自主持，讨论新中国航空工业的发展道路问题，发言非常热烈，最后由周总理作结论。他指出："中国的航空工业建设要从中国的实际情况出发。我们是先有空军，而且正在朝鲜打仗，大批作战飞机需要修理。我国是拥有960万平方公里的国土和6亿人口的国家，靠买人家的飞机，搞搞修理是不行的。因此中国航空工业的建设道路，应当是适应战争的需要先搞修理，再由修理发展到制造。"旧中国给航空工业除了留下一点工程技术力量外，其他大多不值得一提。所以新中国要建立航空工业缺乏基础，在当时形势下，只能依靠苏联的帮助。对此，周总理事先已和苏联政府作过交涉，故在这两次会议上，除讨论航空工业的发展方针外，还决定由何长工、沈鸿和我三人组成代表团赴苏联谈判，帮助中国建立成套的航空工厂。当时国家还很穷，而且朝鲜正在打仗，财力有限，所以总理一再强调：开始规模要搞得小一些，主要先解决飞机修理的需要，保证朝鲜打仗，原则是先修理后制造，由小到大。在设计建设修理厂的同时，应考虑今后转为制造工厂的安排。在我们接受出国谈判的任务之后，总理还一再谆谆告诫我们："要谦虚谨慎，要向苏联同志说明我国没有航空工业基础，要从头建设的道理。"总理还叮咛我们："谈判中有什么问题，随时打电报或打电话向国内请示，谨慎从事。"据事后的分析，可能由于当时已内定我为航空工业局局长，所以第二次会议结束之后，总理专门交代我说："有关飞机修理等具体问题，你再和刘亚楼同志详细谈谈。"遵照总理指示，出国之前，我走访了刘司令员，他向我说明了去苏联谈判的性质、任务和建设航空工业的主要问题。这次我们谈话时间很长，内容很多，使我懂得了不少东西，也可以说是在我正式进入航空工业大门之前，总理给我安排的第一堂课。刘亚楼同志在空军创建过程中，已经和苏联人多次打过交道，对飞机修理工作也很熟悉，他的经验对我来说是最需要不过了。想到这里，就越加感到总理遇事考虑之严密，安排之周详。

1951年元旦，以何长工为团长，沈鸿、段子俊为团员的三人谈判代表团，由北京飞抵莫斯科。苏联对这次谈判很重视，工作进展顺利。开始时，苏方对我方提出的由修理到制造的方针不大理解，经我们说明，苏方也就同意了我们的意见。有关谈判的进展情况，我们向总理发过几次电报。总理对我们争取到修理列车（即流动工厂）和基建设计在北京进行等问题表示满意，只是感到建设规模偏大。我们随即根据总理指示，及时修改了计划规模。这里有件事需要提及。在这次谈判中，我们未经请示国内就向苏方订购了一批设备，总理得知此事，立即电告代表团："关于订购飞机所需设备，未经批准即与对方作最后肯定，显较急躁。既然已定，除望争取的订单内确为我们急需者外，只好先订草案，回国后，经审核批准再正式签字，如何，盼告。"从这封电报中，不难看出总理为人民高度负责的精神。他不仅考虑到购买这批设备当时国家的支付能力，更担心我们买回并不急需的设备会造成浪费；对我们未经批准即作最后肯定的做法，概括为"显较急躁"，既表示了他对此事的态度，又使我们感到这四个字的含义，心悦诚服地接受这一批评。就在这些字里行间，显示了总理的高度领导艺术。1951 年 3 月，签订了苏联援助我国建设航空工业的协议。

飞机修理只是满足当时朝鲜战场的需要，而由修理走向制造才是我们建设航空工业的根本目的。为了落实总理确定的这一方针，从 1951 年 8 月开始，我们便与苏联顾问一起酝酿了一个方案，即在 5—8 年内试制成功活塞式教练机雅克 -18 和喷气式歼击机米格 -15 比斯（后改为米格 -17 埃夫）。这个方案上报中央和中央军委之后，同年 12 月总理亲自主持召开会议研究如何落实。经过会议讨论，最后总理进行总结说：就按照你们提的计划办。这个计划完成之后，就可以生产 3600 架飞机了。在这个数量中，歼击机、教练机、运输机各种飞机所占比例，要请空军审议一下，看是否符合军委有关规定的比例关系。关于明年的订货问题和 3—5 年内由修理过渡到制造的计划，先发个电报给苏联，请他们给以考虑。至于实现这个过渡之后，修理任务归航空工业局还是归空军，今天暂不确定。总理又说：同意再向苏联聘请 25 名专家，完成这个计划需要的人员资金等，由富春同志办理。看来需要的资金折合成小米 50 亿斤就可以够了，我们准备拿出 60 亿斤。办一所航空大学是应当的，需要的。会后不久，富春同志在一次与苏联专家的谈话中传达说：3—5 年实现由修理过渡到制造的方案毛主席已经同意了。

1951 年冬，正是朝鲜战争紧张阶段，飞机修理任务十分繁重。航空工业局的领导，一面狠抓修理任务，千方百计满足空军需要；一面在陈云、富春同志领导下，积极筹划向制造过渡。在此期间，与苏联顾问一道研究选定了六大制造厂厂址，加强了局机关建设，提出了质量第一方针，按专家提出的 1∶10 比例抓紧修理急用的备件订货，等等。但在工作进程中也遇到一些重大问题。如在六大制造厂的选定上，是修造结合，还是从一开始就另建新厂；在抓教练机战斗机的同时是否着手兴建轰炸机厂；如何更有效地调集人员、设备以及提高航空工业职工的工资待遇等问题。为此，1952 年 7 月 31 日周总理在他的办公室再次召开会议，研究解决这些问题。总理说：关于发展航空工业的方针、原则和建设规划，去年年底已经定了下来，要继续按照已定的方案抓下去。同时还要着手轻型轰炸机厂的基本建设，争取 1957 年底正式投入生产。关于向苏联索取资料和明年向苏联订货、增聘专家以及现有 100 名苏联专家的延聘等问题，就按你们提出的意见办。在工作上要抓紧、抓细、抓好。在备件订货上，既然发现按 1∶10 比例订来的备件有许多并不适用，今后就不要笼统地按 1∶10 比例订货了。关于人员问题，请富春同志从兵工局抽调 1500 名技工，从汽车装配厂抽调 1000 名技工给航空工业。今后决定每年分配给航空工业大学毕业生 2000 名。另外，再调 300 名老干部参加航空工业建设，看来这是很必要的。最好 10 月底以前调齐。关于翻译问题，可由长工同志与空司商量解决，解决不了时再写报告来。急需的 286 台精密机床，应尽快提出具体品种规格，然后从全国考虑解决。米格 –9 发动机寿命不长，最多维修到 1955 年。随后总理批评抽调试飞人员太慢，限令空军在 8 月 15 日前把试飞人员送到工厂。关于航空工业职工工资可以提高 15%（勤杂人员提高 5%）的问题，也是这次会上批准的。会后，航空工业急需的领导干部、技术干部、技术工人和翻译从全国各地进一步聚集，急需的各种设备和器材从国内外陆续运到，苏联的图纸技术资料分批运来，按照 3—5 年规划进行的六大厂改建扩建工程也很快铺开，航空工业由修理走向制造的筹划与准备工作基本完成，进入过渡阶段。

新中国成立初期，我参加周总理主持研究航空工业重大问题的这四次会议，他的一系列主要决策和所采取的有力措施，为新中国航空工业确定了方向，奠定了基础。几十年来，航空工业在周总理确定的方针指引下，由小到大，由低到高，不断扩大规模，使我国发展成为当今世界上屈指可数的航空工业规模较大的国家之一。作为新中国航空工业的主要奠基人，周总理是当之无愧的。

关心航空工业的人才聚集和成长

周总理对创建航空工业是深思熟虑费尽心血的。首先是亲自主持确定了航空工业的建设方针和由苏联援助的发展步骤。接着便为航空工业的人才聚集和队伍组成而多方操劳。就在1951年赴苏谈判代表团出发后的第二天，1月3日，总理即打电报给当时的东北局领导人，决定由大连军工企业建新公司，组建成航空工业局。总理在电报中还特别说明：明知东北干部困难，但航空工业局如向各地调人，七拼八凑，确难完成任务，故只有调建新公司全部机构，较为适宜。不久，建新公司的大批干部，即由陈一民、陈平、方致远同志带队先后到任。当年4月29日，周总理签发中央人民政府文件，批准成立航空工业局。5月15日从建新公司、空军和重工业部来的干部会合起来，在沈阳正式宣布成立了航空工业局。

在周总理的决策和支持之下，支援航空工业的大批干部，从全国各地陆续到达。从1951年到1954年，先后从华北、华东和西北各地区，调入70多名地、师级干部和近200名县、团级干部，充实了航空工业的各级领导岗位，从组织上保证了航空工业各个时期任务的完成。在工人队伍的组成上，根据周总理的指示，除由富春同志从兵工局抽调1500名技工，从汽车装配厂抽调1000名技工给航空工业外，1952年3月政务院还专门行文决定，从铁道部、交通部、重工业部电讯局以及东北、华北、华东、西南等大行政区及天津市抽调315名技术人员和1185名技术工人支援航空工业。而且要求技术工人中劳动模范要占2%。这批输送来的技术工人，很多都是能工巧匠。他们文化程度虽然不高，但有丰富的实践经验，在由修理走向制造阶段发挥了很大作用。

对技术密集的航空工业来说，最关键的是技术人才。除熟练技术工人外，当时最困难的是调集技术干部。对此周总理深谋远虑，早就有所准备。1949年5月上海刚一解放，周总理即指示华东的负责同志注意召集旧中国留下的航空技术人才。根据总理指示精神，上海军管会航空部通过登报招贤、人员接管和我地下党的推荐等多种途径，广泛延揽原国民党空军留下的高、中级技术人员和新中国成立前夕留学回国的航空技术人员。另外还有一些刚从大学航空系毕业的知识分子。先后共集中了60多人，在华东航空处领导下，成立了华东航空工程研究室。

对于这批技术骨干，周总理曾有过专门指示："将这批航空人才先组织起来，至于怎样使用他们，另有计划。"1951年航空工业局成立后，这批人员大部分被安排到局机关和六大厂工作。其中有不少人为航空工业做出了很大贡献。

这里还应提到的是1949年8月，周总理亲自部署了争取原中央航空公司和原中国航空公司在港人员起义的工作，指示我地下党员要发动"两航"员工全部起义，停止单机起义的策反工作，争取人是最主要的。在周总理这一正确决策之下，"两航"在香港的3000名爱国员工，毅然脱离国民党政权，归回祖国怀抱。他们中有300多人投入航空工业，为加速航空工业建设特别是航空仪表专业建设做出了积极贡献。

扭转"大跃进"后的被动局面

在"左"的错误影响下，"大跃进"使航空工业也遭受严重挫折。由于指标过高，要求过急，搞快速试制、快速施工，导致航空产品质量严重下降，大批飞机不能出厂交付部队使用，基本建设质量也存在严重问题。为消除"大跃进"的消极影响，遵照中央提出的"调整、巩固、充实、提高"的八字方针，1962年7月国防工委在北戴河召开了工作会议，1962年6月三机部在沈阳召开了备战整军会议。这两次会议周总理都亲自参加并作了重要讲话。在北戴河会议上，总理指出：当前计划调整方针是"坚决退够、留有余地、重点调整、打歼灭战"四句话，只有退够才能前进。总理还强调指出：尖端要有，也要加紧搞常规武器。并说：过去由于高指标产生过矛盾，现在就不能再定高指标。在沈阳召开的备战整军会议上，总理重点作了五点指示：（一）国防工业过去10年是有成绩的，成绩是主要的，要总结经验教训；（二）国防工业的基础打下了，但还是弱的，生产还不能完全配套，要逐步使布局合理，把基础巩固起来，发展起来；（三）自力更生要逐步实现；（四）科学研究和尖端技术要循序而进，要在一定的基础上逐步往上爬；（五）军工首先要着重生产；生产是基础，要在生产发展基础上增加基本建设，要逐步地把生产基础扩大，不能把生产停下来搞基本建设。常规和尖端也是一样，常规是尖端的基础，逐步突破尖端，也是循序而进。总理在这两次会议上的讲话，就是指导我们正确贯彻中央八字方针，是总理针对国防工业、航空工业存在的问题所作的重大决策。总理这些指示，经过罗瑞卿、孙志远同志的组织落实，终于使航空工业较好地完成了产品优质过关任务，开始向部队提供新的装备；生产了大量零备件，满足了部队急需，解决了大批飞机的停飞问题；特别是初步理顺了科研与生产、尖端与常规、主机与辅机、生产与基建等关系，使航空工业在调整的基础上得以继续前进。在沈阳召开的备战整军会议上，我刚一见到周总理，他就亲切地喊我"段子俊同志！"当时我的心情非常激动。自从 1952 年 7 月 31 日参加总理召开的会议之后，已经时隔 10 年之久，总理竟然对一个干部记得如此清楚，真是令人惊奇。总理紧紧地和我握手。这次会议之后，总理继续北上视察了哈尔滨飞机工厂。视察中，他告诉大家，从全国形势看，"困难已经到顶了，上升的局面正在开始。"确如总理的断言，航空工业在中央八字方针指引下，通过认真贯彻两次会议的精神，胜利地克服了由于"大跃进"、"反右倾"、三年自然灾害以及苏联方面中断援助所带来的种种困难，赢得了第一个五年计划之后的又一个黄金时期。

积极引进世界先进技术

对于发展我国的航空工业，周恩来总理一贯主张坚持自力更生，同时他的目光也始终注视着世界，强调学习、引进先进技术。如前所述，在我国航空工业初创时期，由于周总理的关怀和亲自筹划，争取到了苏联在技术、管理等多方面的援助，对于我国航空工业由修理迅速过渡到制造，起了重要作用。1960 年 7 月，苏联撕毁协议，单方面决定撤退专家，应提供的设计图纸、工艺资料、关键的原材料全部中断，使我方猝不及防。加之三年自然灾害和"大跃进"的影响，使我国航空工业一度陷入困境。当时在西方国家仍对我国实行技术经济严密封锁的形势之下，如果不审时度势，积极采取有效措施，我国航空工业在一段时间内就很可能出现"后继无机"的局面。

1961 年初，赫鲁晓夫突然致函毛泽东主席，表示苏联愿意向我国转让米格 -21 飞机的制造权，希望我国派代表团前往莫斯科谈判。当时中苏关系已经恶化，但考虑到发展我国航空工业的需要，党中央、周总理仍不放过这个时机，立即指示空军和航空工业局研究，提出处理意见。接着，周总理在中南海听取空军司令员刘亚楼、空军工程部副部长丁仲和航空工业局副局长徐昌裕的汇报。听完汇报，总理当即确定由刘亚楼率代表团赴苏谈判，并指出：如果他们想利用制造权来卡一下，我们就不干；如果他们想压我们在原则上让步的话，就宁可不要。

这次谈判自始至终得到总理的关注。在一轮谈判之后，代表团估计下次谈判苏方可能提出派遣顾问的问题，并就此事向国内汇报，总理立即回电明确指示：派技术专家可以，对专家如何使用，我们完全可以主动。派顾问则不能答应。如果他们坚持要派顾问，我们就宁可不要米格-21飞机。在当时的政治背景下，总理在引进先进技术上所采取的果断的灵活措施和高度原则性，从这封电报中看得十分清楚。

经过谈判，签订了苏方向我方转让米格-21飞机制造权的协议。1966年我国顺利试制成功了米格-21飞机，国内命名为歼7飞机。此后，又根据周总理提出的学习、引进、创新的方针，在原型机的基础上，成功地改进设计了歼7 Ⅰ型、Ⅱ型、M型，发展成为歼7飞机系列。从1965年开始，我国成功地自行设计制造第一种高空高速歼8飞机。后来歼8飞机发展为全天候的歼8 Ⅱ飞机。看到这些成就，不能不使人联想到当年周总理当机立断，决定购买米格-21飞机制造权的正确决策。

20世纪60年代初期，中苏关系恶化以后，周总理更加瞩目于世界，寻求一切有利时机，打破西方世界对我国的封锁与禁运。

1965年4月，总理得知英国有家纳贝尔公司倒闭，全部设备拍卖，便立即通知三机部研究有无引进价值。我们很快写了报告，建议全部购买回来。总理批示，不能全部买来，要有选择地购买。根据这一指示，我们便选派得力的领导干部和工程技术人员前往英国购买这批设备。后来在孙志远部长参加的一次会议上，总理询问此事，方知人员已经出国，便对孙说，本来我想在采购这批设备的人员出国之前，亲自和他们谈谈，不要饥不择食，要仔细认真地进行选择，防止吃亏上当。现在他们既然已经走了，就赶快发电报把这一精神告诉他们。孙志远同志回来把这件事情交代给当时三机部办公厅副主任赵光琛去办。赵光琛同志把电稿拟好后当晚亲自送到中南海。总理见到赵光琛后，第一句话就说："我已在这里等了你们一个下午了，为什么现在才来。"总理看电报草稿没有把精神讲准、讲透，要求赵就在他的办公室改写。这时，秘书送来方毅同志为同一问题草拟的一个草稿，这可能是总理等不来三机部的电稿，布置方毅同时草拟的。总理审阅后认为可以，便立即发出去了。出国人员根据总理指示，精心选购了一批精密度很高的齿轮加工设备，只用了 40 万英镑。这是航空工业在中苏关系恶化后与西方交往的第一次尝试。这些设备，在 20 世纪 60 年代后期，我国研制新型航空发动机中，对高精度的齿轮加工起了到很大作用，有的在很长一段时间里仍在发挥作用。

特别令人难忘的是，周总理在"文化大革命"中，顶住江青等人的干扰，毅然决定从英国引进斯贝航空发动机。对于飞机来说，发动机被誉为飞机的心脏。当时我国航空发动机的研制落后于飞机，而且成批生产中也经常发生质量问题。周总理得知这一情况后，曾多次指示要解决这个"心脏病"问题。英国罗·罗航空公司制造的斯贝航空发动机在 20 世纪 70 年代初期，是世界上一种较为先进的发动机。1971 年 7 月，周总理批准航空工业部从英国进口 16 台民用型斯贝发动机；同年 12 月 26 日在航空产品质量问题座谈会上，周总理再次指示要进口斯贝发动机。他说：飞机没有"心脏"怎么行呢？不能认为凡是资本主义国家的东西都不好。它也是劳动人民创造的。不要以为我们什么都能搞，要批判地学习外国的东西。根据周总理指示，航空工业部随即协同外贸部，展开了引进斯贝发动机的有关工作。

1972 年 5 月，罗·罗航空公司技术董事胡克访华，和我方进行技术座谈，并参观了沈阳航空发动机厂。受周总理委托，叶剑英副主席亲自过问这项外事活动。8 月 8 日周总理对有关请示报告又作了这样的批示："要极其认真地进行谈判和将来的考察。凡遇有问题，必须事前请示，再予答复。在英要通过使馆请示国内，千万不能大意。"为引进斯贝发动机，周总理就是这样精密周详，深思熟虑，很多我们主管部门没有想到的问题，他不仅都想到了，而且一再提醒我们。事后我们才知道，在 1972 年 5 月间，周总理已身患癌症，他不顾病魔缠身，不分昼夜操劳国家大事，仍然关心着航空工业的发展。每每忆及此事，使人心潮难平。然而，1974 年所谓"批林批孔"事件中，江青一伙却先后制造了"蜗牛事件""风庆轮"事件，把矛头指向周总理。叶剑英、李先念等领导同志坚决排除干扰，支持关于引进斯贝发动机的考察与谈判，并于 1975 年 12 月 13 日，中英双方在京正式签订了我国引进英国军用型斯贝航空发动机的专利合同。1979 年，我国航空工业仿制成功了合格的斯贝发动机，并于次年 5 月顺利通过了英国模拟高空试车台试车考验。这是在周总理关怀下，引进西方航空军事技术的一次突破。通过考察和仿制斯贝军用型发动机，提高了我国航空发动机的设计、工艺水平。同时围绕仿制斯贝军用型发动机，国内冶金、机械、化工等部门调集了技术力量，组织技术攻关，既保证了斯贝仿制的需要，又带动了其自身技术水平的提高。

7 精心绘制第一幅建设蓝图

刚刚迎来新中国的共产党领袖们在经济建设方面还是个"小学生"。"小兄弟"取经"老大哥"。斯大林说：只能说你们的运气好。周恩来精心筹划，签订 156 个重点项目，奠定了中国工业化的基础。

加紧研究制定"一五"计划方案

20 世纪 50 年代初始，我国国民经济在重重困难中正朝着预期目标迅速地恢复着。为了不失时机地开展大规模的有计划的经济建设，1951 年 2 月中旬，以毛泽东为首的高瞻远瞩的新中国开国元勋们，在中共中央政治局扩大会议上作出了"3 年准备，10 年计划的经济建设"的重大决策，责成中央人民政府政务院财政经济委员会（简称中财委）开始编制第一个五年计划。

为了编制好"一五"计划，周恩来提议在这年 2 月成立了一个 6 人领导小组加强领导，成员是：周恩来、陈云（副总理兼中财委主任）、薄一波（中财委副主任）、李富春（中财委副主任）、聂荣臻（代总参谋长）和宋劭文（中财委计划局局长）。

鉴于自 1951 年 7 月以来朝鲜战场战争形势出现新的转机，朝中人民军队经过浴血奋战，就像铁板钉钉似的把战线牢固地稳定在"三八线"上，出现了朝鲜战争一时不可能结束但也不可能逆转的相持局势。对此，中共中央和毛泽东又在 1952 年 5 月提出走一着实行"边打、边稳、边建"战略方针的妙棋。

这样，周恩来、陈云领导中财委加紧研究制定"一五"计划方案。到 1952 年 6 月，中财委汇总各大区和各工业部门上报的经济建设指标，为渴望早日告别贫困落后的中国人民，勾画出了中国有史以来开展有计划的大规模经济建设的第一幅宏伟建设蓝图草案——《1953 年至 1957 年计划轮廓（草案）》。

据参加"一五"计划编制的宋劭文介绍：

周恩来与毛泽东、刘少奇、邓小平、陈云等在一起

在这个草案中，对我国钢铁、机械、煤炭、石油、电力、化学、电器制造、轻纺、航空、坦克、汽车、造船等工业，提出了具体建设指标和要求，对重大水利、铁路、桥梁建设也作出总体规划。通过"一五"计划，拟扩（改）建与新建若干个重工业区，即以钢铁和机器制造工业为中心的鞍山、武汉、包头3个区域，以动力设备、重型机械制造工业为中心的哈尔滨、沈阳、齐齐哈尔、西安区域，以化学工业为中心的吉林区域，以煤炭和采矿设备制造为中心的抚顺、大同区域，以及以机器制造为工业中心的洛阳、成都区域，以初步形成我国工业建设的新框架与大致合理的布局。

由于我国还没有制订和实施五年计划的经验，所以有必要就我国"一五"计划的制订和实施问题，征求已经领导一个大国胜利进行30多年社会主义经济建设的苏联政府的意见，学习他们的经验，同时还需要同苏联政府商定援助我国经济建设的具体项目。

在这种情况下，日理万机的周恩来为自己近期的工作安排，写信给毛泽东、刘少奇、朱德和陈云等。他写道：

在 7 月份，我拟将工作重心放在研究五年计划、外交工作方面，其他工作尽量推开。所拟分工计划如下：

对五年计划，当着重于综合工作，俾能向中央提出全盘意见并准备交涉材料。

对旅大问题当准备一新约草案。

对朝鲜停战谈判及反细菌斗争，除过问日常工作外，当令章汉夫接替这两项工作……

外交使节会议已开过一月，现他们在各地参观，待他们在月中回来，我当参加总结，并向中央汇报。

政务会议，当由陈（云）、董（必武）、郭（沫若）、黄（炎培）轮流主持并将议程准备好，即使周、陈不在，仍能按期开会。

……

维汉同志已商好自 7 月 12 日起休假，政务院日常工作只能由齐燕铭处理。这是有若干困难的。如能于 7 月下旬与邓小平同志商好，先发表他为政务院副总理，并于 8 月份来京主持一个时期（政务院工作），这是最理想的办法，三反、五反已过，未了事项请子文、一波同志分别主持。量刑之事，将由景范同志主办。

中央一级总党委第一书记，我可不再挂名，提议即以安（子文）为第一书记，杨（尚昆）为第二书记，肖华为第三书记。

上述事项请主席批准，并予传阅。

七八月间，骄阳似火，酷暑难熬。8 月 11 日，周恩来主持制定的《中国经济状况和五年建设的任务（草案）》终于完稿。同时，他还起草了《关于三年来中国主要情况及今后五年建设方针的报告提纲》。这两个文件分析了国内政治、经济、军事等基本情况，提出了五年建设的基本任务、指导方针和主要经济指标。

8 月 13 日下午，周恩来同匆忙从重庆赶到北京就任副总理的邓小平谈话，向他交代了政务院的工作。随后，他在第 148 次政务会议上郑重宣布："在我奉毛泽东主席之命赴苏联访问期间，由邓小平代理总理职务。"

寻求援助赴苏联

8 月 15 日，周恩来率领中国政府代表团乘坐 3 架军用飞机、1 架民航飞机飞离北京，由东向西，途经苏联伊尔库茨克、新西伯利亚等地，向友好邻邦苏联的首都莫斯科飞去。17 日，周恩来一行抵达目的地。代表团阵营庞大，共 65 人，包括了各部门、各行业主要负责人。首席代表为周恩来，代表为陈云、李富春、张闻天（驻苏大使）、粟裕（副总参谋长）；代表团其他主要成员还有：重工业部部长王鹤寿、燃料工业部部长陈郁、中财委计划局局长宋劭文、空军司令员刘亚楼、海军副司令员罗舜初、炮兵副司令员邱创成、一机部副部长汪道涵、邮电部副部长王净和外交部政治秘书师哲、东欧司司长徐以新、亚洲司司长陈家康。

这次出访活动，是新中国继毛泽东、周恩来 1949 年底至 1950 年初访问苏联之后的第二次重大国际活动，是中苏两国经济、军事、科技等方面进行全面合作的一次最重要谈判，为新中国即将到来的第一个五年计划建设创造了良好条件。

在机场，周恩来受到苏联党政领导人莫洛托夫、米高扬、布尔加宁、维辛斯基等的热烈欢迎，并发表了热情洋溢的讲话。他兴奋地说：

> 中华人民共和国在推翻外国帝国主义和国民党反动统治之后的 3 年时间中，由于中国共产党和毛泽东主席的正确领导，由于全国人民的努力，又由于苏联政府和人民的热情援助，曾不断地克服国内外的种种困难，业已在国家建设的各方面获得了重大成就……
>
> 中华人民共和国政府代表团这次来莫斯科，是为了继续加强两国之间的友好合作，并商谈各种有关问题。中苏两大国的友好合作的继续发展，必然对于中苏两国人民的和平建设事业，都将有更重大的贡献。

到莫斯科后，周恩来把代表团成员集中起来，将准备提交苏联政府讨论的有关文件和材料，又逐段、逐句地重新讨论修改了一遍。宋劭文在《周总理和第一个五年计划》的文章中谈到上述情况时，感慨地说：

> 审阅当中，发现林业采伐、造林和木材蓄积量计划数字核对不上，总理当即在电话中，严厉地批评了代表团成员中负责计划工作的同志。令人意想不到的是，第二天周总理来到中国政府代表团团员下榻的宾馆，与大家共进午餐。餐厅服务员给总理送来一瓶白兰地酒。周总理亲自斟满两杯，站起身走到一天前批评过的那位同志面前，递给他一杯，并微笑着说："昨天我批评了你，以后要细心一些嘛！不要把这么重要的数字搞错！来，我敬你一杯酒，祝你今后工作得更好。"就这样，经周总理简单自然的一席话，一杯酒，一下子就缓和了一天前那件不愉快的事情造成的紧张沉闷的气氛。大家深为总理严谨的工作作风和高超的领导艺术所折服。

20世纪50年代初期，中苏关系处于鼎盛时期。中国坚决地投入到抗美援朝战争中，并取得辉煌胜利，消除了斯大林对中国走所谓"民族主义道路"的最后疑虑，他决定尽力给中国以经济和技术方面的援助。因此，斯大林对周恩来为首的中国代表团的此次来访高度重视，在一个月时间里先后3次同周恩来、陈云、李富春、张闻天、粟裕会谈。

8月20日，周恩来在第一次会谈中简述了中国代表团将同苏联商谈的有关问题，接着介绍了毛泽东对朝鲜战局和国际形势的看法。斯大林静静地听着周恩来的介绍，并不时地投以信任的目光。

随后，斯大林发表意见，表示同意毛泽东对朝鲜战局与国际形势的分析和在停战谈判中所应采取的方针；还表示愿尽力之所及在工业资源勘探、设计、工业设备、技术资料以及派中国留学生到苏联学习或实习等方面给中国以帮助。

最后，斯大林指定莫洛托夫、布尔加宁、米高扬、维辛斯基、库米金组成苏联政府代表团同中国政府代表团商谈各项具体问题。

8月23日、28日，周恩来分别将《三年来中国国内主要情况及今后五年建设方针的报告提纲》《中国经济状况和五年建设的主要任务》《中国国防军五年建设计划概要》等文件的俄译本送交苏联政府代表团和斯大林。

在苏联党政领导人看完这些文件后，经双方约定，9月3日，周恩来率领中国政府代表团同斯大林举行第二次会谈。

会谈中，周恩来介绍了中国土地改革、镇压反革命、抗美援朝、"三反"与"五反"运动、国民经济的恢复和军队整编等情况。接着，他着重介绍了第一个五年建设计划的设想。主要内容是：（一）中国经济状况；（二）五年建设方针；（三）五年建设主要指标和主要项目；（四）长期建设的准备工作；（五）请苏联援助事项。

斯大林对周恩来的全面介绍给予了积极的反应。他面带微笑地说：中国三年恢复时期的工作，"给我们这里印象很好"。接着，他对中国"一五"时期的经济发展速度提出了中肯而宝贵的意见，指出："你们五年计划中工业增长速度，每年为20%，是勉强的。""要按照一定可以办到的（原则）来做计划，不留后备力量是不行的。必须要有后备力量，才能应付意外的困难和事变。"今后产值每增长1%，其增长的总量"总是比过去的大"。"我建议工业建设的增长速度，每年上涨可降到15%"，"留点后备力量总有好处"。

斯大林在问明中国政府只准备公布编制好的五年计划的方针，而不公布整个具体计划的情况后，说："应该使人民知道，不能只提方向和方针。看来非公布不可，群众是愿意知道数字的。"这时，对中国共产党表现出极大信任和尊重的斯大林，进一步说明：五年计划究竟公布不公布，"这是你们的事，由你们自己决定"。同时，他明确表示，苏联政府愿意帮助中国制订"一五"计划，愿意为中国实现五年计划提供所需要的技术、设备、贷款等援助，并派专家到中国帮助建设。

斯大林的以上表示，为中国代表团在苏联开展工作提供了极大的方便。

感谢斯大林

根据同斯大林会谈所获得的实际性进展，9月6日，周恩来两次致信莫洛托夫。在第一封信中，他提出：中国在从1953年开始的第一个五年计划建设时期，从苏联进口装备、普通货物和非贸易支出所要支付的外汇，同中国对苏联出口和非贸易收入二者之间，将出现46亿多卢布的逆差，因而需要请苏联政府给予中国贷款。在第二封信中，他提请苏联政府向中国提供经济建设所需的各种技术资料，以帮助中国提高工业生产的技术水准。同时，他还将中国人民志愿军抗美援朝订货单、委托苏联帮助设计的建设项目名单、聘请各类苏联专家名单等文件资料送交苏联方面。

同时，周恩来把中国代表团工作人员按业务性质、工作关系分为若干相应的组，让他们分头同苏方各有关部门直接商洽，面对面地研究苏联援助中国的具体项目。他认为，这样做，可以使他和陈云、李富春超脱一些，可以有更多时间考虑并同代表团各组分别研究解决一些急需处理的重大问题。

9月10日，周恩来率领中国代表团赴斯大林格勒（今俄罗斯伏尔加格勒）参观。为什么去这里参观呢？据担任此次出访首席翻译的师哲介绍，此行的目的是：

> 一是慰问这个英雄城市的居民，他们在卫国战争中蒙受的损失和灾难也较大，但是表现得十分英勇顽强，对扭转整个战局做出了巨大贡献，如史诗般的壮丽；二是为了了解当年在这个地区所进行的历史上罕见的、最残酷、最猛烈而具有关键性的战役的实际情况；三是就地实际调查战争带来的后果，以及在战后所进行的恢复和重建工作……

接着，师哲深怀钦佩之情地说：

> 这里值得特别一提的是周恩来同志虚心好学的精神和善于调查研究、深入了解情况的好作风。他把参观访问当成一个学习和钻研问题的机会，把游艇变成学习的场所。周总理向陪同参观的当地州、市委负责人详细询问了斯大林格勒保卫战的详细经过，战后城市恢复工作的进展情况，特别是工业生产的恢复情况。在参观拖拉机厂时，周总理对这个厂的重建、扩建和生产情况作了全面的了解。

9月15日，周恩来出席中苏《关于橡胶技术合作协议》等文件的签字仪式，并在会上发表了情真意切的致辞：

> 30多年前，中国人民受了十月革命的影响和启发，认识了民族革命的真理，提出了反帝反封建的任务。经过30年的斗争，中国人民终于取得了全国解放的胜利。反动统治阶级被推翻了，帝国主义的侵略

势力被赶走了，中国人民被侵略被压迫的时代已经一去不复返了。近3年中国人民对外抵抗了美帝国主义新的侵略，对内实行了土地改革，恢复并发展了工农业生产，镇压了反革命，巩固了人民民主专政。

中国人民的这些胜利，这些成就，是与伟大的苏联人民和政府在斯大林同志领导之下，对于中国人民解放事业和建设事业的亲切关怀和伟大援助分不开的，也是与世界进步人类的同情和支持分不开的。中国人民永远不会忘记这种深切的友谊和援助。这次，我们中华人民共和国政府代表团来到莫斯科，在斯大林同志亲自参加和指导之下，使中苏两国人民的友好合作，又得到了进一步的成就。我在此表示衷心的感谢。

最后，周恩来面带微笑，注视着斯大林，激动地说：

我现在举杯。为中苏两国人民的伟大友谊获得新成就庆贺，请大家为中国人民最好的导师和朋友，全世界人民的伟大领袖斯大林同志的健康干杯！

面带喜悦神情的斯大林，在周恩来话音一停就站了起来，向周恩来点头致意。这之前，斯大林曾对周恩来说：你们的革命成功后，我们援助你们是我们的责任。只能说你们的运气好，假使你们的革命先成功，我们也会向你们求援的。我应当感谢你们在朝鲜作战和提供橡胶两件事情上对苏联的援助。

在中国代表团各组的工作大致走上正轨后，周恩来指定李富春代理代表团团长职务，领导各组继续进行谈判。

9月24日，周恩来、陈云、粟裕一行17人返回北京。

圆满完成《第一个五年计划草案》

回国后，周恩来继续关注和直接过问中苏双方在莫斯科的会谈进程。每当李富春在谈判中遇到重大问题打电报向国内请示时，周恩来总是及时审阅这些电报，并在与其他中央领导人研究商定后，及时给予明确指示和答复。

1953年3月5日，对苏联革命与建设和反法西斯卫国战争做出不可磨灭的历史性贡献的一代伟人斯大林逝世。他的逝世，震动了苏联、震动了社会主义阵营以至整个世界。

3月8日，周恩来代表中国党和政府抵达莫斯科参加斯大林的葬礼。在莫斯科期间，他利用工作间隙，听取了李富春、叶季壮、宋劭文关于中苏商谈"一五"计划轮廓（草案）的情况汇报，并作了详细记录。回国后，他将李富春等的汇报和李富春关于五年计划的建议等4个文件整理后，分送有关领导人征求意见。

4月8日，周恩来约见奉命回国汇报中苏会谈最新进展情况的宋劭文，详细询问了苏联政府对中国"一五"计划的意见。

周恩来颇为不解地问道："去苏联谈判为什么拖了这么长的时间？"

宋劭文回答说："这是因为苏联方面对计划的平衡工作要求很高，对我国地质资料、技术水平和生产能力询问得很详细，而我们在这些方面的准备工作不足，使项目选址、施工设计、设备分交、技术人员的培训等计划内容的落实，花费了不少时间。"

听了宋劭文的解释，周恩来明白了缘由，赞同地说："是啊！确定100多个援助项目，并要守约按期交付使用，确实不是一件容易的事情！"

为了使周恩来对整体情况有更清楚的了解，宋劭文还将中国代表团绘制的七八张中国"一五"计划受援项目进度曲线图交给周恩来。从曲线图上，可以一目了然地看清受援建设项目的厂址选择、投资规模、开工日期、施工进度、交付日期、生产能力等情况。周恩来饶有兴味地仔细审看这些曲线图，感到很满意。

4月30日，周恩来起草复李富春电文：

我们同意你在来电和来信中所提的各项意见。请你即向米高扬同志表示：毛泽东同志及中共中央和中国政府完全同意苏联政府提出的《关于苏联政府援助中国政府发展国民经济的协定》《协定的议定书》《协定的第一号、第二号、第三号附件》《议定书附件》及《两个清单的附注》等8个文件，并完全满意和感谢苏共中央和苏联政府给予中国人民和中国政府这样巨大和长期的援助。党和政府愿尽一切力量完成这些文件所规定的义务和责任，并即委托李富春同志为全权代表签订这些文件。

周恩来和陈云

1953 年 5 月 15 日，李富春根据中共中央的授权，同米高扬分别代表两国政府在《协定》上签字。根据这个《协定》，苏联将援助中国建设与改建 91 个工业企业项目，加上 1950 年签约援助中国的 50 个，总共 141 个项目。1954 年 10 月，苏联政府再次应中国政府的请求，又追加了 15 个项目。这样，"一五"期间，苏联总共援助中国 156 个重点项目。以后，简称为被中国人民所熟知的 156 项。

自此，历时 8 个多月的第一个社会主义国家苏联援助新中国"一五"计划建设的会谈，获得圆满成功。

无论是国家主席毛泽东、副主席刘少奇，还是政府总理周恩来、副总理陈云等，对这次会谈所获得的成就，都充满了欣慰和喜悦之情。

这以后，在周恩来直接指导下，在陈云、李富春等编制五年计划纲要的 8 人

周恩来和刘少奇

小组的具体领导和苏联政府的帮助下，国家计委继续进行着"一五"计划的编制工作，并在 1954 年 9 月向中共中央提出了《中华人民共和国发展国民经济的第一个五年计划草案（初稿）》。至此，"一五"计划的编制工作进入尾期。

1954 年 11 月，周恩来和毛泽东、刘少奇、李富春等在广州审核修改了《第一个五年计划草案（初稿）》。同时，中共中央通知中央各部门和各省、自治区、直辖市讨论《第一个五年计划草案（初稿）》。

1955 年 3 月 31 日，党的全国代表大会原则通过《第一个五年计划草案（初稿）》。

6 月 27 日，周恩来在第一届全国人大常委会第 17 次会议上，对将要提请全国人大一届二次会议审定的《第一个五年计划（草案）》作了说明。

7 月 6 日，全国人大一届二次会议正式通过新中国党和国家领导人精心绘制的第一幅建设蓝图——《中华人民共和国发展国民经济的第一个五年计划（1953—1957）》。

11 月 9 日，周恩来签发国务院令，将《第一个五年计划》中的各省、自治区、直辖市部分随令下达，指示各地"遵照执行，并领导群众努力增加生产，厉行节约，克服困难，为胜利完成和超额完成第一个五年计划而奋斗"。

由于"一五"计划是建立在大量调查研究，从中国国情出发，量力而行，合理规定国民经济发展的比例和速度的基础上制订的，因此，到1956年底，"一五"计划的主要指标大都大幅度地超额完成。"一五"时期所取得的这些成就，远远超过旧中国的一百年，同世界其他国家工业起飞时期相比，也是名列前茅的。这些成就，为我们年轻的共和国的国家工业化奠定了初步的却是十分重要的物质基础；同时，用事实证明了西方帝国主义国家所宣传的"中国'一五'计划一定要失败"预言的破产。

8 提出四个现代化

为谋划中国的未来发展，周恩来把中华民族仁人志士梦寐以求的希望表述为一个切实可行、逐渐接近的目标——四个现代化。

我们的国家，要在比较短的历史时期内赶上世界发达国家，必须有一个明确的发展目标。这个目标，开始时提的是——工业化。

早在革命战争年代，1945 年 4 月，毛泽东在中国共产党第七次全国代表大会上所作的《论联合政府》报告中，就提出："中国工人阶级的任务，不但是为着建立新民主主义的国家而斗争，而且是为着中国的工业化和农业近代化而斗争。"1949 年 6 月，建国前夕，他又说："中国将是一个人民民主专政的国家"，"人民民主专政的国家，必须有步骤地解决国家工业化的问题"。

1949 年，周恩来主持起草的中国人民政治协商会议的共同纲领中也说，中国要"发展新民主主义的人民经济，稳步地变农业国为工业国"。

1952 年，我国的经济已经恢复，朝鲜停战也已在望，周恩来主持起草《中国经济状况和五年建设的任务（草案）》，准备制订第一个五年建设计划。在这个草案里，提到的基本任务是"为国家工业化打下基础"。

国家工业化所需要的时间，当时周恩来估计，"中国工业化，是十年、二十年的问题"。

新中国的建设，开始时仿照苏联的模式，但是已经与苏联有所不同，例如，1949 年周恩来提出以农业为基础，就是不同之一。经过恢复时期和第一个五年计划头两年的实践，建设中国的路究竟怎么走？周恩来在重新探索了。

中国的新民主主义革命，走的是自己的道路，取得了胜利。新中国成立后如何建设？中国也要本着马克思主义的基本原理探索走自己的路。这种探索经历了几十年，到了 20 世纪 80 年代，邓小平归结为"建设有中国特色的社会主义"。

周恩来尽管事务繁多，但是他并不埋没在事务中，他是一个思虑深远的政治家、战略家。周恩来从宏观上试图把握中国的未来，探索除了工业化之外，是否

1954 年 9 月，第一届全国人民代表大会第一次会议在北京召开。这是周恩来和李济深等步入会场

还可以有其他的目标，他提出了四个现代化。

1954 年，在第一届全国人民代表大会第一次会议上，周恩来提出："我国的经济原来是很落后的，如果我们不建设起强大的现代化的工业、现代化的农业、现代化的交通运输业和现代化的国防，我们就不能摆脱落后和贫困，我们的革命就不能达到目的。"

周恩来提出了四个现代化后，中国共产党全党接受了周恩来的提法，把它写入了 1956 年中共八大通过的《中国共产党章程》总纲中。

"中国共产党的任务，就是有计划地发展国民经济，尽可能迅速地实现国家工业化，有系统、有步骤地进行国民经济的技术改造，使中国具有强大的现代化的工业、现代化的农业、现代化的交通运输业和现代化的国防。"

此后的 20 多年中，周恩来一再地、反复地强调这个目标，内容越来越完整、

1954 年 9 月，周恩来在第一届全国人民代表大会第一次会议上作《政府工作报告》，明确提出要把我国建设成为具有"强大的现代化的工业、现代化的农业、现代化的交通运输业和现代化的国防"的社会主义国家

越来越科学，他的思想不断发展着。

1954 年提出的四个现代化的内容，和现在我们说的四个现代化的内容略有不同，主要是现在不再把交通运输的现代化专门作为四化的一项内容，因为周恩来后来作了更改。1957 年 8 月 13 日到 20 日，周恩来在北戴河主持召开国务院常务会议，讨论关于发展国民经济的第二个五年计划和 1958 年计划、预算和国务院的体制等问题。他在会上讲到工业的时候，讲明了工业是"包括交通运输在内"的，指出"交通运输是要先行的，但要全面安排"。因此，交通运输业的现代化就包含在工业现代化之内，不再单独列出了。

1955 年，经过上一年的日内瓦会议和本年的万隆会议，世界局势肯定在趋向和缓了。周恩来说，这"才考虑把国防工业放慢一些"，这以后的几年间，国防现代化暂时不提了。这时只提工业、农业、科学文化这"三个"现代化。

周恩来关于几个现代化的提法和把交通运输现代化纳入工业现代化的主张，受到中共中央其他领导人的重视和接受。1957 年后，毛泽东、刘少奇、朱德在他们的讲话中，都提过要把我国建设成为一个具有现代工业、现代农业和现代科学文化的伟大的社会主义国家。

1959 年底，1960 年初，毛泽东在边读边议苏联的《政治经济学教科书》第三版社会主义部分时，讲到仍要加上"国防现代化"。这就是要重新提出 1954 年周恩来提过的国防现代化。1959 年，周恩来恢复了"四个"现代化的提法。这年 12 月 24 日，他在黑龙江省委组织的厅、局长以上干部会议上作报告，说道："我们处在这样的国际国内形势下，需要加快建设我们的国家，使我们国家更快地成为具有现代工业、现代农业、现代科学文化和现代国防的社会主义强国。"后来，1961 年 9 月 15 日中共中央在关于当前工业问题的指示中，也恢复了"四个"现代化的提法。

3 年后，周恩来又把科学文化现代化表达为科学技术现代化。

1956 年 1 月周恩来曾说过："现代科学技术正在一日千里地突飞猛进。"科学方面的最近的成就"使人类面临着一个新的科学技术和工业革命的前夕"，"我们必须赶上这个世界先进科学水平"。后来他在实践中越来越认识到科学技术现代化的重要性和它对工业、农业、国防现代化的重大影响，深刻地认识到我们只有掌握了最先进的科学技术，才能有巩固的国防，才能有强大的先进的经济力量。1963 年 1 月他在上海市科学技术工作会议上说："我们要实现农业现代化、工业现代化、国防现代化和科学技术现代化，把我们祖国建设成为一个社会主义强国。"

他在讲四个现代化的时候说，我们要正确地认识科学技术现代化在社会主义建设中的重大意义，要使我国实现四个现代化，"关键在于实现科学技术的现代化"。

1956 年 1 月，他就说过："科学是关系我们的国防、经济和文化各方面的有决定性的因素。"

对于这四个现代化，周恩来认为"要同时并进，相互促进，不能等工业现代化以后再来进行农业现代化、国防现代化和科学技术现代化"。当然，这里所说的同时并进，是重点建设和全面安排相结合的，是国民经济各部门相互促进，协调发展，有缓有急的同时并进。

周恩来关于中国进行现代化建设的设想，是开放性的。1964 年 4 月 23 日他在会见日本关西经济访华代表团时说："中国经济的发展，主要依靠自力更生。"同时又说："要使经济技术达到现代化的水平，也需要进行国际合作。"

在 1964 年末至 1965 年初的三届全国人大一次会议上，周恩来作的《政府工作报告》中，概述了我国农业、工业、财政贸易、文化教育等方面已经取得的巨大成就，说是调整国民经济的任务已经基本上完成了，整个国民经济将要进入一个新的发展时期。他说，要"把我国建设成为一个具有现代农业、现代工业、现代国防和现代科学技术的社会主义强国"。这是他正式向全国完整地提出现在这个"四化"号召。

与此同时，周恩来提出要建立独立的国民经济体系和工业体系。这样提，有一个国际背景，就是当时苏联的领导人赫鲁晓夫强调要什么"国际分工"，要中国只搞农业、轻工业，实际是卡中国。周恩来据理力争，主张建立自己的体系。

另一方面，这也是从"工业化"的提法发展而来的。

什么叫作"工业化"？

我国开始建设时依据的是苏联的经验。苏联的经验是，实现国家工业化，标准是工业总产值在国民经济全部产值中达到 70%。斯大林 1933 年对苏联第一个五年计划作总结，就是说工业产值在国民经济全部生产中的比重已经增长到 70%，苏联已由农业国变成工业国了。

1956 年 7 月周恩来会见南斯拉夫驻华大使波波维奇，在谈话中他讲道：我们要实现工业化，至少必须争取使工业在整个国民经济中所占比重达到 60% 到 70%。这里所说的这个百分比大体相当于苏联宣布由农业国变成工业国时工业产值在国民经济中的比重。

如果按照这个标准，我国达到工业化所需的时间并不用很久。根据一些材料估计，在抗日战争以前，我国现代工业产值只不过占国民经济总产值的 10% 左右。1953 年的统计，我国使用机器的工业产值 1949 年约占工农业总产值的 17% 左右。1952 年是 28% 左右。1957 年，全国工农业总产值 1241 亿元，其中工业总产值 704 亿元，占 56.7%。1958 年，全国工农业总产值 1649 亿元，其中工业总产值 1083 亿元，占 65.6%。1959 年，全国工农业总产值 1980 亿元，其中工业总产值

1483 亿元，占 74.9%。所以，如果按照 60% 到 70% 的要求来说，1958 年已经达到了；如果按照苏联宣布的由农业国变成工业国的百分比要求来说，1959 年也已经达到了。

但是，那时候周恩来多次对周围工作人员明确地说，他不赞成过早地宣布实现了工业化。1956 年 2 月 8 日他在国务院的会议上说："绝不要提出提早完成工业化的口号。"为什么不要提出呢？周恩来经过了多年经济建设的实践，对工业化的解释已经在作新的考虑了。原来的单纯百分比的要求，显然太简单了。

1953 年，周恩来已经认识到，以工业总产值占的百分比多少来计算工业化，以及只提"工业化"，都是不够的。这年，政务院财政经济委员会副主任贾拓夫在全国劳模大会上作报告，提出"实现社会主义工业化"的口号，周恩来看到报告后认为不应孤立地只提工业化，提议他作些修改，说："因为这个口号在我们这个过渡时期作为唯一目标来说是不完全的，其中没有包括农业集体化及利用和改造资本主义工业。"

我国的第一个五年计划，通过重点建设重工业来实现工业化，但是在五年计划的第一年，1953 年，周恩来就说："集中主要力量发展重工业，不是说把一切力量都摆在重工业上，其他的都不搞了，农业不发展了，轻工业也不发展了。那是不行的，因为重工业还不能满足人民的需要。"这时他已经看到苏联当年一味发展重工业的弊病，认识到国民经济的发展必须全面地协调向前。他说："只有各个方面都能全面地有配合地向前发展，才能保证我们计划建设的胜利。"

1956 年 9 月，周恩来在中国共产党第八次全国代表大会上作《关于发展国民经济的第二个五年计划的建议的报告》。在这个报告中，他对工业化的解释有了创造性的提法。他说："我国社会主义工业化的主要要求，就是要在大约三个五年计划时期内，基本上建成一个完整的工业体系。"这一点，后来写进了八大通过的《关于发展国民经济的第二个五年计划（一九五八——一九六二）的建议》中。

"建成一个完整的工业体系"，这就把社会主义工业化的内容充实和进一步发展了。

什么叫建成一个完整的工业体系？在中共八大上，周恩来曾经解释过。他说："这样的工业体系，能够生产各种主要的机器设备和原材料，基本上满足我国扩大再生产和国民经济技术改造的需要。同时，它也能够生产各种消费品，适当地满足人民生活水平不断提高的需要。"后来，在中共八届二中全会上，他进一步说明："我们的工业化，就是要使自己有一个独立的完整的工业体系。"他说："我们所说的在我国建立一个基本完整的工业体系，主要是说，自己能够生产足够的主要的原材料；能够独立地制造机器，不仅能够制造一般的机器，还要能够制造重型机器和精密仪器，能够制造新式的保卫自己的武器，像国防方面的原子弹、导弹、远程飞机；还要有相应的化学工业、动力工业、运输业、轻工业、农业等。但是，应该指出，基本上完整并不是说一切都完全自足。"

说到建立一个完整的工业体系问题，周恩来的认识也还是在继续发展的。此后不久，他在1959年12月的一次讲话中，提到了"我们的国家很落后，比起工业发达的国家，我们不仅经济上落后，而且生活水平以及科学文化水平也不高。要摆脱这种落后状态，就得很快地建立一个独立的经济体系，这包括经济、文教、科学、国防、财政、贸易等各方面。"

1963年8月，在一次《中共中央关于工业发展问题》起草委员会议上，邓小平提出，要"立足现实，瞻望前途"。周恩来表示同意，并且说："必须瞻前顾后，有一个远期的奋斗目标。"他提出要基本建立一个独立的国民经济体系。"国民经济体系不仅包括工业，而且包括农业、商业、科学技术、文化教育、国防各个方面。"他说，过去的"工业国的提法不完全，提建立独立的国民经济体系比只提建立独立的工业体系更完整。苏联就是光提工业化，把农业丢了"。按照周恩来的设想，为了建立一个独立的国民经济体系，当时他提出了到1975年的奋斗目标。

他认为，达到了这些目标，"就可以说基本上建成独立的国民经济体系了"。

在1963年，周恩来认为，经过新中国成立后14年的努力，"我们已经为建立一个独立的国民经济体系和工业体系打下了初步的基础"。

在1964年末至1965年初的三届全国人大一次会议上，周恩来提出，不能孤立地提建立独立的、比较完整的工业体系问题，同时还应当提出建立国民经济体系问题，要建立我国独立的、比较完整的工业体系和国民经济体系。因为我们国家是一个人口众多的大国，在建立工业体系的同时，必须大力发展农业，加速农业和科学技术的现代化进程，相应地发展交通运输业。工业现代化和建立完整的工业体系不能孤立地进行，必须从国民经济综合平衡的要求出发，全面地有计划按比例地发展。

周恩来抱病作《政府工作报告》

　　在三届全国人大一次会议上，周恩来在完整地提出四个现代化的同时，也提出了两步走的设想。第一步，建成一个独立的、比较完整的工业体系和国民经济体系；第二步，在20世纪内，全面实现农业、工业、国防和科学技术的现代化，使我国经济走在世界的前列。这次在《政府工作报告》中提出四个现代化，它的内容和两步走的设想，当然是中共中央领导人共同考虑和同意的。四化的内涵已经是现在所说的内容，而两步走的设想，表明了周恩来的思想又进了一层。第一步可以说是对工业化的思想的进一步深化，第二步则对四化提出了完整的要求。

　　这样，就把实现四化目标和成体系地进行建设，有机地联系了起来。战略目标是比较长期的，为达到目标，必须一步一步进行，有短期内的努力方向。后来，在20世纪80年代，邓小平同志也按照分步走的设想来指导全国为战略目标而奋斗。

　　周恩来在三届全国人大一次会议上宣布四个现代化目标之后，本来打算从

1966年起，在建设上用"巨大的而又是稳重的"步伐开始迈进。但是，"文化大革命"打断了这个进程。

10年后，1974年冬，邓小平受毛泽东委托，代周恩来主持起草在四届全国人大一次会议上的《政府工作报告》。《报告》中把周恩来关于四个现代化建设的一贯思想，作为经济部分的重点来写。当时的起草小组，包括了王洪文、张春桥、江青，都是成员，邓小平主持。起草小组中对此争论很大，邓小平坚持了下来。周恩来同意这个报告稿。1975年1月18日，在四届全国人大一次会议上，周恩来以顽强的意志，战胜了沉重的癌痛，以全国人民熟悉的激昂有力的声音，作了《政府工作报告》，重申四个现代化的目标。这一报告使全场振奋，长时间地掌声雷动。他再次鼓起了中国人民把我国建设成为社会主义现代化强国的斗志。

9　开启知识分子的春天

1955 年，周恩来的心中酝酿着一个关系共和国前途命运的战略决策。1956 年，知识分子迎来了他们心中永远的春天。

1956 年 1 月，中共中央召开了知识分子问题会议，就进入全面社会主义建设时期后，如何正确估计、对待知识分子和发展科学文化问题进行了决策。这次会议，从酝酿准备，到会议召开和对会议精神的贯彻执行，自始至终是在周恩来主持下进行的。

历史转折关头的战略决策

新中国成立后，国民经济的恢复，各项建设的开展，特别是第一个五年计划开始后，时时处处都碰到建设人才缺乏，建设急需知识分子积极参与这一无法回避、亟待正确回答的严峻问题。同时，需要不断地及时妥善地解决知识分子的有关问题。

在这一历史环境中，作为中共中央主要领导人、国务院总理的周恩来，对知识分子在国家建设中的地位和作用一贯给予高度重视。

——1950 年 8 月 24 日，在中华全国自然科学工作者会议上，周恩来作《建设与团结》的报告时明确指出，我们国家的"方向和目标是确定了的"，这就是"建设独立、民主、和平、统一和富强的新中国，要把中国由一个农业国变为工业国"。但是，我们是在旧中国留下的满目疮痍的"破烂摊上进行建设，首先必须医治好战争的创伤，恢复被破坏了的工业和农业"。恢复工作"不可能百废俱兴，只能先从兴修水利、修筑铁路、制造化学肥料这几项工作入手"。"单说这几件大事，都需要科学家的努力。现有的专家不是太多而是不够。"

——1951 年 8 月 22 日，在来自全国各条战线的 18 个专业会议代表和政府部门负责人参加的会议上，周恩来又说，现在"人才缺乏，已成为我们各项建设中的一个最困难的问题"。"只要我们的工作开展了，中国的知识分子就不是太多，而是太少了。""这是旧社会遗留给我们的一个困难，也是中国的一个特点。"

——从1952年7月开始，周恩来以很大精力参加研究和制订第一个五年计划。一搞五年计划建设，他更感觉到建设人才缺乏的问题。

——到1955年底，第一个五年计划即将进入有更多建设项目要铺开的关键性的第四年。各种人才匮乏的问题显得更加现实、迫切和尖锐了！

周恩来在20世纪20年代和50年代曾两次到欧洲，目睹了科学技术的进步在这30年中给西欧人民的物质生活以及整个社会生活带来的飞速变化，具有切肤之感。因此，他清楚地认识到作为科学知识载体的知识分子在我国社会生活中的重要作用。他大声疾呼："我们现在所进行的各项建设，正在愈来愈多地需要知识分子的参加。"不仅如此，"知识分子已经成为我们国家的各方面生活中的重要因素"。我们"必须依靠知识分子的积极劳动"。

尤其需要知识分子积极参与建设的社会历史条件，为知识分子大显身手提供了广阔的用武之地。

几年来，我国知识分子通过积极参与各项政治运动的实际锻炼和政治理论的学习，他们的政治面貌"已经发生了根本性的变化"。他们从新中国社会主义建设事业的迅猛发展中，看到了在旧中国所无法见到的与自己命运紧密相连的中华民族的光明前途，产生了强烈的为把贫穷落后的中国建设成为社会主义现代化强国而服务的内在动力。同时，知识分子的业务水平也有了显著提高。

再就是，钱学森、汪德昭等许多身居海外的知识分子在新中国欣欣向荣、蒸蒸日上前景的吸引下，怀着满腔爱国热情，排除重重阻力，毅然抛弃自己在国外的优裕工作条件和舒适生活，回到祖国效力。

虽然，最充分地发挥知识分子在国家建设的各个领域中的作用，已经成为一个紧迫的关系到社会进步、国家与民族兴旺发达的战略性问题，但是，这时党内却较为严重地存在着不尊重知识分子的宗派主义倾向。主要表现在：

在贯彻执行"团结、教育、改造"知识分子政策过程中，不少地方出现要求过高过急、不实事求是、不尊重知识分子等问题。

在许多人中间还流行着"生产靠工人，技术靠苏联专家"的不正确思想。

有的人则对知识分子抱有一种盲目的排斥和嫉妒心理，把他们当作"异己分

1956 年 6 月 12 日，周恩来和聂荣臻陪同毛泽东、朱德、陈云、邓小平、林伯渠等党和国家领导人接见参加全国科学规划工作的科学家

子"，利用某些机会加以压制和打击。

这时，中国民主同盟也反映了一些情况，并将在民盟中央宣传部部长费孝通主持下整理的关于高级知识分子情况的一批材料，送给中共中央统战部。这批材料经统战部分类整理后，把存在的问题概括为"六不"："估计不足，信任不够，安排不妥，使用不当，待遇不公，帮助不够。"随即，统战部部长李维汉向周恩来汇报了这 6 个方面的问题。

以上情况表明，几年来国家社会主义建设形势迅速发展，知识界发生了很大变化，我们党内在执行知识分子政策上出现了一些问题，以及世界科学技术日新月异的发展，召开一次关于知识分子问题的会议已经迫在眉睫了。

1955 年 11 月 22 日，曾在年初就有过召开知识分子问题会议设想的周恩来，向刚从外地回到北京的毛泽东汇报了有关知识分子问题的情况，并陈述了自己的意见。

11 月 23 日，毛泽东召集中央书记处全体成员刘少奇、周恩来、朱德、陈云和中央有关方面负责人会议，进行商讨，决定应不失时机地在全面社会主义建设即将到来的这一重大历史转换关头，作出果断的战略抉择——在 1956 年 1 月召开一次大型会议，全面解决知识分子问题；同时，会议决定成立由周恩来负总责的，有彭真、陈毅、李维汉、徐冰、张际春、安子文、周扬、胡乔木、钱俊瑞参加的中共中央研究知识分子问题 10 人领导小组，下设强有力的办公室进行会议的筹备工作。

调查研究，起草《关于知识分子问题的报告》

筹备工作一开始，周恩来首先抓了全面调查知识分子情况，认真收集、研究知识分子问题材料的工作。

1955 年 11 月下旬，周恩来邀请了中国科学院、北京地区部分大学等具有代表性的一些单位的有关人员座谈，进行调查研究，并详细研究了北京地区 26 所大学中关于知识分子问题的各方面情况。

同时，周恩来指导 10 人领导小组对统战部、北京市已经上送的调查材料加以分类整理和分析研究，写出解决知识分子的工作条件、社会活动过多与兼职过多、待遇问题、发展党员问题等 11 个专题报告。

周恩来还认为，各省、市、自治区党委是一支调查研究和解决知识分子问题的基本力量。为了发挥这支力量的作用，11 月 24 日，在中共中央政治局召集的有各省、市、自治区党委负责人参加的关于资本主义工商业改造问题座谈会上，他专门布置了各地如何开展调查研究知识分子问题的工作，并要求各地在 12 月下半月先召开一次知识分子问题会议，还指示各地也像中央这样成立一个领导小组，认为"这样可以上下通气，收集材料，研究问题，便于党领导这项工作"。

当天，周恩来又召集中央和政府各部门负责人开会，布置了这项工作。

周恩来要求各地、各部门向中央送交的调查研究材料应包括高等院校、科学研究机构、卫生部门、文化艺术界、中小学校等 6 个方面；每个方面都要有好、中、差三类典型；同时要求有几年来党的知识分子政策贯彻执行情况、对知识分子队伍所发生的变化作出基本估计和提出解决问题的具体意见等三项内容。

为了更好地从理论和实践的结合上解决知识分子问题，周恩来进一步责成 10

人领导小组继续从马克思主义关于知识分子的基本观点、中共中央对知识分子政策的基本观点等 12 个方面更系统地、全面地整理和研究知识分子问题的材料。他努力从宏观与微观、正面与反面等各不相同的角度去调查知识分子问题，这样就为制定正确的新的全面社会主义建设时期的知识分子政策打下了坚实基础。

在调查研究知识分子问题的同时，周恩来把我国科学技术落后的实际情况同西方先进的科学技术现状，进行了严密精细的、比较全面的对比研究，努力寻找切实可行的改变这一落后面貌的方针、政策和办法。

经过以上紧张、有节奏、深入和科学的调查研究工作后，12 月 17 日、19 日，周恩来两次约胡乔木商谈《关于知识分子问题的报告》的起草问题，就起草报告的指导思想以及稿子的结构、基本内容和重点提出了系统的意见。

由于起草报告稿的目的和思路明确，可资参考和利用的材料量多面广，质量比较高，因此到 1956 年 1 月上旬，报告初稿已经写成。

1 月 6 日，周恩来召开中央 10 人领导小组会议讨论修改报告稿。随后，他一遍又一遍、一丝不苟地，逐段、逐句、逐字地对稿子进行推敲和修改，并增写了一些重要的思想理论观点。修改一直持续到知识分子问题会议召开的这天凌晨。当他写下"印一千四百份——周恩来——一、十四"的批示后，才放下了已经紧握几个小时的毛笔，躺在床上，让倦乏的双眼和疲惫的身体得到短暂的休息。

报告稿数易其稿后，稿子的整体结构更严密了，逻辑性更强了，思想理论观点更鲜明了，稿子内容随之变得更加充实、准确和全面。

历史性的论断

1956 年 1 月 14 日，在中南海怀仁堂，中国共产党中央委员会关于知识分子问题会议隆重开幕。会议规模宏大，出席会议的 1279 人济济一堂。他们中有中共中央委员、中共中央候补委员；各省、市、自治区党委和 27 个省辖市的市委书记或副书记，以及这些省、市、自治区党委所属的组织部、宣传部、统战部的负责人；全国重要高等院校、科研机关、设计院、厂矿、医院、文艺团体和军事机关党组织的负责人。

这天的会议主席刘少奇宣布大会正式开幕后，周恩来便代表中共中央作《关

1956 年 1 月，中共中央召开关于知识分子问题会议。周恩来在会上作《关于知识分子问题的报告》。这是他和毛泽东，刘少奇等中央领导人同与会代表合影

于知识分子问题的报告》。他第一次把知识分子问题、发展科学技术问题作为全党面前的重大问题，并围绕这两个问题进行阐释和论证。

周恩来列举雄辩的事实说明"我国知识界的面貌在过去6年来已经发生了根本的变化"，明确宣布知识分子"已经成为国家工作人员，已经为社会主义服务，已经是工人阶级的一部分"。并且强调：既然如此，那么，就应该同全心全意地依靠工人、农民一样，"最充分地"依靠这些更多地掌握人类智慧即科学技术知识的知识分子。但这时人们还没有普遍地意识到这个问题的重要。

于是，周恩来有针对性地合乎逻辑地提出："发展社会主义建设，除了必须依靠工人阶级和广大农民的积极劳动以外，还必须依靠知识分子的积极劳动，也就是说，必须依靠体力劳动和脑力劳动的密切合作，依靠工人、农民、知识分子的兄弟联盟。""知识分子已经成为我们国家的各个方面生活中的重要因素。"

知识分子"已经是工人阶级的一部分"的著名思想的提出，标志着中国共产党对知识分子的认识已进入一个新的阶段。

周恩来在《报告》中还对世界现代科学技术的特点和它在社会发展中的重要地位与作用给予了深透的分析。他说："人类面临着一个新的科学技术和工业革命的前夕。"这个革命，就它的意义来说，远远超过蒸汽和电的出现而产生的工业革命。世界科学技术的进步已"把我们抛在科学发展的后面很远"。他又说："在社会主义时代，比以前任何时代都更加需要充分地提高生产技术、更加需要充分地发展科学和利用科学知识。""只有掌握了最先进的科学，我们才能有巩固的国防，才能有强大的先进的经济力量，才能有充分的条件，……在和平的竞赛中或者在敌人所发动的侵略战争中，战胜帝国主义国家。"

在这一认识的基础上，周恩来提出了"科学是关系我们的国防、经济和文化方面的有决定性的因素"的著名思想。实际上，这就是说，谁想在当今世界的经济、政治、军事斗争中取得主动或者赢得胜利，谁就必须依靠在科学技术上的优势做基础。因此，科学技术对我们国家国力的强弱盛衰有着决定性的影响。

以上两个著名思想，成为中国共产党在全面社会主义建设时期制定知识分子政策和科学技术政策的根本依据，成为中国共产党领导和加强知识分子工作和科学技术工作的指导思想。

在知识分子"已经是工人阶级的一部分"和"科学是关系我们的国防、经济和文化方面的有决定性的因素"这两个著名思想指导下，他把《报告》的重心放到阐明如何最大限度地发挥知识分子作用的具体政策和措施上，放到阐明如何大力发展我国科学技术的正确的战略考虑和规划上。

周恩来强调要坚决摒弃对知识分子的宗派主义倾向，消除让他们学非所用和闲得发慌的"浪费国家最宝贵的财产"的现象，并提出了"最充分动员和发挥知识分子力量"的三项措施："第一，应该改善对于他们的使用和安排，使他们能够发挥他们对于国家有益的专长。""第二，应该对于所使用的知识分子有充分的了解，给他们以应得的信任和支持，使他们能够积极地进行工作。""第三，应该给知识分子以必要的工作条件和适当的待遇。"其中包括改善生活待遇和政治待遇，确定和修改升级制度，拟定关于学位、学衔、发明创造和优秀著作奖励等制度。

在上述措施中，周恩来尤其重视对知识分子的信任和支持问题。他在1955年11月就曾指出："信任的中心问题，就是要尊重这些知识分子。"所谓尊重，"是要尊重他们那个知识"，"尤其是向他们学习"，使他们能够心情舒畅地运用其知识，哪怕是一技之长。他说，这样做，对于国家的各项建设，对于国家的今天和明天，"都是有用的"。对于他们的使用应该做到"用而不疑"。

正是基于这一认识，周恩来在《报告》中批评了对知识分子所采取的敬而远之的做法，认为"这样，既缺乏了解，也容易形成隔膜"。周恩来一向把向知识分子学习，同他们交朋友，作为信任和支持知识分子的一项基本内容。他身体力行，一直是这样实践的。

著名科学家钱学森曾深情地回忆说：新中国成立后，周总理一直和知识分子交朋友，他也一直是知识分子的朋友。一方面，我们对周总理很尊重，很爱戴；另一方面，我们又觉得在他面前无拘无束，可以无话不说。是什么原因使他这样呢？这是因为周总理懂得知识分子，注意倾听他们的意见，尤其是不同意见，时刻关心他们的疾苦。这样，他和知识分子自然而然地就有了共同语言，就必然会进行心灵的沟通和交流了。

与此同时，周恩来还高度重视根据实际可能提高知识分子的生活待遇问题。

1955年11月，周恩来就曾指出：我国知识分子在生活待遇上的状况，应当说，"比抗战时期好"，但"比抗战前差"，就其整体情况看"比旧社会稳"。如果同政府官员的工资比较，现在除极少数教授的工资同司局长差不多外，其他的只相当于副司局长甚至更低。这都是因为等级制度和平均主义倾向影响的结果。因此，知识分子的工资一定要调整，这件事将由党中央直接抓。

基于以上认识，周恩来在《报告》中进一步提出"应该根据按劳取酬的原则，适当调整知识分子的工资"问题，指出提高的目的是为了增强他们在业务上的上进心，加强新生力量的培养，刺激科学文化的进步，同时也是为了使他们"能够把更多的精力用于工作"。他强调，如果他们"为了日常生活琐事，往往不必要地费去太多的时间，这应该看作是国家劳动力的损失"。在周恩来的过问和主持下，1956年6月间，高级知识分子的工资有了普遍的增加，其中教授、研究员的最高工资由253元提到345元，增资幅度为36.4%。

周恩来代表中共中央所提出的对待知识分子的政策和措施，为掀起"向现代科学进军"的热潮创造了良好条件。

要"不是空谈地""急起直追"迅速地发展中国科学技术

鉴于科学对于国力盛衰和社会发展的巨大作用，而我国科学技术又很落后的现状，周恩来向全党和全国人民发出紧急呼吁："我们必须急起直追"，必须"认真而不是空谈地向现代科学进军"。

怎样做到这一点呢？

周恩来认为，这意味着我们既要瞄准世界先进水平，又要在务实精神指导下，确定正确的发展中国科学技术的战略决策和制定具体的方针政策。据此，他以世界战略家的眼光和恢宏气魄，在《报告》中提出了追赶世界先进科学技术的战略决策：要在12年内，即"要在第三个五年计划期末，使我国最急需的科学部门接近世界先进水平，使外国最新成就，经过我们自己的努力很快地就可以达到。有了这个基础，我们就可以进一步解决赶上世界水平的问题"。为此，他指出：我们将要制订的从1956年到1976年科学发展的远景计划，"必须按照可能和需要，把世界科学的最先进的成就尽可能迅速地介绍到我国的科学部门、国防部门、生产部门和教育部门中来，把我国科学界最短缺的而又是国家建设所急需的门类尽可能迅速地补足起来"。应该说，这一决策，是现实的、突出重点的明智之举。

为了真正有效地实现这一决策，周恩来强调：国家除了拟定一个大规模的培养干部规划外，还要"集中最优秀的科学力量和最优秀的大学毕业生到科学研究方面"。要"用极大的力量来加强中国科学院",各高等院校也要"大力发展科学研究工作",同时政府各部门"应该迅速地建立和加强必要的研究机构",再就是"必须为发展科学研究准备一切必要条件",如图书、档案资料、技术资料和其他工作条件等,"以便尽可能迅速地用世界最新的技术把我们国家的各方面装备起来"。

周恩来认为,还应正确处理基础理论研究和应用科学研究的关系,使之"保持适当的比例",纠正忽视基础理论研究的偏向。他强调:我们"必须打破近视的倾向,在理论工作和技术工作之间,在长远需要和目前需要之间,分配的力量应该保持适当的比例,并且形成正确的分工和合作,以免有所偏废"。目前的主要倾向,"是对于理论研究的忽视"。这种倾向,在自然科学和社会科学方面都同样存在着。他指出:"没有一定的理论科学的研究做基础,技术上就不能有根本性质的进步和革新。"

周恩来在《报告》快要结束时,提高了声音,说:我们相信,只要我们坚定地依靠全国工人、农民、知识分子在社会主义事业中所形成的这个联盟,"我们一定可以在不很长的时间内,把我们的国家建设成为一个完全现代化的、富强的社会主义工业大国,一定可以在不很长的时间内,实现毛泽东同志的伟大号召——'我们将以一个具有高度文化的民族出现于世界'。"他这铿锵有力、掷地有声的富有鼓动性的结束语,赢得了与会者兴奋而持久的热烈掌声。

周恩来在《报告》中所阐述的知识分子政策和科学技术政策,是对会议的最重要的贡献,成为会议的两个基本议题。会上,与会代表一致同意周恩来所作的《报告》,普遍感到知识分子确实将在迅速发展的社会主义建设事业中发挥愈来愈重要的作用,今后应该努力改善对他们的使用和安排,努力改善他们的工作条件和待遇,并采取其他各种积极措施推动中国科学事业的发展。

这次会议于1月20日闭幕。在会议闭幕的这一天,毛泽东称赞"这个会议开得很好"。

修改定稿和下发实施贯彻知识分子问题会议精神的文件

为贯彻执行知识分子问题会议精神,周恩来首先抓了有关具体贯彻执行会议精神的指示、决定等文件与材料的修改定稿，以及下发实施和检查落实工作。这是一项细致而又必须做好的工作。从中央到地方的有关部门都积极参与了这项工作。

1956 年 2 月 14 日，中共中央发出了《关于知识分子问题的指示》。《指示》进一步确认了周恩来的《报告》中对知识分子问题的分析和有关政策。在周恩来的过问和指导下，针对党内在知识分子政策上所存在的 6 个方面的问题，中共中央、国务院陆续发出有关解决知识分子问题的指示、规定、通知以及典型材料。

——这年四五月间，中共中央先后转发了中央组织部《关于在知识分子中发展党员计划的报告》《关于高级知识分子中一部分人社会活动过多和兼职过多问题的意见》等文件。

——这年 7 月 20 日，国务院转发了会后由研究改善高级知识分子工作条件小组提出的《关于高级知识分子工作条件问题的情况和意见》和关于这个文件的《通知》。《情况和意见》就有关知识分子工作条件的 14 个问题（图书、资料、情报、学术交流、仪器、试剂、实验用地、研究经费、工作时间等），提出改进意见和措施。国务院《通知》除规定由新成立的专家局"负责研究有关高级知识分子工作条件问题"外，还开列了一个长长的应由有关单位办理有关事情的目录，要求有关单位在规定的期限内作出工作进展情况的报告。

——同时，中央知识分子问题 10 人领导小组会同国务院专家局，在本年内有计划地检查了高级知识分子较为集中的中国科学院和国务院 10 多个部委解决知识分子问题的工作进展情况，并深入到这些部门若干有代表性的单位，通过同高级知识分子座谈、对他们进行访问等形式了解情况，总结了成绩，找到了差距，明确了方向。

以上工作，有力地推动了全国范围的全面解决知识分子问题工作的开展。中央各部委，各省、市、自治区纷纷召开各种会议，成立有关办事机构，有效地解决了知识分子的工作条件、安排使用、政治与生活待遇、入党等问题。而在全国知识分子中，他们则普遍感到：知识分子问题会议的召开和会后对会议精神的贯彻执行，已经使过去较为严重的宗派主义倾向受到严厉批判和很好清算，知识分子的地位和作用受到充分肯定，工作条件、生活待遇等也正在改善中。现在是知识分子充分发挥聪明才智的时候了！这样，在全国迅速掀起一个贯彻执行知识分子问题会议精神的热潮，同时掀起一个"向现代化科学进军"的高潮。

积极参加和推动科学技术发展远景规划的制定和实施

为贯彻执行知识分子问题会议精神，周恩来所抓的另一项主要工作是制定科学技术发展的远景规划。

在科学规划制定过程中，不可避免地会遇到一些发展科学技术的方针性问题。周恩来总是以他可贵的领导科学事业的高度民主的作风，特有的考虑复杂问题的全面性、系统性，以及决策时的战略家的干练、明确、果断，及时妥善地处理和解决了所遇到的一些问题。

据当时参与科学规划制定工作的武衡回忆，在规划制定过程中，负责规划制定的 10 人小组曾向周恩来做过多次汇报。当汇报到基础理论的发展时，规划小组曾提出一个"任务带学科"的口号。周恩来听取大家意见后，略为迟疑了一下，提高嗓门说："那么还有一些任务带不起来的学科，将怎么办？"又说："是不是再补充一个基础科学的规划？"根据周恩来的意见，在原定 56 项重大任务中又增加了《现代自然科学中若干基本理论问题的研究》，由此扩展为 57 项。此外，又在这个基础上专门制定了基础科学研究规划。

周恩来能够在科学规划的制定过程中，发现他人未能发现的问题，并能够提出解决问题的正确的方针性意见，是他虚心向内行学习，较为熟悉自然科学的一般情况，并能站在战略家的高度去认识和理解科学技术的发展规律的结果。

在周恩来积极参与和推动下，在陈毅、李富春、聂荣臻的具体领导下，1956 年 12 月我国《1956—1967 年科学技术发展远景规划纲要（修正草案）》顺利诞生了！

《规划（修正草案）》共确定了 57 项国家重要科学技术任务和 616 个中心问题。在这个基础上，又挑选出对全局有决定性意义的 12 个重点，在人力、物力上优先予以保证。另外，对于某些重要而又紧迫的任务，采取了特殊的紧急措施。比如为发展计算技术、半导体技术、无线电电子学、自动化和远距离操纵技术等而采取的紧急措施，再加上当时并未公开的发展原子弹和导弹研究两项绝密任务，总共是 6 项紧急措施。这 6 项构成了我国发展尖端科学技术所采取的最重要措施。正是这 6 项紧急措施，为我国依靠自己的力量在不太长的时间内突破尖端技术，

1956年5月26日，在招待出席全国科学规划会议代表的酒会上，周恩来同科学家们交谈

使原子弹、导弹腾空而起，奠定了基础。

不幸的是，由于受旧有意识惯性的影响，以及当时国际政治风波的消极影响，周恩来关于知识分子"已经是工人阶级的一部分"的思想，在我们党内未能获得稳定的持久的支持。

就在知识分子问题会议召开后不久，中共八大《政治报告》又开始把知识分子称为"资产阶级和小资产阶级的知识分子"，并提出"要继续贯彻执行团结、教育、改造知识分子的政策"。《报告》所提出的仅仅是"运用"他们的力量，而不是"依靠"他们来"建设社会主义"。

1957年3月，毛泽东在中共中央召开的全国宣传工作会议上进一步提出：知识分子"世界观基本上是资产阶级的，他们还是属于资产阶级的知识分子"。

在党内一些领导人的认识发生这种逆转后，周恩来处于十分为难的境地。他只能把自己的工作重心放在继续采取实际措施来维护和坚持正确的知识分子政策的工作上。这一做法，可以说是在当时历史条件制约下所能做到的最好的选择。

正因为如此，才使改进知识分子工作条件、生活待遇的种种规定和措施能够得到进一步的贯彻落实。主要表现在：知识分子学非所用、使用不当的现象有了明显的改观；他们六分之五的业务工作时间基本上得到保证，并给许多专家配备了辅助人员；高等院校、科研机构购置图书资料的费用有了较多的增加；高级知识分子得到普遍增薪和晋级。此外，继续吸收了相当数量的高级知识分子入党，这些人中有不少是全国知名的科学家、教授、医务和文艺工作者。这些措施的有效贯彻，提高和加强了高级知识分子的地位，激发了他们的积极性和创造性。

但是，随着党对知识分子的认识发生逆转，相当一部分有才华的知识分子在反右斗争中受到伤害和摧残，对待知识分子问题和学术问题的"左"的错误也随之蔓延开来。

1960 年冬，党开始纠正、清理前几年"左"倾错误思想。

1961 年 6 月 19 日，周恩来在文艺工作座谈会上明确指出，1956 年所确定的关于知识分子的那些原则仍然存在，需要继续坚持。中国科学院提出纠正违反知识分子政策的科学工作 14 条。

在这个基础上，为了从指导思想上解决对知识分子的正确认识问题，1962 年 3 月 2 日，周恩来在广州召开的科技工作者会议上重新肯定知识分子是属于劳动人民的知识分子。3 月底，他在二届全国人大三次会议上所作的《政府工作报告》中再次强调了这个问题，指出："如果还把他们看作资产阶级知识分子，显然是不对的。"这两次讲话，在知识分子中引起了强烈反响，并且从根本上恢复了 1956 年 1 月知识分子问题会议对知识分子的认识，在一定时间内和一定程度上纠正了在知识分子政策上的"左"倾错误。

由于我国知识分子的艰辛努力，由于周恩来等在党的知识分子政策发生某些偏差后，仍能继续采取某些积极的实际措施来维护和坚持正确的知识分子政策，还由于我国科学规划瞄准的是世界先进水平但又实事求是，即方针正确，措施具体有力，组织落实，原定时限为 12 年完成的科学发展规划的主要任务，大都提前 5 年即到 1962 年就完成了。使中国科学事业有了极大发展，有效地解决了一批国家急需解决的科学技术问题，大大地缩小了我国科学技术同世界先进水平的差距，促进了我国社会生产力的发展。同时，我国科学研究机构也由 381 个发展到 1296 个，科技人员由 18000 余人增加到 86000 余人，初步改善了我国科学力量薄弱的状况。1963 年开始执行新的全国科学发展 10 年规划，后因"文化大革命"的严重干扰而未能实现预期目标。

10　在冒进和反冒进中

> 毛泽东表示：搞工业、农业比打仗还厉害？周恩来恳切陈词，直言
> 反冒进：如果还要追加建设投资，经济秩序就要搞乱了。

从 1955 年年底到 1958 年上半年，在中国现代化发展的历史进程中，中国共产党的领导在建设速度问题上产生了两种截然不同的思路，主要表现为冒进——反冒进——反反冒进。

毛泽东表示：不相信，搞工业、农业比打仗还厉害

在中国共产党和中央人民政府的领导下，新中国在其创立后的短短几年时间里，战胜险阻，绕过暗礁，克服重重困难，奇迹般地制止了危害人民多年的恶性通货膨胀，迅速地恢复了国民经济，胜利地开展了各项社会改革运动，并从 1953 年开始了大规模的有计划的经济建设。到 1955 年国民经济一直健康发展，成效显著，尤其是作为国民经济基础的农业在 1955 年又获得大丰收。这一切，给获得新生并且社会政治地位有了根本改变、物质文化生活水平得到明显改善的全国人民以极大的鼓舞，他们从切身体会中感受到新民主主义制度的优越，更增加了对社会主义社会的向往。

在一个胜利接着一个胜利的历史条件下，毛泽东等党的某些领导人的头脑开始热了起来，毛泽东在中央政治局扩大会议上说：不相信"搞工业、农业，比打仗还厉害"，并把党内在农业合作化速度问题上主张实事求是稳步前进的意见，当作"右倾机会主义"加以批判，设想到 1956 年即可"达到 80% 至 90% 的农户入社"。农业合作化后，又"可以迅速发展农业"，"在其初建的一两年内，一般可以增产 20% 至 30%，往后还可以保持一定的增产比例，比互助组高，比小农经济的增产率更高出很多"。农业生产"估计七八年后可以增产 1 倍"。

1955 年年底，在以农业合作化为先导的社会主义改造高潮兴起后，作为政治家和战略家的毛泽东开始关注社会主义建设的发展速度问题，并进而批判在这个方面的所谓右倾保守思想。

他指出：在"我们党内，特别是领导机关的思想，总是落后于实际"。"这种落后情况是相当严重的。"反对右倾保守思想，这在"中央各部门、地方各级党委都是值得注意的"。制定全面规划，接近人民群众"可以使我们打破这个思想落后于实际"的状况。

他还指出："现在提到全党和全国人民面前的问题，已经不是批判"在农业、手工业、资本主义工商业的"社会主义改造速度方面的右倾保守思想的问题"，"现在的问题，不是在这些方面"，而是要"不断地批判"在"农业的生产，工业（包括国营、公私合营和合作社营）和手工业的生产，工业和交通运输的基本建设的规模和速度，商业同其他经济部门的配合，科学、文化、教育、卫生等各项工作同各种经济事业的配合等方面"的右倾保守思想，"使之适应整个情况的发展"。

基于这一认识，1955 年 11 月中旬，毛泽东在杭州和天津分两批召集华东、中南、华北、东北地区的 15 个省、市、自治区党委书记开会，商讨农业合作化和农业生产的前景，并主持制定了《农业十七条》。这个文件反映了毛泽东对社会主义建设道路特别是发展农业的新道路的有益探索，但却又一次大大提前了在全国基本上实现农业合作化的时间。同时规划了 12 年农业发展的战略目标，规定到 1967 年粮食产量达到 1 万亿斤（比原来设想的产量增加了 1 倍以上）。随后，毛泽东在中共中央政治局会议上，又以不切实际的农业发展的战略构想作为推动力量，要求继续在各项工作中反对所谓右倾保守思想，提前实现社会主义工业化，这又反映了急躁冒进倾向。他提出党的八大的准备工作应以这一内容为中心，迎接八大、开好八大。他告诫领导工业建设的同志"不要骄傲，要加油，否则就有出现两翼走在前面而主体跟不上的可能"。

对于毛泽东的上述意见，刘少奇、周恩来、陈云等党的领导人开始也是同意的。

刘少奇指出："经济上先要有框子、财政上也要有框子，互相冲突，就把保守主义冲掉"了。只要"克服了经济上保守，财政上的保守主义就好办"了。"二五"计划财政收支的盘子定在"2800 亿元至 3000 亿元是可以完成的"。

周恩来也说过：《农业十七条》成为"一个推动力量"，政府的各项工作受

1956 年 1 月，北京市各界人士举行联欢大会，庆祝北京在全国第一个实现工商业全行业公私合营。这是周恩来和彭真陪同毛泽东接受工商界代表乐松生呈献报喜信

到推动后"变化很大"，促使其他部门也开始改变远景设想中的一些指标，如钢现由 1800 万吨修改为 2400 万吨，我们原来设想在三个五年计划中基本上完成工业化，"现在有可能加快这个速度，提前完成"。

在这种情况下，中共中央根据毛泽东的意见，正式决定："把反对右倾保守思想作为党的第八次全国代表大会的中心问题，要求全党在一切工作部门展开这个斗争。"

但在实际上，这时刘少奇、周恩来等领导人的思想和行动是处于被动的跟进状态中的，因为在不久前，他们仍坚持无论是基本上完成社会主义改造还是基本上实现社会主义工业化，都需要 15 年的时间。

1955 年 11 月 15 日，周恩来会见日本拥护宪法国民联合访华团成员时说：中国"现在很落后，从经济上说，文化上说，比起你们落后得多，但是我们要发展经济，要工业化。目的是使中国人民富裕起来"。"相信有三个五年计划就可以基本上实现工业化。"以后再逐步提高，赶上工业发达国家。

16日，周恩来又在中共中央政治局召开的关于资本主义工商业改造问题会议上指出：我国要在"15年左右的时间，用和平转变，把资本主义的所有制转成全民所有制，把小生产的所有制转为集体所有制"。

按照周恩来提出的要求，为了全面安排好这项工作，同一天，陈云在《资本主义工商业改造的新形势和新任务》的报告中强调：各地方党委和中央有关各部，应该在明年1月底做出一个对本地区本部门的资本主义工商业改造的轮廓计划，规定先改造哪几个行业，后改造哪几个行业，哪一年改造到多少，哪一年完全改造好。在这个基础上，中央准备在明年3月，提出一个对资本主义工商业改造的初步规划。但是资本主义工商业改造高潮迅速到来，1956年3月已基本上实现各行业公私合营了。

周恩来等力倡既反保守又反冒进

在迅速建成社会主义思想的指导下，1956年1月初，一个包含内容更广泛、要求更高的《1956年到1967年全国农业发展纲要（草案初稿）》（简称《农业四十条》）出台了。《农业四十条》要求到1967年粮食、棉花产量分别由1955年的预计数3652亿斤、3007万担增加到10000亿斤、10000万担，即等于要求每年分别以8.8%、10.5%的速度递增。显然，这些高指标在12年内是无法实现的。农业远景计划中的高指标，立即在工业、交通、文教等部门中引起连锁反应，催逼着它们必须相应地修改1955年夏国务院在北戴河所确定的比较接近实际的各项指标，并据此编制整个发展国民经济的远景计划。在这种情况下，中央各部经上一年9月22日中共中央政治局会议批准的1956年国民经济计划的控制数字一下子被突破，正在编制的各项指标受到不断加码的严重干扰。

在严峻的经济局势面前，主持政府经济工作的周恩来、陈云经过冷静的理性思考和周密的科学计算，较早地察觉到党内已经滋生急躁冒进倾向，并预感到1956年国民经济计划中的各项高指标的潜在威胁。在内在的危机感和高度的责任心的驱使下，他们急切地意识到：当务之急，在于防止冒进。

1956年9月，周恩来在中国共产党第八次全国代表大会上作《关于发展国民经济的第二个五年计划的建议的报告》

为了使全党干部在持续了多年的大好形势面前能够保持清醒的头脑，从实际情况出发，按照客观经济规律办事，积极稳妥地进行经济建设，周恩来、陈云行动起来，充分利用各种重要会议进行宣传和呼吁。

——1956年1月20日，周恩来在中共中央召开的关于知识分子问题会议上强调：在经济建设中，不要做那些不切实际的事情，要"使我们的计划成为切实可行的、实事求是的、不是盲目冒进的计划"。

——1月30日，周恩来在政协第二届全国委员会第二次全体会议的《政治报告》中指出："我们应该努力去做那些客观上经过努力可以做到的事情，不这样做，就要犯右倾保守的错误；我们也应该注意避免超越现实条件所许可的范围，不勉强去做那些客观上做不到的事情，否则就要犯盲目冒进的错误。"

——2月8日，周恩来在国务院全体会议上告诫大家："不要只看到热火朝天的一面。热火朝天很好，但应小心谨慎。要多和快，还要好和省，要有利于提高劳动生产率。现在有点急躁的苗头，这需要注意。社会主义的积极性不可损害，但超过现实可能和没有根据的事，不要乱提，不要乱加快，否则就很危险。绝不要提出提早完成工业化的口号。冷静地算一算，确实不能提。工业建设可以加快，但不能说工业化提早完成。晚一点宣布建成社会主义社会有什么不好，这还能鞭策我们更好地努力。""各部门定计划，不管是 12 年远景计划，还是今明两年的年度计划，都要实事求是。对群众的积极性不能泼冷水，但领导者的头脑发热了的，用冷水洗洗，可能会清醒些。各部专业会议提的计划数字都很大，请大家注意实事求是。"

在上述实事求是思想的指导下，2 月 10 日，在周恩来主持下，国务院常务会议抓住严重脱离物资供需实际和破坏国民经济整体平衡的指标，进行了尽可能的压缩，其中基本建设投资由 170 多亿元减到 147 亿元。会后，计委依此决定修订《1956 年国民经济计划（草案）》。

以上情况，就是后来周恩来在中共八届二中全会上从积极意义上所讲的把高指标压下来的"2 月促'退'会议"。

这时，国家计委提出的《中华人民共和国发展国民经济的 15 年远景计划纲要（草案）》第三稿中的各项指标仍居高不下。稿中规定：到 1967 年，工农业总产值将由 1952 年的 827 亿元增长到 5469 亿元，15 年增长 5.6 倍，每年递增 13.4%，到 1967 年，粮食产量仅比《农业四十条》的内定数有象征性下降，由 1952 年的 3278 亿斤增长到 9500 亿斤，15 年共增长 2.9 倍，每年递增 7.4%。由于 1953 年到 1955 年粮食产量每年只增长了 3.9%，因此，只有在 1956 年到 1967 年的 12 年中每年递增 8.2%，才能实现 9500 亿斤的指标。

3 月 25 日，国务院下达压缩后的《1956 年国民经济计划（草案）》。由于种种主客观条件的制约，压缩后的一些主要指标仍然很高，没有能从根本上解决物资的供需矛盾。到 4 月上旬，经济建设急于求成、齐头并进造成的严重后果已经明显地表现出来："不但财政上比较紧张，而且引起了钢材、水泥、木材等各种建筑材料严重不足的现象，从而过多地动用了国家的物资储备，并造成了国民经济相当紧张的局面。"但就在这种情况下，一些部门仍旧在盲目地要求追加基本建设投资。

4 月中旬以后，周恩来、陈云等根据 4 月上旬以来国民经济出现的相当紧张的局面，作出十分肯定的判断：压缩后的 1956 年国民经济计划仍然是一个冒进的计划，相应地规定了 1956 年、1957 年和第二、第三个五年计划建设速度的远景计划，自然也冒进了。这样，能否从领导干部思想上坚决清除急躁冒进情绪，确立一个正确的经济建设方针，已成为关系到社会主义建设能否健康发展的大问题。

但是，这时党内某些领导人的急躁冒进情绪仍然严重存在。4月下旬，毛泽东在中共中央政治局会议上主张再追加一笔大数额的基本建设投资。与会者除个别人外都表示不同意这样做。周恩来恳切陈词，直言劝阻。他说，我召开国务院会议研究过，如果还要追加建设投资，经济秩序就要搞乱了，将会继续加重物资供应的紧张程度，增加城市人口，还会带来其他的一些困难。毛泽东在会议结束时仍坚持自己的意见。会后，周恩来又向毛泽东耐心说明不能追加基本建设投资的理由。五一国际劳动节后，毛泽东离开北京到外地去了。

5月11日，周恩来以"既不要右，又敢于抗大流"，"只要摸（清）了实际情况，就要敢于抗大流"的无私无畏精神，在国务院全体会议第28次会议上果断地提出："反保守、右倾从去年8月开始，已经反了八九个月，不能一直反下去了！"他同李富春、李先念就再次解决定得高的1956年国家预算问题交换了意见，并指导起草了1955年国家决算和1956年国家预算报告稿。稿中明确提出："在反对保守主义的时候，必须同时反对急躁冒进倾向。"

6月4日，刘少奇主持的党中央会议讨论了这个报告稿。周恩来代表国务院介绍半年来经济建设中所产生的种种矛盾和出现的不平衡问题，提出了继续削减财政支出、压缩基本建设经费的意见。据此，党中央提出了既反保守又反冒进即在综合平衡中稳步前进的经济建设方针，决定制止冒进，压缩高指标，基本建设该下马的要立即下马。10日，刘少奇主持中共中央政治局会议，确认了4月中央会议的有关决定。

大力削减 1956 年国民经济计划指标

在中共中央提出正确的经济建设方针的第二天，即1956年6月5日，周恩来主持召开国务院常务会议，商议贯彻执行这个方针，研究继续压缩经济建设中实践证明仍不实际的1956年国家预算问题。会上，李先念指出："今年财政预算看来是定高了。""我看现在下马比年底下马好。"针对有人不同意

1956 年 6 月，周恩来和毛泽东、刘少奇、朱德在中南海怀仁堂

削减预算一事，周恩来说明"计划和预算应该是统一的"，预算高了就"一定
要削减"的道理，强调"要打破预算不能修改"的观念。他指出："既然认识
到不可靠，就应该削减。昨天党中央开会决定了这个精神。今天在会上讨论，
把数字减下来。明知原来的预算完不成，又在报告中列出去，对广大人民群众
来说，是没有告诉他们实际情况。"他强调："右倾保守应该反对，急躁冒进
现在也有了反应。这次人大会上要有两条战线的斗争，既反对保守，也反对冒
进。"周恩来在说明理由并经过充分民主讨论后，综合李富春、薄一波在会上
提出的意见，确定按 5% 削减国家财政预算，其中再次把基本建设经费由 147
亿元削减到 140 亿元。

6 月 12 日，针对有人不同意在向全国人大会议提交的财政报告中提出既反
保守又反冒进的问题，认为这是同去年夏季以来开展反对右倾保守思想的斗争精
神相背离的，会引起思想混乱的说法，周恩来在国务院全体会议上坚定地指出：
"去年 12 月以后冒进就冒了头，因此，现在的情况和去年不同了，已经不是预防而是需要反对了！如果冒进继续下去，又会脱离实际，脱离今天的需要和可能，不能向群众泼冷水，但也不能把少数积极分子的要求当成群众的要求。"

6月15日，在第一届全国人大第三次会议上，李先念代表国务院所作的《关于1955年国家决算和1956年国家预算的报告》中指出："在当前的生产领导工作中，必须着重全面地执行多、快、好、省和安全的方针，克服片面地强调多和快的缺点。生产的发展和其他一切事业的发展都必须放在稳妥可靠的基础上。在反对保守主义的时候，必须同时反对急躁冒进的倾向，而这种倾向在过去几个月中，在许多部门和许多地区，都已经发生了。急躁冒进的结果并不能帮助社会主义事业的发展，而只能招致损失。"以上意见，为全国人大会议所完全接受。

为了配合中共中央、国务院自5月以来开展的反对急躁冒进的斗争，6月20日，《人民日报》发表了刘少奇指示中宣部起草的《要反对保守主义，也要反对急躁情绪》的社论。这篇社论运用马克思主义辩证唯物主义的认识论，实事求是地分析了我国经济建设的实际情况，对周恩来、陈云等主张的，并为中共中央充分肯定的坚持两条路线斗争，有什么倾向就反对什么倾向的意见作了深入阐述，既充分肯定了国家社会主义建设总的情况是好的、健康的，是在不断前进的，又中肯地分析了经济建设中客观存在的急躁冒进问题。社论强调："右倾保守思想对我们的事业是有害的，急躁冒进对我们的事业也是有害的，所以两种倾向都要加以反对。""在反对右倾保守思想的时候，我们也不应当忽略或放松了对急躁冒进倾向的反对。"因为在去年开始"反保守主义之后，特别是中央提出'又多、又快、又好、又省'的方针和发布《全国农业发展纲要（草案）》之后，在许多同志头脑中就产生了一种片面性"，出现了"一切工作，不分缓急轻重，也不问客观条件是否可能，一律求多求快，百废俱兴，齐头并进，企图在一个早晨就把一切事情办好"的急躁冒进倾向。社论提出：因此，"在反对保守主义和急躁冒进的问题上，要采取实事求是的态度"。"应当根据事实下判断，有什么偏向就反对什么偏向，有多大错误，就纠正多大错误，万万不可一股风，扩大化，把什么都反成保守主义，或者都反成急躁冒进。"

这段时间，由于刘少奇、周恩来、陈云、李富春、李先念、薄一波等在国务院会议、中共中央会议上所进行的反冒进斗争，全国人大会议对反冒进的肯定和支持，以及《人民日报》社论的宣传，为动员全党尤其是各级领导干部从思想上重视和在经济工作中纠正急躁冒进倾向起了重要推动作用，从而使已经冒进的本年度经济从下半年起开始逐步转向健康发展的道路，并为向全国人大提出一个比较实际与稳妥的第二个五年计划的建议创造了有利条件。

编制积极稳妥的"二五"计划

1956年7月以来，周恩来等国务院主要领导人的精力转向编制第二个五年计划的建议上。"二五"计划是1955年8月开始编制的，不久便提出了比较接近客观实际的轮廓数字。在这以前，由于反对右倾保守斗争的开展，被纳入远景计划的"二五"计划的各项指标也跟着定高了。由于这些高指标在4月下旬得到毛泽东的认可，使正在编制中的财政收支、物资供应等根本无法平衡。到6月，国家计委继提出各项指标都经过修改的"二五"计划的第一方案后不久，又提出了第二方案。但因为对这些指标的改动都属于非实质性的小修小改，从而使整个编制工作陷入一筹莫展的困境之中。这时，距离中国共产党第八次全国代表大会召开只有一个多月了，有关部门却拿不出一个能够提交八大会议的方案来，令人心急！

在编制计划困难重重，时间又十分紧迫的情况下，周恩来、陈云等看到：要搞一个切实可行的方案，就必须推翻已有的冒进方案；要推翻已有的冒进方案，就必须做各部委负责人的思想工作，只有打通思想，才能妥善地把指标降下来。

7月3日至5日，周恩来主持国务院常务会议，讨论"二五"计划的第二方案，磋商编制一个符合客观实际的新方案问题。

周恩来指出：制定新方案"是为贯彻既积极又稳妥可靠的方针"。他以充足的理由说明"第一方案冒进了"，第二方案确定到1962年粮食产量达到5500亿斤，也是"不可靠的，有危险的"，甚至定为5300亿斤"也值得考虑"。这是因为，农业合作化后，虽然农业生产的"积极因素增加了，但消极因素并未减少"。我们还"不能排除歉收，水、旱、虫灾总要起作用"，它们天天都在管着农业生产。因此，农业生产在"二五"计划期间也会有丰年、平年和歉年，所以粮食生产每年很难以6%以上的速度增长，"搞这个假设不好"。他严肃地指出："农业生产指标算高了，农业税、轻工业利润、基本建设投资和财政预算等一系列数字都受到影响。这是一个根，而这个根是我们最不容易掌握的。"农业指标一旦达不到，必然危及整个国民经济计划。在财政收支指标问题上，周恩来、陈云、李先念、薄一波等一致认为："二五"期间，财政收入和支出每年以 16% 的速度增长，以实现 5 年累计 2600 亿元的指标，"实际上达不到"，"结果还会使重点建设项目的资金也保证不了"。因此，这个"框框可以推翻"，"应该压下来"。在工业生产指标问题上，周恩来、陈云、薄一波等指出：设想到 1962 年钢铁产量达到 2700 万吨至 3000 万吨，"这是高的想法"。"我国工业化的关键不在于钢（产量）能否达到这个数字，而在于我国的水平。（现在）英国、德国都没达到 2000 万吨钢，但（他们）国内什么机器都能生产，就是工业国。"对于我们来说，"更重要的，也是各种机器都能制造，技术高，有发展的余地"。因此，设想钢铁生产少一些，煤炭生产指标、基本建设投资等相应地"都可以少些了"。经过认真讨论后，与会者一致认为"二五"计划的第二方案仍不稳妥，同意继续"精打细算"，按 5 年财政总收支 2350 亿元至 2400 亿元来安排，相应减少主要工农业产品产量、基本投资，"在稳妥可靠的基础上"，"搞一个比较可行的方案，作为向八大的建议"。

可以说，这是一次把高指标大幅度往下降的带转折性意义的会议，从思想上反对和清理了离开中国经济建设实际、离开综合平衡的急躁冒进倾向。这样，向八大提出一个接近实际的"二五"计划的建议已经成为可能。

这次会议结束后，周恩来倾全力主持编制"二五"计划的建议。在整个 7 月里，他同计委负责人薛暮桥、王光伟、陈先等（李富春、张玺这时在苏联），不断磋商、反复计算各项指标的可行性。他指示计委应根据"一五"计划已有的经验，做好各项平衡工作，留有余地，即要正确估计工农业生产增长速度和国民收入总额；在此基础上安排积累与消费比例，妥善处理农、轻、重的比例关系，提出稳妥的投资总额，以此编制出可行的方案来。

8 月 3 日至 16 日，周恩来、陈云在北戴河主持召开国务院常务会议，对 7 月下旬提出的第三方案和该方案调整意见中的部分指标又作了适当调整。回到北京后，周恩来同张玺、薛暮桥等最后审定了"二五"计划的建议。

本年度，由于反对右倾保守思想斗争的持续开展和急躁冒进情绪的严重存在，多、快、好、省口号自提出后，人们看重和追求的往往是多和快，忽视和忘记的常常是好和省，因此这个口号并没有起到预期的本应起到的积极作用。鉴于这种情况，周恩来等在对建议草案进行第三次修改时，在重要位置出现的"以多、快、好、省的精神"一语即被删掉了。这以后一年多时间里没有人再提"多、快、好、省"了。9月初,周恩来在阅读修改八大政治报告稿时,将别人改动后的"到1962年粮食生产5200亿斤、棉花5200万担",恢复为"到1962年要求粮食生产5000亿斤左右,棉花4800万担左右"。并以坚定的口气在一旁注明:"粮食产量是经过多次商议并与陈云同志谈过的。"由于周恩来的坚持,这两个比较实际又很重要的指标才最后确定了下来。

一个注意到综合平衡,"既积极又稳妥可靠的"《关于发展国民经济的第二个五年计划(1958年到1962年)的建议》,和初步总结了几年来我国经济建设宝贵经验教训的《关于发展国民经济的第二个五年计划的建议的报告》就这样胜利地诞生了。为"二五"计划的建设展示了光明的前景。

指导 1957 年国民经济计划的制订

为了向即将召开的八届二中全会提出一个较好的关于1957年国民经济计划的报告,为中共中央安排下一年度经济提供正确的依据,做好"一五"计划和"二五"计划的衔接工作,在中共八大会议结束后,周恩来、陈云等转到了对1957年国民经济计划各项指标的研究和计划的编制工作上。

1957年计划的控制数字是国家经委从1956年7月开始编制的。当时各部门各地区向经委提出的基本建设投资额高达243亿元。当经委把投资压到150亿元时,各部门各地区反对再往下压了。

周恩来看到这一情况,便对学习秘书范若愚说:"这样搞计划不行,仍然是冒进的。我准备在八届二中全会上讲一讲有关问题。"他要范若愚代他查找一下马克思关于"人类始终只提出自己能够解决的任务。因为只要仔细考察就可以发现,任务本身,只有在解决它的物质条件已经存在或者至少是在形成过程中的时候,才会产生"一段话的出处。以后范若愚找到这段话出自《〈政治经济学批判〉序言》。面对中国国情,再细细体会马克思阐明的历史唯物主义基本原理,使周恩来认识到:必须根据几年来我国经济建设的经验教训,并以苏联、东欧国家不顾人民生活去片面发展重工业而酿成比较严重的社会后果为借鉴,在1957年计划中充分体现"要重工业,又要人民"的思想,正确处理积累和消费的关系,最大限度地满足整个社会日益增长的物质文化生活的需要。

究竟怎样才算正确处理两者的关系呢? 周恩来、陈云、李先念、薄一波等一致认为: 压缩基本建设投资规模是使积累和消费关系正常与协调的根本途径。基本建设规模下不来, 积累率就下不来, 财政也就必然会继 1956 年之后再度出现较大赤字, 物资供需紧张状况在 1956 年过多地动用储备的情况下会更加严重。鉴于此, 他们下决心把基本建设投资压下来, 而且要压到大大低于 1956 年投资金额的程度。

10 月 20 日至 11 月 9 日, 在 3 周时间里, 周恩来共主持召开了 10 次国务院常务会议, 检查 1956 年计划执行情况和磋商 1957 年计划的控制数字。

会上, 个别同志对 1956 年急躁冒进造成的危害看得并不清楚, 仍主张下一年度的指标可以定得高一些, 说: "1956 年的计划是冒了, 但又因为执行计划时松了, 所以才形成到处紧张, 投资分散, 百废俱兴的情况。" 为了适应三大改造高潮的需要, 计划 "出了些冒", "在执行中也不应该松"。周恩来当即表示, 不同意这种为了政治需要而有意违背客观经济规律的做法, 恳切地说道: "这四个字 (指前一发言人提到的冒、松、紧、分) 不能并提, 主要是冒了。" "不但年度计划冒了, 远景计划也冒了, 而且把年度计划带起来了。" 因此, 现在我们 "主要应该批 '左'"。李先念指出: "今年成绩很大, 但问题不少, 如不把今年的经验很好地加以总结, 明年就压不了。" "搞明年计划, 首先把党的思想统一了才行。"

从统一思想的目的出发, 11 月 9 日, 周恩来在国务院常务会议上作总结发言, 比较系统地陈述了自己对工业建设和人民生活的关系的看法。他指出: "从苏共 20 次代表大会批判斯大林以来, 暴露了社会主义建设中不少问题。" "苏联发展重工业多, 束紧腰带发展重工业, 忽视轻工业和农业", "农业发展缓慢, 经过 39 年, 产量仅高于沙皇时代的最高年产量。发展重工业, 忽视轻工业, 忽视农业的影响, 苏联现在还没有纠正过来, 这是需要时间的"。而且 "这个建设方针影响了东欧国家"。东德 (德意志民主共和国, 通称东德, 是存在于 1949 年至 1990 年的一个中欧社会主义国家)、波兰、匈牙利发生的群众闹事事件, 反映了执行这个方针的严重后果。他指出: 从 "我们国家这样大, 很落后, 人口多" 的国情和 "要建设, 又要注意人民生活" 的原则出发, "我们现在可能比原来设想的放慢, 不能算是错误"。"明年的计划必须采取退的方针", "目的是保持平衡"。"这不发生'左'倾、右倾的问题。不像政治方面，'左'了就是盲动，右了就是投降。"他强调："搞重工业不要失掉人民，否则就没有了基础，就成了沙滩上的建筑物。"我们"就是要在人民需要的基础上建立重工业，重工业要为人民服务，同时也注意轻工业和农业，使人民的长远利益和目前利益结合起来，否则就要吃亏"。所以，对于高指标"应该抵抗，敢于修改，这才是马克思主义者"。指标一经确定，"神圣不可侵犯的提法就是迷信。当然决定了就要执行，但是有意见还可以保留"。

由于反冒进已经进行几个月了，急躁冒进给经济建设带来的危害，在各部门特别是国务院领导成员中感受更加深刻，又由于这次会议把重点放在实事求是地总结经验教训而不是追究个人责任上，因此使"总想把工业多搞一些"的少数同志也认识到"过去想法有些片面和主观"。这样做，既团结了同志又统一了思想。从这以后，政府各部门负责人在思想上比较重视、在经济工作中也比较注意坚持"要重工业，又要人民"的原则，和既反保守又反冒进即在综合平衡中稳步前进的方针了。

11月10日至15日，中国共产党举行八届二中全会。开会第一天，周恩来作了《关于1957年国民经济计划的报告》。为了很好地利用这次机会使全党高级干部从过去经济工作的经验教训中获得更多教益，周恩来联系苏联、东欧某些社会主义国家经济建设中暴露的某些弊端，联系我国经济建设中的问题，围绕积累和消费之间的比例关系，再度阐释了"要重工业，又要人民"的思想，总结了"一五"计划的经验教训，继续批评了1956年的急躁冒进倾向。他提出：经济工作在今年冒进之后，应该适当地放慢明年的速度，使失去平衡的比例关系经过合理的调整后较快地恢复过来，为今后国民经济的正常发展作准备。因此，1957年计划的方针应当是，在继续前进的基础上，"保证重点，适当收缩"。否则，将进一步影响货币、物资、劳动工资的平衡，也可能出现中国的波兹南事件。同时，他指出：这次全会提出的财政预算、生产和基本建设等指标，"是很初步的数字"，"经过全会讨论，把方针批准"，"再待经委、财政部等有关部门进一步核算，就会得到一个比较恰当的"1957年国民经济计划。

在建设速度指导思想上领导层出现分歧

这天，刘少奇在《目前时局问题的报告》中，也就我国经济建设的比例关系和建设速度问题发表了意见。他指出："我们应该注意这个问题，就是国家的积累，用多少资金投资，应该积累多少？重工业与轻工业和农业发展的比例这么一些问题，以及我们工业建设中的速度，应该放在一种稳妥可靠的基础上。什么叫稳妥可靠呢？就是群众总不能上马路，不能闹起来，还高兴，还保持群众的那种热情、积极性。昨天陈云同志也讲，他主张宁愿慢一点、慢个一年两年"，后两个五年计划，"每个五年计划慢上一年稳当一点，就是说'右倾'一点。'右倾'一点比'左倾'一点好一些，还是'左倾'一点好？""昨天有同志讲，慢一点、'右'一点，还有一点回旋余地，过了一点、'左'了一点，回旋余地就很少了。"

毛泽东对八届二中全会开成一次全面性的反冒进的会议，感到意外，进而他认为反冒进到二中全会已经"到了高峰"，于是15日在讲话中谈了7点意见，不赞成反冒进的继续开展。

尽管毛泽东在会上提出了相左意见，但是，周恩来、刘少奇在报告中所阐述的重要意见和制订1957年计划必须坚持的"保证重点，适当收缩"的方针，经过充分讨论后仍被八届二中全会接受并且在会后得到认真的贯彻执行。

11月17日周恩来出访西欧11国后，在反对急躁冒进和"保证重点，适当收缩"方针的指导下，陈云担负起了主持制订1957年国民经济计划的重担。

根据再次摸底后的情况，1956年12月17日，陈云主持召开国务院常务会议，商讨进一步减少1957年基本建设投资问题。陈云提出：明年投资究竟搞多少，"首先是我们几个人负责，我们肩上担负着6万万人的事，如果搞得天下大乱，打我们的屁股"。把投资压缩好，"我们责无旁贷"。"不要怕别人说机会主义"，明年计划的投资"削了以后，不仅明年平衡，将来也可以平衡"。当然，削多少要研究。他强调："削减投资必须搞些死办法，灵活了不行。"有的项目"不搞就是不搞，不准增加就是不能增加，要砍就（应）砍下来"。"过去照顾基本建设多，照顾生产少。应该首先保证必需的生产，其中主要部分应该保证最低限度的民生，有余（再）搞基本建设。这样基本建设就是冒也冒不了多少。"会议决定再将基本建设投资压缩到 114 亿元。待进一步算账后提交中央讨论。

为了深入总结 1956 年经济工作急躁冒进的经验教训，有利于 1957 年计划的制订和今年经济建设的顺利开展，1957 年 1 月 18 日，陈云在全国省、市委书记会议上作了《关于财政经济工作问题》的重要讲话。他阐释了"建设规模的大小必须和国家的财力物力相适应"的道理，指出："建设规模超过国家财力物力的可能，就是冒了，就会出现经济混乱；两者合适，经济就稳定。当然如果保守了，妨碍了建设应有的速度也不好。但是纠正保守比纠正冒进要容易些。因为物资多了，增加建设是比较容易的；而财力物力不够，把建设规模搞大了，要压缩下来就不那么容易，还会造成严重浪费。"据此，陈云提出了财政、信贷、物资三大平衡的著名思想，强调："一、财政收支和银行信贷都必须平衡，而且应该略有节余。""二、物资要合理分配，排队使用。""三、人民的购买力要有所提高，但提高的程度，必须同能够供应的消费物资相适应。""四、基本建设规模和财力物力之间的平衡，不单看当年，而且必须瞻前顾后。""五、我国农业对经济建设的规模有很大的约束力。"他指出应当用财政、信贷、物资三大平衡这样的"制约方法，来防止经济建设超过国力的危险"。

27 日，李先念在全国省、市委书记会议上继续强调，从 1956 年冒进给财政金融带来的严重后果中，得出一条重要经验："就是财政、信贷和物资必须统一平衡。在这里物资平衡是统一平衡的基础，财政平衡则是统一平衡的关键。因为，财政和信贷最后都要归结到有没有物资，矛盾最后都集中到物资是否能够平衡。"但是，"只要在正常收入的范围以内安排支出，不要赤字，不要向银行透支，保持这个限度，大体上就可以做到信贷的平衡。财政和信贷平衡了，大体上整个物资也就是平衡的。"根据这一认识，他指出：由于棉花、植物油的收购情况不好，钢产量又比原计划减少 53 万吨，这样，"国家收入就要减少 10 亿多元"。因此，八届二中全会确定的财政收支指标，"经过这一个时期的计算，看来是站不住了"，"需要重新加以考虑，可能收到的收入必须打足，不可能收到的应当从预算指标内去掉"。

这天，毛泽东在讲话中对这次会议的反冒进气氛也有所不快。他说："要足够地估计成绩。有那么多成绩，夸大是不行的，估计低了，那就要犯错误，可能要犯大错误。""这个问题，本来是二中全会解决了的，但是这次会上（我们一共开了 8 天会），还有许多同志谈到这个问题。可见在一些同志的思想中还有问题。"

全国省、市委书记会议之后，国务院进一步对1957年计划中的各项指标和财政支出指标进行了核算和压缩，并在二三月间召开的全国计划会议上安排了1957年计划。到4月，访问归来不久的周恩来主持国务院第44次至第46次全体会议，讨论批准了对基本建设投资、行政经费、军费、社会购买力、劳动计划和文教卫生等指标都作了压缩的《1957年国民经济计划（草案）》。

在1957年国民经济计划的指导下，我国国民经济进一步健康发展，工农业总值、财政收入稳步增长，基本上实现了财政、物资、信贷三大平衡，保证了市场的稳定，使1957年经济工作成为新中国成立以来最好的年份之一。

周恩来、陈云等在反对"二五"计划和1957年计划的冒进指标时，自觉地注意到从根本上否定远景计划的冒进指标问题。因为他们认为，只有这样，才能从总体上避免经济工作再度出现急躁冒进倾向，保证我国国民经济沿着既积极又稳妥可靠的综合平衡的轨道高速度发展。例如，周恩来在中共八届二中全会上指出："过去设想的远景规划，发展速度是不是可以放慢一点？经过八大前后的研究。我们觉得可以放慢一点。"假如到1967年钢铁产量达到3000万吨，"肯定地说，照现在这个速度是不可能实现的"。"要达到原来远景规划设想的生产指标，肯定时间要长一些，有可能要四个五年计划，或者在第四个五年计划期间。"他指出："陈云曾经在中央政治局会议上说，'既然达不到，就应该允许在三个五年计划以外再加两年'，我说，甚至可以设想加两年不够再增加一两年。这样一个大国。数量上的增长稍微慢一点，并不妨碍我们实现工业化和建立基本上完整的工业体系。"如果硬要把指标"定到3000万吨，其他就都要跟上去。那就会像我们常说的，把两脚悬空了，底下都乱了，不好布局，农业、轻工业也会受到影响，结果还得退下来"。他还指出：《农业四十条》规定到1967年粮食达到10000亿斤，倘若能够实现，当然"是最美满理想的。但是，照一年计算、摸索的情况看，不能那样设想"。指标"上不去，就不能勉强，否则把别的都破坏了，钱也浪费了，最后还得退下来。凡是不合实际的都可以修改"。

从1955年底至1957年9月中共八届三中全会之前的这段时间里，尽管中国共产党的领导人在社会主义经济建设速度问题上存在着两种不同的思路，毛泽东对持续开展的反冒进持保留态度，但他服从了中共中央政治局大多数人的意见，没有明确表示不能反冒进。

11 苦闷的 1958 年

苦闷的 1958 年。毛泽东严厉批评周恩来反冒进，周恩来顾全大局承担责任，一再检讨。

1957 年秋，正当周恩来、陈云等国务院领导同心协力，继续深入了解中国国情，准备在"一五"计划完成后对经济工作的经验教训进行全面总结，为争取"二五"计划取得更大成绩而奋斗的时候，毛泽东的注意力由对苏共二十大否定斯大林和与此密切相关的国际反共逆流、波匈事件的关注，对国内反右斗争的关注，再次转移到对社会主义经济建设速度问题的关注上。

这时，中国共产党内一些领导人头脑中的过急地要求迅速改变中国一穷二白落后面貌的赶超意识，开始以更猛烈的形式表现出来。毛泽东决心要使社会主义经济建设来一个"大跃进"。他认为，只有首先统一全党高级干部对于建设速度这个战略问题的认识，才能在全国迅速形成"大跃进"局面。而要做到这一点，则必须开展彻底清算所谓反冒进错误的反反冒进斗争。

毛泽东批评周恩来反冒进

1957 年 10 月 9 日，毛泽东在中共八届三中全会闭幕的这一天对反冒进进行了摸底性质的公开批评。他说："去年这一年扫掉了几个东西。一个是扫掉了多、快、好、省。不要多了，不要快了，至于好、省，也附带扫掉了。好、省我看没有哪个人反对，就是一个多、一个快，大家不喜欢，有些同志叫'冒'了……我还想恢复。有没有可能? 请大家研究一下。""还扫掉了农业发展纲要四十条。这个'四十条'去年以来不吃香了，现在又'复辟'了。还扫掉了促进委员会。我曾经谈过，共产党的中央委员会，各级党委会，还有国务院，各级人民委员会，总而言之，'会'多得很，其中主要是党委会，它的性质究竟是促进委员会，还是促退委员会？应当是促进委员会。"

少顷，毛泽东进一步强调说：我们总的方针，总是要促进的。去年那股风扫掉的促进委员会，如果大家说不赞成恢复，一定要组织促退委员会，你们那么多人要促退，我也没有办法。

这时，中共党内的民主生活已经有些不正常，刘少奇、周恩来、陈云等曾经主张过反冒进的领导人也难以正常地发表不同意见了，因此在会上没有对毛泽东的上述意见再提出异议。

这次会议还根据毛泽东的提议，通过了《1956年到1967年全国农业发展纲要（修正草案）》。这个《农业发展纲要（修正草案）》同周恩来、陈云曾经多次指出过各项指标都冒进了的《农业四十条（草案）》并无实质性差别，但在会上没有人再表示相反意见了。反过来，当毛泽东看到党的其他领导人对他反反冒进和对《农业发展纲要（修正草案）》采取默认态度时，他推断完全可以开展反反冒进，并获得预期效果。

自八届三中全会以后，政治形势发生巨变，反冒进变成了反反冒进，批评和指责反冒进成为占绝对优势的舆论。

一个月后，毛泽东亲自审阅批发了11月13日《人民日报》题为《发动全民，讨论四十条纲要，掀起农业生产高潮》的社论。社论公开指责反冒进，指出：1956年公布全国农业发展纲要草案以后，曾经鼓舞起广大农民的生产热情，掀起了全国农业生产高潮。但是，有些人却把这种跃进看成"冒进"，他们害了右倾保守的毛病，像蜗牛一样爬行得很慢，不了解在农业合作化以后，我们就有条件也有必要在生产战线上来一个大跃进。同时，社论号召人们批判所谓右倾保守思想，"在生产战线上来一个大的跃进"。

接着，毛泽东又过问了《人民日报》社论《必须坚持多快好省的建设方针》的起草工作，并把社论初稿带到莫斯科，在他参加社会主义国家共产党、工人党会议期间进一步斟酌修改，社论稿在带回北京征求部分中央政治局委员的意见后，于12月12日正式发表。

这篇社论以尖刻的语言对反冒进的人进行了批评：这些人的"思想仍然停留在三大改造高潮以前的阶段，而没有认识三大改造基本完成后的新形势，没有充分估计新条件下大大增长了的生产潜力，结果就背离了多快好省的方针，变成了经济战线的懒汉"。反冒进使"本来应该和可以多办、快办的事情，也少办、慢办甚至不办了",因此"起了消极的促退的作用"。社论要求把 1958 年的各项计划指标定得尽可能先进一些,从而把我国的社会主义建设事业更多、更快、更好、更省地大大向前推进一步。

尽管反冒进从 10 月上旬起接二连三地遭到指责和批评,但是周恩来等在中共八届三中全会后并没有马上意识到反冒进已经被毛泽东认为是个严重事件。他们深深地感到这个问题的严重性,是从 1958 年初开始的。

1958 年新年钟声刚刚敲响,1 月 2 日,周恩来陪同也门王国副首相兼外交和国防大臣巴德尔飞往杭州会见毛泽东。随后,周恩来在毛泽东召集的有部分省、市委书记参加的中共中央工作会议(即杭州会议)上,汇报了几天前在北京召开的中央政治局常委会议商讨 1958 年国民经济计划草案的报告和第二个五年计划的修改问题,并听取毛泽东讲述工作方法十七条。

杭州会议上,毛泽东十分欣赏已经在各地掀起的生产高潮,并对前两年的经济工作表示了不满,他对周恩来说:"你们那个时候(指反冒进),不仅脱离了各省,而且脱离了多数的部!"

虽然毛泽东在会上发了大火,但意犹未尽,并且主张再召开一次范围更大一些的会议,解决反冒进问题。他亲自起草了召开南宁会议的通知:

> 吴冷西、总理、少奇、李富春、薄一波、黄敬、王鹤寿、李先念、陈云、邓小平、彭真、乔木、陈伯达、田家英、欧阳钦、刘仁、张德生、李井泉、潘复生、王任重、杨尚奎、陶铸、周小舟(已到)、史向生、刘建勋、韦国清、毛泽东共 27 人,于 11 日、12 日两天到齐,在南宁开 10 天会,20 号完毕(中间休息 2 天到 3 天,实际开会 7 天到 8 天)。谭震林管中央,总司令挂帅,陈毅管国务院。

1 月 11 日至 22 日,毛泽东主持召开了有部分中共中央领导人和华东、中南等地区九省二市领导人参加的南宁会议。

会议向与会代表散发了 12 份作为批评对象的材料。其中有:1956 年 6 月 25 日,李先念在一届全国人大三次会议的报告中关于反冒进的一段话;1956 年 6 月 20 日《人民日报》社论《要反对保守主义,也要反对急躁冒进情绪》;1956 年 11 月 10 日,周恩来在中共八届二中全会上《关于 1957 年度计划的报告》

节录。

即使地处亚热带，1月里南宁的平均气温也只有10度左右，仍有几分寒气。但是位于邕江边的会议室里却火力正旺。毛泽东在开会的头两天以反对分散主义为话题批评了国务院的工作后，又尖锐地批评了中共中央一些领导人实事求是地纠正经济建设急躁冒进倾向的反冒进"错误"。

11日晚，毛泽东在会上说："不要提反冒进这个名词，这是政治问题。首先是没有把指头认清楚，10个指头只有一个长了疮，多用了一些人（工人、学生），多花了一些钱，这些东西要反。当时不提反冒进，就不会搞成一股风，吹掉了三条：一为多快好省；二为四十条纲要；三为促进委员会。"

12日上午，毛泽东继续批评说："1955年夏季，北戴河会议'冒进'，想把钢（产量）搞到1500万吨（第二个五年计划），1956年夏季北戴河开会'反冒进'。人心总是不齐。"

"右派的进攻，把一些同志抛到和右派差不多的边缘，只剩了50米，慌起来了，什么'今不如昔'，'冒进的损失比保守的损失大'。政治局要研究为什么写反冒进的那篇社论，我批了'不看'二字，那是管我的，所以我不看。那篇东西，格子没有画好，一个指头有毛病，九与一之比，不弄清楚这个比例关系，就是资产阶级的方法论……攻击一点，不及其余。"

南宁会议开会时，周恩来正在北京忙于接待也门王太子巴德尔。13日，当周恩来赶赴南宁参加中共中央工作会议时，毛泽东仍在猛烈抨击反冒进。

16日上午，毛泽东在讲话时拿着中共上海市委第一书记柯庆施的《乘风破浪，建设社会主义的新上海》的文章，对周恩来说："恩来，你是总理，这篇文章，你写得出来写不出来？老柯这篇文章把我们都比下去了。上海有100万无产阶级，又是资产阶级最集中的地方，工业总产值占全国五分之一，资本主义从上海产生，历史最久，阶级斗争最尖锐。这样的地方才能产生这样一篇文章。"

柯庆施的这篇急躁冒进味道浓烈的文章，是他在1957年12月25日中共上海市第一届委员会第二次全体会议上所作的报告。

南宁会议召开25周年之后，薄一波副总理曾回忆说："这次会议，毛主席对总理批评得很厉害。毛主席说，'你不是反冒进吗，我是反反冒进的'。""会上，康生是得彩的，柯庆施、李井泉是很积极的，对总理的批评其态度很是使人难堪的。""会议整整开了十几天，大会小会，非常紧张。"

周恩来顾全大局担责任

毛泽东很注意批判的武器。当他把反冒进同"右派的进攻"紧密联系在一起的时候，反冒进"错误"的性质自然就变得相当严重了。毛泽东声色俱厉、接连不断的批评，使会议气氛异常紧张，更使反对过冒进的人坐卧不宁。与会者大都弄不清楚毛泽东为什么会发这么大的火？！

这时，耳闻目睹了毛泽东等人批评的周恩来，更明白了问题的严重性。从到达南宁的当天起，他几乎天天都约请参加会议的中央和地方的领导人谈话，了解情况，征求意见，开始准备检讨反冒进"错误"的发言提纲。

周恩来于19日上午飞广州会见泰国外宾后马上折回南宁，在尚未适当休息的情况下，便在晚上8时召开的会议上作了检查。

周恩来根据毛泽东批评中涉及的问题，检讨说：反冒进是一个"带方针性的动摇和错误"。这个错误之所以产生，是由于没有认识或者不完全认识生产关系变革后将要有跃进的发展，因而在放手发动群众进行社会主义革命和建设中表现出畏缩，常常只看见物看不见人，尤其是把许多个别现象夸大成为一般现象或者主要现象。"是一种右倾保守主义思想。革命派是'左派'。在这个意义上，左比右好。""反冒进的结果损害了三个东西：促进委员会、四十条、多快好省，使1957年的工农业生产受到了一些影响，基本建设也减少了一些项目。""这个方针，是与主席的促进方针相反的促退方针。"他表示："这一反冒进的错误，我要负主要责任。"

周恩来历来顾全大局，相忍为党。他主动承担了责任，未对毛泽东脱离实际的批评作任何解释和申辩，这在很大程度上缓解了会议的紧张气氛，未使事态向恶性方向发展。但是，南宁会议的反反冒进，却促进了中共党内急躁冒进"左"倾思想的急剧膨胀。正如薄一波后来评论所说："南宁会议在我们党内是一个转折。全局性的'左'倾错误就是从这个时候迅速发展起来的。"

这时，周恩来处于两难的矛盾状态中：一方面，他要在一般原则上和其他领导人一起，支持毛泽东提出的争取15年赶上和超过英国的经济发展战略构想，并检讨反冒进"错误"；但另一方面，作为一个具有清醒头脑的共产党人，他在对经济建设的指导中又尽可能要坚持稳重与谨慎的立场。

就在 1 月下旬，心情沉重压抑而又善于控制情绪的周恩来，在审改《关于1957 年国家决算执行情况和 1958 年国家预算草案的报告（草稿）》时，对文中所写的他仍不愿意接受的"为了在 15 年内在钢铁和其他重工业产品的产量方面赶上和超过英国"一语中的"15 年"之后，增写了"或者更多的一点时间"9 个字；同时在"为了在今后 10 年或者更短的时间内实现全国农业发展纲要"一句中，删去了"或者更短的时间内"8 个字。诚然，在当时急躁冒进的大气候下，周恩来此举不会有什么效果，但毕竟可以从细微之处看出他同"大跃进"的倡导者和主动参与者之间，在思想上仍然有一段明显距离。

毛泽东对南宁会议的结果十分满意。但是，他也看到只开一两次这样的会议，是不足以把反冒进"空气改变过来"而成为"大跃进"的空气；只有连续召开几次小型、中型再过渡到大型的会议，才能奏效。于是，毛泽东提议 2 月在北京召开中共中央政治局扩大会议之后，再到成都去开一次中共中央工作会议。同时，他对反对冒进的领导人发出警告：以后只能反右倾保守，不能反冒进。虽然反冒进错误现在还是 10 个指头中的 1 个，但如果要固执下去，看问题的方法不有所改变，到那时也许变成两个指头，并发展到自己搬起石头打自己脚的地步。

南宁会议结束后的较长一段时间里，平素夜以继日、日理万机的周恩来，每天的工作"节目"一下子少了许多，有时甚至显得无所事事。当年在国家计委工作的梅行在后来的回忆文章中写道：

> 1958 年初南宁会议上总理受到不公正的批判，我和许明就成了可以谈心的朋友，有一天下午，总理值班室通知我去西花厅，总理正在和许明等人打乒乓球。总理向我交代工作以后，我就到许明那里，问她为什么总理竟有时间和他们一起打球。她沉默了一阵，反问我："你难道不知道他现在在经济工作上已经没有发言权了吗？"随后她又说，他们不忍心看着总理一个人坐在办公桌前发闷，才找了一间旧房子，放上球桌，让他出来活动活动的。我看了一下她那憔悴伤心的脸，无言地同她告别。

3 月 8 日至 26 日，中共中央在成都召开有中央有关部门领导人和西南、西北、东北地区各省、市委书记参加的中央工作会议。会上，毛泽东说：我觉得恩来同志在 1956 年 11 月二中全会上的基本观点就是"成绩是有的，肯定是冒了"这两句话。其实冒进是马克思主义的。究竟采取哪种？我看应该是"冒进"。我们没有预料到会发生打击群众积极性的反冒进事件，它给右派猖狂进攻以相当的影响。今后还要注意有人要反冒进。

周恩来在 19 日作关于外交问题的报告，23 日作关于三峡枢纽工程和长江流域规划的报告之后，又在 25 日再一次检讨反冒进"错误"。他说："我负主要责任提出的反冒进报告，就是对群众生产高潮这个主流泼了冷水，因而不是促进而是促退，不是多快好省而是少慢差费，四十条也被打入冷宫，这就是问题的本质。反冒进的错误主要在于将 1 个指头当作多数指头，没有给群众高潮撑腰、想办法，而是重重限制、层层束缚。但是，我当时却没有这样认识，以后才逐渐认识到这是在社会主义建设问题上方针性的错误。"

毛泽东对周恩来的检讨还是有些看法。他在周恩来检讨后说："关于'反冒进'的问题，我看以后不需要谈很多了。在我们这样的范围，就是谈也没有好多人听了。这个问题，不是个什么责任问题。在南宁会议上我们都听了，在北京也听过了。如果作为方法问题的一个例子来讲，那是可以的。"

与会者听了毛泽东的这番话，心里都很清楚，实际上就是继续要周恩来在下一轮举行的中共八大二次会议上，按照毛泽东所主张的从"方法问题"上，即以脱离实际的"多些、快些"的方法为主题再深入检讨。

26 日，在 1956 年支持过并在有的场合下参与过反冒进的刘少奇，在会上也反省了自己在社会主义革命和建设中的一些问题，说自己思想上有跟不上毛主席的地方。在社会主义建设速度究竟是"快一点"还是"慢一点"的问题上，"没有意识到是一个方针路线的争论"。以前对建设速度估计不足，没有料到水利和生产运动发展得这样快。是否可以再快一点，这是有可能的。还说："急性病是超过实际可能性的问题，慢性病是落后于运动的问题，人们往往容易看到急性病，而忽视慢性病的危害，应当认识慢性病所造成的损失，绝不亚于急性病。"

由于以上中共中央召开的多次中小型会议，毛泽东都顺利地开展了反反冒进的斗争，这就为中共八大二次会议的召开和"大跃进"的全面发动，作了比较充分的思想、舆论和理论等方面的准备，全国性的你追我赶，"力争上游"的"大跃进"局面已经形成。可以说，是万事俱备，只欠"东风"了。

苦闷彷徨中的周恩来

1958 年 5 月 5 日至 23 日，中共八大二次会议在北京举行。这次会议，实际上是一次对全国性"大跃进"进行总动员并对反冒进作正式结论的会议。

在开会的第一天，中共中央的《工作报告》对根据毛泽东的倡议而提出的"鼓足干劲，力争上游，多快好省地建设社会主义"的总路线作了阐释性论证，同时作出这样的判断：1956 年到 1958 年中国建设出现了"一个马鞍形，两头高，中间低，1956 年——1957 年——1958 年，在生产战线上所表现出来的高潮——低潮——更大的高潮，亦即跃进——保守——大跃进，不是大家都看得很清楚了吗？"1956 年的经济建设是高潮和跃进，而反冒进却使 1957 年的经济建设出现了低潮和保守，1958 年的经济建设则是更大的高潮和跃进。《工作报告》指出："马鞍形教训了党，教训了群众。现在全国的广大群众对于生产的跃进充满信心，而且决心把社会主义建设的速度继续提高。"

这样，被认为应该对 1956 年反冒进"错误"负主要责任的周恩来、陈云，被再次安排到中国共产党的全国代表会议上进行检讨。

16 日是陈云作检讨。他在检讨中说："在这里，我要说一下关于 1956 年发生的反冒进的错误问题，因为这是同我的工作有直接关系的。从 1956 年下半年到 1957 年上半年的这一段时间内，我对于我国经过农业、手工业和资本主义工商业的三大改造以后，社会生产力的发展形势估计不足，对于 1956 年生产高潮的伟大成就估计不足，对当时大跃进中出现的个别缺点，主要是由于新职工招收得过多和某些部分工资增加得不适当，一度造成商品供应和财政的某些紧张情况，估计得过分夸大了。我在考虑提出问题的时候，一般多从财贸系统的情况出发……这种从部分情况出发解决问题，就不会正确地理解 9 个指头和 1 个指头的问题，就不可避免地要犯错误。""因为我是财贸工作的主要负责人，对于当时财政和市场紧张的情况产生了错误看法，首先而且主要是我的错误看法。因此，对于当时反冒进的那个方针性的错误，我负有主要责任。"

17 日是周恩来作检讨。他在这次会上的发言稿，是他花了 10 多天时间，数易其稿并经过若干次修改后写成的，其中有 7 天闭门未出，停止了一切对外活动。

1958 年，周恩来在北京十三陵水库参加劳动

在这次会议前后的一段时间里，周恩来内心显得异常苦闷和彷徨。

据当时周恩来的学习秘书范若愚回忆说："在成都会议期间，周恩来同志对我说，回到北京以后，要起草一个准备在八大二次会议上检讨的发言稿，要我到总理办公室的宿舍住几天，听候他给我布置工作。有一天，周恩来同志对我说，他这次发言，主要是作'检讨'，因为'犯了反冒进的错误'，在南宁会议上已经被提出来了。这次发言，不能像过去那样，因为这是自己的检讨发言，不能由别人起草，只能我讲一句，你记一句，再由你在文字连接上，做一点工作。周恩来同志在讲了这些情况后，就开始起草发言稿的开头部分，他说一句，我记一句。就在这个时候，陈云同志给他打来电话。打完电话之后，他就说得很慢了，有时甚至五六分钟说不出一句来。这时，我意识到在反冒进这个问题上，他的内心有矛盾，因而找不到恰当的词句表达他想说的话。"

书面检讨写完以后，范若愚惊奇地发现周恩来同志在起草这个发言稿的 10 多天内，两鬓的白发又增添了。

17 日这一天，周恩来在发言时首先表示拥护大会的有关报告和毛泽东的讲话，然后围绕支持"大跃进"这个核心问题进行检讨。他说："这次会议，是一个思想解放的大会，也是一个充满共产主义风格的大会。大会的发言丰富多采，生动地反映了人民在生产大跃进、思想大解放中的建设奇迹和革命气概。真是一天等于二十年，半年超过几千年。处在这个伟大的时代，只要是一个真正革命者，就不能不为这种共产主义的豪情壮举所激动，也就不能不衷心地承认党中央和毛主席的建设路线的正确，同时，也就会更加认识到反冒进错误的严重。"

周恩来再次承担了反冒进"错误"的责任。他唯恐与会者听不清楚，于是加大音量反省道："我是这个错误的主要负责人，应该从这个错误中得到更多的教训。"

接着，周恩来着重检讨了反冒进"错误"的性质，深挖了犯"错误"的思想根源，反省了在工作作风方面存在的"问题"。他沉痛地说道："反冒进的错误，不是偶然发生的。这个错误的思想根源是主观主义和形而上学。在多数问题上表现为经验主义，在某些问题上则表现为两者的混合。思想方法上的这些错误，结果造成了建设工作中的右倾保守的错误。这样，就违背了毛主席一贯主张的社会主义建设的总路线、总方针。"

在陈云、周恩来按照这次会议的意图作了深刻的检讨以后，毛泽东在会上公开宣布："反冒进（的问题）解决了，现在中央是团结的，全党是团结的。"因为在毛泽东看来，国家经济建设还得"靠这些人办事，此外没有人"。同时，开展反反冒进斗争的目的已经达到，紧迫地摆在党和国家领导人面前的新的根本任务是全力以赴领导全国的大跃进运动。

但是，毛泽东在会上还从另一个角度多次发出"我们党内搞得不好要分裂"的警告。他极为严肃地说道：假如我们党在某个时候，"有些人不顾大局，像莫洛托夫那样，像我们中国的高岗那样，那就要出现分裂"。因此，"代表大会的同志，你们注意一下。中央委员会要特别注意，要顾全大局，谁不顾全大局，谁就会跌筋斗"。"有人认为讲了分裂，心里就不舒服。我看讲了好，大家有个精神准备。"

毛泽东的这一番话，说得相当重。实际上就是说：再进行反冒进斗争，就可能影响党的团结。

从中共八届三中全会到八大二次会议，我国社会主义经济建设的方向发生逆转。在毛泽东所发动的持久的愈来愈烈的反反冒进斗争面前，党内没有人能够再发表不同意见了。从此，反冒进成为禁区，毛泽东极力倡导的"鼓足干劲，力争上游，多快好省地建设社会主义"的总路线也为八大二次会议所接受。

八大二次会议以后，内心非常痛苦和矛盾的周恩来，鉴于毛泽东在南宁会议上曾经流露出有让柯庆施当总理的意思，又鉴于自己在反冒进问题上犯了"方针性的"大错误，于是便向中共中央真诚地提出：请考虑"继续担任国务院总理是否适当"。

1958年6月9日，中共中央就此专门召开政治局常委扩大会议。出席会议的有毛泽东、刘少奇、朱德、陈云、林彪、邓小平、彭真、彭德怀、贺龙、罗荣桓、陈毅、李先念、陈伯达、叶剑英、黄克诚。与会者表示周恩来应该继续担任总理职务。

6月22日，总书记邓小平根据毛泽东的嘱咐起草了会议记录，写道：会议讨论了周恩来的请求，但会议认为他"应该继续担任现任的工作，没有必要加以改变"。随即，邓小平把会议记录报送了毛泽东。毛泽东批示："退尚昆存。"

这样，周恩来继续留在国务院总理岗位上，但是从这以后的一段时间里，周恩来、陈云等人在经济建设中的发言权问题上，已经有所顾虑了。

也正是在八大二次会议后，全国立即掀起了一个打破常规、追求高速度、超英赶美的"大跃进"运动。"大跃进"运动的迅起，使本来就底子薄、基础差的年轻的共和国受到了一次客观经济规律的严厉惩罚。毛泽东发觉"大跃进"运动造成的重大失误后，在1960年6月作了一个《十年总结》的讲话。他在这个讲话中开始认识："管农业的同志和管工业的同志、管商业的同志，在这一段时间内，思想方法有一些不对头，忘记了实事求是的原则，有一些片面思想（形而上学思想）。"同时，他感慨道："1956年周恩来同志的第二个五年计划，大部分指标，如钢等，替我们留了3年余地，多么好啊！"

1981年中共十一届六中全会通过的《关于建国以来党的若干历史问题的决议》在论及这段历史时指出："由于对社会主义建设经验不足，更由于毛泽东同志、中央和地方不少领导同志在胜利面前滋长了骄傲自满情绪，急于求成，夸大了主观意志和主观努力的作用，没有经过认真的调查研究和试点，就在总路线提出后轻率地发动了'大跃进'运动和农村人民公社化运动，使得以高指标、瞎指挥、浮夸风和'共产风'为主要标志的'左'倾错误严重地泛滥开来。"这样，就为1955年底至1958年经济工作指导思想上"冒进——反冒进——反反冒进"论争中的是非曲直，作出了正确的历史结论，并从中引出了弥足珍贵的历史教训。

三、关心文体细无声

12　对北京人民艺术剧院的厚爱和关怀

古往今来，喜爱文艺并支持文艺事业的国家领导人和政治家并不乏
先例，但像周恩来对北京人艺的如此厚爱和关怀，也许是绝无仅有的，
至今还令许多艺术家感慨万千。

在当代中国文艺的历史发展进程中，开国总理周恩来与北京人民艺术剧院的
关系是令许多艺术家至今还感慨万千的一笔。从 1952 年北京人艺创建到"文化
大革命"爆发前的 1965 年，短短的 13 年中，日理万机的周恩来共到过人艺 27 次，
两次走访人艺的职工宿舍，3 次到人艺与演职员共度除夕佳节。古往今来，喜爱
文艺并支持文艺事业的领导人和政治家并不乏先例，但像周恩来对北京人艺的如
此厚爱和关怀，却是极少见的。

周恩来在呈批的报告中翻来覆去地寻找：怎么没有人艺的报告？首都剧场的建设一直是在周恩来的直接过问下进行的

北京人民艺术剧院创建于 1952 年。建院之初，条件非常简陋，连自己的演
出剧场都没有。有剧目要上演时，需要借大华电影院的舞台演出，很不方便。人
艺上下深感需要有自己的话剧演出剧场。这样，人艺就正式给北京市人民政府和

中央人民政府文化部打了一个报告，申请建立一个人艺自己的能够容纳 900 个座位的剧场。

北京市副市长张有渔、文教办公室主任吴晗和文化部副部长周扬对人艺的报告非常重视。他们考虑到北京作为首都，原有的剧场都比较陈旧，且设施落后，应该建设一个代表国家级水平的剧场。但当时国家经济是百废待兴，财力、物力都很紧张，要专门拿出一笔数目不小的钱来建一个现代化的国家剧场，非同小可。于是，他们于 1953 年 1 月 28 日联名写信给周恩来请示，周恩来很快批示，同意考虑兴建话剧剧场。

报告批下来后，人艺很快组成了一个由曹禺为主任，焦菊隐、欧阳山尊等为副主任的剧场建设委员会。

1953 年 2 月 16 日，正是农历大年的正月初三。周恩来把曹禺、焦菊隐、欧阳山尊、老舍等召集到办公室，讨论了剧场的建设问题。周恩来说：你们的报告我看过了，我很同意你们的看法。听说你们成立了建设委员会，为把剧场建好，我提两个建议，一个建议是你们在报告里提出新剧场只建 900 个座位，900 个座位稍微少了点，能不能扩大到 1200 个座位？扩大座位是为了今后形势发展的需要。请你们考虑。再一个建议，是新剧场要建就要各方面都建好一点，为了使这个剧场达到国际一流水平，你们可以向民主德国进口灯光、音响等设备。

新中国成立之初，国家的外汇来源非常有限，其紧缺情况是可想而知的。作为一个国家领导人，专门拿出一笔外汇去为一个剧院订购灯光音响设备，是需要有一定文化眼光的。然而，不知是哪个环节上的疏忽，人艺关于进口灯光、音响设备的报告没有送上去。3 月 20 日，周恩来在审阅外贸部对外订货清单时，特意留心人艺的音响设备进口。他翻来覆去看了好几遍，就是没有发现人艺所需的进口设备清单，连忙嘱咐秘书韦明打电话到人艺查询：为什么没有人艺的进口设备清单？是不是没有打报告？秘书韦明立即打电话到人艺，叫他们赶紧直接给总理送来申请对外订购设备的报告。

1956 年，作为新中国文化象征的首都剧场在欢庆社会主义三大改造胜利完成的锣鼓声中隆重落成。这是新中国成立后建设的第一个规模较大、设备齐全、功能较多的现代化剧场，也是党和国家重视文化事业的一个体现。文化部的领导考虑到没有国家大剧院，希望把首都剧场作为国家剧场，供有关单位共同使用。当初取名"首都剧场"而没有叫"北京人民艺术剧院"也就有这个意思。而人艺从剧院建设的需要考虑，希望首都剧场成为自己可自由支配的剧场，必要时，也可以通过协商供其他单位的演出活动之用。这样，在首都剧场的归属问题上就出现了意见分歧。

意见反映到周恩来那里。周恩来最后拍板：首都剧场还是交人艺管理、使用。他对文化部的领导说：你们要是不明确这是个什么性质的剧院，要是不明确主要由谁来使用，那就等于自己制造矛盾，以后势必会争吵不休。还是应当明确这就是演话剧的剧场。

周恩来之所以决定把首都剧场交给人艺，并不是因为对人艺的偏爱，而是出于把人艺建设成为一个代表国家水平的艺术剧院的考虑。要把人艺建设成为代表国家级水平的剧院，就不能没有一个可供其施展拳脚的阵地。

最后，人艺和文化部协商，首都剧场还是由人艺来管理，一些国际演出也可以安排在这里。

1956年8月，人艺在新落成的首都剧场上演了新排的郭沫若的著名历史剧《虎符》。周恩来也到场观看。这也许是一种巧合。抗日战争时期，《虎符》曾在重庆上演，引起轰动。当时在重庆的周恩来对表演艺术家刁光覃、舒绣文、朱琳等说：将来，我们一定要有高水平的剧场艺术，要有现代化的剧场。此时此刻，已经是人艺演员的刁光覃、舒绣文、朱琳等想起周恩来当年的话，怎能不感慨万千！

关心人艺上演的每一部戏

人艺成立以后，周恩来对人艺上演的每一部重头戏几乎都倾注了自己的心血。

1958年，人艺第一次排演著名作家老舍的话剧《茶馆》。但首次彩排后，在当时"左"的氛围下，文艺界对这部戏有不同意见，有的人认为这部戏"缺少正面形象""灰色""怀旧""不能给人以鼓舞"，等等。

在一片争议声中，周恩来到人艺看了《茶馆》的彩排。看完后，周恩来首先十分肯定这部戏的价值。他对人艺的导演、演员说："从政治上看，《茶馆》是一部好教材，它能让青年们知道旧社会是多么可怕，多么要不得。从艺术上看，这也是了不起的作品。"

当然，周恩来也指出了剧中存在的一些不足之处。在谈完自己的意见后，周恩来又特意声明："我的这些意见，你们千万不要忙着对老舍同志讲，要讲，还是我自己去讲。我怕你们去传达，讲不清楚。"

1963 年，人艺重排《茶馆》。这时，文艺界在"大写 13 年""只有写社会主义的生活，才是社会主义的文艺"的号令声中，已是"山雨欲来风满楼"。在这种政治氛围下，人艺再度演出《茶馆》，似乎显得不合时宜，也就战战兢兢的，充满顾虑。

但周恩来认为，演反映现实生活的现代戏可以反映时代精神，演用辩证唯物主义观点写的其他戏，也能反映时代精神，关键在于你的作品能否站得住。

关键时刻，周恩来再一次看了人艺重排的《茶馆》。看完后，他对导演焦菊隐等人说：《茶馆》这部戏没问题，是一出好戏。如果有点意见的话，第一幕发生的时间是否往后移一点。现在是放在戊戌政变后，放在辛亥革命前夕就更好。这只是我个人的意见，先不忙传达，还是我自己找老舍同志交换一下意见。

《茶馆》再度公演后，赢得了广大观众的好评。今天，这部话剧早已蜚声内外，且已成为中国气派和中国作风的话剧典范之作，也成了世界认识中国话剧和了解中国历史的重要媒介。可以说，周恩来对这部戏的支持和肯定，在关键时刻起了至关重要的作用。这种肯定，不是出于他对老舍先生的个人情谊，而是基于他对艺术鉴赏规律的深刻把握。他在许多场合都说过：青年人没有经历过旧社会，不知道旧社会是什么样子，老舍先生的《茶馆》能让青年们知道人吃人的旧社会在帝国主义、封建主义和官僚资本主义三座大山的压迫下是多么可怕。《茶馆》上演后几十年的事实证明，这部戏的艺术魅力之所以经久不衰，除了其艺术上的原因外，重要的一点就是它对历史的深刻把握和典型再现，给了观众一种震撼。这是一种从历史深处传达出来的战栗般的震撼。

同样，当年由人艺上演的、被誉为"编剧、导演、表演、舞美珠联璧合的上乘佳品"的新编历史剧《蔡文姬》，自始至终也凝聚着周恩来的心血。

《蔡文姬》的文学本初稿，是文坛泰斗郭沫若在 1959 年 2 月用 7 天的时间一气呵成的。出于对人艺的信任，郭沫若把剧本交给了人艺。当时，正值新中国成立 10 周年之际，人艺当即把《蔡文姬》列为向新中国成立 10 周年献礼剧目，并派出了以焦菊隐为导演的强大演出阵容。

4 月 4 日，《蔡文姬》彩排，请文化部和北京市文化部门的有关领导审看。

有人认为：这部戏对曹操的歌颂有些过分，剧中现代语汇太多，涉及民族关系问题应慎重考虑。

这样一来，这部戏能不能上演，还是个问题。

意见汇报到周恩来那里，周恩来表示：这个戏要演出，但要改一改。

4月21日，当时的中共中央宣传部副部长周扬召集范文澜、潘梓年、阳翰笙、林默涵等有关领导和人艺的负责人曹禺、欧阳山尊及导演焦菊隐、在剧中扮演曹操的刁光覃等座谈，传达周恩来的指示，并研究剧本的修改。

出于对郭沫若的尊重，也是对艺术创作规律的尊重，在剧本的修改问题上，周恩来原主张还是要郭沫若自己修改为好。他还特意托周扬把他的这一意见告诉人艺。但是，由于当时担任中国科学院院长的郭沫若即将出国访问，无暇顾及剧本修改，而国庆10周年又迫近，人艺提出由剧院组织力量对剧本提出修改方案。周恩来对此表示同意，并指定要周扬、田汉、阳翰笙参加修改，同时还指示：修改后的剧本一定要送郭沫若审定，征得他本人同意后定稿。

剧本修改出来后，人艺立即送郭沫若审定。5月2日，郭沫若亲自将修改后的剧本送到人艺，并附上一封他给周扬、田汉、阳翰笙、曹禺、焦菊隐的感谢信。信中认为对剧本的修改"改得很好"，还特别举出了包括对剧本结尾处的诗《重睹芳华》在内的"改得特别好"的几处。对剧本中的另两处修改，郭沫若也坦诚地提出了自己的不同意见。

送走郭沫若后，曹禺立即将郭沫若审定润色后的剧本送周扬审阅，并遵照周扬的嘱咐，将剧本的修改经过、修改原则及主要改动之处写出了详细的书面汇报，连同郭沫若的信，于5月3日送给周恩来。

5月8日晚，周恩来来到首都剧场，观看修改后的《蔡文姬》的第一次彩排，并把陈毅副总理也带来了。周恩来看得很细，对话剧也很内行，在充分肯定全剧的同时，又进一步提出了一些颇具品位的修改意见：

在全剧的总体处理上，整个演出应该是余音绕梁，不要都演出来。

在演出时间和节奏上，演出时间太长。第三幕文姬做梦一场，既长又乱，舞蹈也多，均应重新处理，第一幕就应该有高潮。第二幕的舞蹈也可以取消。

在台词方面，仍存在一些现代词汇，如"表演""英明""灭神论""所有的兄弟都不要再打仗"等，一定要改掉。因为这出历史剧的气氛是庄严的，不应该让这些词汇引起观众发笑，破坏悲壮的诗意。有些台词意义不妥，如左贤王说的"再不乱杀一个汉人""目前的中国"等，还有的地方对曹操歌颂得过分，如"丞相使千里无鸡鸣的世界又熙熙攘攘起来了""与士卒同甘苦"等，这些台词应该修改或不要。

在服饰上，曹操的红袍应改为紫袍；周进的黑袍应改为绿袍；文姬归汉后寡居期间，着红衣、红带均不妥，应改换色彩。

在周恩来的关怀和指导下，《蔡文姬》又经过进一步的修改和加工，终于于1959年5月21日在首都剧场公演。这部话剧一问世就不同凡响，引起轰动。在观众的强烈要求下，一鼓作气，连续演出120场，场场爆满。它不仅是人艺向新中国成立10周年献礼的重点剧目，而且是中国话剧在探索话剧民族化以及创造高水平的艺术精品过程中具有里程碑意义的力作。

回想当初，当对此剧众说纷纭时，是周恩来的首肯和支持给了人艺以信心和力量；修改过程中，又是周恩来许多中肯的修改意见，使此剧进一步走向完美。这里面不仅仅是一个党和国家领导人对艺术事业的关怀，还有一个"艺术总理"独特的艺术匠心，更有一个大国总理关心、支持、保护老一辈作家创作积极性的良苦用心。

类似这样的事情还表现在对待人艺老院长曹禺的一些作品上。

周恩来和曹禺是同学，也是老朋友。对曹禺的《雷雨》《日出》等许多作品，周恩来如数家珍，常常令专家也非常吃惊。当年，曾有人提出，《雷雨》中的鲁大海为什么不领导工人革命？《日出》中工人为什么只在后面打夯？为什么不把小东西救出去？周恩来回答说：因为当时工人只有那样的觉悟程度，作家只有那样的认识水平。这是合乎那个时代进步作家的认识水平的。他还对曹禺说："我最欣赏你的，就是你的剧本合乎你的思想水平。"

1962年，人艺决定排演曹禺在抗日战争时期写下的作品《蜕变》。这部戏以抗日战争为背景，揭露了国民党反动统治的腐败。剧中的主要角色是一个作风廉洁、政治清明的政府公务人员，这个人物是曹禺以共产党人谢觉哉为原型创造的艺术形象。但是，有些不了解时代背景，受"左"的思想影响较深的人，认为《蜕变》在政治上存在问题，应当"修改"后才能上演。

周恩来得知这一情况后，不同意修改《蜕变》。人艺副院长欧阳山尊传达了周恩来的这一意见。

"我是爱你们心切，所以对你们要求严一些"

周恩来关注人艺上演的每一部戏，同时对人艺的作品要求也较严格。

《烈火红心》是人艺在 1958 年上演的一部反映工业题材的现代话剧。那时，在经济建设"大跃进"的催动下，文艺创作上也搞"多快好省"，存在着片面追求数量、忽视质量，只注重政治宣传、不注意艺术标准的倾向。

12 月 14 日，周恩来到位于虎坊桥的工人俱乐部观看《烈火红心》。看完演出后，周恩来来到后台的大化妆室看望演员。

开始，周恩来向大家聊天式地了解人艺演员参加"福建前线慰问演出团"到福建演出的情况。

周恩来特意问："你们到前线打炮了没有？"

"没有打成。"

"哎，怎么没有打成？我特意给彭总打过电话让你们打炮的啊！"原来，3 个月前，周恩来到人艺看《红旗飘飘》时，得知人艺要随团去福建前线演出，为了让演员们体验生活，特意给国防部部长彭德怀打过招呼。

"战士们已经给我们准备了炮弹，但那个时候恰好停止炮击的命令下来了，炮没打成。"

周恩来哈哈大笑："是这样。6 日停止炮击，这个命令谁也不能改。"

谈笑间，周恩来把话题引到了话剧《烈火红心》上。在肯定这出戏是好戏的同时，也指出了存在的不足。他说：主要问题是这个戏没有很好地处理好"两条腿走路的"关系，在革命精神与科学态度相结合的问题上存在着片面性，成了"一条腿走路"。剧中党的领导者只是进行了简单的政治鼓动，没有领导群众攻克实际的技术难关。剧中作为党的领导者的县委书记太简单了，不能光讲政治语言，还要有智慧，要政治与技术相统一。

这些意见，是周恩来对文艺界存在的"左"的倾向的批评。几个月之后，他在中南海紫光阁专门召集部分文艺工作者作了"关于文化艺术工作要两条腿走路"的讲话。

这些意见，也说出了艺术家们的苦衷。所以，虽然是批评，但他们非常愿意听。

周恩来继续说: 办一切事情都要两条腿走路, 革命精神与科学态度相结合, 政治与技术相结合。现在工业提出要 "苦干、实干、巧干", 你们文艺工作者也要 "苦干、实干、巧干"。人艺是老剧团, 应该搞出既能热情反映现实生活重大题材, 又符合艺术创作规律, 思想性和艺术性俱佳的上乘之作。在这里我引用剧中的一句台词: "我把合同就订在你们这儿了。"

根据周恩来的指示, 人艺对《烈火红心》进行了修改。12 月 25 日, 周恩来邀请文化部副部长钱俊瑞和北京市文化部部长陈克寒, 一起审看修改后的《烈火红心》。看后仍不是很满意, 再一次指出了剧中存在的问题。此后, 人艺对《烈火红心》又作了几次修改, 质量虽然有明显提高, 但在当时的历史氛围下, 要完全实现周恩来的要求也的确非常艰难。

1961 年 6 月初, 人艺重新上演曹禺的名著《雷雨》。自 1954 年人艺首次公演以来, 《雷雨》已相继演出了 200 多场。

这次重演虽然是原班人马, 但由于一味地赶任务, 排练时间只用了一个星期, 艺术质量已出现滑坡。

6 月 6 日晚, 过去已多次观看过人艺演出《雷雨》的周恩来和邓颖超来看重演的《雷雨》。看到第三幕时, 因临时有紧急事情要处理, 戏没看完, 周恩来就匆匆走了。临走时, 周恩来对陪同看戏的曹禺说: 演员的台词听不太清楚。也可能是剧场的条件不好。

8 日晚上, 周恩来又出人意料地来到人艺, 继续观看《雷雨》, 还邀了夏衍一起来。周恩来先是坐在第三排看了一会儿, 然后又换座到第十三排。导演夏淳知道, 总理是在变换座位中听演员的台词。

演出结束后, 周恩来与夏衍、曹禺、夏淳及剧中主要演员朱琳、胡宗温、郑榕、狄辛等围坐在一起, 就如何提高艺术质量问题进行了一次长谈。

话题是从演员的台词问题开始的。

周恩来批评说: 这次看《雷雨》, 演员的台词听不清楚, 许多台词都滑过去了。

接着, 周恩来点着名对每个演员的台词和表演都作了分析, 指出了欠缺之处。在场的人无不为周恩来对艺术如此内行和观察如此细致而感动。当时在场的曹禺后来在向全院传达周恩来的讲话时深有感触地说: "总理对话剧工作这样重视, 对我们这样关心, 使我们感动之极! 总理看戏看得这么仔细, 连台词的调子不对、演员处理台词的态度都注意到了, 还指出有一句台词无论如何不应该删掉。这么仔细，这么一丝不苟，古往今来是少有的。"

周恩来说：话剧是要通过语言来打动人的。演员台词不清楚，就失去了话剧艺术的重要表现手段。话剧演员应当像曲艺中的评弹演员那样讲究吐字清楚。

针对当时人艺业务学习中对体验与体现、演员与角色的关系有不同的见解，周恩来结合自己早年在南开上学时的话剧实践，发表了自己的看法。他说：以我过去演话剧的体会来说，我认为演员在表演时要做到"目中无人，心中有人"。就是说，演员要做到目中无观众而心中要装着观众，就是要明白自己在台上的所作所为给观众哪些影响。所以，既要"藐视观众"，又要"重视观众"。也就是说，你要给观众深刻的影响，首先要要求自己把所扮演的人物刻画深刻，以自己的艺术语言和表演影响观众，从而达到教育观众的目的。

谈话感觉是在朋友间的谈心，道理又是那样的深刻。导演焦菊隐在谈到听了周恩来这番话后的感受时说："藐视观众，重视观众"的问题非常深刻。自己过去有所体会，经总理一讲，豁然开朗。

对于这次重新演出质量不如以前的问题，周恩来客观地分析了原因，他说：

"这次演出是因为赶任务而影响了戏的质量了吧？一贪图快，就往往不容易把人物刻画得深刻。赶任务同很好地发挥基本训练的才能如何结合起来、统一起来？其中是有一定的矛盾，但我总觉得应该在质量上多研究一些，别只为了赶任务而降低了戏的质量。"

"你们诸位都是第一流的演员，应该把这个戏演得比现在的水平更高些，也有条件演得更好一些。可是常常因为突击排练而影响了戏的质量。作为演员的基本训练你们是有基础的，可是没有充分的时间让你们发挥所长，没有充分的时间更好地体会人物的思想，把本来能演得更好的戏的质量降低了。这个责任主要还在我们身上，过去几年忙着赶任务，对质量的提高有所忽略。"

"现在，在各条战线上都提出贯彻'调整、巩固、充实、提高'的八字方针，你们人艺带个头，在这些方面多做些工作。"

对于失误，没有简单地责备，而是客观分析原因，并主动地承担了责任，周恩来的这种态度也令在场的人感动不已。

周恩来还对曹禺说："我是爱你们心切，所以要求严一些。"

周恩来的这种"爱"，在艺术工作者心中自觉地化作了一股强大的催人奋进的精神动力。

实际上，周恩来之所以连续两个晚上到人艺来看《雷雨》的演出，不仅仅是为了《雷雨》这一部戏的质量问题，也是从人艺"带个头"，纠正当时文艺创作中普遍存在的"左"的倾向。

历史走过 20 多年后，人们才明白周恩来为什么接连两个晚上去看一部他早已看过多少遍的重演的话剧。

在人艺老一辈演员的眼中，周恩来既是一个平民观众，又是一个充满艺术民主的内行领导

"文化大革命"之前，周恩来几乎每年都看人艺上演的戏，有时一年中多次观看。他常常对人艺的领导和演员们说：排了新戏打电话告诉我。

据不完全统计，周恩来到人艺看过的剧目有《春华秋实》《非这样生活不可》《明朗的天》《虎符》《红旗飘飘》《红大院》《烈火红心》《茶馆》《蔡文姬》《枯木逢春》《潘金莲》《雷雨》《名优之死》《武则天》《红色宣传员》《霓虹灯下的哨兵》《年轻一代》《李国瑞》《丰收之后》《像他那样生活》等。其中，《烈火红心》《霓虹灯下的哨兵》《武则天》等还是几次观看。此外，还有一些人艺演员深入生活回来后自编自演的一些小戏。仅从上述数目，就可看出周恩来对人艺的关注程度。

周恩来到人艺看戏，大部分是以普通观众身份去的，戏票是自己掏钱买，自然也就谈不上享受专门为领导人安排的专场演出。有时看完了就走，有时看完了还兴致勃勃地走进后台与演员们聊上一聊。有时是他外出路过剧场，顺便下车进来站在舞台下幕边看上一眼。许多人艺的演员都几次看到过周恩来站在幕边上看着台上的演出，他们也都习以为常了，从来也不去做专门的安排，自己照做自己的事。他们深知总理的习惯。

1960 年三八妇女节的晚上，周恩来到人艺去看正在上演的《枯木逢春》。因为有事，去晚了一点。剧场也不知道周恩来要来看戏。等周恩来赶到剧场时，戏的序幕已经演过，正进行第一幕的演出。

这种"迟到"而戏已开演的情况，在周恩来去人艺看演出时经常发生。为了不影响观众看戏，也为了减少对演出的干扰，周恩来像往常遇上这种情况一样，

没有中途进到剧场观众席上去看戏，而是走进了设在观众席后面的导演间。导演间是隔音的，在里面可以通过一面大玻璃直观舞台。演出时，导演间不准开灯，里面很暗。周恩来在黑暗中摸索着坐下，隔着玻璃看戏。因距离比较远，陪同的工作人员递给周恩来一架望远镜。

这时，一个在人艺学习的兄弟文工团的学员也来到了导演间，坐在周恩来身边看戏，见周恩来拿着望远镜在观看，就拍了拍周恩来，说："劳驾，拿望远镜给我看看。"

周恩来就顺手把望远镜递给了这位学员。学员拿着望远镜还看得真是津津有味，似乎忘了望远镜是借别人的。

等到第一幕结束，导演间的灯亮，这位学员才发现，他"劳驾"借望远镜的人竟是总理周恩来，脸"唰"地一下子红到了脖子，又惊又喜又不好意思，连忙腾地站了起来："啊，总理！"

周恩来拍了拍这位学员的肩膀，朗声笑道："没关系嘛，我的眼睛比你好。"

演出结束后，演员们请周恩来到舞台上与他们合影。

周恩来提议说："今天是三八妇女节，请女同胞坐在前面，我们男同胞站在后面好不好？"

"哇！"女同胞们一片欢腾。她们当中许多人都没有意识到今天是三八妇女节，如此心细的总理举世罕见！

在人艺老一辈的演员眼中，周恩来既是一个平民观众，又是一个充满艺术民主的内行领导。如果一旦感觉到剧中存在原则性的问题时，周恩来一般不会轻易发表意见，而是慎重地召集大家一起座谈，启发式地与大家一起来探讨，最后再明确地或委婉地表示自己的意见。

在人艺，周恩来与老作家欧阳予倩的故事可谓脍炙人口。

1961年初，人艺在排演"五四"以来优秀剧目时，决定重排田汉的《名优之死》和欧阳予倩的《潘金莲》。

《潘金莲》是欧阳予倩在"五四"时期宣传妇女解放的背景下写的，剧中把潘金莲塑造成为一个追求妇女解放的典型。人艺在讨论剧本的过程中，就出现过不同意见。

4月26日，这两部戏同时公演。周恩来来到人艺观看演出。

看完后，周恩来对《名优之死》较满意，对《潘金莲》感觉不对劲，但他当时没有发表意见，既没说好，也没说不好，只表示对这部戏还想再看一遍，再想一想。

两天之后，周恩来又来到人艺观看《潘金莲》，并把田汉、欧阳予倩、阳翰笙、齐燕铭等文艺界的负责人及马连良、裘盛戎、谭富英等戏曲名家请来一起观看。

演出结束后，周恩来把有关人员召集到首都剧场小休息室，就《潘金莲》进行座谈。

他先请这部戏的导演、主要演员和作者欧阳予倩各自谈一谈这部戏的思想倾向和对潘金莲、武松这两个人物的看法。并强调大家敞开思想，有什么说什么，不要有思想顾虑。接着又请人艺的总导演焦菊隐及舒绣文、欧阳山尊、夏淳、于是之等发表各自的看法。

在场的其他戏剧界人士也都发表了自己的意见。

周恩来认真地听取大家的发言，时而点头赞成，时而摇头提出不同的看法。

大家各抒己见，哪怕是与周恩来不同的看法。

话题虽然严肃，但会议气氛非常轻松坦诚。

周恩来说：潘金莲不是一个反封建的妇女解放典型，她以谋杀亲夫、行为堕落来求得解放，走的是一条完全错误的道路。

老作家欧阳予倩开始还不能理解，听了周恩来的话后，显得有些激动。

周恩来心平气和地对欧阳予倩说：你刚才谈到你的写作动机，我是可以完全理解的。作为我这个后来者，见到剧中存在的问题，觉得还是应该向你提出来。今天你说得很诚恳，我非常钦佩。

座谈会一直开到深夜 11 时才结束。会后，人艺党委鉴于《潘金莲》的戏票已经售出，决定继续演到 4 月 30 日再停演。

但是，这件事情被有关部门看得过于严重。5 月 3 日，人艺领导班子就上演《潘金莲》一事向上级写出检查报告。有关部门甚至决定要在文艺界组织对《潘金莲》的公开批判。

周恩来得知这一情况后，在 5 月 5 日指示有关部门，停止这种做法。并要秘书告诉欧阳予倩：一不要作检讨；二不许登报批评；三不要再开会。这件事就到此结束。

既讲原则，又与人为善。周恩来这种对知识分子真诚的关心、爱护和尊重，这种平等、民主的领导作风，不仅令欧阳予倩本人感动得心悦诚服，也令文艺界人士感慨系之。

此后不久，欧阳予倩病了。周恩来闻讯后，很是不安，连忙派秘书前往欧阳予倩家中慰问，并询问患病是不是由于《潘金莲》一事造成心情紧张而引起的。欧阳予倩非常感动，说：自己只是偶感风寒，得了感冒，请总理放心。

事后，欧阳予倩自己觉得《潘金莲》是不成熟的，周恩来的意见是正确的。

周恩来造访人艺宿舍。人艺人永远铭记那个不平静的春夜

对许多人艺的老演员来说，他们永远不会忘记 1957 年 5 月的那个不平静的春夜。

那是 5 月 12 日晚上，周恩来在人艺新建成的首都剧场三楼宴会厅举行酒会，招待访华的泰国艺术团。由于中间还穿插着艺术表演，酒会结束时，已是午夜 11 点了。

周恩来送走泰国客人后，又走了回来，与陪同出席酒会的几个人艺青年演员围坐在一起，热烈交谈。

"听说你们已住进了新盖的宿舍，而且你们剧院还盖了新排练厅，想请你们带我去看一看。你们的宿舍离这儿远吗？"周恩来问。

"不远，就在史家胡同。我们每天排戏都是走来走去，大约 15 分钟。"几位演员虽然是经常见到周恩来，但见周恩来要到他们的宿舍去，一个个都喜出望外。

大家簇拥着周恩来下了楼，周恩来的司机把车开了过来。周恩来问演员们："你们怎么走？"

"我们走回去，总理你上车吧。"

"不，"周恩来摆了摆手，说："今晚月色很好，我跟你们散散步，就不坐车了。"

"总理，你坐车吧。"演员们怕总理累着。

"不，我也锻炼锻炼。"

这样，在静静的午夜里，一群年轻的演员们簇拥着一个心地更加年轻的人，走在静悄悄的马路上。他们像父亲和儿女，一边走，一边说笑，谈工作，谈学习，

谈演戏，谈生活。在他们的后面，远远地尾随着一辆空驶的汽车。

待到史家胡同人艺宿舍时，周恩来提醒说："说话轻一点，不要吵醒了大家。"

其实，许多人这时还没有睡觉。

周恩来同几位年轻演员一起，一口气爬上了宿舍的4楼，查看了几间单身宿舍。

许多演员看到周恩来来到自己的宿舍，还以为自己是在做梦，不敢相信这是真的，一个个都惊呆了。最有趣的是演员林连琨，坐在床上睁着蒙眬的睡眼，望着周恩来，半天说不出一句话来，引得大家哈哈大笑。

40年后，林连琨回忆说：

那天我早早就睡下了。正睡得迷迷糊糊的时候，就听见一个女同志叫我的门。我说："谁呀？我还睡觉呢！"她也不听我说什么，"哗啦"一下推开我的门，对我说："快起来，周总理要上这儿来。我当时睡得正迷糊，觉得总理怎么能上这儿来？还没等我反应过来，总理进来了。啊呀，真的是总理！我怔住了。总理的身后还跟着剧院的人。看着总理，我不知道怎么着是好，衣服也没穿好。

查看完宿舍后，周恩来又去看新的排练厅。由于排练厅的大门锁了，大家只得带领周恩来从地下室进入。

新排练厅像一个小型剧场，可以容纳四五百人。空阔的舞台，油漆的地板，化妆室，暖气设备，一应齐全。

周恩来站在舞台上，像是在感觉什么，一会儿，又下到观众席，在座位上坐一坐，嘴里连连赞叹："不错，太好了！"

"在剧院后面，我们还在盖两个更大的剧场呢！"

"是啊，怪不得魏喜奎他们有意见了。他们很艰苦，连排戏的地方都没有，你们的排演场比他们演出的剧场还要讲究些。"

魏喜奎是曲剧演员，周恩来对曲剧也非常关心。

周恩来继续说："这样好的场地你们是否很好地利用了呢？你们空闲的时候，应该借给（魏喜奎）他们用，帮助他们，他们会感激你们的，你们要做一些团结的工作。"

话题转到演员的经济收入方面。有人抱怨国家剧团和民营剧团的演员收入不平衡，说尤其在戏曲界，差别更大，更不公平。

周恩来说："这个问题应该逐步解决。我们国家还很穷，工资都往上提，还没有那个力量。是不是高的应该向低的看齐呢？演员的生活，也不能和一般人民的生活水平太悬殊了。"

说着，周恩来问站在旁边的刚毕业不久的青年演员王洪韬："你一个月多少钱？"

"不多，才72元5角。"

"噢，才72元5角。你们刚毕业就拿这些钱就不少啦！你们年轻人，今天的条件太好了，什么都给你们准备下了，比起你们的前一代人来，你们很幸福。你大学毕业，可我还只是中学毕业呢。你们也应该多吃些苦，经受一些艰苦的锻炼。"

说到这，周恩来指着室内的一盆花，说："温室里的花草是经不起风雨的。你们要到大风大浪中去锻炼。为着你们的下一代，你们一定要经受一些艰苦的锻炼。"

这时，全宿舍的演员几乎都知道周恩来来了，全都聚集到排练厅内外。5月的春风，带着槐花的清香，温馨地吹拂着在场的每个人艺人的心。

周恩来抬腕看了看表："哦，不早了，已经两点多了，影响大家休息了。你们明天还要工作。"

大家挥舞着手，用激动的泪眼目送着周恩来上车离开史家胡同，沸腾的人群却久久不能平静。

两年之后的一个周末晚上，周恩来再一次来到人艺的宿舍，探望因劳累过度患心脏病的人艺演员舒绣文。

舒绣文，这个享有话剧"四大名旦"之一美称的表演艺术家，周恩来抗日战争时期在重庆就认识了她。新中国诞生后，舒绣文被安排在上海电影制片厂做演员，但舒绣文的特长还是在话剧舞台。在周恩来的帮助下，舒绣文1957年调到人艺，很快就以她高超的演技和高尚的职业道德赢得了人艺广大演职员的尊敬，大家都亲切地称她为"舒大姐"。周恩来常对人艺的演员说：我和绣文是老朋友了，在抗战时期的重庆就常看她的戏。

当周恩来敲开舒绣文的家门时，舒绣文还正和青年演员刘华在聊天，见周恩来突然来到，自然又惊又喜。

周恩来关切地询问了舒绣文的病情、吃药后的效果如何及饮食情况，关切之情，溢于言表。

临别时，周恩来嘱咐舒绣文要安心养病，保重身体，并对在场的几个年轻的演员说："舒大姐是你们的前辈，也是国家的财富，要注意她的劳逸结合。明天我会托人送些药品和必要的营养品来。"

不光从思想上、工作上关心人，而且从生活上关心人，这是最让人艺人忘不了周恩来的百年情结。在人艺人的眼中，周恩来不仅是国家总理，还是他们的知心朋友。

1960年，国家正是处于"大跃进"后的三年困难时期，粮食和副食供应都很短缺，大家都吃不饱饭。

人艺的演员们每天演出时晚饭要分为两次来吃，开演前吃一部分，演出过半再吃一部分，免得一个晚上顶不下来。有些演员甚至患上了浮肿病。

周恩来把这一切看在眼里。他找到国务院副总理兼外交部部长陈毅元帅，要他设法安排一下，让人艺的演员能改善一下生活。

陈毅和周恩来商量，把人艺作为外交部的出国演出团，派到东北三省去巡回演出。

东北是粮仓，即便是三年困难时期，相对于全国其他地方，粮食和副食供应还是要好一些。

结果，人艺带了《蔡文姬》和《同志，你走错了路》两部戏，在东北三省巡回演出了一个多月。这两部戏基本上把人艺的演员都带出去了。一路上有地方和部队轮流接待，不但饭管饱，而且伙食也很不错。大家都开玩笑地说：这回可真解决问题了（吃饱饭了）。

当然，周恩来不单单是对人艺的艺术家这样，他对所有的艺术家都关爱备至。也是在三年困难时期，他在得知舞蹈演员赵青因住处潮湿患严重关节炎时，当着许多文艺工作者的面对文化部负责人痛心地说："我们死了梅兰芳、欧阳予倩感到十分可惜，可活着的艺术家我们却不去关心、爱护！"在周恩来的亲自过问下，有关部门给中国舞剧团的舞蹈演员盖了两幢地板楼房。

不寻常的三个除夕之夜

据老一代的人艺人讲，在那段难忘的岁月里，每当一年一度的除夕之夜来临时，剧院的所有同志就习惯性地聚集到灯火通明的大厅里。尽管时钟已敲过十一点、十二点，但是没有一个人舍得离去。因为，大家都知道，除夕之夜，周总理总要到很多地方去问候，而人艺往往是他的最后一站。所以大家总是扶老携幼，合家等候着周总理的到来。年复一年，多少个春节，周总理从来未让大家失望过。

笔者没有去考证过这一动人的传说是否真的如此，但有档案记载的是周恩来曾经三次在人艺和人艺艺术家们共度除夕之夜。

最早的一次是 1954 年的除夕。

那时，人艺刚刚成立两年。曹禺先生新中国成立后的第一部话剧新作《明朗的天》正好就在除夕之夜正式公演。

周恩来也赶来观看演出。演出结束后，大家习惯性地围拢到周恩来的身边，以为周恩来会像往常一样，谈自己的观感。

然而，出乎大家意料之外，周恩来的第一句话却是："今天是除夕，谁有约会谁走，挨了骂我可不负责任。"

总理的幽默把大家逗得哄堂大笑，此时此刻，又有谁舍得离开呢！

周恩来对《明朗的天》的演出给予了热情的鼓励，特别是对第三幕"病房"那场戏尤为赞赏，说："这场戏把我们的感情抓住了，我看到我旁边的人有的掉了眼泪。有生活嘛，所以感人。只有体验了生活，才会出现有生命的东西。"

"看了你们的戏，总得再了解些情况。这样，这个除夕就算没白过。谈谈吧。"周恩来是想趁此机会了解了解刚组建不久的人艺的情况。

剧院早已准备了过年吃的糖果，还有人艺自己做的冰糖葫芦。在一片祥和的气氛中，大家边吃边谈。从男女演员的比例失调到人才积压，从增加演出场次到剧院能否实现企业化，从住房紧张到工资待遇，从如何解决剧本来源到体验生活的重要性，等等。有问有答，无话不谈。

周恩来问得非常仔细，包括剧场有多少座位，一场能卖多少钱，演出收入怎么分配，等等。他特别嘱咐剧院领导，一定要重视对青年演员的培养，要让他们多演戏，多给他们创造舞台实践的机会。

临别时，周恩来还要求剧院领导就院长、导演、演员、党组织等方面"写点东西"给他，限期 10 天，他等着看。

周恩来第二次在人艺度过除夕夜是 1961 年 2 月 14 日。

那一年，是三年困难时期的第二年。虽然大家的日子过得很艰难，但物资生活穷精神生活不能穷。为鼓舞大家的士气，人艺安排了一个饮食虽然不丰，但能让大家精神上欢欢喜喜过大年的除夕联欢晚会。

周恩来带着邓颖超，陈毅带着张茜，还有荣高棠、阳翰笙、老舍、周巍峙等也都前来助兴。

整个大厅成了欢乐的海洋。尤其是那些孩子们，争先恐后地围着周恩来，一个劲儿地喊："周爷爷，周爷爷。"

也许是自己没有孩子的缘故，周恩来对孩子非常喜爱。他慈爱地摸摸这个孩子的脸，拍拍那个孩子的头，兴高采烈地把桌子上的糖果分给孩子们。

周恩来还变戏法似的把自己带来的几瓶茅台酒和油炸花生米，分给大家，以表示对大家的慰问。

"来，来，大家都吃一点。"尽管周恩来一再招呼，但大家谁也不好意思动。在那个年月，花生米是很珍贵的食品。

一个年轻的女演员实在忍不住"诱惑"，鼓足勇气，伸手捏了两粒花生米，坐在旁边的老演员赶紧用胳膊碰了碰这位女演员，女演员顿时闹了个大红脸，急忙把花生米再送回盘子里。

这细微的举动，没能逃过周恩来的眼睛。他急忙挡住女演员的手，同时责备那位老演员："年轻人正是长身体的时候，要多吃一些嘛！花生米带来就是给大家吃的嘛！"

其间，少不了要表演节目。周恩来的保留节目就是唱《洪湖水，浪打浪》《南泥湾》。这也是他最爱唱的歌曲。

最有趣的要数 1962 年 2 月 3 日的那个除夕之夜。

还是在人艺首都剧场 3 楼宴会厅，人艺在这里举行迎春联欢晚会。

周恩来、邓颖超以及陈毅、习仲勋、乌兰夫、李先念、罗瑞卿等 5 位副总理，还有王震、肖华、张执一、宋任穷、荣高棠等，都来了。

在这里，没有党和国家领导人与艺术家之分，每个人都要上台表演节目。

周恩来首先声明："这是家里人的团聚，没有什么上下级、领导人与被领导人之分，特别是你们年轻人，一定要热闹些，这样才有过年的气氛嘛！"

剧院尽了最大的努力，准备了一些茶水、糖果和人艺职工自制的冰糖葫芦。

陈毅拿起一串冰糖葫芦，美美地咬了一口："你们是从哪里搞到这样好吃的东西啊？"

"这是有关部门为剧场特批的白糖和红果，做好以后在演出休息时卖给观众吃，每一张戏票只能买两串冰糖葫芦。"剧院的人解释说。

陈毅哈哈大笑："我晓得了，观众是为了吃到冰糖葫芦才来看戏的。"

周恩来却沉重地说："这说明粮食不够吃，群众肚子饿啊！"

气氛顿时变得凝重。好在这时乐队奏起了欢快的舞曲。剧院领导请各位首长跳舞。

周恩来在跳舞之前，先走到小舞台旁，亲切地向演奏的中央广播乐团的团员们招手致意。这是周恩来的一贯作风。

周恩来和邓颖超轻松地跳了一个慢三步。在中央领导人中，周恩来潇洒的舞姿是有名的。

第一轮舞下来后，周恩来提议大家表演几个节目。

几位老演员走到一起，唱起了当年"抗敌演剧队"的保留节目小喜剧《张先生讨学钱》。风趣的演出使大家笑声连连，掌声不断。

突然，周恩来站起来挥了挥手："你们可以请邓大姐来个节目嘛！她有拿手好戏。"

周恩来话音一落，台下掌声欢呼声响成一片。想当年，邓颖超也是个文艺活跃分子。

邓颖超有些不好意思地站起来："好吧，我来一段京戏《武家坡》。可谁来和我配唱呢？"

"我可以配唱。"演员狄辛马上走到前面。

接着，在演员朱旭的胡琴声中，戏便"开锣"了，邓颖超唱老生薛平贵，还真唱得有板有眼，韵味十足，令大家大开眼界。

邓颖超唱完后，紧接着说："我的老伴会唱《洪湖水，浪打浪》，要不要让他来一个啊？"

"要！"大家异口同声。

"看来不唱是不行了。"周恩来摇了摇头，笑着说。他走到话筒前，抱着双臂，左手还轻轻地打着节拍，非常认真地唱道："洪湖水呀，浪呀嘛浪打浪啊，洪湖岸边是呀么是家乡啊……"

周恩来一边唱着，一边又把演员朱琳、王志鸿、李曼宜拉到前面一起唱。

唱完以后，周恩来兴致不减，又大声喊王震："王胡子，快过来嘛，我们一起唱《南泥湾》。"同时又把曹禺、欧阳山尊等叫了过来。

曹禺五音不全，但被热烈的气氛所感染，也禁不住放声高唱起来。王震唱着唱着，不时忍俊不禁。周恩来在一旁指挥，拍子打得激越有力。在场的人都随着节拍一起合唱起来。

歌声一停，陈毅一时兴起，也亮出了"奇招"。他抢先一步，走下舞池，用浓重的四川口音大声喊道："下一个节目是扭秧歌！"

顿时，锣鼓齐鸣，周恩来和陈毅各带领一队人马，尽情地扭起了东北秧歌，而且还扭出了"二龙戏珠""盘8字""龙摆尾"等花样，把晚会推向了高潮。

那天的晚会，到凌晨一点多才结束，尽欢而散。

13 为了新中国体育事业的腾飞

新中国的体育事业是在周恩来的直接关怀下开始起步并腾飞于世界的。20 世纪 60 年代国务院各部的人特别羡慕体委，说周恩来似乎对体育事业格外青睐。前日本乒乓球协会负责人长谷川先生说：中国有周恩来这样关心、精通体育事业的领导人，实在太幸福了……

前日本乒乓球协会负责人长谷川先生曾说过这样一句话：中国有周恩来这样关心、精通体育事业的领导人，实在太幸福了……

20 世纪 60 年代国务院各部的人特别羡慕体委，说周恩来似乎对体育事业格外青睐，只要贺老总（指当时任国家体委主任的贺龙元帅）开了口请周恩来，不论活动大小，周恩来是有请必到，从不推辞。

的确，对新中国体育事业来说，拥有周恩来这样一位总理，确实是天大的幸福。新中国的体育事业正是在周恩来的直接关怀下开始起步并腾飞于世界的。

周恩来亲自为新中国体育事业组建了领导班子，确定了发展路子，培养了体育苗子

1952 年 7 月，对于百废待举的新中国来说，体育事业刚刚起步，就面临着一次挑战与抉择。

当时，第 15 届国际奥林匹克运动会在芬兰首都赫尔辛基举行。由于西方敌对势力的阻挠和破坏，新中国的体育组织是在奥运会即将开幕时才得到参加奥运会的邀请的。

去，还是不去？

有些人认为，中国的体育事业还很落后，加上又是临时组队，去了也不一定能赶上比赛；再说即使参赛了，也很难取得成绩。

这些人的顾虑并不是没有根据的。

新中国成立之前，中国的体育运动几乎是一片荒漠，更谈不上在世界体坛上的地位和影响。

奥林匹克运动会是全世界范围内规模最大的体育盛会，奥林匹克雄风也往往被视为一个国家强盛的支点。然而，1932 年，当第 10 届奥运会在美国洛杉矶举行时，拥有世界人口最多的中国才仅派出了一名教练带着一名叫刘长春的东北大学学生运动员前去参加。结果是在预赛中就被淘汰。

1936 年，中国派去参加第 11 届奥运会的运动员有所增加，除撑竿跳高运动员符保卢取得决赛权外，其他所有参赛项目全部在预赛中被淘汰。

1948 年，当时的国民党政府再一次派运动员去参加奥运会，但仍没有突破中国在奥运会领奖台上零的记录。

这样的体育运动水平与一个拥有世界人口最多的大国是多么不相称！英国的《镜报》当时曾刊登过这样一幅无情讽刺我中华民族的漫画：一个身材瘦小的中国运动员，举着画有 5 个鸭蛋的白色大旗。整个一个"东亚病夫"。"东亚病夫"的帽子套在中华民族的头上实在冤屈。旧中国体育运动水平的极端落后，并非我炎黄子孙不行，而是旧中国政府的无能、贫弱以及对体育运动的不重视。

旧中国的体育设施，简陋得不能再简陋了。仅举下列几个事实便可窥一斑：直到新中国成立，中国尚无一所体育学院，没有一支健全的体育运动队，也没有一处像样的体育设施和建筑。

尽管面对的是这样一片体育荒漠，但作为新中国总理的周恩来没有因此而灰心、放弃。他坚决主张组队前去参赛。他说："尽管我们还难以在奥运会上取得成绩，但我们还是要去。在奥运会上升起五星红旗就是胜利，要通过运动员的风采来宣传新中国的新面貌。"

在周恩来的支持与关怀下，中华全国体育总会秘书长荣高棠率领由 40 人组成的中国体育代表团前往赫尔辛基参加第 15 届奥运会。五星红旗第一次在奥运会上高高飘扬。

这一次，中国体育代表团不是以成绩，而是以惊人的参与意识和精神面貌令世界各国运动员关注。

中国体育代表团回国后，周恩来亲自听取了代表团的工作汇报。他满怀信心地说："参加奥运会，升了五星红旗还不够，中国运动员应该为世界体育界做出

1952 年 8 月，周恩来和毛泽东在北京先农坛体育场观看解放军体育运动会的比赛

贡献。我们国家有那么多人口，我们会有好的体育人才。今后应该多创些记录、多获世界冠军，让五星红旗更多地飘扬在国际运动场上。"

　　新中国体育事业要腾飞，首先是要建立领导和管理中国体育事业的组织机构，这是振兴新中国体育事业的组织保证。新中国成立时，党中央委托青年团具体管理体育工作。为了更好地领导中国体育事业的发展，就在中国体育代表团从赫尔辛基回来后，周恩来提议，在政务院设立一个与部、委平行的全国体育运动委员会，并同当时任国务院副总理的邓小平商量，让热心体育事业、为体育界人士所倾慕的贺龙出任中央体育运动委员会主任。

　　1952 年 11 月 15 日，周恩来在中南海怀仁堂主持中央人民政府委员会第 19 次会议，讨论政务院增设中央体育运动委员会问题。会上周恩来正式提议：为了加强对体育运动的领导，建议贺龙担任中央体育运动委员会主任，蔡廷锴任副主任。由一位功勋卓著的元帅出任体委主任，这足以说明体育事业在新中国领导人心目中的地位。会议一致通过了周恩来的提议和任命。

　　后来的事实证明，周恩来选择贺龙任体委主任，是颇具有眼光的。贺龙元帅不负重托，在振兴新中国体育事业中做出了不可磨灭的功勋。

有了组织保证，还不够，还要确立一条适合中国国情的发展体育事业的路子。对此，周恩来明确指出：当前体育运动的方针首先是要普及，在群众性体育活动广泛普及的基础上不断提高运动技术水平，培养体育人才。

1952 年，在周恩来的支持下，在全国范围内开展了广播体操活动。

1953 年底，事关新中国体育事业发展的中央体育运动委员会第一次全体会议正在紧张地筹备。周恩来对这次会议非常关注。尽管这时他正忙于准备参加新中国第一次登上国际舞台的日内瓦会议，但他还是在百忙中抽空亲自审阅了这次会议的文件，并批示："体委会议及议程同意，总结报告最好贺龙同志作，如他坚辞，再由荣高棠作，而贺作结论。"

1954 年 1 月 16 日至 21 日，中央体育运动委员会第一次全体会议在北京隆重召开。贺龙和荣高棠在会议上分别作了《1953 年体育工作总结报告》和《1954 年体育工作计划报告》。这使新中国体育事业第一次有了纲领性的文件。

中央体育运动委员会第一次全体会议刚落下帷幕，周恩来就亲自主持政务院会议听取贺龙关于体委工作的报告。会上，周恩来就体育工作的意义、发展方针等作了系统的发言。发言中，周恩来第一次提出，我们一定要把体育运动和国家前途连接起来。他说：体育运动不只是为了个人的身体健康，而且是为了保卫祖国，建设社会主义。只要坚持开展体育运动，5 年、10 年、15 年，中国人民的体质就会大大改变。我问过专家，他们说 5 年至 10 年就可以了。

可贵的是，周恩来在讲话中还提出了新中国体育事业的发展方针。他说：当前体育运动的方针是要普及和经常化。在普及的基础上才能提高，经常化了才会出人才。只要体育运动做到普及和经常化并加以正确的指导，人民的体质一定会大大增强。

说到这里，周恩来还特意强调说："今后两三年之内，我们不可能在国际比赛中得到多少冠军，因为没有经常锻炼的基础。我们的体育运动如果发展得当，6 年以后，到 1960 年，一定会出现许多好选手。我们的体育运动与资本主义国家的不同，我们的体育运动是有群众基础的，是有远大前途的。"周恩来还说："实现上面的方针，关键在于领导，不仅是体委，教育部、高教部和各个行政部门也有责任。政务院要发个通知，提倡早间操和工间操，先在北京的中央各机关试行。"并且授权体委进行检查，检查出哪个机关妨碍体育运动，就提出来"将

1957 年 10 月，周恩来在赛场鼓励打破全国跳高纪录的郑凤荣再接再厉，继续前进。二十多天后，郑凤荣打破女子跳高世界纪录

他一军"。

根据周恩来的指示，1954 年 3 月 1 日，中央人民政府政务院发出了《关于在政府机关中开展工间操和其他体育运动的通知》。

更难能可贵的是，周恩来作为一国总理，不仅关注中国体育事业发展的大政方针，而且在许多场合，还关心具体运动员的成长，勉励他们成为世界上第一流的选手，在国际比赛中为国争光。这种关心和勉励在运动员身上化作了无形的巨大力量。

1957 年 10 月，周恩来得知女子跳高运动员郑凤荣冲击女子世界跳高纪录，亲自到北京体育学院观看。3 个月前，郑凤荣曾经在柏林以 1.72 米的成绩获得国际田径比赛第一名。这一次，由于紧张和激动，郑凤荣只跳过了 1.70 米的横杆。年轻的姑娘懊悔极了。

贺龙向郑凤荣招了招手，并把她介绍给周恩来。郑凤荣满脸通红地在周恩来面前低下了头，说："总理，我没有跳好。"周恩来亲切地拉着郑凤荣的手，笑着说："你还年轻，来日方长嘛！"说着，把体育学院送给他的一束鲜花递到了郑凤荣的手中。郑凤荣接过鲜花，热泪夺眶而出。

一个总理的此番举动，对一个普通运动员的鼓舞是别的力量所不能替代的。

一个多月后，郑凤荣就以 1.77 米的成绩打破了由美国运动员麦克丹尼尔所保持的 1.76 米的世界女子跳高纪录。这是中国运动员首次打破世界田径纪录。

美联社的一位记者对此报道说："一位 20 岁的中国姑娘，在北京以有力的一跳，警告田径界，6 亿中国人不会永远是落后的选手了。"这位美联社的记者的感觉是敏锐的。

在群众性体育运动广泛开展的基础上，再加上有像周恩来这样的党和国家领导人的殷切关怀，中国体育运动的技术水平在短短的 10 年内有了惊人的提高。从 1949 年新中国成立到 1959 年 8 月，我国运动员创造和打破了 2800 多次全国纪录。1956 年和 1957 年只有 3 人 6 次打破 3 项世界纪录，而在 1958 年就有 9 人 8 次创造 6 项世界纪录，到 1959 年，仅 1 月到 8 月就有 29 人在 12 个项目中打破了 12 次世界纪录，并涌现出了中国第一个世界冠军。这种惊人的发展速度在旧中国体育史上是从未有过的。要知道，在旧中国，女子跳高运动员朱天真在 1933 年创造的仅为 1.35 米的全国纪录竟保持了 15 年之久，到 1948 年才被成绩只有 1.40 米的吴树森打破。

面对这样的体育成绩，周恩来、贺龙等欣慰地笑了。

1959 年 9 月，为了检阅新中国 10 年来的体育成就，我国举行了第一届全国运动会。毛泽东、周恩来等党和国家领导人非常重视这次全运会，周恩来更是如此，除出席开幕式外，还亲自到场地观看运动员比赛。我国女子短跑选手姜玉民一人夺得 100、200、400 米 3 项冠军，也是这些项目全国纪录的保持者。周恩来在祝贺姜玉民时，风趣地说："你一个人保持 3 项全国纪录，可不是好现象啊！体育比赛就是要人才辈出，后浪推前浪，才能迅速地提高我国的体育运动技术水平，应该培养更多的优秀运动员同你争冠军。"

不要只看到几个优秀选手，要着眼于培养成千上万的优秀运动员。这是周恩来指导中国体育事业发展的一个重要思想。

在第一届全运会上，成绩喜人。有 7 人 4 次打破 4 项世界纪录，664 人 844

1959 年 9 月，周恩来和毛泽东、刘少奇、朱德在第一届全国运动会主席台上

次打破和新创 106 项全国纪录。其中，穆祥雄以 1 分 11 秒 1 的成绩创造了百米蛙泳世界纪录，17 岁的乒乓球运动员李富荣打败了世界冠军容国团。

为了鼓励运动员创造出好的成绩，进一步促进全国体育运动水平的提高，就在第一届全国运动会进行期间，贺龙向周恩来递交了《关于对世界纪录创造者和世界冠军获得者颁发体育运动荣誉奖章的请示报告》，要求在全运会闭幕式上正式给世界纪录创造者和世界冠军获得者颁发体育运动荣誉奖章。

周恩来兴奋地在贺龙的报告上批示：同意。

1959 年 10 月 3 日，在有 8 万多人参加的第一届全国运动会闭幕式上，周恩来和贺龙一起，向新中国 10 年来打破过世界纪录和获得过世界冠军的 40 名运动员颁发了体育运动荣誉奖章。

40 年之后，当新中国体育事业全面腾飞于世界之时，我们的体育专家在总结我国体育事业为何在短短的时间内能取得如此大的成就的经验时发现：在普及的基础上提高，在提高的指导下普及，是中国体育事业迅速发展的一条重要规律。

周恩来送给中国乒乓球健儿四句话：胜而不骄，败而不馁，埋头苦练，生生不已。新中国终于诞生了第一个世界冠军

1959 年 4 月 5 日，一个中国人民永远不会忘记的日子。

这天，我国乒乓球运动员容国团，在第 5 届世界乒乓球锦标赛中，一路攻关斩将，夺得男子单打冠军。这是新中国成立后，也是中国体育史上中国人在国际重大比赛中获得的第一个世界冠军。中国体育史上没有世界冠军的历史随着五星红旗在国际领奖台上的冉冉升起宣告结束了。

乒乓球是我国第一个走出自己的路，赢得世界冠军的体育项目。它从起步到夺冠，只经过短短 8 年的时间。

当听到容国团夺冠的喜讯后，周恩来的欣慰是可想而知的。因为他非常关注的事业终于初结了硕果。

20 世纪 50 年代初期，中国的乒乓球与其他体育项目一样，水平较低。周恩来千方百计地邀请一些强队来我国访问，以提高中国的乒乓球技术水平。当时，在香港打球的姜永宁、傅其芳等乒乓球水平比较高的运动员怀着对祖国的一片赤情回到国内。尤其是傅其芳，曾打败过英国世界冠军李奇。周恩来对他们非常重视，亲自观看他们比赛。姜永宁是一个稳守型打法的选手，一般的快攻手很难突破他的防线。周恩来观看时称赞他的防守技术很出色，但同时也指出：应当加强攻的技术，不然只是被动挨打。周恩来还鼓励姜永宁、傅其芳等不仅要在技术上精益求精，而且要培养更多的优秀选手。

姜永宁、傅其芳等深受鼓舞，虽然他们自己并没有获得世界冠军，但他们正是按照周恩来的指示去做的，为振兴新中国的乒乓球事业培养了一批夺取世界冠军的人才。

共和国总理对乒乓球事业的深切关注深深地感动了在外的有志之士。1957 年曾受过傅其芳指导的容国团从香港回到内地。两年后，他给新中国争得了第一个世界冠军。

得了冠军，固然值得庆贺，但更重要的是不应当由此而满足，而应当看到我

们与世界强队的差距，准备迎接新的挑战，取得更大的成绩。这一点，欣慰中的周恩来显得格外冷静和清醒。

1959年4月24日，国家体委在北京饭店设宴欢迎从第25届世界锦标赛归来的乒乓球代表团。周恩来当时正忙于别的国事，听到消息后特意中途赶到北京饭店，与贺龙、陈毅一起同乒乓球代表团欢聚。

周恩来首先说："我国乒乓球队在第25届世界乒乓球锦标赛上获得男子单打冠军，全世界都震动了。首先，我向你们表示庆贺。"

掌声四起。周恩来摆了摆手，继续说："但是，欢迎庆贺只是一方面，另一方面，这仅仅是胜利了一次，胜了一次还要再胜，不能就此停滞不前，一切体育竞赛项目都是这样。我们要准备力量，在今后的世界比赛中争取多拿一些金牌，10年后在全世界放异彩。"

接下来，周恩来语重心长地给乒乓球队员送了至今仍被体育界视为"经典"的四句话：

一、胜而不骄。我们取得世界冠军才是第一次，胜而骄就容易摔跤。

二、败而不馁。败一次不算什么，常胜将军也会打败仗。最怕的就是气馁。

三、埋头苦练。要天天练，不求一下子让人知道，不急于求露。

四、生生不已。要多增加新生力量，好选手要自己带头帮助别人，使后来者居上，这样体育运动才能大发展。不能光靠几个选手。

自1952年，在中国人民粉碎国际敌对势力的阻挠和破坏，派出代表团参加了第15届奥运会后，国际敌对势力又出新的花招，把所谓的"中华民国奥委会"列入各国奥委会名单，妄图制造"两个中国"。中国奥委会在多次抗议无效后，被迫于1958年8月宣布退出国际奥委会。对此，一些运动员因不能参加国际体育比赛而产生急躁情绪。针对这种情绪，周恩来指出："十年不鸣，一鸣惊人。八年、九年，我们总要进到奥林匹克运动会。现在准备力量，埋头苦干，十年后在全世界放异彩。"

一个国家的体育实力，往往支承着这个国家的国际地位。第25届世乒赛结束后，国际乒联代表大会以绝对多数票的优势通过了第26届世乒赛在北京举行。

这一举动本身就意味着国际乒坛已觉察到了中国乒乓球实力的悄然崛起。在以往，不要说承办世乒赛，就连邀请一些乒乓球强队来访都不容易。

对于第 26 届世乒赛，周恩来自始至终给予了特殊的关注。在乒乓健儿集训期间，正遇上天灾人祸，国家经济处于困难时期。毛泽东、周恩来自己不吃肉，但对集训的运动员却提供了充足的粮食和副食品。

1961 年 3 月 12 日，在锦标赛大战前夕，周恩来拉着陈毅元帅一同来到东郊工人体育场看望正在紧张训练的乒乓健儿。

针对在第 25 届世乒赛上我国选手思想不过硬，有些队员想赢怕输，临场过分紧张，发挥失常，没有打出应有的水平和风格，周恩来叮嘱队员们：“我还是给你们讲两句话，一是胜不骄，败不馁；二是留有余地，藏一手。你们要好好练习，好好保养，不要紧张，为国争光。不仅要比赛，还要注意学习，把别人的长处通通吸收过来。不要争一日之长短，胜了还要再胜。如果不胜，下次再来。不要光看今年一年，要看长远一些。”

周恩来还委托陈毅给乒乓球小将们作战前动员。陈老总说：“我代表党中央、国务院表个态度，你们打好了鼓励你们，你们没打好，也不责备你们，我们鼓励你们力争胜利，也鼓励你们失败了不泄气，要有泱泱大国的风度，不要斤斤计较。如果你们全部失败，我要请你们吃饭，给你们献花敬酒，鼓励失败的英雄。”

中国乒乓小将没有辜负周恩来总理的心血与期望。

1961 年 4 月，第 26 届世界乒乓球锦标赛在北京举行。中国乒乓健儿经过近半个月的鏖战，终于放出了震惊世界的异彩：男子团体获得冠军；男子单打囊括了前四名，庄则栋、李富荣获男子单打冠亚军；邱钟惠获得女子单打冠军；女子双打和男子混合双打分别获亚军。这样，中国乒乓小将在第 26 届世乒赛上总共获得了 3 项世界冠军、4 项亚军和 8 个第三名。

喜讯传开，举国欢腾。世界也被震惊了，外国通讯社当时就惊呼：“中国执掌了世界乒乓球的牛耳。”

第 26 届世乒赛激烈鏖战时，周恩来正陪同前来中国度假的缅甸总理吴努夫妇在云南。但他非常关注我国乒乓健儿的比赛状况。

这一情况，周恩来后来自己有过自述。他在中日乒乓球运动员联欢会上说：“我在第 26 届世界乒乓球锦标赛期间，只参加了开幕式和开幕式的宴会，今天又参加了中日两国运动员的联欢宴会，在 17 日又观看了中日友好比赛。有头、

1961 年 4 月，周恩来出席我国参加第 26 届世界乒乓球锦标赛组委会举行的联欢会，祝贺运动员取得好成绩。右二为庄则栋，右三为徐寅生，右五为邱钟惠

有尾、有中间。其他的时间我不在北京，但每天工作完了，我总要看报纸上有关比赛的报道，或者打长途电话到北京了解当天比赛的情况和结果。14 日晚上，我正在中国美丽的西双版纳，当时，正逢傣族人民过泼水节。当我得知中日两国球队各得了 3 个冠军，很平衡，就非常高兴。本来这天我的身体不太舒服，不打算参加泼水节的泼水了，但因为知道了中日双方各得了 3 个冠军，非常高兴，于是我就大泼其水，大跳其舞。我把这个消息告诉了吴努总理，他也很高兴地大打其鼓，大跳其舞。为什么这样高兴呢，因为证明了一个真理，欧洲人、北美洲人能做到的事，亚洲人只要努力，也能办到，而且能够胜过他们。"

其实，周恩来这是在有日本外宾的场合讲的这番话。周恩来真正最高兴的是我们中国运动员夺得了 3 个冠军。这证明外国人能办到的我们中国人同样也能办到，而且可以胜过他们。让那些说中国人是"东亚病夫"的外国狂人目瞪口呆去吧！

周恩来从云南回到北京时，为中国乒乓球队举办的颁奖仪式和庆功宴会已经结束。为了表示心意，周恩来执意自己掏钱在家里请乒乓小将们吃顿饭，贺龙夫妇、陈毅夫妇作陪。不过交代要自带粮票，每人半斤。因为周恩来个人请客频繁，而他和邓颖超的粮食有定量，请客多了，粮食不够。

这天，邓大姐准备了四菜一汤，两荤两素，还特地给每人发了一个鸡蛋，算是特殊照顾。席间，贺龙向周恩来介绍邱钟惠："小邱是云南人，是个勇敢顽强的姑娘。1960年，两次都赢了高基安。"

周恩来一边给邱钟惠夹菜，一边笑着对她说："小邱啊，这次锦标赛你和高基安争冠亚军的那天，我正在你的家乡。你和高基安的比分，我让秘书打电话回北京问的。我给你们算了一下，几局加在一起，是96比98。论总分，你还输2分呢！"

邱钟惠的心被深深地打动了。在场所有的乒乓球小将的心也被打动了。总比分连他们自己都没细算过，哪里想象得到日理万机的一国总理还给一个运动员计算总比分呢。

周恩来继续说："所以，虽然胜了，得了冠军，但也要看到自己的不足，要尊重失败者。希望你不要骄傲。论技术，你还不如高基安。"

邱钟惠激动得连连点头。

1961年的第26届世界锦标赛，标志着中国乒乓球实力的全面崛起。从此，日本乒乓球称雄世界乒坛的历史宣告结束。

有人说：中国人个子矮，体质差，搞大球不行。周恩来说：我就不相信，日本运动员不也矮吗？他们能做到，我们为什么做不到？

周恩来身边的几位工作人员都回忆说：20世纪60年代，周总理的办公桌上有相当长一段时间摆着前日本著名排球教练大松博文写的一本关于排球训练的书，周总理经常抽空仔细翻阅。

周恩来作为一国总理，国事繁忙，日理万机，他翻阅有关排球训练的书不是为了消遣和个人爱好，而是为了提高我国的排球运动水平而借鉴、思考。

的确，为了使新中国的排球运动跻身于世界前列，周恩来没少花心血。

排球运动虽然从 20 世纪初就已经传入中国，但由于旧中国排球运动水平之低，新中国的排球运动是在白手起家的基础上发展起来的。

20 世纪 50 年代，中国排球运动水平始终处于刚刚起步的低水平阶段。尽管各方面作出了不少努力，但没有收到像乒乓球那样快步提高的效果。

当时，曾有人说，中国人个子矮，体质差，搞大球不行。周恩来听说后批评了这种看法，说："有人讲中国大球上不去，小球要掉下来，我就不相信。日本运动员不也矮吗？他们能做到的，为什么我们做不到？"

日本女子排球自 20 世纪 60 年代开始崛起，自 1960 年获得世界排球锦标赛亚军后，1962 年又获得世界冠军，1964 年，竟然摘取了奥运会桂冠，世界排坛称她们为"东洋魔女"。

周恩来对日本女子排球的快速起飞颇为关注，一直想探究其中的原因。后来发现，日本女排成功的秘诀是教练大松博文实行了大运动量的训练方法。周恩来就叫秘书把大松博文所写的关于排球训练的书找来摆在案头仔细翻阅。

1964 年 11 月，在周恩来的支持下，国家体委邀请大松博文率领世界女排锦标赛冠军队——"贝冢"队访问中国。"贝冢"队访华期间，周恩来于 11 月 25 日、27 日两次到现场观看大松对"贝冢"队队员的训练。

周恩来看到："贝冢"队队员的平均身高不算高，最矮的 1.60 米，最高的 1.72 米。但其训练之艰苦程度确是惊人。只见大松一面大声喊叫，一面抢起胳膊将球连珠炮似的扣给女队员，力度之大、角度之刁、速度之快、频率之高，都到了极限。女队员们竭尽全力，不顾伤痛，拼死倒地翻滚救球。有的队员因精疲力竭，倒在地上一时爬不起来。大松就把球连连向倒地的队员身上用力扣去，并大声呵斥，一直到队员挣扎着起来接球为止………

周恩来看后深有感触。训练结束后，周恩来接见了大松。

当大松伸出手去同周恩来握手的一刹那，他愣住了：只见周恩来的衣袖口打着补丁。大松怎么也想不到，享誉世界的大政治家、大外交家，一个大国的总理，竟会如此艰苦朴素。

周恩来对大松从严、从难、从实战需要出发的训练方法表示赞赏，说："你的队伍最好的地方是训练从实战需要出发，你创造的翻滚救球，也是从这里产生的。"

　　大松十分钦佩周恩来的眼力，一眼就看透了他训练方法的本质。

　　周恩来又对大松说："你这次带队来，不能久留。欢迎你以后再来中国访问。"

　　大松为能得到中国总理的接见和赏识所感动，动情地说："我希望明年再来中国。"

　　"你来访问，我们可以学点东西。'日纺'公司请假容易吗？"周恩来的意思是想请大松来中国指导中国排球的训练。

　　大松回答说："'日纺'公司总经理原吉平先生也在这里，和他说一说，可以请假。"

　　"我们也和他说一说。你来访问，我们欢迎，夫人也可以一起来。"

　　观看完大松的训练后，周恩来把体委和排球队的负责人及参加观摩训练的中国排球队员召集到一起谈体会。周恩来说："人家练防守，是教练员用力向运动员扣杀。大松打出的球，力量比比赛时的强度大多了。不然，就练不出来。他这个教练员能以身作则，带着运动员一起干。教练员参加实践这条很重要。大松一个人带一个队，而我们却是一大批教练带一个队。"

　　说着，周恩来问在一旁的国家女子排球队教练阙永伍："你今年多大了？"

　　"31 岁。"

　　"大松博文已经 40 岁，你比大松年轻。你应该提高本领，好好干。将来你训练时，我来看。"

　　"一定按总理的指示，努力干。"阙永伍感动地说。接着，周恩来又指出了我国排球训练中存在的一些问题，说："日本队训练，比打比赛时还累。练习时难度这样大，比赛时就容易了。人家训练的每一手段都有实际意义。训练超过实战需要，比赛时就能过硬。你们的训练呢，第一，不能做到教练员参加实践；第二，不能为队员出难题；第三，技术不过硬。如果解决上述三点，就差不多。但是，我们不能学大松打骂运动员。但他那种严格的精神，是和我们提出的'三从一大'一致的。"

　　周恩来还谈到日本女排队员的身高、体形和饮食结构，说："中国女排可以参照日本女排，研究研究营养科学问题。日本队本身条件不如我们，但训练出了高水平的队。我们这么好的条件，应该比她们好才行。你们个子这么大，应该像人家这样练才对。"

12月初，大松率"贝冢"队赴上海比赛，然后回国。贺龙请示周恩来同意决定在上海召开全国训练工作会议，各省、市、自治区体委派人参加，并组织现场观摩大松博文训练，边观摩，边讨论，找各自的差距。这次会议提出整顿训练作风，反对骄娇二气，要求运动员做到"三不怕"（不怕苦、不怕难、不怕伤）、"五过硬"（思想过硬、身体过硬、技术过硬、训练过硬、比赛过硬）。这次会议的召开，不仅对排球，而且对整个中国体育界都产生了重大影响。

1965年四五月间，应周恩来的邀请，大松博文前来中国指导训练中国女排。本来，大松这个人是很有些个性的。1960年日本女排在世界排球锦标赛上获亚军，当时任日本女排教练的大松当场扔掉银牌，表示非金牌不拿。两年后，日本女排果然获得世界冠军，取得金牌。为此，他颇有些自负。1964年，大松刚到中国时，也有些傲气，甚至对中国排球的水平有点瞧不起。但自从他见到周恩来后，他对中国的态度开始改变。正如他后来回国著文所写的那样："我在中国看到一种精神，就是这个国家的领导人的精神，这一精神除了伟大之外不可能有第二种说法。"

这次，大松到中国来任教，对周恩来表示：要全力以赴，把训练"贝冢"队的方法全部拿出来训练中国队。

大松在中国执教期间，除了训练国家女排外，还训练四川、山东和上海女排。

周恩来也多次接见大松，询问对女排的训练情况。

正当我国排球水平向世界先进水平靠近时，一场史无前例的"文化大革命"打断了中国排球乃至整个中国体育的发展进程。

在那万马齐喑的日子里，国务院副总理兼国家体委主任贺龙元帅被迫害致死，傅其芳、荣国团、姜永宁等一些体育人才也遭迫害含冤去世，相当一部分体委和体育科研机构被撤销，体育院校停止招生，整个国家的体育工作基本停顿。

本来，在我国一些体育项目水平还较落后的情况下，邀请世界一些强队来我国访问，或我们自己出去与强队切磋，是提高我国体育运动水平的一条好途径，吸取外国先进的东西为我所用是周恩来的一贯思想。但这一途径也因被视为"崇洋媚外""投降主义"而被堵塞了。

林彪事件后，周恩来利用在毛泽东的支持下主持中央日常工作的机会，大批体育界的极左思潮，明确肯定"文化大革命"前17年体育工作成绩是主要的。

在周恩来的关心、过问下，停顿多年的体育工作得到重新恢复。排球及其他

1963 年 8 月，周恩来观看中日排球友谊赛后和中国运动员握手

体育项目的训练工作、旨在提高中国体育水平的中外体育比赛交流等陆续恢复。
1972 年 4 月，周恩来亲自视察了广州二沙头体育集训基地，观看了男女排球、篮球、
足球、乒乓球、体操等项目的汇报表演，并鼓励运动员：一定要狠抓训练，严格
训练，把运动技术水平搞上去。不训练成绩怎么上得去呢？

　　1972 年 7 月，在中日还没有建立外交关系的情况下，周恩来亲自批准，日
本国家男女排球队应邀来中国访问。

　　7 月 22 日，在首都体育馆，中国男女排球队与当时世界上排球实力最强的
日本男女排球队进行比赛。周恩来亲自到场观看，国家体委主任王猛、外交部部
长姬鹏飞及中国排球协会的负责人也在场。

　　比赛开始前，周恩来接见了日本男女排球代表团团长前田丰先生。周恩来问
前田丰："团长先生，日本排球水平很高，有什么秘诀吗？你看中国排球的水平
什么时候能赶上日本？"

　　前田丰说："中国队员的弹跳力和柔软性很好，在今后的国际比赛中要记住

对方的弱点。依我看，再有 3 年就可能赶上日本。"

周恩来追问道："如果用了 3 年时间没能赶上，怎么办呢？"

前田丰说："请允许我坦率地说，中国有 10 亿人，适合打排球的人极多。如果 5 年之后培养不出世界水平的强队，那就不是选手的问题，而是领导者的问题。"

周恩来的目光扫了一下在场的中国方面的几位体育负责人，说道："请诸位好好记住团长先生的话。"

这时，运动员入场的铃声响了。周恩来及中日双方官员走进贵宾席。中日双方的女子选手开始赛前练习。现场的广播开始介绍各位参赛选手的情况。当介绍到日本选手时，她们边跑边稍稍停下脚步向场内观众挥手致意。这是国际比赛的一般要求。然而，当介绍到中国选手时，她们只是默默地跑着，没有一点反应。

周恩来的脸色顿时就沉了下来。他严厉地对在一旁的负责人说："刚才不是还说要老老实实地学习日本队的长处吗？这是在学习吗？"

有关人员不了解情况，手忙脚乱，不知所措。

周恩来严肃地说："中国选手为什么点名不应，不向观众致意呢？中国队要从头来一遍！"

这样，播音员重新介绍一遍中国选手，中国选手向观众挥手致意。

观看期间，周恩来向前田丰询问了团体队如何赢得比赛的要点，询问了日本队担任扣杀、佯攻的选手的名字，并在队员名单上画上了红圈。

比赛结束后，在回宾馆的路上，前田丰感慨万千，对同车陪同的中国排球协会负责人说："我非常羡慕中国体育界。你们有那么热情而又有感情的总理，真幸福。再过 5 年中国排球走不到世界前列是不应该的。"

然而，由于"文化大革命"的干扰，中国排球的全面腾飞是在 7 年之后。1979 年，在亚洲排球锦标赛上，中国男女排球双获冠军。1981 年，在日本举办的世界杯赛中，中国女排再获冠军。此后，中国女排一发不可收拾，赢得世界女排"五连冠"的殊荣。

虽然在周恩来生前没能实现中国排球腾飞于世界的愿望，但他生前一直在为中国排球称雄世界铺路架桥，谁又能否定"五连冠"的殊荣里积淀有周恩来的心血呢？

四、魂系海天促统一

14　为祖国统一探路

　　向蒋介石敞开回归大门，发展海峡两岸高层关系，周恩来为祖国统一探路。美国企图从台湾当局内部分裂中国，周恩来托人带话给蒋介石：加强内部团结，把军队抓在手里，美国就不敢轻举妄动了。就对台政策，周恩来把毛泽东的主张归纳为"一纲四目"。

　　尽管国共两党在其历史上曾经分分合合，但中国共产党始终主张通过和谈解决问题，新中国成立后，也力主通过和平方式实现中国统一。因为这符合全体中国人民的根本利益和共同意愿。中国共产党人和中共历任领导集体为此做出了巨大的努力，其中，周恩来付出的心血特别多。他为和平解决台湾问题方针的确立和发展做出了卓越的贡献，他直接领导开创的对台工作，为后来海峡两岸关系发生的历史性变化奠定了重要的基础。

推动中美谈判，为和平统一祖国创造条件

　　1950年，在朝鲜战争爆发的同时，美国军事力量进驻中国领土台湾。这使原本属于中国内政的台湾问题国际化、复杂化了。当时，由于正在进行抗美援朝战争，中共中央不可能以更多力量来处理台湾问题。直到1953年朝鲜停战后，

特别是 1954 年日内瓦会议和平解决朝鲜和印度支那问题后，台湾问题才郑重地提到重要议事日程上来。

日内瓦会议后，美国加紧对台湾的控制。它一面积极策划订立美蒋共同防御条约；一面积极拼凑包括台湾在内的太平洋反共军事集团，对中国大陆形成威胁。1954 年 7 月，中共中央召开政治局会议，研究日内瓦会议后的形势。中央认为，如果美蒋阴谋得逞，我们与美国的关系将会长期紧张下去，"更难寻求缓和与转弯的余地"。因此，中央决定发动一场声势浩大的"解放台湾"的运动，从政治上揭露美国的意图。当时，出席日内瓦会议的周恩来尚在国外，中共中央致信周恩来通报了中央对形势的估计和斗争的方针。信中写道："在朝鲜停战之后，我们没有及时（约迟了半年时间）地向全国人民提出这个任务，没有及时地根据这个任务在军事方面、外交方面和宣传方面采取必要的措施和进行有效的工作"，这是不妥当的。请周恩来考虑回国后以外交部部长名义发一个声明。8 月 1 日，周恩来回到北京，第二天即发表了一篇关于台湾问题的声明，严正指出："台湾是中国的领土，中国人民一定要解放台湾"，"这是中国的内政，决不容许他人干涉"。11 日，周恩来在中央人民政府第 33 次会议上的报告重申了这一立场。同日，中共中央批准了这个报告。

然而，美国政府不顾中国人民的警告，于 12 月 2 日同台湾订立了《共同防御条约》。对此，中国政府进行了两方面斗争，12 月 8 日，周恩来发表声明强烈谴责"美国政府企图利用这个条约来使它武装侵占中国领土台湾的行为合法化，并以台湾为基地，扩大对中国的侵略和准备新战争"。这是外交上的斗争。另一方面是军事上做解放台湾的准备。

台湾海峡的紧张局势引起国际上的广泛关注，主张和缓紧张局势的呼声甚高。中共中央决定加紧开展外交活动，进一步争取国际舆论的支持。

当时，面临的外交局势十分复杂，虽然许多国家都主张和缓台湾地区的紧张局势，但不同的国家出于不同的目的，提出了不同的解决办法。因此，周恩来在同各国的接触中指出：谈和缓远东局势，首先要研究紧张局势从何而来，这是一个是非问题。美国同蒋介石策划共同防御条约目的是要霸占台湾和沿海岛屿，第二步就要发动新的战争。因此，台湾问题的中心是要美国放弃侵略。对苏、印、缅等国提出召开国际性会议的主张，周恩来表示需要确定两个原则：一、蒋介石集团不能参加；二、联合国无权过问。周恩来还提出：如果美国政府愿意坐下来

周恩来在万隆会议上发言

谈，我们也是不会拒绝的。这些都表达了中国人民的和平愿望。在同英国驻华代办杜维廉的谈话中，周恩来批评了英国政府在这个问题上的不公正态度。周恩来的外交活动，打破了美国的舆论封锁，增进了世界各国人民对台湾问题的认识，也增加了中立国对中国的支持与同情。

1955年2月，印度提出在召开国际性会议之前进行一些外交试探，可由苏联、英国、印度来进行，目的是在中美之间寻找一些初步的共同点，周恩来同意在会议前进行不公开的外交接触。这年4月，周恩来率中国政府代表团到印尼参加万隆会议。印度、缅甸、印尼、巴基斯坦、菲律宾、泰国、锡兰七国代表团团长专门找周恩来谈了台湾问题。除个别接触外，4月23日周恩来同七国代表团团长进行会谈，全面介绍了台湾问题的历史背景和中国人民的严正立场。根据与会国的要求和在国内确定的"可相机提出在美国撤退台湾和台湾海峡的武装力量的前提下，和平解放台湾的可能"的精神，周恩来临时决定发表了一个声明。声明提出："中国人民不要同美国打仗，中国政府愿意同美国政府坐下来谈判，讨论和缓远东紧张局势的问题，特别是和缓台湾地区的紧张局势问题。"这就使中国政府在政治上完全处于主动，赢得了国际舆论的支持，也迫使美国政府不得不重新考虑对中国的政策。

会后，苏联、英国、印度等国加紧在中美之间斡旋。周恩来回国后，从5月13日至20日短短的几天中仅同印度驻联合国代表梅农就进行了六次会谈。在会谈中周恩来说：谈判的关键问题是美国必须从台湾和台湾海峡撤走一切武装力量，从而使中国人民可以和平解决台湾问题。谈判的原则是必须严格区别两种性质的谈判。中美之间进行的是国际性谈判，为的是要美国放弃干涉。中国政府同蒋介石集团之间的谈判属于内政性质。台湾问题可以用武力解决，也可以争取用和平的方式解决。周恩来的谈话很重要，对澄清某些人的错误认识很有帮助。

这时，国际舆论也影响到美国国内舆论的变化，许多有识之士呼吁美国政府应对和缓台湾地区紧张局势采取一个现实的做法。7月，英国驻华代办杜维廉向中国政府转交了美国关于在日内瓦举行中美大使级会晤的建议。8月1日，中美大使级会谈在日内瓦正式举行，中美之间终于踏上漫长而艰巨的谈判道路。虽然，在较长的时间内中美谈判没有能够取得实质性的进展，甚至几经波折，但是，中美两国政府毕竟开始了正式的外交接触，为扫除争取和平解决台湾问题的障碍创造了必要的条件。

促进和平解决台湾问题方针的确定和发展

中美会谈开始后，周恩来抓住有利时机，逐步开展促进和平解决台湾问题的工作。

实际上，日内瓦会议结束后，这项工作就已经开始了。当时，工作的重点放在了政治宣传上。1954年8月12日，周恩来在统战部召集的民主人士座谈会上提出："凡愿从台湾回到祖国的，我们是既往不咎。"他说："大家都有朋友在台湾，可以向他们做宣传工作，经济上要加强建设，从而加强解放台湾的物质力量。"15日，他在宴请英国工党代表团时强调了这一精神："跑到台湾去的人是愿意回来的"，他们"如果回来，我们都将以宽大政策对待他们"。9月25日，中央关于解决台湾问题的宣传方针明确提出：任何人都允许弃暗投明，回到大陆来与家属团聚。

1955年万隆会议期间，周恩来访问缅甸，在与吴努总理会谈中，吴努表示想调解中共与蒋介石的关系。吴努的兴趣集中在两个问题上：一是如何和平解放台湾，特别是我们会怎样对待蒋介石；二是和平解放台湾后，中国是否愿意同美国签订友好条约并接受美援。周恩来回答说："台湾问题包含两个方面，一方面是中国（大陆）同蒋介石集团的关系，这是国内问题；另一方面是美国对中国的侵略和干涉，这是国际问题，二者不应混淆起来。中国（大陆）同蒋介石集团间的战争是内战的继续，过去没有，现在也不容许外来干涉。如果美军撤退，我们是可能用和平的方式解放台湾，如果蒋介石接受，我们欢迎他派代表来北京谈判。""只要蒋介石同意中国的和平和统一，同意和平解放台湾，并且派代表来北京谈判，我们相信即使蒋介石本人，中国人民也可以宽恕他。但蒋介石必须承认中央人民政府，不能自称代表中国。"后来，周恩来在外交场合谈到台湾问题时，继续强调中国人民有权用一切方法解决台湾问题，包括和平解放的方法，作为中央政府不仅不拒绝而毋宁是提议同蒋介石集团进行谈判。7月30日，一届全国人大二次会议召开，周恩来在会上明确了这一方针。他说："中国人民解放台湾有两种可能的方式，即战争的方式和和平的方式，中国人民愿意在可能的条件下，争取用和平的方式解放台湾。""如果可能的话，中国政府愿意同台湾地方的负责当局协商和平解放台湾的具体步骤"，但需要说明的是，"这是中央政府同地方当局之间的协商"。

1956年，中国即将进入全面的社会主义建设时期，这不仅需要一个和平安定的环境，而且要调动一切积极因素参加进来。在这种形势下，中共对台湾的政策相应地发生了进一步的变化。争取用和平方式解放台湾，并且愿意同蒋介石进行第三次合作的思想更加明确起来。这年1月，毛泽东在第二次最高国务会议上指出："凡是能够团结的，愿意站在我们队伍里的人都要团结起来。"不管他过去是做什么的，比如台湾，那里还有一堆人，他们如果是站在爱国主义立场，如果愿意来，不管个别的也好，部分的也好，集体的也好，我们都要欢迎他们为我们的共同目标奋斗。1月30日，周恩来代表中共中央在全国政协二届二次会议上正式宣布对台方针和政策。他强调："凡是愿意回到大陆省亲会友的都可以回到大陆上来，凡是愿意到大陆参观学习的也都可以到大陆上来，凡是愿意走和平道路的，不管任何人，也不管他们过去犯过多少罪过，中国人民都将宽大对待，不咎既往。"他号召："台湾同胞和一切从大陆上跑到台湾的人员，站到爱国主义旗帜下来，同祖国人民一起，为争取和平解放台湾，实现祖国的完全统一而奋斗。"此后，对台政策的突出变化是不仅将蒋介石集团包括在团结之列，而且明确了解决台湾问题的方式要力争和平。这一方针为中共八大所肯定。

为将中共和谈的愿望传递到台湾，3 月 16 日，周恩来在会见即将赴台的有关人士时，请他传话给蒋介石："我们从来没有把和谈的门关死，任何和谈的机会我们都欢迎。我们是主张和谈的，既然我们说和谈，我们就不排除任何一个人，只要他赞成和谈。"周恩来还强调："蒋还在台湾，枪也在他手里，他可以保持，主要的是使台湾归还祖国，成为祖国的一个组成部分，这就是一件好事。如果他做了这件事，他就可以取得中国人民的谅解和尊重。"

这年 6 月，中共争取和平解放台湾的政策又有新的发展。周恩来在一届全国人大三次会议上代表中国政府正式提出："愿意同台湾当局协商和平解放台湾的具体步骤和条件，并且希望台湾当局在他们认为适当的时机，派遣代表到北京或其他适当的地点同我们开始这种商谈。"他重申了在全国政协二届二次会议上提出的对台政策。最后，他还表示："祖国的大门对所有爱国分子都永远是敞开的。"这是周恩来在公开场合第一次正式表达了中国共产党愿意同国民党进行第三次国共合作的真诚愿望。至此，和平解决台湾问题的工作从一般号召进入具体寻求接触和协商的阶段。

中共对台湾的和平呼吁得到国内外广大爱国人士的拥护，许多人主动提出愿从中斡旋，推进大陆与台湾的统一。毛泽东和周恩来在会见一些朋友时对国共和谈问题提出了具体的设想和办法。1956 年 10 月，毛泽东、周恩来会见有关人士，毛泽东在谈话中表示："如果台湾回归祖国，一切可以照旧"，台湾"现在可以实行三民主义，可以同大陆通商，但是不要派特务来破坏，我们也不派'红色特务'去破坏他们。谈好了可以订个协议公布"。"台湾可以派人来大陆看看，公开不好来可秘密来。"毛泽东还说：台湾只要与美断绝关系，就可派代表回来参加人民代表大会和全国政协委员会。就这个问题，周恩来还做了具体的说明：蒋经国等安排在人大或政协是理所当然的。蒋介石将来总要在中央安排。台湾还是他们管，如果陈诚愿意做，蒋经国只好让一下做副的。其实陈诚、蒋经国都是想干些事的。陈诚如果愿到中央工作，不在傅作义之下，蒋经国也可以到中央工作。周恩来还真诚地表示，如果目前台湾方面有难处我们可以等待，希望蒋氏父子和陈诚也拿出诚意来。当场，周恩来指示中央对台办公室负责同志通知有关方面，对蒋介石、陈诚等人的祖坟加以保护，对其尚在大陆的亲属注意照顾。

中共中央为争取和平解放台湾而采取的一系列措施逐步影响到台湾内部，引起了美国政府的严重不安。为达到继续占有台湾的目的，美国政府加紧推行"两个中国"的政策。但这项政策不仅遭到中国政府的强烈反对，也遭到蒋介石集团的反对。国共两党在台湾问题上一致坚持的民族大义，成为周恩来对蒋介石集团的上层进一步开展工作的政治基础。

以民族利益为重，发展海峡两岸关系

1960年初，美国对华政策有所变化，它一方面继续从政治、经济方面压迫台湾，力图借此打开缺口，推行"两个中国"的政策；另一方面设法增加与中国大陆的接触，寻找新的折中方案。美国的做法加深了美蒋之间的矛盾，这种局面十分有利于中共开展和平解放台湾的工作。5月22日，在中共中央政治局常委会上，周恩来与毛泽东商讨后确定对台湾问题的总方针是：台湾宁可放在蒋氏父子手里，也不能落到美国人手中。中央认为，对蒋我们可以等待，解放台湾的任务不一定要我们这一代完成，可以留交下一代去做。要蒋现在过来也有困难，问题是要有这个想法，逐步地创造些条件，一旦时机成熟就好办了。为推动这项工作的开展，提出了更为宽松的四点具体意见：一、台湾回归祖国后，除外交必须统一于中央外，所有军政大权、人事安排等悉委于蒋；二、所有军政及建设经费不足之数悉由中央拨付；三、台湾的社会改革可以从缓，一俟条件成熟并征得蒋之同意后进行；四、互约不派特务，不做破坏对方团结之事。

为把中共的诚意传递到台湾，促进海峡两岸关系的发展，周恩来通过各种渠道，采取各种办法开展工作，具体做法如下。

（一）委托原国民党高级将领、对台湾当权派深有影响的张治中、傅作义多次致信蒋氏父子和陈诚，转达中共对台的方针和政策。每一封信写好后，周恩来都要认真阅读。这些信对国民党当局晓以大义，陈以利害，动以感情，反映了中国共产党人以民族大义为重的宽阔胸怀。

（二）抓住机会做国民党元老的工作。1961年4月，周恩来请国民党元老于右任先生的女婿、中共党员屈武写信并准备了礼物。周恩来自己也准备了一些礼物，请人转交于右任。他还请于右任的挚友邵力子给于右任写信，并关照统战部门要照顾好居住在西安的于右任前妻的生活。

（三）通过海内外朋友向台湾当局传话的方式促进相互了解。他希望与台湾有联系的朋友多做工作。但接触中不要太急，不要挖苦，要以民族利益为重，工作从长计议。此外，周恩来还请有关人士将"奉化庐墓依然，溪口花草无恙"的照片寄往台湾；请统战部门安排住在上海的蒋介石的内兄毛懋卿做浙江省政协委员，并要他们照顾蒋介石在浙江奉化的亲属和陈诚在浙江青田的姐姐。

周恩来进行的一系列工作对台湾方面产生了影响，大陆和台湾的关系有了相当的发展。据有关人士透露，台湾当局的一个重要负责人曾表示：他们不再派人到大陆"进行扰乱公共安宁和破坏地方秩序的事"。并说："进一步派人到大陆去谈谈是不可避免的，也是必须的。"

1961年下半年，美国邀请陈诚访美，企图在是否从金门、马祖撤退的问题上离间蒋氏父子和陈诚之间的关系，扩大他们之间的矛盾，实现他们搞"两个中国"的目的。周恩来决定以促进他们之间的团结来击破美国"拉陈抑蒋"的阴谋。章士钊曾经说："现在真正支持蒋介石的是北京。"周恩来表示："我们希望蒋介石、陈诚、蒋经国团结起来反对美帝国主义。"他认为陈诚"还有些民族气节，看来不会被美国牵着鼻子走"。陈诚赴美前，周恩来请人提醒台湾当局要加强内部团结，即蒋、陈、蒋的团结，把军队抓在手里，美国就不敢轻举妄动了。周恩来申明：只要他们一天能守住台湾，不使它从中国分裂出去，那么，我们就不改变目前对他们的态度。希望他们不要过这条界。8月，陈诚访美。美国国务院将1955年以来中美大使级谈判的记录拿给他看，想以此进行拉拢。陈诚看后对人说："中共拒绝美国一切建议，而坚持美舰队及武装力量退出台湾的做法，不受奸诈，不图近利，是泱泱大国风度。"陈诚还表示，他们也要向历史做交代。

鉴于陈诚思想的发展，周恩来进一步抓紧了争取台湾的工作。1963年初，周恩来请张治中、傅作义致信陈诚，阐明台湾的处境与前途。信中对比台湾对美之关系和台湾对大陆之关系，说明今日反台者并非中共实为美国，而支持台湾者并非美国实为中共。中共这样做是为了维护国家主权与领土完整之不可侵犯性。

1962年春节前夕，周恩来邀请张治中（左一）、傅作义（左三）、屈武（左四）商谈台湾问题。这是会后留影

谈到对台湾的政策时，信中除重述过去对台湾回归祖国后的建议外，还做了更具体的说明。概括起来就是毛泽东提出并由周恩来归纳的"一纲四目"。"一纲"，用张治中等的话来说，就是：只要台湾归还祖国，其他一切问题悉尊重总裁（指蒋介石）与兄（指陈诚）意见妥善处理。"四目"是：一、台湾回归祖国后，除外交必须统一于中央外，所有军政大权、人事安排等悉由总裁与兄全权处理；二、所有军政及建设费用不足之数，悉由中央拨付；三、台湾之社会改革可以从缓，必俟条件成熟并尊重总裁与兄意见协商决定然后进行；四、双方互约不派人进行破坏对方团结之事。不久，周恩来又请有关人士转告陈诚：台湾归还祖国以后可以行使更大的自治权利，除外交以外，军队、人事均可由台湾朋友自己来管。周

恩来表示过去送去的信件虽然是一些朋友个人写的，但政府是支持的，我们个人在政府中担负的工作可以变更，但对台政策是不会改变的。

这个时期，周恩来代表中共表达的和谈诚意和提出的具体建议对台湾当局深有影响。他们表示：只要一息尚存，决不会接受"两个中国"。

1963 年 7 月，周恩来获悉陈诚提出辞职的消息后，于 9 日约见张治中、傅作义商议此事。周恩来分析陈诚辞职不外三个原因：美国压力、内部矛盾或真的有病。他说："不管台湾形势如何，我们的政策是要老小合作。"年底，周恩来出访十四国期间绕道广东，会见准备去台的有关人士，希望他转告陈诚及台湾当局，美国正采取更多的实际行动，要把台湾变成一个独立政治单位。而国共两党可以在反对"两个中国"问题上形成统一战线。我们不会因自己强大而不理台湾，也不会因有困难而拿原则做交易。如果单从我们方面看，台湾归还祖国固然好，既然暂缺那也无损于祖国的强大地位。我们是从民族大义出发，是从祖国统一大业出发。今天祖国的四周边界问题已解决，唯独东南一隅尚未完满，这个统一大业应该共同来完成。

1965 年 3 月，陈诚病逝。他留下的遗言中既没有提"反共"，也没有提"反攻"。他向蒋进言：对中共不能反潮流；不能为外国动用台湾兵力；不能信任美国；不能受日本愚弄等。这表明，对陈诚所做的工作是有成效的，不负周恩来的一片苦心。台湾的国民党右派想在陈诚的遗言中，加上"反共反攻"的内容，陈诚夫人不同意；找到蒋介石，蒋介石同意不修改。这说明，蒋介石当时的态度也是耐人寻味的。

陈诚去世后，周恩来继续坚持不懈地对台进行争取工作，他不止一次讲道：对台工作急是无用的，今后可能会拖下去，我们这辈子如看不到祖国统一，下一代或再下一代总会看到的，"我们只要播好种，把路开对了就行"。

15　心系香港

　　人民解放大军攻占广州后，为什么没有挥师香港？毛泽东、周恩来早已制定出"长期利用香港"的战略方针。周恩来说："香港的主权总有一天我们是要收回的，连英国也可能这样想。"

高瞻远瞩的战略方针

　　早在 1949 年 10 月 1 日中华人民共和国成立之时，新生的人民政权就在开国大典上严正宣布，它将审查中国历届政府与外国签订的一切条约，并且根据条约内容分别予以承认、废除、修改或重新谈判。不言而喻，清政府与英国签订的那几个有关香港问题的不平等条约，新中国是没有必要承认的。

　　1949 年 10 月，中国人民解放军解放了广东。这支刚刚与蒋介石的美式装备军队交过手并连战皆捷，在中国大陆所向披靡的大军斗志正盛，凭着几条木船就敢横渡琼州海峡，解放海南岛，甚至要攻克台湾，更何况一个区区的小香港。只要一声令下，已经陈兵边界的解放军战士无须费吹灰之力就能踏平香港。

　　解放军攻占广州后，香港的气氛更加紧张起来，许多香港人的心都提到了嗓子眼儿，但是解放军迟迟没有动作。这是怎么回事呢？谁能打开这个闷葫芦呢？

　　港督葛量洪是最早醒悟过来的英国人之一。在新中国未成立前，他就注意到香港的"左派"报纸《文汇报》发表了一篇题为《论中英关系与香港的前途》的社论。这篇社论中有一段意味深长的话：

　　"香港正遇着最有利形势。新中国开始建设以后，贸易将空前高涨。香港如果在空前的好运之前惶惑起来，不积极对新中国采取友好措施，这将是历史的不智。"

　　当时有许多人认为《文汇报》是替共产党说话的，因而对它发表的文章不肯相信，但葛量洪却敏锐地意识到，这是北京向港府发出的一个再明确不过的"信号"，如果能抓住这个机会，香港的现存地位会维持很长一段时间。

葛量洪的预感很快被证明是正确的。

中国政府通过秘密途径传来了周恩来总理提出的三项条件。只要港英政府很好地遵守这三项条件，香港就可以长期维持现状，这三项条件的基本内容是：

一、香港不能用作反对中华人民共和国的军事基地；

二、不许进行旨在破坏中华人民共和国威信的活动；

三、中华人民共和国在港人员必须得到保护。

这三条要求很合理，港英政府欣然接受，并和北京方面约定，将此秘而不宣，就算是中英之间的约定俗成吧。

1951年春，当时的新华社香港分社社长黄作梅去北京请示对港政策，周恩来总理作了指示。很快，未经核实的周恩来总理的主要谈话内容就传到了香港，又被一些报纸披露出来。

"我们对香港的政策是东西方斗争全局战略部署的一部分。不收回香港，维持其被资本主义英国占领不变，是不能用狭隘的领土主权原则来衡量、来做决定的。我们在新中国成立之前已决定不去解放香港，从长期的全球战略上讲，不是软弱，不是妥协，而是一种更积极主动的进攻和斗争。"

"1949年新中国成立后，英国很快承认我们，那是一种半承认，我们也收下了。艾德礼政府主要是为了保全在香港的利益，保存大英帝国在远东的殖民地位。香港是大英帝国在远东政治经济势力范围的象征。在这个范围内，英国和美国存在着矛盾和斗争，因此，在对华政策上美英也有极大的分歧和矛盾。美国要蚕食英国在远东的政治经济势力范围，英国要力保大英帝国的余晖。那么，保住香港，维持对中国的外交关系，就成了英国在远东的战略要点。"

"所以，可以这样说，我们把香港留在英国人手上比收回来好，也比落入美国人的手上好。"

"香港留在英国人的手上，我们反而主动。我们抓住了英国人的一条辫子，我们就拉住了英国，使它不能也不敢对美国的对华政策和远东战略部署跟得太紧，靠得太拢。这样我们就可以扩大和利用英美在远东问题上对华政策的矛盾。"

"在这种情况下，香港对我们大有好处，大有用处。我们可以最大限度地开展最广泛的爱国统一战线工作，团结一切可以团结的人，支持我们的反美斗争，支持我们的国内经济建设。"

"在这种情况下，香港是我们通往东南亚、亚非拉和西方世界的窗口。它将是我们的瞭望台、气象台和桥头堡。它将是我们突破以美国为首的西方阵营对我国实行封锁禁运的前沿阵地。近两年来的发展证明，我们在解放全国时留下个香港是正确的。"

"你们一定要认识这个重大的战略意义，一定要相信中央这个重大决策。你们要好好保护它，不要破坏它。要维护香港的现状和地位，包括英国的殖民主义经济和资本主义制度。要承认香港在英国的远东势力范围内的特殊地位和特殊利益。"

"当然，我们也要反对英国过分支持美国孤立中国的反华政策超过我们的安全和国家利益所能容忍的程度，还有，英国不让我们利用香港的可能。此外，我们只抓一条，反对英国支持美国在亚洲镇压民族独立解放运动，例如朝鲜和越南。"

新中国的领导人对于香港问题所作出的决策是无比正确的，今天看来，即使把"远见卓识""高瞻远瞩"这类词汇全都搬出来加以形容，也实在不过分。

1950年，朝鲜战争爆发。联合国在美国的操纵下，通过决议下令其会员国不得与新中国通商。日本、加拿大、比利时、法国、缅甸等国家先后对中国实行禁运，港英政府也下令禁止96种军事物资输出。

后来，华盛顿方面觉得把香港划在禁区之内不合适，便允许香港进口货物，但仍维持对中国大陆的贸易禁令。于是，英国统治下的香港就成了中国通向资本主义世界必不可少的门户。

1950年底，港督葛量洪的办公桌上出现了这样一份数据：1948年，香港与中国内地的贸易总值为6.1亿港元，输出2.8亿港元，输入4.3亿港元，入超1.5亿港元；1950年，香港对中国内地的贸易一下子从入超转为出超，其出超数额达5亿港元之多。

香港商人笑了。中国人也笑了。他们所需要的各种宝贵物资，正通过香港这个窗户源源不断而来。

"我们不能把香港看成内地"

的确，毛泽东、周恩来当初考虑暂不收回香港，不光是考虑到对美国的斗争，而且还看中了香港特殊的经济地位。

这一点，周恩来明确表示过：香港"那个地方大有可为"，我们进行社会主义建设，香港可以作为我们同国外进行经济联系的基地，可以通过它吸收外资，争取外汇。

从 20 世纪 50 年代开始，周恩来就已经在具体考虑怎样处理同香港的关系问题。

那是 1957 年的春天，中国大地发生了翻天覆地的变化，当时，国内已经基本上完成了对农业、手工业和资本主义工商业的社会主义改造，开始进入全面建设社会主义的新时期。然而，这三大改造，特别是这场运动中出现的一些偏差，引起了香港产业界一些朋友的疑惧和不安。

4 月 28 日，和暖的春风吹拂着上海。

在上海延安西路 200 号的小礼堂内，春意融融，周恩来正在这里举行座谈会。受邀请的除了上海市委有关领导外，主要是工商界的朋友们。如盛丕华、胡子婴、盛康年、吴志超、唐志尧、简日林等。

周恩来宣布：座谈会就从香港问题谈起。

他用亲切的目光环视了一下到会的朋友，接着说："我很想了解海外的一些情况，你们各位都是工商界的朋友，与海外有广泛的联系，能不能够帮助我们做一些工作呢？"周恩来希望大家不要拘束，敞开心扉，说出自己的真心话。

短短几句开场白，缓和了大家有些紧张的心情。在轻松、亲切的交谈中，周恩来了解到许多他渴望了解的真实情况，并且有针对性地回答了一些问题。

当盛康年谈到荣家（指荣毅仁家）买了两辆新式汽车，不敢坐，洪佐尧很有钱，而没有买汽车时，周恩来说："工商界应有几辆汽车，否则人家奇怪，汽车全是机关里的。你们有外汇可以自己买，要公家代买也可以。公家汽车可以出卖一些。"

当吴志超谈到香港工商界对中央进行的"五反"运动耿耿于怀，说现在情况虽然好了，今后情况如何还想再看一两年时，周恩来说："太少了，应该多看几年！"

当简日林谈到国内的工资改革也搬到香港，工人意见很多时，周恩来急忙问："工资后来加了没有？"简日林回答："加了！"周恩来又问："你们厂独立起来行不行？"简日林如实告诉总理："有客观困难。"周恩来毫不含糊地拍板说：

"可以管得松一些，让港厂独立经营。"

会议结束前，周恩来做了总结性发言。

他首先表示：今天听到大家反映的情况，很有收获，大家谈得都很好。这些意见，中央要进行研究。

接着，他对一些问题谈了自己的看法。

周恩来指出："我们不能把香港看成内地，对香港的政策与内地不是一样的。如果照抄，结果一定搞不好。因为香港现在还在英国统治下，是纯粹的资本主义市场，不能社会主义化，也不应该社会主义化。香港要完全按资本主义制度办事，才能存在和发展，这对我们是有利的。香港的主权总有一天我们是要收回的，连英国也可能这样想。"他说："香港是自由港，原料来得容易，联系的范围很广，购置设备可以分期付款，成本低。有市场，技术人才容易训练出来。所以，香港发展生产具备很多有利条件。我们在香港的企业，应该适应那里的环境，才能使香港为我所用。我们不是要动员一切可以动员的力量，化消极因素为积极因素吗？香港应该化为经济上对我们有用的港口。"

听了周恩来这番话，在座的朋友们非常感动，无形中化解了他们心中的疑虑……

20世纪50年代，中英关系日趋紧张，中国曾经因多种原因向英国提出过抗议，但却没有试图破坏香港的现状。一个最有力的证明就是，1960年前后，中国国内经济面临着严重困难，再加上自然灾害，饿死人的事情时有所闻。但周恩来总理却专门下达指示：香港这个地方日益重要，要做好对港澳地区的水、食物、原料的供应，要把这当作政治任务来完成。

希思从英国首相的角度，对周恩来总理的话有着深刻的理解：1960年夏天，苏联取消了对中国的一切援助，撤回了所有的技术人员。周恩来知道，必须同非社会主义国家开展贸易，寻求援助，而这种形势就使得香港对中国变得比以前更重要了。

香港人对于周恩来保证香港供应的安排是十分感谢的。香港地区所需要的食物和水都需要内地供应，如果内地切断供应，香港就会成为一座"死城"。1925年爆发香港工人大罢工，连卖菜的小贩也拒绝去香港卖菜，垃圾也无人打扫，结果香港变得臭气熏天，简直无法居住。

与布兰顿教授的谈话

1955年冬天，周恩来在中南海紫光阁接见来自香港大学的 E. C. 布兰顿教授。

这个由24人组成的访问团的客人十分复杂，其中大部分是抱着怀疑态度来看看的，他们对新中国太不了解了。周恩来的热忱给了他们最初的美好印象。

陪同周恩来接待访问团的有文化界著名人士楚图南、阳翰笙、沈雁冰、郑振铎、丁西林、张奚若等，以及外交部有关负责人章汉夫、黄华、雷任民等。

谈话中，周恩来说："香港离北京不远，但是消息不通，有隔阂。你们这次来了，要想办法把消息沟通好！"他问道："不仅是消息不通，交通也不灵，不通畅，香港到广州，广州到香港很麻烦，把它通起来好不好？"

周恩来的话引起大家的兴趣。布兰顿教授指着原港大毕业生石志仁说："你们铁道部的副部长，很向往母校，如他愿意的话，一定能想办法把这件事办好。"

周恩来高兴地说："如果大家都赞成，就请副部长办好了。"这位铁道部副部长正是周恩来在南开时的同学，30年前，周恩来旅欧归来途经香港，就是住在他的家里。

在热烈而亲切的气氛中，周恩来话锋一转，谈到北京、香港和广州之间的关系。他说："这个问题是最切身与最现实的问题，我们希望关系更紧一些，更密切一些。"周恩来指出："我们经常通过外交途径，把一些情况告诉英国代办处，我们希望今后和香港政府能够直接接触，这样会便于两个地方关系的增进，也就是香港和北京之间的关系。"

布兰顿点点头，表示回去以后尽量发挥影响。

周恩来还提到，在座很多朋友与台湾有联系，希望他们对中国的统一问题多做贡献。

谈话的气氛愈来愈热烈，朋友们完全放松下来，像回到自己家中。

谈到英国民族的特点，布兰顿说："在第一次世界大战时，我就在战壕里等待着战争的结束，结果战争还是结束了，我们英国人的特点是有耐心，我们应该忍耐。"

周恩来同意地点点头："英国民族的特点是有耐心，我们要学习英国人的等待和耐心，我们更有耐心等待真理的实现。"

布兰顿称赞中国人的耐心可以得到较高的分数。至于周恩来个人，如果在英国的话是会得到奖品的。

后来，周恩来在国务院会议室又两次会见了与布兰顿教授一同来京的陈丕士等人。

在第一次谈话中，周恩来热情称赞国民党元老陈友仁之子、香港著名律师陈丕士的家庭是"国际家庭""外交家庭"。陈丕士的父亲陈友仁在革命时期对革命很有贡献，支持过省港罢工。周恩来向他们详细介绍了省港罢工的情况，并一再赞扬以国民党左派著称的廖仲恺对罢工的历史功绩。

陈丕士很感谢周恩来对他父亲的评价。他说当时他在武汉外交部工作，曾与英国人谈判，由于自己年轻，争不过英国人，就去请教父亲。陈友仁告诉他："你只需要向英国人说一句话就够了，那就是，中国人民不同意。"

周恩来寄希望于香港人民。他说："香港人绝大多数是爱国的同胞，他们愿意看到祖国前进。"

在第二次谈话中，周恩来着重谈到在香港设立机构的问题。

周恩来问陈丕士："从律师的角度看，在香港用什么方式同香港政府保持接触较合适？"

陈丕士回答："我认为在香港的中国人都愿意看到中国有一个正式机构设在香港，和大陆发生联系。"

周恩来恳切地希望他在香港多做一些和平工作，陈丕士答应一定尽力去做。

周恩来不无遗憾地说：6 年来我对香港了解不太充分，注意得不够，工作得不够，现在接触一下，知道那个地方大有可为。那个地方有那么多的中国人，都非常关心祖国。

访问团在中国大陆停留了 3 个星期，对新中国有了更多的了解。当他们踏上归途，再次走上罗湖桥时，不禁留恋地回过头来……

1994 年 12 月 19 日，在中国历史博物馆的西门外，矗立了一座引人注目的高大的计时牌。

这座计时牌以两块巨大的花岗岩为底座，计时牌白底红字，非常醒目。牌的上方中央是一个金黄色的大五角星，这颗星的下方由四颗金色的小五角星形成半包围状。

计时牌上这样写道：

> 中国政府对香港恢复行使主权倒计时
>
> 距 1997 年 7 月 1 日 ×× 天 ×× 分 ×× 秒（电子显示器显示时间）

这座计时牌面朝人民大会堂，时时向中国人民提示："香港一定会回来的！"

"香港总有一天是我们的！"这是周恩来生前的预言，只是他没有来得及在自己有生之年看到这一天。

然而，1997 年 7 月 1 日，就在中国共产党成立 76 周年的这一天，全世界见证了香港回归中华人民共和国的这一重大历史性事件的到来！

五、首任外交掌门人

16 组建外交部

周恩来亲自点将，组建外交部。毛泽东接受外国驻华大使递交国书，
周恩来安排"将军大使"躲在屏风后"窗下学礼"。

新中国成立后，在政府机关中设立了政务院，周恩来被选为政务院总理兼外
交部部长，成为第一任外交部长，外交工作的掌门人。

早在新中国成立前，毛泽东、周恩来就卓有成效地亲自领导中共中央外事方
面的工作，取得了辉煌成就，积累了丰富的外交经验。

1949年9月30日，中央外事组副主任王炳南正和同志们忙着准备开国大典
后的外交工作，中央外事组主任周恩来兴冲冲赶来。周总理看上去比实际年龄年
轻得多，既精神抖擞、潇洒英俊，又文雅谦逊、风度翩翩。大家不约而同围了过
来，一起亲热地与总理打招呼。

周恩来兴奋地告诉大家，从现在起，中央外事组的任务已经完成，我们将要
正式设立外交部。周恩来又告诉王炳南说：

"明天，毛主席在开国大典上将发表一个公告。典礼结束后，要将主席的公
告和我的随附公函立即送发留在北京、南京等地的外国使馆或领事馆。你们赶紧
着手准备，把公告和信件打印好。这将是我们新中国的第一个外交文件，是通过
驻华使领馆向外国政府发出的第一个照会。"

开国大典之后，外交工作更加繁忙，毛泽东、周恩来亲自挑选了德才兼备的
干部，大大加快了组建外交部的进程。

外交家周恩来

1949 年 11 月 8 日，中华人民共和国外交部在北京隆重举行成立大会，周恩来作为总理兼外交部部长，发表了重要讲话，指出外交部的任务。

"我们现在的外交任务，是分成两方面的。一方面，是同苏联和人民民主国家建立兄弟的友谊。我们在斗争营垒上属于一个体系，目标是一致的，都为持久和平、人民民主和社会主义的前途而奋斗。另一方面，是反对帝国主义。帝国主义是敌视我们的，我们同样也要敌视帝国主义，反对帝国主义。"

周总理满怀深情地回忆中国的外交史说：

"中国的反动分子在外交上，一贯是神经衰弱怕帝国主义的。清朝的西太后，北洋政府的袁世凯，国民党的蒋介石，哪一个不是跪倒在地上办外交呢？中国一百年来的外交史是一部屈辱的外交史。"

周恩来越说越激动，以站起来了的中国人的自豪感斩钉截铁地指出：

"我们不学他们。我们不要被动、怯弱，而要认清帝国主义的本质，要有独立精神，要争取主动，没有畏惧，要有信心。所以，凡是没有承认我们的国家，我们一概不承认他们的大使馆、领事馆和外交官的地位，只把他们的外交官当作外侨来看待，使他们可以享受法律的保护。他们犯了法，我们一样照法办事。他们对我们没有办法。"

周恩来随后宣布中国外交部领导名单：

外交部部长　周恩来（兼）

副外长　王稼祥（兼任驻苏大使）、李克农、章汉夫

办公厅主任　王炳南

苏联东欧司司长　伍修权

亚洲司司长　沈端先　乔冠华代理

西欧非洲司司长　宦乡

美洲澳洲司司长　柯柏年

国际司司长　董越千

情报司司长　龚澎

条约委员会主任　章汉夫（兼）

外交委员会主任　周恩来（兼）

交际处处长　王倬如

外交公函

外交部组建起来了，新中国的驻外大使从何而来？

周恩来亲自点将。

几乎在同时，还远在南方炮火纷飞的战场上与敌厮杀的黄镇、耿飚、王幼平、姬鹏飞、袁仲贤等一批解放军的高级将领都接到中央要他们迅速进京的电报。

这一批人大多是经过战火长期洗礼的解放军兵团级干部。他们都具有我们党和军队的优良传统和作风，深谙我党在长期革命战争中形成的战略思想，组织纪律性强。用毛泽东的话说，选这些人当驻外大使，我们放心，因为他们跑不了。

当然，周恩来之所以选这批将军，是因为这些将军在新中国成立前都或多或少地与外国人打过交道，有过与外国人接触的经验。如黄镇、耿飚、韩念龙等解放战争时期在北平军调部工作过，与美国人打过交道；袁仲贤曾以镇江前线司令员的身份与英国人就"紫石英"号军舰事件进行过谈判。

周恩来曾形象地比喻，新中国的外交队伍好像是一支"文装解放军"。

这批将军来到北京后，周恩来亲自安排他们参加外交业务知识培训班，并亲自给他们作报告，阐明新中国的外交政策、外交工作的性质和特点。

周恩来说：你们这一批同志，中央选了又选。现在你们脱下军装搞外交，中央相信无论把你们派到哪个国家去，你们一不会跑，二不会怕，三是组织纪律性强。

台下的将军开心地笑了。

周恩来最后交代说："外交工作授权有限，要注意多请示，多汇报，一定要加强组织纪律性，要组织学习驻在国的语言，开展调查研究。我相信，你们一定能够当好新中国的代表和友谊的使者。"

尽管这样，这些将军们对即将担负的外交工作还是有点挠头。周恩来鼓励他们说：不要怕，边干边学。

驻外大使首先遇到的第一项工作就是向驻在国首脑递交国书。这项工作对于这批将军大使来说却是一件前所未见的新鲜事。为此，周恩来趁毛泽东在中南海勤政殿接受外国驻华大使递交国书的机会，亲自安排将军大使们躲在屏风后面现场观摩了一回。这就是后来传为佳话的"窗下学礼"的故事。

就这样，经过一段短暂的学习，新中国第一批大使——将军大使带着党和国家的重托，带着周恩来对他们的期望，踏上了各自的征程。后来的事实证明，这批将军大使较好地完成了周恩来交给他们的任务，并在后来新中国的外交事业中做出了重要贡献。

17 首次出访苏联

毛泽东点将周恩来："恩来在大的国际活动方面比我强。"周恩来不负重托，新中国首脑第一次出访圆满成功。米高扬从周恩来身上明白了中共取得胜利的原因。

毛泽东点将周恩来

1950 年 1 月 10 日凌晨 1 时许，一辆苹果红的小轿车从中南海西北门驶出，途经府右街南口，向东转入长安街，到天安门后向南，驶进前门火车站。车刚停稳，在警卫人员的照顾下，车内走出一个人来。他风度翩翩，身着藏青色中山装，外罩黑皮大衣，头戴黑皮帽子，微笑着，会同等候在车站的同行者，神采奕奕地径直向早已停靠在站台旁的专列走去。这个人是谁？他就是开国总理兼外交部部长周恩来。

同行者有贸易部部长叶季壮、外交部苏联东欧司司长伍修权、外交部办公厅副主任赖亚力、中财委计划局处长沈鸿、周恩来秘书何谦、贸易部机要秘书苏农官。

2 时整，长鸣汽笛划破万籁俱寂的夜空，火车缓缓启动，随即向东北方向飞驶而去。

周恩来此行，是要前往莫斯科辅佐头一年 12 月首次访苏的毛泽东，同苏联领导人就两国重大的政治、经济问题进行谈判，主要是商谈取消国民党与苏联在 1945 年 8 月签订的《中苏友好同盟条约》，而以新的友好条约来代替，同时努力争取第一个社会主义国家对我们新生的人民共和国的经济援助事宜。

周恩来此行，是善于用人之长的毛泽东点的将。他认为，在外交谈判方面，周恩来比自己更在行，是谈判解决各种棘手问题的能手。由周恩来出面主持与苏方的谈判、签约，更为合适。他曾多次赞许道："周恩来在大的国际活动方面比我强，善于处理各种复杂矛盾。"

早在 1950 年 1 月 2 日，毛泽东曾怀着喜悦心情致电中共中央：

> 最近两日这里的工作有一个重要发展。斯大林同志已同意周恩来同志来莫斯科……今日下午 8 时，莫洛托夫、米高扬二同志到我处谈话……我说，我的电报 1 月 3 日到北京，恩来准备 5 天，1 月 9 日从北京动身，坐火车 11 天，1 月 19 日到莫斯科，1 月 20 日至月底约 10 天时间谈判及签订各项条约，2 月初我和周一道回国。

这以后，毛泽东又多次致电中共中央，交代准备工作的注意事项。其中，在 1 月 3 日凌晨 4 时的电报中称：

> 昨日下午 11 时电谅达。恩来同志出国来苏须在政务院会议正式通过，并报告此行系为谈判及签订新的中苏友好同盟条约（和旧条约比较在旅大问题上可能有部分的变更，但具体内容尚待谈判。为防御日本及其同盟者的可能的侵略这一目标及承认外蒙独立则仍为新约的基本精神），贷款协定（我们提出的要求是 3 万万美元，分几年付支，我们所以不提较多的要求是因为在目前数年内多借不如少借为有利），民航协定（有利于建立自己的航空工业）及贸易协定（和苏联确定易货范围对于我们确定发展生产的方向是有利的，同时亦有利于和其他外国订立通商协定）。此外，还应约集政府委员之在京者开一座谈会作同样报告。

1 月 3 日夜，周恩来出席中共中央会议，参与商议毛泽东 2 日和 3 日的来电内容。会议一致决议："完全同意来电所示各项办法。"

根据毛泽东的指示精神，行动果断利落的周恩来立即开始了各项准备工作。1 月 6 日，周恩来在政务院会议上作关于中苏谈判问题的报告，并宣布由董必武代理政务院总理。

1 月 11 日傍晚，专车抵达东北政治、经济、文化的中心沈阳。在东北地区的中国政府代表团成员及其随行人员在这里上车。代表团成员是：中共中央东北局副书记兼东北人民政府副主席李富春、中共旅大市委书记欧阳钦、东北人民政府工业部副部长吕东、贸易部副部长张化东、工业部计划处处长柴树藩、东北电业局局长程明陞、外贸部处长常彦卿、鞍山钢铁公司副经理王勋、机械局副局长聂春荣、煤矿局计划处处长罗维、东北俄文学校副校长赵洵。

专列抵达哈尔滨后，周恩来召集代表团全体人员开会，传达毛泽东关于出访工作的指示，并介绍对这次中苏谈判的基本设想。他说：我们这次出访，要把中苏两国的友好合作往前推进一步，使得中华人民共和国的外交气象一新，而且有很好的政治条件来对付帝国主义。

13 日，专列从满洲里进入苏联国境，继续风驰电掣般地在广袤的西伯利亚大地上由西向东行进。呈现在周恩来眼前的是一片"千里冰封，万里雪飘"的冰雪世界，令人心旷神怡，感慨万千。

途中，周恩来抽空翻阅了名噪一时，曾获斯大林文学奖的反映日俄战争的小说《旅顺口》。苏联国内一些人还把它奉为军事历史小说的范本。他对苏联作家竭力美化、宣扬沙俄侵华战争十分反感。在 10 个月后的 1950 年 11 月，周恩来在同军事秘书雷英夫聊天时，谈到了在出访途中看这部小说的感想。他说：这部小说，我是"今年 1 月在坐火车去莫斯科的途中看的"。接着，周恩来用敏锐的眼光、犀利的言辞，进行了入木三分的剖析。他说：

> 我对这本书的印象很坏，很多地方实在看不下去。
>
> 第一，这本书宣扬的是沙俄侵略战争、掠夺战争那一套。第二，这本书的主导思想完全违背了列宁的教导。旅顺口陷落时，列宁有篇文章讲得很清楚，说这是掠夺性反动性的战争。第三，书中极尽丑化中国人之能事，里面的中国人不是特务、奸商，就是妓女、骗子。把中国人写成这个样子，实在令人气愤。第四，书中宣扬的英雄马卡洛夫，不过是在沙俄腐败的军队中做了一点技术性的修补、改革。这个小军官比那些腐败透顶的将军们稍微好一点，可他对沙皇的反动制度和侵略政策是完全拥护的。这样的人有什么值得宣扬的？

1 月 20 日下午 5 时，专列徐徐开进莫斯科雅罗斯拉夫车站。车站悬挂着中苏两国国旗，车站的大自鸣钟敲打了五下。周恩来第一次以新中国人民政府首脑的身份出访，受到苏联部长会议副主席米高扬、外交部部长维辛斯基、驻华大使罗申等的热烈欢迎。

这是 10 年后周恩来对苏联的再次访问。上一次是 1939 年，那年 7 月，他在延安不幸坠马，造成右臂粉碎性骨折，8 月底赴苏联治疗，次年 3 月返抵延安。

苏联方面在莫斯科车站广场举行了隆重的欢迎仪式。周恩来满脸笑容地同苏联领导人亲切握手，互致问候。他那从容大度的举止，幽默含蓄的言谈，赢得了苏方人士的钦佩与赞扬。

周恩来在车站发表了充分肯定中苏友谊与团结重要性的简短演说。他说：

> 我这次奉了中华人民共和国中央人民政府毛泽东主席的指示，来到莫斯科，参加巩固中苏两大国邦交的会商。……中苏两大国家进一步的友谊与团结，对于世界和远东的和平进步事业毫无疑义将有重大的意义。

周恩来不负重托

1 月 21 日，毛泽东、周恩来、李富春、陈伯达、伍修权等出席列宁逝世 26 周年纪念大会。随后，毛泽东、周恩来等出席斯大林举行的酒会。

在交谈中，从体现主权的立场出发，周恩来提出苏联归还中国长春铁路应该有个期限，并且指出：（一）铁路在未归还之前，应由中苏双方共同经营。共同经营的股额，中方占 51%，苏方占 49%；（二）铁路局局长可否由中方担任正局长，苏方任副局长。苏方答复：中苏股额比例按 51% 和 49% 确定不平等，将影响苏联与东欧新民主主义国家的合作，因为苏联与它们间的股额都各为一半。再就是铁路的正副局长任职，可采取定期轮换制。毛泽东、周恩来考虑，中长铁路既已确定定期归还，便同意了苏方的意见。

关于旅顺口问题，有意以新协定取代旧的不太平等的协定的斯大林，指出可以不必顾虑《雅尔塔协定》的约束，并提出两个解决方案：一是保持 1945 年协定的形式而实际撤兵；二是实际上暂时维持现状，而采用一个新的形式。这是斯大林第一次向中国领导人明确表示，苏联将放弃《雅尔塔协定》所赋予苏联在中国享有的特权。毛泽东、周恩来的想法是：新中国刚刚建立，海军尚未组建，不如让驻旅顺口的苏军推后一些时间撤退，但应在形式上规定撤兵期限，使中国今后收回旅顺口有法可依。如果协定形式不变，苏军撤退后还可以随时进驻，于中国不利。因此，毛泽东表示赞成第二方案。

1月22日晚9时，周恩来陪同毛泽东同斯大林会谈，磋商着手起草新的友好条约和借款等协定的各项原则和方法。

在同斯大林握手致意时，周恩来看到10年不见的，经历卫国战争洗礼的斯大林，已经须发皆白，面部皮肤松弛，明显地苍老多了。但是，已经步入古稀之年的斯大林，仍如过去那样踌躇满志，稳重端庄，保持着他那特有的神韵，讲话一板三眼，用词简洁准确，态度友善谦和，令人油然而生敬意。

会上，毛泽东发言说："在新的情况下，中苏两国的合作关系应在条约上固定下来。条约的内容应是密切两国的政治、军事、经济、文化、外交的合作，以共同制止帝国主义国家的重新侵略。斯大林表示同意毛泽东的意见，并且申明对《雅尔塔协定》中所规定的苏联对大连、旅顺港所享有的特殊权益可以不去管它。还指出：现在有两类问题需要解决。第一类为中苏友好同盟条约问题、中长路与旅大问题、贸易与贸易协定问题，第二类为军事问题、空运团问题。

双方达成一致协议，由周恩来同米高扬、维辛斯基就第一类问题进行正式谈判（会谈开始后，双方分别增加李富春、王稼祥、葛罗米柯、罗申参加），起草条约和有关的协定。同时决定，由刘亚楼同布尔加宁就第二类问题进行谈判。

从1月23日开始，在毛泽东指导下，周恩来率领李富春、王稼祥同米高扬、维辛斯基、葛罗米柯、罗申进行具体谈判，并着手起草《中苏友好同盟互助条约（草案）》。

40年后，据当年参加该《条约》翻译工作的伍修权在《回忆与怀念》一书中写道：

> 他（指周恩来）将条约草稿交给代表团和大使馆的同志们，组织发动大家对条约草案进行逐条、逐句、逐字的研究、斟酌和修改。要求人人开动脑筋，贡献力量。他自己更是格外认真和精细地、一个字一个字地推敲，这是他一贯的工作作风，完全是从国家利益出发，防止出漏洞。周总理说，这个条约不仅要在今天看行，还要在以后看行不行，要经得起时间考验和后人检查。条约全文的实质性文字还不到

一千字，但是每一个字都经过反复推敲，每一个同志，特别是周总理，都为它付出了心血。例如条约草案中有一段原来是：缔约国一方一旦受到第三国的侵略，另一方"得以"援助。周总理觉得还不够肯定，没有表明条约应有的作用，经过再三考虑，将"得以"二字改为"即尽全力"给予援助，这就更肯定更明确了。为了这看来只有几字的改动，就讨论甚至争论了很长时间。

1月24日，周恩来将中方起草的《中苏友好同盟互助条约（草案）》送交维辛斯基。随后，苏方提出修正稿。修正稿接受了原草案的基本内容，只是对文字进行了部分修改和对结构进行了一定调整。其中，将第二条由被动式行文改为从积极方面规定尽速缔结和约；在第三条中加上"不参加反对对方的任何集团及任何行动或措施"。

2月1日，周恩来起草毛泽东致刘少奇电。电文称："现将《中苏友好同盟互助条约（草案）》电告如下，全文共880字，请令乔木校正有无错误。此案大体已定，如有个别文字修改，当再电告。"8日，周恩来致电杨尚昆、胡乔木：昨日又将《中苏友好同盟互助条约》最后付印稿发给你们。"此次标点符号仍不计算，亦无草案及全文字样，共计898个字，请校正是否无讹。""现已争取派飞机送文件到北京。"

在《中苏友好同盟互助条约（草案）》拟成并送交苏方后，周恩来从1月24日开始主持起草《中苏关于中国长春铁路、旅顺口及大连的协定》。《中苏关于贷款给中华人民共和国的协定》为苏方提出，中方原则同意，只是对年利为1%的优惠条件的解释提出了修改意见，但苏方坚持原有提法，认为只有这样才能使东欧新民主主义国家"认识苏联何以减少一倍的利息优待中国"。对此，中国表示谅解。

在中苏双方对有关条约和协议达成一致意见后，2月5日，周恩来起草了毛泽东致刘少奇电。电文告以：现将《中苏关于中国长春铁路、旅顺口及大连的协定（草案）》及其议定书、《中苏关于贷款给中华人民共和国的协定》等6个文件发回。有关文件，可先在中央政治局会上讨论并在签字前一天，由你召集中央人民政府委员、全国政协委员座谈会，传阅6个文件，同时由你作解释性报告，以便取得大家同意。

2月8日，周恩来致电刘少奇并中共中央政治局，通报中苏谈判进展的简要情况。从这天到2月14日，他又就《中苏友好同盟互助条约》和有关协定的文字校正、签字时间和国内就此事的宣传报道等事宜起草数电发回国内。周恩来在12日致刘少奇转杨尚昆、李克农和胡乔木的电报中说：

> 一、7种文件及新华社社论已于11号上午10时由赖亚力、石乔乘飞机送往北京，如无阻碍13号至迟14号上午可到。
>
> 二、为防万一飞机误事，今日将新华社社论电告你们，文件经电告有错误者，当于今日再电告一次，以便作最后校正。
>
> 三、签字日期，时间大致定为14日下午6时至7时（即18时至19时），计北京时间已为14日23时至24时，我们准备在签字后，即于莫斯科时间19时至20时将签字情况，分别以有线电明码及无线电话发新闻稿给你们，以便15日与各项文件见报。

圆满成功的访问

2月14日，是象征中苏两国友谊和合作进一步加强的日子。这天上午，中国政府代表团被邀请到克里姆林宫参加中苏友好条约和协定的签字仪式。两国最高领导人毛泽东、斯大林亲自出席，见面后亲切握手，互致问候，为签字仪式增添了隆重而欢快的气氛。

在签字仪式上，毛泽东、斯大林站在正中间。周恩来和维辛斯基端坐在签字桌本国国旗一旁，分别全权代表两国政府，郑重地在《中苏友好同盟互助条约》《中苏关于中国长春铁路、旅顺口及大连的协定》和《中苏关于贷款给中华人民共和国的协定》上签下了自己的名字。

《条约》明确指出：中苏两国之间的"亲善邦交与友谊的巩固是与中苏两国人民的根本利益相符合的"。《条约》规定：为反对侵略和保卫和平，中苏双方"保证共同尽力采取一切必要的措施，以期制止日本或其他直接间接在侵略行为上与日本相勾结的任何国家之重新侵略与破坏和平。一旦缔约国任何一方受到日本或与日本同盟的国家之侵袭，因而处于战争状态时，缔约国另一方即尽其全力

1949 年 2 月 14 日，周恩来在《中苏友好同盟互助条约》等条约和协定签字仪式上

给予军事及其他援助"。

　　两个协定分别规定：（一）苏联放弃在中国享有的特权，在 1952 年末以前将中苏共同管理的中国长春铁路的一切权利及属于该路的全部财产无偿地移交给中国政府。不迟于 1952 年末，苏联军队从旅顺口撤退，并将该地区的设备移交中国，中国政府负责偿付苏联自 1945 年以后在此处的建设费用。对日和约缔结后，必须处理大连港问题，大连的行政由中国政府管辖。（二）苏联政府在 1950 年到 1954 年 5 年内，以优惠条件贷款给中国 3 亿美元（年利 1%），作为中国偿付苏联所交予的机器和器材之用。

　　这些条约和协定的签订，标志着新中国成立后毛泽东、周恩来首次访问苏联获得了巨大的成功。周恩来满怀喜悦心情在签字仪式上发表演说。他说：条约和协定的签订，"对于新兴的中华人民共和国说来，是特别重要的"，"将有助于中国经济的恢复和发展"。中苏两国这种"为和平、正义与普遍安全而携手合作"的举动，"不仅是代表中苏两国人民的利益，同时也是代表东方和世界上一切爱好和平与正义的人民的利益"。

　　签字仪式后，斯大林举行招待会，热情地款待毛泽东、周恩来等中国政府代表团成员。中苏两国官员其乐融融，互致问候。

　　斯大林兴致勃勃地举杯，向毛泽东祝酒：毛泽东同志，祝贺您访苏圆满成功！

毛泽东欣然干杯后，回敬一杯：感谢斯大林同志的盛情款待和真心帮助，祝愿斯大林同志健康长寿！

莫洛托夫、米高扬、维辛斯基在给毛泽东敬酒之后，特地来到周恩来面前敬酒。他们受斯大林指派后，在同周恩来的谈判交往中，对周恩来那东方的儒雅与魅力，严谨精细、虑事周密的工作作风和话锋敏锐、超群绝伦的外交才干留下了难以忘怀的美好印象。为此，米高扬在给周恩来敬酒时，幽默地说："现在，我终于明白了中国共产党能够夺取政权的原因了。"

周恩来爽朗地笑着说："米高扬同志，不久，你还将会看到中国共产党有能力领导人民，建设起一个繁荣昌盛的新中国。"

2月14日晚，为了庆祝中苏两国谈判获得圆满成功，中国驻苏联大使王稼祥在"大都会饭店"举行盛大鸡尾酒会。斯大林满怀欣喜之情破例率领苏联党政军领导人出席酒会。各新民主主义国家驻苏联大使、苏联知名人士和各国记者也出席了酒会。各方宾客济济一堂，共有500余人。

作为社会主义阵营二巨头的毛泽东和斯大林，自然成为酒会注目的中心人物。

兴奋中的周恩来临场不拿讲稿致祝酒词，把他无出其右的讲演才能淋漓尽致地表现出来。据师哲回忆当时的情景说："周总理致祝酒词。由费德林担任翻译，他手里拿着周总理的俄文讲话稿。周总理临场未拿稿子，2000余字的祝酒词竟说得与原稿一字不差。""周总理的祝词激动人心，全场响起了热烈的掌声。"

也许是受周恩来祝词的感染，经过一轮祝酒之后，斯大林起立，以轻松愉快的语气致辞。他说：今天的这个场面热烈非凡，洋溢着友谊和团结的精神，预示着欣欣向荣的未来。中苏友好兄弟情谊要保持下去。周恩来都说过了，也代表了我的意思……

2月17日夜，毛泽东、周恩来一行离别莫斯科，踏上归途。

临行前，毛泽东、周恩来到中国驻苏联大使馆看望使馆工作人员和留苏学生。周恩来对留学生说：无产阶级的革命事业，需要年轻的一代来继承，你们要努力学习马列主义，学好业务知识，以便将来回国，为祖国社会主义革命和建设服务。随后，为留学生题词："艰苦奋斗，努力学习。"

3月4日晚，毛泽东、周恩来安抵北京，受到党和国家领导人、各民主党派负责人朱德、刘少奇、李济深、张澜、彭真、林伯渠、聂荣臻等的热烈欢迎。他们祝贺毛泽东和斯大林的亲切会晤，祝贺毛泽东、周恩来访问苏联获得圆满成功。

考虑到新中国外交工作如何更好地面对党和国家领导人首次访问苏联后的新形势和迎接新任务，3 月 20 日，周恩来在外交部全体干部会上作了主题为中苏缔约后面临的国际形势和外交工作任务的报告。他高度评价了中苏签订新约的历史意义，说：

> 这次缔结《中苏友好同盟互助条约》，大家都很高兴。由于斯大林和毛泽东的直接会晤，顺利地签订了条约和协定……条约中有反对和争取两个方面的任务。我们所反对的一方面，是条约里指出的与日本勾结的国家，这就是美国……积极争取的一方面，这就是要争取世界持久的和平。这两方面体现了我们今天的外交斗争和我们在和平阵营所从事的神圣伟大的任务。
>
> 这个条约不仅体现了中苏两个国家 7 万万人民的团结，而且也体现了社会主义国家和新民主主义国家 8 万万人民的团结。它不仅鼓舞了殖民地的国家和被压迫的民族，同时也鼓舞了资本主义国家的人民。所以，这个条约是有其历史意义的。
>
> ……

最后，周恩来在报告中强调："革命的胜利，促进了我们外交工作的开展。《中苏友好同盟互助条约》签订后，我们的工作能更好地开展起来。老实说，我们的工作是落后于形势的。外交战线上有许多任务等待我们去完成。我们的经验比较少，人才也比较缺乏。但是，我们要下决心去完成任务。"

总而言之，毛泽东、周恩来的首次出访苏联，为 20 世纪 50 年代中苏关系的全面发展开拓了广阔前景，对于保障世界和平，对于维护新中国的独立主权和促进国民经济的恢复与发展都产生了深远影响。

18　叱咤风云日内瓦

　　第一次登上国际大舞台，周恩来折冲樽俎日内瓦，让世界刮目相看新中国。外国人感叹：周恩来使外交变成艺术。

不打无准备之仗

　　1953 年 7 月朝鲜战争停战后，中国人民志愿军主动地陆续从朝鲜撤退军队，而美国军队仍然驻扎在那里，继续加剧远东的紧张局势。法国军队也还在印度支那进行侵略战争。但是，由于中朝两国政府和人民在争取全面解决朝鲜问题上的坚决斗争，由于印度支那人民抗法战争的进一步开展，打得法国侵略军焦头烂额，狼狈不堪，迫使美国和法国政府不得不同意召开一次国际会议解决这两个地区问题。

　　新中国国民经济的迅速恢复，第一个五年计划的顺利开展，各项事业的蓬勃发展，综合国力的大大增强，国际地位的日益提高，充分显示了中华人民共和国已经成为维护世界特别是亚洲和平与安全的一支不容忽视的重要力量。没有它的参加，世界上特别是亚洲地区的重大问题，是不可能得到很好解决的。正如 1953 年 10 月 8 日周恩来在一项声明中所宣告的那样：第二次世界大战之后，法国、英国、美国、苏联和中华人民共和国五大国，"对于解决和平与安全的重大问题，负有特别重要的责任"。

　　1954 年 2 月，苏联、美国、英国和法国四国外长在德国柏林召开会议，经过苏联的艰辛努力，终于达成一致协议：1954 年 4 月 26 日在日内瓦举行会议，讨论和平解决朝鲜问题和恢复印度支那和平问题。除苏联、中国、美国、英国和法国五大国参加会议的全过程外，同这两个问题有关的其他国家也分别参加会议讨论。

　　鉴于日内瓦会议的重要性，毛泽东、周恩来非常重视。为了开好这次会议，从 2 月底到 3 月，向来不打无准备之仗的周恩来，挤出相当的时间，开始了系统而认真的准备。他指导有关人员收集、熟悉、研究朝鲜和印度支那问题的情况，阅读有关召开日内瓦会议的文件，约李克农等商谈和确定中国代表团成员人选等问题，并组织模拟会议，搞翻译练兵。同时，他还主持拟定了关于出席日内瓦会议的方针、原则等问题的各项文件，研究了配合日内瓦会议的国际宣传问题。

3月2日，在毛泽东主持，刘少奇、朱德、陈云出席的中共中央书记处会议上，周恩来郑重地提出了《关于日内瓦会议的估计及其准备工作的初步意见》。

《初步意见》指出："关于日内瓦会议协议的达成，是苏联代表团在柏林4国外长会议上一项重大的成就。单就有中华人民共和国参加日内瓦会议一事看来，它已使缓和国际紧张局势的工作前进了一步。"但是，"帝国主义侵略集团，特别是美国政府却故意低估日内瓦会议的作用，并预言日内瓦会议将同柏林会议在德奥问题上一样得不到任何结果，但美、英、法三国之间在朝鲜问题上以及在许多国际事务上的意见并非完全一致，有时矛盾很大，他们的内部困难也很多。"

《初步意见》明确而坚定地说：鉴于以上情况，"我们应该采取积极参加日内瓦会议的方针，并加强外交和国际活动"，打破美国政府的"封锁、禁运、扩军备战的政策，以促进国际紧张局势的缓和"；即使美国将用一切力量来破坏各种有利于和平事业的协议的达成，我们仍应尽一切努力务期达成某些协议，甚至是临时的或个别性的协议，以利打开经过大国协商解决国际争端的道路，"我们要力争不使日内瓦会议开得无结果而散"。

3月3日，中国政府复电苏联政府，中国接受苏联根据柏林会议协议发来的邀请，"同意派出全权代表参加日内瓦会议"。

初登国际大舞台

人心齐，泰山移，步调一致才能得胜利。为了使中国、苏联、朝鲜和越南四个兄弟国家代表团在日内瓦会议上心往一处想，劲往一处使，互相支持和默契配合，3月上旬，周恩来在北京两次同朝鲜南日外相商谈出席日内瓦会议的准备工作问题。

随即，周恩来致电胡志明主席和越南劳动党中央，告诉日内瓦会议的开会日期，并强调说：

目前国际形势下越南的军事情况，对越南进行外交斗争是有利的，不论日内瓦会议结果如何，我们均应积极参加……因此，希望你们立即进行准备工作；组织出席会议的代表团；搜集有关的资料；拟定谈判的各种方案……如果要停战，最好有一条比较固定的界限，能够保持一块比较完整的地区。事实上，今天的停战线，也很可能成为将来的分界线，所以这是一个比较重大的问题，而且还要看今后战局的发展。到底这条线划在什么地方，划在哪一纬线，可从两方面考虑：一方面要对越南有利，一方面要看敌人能否接受。这条线越往南越好，北纬16度的问题，似可作为方案之一来考虑。

周恩来在电文中还请胡志明3月底或4月初来北京一谈，并一同赴莫斯科同苏共中央交换意见。3月底，胡志明抵达北京。

出席日内瓦会议的准备工作大体就绪后，4月1日，周恩来偕少数工作人员启程飞莫斯科。随即，他出席有苏联、中国、朝鲜和越南领导人参加的日内瓦会议预备会议，在四国范围内磋商参加日内瓦会议的方针、政策和谈判方案等问题。

4月19日，中央人民政府主席毛泽东正式任命周恩来为出席日内瓦会议的中华人民共和国代表团首席代表，外交部三位副部长张闻天、王稼祥、李克农为代表。

4月20日，周恩来率领庞大的中国政府代表团，乘坐3架苏联伊尔-18飞机，由北京取道苏联飞往日内瓦。

行前，周恩来主持召开了中国代表团全体成员的"打招呼"会议。他郑重其事地告诫大家："尽管我们过去在国内谈判有经验，跟美国吵架有经验，但是那是野台子戏，那是无法无天，什么也不怕，闹翻了也就那么回事；当然我们谈判还不是为了闹翻。"就是说，那时我们进行谈判的范围小，有什么就说什么。中国是一个大国，到日内瓦是参加"一个正式的国际会议，我们是登国际舞台了"，因此要唱文戏，文戏中有武戏，但总归"是一个正规戏、舞台戏"。有几个兄弟国家参加，"要配合，要有板有眼，都要合拍"。又是第一次唱，所以还要本着学习的精神。

4月24日，周恩来一行抵达日内瓦。周恩来一下飞机，人们的注意力立即

1954 年 4 月 24 日，周恩来率领中国代表团抵达日内瓦，出席日内瓦会议

集中到这位传奇式人物身上，大批记者蜂拥而至，争先恐后地抢拍照片。中国代表团成员的着装差不多一个样，队伍整齐威武，以至外国新闻媒介形容为"日内瓦来了一连中国军人"。"一个年轻的红色外交家率领了一批更年轻的红色外交家"，"他们穿的衣服都是一样的，连手提箱也都相似……"

这以后，周恩来成为西方新闻报道的中心人物。云集日内瓦的西方各国记者以复杂而极感兴趣的心情，拭目以待，冷眼旁观在国际事务中崭露头角的周恩来，将在这名人荟萃的世界舞台上如何表现。

日内瓦是享有"旅游者的圣地"之美称的世界名城，位于瑞士西南部。这里，冬无严寒，夏无酷暑，被湖山环绕，山清水秀，一年四季风光各异，充满了诗情画意。不但如此，它还是一座具有"医治国际政治创伤的医院"之称的国际城市。在这里经常召开各种国际会议，并设有许多国际组织的常设机构。第一次世界大战结束后的 1919 年，国际联盟在这里成立，并建造了著名的"万国宫"——国联大厦。日内瓦会议全体会议就将在国联大厦举行。

日内瓦会议是第二次世界大战后的一次重要国际会议，也是新中国第一次走向世界舞台，经受复杂的多边外交斗争考验的国际会议。

周恩来走下飞机后，面对久经磨炼、身手不凡的各国记者，显示出了杰出外交家、政治家温文尔雅、落落大方的风度。他向人们挥手致意，并镇定沉着地在机场散发了热切期望日内瓦会议成功的声明：

> 日内瓦会议就要举行了。这个会议将要讨论和平解决朝鲜问题和恢复印度支那和平问题。亚洲这两个迫切的问题，如果能够获得解决，将有利于保障亚洲的和平，并进一步缓和国际的紧张局势。
>
> 全世界爱好和平的人民和国家都将密切地注视着日内瓦会议的进展，并热烈地期望着会议的成功。中国人民对于这个会议有着同样的期待。
>
> 中华人民共和国代表团抱着诚意来参加这个会议。我们相信，参加会议者的共同努力和对于巩固和平的共同愿望，将会提供解决上述亚洲迫切问题的可能。

代表团新闻宣传组随即广为散发了周恩来的中文和英文的书面简历。简历有1800字左右，从一开始便称：

> 周恩来（生于1898年），中国杰出的政治活动家、军事家和外交家，中国共产党杰出的组织者和领导者之一，毛泽东最亲密的战友之一……

这个简历是由李克农主持起草的，并未经周恩来径直报中共中央批准。为什么要在简历中使用这种评价很高的话呢？据日内瓦会议的参加者熊向晖透露："克农同志认为，宣传周恩来就是宣传新中国。据我所知，此前尚未用过'最亲密的战友'这种提法。这表明了当时毛泽东、党中央对周恩来的评价。"

初显身手

4月26日，日内瓦会议在旧国联大厦开幕。出席会议的国家除中国、苏联、英国、法国、美国五个大国和朝鲜民主主义人民共和国、大韩民国外，还有以"联合国军"名义派兵参加朝鲜战争的澳大利亚、加拿大、希腊、菲律宾、卢森堡、新西兰、泰国、土耳其、比利时、哥伦比亚、阿比西尼亚（今埃塞俄比亚）和荷兰。会议一致推举由泰国外交部部长旺·威泰耶康亲王、苏联外交部部长莫洛托夫和英国外交大臣安东尼·艾登依次轮流担任会议主席。

4月27日，日内瓦会议开始讨论朝鲜问题。南日外务相在发言中提出了和平解决朝鲜问题的方案。方案确定：（一）"举行朝鲜国民议会的全朝鲜自由选举"；（二）"一切外国武装力量，在6个月内撤出朝鲜"；（三）"要创造条件以促使尽速完成以和平方式把朝鲜统一成为一个统一的、独立的、民主的国家的任务。"

美国依仗自己"金元帝国""世界霸主"的地位，伙同朝鲜代表，从会议一开始，就采取了想方设法阻挠会议达成任何协议的立场。南朝鲜代表明确地提出，要按照南朝鲜的宪法，由联合国监督在全朝鲜进行选举。美国代表全力支持这一无理建议，并且强调要由联合国来实现朝鲜的统一。显而易见，在联合国被美国操纵的情况下，这些建议实际上意味着南朝鲜吞并北朝鲜，美国将支配整个朝鲜。

4月28日，周恩来在全体会议上首次发言。他开宗明义地指出："这个会议的目的应该是缓和国际紧张局势，巩固世界和平。"

接着，周恩来义正词严地驳斥了美国和南朝鲜代表的荒谬主张，表示坚决支持南日提出的恢复朝鲜统一的三项建议，郑重地指出：

> 根据昨天大韩民国代表的发言看来，李承晚政府是不喜欢这个办法的。他显然无视朝鲜人民的民族利益，企图证明似乎没有外国对朝鲜内政的干涉，朝鲜人民就不能解决自己的内政问题，其中包括举行全朝鲜的自由选举……他公然主张美国军队留驻朝鲜。仅仅这一情况就足以表明，所谓南朝鲜的统治是代表朝鲜人民利益的各种说法的价值究竟如何了……
>
> 朝鲜的和平统一，对于维护远东的和平和安全有着重大的意义。朝鲜的和平统一事业的顺利进行，有赖于关心维护远东和平的相应的国家愿意采取措施保证不妨碍朝鲜的和平发展，不容许外国干涉朝鲜的内政。

综上所述，我们认为，朝鲜民主主义人民共和国代表团首席代表南日外务相的建议，是完全公平合理的。我们希望会议的参加者郑重地考虑这一建议，使这一建议成为和平解决朝鲜问题的协议的基础。

经过几个回合的斗争，在以雄辩的事实给美国代表及其追随者以有力的驳斥后，为了推动会议的进展，5月22日，周恩来又在全体会议上发言：

据此，中华人民共和国代表团建议在南日外务相4月27日的方案第一条之内补充以下一项：

"为了协助全朝鲜委员会根据全朝鲜选举法在排除外国干涉的自由条件下举行全朝鲜选举，成立中立国监察委员会，对全朝鲜选举进行监督。"

本着和平解决朝鲜问题的真诚愿望，6月5日，南日在全体会议上作了关于希望与会各国能以朝鲜代表团4月27日的建议和中国代表团5月22日的补充建议为基础达成协议的发言。

紧接南日的发言，周恩来情真意切地说：虽然与会各国的分歧依然存在，但在"事实上，和平解决朝鲜问题的共同基础是可以找到的"。因为在会上，"没有人反对朝鲜的和平应该得到巩固，并且大家认为，会议的目的是要达到朝鲜问题的和平解决的"。在从朝鲜定期撤出一切外国武装力量的问题上，也只有少数代表表示了不同意见。他进一步强调："我们既然有了这些共同基础，我们更应该努力寻求具体解决问题的道路，而不应该让大韩民国代表的建议成为我们在寻求协议的途径上的一个障碍。"为此，中国代表团建议：与会各国"应该在已有的共同基础上，努力达成和平解决朝鲜问题的协议"。

会上，莫洛托夫综合会议开幕以来各国代表所提意见的共同点，提出了关于和平解决朝鲜问题的基本原则与五点建议。

由于美国和南朝鲜代表设置重重障碍，极力加以阻挠，本次会议仍未取得进展。

尽管如此，但由于周恩来、南日和莫洛托夫的默契配合和他们立场坚定、通情达理的发言，逼使论战对方只有招架之功、无还手之力，陷于被动、尴尬的处境之中。周恩来、南日和莫洛托夫在会上的表现，赢得了不少国家的代表和新闻舆论的好评与称赞。

使外交成为艺术

6月5日以后，美国代表加快了使朝鲜问题会议无结果而散的步伐，因而采取软硬兼施的手段，逼其他西方国家代表唯美国政府旨意是从，同时在会外到处散布将在15日大会上结束对朝鲜问题的讨论。

据艾登1960年在其所写的回忆录中透露：

比德耳·史密斯把艾森豪威尔总统的来电拿给我看，其中指示他尽一切力量使会议尽快结束，理由是共产党人只是故意拖延时间，以符合他们自己的军事目的。

针对以上情况，为争取会议达成某种协议而做最后努力，6月14日，中国、苏联、朝鲜三国代表召开会议，商议对策，一致认为：我方"必须争取在最后一次会议上把全部牌都打出来，即使不能挽救会议于马上破裂，亦应使对方处于不利地位"。

和往常一样，6月15日下午3时，日内瓦会议全体会议在旧国联大厦开会。会上，南日、周恩来、莫洛托夫相继发言，发起了又一场和平攻势。

南日提出《关于保卫朝鲜的和平状态》的六项新建议。

周恩来附议南日的新建议，强调这六项建议"提供了保证朝鲜和平发展的基本条件"，与会各国没有理由不在"六项建议的基础上达成适当协议"；同时建议"本会召开中、苏、英、美、法、朝鲜民主主义人民共和国和大韩民国七国参加的限制性会议，以讨论巩固朝鲜和平的有关措施"。

莫洛托夫提议与会十九国共同发表《关于朝鲜的宣言》，以此保证"不得采取任何可能足以对维持朝鲜和平构成威胁的行动"。

在朝、中、苏三国代表持续一个半小时的发言中，会场上一片肃静，大家都在屏息倾听。三国代表所提的三个建议，一下子打乱了美国的部署，引起了美国等国代表的一阵恐慌。会场出现短暂的奇异的沉寂。在美国代表史密斯的授意下，菲律宾代表提议休息，并得到会议主席艾登的批准。

在长达 40 分钟的休息中，以美国为首的十六国召开了紧张的对策会议。

经过一番"周密"筹划和统一口径后，美国代表史密斯抢先发言，带头反对南日、周恩来和莫洛托夫的三个建议。紧随其后，澳大利亚、菲律宾、比利时、南朝鲜代表发言附和。

周恩来聚精会神地听着对方代表的发言，两道浓眉下炯炯有神的一双大眼注视着主席台上的代表，留意着每个发言人的神态和语气。

在一阵开台锣鼓之后，由受宠若惊的泰国代表开始宣读《十六国共同宣言》。《宣言》声称会议继续考虑和研究朝鲜问题，"是不能产生有用的结果的"，企图强行结束对这个问题的讨论。会场气氛达到白热化程度。

这时，场外的警卫部队指挥车扩音器响了："注意！注意！马上散会了，把车开过来。"

在会议陷入绝境的关键时刻，莫洛托夫、周恩来和南日轮番发言，揭露对方不可告人的企图。

被美、英、法等国领导人称为"令人望而生畏"的莫洛托夫首先发言，他临危不惊，沉着镇定地说："《十六国共同宣言》不是有助于朝鲜的统一的，也不是有助于加强朝鲜的和平发展的。"我们相信，朝、中、苏三国代表的建议，"将使朝鲜人民感到巨大的兴趣"。"我们将循着这一方向继续奋斗。我们将为朝鲜人民的利益，为统一这个国家的利益，最后为全世界和平的利益而继续奋斗。"

周恩来不失时机地指出："《十六国共同宣言》是在断然表示要停止我们的会议，这不能不使我们感到极大的遗憾。""情况虽然如此，我们仍然有义务对和平解决朝鲜问题达成某种协议。"

接着，周恩来以其过人的敏锐和智慧，一鼓作气地提出中国代表团建议通过下述决议：

日内瓦与会国家达成协议，它们将继续努力以期在建立统一、独立和民主的朝鲜国家的基础上达成和平解决朝鲜问题的协议。

他以坚定语气晓之以理、动之以情：

如果这样一个建议都被联合国军有关国家所拒绝，那么，这种拒

绝协商和和解的精神，将为国际会议留下一个极不良的影响……中国
代表团带着协商和和解的精神第一次参加这个国际会议。如果我们今
天提出的最后一个建议都被拒绝了，那么我们不能不对这一事实表示
最大的遗憾。

周恩来的风度和魅力令人陶醉，周恩来的一席话，像磁石一样牢牢吸引人们
去思索、去感受。

顷刻之间，会场震动了，泛起短暂的骚动和窃窃私语，迅即又恢复肃静。会
场气氛发生陡然变化。显然，大家被周恩来铿锵有力、合情合理的和解性讲话所
感动，都感到他的讲话的分量。

虽然对方在本次会议上宣布了《十六国共同宣言》，但是他们内部的意见也
并非铁板一块。深受感动、受良知驱使的比利时外长斯巴克起而响应，解释说：
"周恩来的建议与我们起草《十六国共同宣言》的精神是一致的，说到头我毫不
反对周恩来建议的精神。我相信，英国代表与我的其他同事持有与我相同的态度。"

听到斯巴克的这番出自内心的自我表白，周恩来本着"化干戈为玉帛"的既
定方针，接过话题，以尊重和协商的口吻说："如果《十六国共同宣言》与中国
代表团的建议有着共同的愿望，那么，《十六国共同宣言》只是一方的宣言，而
日内瓦会议却有 19 个国家参加，我们为什么不可以用共同协议的形式来表达这
一共同愿望呢？我必须说，我是在第一次参加国际会议中学到了这条经验。"

有尊重便有回报。这时，斯巴克也坦诚地以更加确定的简洁语言说："为了
消除怀疑，我本身赞成以投票方式决定我们是否接受中华人民共和国代表团的建
议。"

面对斯巴克"胳膊向外拐"的发言，史密斯又气又急，但又不便在会上发作，
只好干瞪着眼看着斯巴克。

对周恩来的建议点头默认的艾登，这时拉长声调说：

据我了解，我们面前有一个中华人民共和国代表所提出的建议。
如果我的了解是正确的话，比利时代表认为这个建议表达了本会议工
作的精神。如果大家同意，我可否认为，这个声明已为会议所普遍接受？

日内瓦会议期间的周恩来

会场又一次出现短暂的寂静。心猿意马的史密斯此时处于进退两难的境地：如果不表示反对，将违反国务卿杜勒斯使会议破裂的指令；如果表示反对，无疑美国将陷入完全孤立。眼看周恩来的建议就要通过了，史密斯干咳了一声，身不由己地仓皇发言："我不懂得中国建议的范围与实质。因此，在请示我的政府之前，我不准备参加刚才有人建议通过的决议。"

说完，史密斯更陷入手足无措的窘态之中。

周恩来以大外交家豁达大度的气质、平缓有力的语气，对眼前所发生的情况作出总结：

> 我对比利时外交大臣所表现的和解精神感到满意。会议主席要求会议注意到中国代表团所提出的并为比利时外交大臣所附议的建议，我认为也是值得提及的。然而，我必须同时指出，美国代表是在对协议的达成进行阻挠。这就使我们大家都了解到美国代表如何阻挠日内瓦会议，并阻止达成即使是最低限度的、最具有和解性的建议……

6月15日，多么令人难忘的一天啊！由于美国代表蛮横无理的阻挠，历时51天的日内瓦会议关于和平解决朝鲜问题的讨论，最终以没有通过任何协议而宣告结束。但是，这一次会议将美国代表的顽固立场暴露无遗。究竟谁赢得了胜利，结论是不言自明的。

散会后，莫洛托夫跑步来到周恩来面前，兴奋地拍着周恩来的肩膀说："太妙了，太妙了！"

朝鲜代表则感慨道："苏联人将外交变成科学，而中国人使外交成为艺术。"

事后，美国前国务卿狄恩·艾奇逊也称周恩来为"当今世界最能干的外交家"。

提出六点原则又灵活的建议

恢复印度支那的和平问题，是会议第二项议程要解决的问题。对于这个问题的讨论，是从5月8日开始的。由中国、苏联、美国、英国、法国、越南民主共和国和法兰西联邦印度支那三成员国——南越、老挝王国、柬埔寨王国共九个国家参加。莫洛托夫和艾登轮流担任主席。

5月7日，即在会议开始的前一天，从越南战场传来歼灭1.6万余名法国侵略军的奠边府大捷的喜讯，为恢复印度支那和平问题的谈判创造了有利条件。8日，会议开始讨论印度支那问题。但是，印度支那问题比朝鲜问题更为复杂棘手。这是因为，涉及的国家不仅有越南，而且有老挝和柬埔寨；还因为，不但有在印度支那进行殖民战争的法国，而且有存心阻挠会议达成任何协议的美国。

在进行多次全体会议和限制性会议后，会谈仍无进展的情况下，5月27日，周恩来在限制性会议上仍然平心静气地说：从各国代表目前对莫洛托夫和法国外交部部长皮杜尔提出的关于印度支那军事停战的各项建议的发言中，"我们不难发现有许多共同点；同时还有许多差异点。我希望本会议能够根据这些共同点达成某些协议，以便作为进一步商谈的基础，同时对于那些差异点也应当寻找方法加以解决"。接着，他根据印度支那战场敌我力量对比的实际情况，本着实现这个地区和平的真诚愿望，提出了一个既坚持原则又灵活可行的照顾到敌对双方利益的《关于在印度支那停止敌对行动》的六点建议。

周恩来逐项解释了建议的内容，强调：印度支那三国不分哪一个国家，都必须同时停火而没有例外。双方军事集结地区，也就是双方地区调整问题，由于三国情况不完全相同，因而在双方地区调整原则确定之后，还要根据三国的具体情况加以实施，因而解决的办法也会有所不同。

周恩来的六点建议推动了会议的进程，经过会外的秘密交谈和九国代表团的准备会议，5月2日，9国代表团通过了关于越法双方军事代表会晤的协议。这项协议的达成，实际上承认了印度支那三国都存在着停火问题，停火必须在三国同时实现。

从5月31日开始，会议双方进入以划区、监察和国际保证为中心问题的实际性讨论。

好事多磨。由于种种复杂因素的影响，谈判在半个月中未能获得重大进展。

随着法国国内矛盾的尖锐化，6月12日，对恢复印度支那和平采取拖延政策的法国拉尼埃政府倒台。17日，法国国民议会授权主和派孟戴斯－弗朗斯组织新内阁。孟戴斯－弗朗斯表示：新政府如果不能在4个星期内谋求到印度支那停火，就准备辞职。谈判双方达成协议的基本前提，是双方都要有诚意。因此，孟戴斯－弗朗斯所表示的鲜明态度，无疑使会议出现转机有了新的可能。

善于洞察新形势并顺应和推动形势向前发展的周恩来，在会议进程中同苏联、越南代表紧密配合，尽力争取法国、英国等多数与会国代表，集中力量反对美国代表的阻挠和破坏，并积极开展会外活动，成为促使会议再次取得进展并最终达成协定的关键人物。

6月16日，周恩来以5月27日中国代表团提出的六点建议和5月29日会议的协议为基础，提出了关于解决老挝和柬埔寨问题的六点建议。这个新的六点建议，受到大多数与会国代表的欢迎，像和煦的春风，使陷于僵局的会议恢复了生机。

经过周恩来、莫洛托夫同法国、英国等国代表的广泛而深入的接触，6月19日，会议顺利通过了由法国代表提出并经我方代表修正的《关于在柬埔寨和老挝停止敌对行动的协议》。

为解决越南南北分界线而奔波

从 6 月下旬开始,周恩来全力以赴为解决越南南北分界线问题而忙碌奔波。

6 月 22 日,周恩来接见法国驻瑞典大使让·肖维尔,就同孟戴斯 – 弗朗斯会晤的安排问题交换意见。为了让法国新总理兼外交部部长了解中国代表团对解决印度支那问题的基本立场,他对肖维尔说:中国代表现已介绍老挝、柬埔寨代表同越南民主共和国代表接触。"我们希望(印度支那)三国能与法国建立友好关系。我们的目的是支持双方能够光荣停战,我们是推动、促成,而不是阻碍。"

6 月 23 日,周恩来在瑞士首都伯尔尼同孟戴斯 – 弗朗斯会谈。他询问了法国政府关于实现印度支那和平的新方案,同时开诚布公地谈了自己的意见。他申明:在印度支那问题上,中国代表团的条件就是和平,就是反对美国的干涉,不让美国把战争国际化,反对美国在这个地区建立军事基地。除此之外,没有别的任何条件。如果美国阻挠达成协议的企图得以实现,受损害的不只是印度支那三国,还有法国政府和人民。

周恩来的以上两次谈话,高屋建瓴,言辞恳切,着眼于和平,既照顾到越南、老挝、柬埔寨三国人民的根本利益,也充分考虑到法国在印度支那的切身利益,赢得了孟戴斯 – 弗朗斯的好感。反过来,孟戴斯 – 弗朗斯也以心交心,再次表示:"我决心以 1 个月为期限实现停火,尊敬的周恩来先生,如果不成,我将提出辞职!"

在对对方主要国家的工作做得差不多了以后,从 7 月初到 7 月中旬,周恩来利用日内瓦会议休会的时间,专程赶到广西柳州同胡志明等越南领导人会谈,然后又到莫斯科同马林科夫等苏联领导人会谈,大力协调三国领导人在越南南北分界线问题上的看法。

据师哲 1991 年回忆:

> 7 月 3 日,周总理在我国柳州同胡志明等越南领导人会谈……在解决这个问题时,周总理付出了很大的心血。因为法方已经给我方交了底:法国目前只要求给他留个面子,以便体面地摆脱在越南的困境,越南还是越南人的。

经过周恩来远距离奔波和卓有成效的协调，中、越、苏三国一致认为：在分界线问题上提出过高的要求，既不现实，又容易使美国破坏会议的阴谋得逞，因此应力争达成妥协，迅速把战争停下来。

7月12日，远行几千公里、风尘仆仆返抵日内瓦的周恩来，立即投入到争分夺秒的斡旋工作中。

功夫不负有心人。到7月20日，日内瓦会议双方代表终于在会外协商中取得七点共识：

（一）在全境同时全部停火的原则下，越南具体执行停火日期已协议在停战协定签字生效后北部7天、中部10天、南部20天。

（二）越南军事分界线确定在17度略南、9号公路以北。

（三）撤军日期，准备从对方地区撤退到集结区以9—10个月为期限。

（四）越南选举期限确定为2年，1955年7月由双方协商确定选举日期和方法。

（五）老挝划区问题，已同意寮国抗战部队集合区先在11个点集结，最后集合在老挝东北的丰沙里与桑怒两省。

（六）柬埔寨问题，采取就地停战、政治解决办法。

（七）国际监察，已确定由印度、波兰、加拿大三国担任，以印度为主席。

7月21日凌晨3时30分，交战双方代表分别在《越南停止敌对行动协定》和《老挝停止敌对行动协定》上签字。中午，交战双方代表在《柬埔寨停止敌对行动协定》上签字。

随即，法国政府发表关于从印度支那撤出自己的军队，尊重三国独立、主权、统一和领土完整的声明；老挝和柬埔寨政府分别发表关于使全体人民参加共同生活以及奉行中立不结盟政策的声明。

这天下午3时，周恩来同与会国绝大多数代表一样，怀着欢快喜悦的心情，出席恢复印度支那和平问题的最后一次会议。他在发言中说："日内瓦会议九个代表团经过75天的工作，终于克服了最后的阻挠，就恢复印度支那和平问题获致了协议。"为维护亚洲和世界的和平与安全，世界各国应该根据和平共处五项原则"进行协商和合作"。在这次会议讨论的两大问题中，关于和平解决朝鲜问题，虽然没有达成任何协议，但是，它并没有从议程上去掉。现在，本会议对于

周恩来和中国代表团代表张闻天、王稼祥、李克农及代表团主要工作人员在日内瓦会议住地商谈工作

恢复印度支那和平问题，不仅达成了停止敌对行动的协议，而且达成了关于解决政治问题的原则协议。从中可以看出，"如果有关国家具有和平诚意，国际争端是可以经过协商获得解决的"。

接着，周恩来提到了对达成协议做出重大努力的几个国家的代表。他说：这次会议中，范文同和孟戴斯－弗朗斯"都表现了很好的和解精神"。本次会议两主席莫洛托夫和艾登"对于推进双方和本会议达成协议的努力是值得我们称道的"。会议的成就是很大的。"印度支那敌对行动的停止就要实现了，举世渴望的印度支那和平就要恢复了。正如朝鲜一样，和平又一次战胜了战争。"

美国代表眼睁睁地看着会议马上就要通过宣言而无可奈何，但又顽固到底，最后宣布不参加《日内瓦会议最后宣言》签字，把自己放到孤家寡人的位置。

在美国代表不参加签字的情况下，会议仍然发表了《日内瓦会议最后宣言》。历时近3个月的日内瓦会议，终于以在恢复印度支那和平问题上获得协议而胜利闭幕。

日内瓦会议的成就出乎人们意料。尤为令人意外的是，为会议成功起了特殊作用的竟是初出茅庐、第一次参加重大国际会议的周恩来。难怪人们由此而称新中国外交为"周恩来的外交"。

7月23日，周恩来率领中国代表团飞离日内瓦，途经并访问德国、波兰、苏联和蒙古后，于8月1日返抵北京。朱德、刘少奇、李济深、沈钧儒、陈叔通、林伯渠、董必武、郭沫若、黄炎培、邓小平等党和国家领导人，在西郊机场盛情欢迎凯旋的和平使者周恩来及其一行。少先队员向周恩来等献上一束束鲜花，表示对他们的崇高敬意。

日内瓦会议后，通往北京的外交之路越来越通畅。世界上一些国家的代表团、国家元首和政府首脑接踵而至，如北面苏联领导人赫鲁晓夫，南亚印度总理尼赫鲁和他的女儿英迪拉·甘地，西欧英国工党艾德礼等相继来华访问。东亚日本的有识之士也纷至沓来，与中国开展经贸活动和文化交流。亚非人民的历史盛会——亚非会议已经在酝酿之中了。一个新的外交局面和国际关系展现在新中国人民面前。

19 求同存异万隆城

　　万隆会议，乱云飞渡，周恩来排难解纷平风波；求同存异方针，和平共处五项原则，创造出世界外交的经典。"脱颖而出的会议明星"周恩来让世界再次刮目相看新中国。

　　1955 年 4 月。在印度尼西亚历史名城万隆召开的亚非会议，虽然已经过去 60 多年了，但是这次会议所反映的团结反殖、维护世界和平与民族独立和求同存异的"万隆精神"，经过几十年国际风云变幻的考验，却仍旧光彩夺目，显示出强大生命力。

接受邀请

　　召开亚非国家首脑会议，最早是在 1954 年初由印度尼西亚总理沙斯特罗阿米佐约倡议的。这年 12 月，缅甸、锡兰（今斯里兰卡）、印度、印度尼西亚、巴基斯坦五国总理在印尼茂物举行会议，正式提出召开亚非会议，并一致同意也邀请中华人民共和国参加。1955 年 1 月 15 日，沙斯特罗阿米佐约代表五个发起国，热情地邀请中国参加 4 月将在万隆召开的亚非会议。

　　为什么要召开亚非会议？这是有深刻的历史背景的。

　　第一，亚非人民的反殖民主义斗争有了新的发展，许多国家已经取得民族独立，许多国家正在为争取民族独立而进行英勇斗争。但是，"殖民主义在这个地区的统治并没有结束，而且新的殖民主义者正在谋取旧的殖民主义者的地位而代之"。亚非人民需要进一步团结起来，深入进行反殖民主义的斗争。

　　第二，亚非地区地大物博、人口众多，有着悠久的历史。但是近代以来，因"在不同程度上遭受了殖民主义的掠夺和压迫，以致被迫处于贫困和落后的停滞状态"。为了"克服殖民主义统治所造成的落后状态"，并使"各自的国家获得独立的发展"，亚非国家之间的友好交往和经济文化合作，成为"亚非各国人民的共同愿望"。

第三，整个国际形势虽然趋于和缓，但是帝国主义、殖民主义还在推行侵略政策和战争政策，而且"在亚非地区建立的军事基地越来越多"。这使亚非人民"不能不关切日益增长的战争威胁"，并急切地盼望召开一个增强亚非国家团结与合作的会议。

周恩来极其敏感地看到，这次会议不仅在亚非历史上，而且在现代国际关系史上都是划时代的创举，标志着亚非国家自己掌握自己命运的新的历史时代的来临。中国出席这次会议，正是打开新中国外交局面、增进国际交往和广交朋友的一个好机会。

2月10日，周恩来代表中国政府复电印尼总理，欣然接受邀请。他在复电中高兴地指出："亚非会议是历史上第一次为了促进亚非各国间的亲善和合作"，"建立和增进友好和睦邻关系而召开的会议"。这次会议的召开，"提供了一个良好的机会，使得具有不同社会制度的亚非各国，在任何一国的政府形式和生活方式不受另外一国干涉的原则下，和平共处并为促进世界和平和合作做出贡献"。中国政府对于能够参加这次会议"感到荣幸"。

会前准备

包括中国在内的29个亚非国家的代表，将共聚一堂，讨论同亚非国家与人民切身利益密切相关的问题，一时间，在国际社会引起强烈的连锁反响。但是，亚非会议要达到预期的目的并不是一件容易的事情。这是因为：

西方殖民主义最害怕亚非国家和人民的觉醒。由于亚非会议的宗旨同美国扩张侵略、称霸全球的对外政策是根本对立的，那么它必然站在敌对立场上想方设法阻止亚非会议的召开。美国《圣路易邮报》就曾直言不讳地声称："美国希望根本就不召开亚非会议。"

同时，新中国是共产党领导的国家。新中国成立初期，同中国建立外交关系的大多是东欧社会主义国家。在参加会议的29个国家中，印度、缅甸、印度尼西亚、巴基斯坦、越南民主共和国和阿富汗同中国有外交关系，锡兰同中国只有贸易关系；其余 21 个国家，多数还同台湾国民党当局有外交关系，而且有的国家在政治上受着美国的影响或控制，与社会主义国家有对立情绪。

在阻止亚非会议召开的阴谋破产后，美国便企图利用亚非各国社会制度和意识形态不同所造成的隔阂大做文章，捏造中国要"夺取亚非世界的领导权"，对远东地区已经"构成了尖锐、迫切的威胁"的谎言，极力增加这些国家对中国的疑虑和恐惧，使这次会议失败。到亚非会议召开的前一天，美国国务卿杜勒斯竟然公开要求会议"将设法谴责以武力实现其国家野心的做法"的共产党政权。

制定符合客观实际的正确方针和政策，是妥善处置会议可能出现的变化多端的事态、挫败美国企图、开好会议的前提。为此，从 2 月开始，周恩来立即着手抓了会前的准备工作。他主持研究并制定参加会议的方针和策略，并在 4 月初向中共中央正式提出《参加亚非会议的方案（草案）》等文件。《草案》指出："我们在亚非会议的总方针应该是争取扩大世界和平统一战线，促进民族独立运动，并为建立和加强我国同若干亚非国家的事务和对外关系创造条件。"在和平共处和友好合作问题上，"我们的主张是：保障世界和平、维护民族独立并为此目的促进各国间的友好合作。友好合作应该以和平共处的五项原则和反对侵略、反对战争为基础。""我们主张通过国际协商和缓并消除国际紧张局势，包括台湾地区的紧张局势在内。"

4 月 5 日，毛泽东在颐年堂主持中央政治局会议，听取周恩来汇报参加亚非会议的准备情况，充分讨论并批准了《参加亚非会议的方案（草案）》等有关文件，并授权周恩来视会议情况采取灵活的应变策略和办法。

4 月 6 日，周恩来在国务院全体会议上作《关于我国参加亚非会议问题的报告》和《关于提请批准中华人民共和国出席亚非会议代表团名单的报告》。会议通过了周恩来的报告和代表团成员名单。13 日，新华社正式发布消息，宣布毛泽东主席任命周恩来为中国出席亚非会议代表团首席代表，陈毅、叶季壮、章汉夫、黄镇为代表，廖承志、杨奇清、乔冠华、陈家康、黄华、达浦生为顾问，王倬如为秘书长。

这期间，中国政府还通过外交途径同具体筹备亚非会议的印尼政府，就在亚非国家实行和平共处的五项原则交换了意见，并建议把五项原则作为亚非会议的指导思想。

踏上征途

4月7日，周恩来带着刚动完手术、健康还未完全恢复的病体，率领中国政府代表团一行离开北京经重庆前往昆明。

台湾国民党特务机关企图趁这次会议暗杀周恩来，破坏亚非会议。他们派特务炸毁了中国代表团预先包租的印度航空公司客机"克什米尔公主号"，致使机上的中国和越南代表团工作人员及随同前往的中外记者共11人全部遇难。由于周恩来临时改变了出国路线，才幸免于难。

面对这险象丛生的局势，周恩来面无惧色，依然如期前往参加会议。

4月14日，周恩来飞抵仰光。15日晚，缅甸、中国、印度、越南、埃及和阿富汗六国领导人在总统府召开会议，讨论"克什米尔公主号"飞机事件带来的影响，商谈即将召开的亚非会议可能出现的形势等重要问题。这时，飞机爆炸事件已经在一些亚非国家中引起思想混乱：有的国家担心亚非会议开不成了；有的国家认为即使开成了，也不一定能取得积极成果；有的国家领导人则担心参加了这次会议，以后也可能遭到暗算；有的国家领导人甚至想劝说周恩来避避风险，不要去参加会议了。

针对亚非各国领导人中普遍存在的疑虑和恐惧情绪，周恩来冷静分析了召开亚非会议的有利条件，和悦地指出，敌人对会议搞示威性破坏，并不说明他们强大，恰恰说明他们害怕我们召开亚非会议。只要各国从彼此的根本利益上去求大同，只要用和平共处五项原则和亚非国家团结的精神，去反击殖民主义的挑战，亚非会议就一定能够开好，一定能够取得成功。他建议在座的各位领导人在亚非会议上不提共产主义问题，以免引起不必要的争论，致使会议没有结果。与会其他国家领导人一致赞同周恩来的意见，决心为推动亚非会议的胜利而努力。

4月16日，周恩来率领中国代表团由仰光飞往雅加达。在飞经新加坡上空时又遇雷雨，被迫暂时降落到与中国还没有外交关系、国民党特务活动比较猖狂的新加坡的机场上。中国代表团没有按时抵达雅加达，可急坏了中国驻印尼使馆大使黄镇以及使馆工作人员，不安的气氛笼罩在人们心头。

下午6时，中国代表团的专机终于徐徐降落在雅加达玛腰兰机场。当周恩来出现在机舱门口时，欢迎的群众爆发出了雷鸣般的欢呼声。随后，苏加诺总统陪同周恩来乘车驶离机场。一路上，街道两旁、楼台房顶，处处挤满了欢呼致敬的人群。

4 月 17 日，周恩来飞抵万隆。他在机场发表谈话说：中国代表团是"抱着对于和平和友好的热烈愿望，前来参加即将在万隆举行的亚非会议"的。同时，他预见性地指出："我不能不指出有些人是不喜欢我们这个会议的。他们正在力图破坏我们的会议。"但是，"我们的会议一定能够克服各种破坏和阻挠，并对于促进亚非国家之间的友好和合作，对于维护亚非地区和世界的和平做出有价值的贡献"。

以后发生的事实证实了这一预见的正确性。

一平风波

4 月 18 日上午，会议在气候宜人的"花城"万隆隆重开幕。

在印尼国歌的伴奏下，神采奕奕，身着白色制服、头戴黑色贝芝帽的苏加诺总统，在五个发起国总理的引导下步入独立大厦会场，然后发表了精彩的题为《让新亚洲和新非洲诞生吧！》的开幕词，引起各国代表的共鸣。

开幕式后，各国代表相继发言，会场上充满着友好与和睦的气氛。但是，从下午最后一个发言起到 19 日，会议出现了分歧和矛盾。有些代表的发言或因偏见，或因受到挑唆，或因不明真相，偏离了会议议程。有的攻击"共产主义统治是一党专政和独裁"，声称共产主义是一种"颠覆性的宗教"；有的提出中国在边境省份设置自治区意味着共产主义对邻国的"渗入和颠覆活动"，并提出了华侨双重国籍问题。会场气氛顿时紧张起来。

各国代表的目光始终注视着周恩来，有的同情和焦虑，有的幸灾乐祸。这时，周恩来镇定自若、不急不躁，静静地听着、思考着。他审时度势，当机立断，决定将原来的发言改为书面报告散发，而利用休会的短暂时间另行起草一个补充发言稿。不一会儿，一篇内容极其精彩的即席讲话稿就准备好了。

下午 4 点多钟，大会主席宣布："请中华人民共和国的代表发言。"话音未落，会场就响起了一阵热烈的掌声。周恩来从容地走上讲台。顷刻间，水银灯一

周恩来等在万隆会议上

齐亮起来，照相机一齐动起来。没有人不意识到这一刻的重要。

　　周恩来在作了简要的说明之后转入正题，他首先指出："中国代表团是来求团结而不是来吵架的。"会场一片肃静，人们心里悬着的一块石头落地了。全场都在屏息倾听周恩来下面的发言："我们共产党人从不讳言我们相信共产主义和认为社会主义制度是好的。但是，在这个会议上用不着来宣传个人的思想意识和各国的政治制度。""中国代表团是来求同而不是来立异的。"我们之间的共同之处，就是我们"自近代以来都曾经受过、并且现在仍在受着殖民主义所造成的灾难和痛苦"。因此，"我们就很容易互相了解和尊重、互相同情和支持，而不是互相疑虑和恐惧、互相排斥和对立"。

　　接着，周恩来心平气和地解释说，所谓认为中国没有宗教信仰自由、害怕中国进行"颠覆活动"和中国的"共产主义威胁"等，是不存在的。这是因为：第一，"不同的思想和社会制度"，"并不妨碍我们求同和团结"。"我们亚非会议既然不要排斥任何人，为什么我们自己反倒不能互相了解，不能友好合作呢？"第二，"中国是有宗教信仰自由的国家"。"我们共产党人是无神论者，但是我们尊重有宗教信仰的人。"不同的信仰，"并不妨碍中国内部的团结"，"中国代表团中就有虔诚的伊斯兰教的阿訇"。第三，中国人民"经历了近30年的艰难困苦的过程，才终于达到了成功"。所受苦难"数也数不尽"的中国人民"最后才选择了这个国家制度和现在的政府"。"中国革命是依靠中国人民的努力取得胜利的，绝不是从外输入的，这一点连不喜欢中国革命胜利的人也不能否认。""中国古话说：'己所不欲，勿施于人。'我们反对外来干涉，为什么我们会去干涉别人内政呢？""华侨双重国籍是旧中国遗留下来的"，但是，"新中国的人民政府却准备与有关各国政府解决华侨的双重国籍问题"。至于说"在中国境内有傣族自治区"，便是"威胁了别人"，这是不能成立的。因为"他们既然存在，我们就必须给他们自治权利。好像缅甸有掸族自治邦一样，在中国境内各少数民族都有他们的自治区。中国少数民族在中国境内实行自治权利，如何能说威胁邻邦呢？"周恩来宣布：为了不使会议陷入争论，中国决定在会上不提"解放自己领土台湾和沿海岛屿"以及中国"在联合国的合法地位问题"。讲话结束时，周恩来诚恳而亲切地说："我们是容许不知真相的人怀疑的。"但是，"中国俗话说：'百闻不如一见。'我们欢迎所有到会的各国代表们到中国去参观，你们什么时候去都可以"。

周恩来这篇避免陷入意识形态争论的发言，只有18分钟，却成为两天以来会议的高潮，使与会各国代表认识了新中国同亚非国家发展友好合作的诚恳与善意和对和平的真诚愿望，看清了新中国确实是奉行和平外交政策的。周恩来的话音刚一停住，会场里立刻就爆发出长时间的掌声与欢呼声，整个会议大厦为之沸腾了。主持会议的印尼总理沙斯特罗阿米佐约，还有印度总理尼赫鲁、缅甸总理吴努等国代表纷纷离座，去同周恩来握手，甚至最初对中国持不友好态度的代表都称赞周恩来的这个演说"是出色的，十分和解，表现了民主精神"。

再平风波

4月20日，亚非会议转入实质性讨论。由各国代表团团长组成的政治委员会，同已于19日开会的经济委员会和文化委员会分头举行秘密会议。政治委员会讨论以下三项议程：人权和自决问题、附属地人民问题、促进和平和合作问题。经济和文化两个委员会讨论的关于经济合作问题和文化合作问题的结果也将由政治委员会批准。这样，政治委员会是三个小组委员会中最重要、最有决定权的委员会。

但是，在会议进入实质性讨论后，一只无形的黑手要把会议拖向相反的方向。从 20 日傍晚开始，会议上再次掀起波澜。有的代表节外生枝，把共产主义称之为"新式殖民主义"。当有的代表提出提案要求以和平共处五项原则为亚非国家相互关系的准则时，有的代表则以种种理由表示反对，并提出了针锋相对的提案，要求"谴责一切形式的殖民主义，包括凭借武力、渗透和颠覆活动的国际学说"。

两种意见争论激烈，会场气氛异常紧张。许多代表目睹这一僵局，认为会议再也达不成什么协议了。

这时，在万隆的一些自封的美国"观察家"幸灾乐祸地声称：会议有"破裂的倾向"。

4 月 23 日上午，周恩来在政治委员会上再次发表了后来被某些代表称作"亚非会议上最重要的讲话"。他说："目前世界的形势的确是紧张的，但是和平并没有绝望。"与会的 29 个亚非国家都是"一致呼吁和平"的。这就"证明我们所代表的、超过世界人口一半以上的人是要和平和团结的"，"证明和平愿望是得到世界上多数国家和人民支持的，也证明战争是可以推迟甚至制止的"。既然谈和平和合作，亚非国家就应该首先"撇开不同的思想意识，不同的国家制度"等问题，在亚非地区"进行国际合作，求得集体和平"。中国"不赞成在世界上造成对立的军事集团，增加战争的危机"。

他又说："我们首先应该确定一些原则，让我们大家来遵守，不进行扩张，也不去颠覆别的国家。"现在，赞成和平共处五项原则的国家"一天天多起来"，但是考虑到"在座的有些代表说和平共处是共产党的名词，那么我们可以换一个名词，而不要在这一点上发生误会"。"在联合国宪章的前言中有'和平相处'的名词，这是我们应该能够同意的。"至于"五项原则的写法可以加以修改，数目也可以增减，因为我们所寻求的是把我们的共同愿望肯定下来，以利于保障集体和平"。周恩来的这几句话，无疑成为消除障碍的最关键的几句话。

接着，周恩来提出了中国代表团起草的议案。这个议案将连日来各国代表发言中能为大家所同意的共同点，归纳成七项原则：（一）互相尊重主权和领土完整；（二）互不采取侵略行为和威胁；（三）互不干涉和干预内政；（四）承认种族平等；（五）承认一切国家不分大小一律平等；（六）尊重一切国家的人民有自由选择他们的生活方式和政治、经济制度的权利；（七）互不损害。同时，他采纳日本代表团的建议，将议案定名为《和平宣言》。

周恩来的发言吸引了会场内的每一个人，结束了在"和平共处"问题上的争论，为会议达成一致通过的最终协议扫清了道路。各国代表经过反复磋商，终于制定并通过了包括和平共处五项原则全部内容的关于国与国之间和平相处、友好合作的十项原则，并且写进《亚非会议联合公报》中，成为《关于促进世界和平和合作宣言》的基本内容。

会上，尼赫鲁总理发言说，中国总理今天的发言应该受到最大的重视，他的话是权威的。有人为此感慨地称许道：周恩来"那准确选择时机的外交才能几乎达到炉火纯青的地步"。他在会议"几乎已经陷入僵局的时刻脱颖而出，成为会议明星，成为排难解纷，平息争端，带来和平的人物"。

40年来，这十项原则促进了亚非各国在政治上、经济上的友好合作和团结反殖、反霸的伟大事业，至今仍然产生着巨大的影响。

广交朋友

亚非会议为所有与会国家提供了难得的自由接触交往的机会。

不管是大国还是小国、建交的还是没有建交的、友好的还是不友好的，周恩来都想方设法地与之接触，探讨相互间所关心的重大问题，吐肺腑之言，消除隔阂和疑惧。频频的会外接触与交往，使周恩来结识了几乎所有国家的代表团团长，并且收到了显著效果。其中有很多团长包括最初有对立情绪的，都同周恩来建立起了友谊。

一天，各国代表团都在会场外排队等候入场。突然，周恩来问同行工作人员，站在咱们旁边的那位代表是谁？当这位工作人员打听到他就是柬埔寨西哈努克亲王时，周恩来随即过去与之攀谈起来。他俩就是在这种场合下认识并交上朋友的。当年以滔滔辩才而出名的菲律宾代表团团长罗慕洛，在亚非会议召开30周年前

万隆会议休息时，周恩来为各国朋友签名留念

夕接受《人民日报》驻纽约记者采访时，深情地说："亚非会议上，我发表了反对共产主义的长篇演说，可是周恩来不但没有和我争论，而且还主动和我在会外进行深入的讨论，使我深深地感动。虽然当时'菲律宾同中国还没有建交，而我和周恩来从那时起就建立了友谊，成了好朋友'。"

亚非会议所取得的最重要的成果中，有两件是在会外取得的。

其一，经过平等协商，在友好合作的基础上，签订了《中华人民共和国和印度尼西亚共和国关于双重国籍问题的条约》。《条约》共14条，其中规定：凡属同时具有缔约国双方国籍的人，"都应根据本人自愿的原则"，"选择一种国籍"；在条约生效时，凡属具有两种国籍的成年人，"应在本条约生效后两年的期限内选择他们的国籍"；凡属具有两种国籍的人，在条约生效时尚未成年，"应在他们成年后一年的期限内选择他们的国籍"。周恩来在《条约》签字仪式上说，现在，中国和印尼"根据平等互利和互相尊重的原则，经过友好谈判，获得了合理的解决"。中国政府"将坚决执行今天签订的条约"。"我希望，由于过去的历史所造成的持有双重国籍的具有中国血统的人们，根据自愿原则选择了他们的国籍之后，将严格遵守这个条约的内容和精神，并加重他们对其所选择的国家的责任感"，并将为促进两国"友好睦邻关系共同努力"。华侨的双重国籍，这个旧时代遗留给新中国的繁难问题的解决，具有深远的历史意义，不仅进一步增进了中国和印尼两国人民的友谊，而且为新中国同其他国家解决华侨双重国籍问题树立了典范。会后，缅甸总理吴努对美国《新闻周刊》记者感叹地说，我深信中国没有领土野心，中国最大的愿望就是求得和平。相反，中国却受到了美国赤裸裸的公开进行的颠覆之害。

其二，消除了一些亚非国家在台湾问题上的误解和疑虑。周恩来明确表示中国不要求会议就这个问题进行讨论，但是在会外，周恩来毫不隐讳地同关心这个问题的国家代表团深入交换了意见。他指出："在台湾问题上存在着两个性质不同而又互相关联的问题。"一、"中国人民解放台湾是行使自己的主权，争取领土完整和中国的完全统一。"因此，这是"内政问题"。二、"美国侵占台湾、干涉中国人民解放沿海岛屿，造成了台湾地区的紧张局势。"因此，这是"国际性的问题"。"现在的问题，首先是如何缓和和消除台湾地区的紧张局势。"针对有人提出"中国政府在历次声明中只说明解放台湾，而未提用武力解放"的话，周恩来强调："中国政府在历次声明中也未提不用武力解放台湾。为了实行中国人民解放台湾的正义要求，中国有权用一切方法解放台湾，包括和平解放的方法。"巴基斯坦总理问道，和平解放台湾是否可以委任蒋介石为将军？周恩来笑答："完全可以。"

4 月 23 日，周恩来发表简短声明："中国人民同美国人民是友好的。中国人民不要同美国打仗。中国政府愿意同美国政府坐下来谈判，讨论和缓远东紧张局势问题。"顷刻之间，周恩来的讲话和声明震动了万隆，波及全世界，获得了亚非各国和世界舆论的欢迎和支持，一些亚非国家在台湾问题上的误解和疑虑完全消除了，并促成了中美大使级谈判，为国际紧张局势的和缓做出了举世公认的重大贡献。

胜利闭幕

4月24日，获得巨大成功的亚非会议，在经久不息的掌声中胜利闭幕。会议主席、印尼总理沙斯特罗阿米佐约在闭幕词中说："愿我们在我们已经共同采取的道路上继续前进，并且愿万隆会议成为指引亚洲和非洲前进的灯塔。"

亚非会议的胜利成果，使帝国主义在政治上孤立、经济上封锁新中国的企图遭到破产。虽然会议从始至终仅有短短的一周时间，但是局面却一下子打开了，新中国的地位上升了，形象突出了。各种舆论纷纷认为，会议之所以获得重大成功，是与周恩来的参与分不开的。一位路透社记者曾报道："大家都承认周恩来才智至高无上地主宰着会议……代表们惊叹地说，'他是以怎样的洞察力能够察觉并道破大家心窝里想说的话啊！'"一位美国记者也报道说："周恩来在万隆的表演完全证明了他是世界上最有经验、最有才干的外交家之一。""他确确实实以他的才干和个人'通情达理'的态度，给哪怕是反共国家的领导人也留下了深刻的印象。"

周恩来在亚非会议上表现出了伟大政治家的高超外交艺术，以及独具中国特色的外交风格。

20　外交大师与反共头子的较量

面对"金元帝国"的敌视、封锁、包围，周恩来说：敌视不为人先。中美大使级会谈，外交大师与反共头子一次次地较量。周恩来妙棋迭出，成功地让美国新闻界反对美国国务院。

中华人民共和国成立之初，美帝国主义对新中国采取了敌视、封锁、包围的政策。周恩来本着"如果谁敌视我们，我们就以同样的态度进行抵抗，但敌视不为人先"的原则，与美国国务卿杜勒斯等顽固反共头子进行了不懈的斗争。

杜勒斯"镭管"未响

日内瓦会议期间，社会主义国家的主要对手是美国代表团团长、国务卿杜勒斯。他是个顽固的反共分子，是美国著名的政治活动家和理论家，正是他创立和发表了"把和平演变的希望寄托在中国的第三代和第四代身上"的理论。

杜勒斯中等个子，戴一副近视眼镜，脸色总是苍白疲倦，表情严峻冷酷，会议期间从未露出过一丝笑容。据悉，这次他来日内瓦之前，刚刚做过一次癌症手术，医生在他胃里专门放置了一支"镭管"，用作放射性治疗以控制病灶的扩散。因此，在他与会期间，人们都叫他"雷管"，"镭管"与"雷管"谐音，这绰号不仅仅反映出他是个危险人物，威胁着别人，而且也喻示他自己已面临岌岌可危的境地了。"雷管"这绰号使杜勒斯的赫赫大名蒙上了一层阴森森的色彩。他手术后先是拖着虚弱的身体到朝鲜"三八线"视察，然后又风尘仆仆地赶到日内瓦。当时朝鲜战争刚结束不久，美国和美国人操纵的"联合国军"在朝鲜战争中伤亡惨重，根据联合国在纽约公报上公布的数字，"联合国军"方面的伤亡数为147万多人，其中美军为14万多人，日平均伤亡数远远超过二次大战。最终美国不得不乖乖地坐在谈判桌前，破天荒地、屈辱地在自新中国成立以来的第一个战败协议书上签了字。这次战争使得美国因二次大战的胜利而被激起的高昂士气和自信心一落千丈，也正因此，美国对新中国的敌视达到了极点。于是，美国采取了一系列措施报复中国，以日本为其在东方的主要军事战略基地，通过武装台湾，插足越南，加紧控制亚洲其他国家，开始有计划、有步骤地对中国形成军事包围圈，同时极力阻挠中国进入联合国，并对中国实行全面的经济封锁，为新中国的生存和发展制造一系列的困难。

4月26日，在世界各国的期盼和注目中，日内瓦会议在国联大厦（第一次世界大战后国联的所在地）隆重开幕。参加会议的很多是当时活跃在国际政治舞台上的赫赫有名的外交家，如：苏联外长莫洛托夫、英国外交大臣艾登、法国外长皮杜尔、美国国务卿杜勒斯。此外还有朝鲜民主主义共和国和南朝鲜以及参加"联合国军"的澳大利亚、比利时、加拿大、哥伦比亚、阿比西尼亚（即埃塞俄比亚）、希腊、泰国、卢森堡、新西兰、菲律宾、土耳其等国的代表。

根据日内瓦会议拟定的日程，会议首先讨论的是朝鲜问题。为了促进朝鲜和平统一，为了使在朝的一切外国军队撤退并帮助朝鲜举行自由选举，朝、中、苏三方代表携手并肩，在会上同以美国代表为首的西方反共势力进行了顽强而艰巨的斗争，提出了一系列和解方案。

在4月27日的会议上，朝鲜民主主义人民共和国外相南日，根据预先商定的方案，提出了解决朝鲜问题的全面建议，包括三项内容：六个月撤退外国军队，全国举行自由选举，恢复朝鲜的和平统一。

第二天，美国代表团团长、国务卿杜勒斯发言，强词夺理地指责朝、中、苏三国在朝鲜问题上的共同立场。他提出了实现所谓"联合国统一朝鲜"的决议，其实质是想使美国无限期地占领南朝鲜。

听了杜勒斯目中无人、出言不逊的发言，周恩来总理即席在原来的讲话稿中增加了一大段话，义正词严地批驳杜勒斯的发言。

周总理郑重声明："中华人民共和国支持朝鲜民主主义人民共和国为实现国家统一的三项建议，谴责美国对朝鲜的侵略行为。我们呼吁亚洲国家彼此之间进行协商，共同努力维护亚洲的和平与安全；呼吁所有欧洲国家在集体努力的基础上保证欧洲的安全；呼吁停止扩军、普遍裁军并禁止使用原子武器、氢武器和其他大规模毁灭性的武器。"周恩来还对印度、印度尼西亚、缅甸等国未能出席日内瓦大会表示了遗憾。

周恩来的讲话，铿锵有力，有理有节，充分表明了中华人民共和国鲜明的立场以及积极寻求解决问题的诚恳态度，获得了很多国家代表的称赞和好评。

但是美国、南朝鲜根本就没有达成协议的诚意，步步设置障碍，阻挠会议的进展。尤其是美国根本不顾朝鲜人民的利益，拒不从朝鲜撤军。

美国人自以为是"金元帝国"，在会场上蛮横无理，横行霸道，无论对他们扶持庇护的国家或是盟国都要挥舞指挥棒，发号施令。开会时竟不顾起码的外交礼节，将两只脚高高地跷在会议桌上，一副"老子天下第一"的嘴脸。有一次，李承晚的代表卞荣泰发言时因多少想解决一些问题，讲了一句不符合美国口味的话，美国代表马上暴跳如雷，站起来当着所有代表的面呵斥他，如同主子对待奴才一样。弄得卞荣泰尴尬万分，下不来台。

还有一次，加拿大代表在会下休息时，悄悄对中方人员说，他听了周恩来先生的发言，认为很合乎情理。中方人员便将此情况向周恩来总理做了汇报，周总理听后也很高兴，以为他会在会上讲几句公道话。谁知这位老兄在休息后的发言中，却将杜勒斯的提案大加发挥，并重复美国对我国的攻击和诬蔑，诬陷中国"挑起了朝鲜战争"，是"侵略者"，等等，这使中国代表感到很意外。但散会后，他又主动与我方人员联系，又是握手，又是请求原谅，说他会上的发言是言不由衷，因必须服从美国的指令，照美国的意思办，不敢越雷池一步。

在整个日内瓦会议期间，东、西方形成了非常鲜明的对立，双方在看不见硝烟炮火的特殊战场上进行着殊死的搏杀。苏、中、朝、越作为一方，表现出高度的团结，会上紧密配合，在很多重大的关键性问题上，齐心合力同以美国为首的西方国家进行了针锋相对的斗争，会下则频繁接触，四国代表团领导经常聚会在苏联外长莫洛托夫的住处，讨论研究会议上出现的问题，互通情报，交换意见，商量对策。苏联外长莫洛托夫偶尔也来到我国代表团下榻的别墅找周总理谈话，但由于考虑到代表团住的别墅是临时租的，担心被安装了窃听器，所以，每当谈到重要问题时，都需要开大收音机音量。

在中、朝、苏三国团结联合的斗争下，美国破坏会议的阴谋屡遭失败。5月3日，杜勒斯提前灰溜溜地离开日内瓦回国了。

提起日内瓦会议，人们不由会联想到一件引人争论的事，即会议期间杜勒斯究竟有没有拒绝与周恩来握手。

当时正值中美关系处于冰封雪冻时期。日内瓦会议召开之前，杜勒斯确实曾亲自下令：禁止美国代表团的任何人员同任何中国代表团的人员握手。长期以来，国际上有一种流传很广的说法，即在日内瓦会议期间，周恩来要同杜勒斯握手，被杜勒斯断然拒绝了。当时任代表团秘书长的王炳南在他后来所著的回忆录《中美会谈九年回顾》中对此事做了澄清。他写道："有人说，在日内瓦期间，周恩来总理要同杜勒斯握手，被杜勒斯拒绝了。实际上并没有发生过这样的事。"他说，作为代表团的秘书长，在整个会议期间，他都是与周总理在一起的。每次开会时都是由他引路，陪着总理进入会场的。会场的座位是按每个国家英文名称的第一个字母排列的。中国是 CHINA，排在前面，而美国是 USA，排在后面，两者相距甚远。每次开会和散会时，美国代表团与中国代表团从来都是从不同的门进出会场，因此两人在会场上并不曾相遇。其次，杜勒斯是个坚决反共的人，他坚定的信念是决不容许共产主义在世界上存在。在当时中美仇视的情况下，他更不会想与共产党人打什么交道。最后，杜勒斯本来就是一个沉默寡言、不善与人交往的人。平时，他往往是一下汽车便低着头径直进入会场，一散会则立即退场，低着头钻进汽车，从不理睬记者，也不向任何人打招呼或寒暄。在这种情况下，周恩来没有机会、也根本不会主动伸出手去和杜勒斯握手。另外，由于杜勒斯提前回国，他在日内瓦仅待了一个星期，所以事实上并没有发生"拒绝与总理握手"的故事。此外，周总理也是不会主动去握杜勒斯的手的，因为我国代表团当时早有规定：我国外交人员在公共场合不主动和美国人握手，当然如果他们主动来握手时，要礼尚往来，不要拒绝。

并非铁板一块

日内瓦会议期间，中、苏两国配合得非常默契。当杜勒斯回美、副国务卿史密斯代理美国代表团团长后，莫洛托夫专程拜见了周恩来，向周恩来转告了有关史密斯的情况。他说："史密斯是第二次世界大战中美国在欧洲作战的将军，在美国国内很有地位。在杜勒斯未抵日内瓦之前，我曾请美国代表团吃了一次饭。在私下谈话时，史密斯曾对我流露了对美国目前实行的敌视中国的政策的不满。史密斯认为美国敌视中国是不明智的，缺乏长远眼光。"

周恩来听了这个情况后高兴地说："看来，帝国主义阵营也不是铁板一块，杜勒斯自己率领的代表团也不是铁板一块哟。我们不应该放弃做工作的机会。"

6月16日，当周恩来总理发表了全面解决印度支那的六点方案后，史密斯作了一个即席发言，他说："周恩来先生的建议包含着可供讨论的内容。"

第二天开会仍讨论此问题时，史密斯却借故离开了，说是到伯尔尼拜会联邦政府去了，留下了他的副手罗伯逊。这位罗伯逊是个顽固的反共分子。会议一开始，他就批驳了周恩来的建议，并且毫不客气地说："你们中国代表团的意见不值得考虑和讨论。"

周恩来一下子火了，很严厉地质问罗伯逊："你们美国代表团说话算不算话？你们的团长史密斯昨天还表示我们的意见可以考虑，今天怎么又变卦了？"总理指着罗伯逊继续说："罗伯逊先生，你在北平待过，我们在中国是认识的，我了解你。如果美国敢于挑战，我们是能够应战的。"周恩来的话使罗伯逊面红耳赤，无言以对，尴尬万分。

会议期间，各国代表团对中美关系特别关注，尤其注意观察这两个代表团是如何相处的。

有个美国记者曾当面问过史密斯："你和杜勒斯同周恩来有没有什么接触？"

史密斯的回答很风趣："如果有接触的话，就是我们在卫生间共用过一条滚筒擦手巾。"

有一天，中国代表团正聚在酒吧喝饮料，史密斯端着一杯白兰地酒主动走过来，同当时担任周总理英文翻译的浦寿昌同志攀谈："你的英语讲得很好，是地道的美国音，是在哪学的？……中国是个文明古国，我非常喜爱中国古老的文化……"

这是两个敌对的代表团之间从未有过的事，浦寿昌回去后立即向周恩来总理作了汇报。

周恩来说："好啊，既然史密斯愿意而且敢于同我们接触，那明天休息时，我找他谈谈。"

第二天会议休息期间，王炳南就密切注意史密斯的行踪。当他发现史密斯一个人走向吧台喝咖啡时，忙把总理引过去。总理微笑着走向史密斯，这是史密斯始料未及的。周恩来的举动立刻引起了各国外交官的注意。众目睽睽之下，史密斯急中生智，急忙用右手去端咖啡，避免了与总理握手。他竭力放松面部表情，笑容可掬地同总理打了个招呼："周恩来先生，来杯咖啡吧？"

周恩来微笑着摆摆手说："史密斯先生，不想尝尝中国的龙井茶吗？"

"谢谢。"史密斯喝了一口咖啡，借题发挥起来，从茶叶谈到长城，从龙门石窟谈到中国古代的四大发明，客气地赞扬了中国的古老文明和美丽的大好河山，并说，"我非常喜欢中国的瓷器，在我家的客厅里就陈设着许多中国的瓷器。"

"非常感谢史密斯先生对中国怀有的美好感情。"周恩来继续意味深长地说，"史密斯先生作为美国的一名将军，在第二次世界大战中曾在欧洲战场立下了赫赫战功。为了维护今天和将来的世界和平，我真诚地希望史密斯先生能够继续做出努力。"

尽管史密斯内心里希望能如此，但他也有他自己的苦衷，因当国家利益与私人感情发生冲突时，外交官只能服从国家利益。

日内瓦会议结束的最后一天，史密斯主动来找周恩来攀谈。他微笑着对周总理说："会议即将结束，我感到非常荣幸和高兴能够在这里和你认识。中国代表团在这次会议上发挥了很大作用。我们希望不管朝鲜也好，越南也好，都恢复和平。"说罢，他抓住总理的胳膊使劲摇了摇，然后笑眯眯地走开了。

史密斯虽遵守了杜勒斯的纪律，没有与周恩来握手，但聪明地用摇胳膊的方式表达了与握手同样的愿望。史密斯曾私下对中国工作人员说，他回国后就辞去这倒霉的职务，因为，他既无法按自己的心愿办事，也无法按事实的真相来解决问题。

后来，在时间流逝了 18 年之后的 1972 年 2 月，尼克松总统率团来北京与周恩来总理会谈时，总理还特意对尼克松谈起史密斯拉他胳膊的往事。

大使级会谈的前奏

日内瓦会议期间的 5 月 19 日，周恩来正在自己的房间里阅读会议文件和有关资料，这时代表团成员宦乡急匆匆地推门走了进来。

"总理，向您汇报一个重要情况。"

"噢，是宦乡呀，什么事这么着急？"周恩来抬起头来问道。

"总理，是这样的。今天，英国驻华代办杜威廉对我说，他愿以私人身份就在华美侨问题和在美华侨问题做一个中、美之间的中介人。"

"哦，这倒是一个新情况。"周恩来听宦乡讲完，立即联想到中国有一批留学生和科学家被扣留在美国，其中包括钱学森等著名的科学家。他们对于新中国来说是多么宝贵呀。

"美国方面是想要回我们在朝鲜战场上俘虏的美军和一批在中国犯了罪的平民。"宦乡的话打断了周恩来的思考。

周恩来说："我们也有一大批留学生和科学家被扣留在美国，我们应利用这个机会让他们回到祖国的怀抱。"他一边思考一边对宦乡说："在中美关系如此紧张的情况下，我们应该抓住美国急于要求在华的被押人员获释的意愿，开辟新的接触渠道。……这个问题你需留心一下，看美国方面下一步怎么走。如果美方再试探，可以同意经英方中介进行直接接触。另外，可根据美方的态度，确定在什么地方举行谈判。但谈判中首先要讨论中国留美学生和科学家被扣问题。"

为了掌握主动，5月27日，我国代表团发言人向新闻界发表了关于美国无理扣押我国侨民和留学生的谈话。同时表示，中国愿意就被扣押人员问题同美国进行直接谈判。

宦乡根据总理指示，继续与杜威廉联系。经过6月1日和4日两次接触，最后达成协议：美国代表团指定美国驻捷克斯洛伐克公使约翰逊为代表、国务院远东司副司长马丁为助手与中方接触；中方由王炳南为代表、柯柏年为助手与美方接触。根据美方的建议，中方同意接触地点在"国联大厦"。由于英国外交大臣艾登指示杜威廉作为中介，参加中美之间的接触，因此，总理也让宦乡参加了首次接触。

6月5日上午10点，中美双方在日内瓦"国联大厦"进行了第一次会谈。这次会谈的地点是美方选择的。由于当时美国还没有承认中华人民共和国，约翰逊为避免形成两国政府正式谈判的气氛，有意选择了"国联大厦"里一间没有桌子，只有几套沙发的会客室，给人以会客的感觉，可谓是用心良苦。

第一次的会谈只进行了约半个小时。由于是初次接触，双方不免都有些拘谨。约翰逊是一位老练的外交家，对中国的情况比较熟悉，反应也颇敏捷。他提出会谈时双方不做记录，以使会谈的气氛比较轻松，少一些拘束。

会谈开始后，约翰逊提出，在华被扣的美国人共有83人，分为四类：在华被监禁的美侨，在华被软禁的美侨，要求离华而得不到出境证的美侨，和在华被扣留或被监禁的美国军人，包括原空军人员和"联合国军"中的美军人员，以及

1953 年 1 月在汕头附近被扣留的美国海军人员。希望中方能让这些美国人早日离华返美。

中方代表王炳南表示，美国方面提出来要商谈的问题，中方一直认为可由双方直接接触。美方今天提出的问题，希望美方提交一份具体名单。关于在美国被扣留的中国侨民和留学生问题，中方将在以后的商谈中提出。

1954 年 7 月 21 日，日内瓦会谈结束。从 1954 年 9 月 2 日起到 1955 年 7 月 15 日，有关各自侨民回国的事情，中美双方改在日内瓦举行领事级会谈。然而，在前后共举行的 17 次领事级会谈中，美方仍然设置重重障碍，阻挠中国侨民和留学生回国。同时，美方也拒绝接受中方愿意为那些想到中国探视美犯的家属给予签证的善意，决定不发护照给任何去中国访问的美国公民。领事级会谈也未取得任何成果。

日内瓦会议上的中美会谈虽然没有达成任何协议，但它却是此后 15 年中美大使级会谈的前奏。这个前奏一经开始，就连美国的杜勒斯也不愿再关上大门了。中国也愿意留一条门缝，以便于更好地观察美国，与之斗争，并在没有正式外交途径的情况下打开一条表达意见的通道。

周恩来抢了主动

1954 年日内瓦会议以后的国际形势，总的来说是由紧张趋向缓和。由于朝鲜停战和印支和平的恢复，远东的局势也开始缓和。但是美国不甘心在日内瓦会议上的失败。作为报复，美国政府在日内瓦会议后，开始积极筹划与台湾的蒋介石集团搞了一个所谓"共同防御条约"。这个条约的目的一是美国企图使其侵占台湾的行为合法化，二是以台湾为基地，扩大对中国的军事对抗和准备新的战争。这样一来，台湾海峡的军事对峙就变得格外突出和醒目。

中共中央研究了这一时期的形势，认为打破美蒋的军事和政治联合，必须向全国、全世界提出"解放台湾"的口号。中央意识到，我们在朝鲜停战后没有及时提出"解放台湾"的任务是不妥的，现在若还不进行这项工作，我们将犯严重的政治错误。于是，《人民日报》发表社论，重申"中国人民一定要解放台湾，不达目的，决不休止"。朱德总司令也在建军节上发表讲话，再次重申"中国人民一定要解放台湾"。周恩来从日内瓦会议回国后，在向中央人民政府委员会第33次会议所作的报告中，也突出提出解放台湾的任务，号召"全国人民要为完成解放台湾、保卫世界和平的光荣任务而奋斗到底！"9月，在一届全国人大一次会议上，周恩来在《政府工作报告》中重申"一定要解放台湾"，并指出，任何要使台湾"中立化"和制造"台湾独立"的主张，都是企图分裂中国领土，使美国侵占台湾合法化的企图，这是"中国人民绝对不允许的"。12月2日，美蒋正式签订了《共同防御条约》，8日，周恩来又一次发表声明，深刻揭露了这个条约的本质，指出这个条约是非法的，中国绝不承认。

1955年1月，为了表明中国人民解放台湾的决心，为了打击美蒋的"防御条约"，我中国人民解放军于18日发动攻势，一举解放了一江山岛，2月13日又解放了大陈岛。艾森豪威尔对记者发表讲话，要求联合国尽速"斡旋"，并提出在"必要时"将派美军赴台以"保障台湾和澎湖列岛的安全"；同时美国极力反对中苏联合倡议的召开讨论台湾地区局势问题的十国会议。周恩来在各种外交场合一再指出，解放台湾是中国的内政，美国无权干涉。

这一时期，中国政府以坚定和强硬的立场反对美国支持蒋帮，在美国的军事讹诈面前表现了中国人民大无畏的精神。1954年底，中国政府又扣押了13名在中国从事破坏活动的美国间谍。

面对形势的发展，美国意识到拒绝与中国接触的政策是失误和失败的，它必须面对新中国已经站稳脚跟、屹立在世界政坛这样一个铁的事实。1955年1月，美国授意联合国秘书长哈马舍尔德通过印度的中介以他个人的名义访华，实际上是想来试探我国将如何判处13名美国间谍案以及其他情况。我国政府同意了他的来访。在会谈中，周恩来向他指出，联合国在我国代表权问题和朝鲜战争问题上的立场是不公正的。同时重申，是美国跑到远东来制造紧张局势，美国应停止干涉中国内政，从台湾和台湾海峡撤走军队。

1955年4月18日，具有深远历史意义的"亚非会议"在印尼万隆召开。这是一个没有西方大国参加，而由已独立的绝大多数亚非国家自己召开的一次重要国际会议。周恩来根据中央批准的"争取扩大世界和平统一战线，促进民族独立运动，并为建立和加强我国同若干亚非国家的事务和外交关系创造条件"的总方针，在会议上发表了一系列有气魄、有远见、诚恳坦率的讲话，整个世界为之震动。周恩来崇高的人品、细致入微的风格、虚怀若谷的谦逊作风以及一个伟大政治家所具有的广阔胸怀，博得了与会代表的一致钦佩和赞扬。

在中美关系的问题上，为了扫除一些亚非国家对我国的疑虑，为了真诚地表示中国人民热爱和平的美好愿望，也为了争取一个对我国有利的国际和平环境，以利于人类进步事业和我国社会主义建设的发展，4月23日，周恩来发表了一个历史性的声明：

中国人民同美国人民是友好的。

中国人民不想同美国打仗。中国政府愿意同美国政府坐下来谈判，讨论缓和远东局势的问题，特别是缓和台湾地区的紧张局势的问题。

犹如一石激起千层浪，周恩来的声明立即在全世界引起了强烈的反响，赢得了国际舆论的好评。许多中立国，特别是参加亚非会议的国家，都向美国施加压力，希望美国能响应周恩来的号召，同中国政府直接谈判。

随着新中国在国际上得到越来越多国家的了解、承认和支持，美国在台湾问题上陷于日益孤立和被动的地位，甚至美国国内舆论也在美被押人员和间谍案问题上对美国国务院进行指责，称美国政府不能对周恩来的这项声明置若罔闻。为了安抚国内舆论，在强大的国际压力下，美国想找机会缓和一下中美之间的紧张关系。

7月13日，美国政府通过英国向中国建议，中美双方互派大使级代表在日内瓦举行会谈。经过磋商，中美双方确定将原在日内瓦进行了将近一年的领事级会谈升格为大使级会谈。

外交部为了这次大使级会谈专门成立了一个"中美会谈指导小组"，由周恩来直接领导，负责研究会谈中的对策。组长为章汉夫，副组长为乔冠华，秘书长是董越千。由于王炳南在20世纪30年代就和美国人打过交道，后又参加了日内瓦会谈期间的中美代表谈判，比较了解如何与美国人打交道，因此被任命为首席代表。另外小组成员还有龚澎、浦山、王保流等，是一个人才济济的"智囊团"。

1955年8月1日，中美大使级会谈在瑞士日内瓦的"国联大厦"内开始。我方代表是我国驻波兰大使王炳南，美方代表恰好是王炳南在日内瓦会议中交锋过的对手，美国驻捷克斯洛伐克大使尤·阿·约翰逊。

为表示中方对这次中美大使级会谈的诚意和所持的积极态度，7月31日，即在会谈开始的前一天，中国最高人民法院军事法庭按照中国的法律程序，判决提前释放阿诺德等 11 名美国间谍。这个消息使国际新闻界因为中美会谈而激动起来的情绪更加高涨了。有个美国记者闻听此讯后不禁脱口而出："啊！中国又抢去了主动。"

王炳南回忆说："在会谈时先宣布释放 11 名美国间谍，这确实是周总理为创造会谈的良好开端，为使我们在会谈中先夺得主动而走出的第一步。当时我的想法是不如先谈后放人。但从这第一步的实际效果来看，还是很成功的，使国际舆论很快认识到中国对会谈是怀有诚意的，也是积极的，人们的感情也很快倾向于我们。"

由于中方宣布释放美国间谍，因此第一次的会谈气氛较为轻松愉快。双方达成了会谈议程的协议：一是讨论遣返双方侨民问题，二是讨论双方有争执的其他实际问题。

8 月 2 日，举行第二次会谈。约翰逊称有 36 名美国平民仍被扣留，此事影响美国人民及政府对中国的态度。随即他将 36 人的名单交给王炳南。

接着王炳南发言说："在美国的中国侨民，绝大多数的家属都在中国大陆。长期以来，由于美国政府的限制和在实际上所造成的困难，他们不能自由返回祖国，无法回到各自的家庭。这个问题不仅是他们所迫切要求解决的问题，也是中国人民和中国政府所一向非常关心的问题。"

王炳南发言以后，约翰逊对美国阻挠中国侨民和留学生回国一事做了辩解，声称美国政府绝对没有阻碍中国学生离开美国。

针对约翰逊信誓旦旦的保证和声明，王炳南在 8 月 4 日举行的第三次会谈中突出地提出了钱学森被阻挠回国的事例。

钱学森博士是 1934 年从中国到美国留学的。他先后在麻省理工学院和加州理工学院求学，后来先后在这两个学院任教。早在 1950 年春，他和他的家属就决定返回祖国。当时美国移民局和联邦调查局曾经几次警告他们不许回国，并派人监视他们的行踪。从 1950 年起，美国政府以各种借口和种种手段将钱学森博士扣留长达 5 年之久。1955 年 6 月 15 日，钱学森和他的夫人蒋英借外出用餐的机会，按事先拟定好的计划，由钱学森缠住联邦调查局的监视人员，蒋英则借口上洗手间趁机给她在欧洲的妹妹寄了一封信，请她妹妹转寄给全国人大常委会副委员长陈叔通。信写在一张便条上，信上说："被美政府扣留，今已五年，无一日、一时、一刻不思归国参加伟大的建设高潮。"信上还说："除学森外，尚有多少同胞欲归不得者。"表达了钱学森这位伟大的科学家对祖国的一片赤子之情。陈叔通接到信后交给了周恩来，周恩来立即指示外交部和王炳南在中美大使级会谈中向美国进行严正交涉。

这样，在中美大使级会谈的第三次会议上，王炳南针对约翰逊所说的"美国绝对没有限制中国留学生回国"的谎言，郑重指出："据美国出席日内瓦会议代表团 1954 年 5 月 29 日声明，截至 1954 年 4 月 30 日，持有中国学生护照的留美学生共计 5242 人。因为从 1951 年 6 月到 1955 年 4 月 1 日美国政府禁止中国留学生自由回国，违者科以 5000 美元罚金和 5 年监禁，许多想回国的留学生都不敢申请。今年 6 月 15 日，钱学森仍然来信给我全国人民代表大会常务委员会副委员长陈叔通先生，要求我政府帮助他回国。"他强烈要求美国政府立即恢复钱学森返回祖国的权利。

在确凿的事实面前，约翰逊再也无法辩解，美国也不能再阻挠钱学森等人回国。8 月 5 日，钱学森接到了准许他和家人离开美国的通知。他们立即动身乘船返回他们日思夜念的祖国。与他们夫妇一同归国的还有 22 位科学家和 6 个孩子，其中有钱学森的儿子钱永刚、女儿钱永真。10 月 1 日，这些漂流在外的中国学子在船上兴高采烈地欢度了新中国的国庆节。10 月 8 日，船抵香港，同日即入境回到国内。

20 世纪 50 年代末，周恩来曾经在一次会议上说："中美大使级会谈至今虽然没有取得实质性成果，但我们毕竟就两国侨民问题进行了具体的建设性的接触，我们要回了钱学森。单就这件事来说，会谈也是有价值的。"

"一着很妙的棋"：周恩来让美国新闻界反对美国国务院

中美侨民问题达成协议之后，中美大使级会谈便进入了第二阶段。中央认为，中美大使级会谈应该进入讨论台湾问题、周恩来总理兼外长与杜勒斯举行会谈等其他实质性的问题，因为只有通过外长级会谈才能解决美国军队撤出台湾、缓和台湾海峡紧张局势等严重的问题，并讨论两国建立贸易关系、文化交流等问题。但美国在第二阶段的会谈中，采取了极为敷衍的态度，不断在第一阶段已经解决了的问题上继续纠缠不休，以致会谈拖泥带水，几乎是寸步难行。

会谈中，王炳南和约翰逊经常是互相读一通发言稿，中方提出一些美方侵犯中国领海、领空的抗议，双方交锋几句，然后双方决定下次会谈的日期就散会。

面对这样的僵局，毛泽东、周恩来运筹帷幄，积极思考如何对美进行新的斗争。1956 年 8 月，犹如夏天的第一声惊雷，全世界为之一震：中国政府单方面宣布取消不让美国记者进入中国的禁令，而且向美国 15 个重要的新闻机构拍发电报，邀请他们派记者来华做为期一个月的访问！

美国新闻界轰动了，国务院被震撼了。要知道，当时美国政府对中国实行了严格的新闻封锁，不准许任何人对新中国进行符合事实的报道。因此，绝大多数美国人对新中国是很不了解的，他们渴望知道真情。中国政府的这个决定无疑是给美国政府出了一道难题，而美国新闻界却因此兴奋起来。那些接到中国政府邀请的美国记者更是激动万分，纷纷向美国国务院提出访华申请。

谁知狡猾的杜勒斯却按兵不动，他决不愿轻易废除国务院关于不让美国人，不论是一般平民还是记者，到中国旅行的禁令。于是一时间美国几乎所有的报刊都一致攻击国务院的这种愚昧和顽固的立场。他们愤怒地说，美国作为一个崇尚个人自由的民主国家，竟对本国人民的旅行自由横加限制，这在宪法上和道义上都是不能容忍的。

差不多在一年多的时间里，美国新闻界一直在向美国国务院施加压力。有几名美国记者不顾禁令，勇敢地冲破封锁，成功地访问了中国。在苏联参加"世界青年联欢节"的美国青年代表团也不理睬国务院的禁令，在"世界青年联欢节"结束后，勇敢地集体来到中国，受到中国人民的友好接待。他们宁愿回到美国受罚，也要到中国来看一看。20 世纪 70 年代末，这些年已半百的人还自发地组织起来旧地重游，再访中国，反映了美国人民对中国的向往和情谊。

在这种突如其来的形势面前，权衡利弊，美国国务院终于沉不住气了。1957年 8 月，杜勒斯被迫悄悄地同美国一些新闻界代表进行了协商，并作出了一些妥协，准许美国 24 个新闻机构派遣记者到中国访问，以免引起美国舆论反对全面孤立中国的政策。

在这个事件中，许多美国记者都赞扬说，周恩来这一着棋下得很妙，他成功地让美国新闻界去反对美国国务院。

周恩来走的这着棋，是希望沟通美国人民与新中国的交往，也让美国记者看看，在中国共产党的领导下，中国人民正在从事的社会主义建设以及所取得的伟大成就，希望他们能把新中国的真实面貌介绍给美国人民。同时，周恩来的这步棋也是为了推进中美会谈。

杜勒斯准许美国记者到中国访问后，在9月的会谈中，王炳南提出了两国在平等互惠的条件下准许记者互相采访的协议草案，但遭到美方的拒绝。杜勒斯坚决不同意中国派相等人数的记者去美国访问，他说"中国记者只有按照美国现行的移民法取得合法资格才能进入美国"。

周恩来对美国记者的主动邀请和杜勒斯对中国记者互访协议草案的生硬拒绝，形成了极为鲜明的对照。周恩来坦荡博大的胸怀，明智的策略，赢得了国际舆论的赞赏，特别是美国人民的高度评价。

1956年6月28日，周恩来在一届全国人大三次会议上就中美会谈和台湾问题作了讲话。周恩来说："中国方面并不反对同美国发表一个在中美关系中互不使用武力或武力威胁的声明。事实上，是在万隆会议期间，中国就已经声明，中国人民不要同美国打仗，中国政府愿意同美国政府坐下来谈判，讨论缓和和消除台湾地区紧张局势的问题。但是，必须指出，台湾地区紧张局势完全是由于美国使用武力侵占了中国的领土台湾而造成的。因此，任何关于中美之间互不使用武力的声明，都必须能够促使这种紧张局势的缓和和消除，而不应该使美国侵占台湾的现状得到承认。同时，中国用什么方式解放台湾，完全是中国的主权和内政，不容外人过问，因此，中美两国的声明不能以任何方式干涉这个问题……"

他继续说："美国虽然表示，不使用武力的原则应该具体地应用到台湾地区，但是却反对确定举行中美外长会议来实现这一原则，甚至也不同意在一定的限期之内，寻求和确定和平解决中美两国争端的途径。不仅如此，美国还坚持它在中国的领土台湾有所谓'单独或集体自卫的权利'。这一切表明，美国的企图是要取得一个对它片面有利的声明，一方面保持美国侵占台湾的现状，另一方面继续干涉中国人民解放台湾。在不能取得这样一个声明的情况下，美国就企图无限期地拖延中美大使级会谈，以便同样达到冻结台湾地区现状的目的。"

周恩来最后说："美国的这种企图正是中美会谈至今不能达成协议的症结所在。中国不能同意发表一个仅仅对一方有利的声明，也不容许中美会谈被一方利用为达到片面目的的工具。中国认为，任何共同声明都必须是对双方有利的；同时，中美会谈的继续，也只有在对双方都有利的情况下才有可能。"

周恩来的讲话获得了人大代表们热烈的、长时间的掌声。

时间在一轮又一轮往复进行的会谈中流逝着。由于美国对中美会谈采取"拖而不断"的方针，到1957年12月，各种会谈已进行了73次，各种文本已堆积成山，但会谈仍未取得任何结果。

12月12日，约翰逊突然对王炳南宣布，他已被调任美国驻泰国大使，其副手埃德·马丁参赞将接替他的工作。

不难看出，这是杜勒斯要的又一个花招，他把参加谈判的大使换成了参赞，目的在于想使会谈降级。对此，王炳南当场表示："中美进行的是大使级会谈，而马丁先生只是一个参赞，不能代表大使。"王炳南进一步指出："约翰逊大使，你这样的做法是不严肃的。"

当王炳南向周恩来汇报了这一情况后，周恩来果断地说："既然美国不愿意谈，我们也可以中止谈判。我们不愿谈判破裂，但我们不怕谈判破裂。美国如果想打仗，我们也可以奉陪。"

曲折行进　再创辉煌

（1958—1965）

六、高歌猛进慎反思

21 从"大跃进"到庐山会议

面对"大跃进"的局面，周恩来表现沉默，冷静观察；庐山会议，
周恩来心情复杂。

"大跃进"风起

在批评反冒进中孕育着"鼓足干劲，力争上游，多快好省地建设社会主义"
的总路线，也推动着"大跃进"和人民公社化运动。1958 年 4 月，毛泽东又说，
"冒进"是"稳妥派"反对跃进的口号，我们要用"跃进"代替"冒进"，使他
们不好反对。

"跃进"这个词原是周恩来发明的。1957 年 6 月 23 日周恩来在全国人大的
报告中，批评右派所谓"全面冒进"的攻击，肯定 1956 年是"跃进的步骤""跃
进的发展"。1958 年 5 月 25 日毛泽东看到 1957 年 11 月 13 日《人民日报》社论，
说明最早使用"跃进"一词从此开始。毛泽东当即写了封信，表彰发明这个词的
人"其功不在禹下。如果要颁发博士头衔的话，我建议第一号博士赠予发明这个
伟大口号（即：'跃进'）的那一位（或者几位）科学家"。实际上，周恩来使
用"跃进"一词比《人民日报》社论早 140 多天。26 日，彭真把周恩来的报告
送给毛泽东，并在上面写道："主席，'跃进'一词，在这个报告中已用了。"

周恩来在当夜给毛泽东写信说："我当时的中心思想是维护社会主义，反击右派，从建设的实绩上，肯定了 1956 年的建设是跃进的发展，抛弃了 1956 年的建设是'冒进'的错误估计。但是，我当时还没有意识到反'冒进'是方针性的错误。"

"大跃进"是从农业开始的，1957 年 10 月 25 日，修改后的《全国农业发展纲要》公开发表。毛泽东要求 5 年间粮食产量按全国人口平均每年达到 2000 斤。他认为，现在一人三亩地太多，将来只用几分地种粮就够吃了。10 月 27 日，《人民日报》发表关于《农业发展纲要》的社论，提出"有关农业和农村的各方面的工作在 12 年内都按照必要和可能，实现一个巨大的跃进"。这是党中央通过报纸正式发出"大跃进"的号召。全国各地广大干部和群众积极响应党中央的号召，首先兴修水利，1 亿人投入农田水利建设，深翻土地，从一尺五寸达到几尺。最突出的表现是放"高产卫星"，最早放出的是河南遂平县放出的亩产小麦 2105 斤的"卫星"，接着江西贵溪县（今江西省贵溪市）放出水稻亩产 2340 斤的"卫星"。于是"卫星"几乎天天放，而且越来越大，最大的小麦"卫星"是青海赛什克农场亩产 8585 斤；最大的水稻"卫星"是广西环江红旗农业社的亩产 130434 斤。这简直如《天方夜谭》中的神话，使许多人瞠目结舌，迷惑不解。实际上这些离奇的丰产典型，大都是采用"并田"方法假造出来的，把许多块即将成熟的庄稼合并到一块田里，计算出它的产量。甚至那个数字压根儿就是假造的。当时《人民日报》曾发表一张照片，一个小孩坐在卫星田的稻穗上。这些夸大的宣传，当时就有许多人不相信，但是因为怕戴"右倾保守"帽子不敢公开说罢了。当时各级干部的浮夸风、弄虚作假风达到惊人的地步。脱离实际，唯意志论的提法层出不穷，什么"人有多大胆，地有多大产"，"只怕想不到，不怕做不到"，有人甚至说，我国粮食产量再提高，"把地球上的人通通集中到中国来也够用"。"高产卫星"起了鼓励与迷惑的作用，1958 年 8 月北戴河会议上，决定 1959 年粮食产量指标为 8000 亿斤到 10000 亿斤，棉花产量指标是 9000 万担到 10000 万担。而 1958 年粮食产量只有 4000 亿斤，棉花只有 3938 万担。要它们分别增加 1 倍至 1.5 倍，根本达不到。

刚刚被批判"右倾保守"的周恩来，面对农业的"大跃进"局面，虽然表现沉默，但他仍以冷静的头脑观察这个问题。1958 年 7 月，他坐飞机到郑州视察黄河水灾时，参观了一个农业展览馆，馆内陈列了几个"亩产 3000 斤""亩产 4000 斤"小麦的"卫星"，他当即问陪同的负责同志，这是否属实？弄得那个负责同志支支吾吾，说不清楚。

农业的"大跃进"促进了工业的"大跃进"。工业的"大跃进"是从钢铁开始的，最具典型的是"全党全民大办钢铁"。当时苏联提出，在15年后，苏联的工农业在最重要的产品的产量方面可能赶上和超过美国，我们也提出应当争取在同一时间，在钢铁和其他重要工业产品产量方面赶上或超过英国。于是钢铁和其他重要工业产品的产量赶上和超过英国，成为工业"大跃进"的重要口号。

和农业一样，钢铁产量离谱的指标出现了。1958年3月20日，冶金工业部部长王鹤寿向党中央和毛泽东写了两个报告，其中关于钢铁工业的发展提出，我国的钢铁工业"苦战三年超过八大指标（1070万吨至1150万吨），十年赶上英国，二十年或稍多一点时间赶上美国，是可能的"。毛泽东对两个报告非常欣赏，称它是"一首抒情诗"。据此，4月15日，毛泽东写了《介绍一个合作社》一文，明确宣布："我国在工农业生产方面赶上资本主义大国，可能不需要从前所想的那样长的时间了。"他把这篇文章送给刘少奇、周恩来、邓小平、陈云等同志时，还写了一封信说："十年可以赶上英国，再有十年可以赶上美国，说'二十五年或者更多一点时间赶上英美'，是留了五年到七年的余地。"5月份，八大二次会议开会，钢铁产量指标又被提高了。毛泽东在大会上讲话，再次提出了速度超过苏联的问题，他认为苏联是20年加半年把钢铁产量从400万吨（1913年）搞到1800万吨。1957年是5100万吨。我们搞到5100万吨，不需要这么多时间。我们的底子是90万吨（1943年），到1962年将搞到3000万吨，可能是3500万吨，也许是4000万吨。从1949年算起，可能只要15年就能搞到5100万吨。他还明确提出："七年赶上英国，再加八年或者十年赶上美国。"毛泽东的雄伟气魄，使许多人包括一些中央领导同志的头脑都热起来。

6月17日，中央政治局在中南海西楼开会，听取薄一波关于1958年计划执行情况和1959年设想的汇报。会议由刘少奇主持，除毛泽东外，其他常委都参加了。会上估计1958年钢产量将达到900万吨以上，1959年指标应为2000万吨或者更高一些。就在这个时候，提出了"以钢为纲，带动一切"的口号，毛泽东在薄一波的《汇报提要》中批示："赶超英国，不是1959年，也不是七年，只需要两年到三年，两年是可能的。这里主要是钢。只要1959年达到2500万吨钢，我们就在钢的产量上超过英国了。"毛泽东的讲话、批示都只在内部进行，公布出去的是1958年产钢1070万吨。

当时实际生产能力怎样呢？1月份到7月份，累计只生产钢380万吨，和指标相比还差700万吨。8月16日，政治局扩大会议在北戴河开幕，毛泽东感到计划有完不成的危险，决定大搞群众运动，实行书记挂帅，全党全民办钢铁。光靠"洋炉子"是完不成任务的，决定土法上马，发动群众大搞"小土群"，主要是发动农民就地大炼钢铁。于是，一场全民夺钢保钢的群众运动在全国各地轰轰烈烈地开展起来了。最多的时候，有6000万农村劳动力投入大炼钢铁的群众运动。这年年底，钢产量完成1108万吨，在1957年535万吨的基础上翻了一番。煤产量由1.31亿吨增加到2.7亿吨。

但是这个指标的完成是以极大的代价换取的，甚至是虚假的。首先是产品质量低，许多地方小高炉炼出来的铁是含硫量很高的"烧结铁"，不能称之为钢，用于浇铸，也因铸件发脆太硬而不能加工，成了一堆废物。经以后核实1958年钢产量为800万吨。而国家的矿产资源被破坏，森林被大量砍伐，连群众做饭的锅也被砸光。群众反映，"这是吃祖宗的饭，遗祸子孙"。其次，造成国民经济严重比例失调。"一五"计划期间我国的积累率平均为24.2%，1958年却一下增加到33.9%，过高的积累，严重挤掉了消费，使人民的基本生活资料得不到保证。同时，重工业的产值迅速增长，也挤掉了农业和轻工业，使国民经济得不到均衡的发展。

10月以后，毛泽东也发现了"大跃进"中的问题。在11月召开的郑州会议，他开始降温了，承认包括他自己，犯了"冒失"的错误，认识了只讲多快不讲比例是不行的。但他仍然认为批评反冒进是正确的。

在反冒进中被批评的周恩来，对于国家的这种现象是忧心忡忡的。但他不可能再来一下反冒进，只能不去添柴加火，使这股热焰烧得更旺，在可能造成的严重后果中尽量避免国家遭到损失。在八届六中全会上，1959年钢的指标降下来了，为1800万吨。周恩来、邓小平要计委交换一下情况。陈云认为完成这个任务恐怕有问题。周恩来心中是有数的。3月25日至4月5日，党中央先后在上海召开政治局扩大会议和八届七中全会。薄一波写信给毛泽东，谈了年度计划执行情况，并就轧钢机安排不落实作了检讨。26日，薄一波在会上作了第一季度计划执行情况和第二季度的安排报告。毛泽东借题发挥，批评了计划、经济、基本建设以及工交各部门的工作是大少爷办工业，现在要出"秦始皇"，老讲仁义道德结果一事无成，提出1000多个基建项目中要削减500项或600项。这时周恩来机智而又风趣地插话：要有决心，头上要沾点血。毛泽东说，根本不要决心，干掉就完了。周恩来说，这句话就是决心。在这次会上，邓小平提出 1500 万吨钢材也可能完不成，把计划放在 1100 万吨钢材的基础上，宁肯超过，大家心情舒畅。毛泽东、周恩来都赞同邓小平的意见。4 月 2 日，刘少奇主持召开会议讨论钢、煤、粮、棉四大指标，周恩来讲了三条经验，一定要有保险系数，通通打满不好，要留有余地，藏一点。从北戴河会议以后，步步退却，就是因为不落实；逐步提高定额，超额完成；实事求是。这反映了周恩来对于经济建设要稳扎稳打的思想。

"大跃进"在工业生产方面"以钢为纲，带动一切"，赶上英国的主要标志是钢铁产量，钢铁生产处于举足轻重的地位。周恩来决心深入了解钢铁生产的情况，5 月 17 日，周恩来写了《关于总理和八个副总理分别到九个产铁重点地区去视察的报告》，请邓小平批转毛泽东、刘少奇、朱德、陈云、林彪、彭真核阅。报告说：

> 根据我在中央书记处、政治局和主席处的报告，为了了解目前各地钢铁，主要是地方生铁的生产情况和问题，为 6 日中央召开的省市委书记会议提供这方面的材料，我已征求陈毅等八个副总理的同意，我们于本月 20 日前后分别出发到九个产铁重点地区去视察，于 6 月 15 日左右回京。
>
> 分工视察的地区是：
>
> 周恩来——河北；
>
> 陈毅——山西，可能时再去内蒙古；
>
> 谭震林——山东（主要是注意农业，并研究生铁生产）；
>
> 习仲勋——河南，可能时再去陕西；
>
> 贺龙——四川，可能时再去云南；
>
> 罗瑞卿——湖南，可能时再去湖北；
>
> 陆定一——江苏，可能时再去上海；
>
> 聂荣臻——安徽；
>
> 乌兰夫——包头。
>
> 视察的内容，主要是生铁的质量和数量问题。为此，拟到产铁产煤基地，对矿石、煤炭、洗煤、炼焦、耐火材料、炼铁、炼钢、设备、

1958年9月，周恩来在开滦煤矿井下了解作业情况

1959年10月，周恩来在兰州炼油厂视察

运输、劳动力分配和成本核算等一系列的具体问题做具体了解，以求
实现中央财经小组的要求，先保质量，后争数量。

中央批准周恩来提出的报告，总理和副总理们分别出发了。他们做了深入的
调查研究，取得了宝贵的第一手资料。例如陆定一在山东枣庄调查时，了解到去
年大炼钢铁中，"小土群"问题很多。大批农民上山炼铁，在地里挖个坑，睡在
里面，棉被都是湿的，这怎么能持久呢？炼出来的铁含硫量很高，大都是不能用
的废品。1958 年是丰收年景，秋收时农村的壮劳力都去大炼钢铁了，庄稼成熟
了却没人收，农民编了顺口溜说：高粱站了哨（成熟后无人收割），棉花吊了孝
（棉絮从棉桃中垂下来），大豆放了炮（豆荚成熟后在地里爆开）。农民粮食缺乏，
大都吃不饱。他们到了上海，柯庆施和分管工业的书记马天水都没来见他们，只
派一个干部来说大话，说上海要达到年产 1000 万吨的生产能力。陆定一问，生
产 1000 万吨钢，矿石、电力、运输的问题能解决吗？这个干部不能作具体的回答。
陆定一和陪同他来视察的冶金部总工程师陆达一计算，这个指标根本完不成。他
们回到北京后，到中南海西花厅向周恩来汇报，周恩来表情极其严肃，一言不发。
他已经看到完成任务不容易和大搞群众运动的种种弊端。

罗瑞卿从 5 月 23 日到 6 月 24 日 1 个月时间，视察了湖南的十几个县，既看
了涟沅、湘钢等大中型钢铁厂，也看了遍地开花的"小土群""小洋群"炼铁厂，
还看了煤矿、铁矿基地。最后在长沙作了总结并起草了一个书面报告报周恩来。
总的印象是：像涟沅、湘钢等大中钢铁厂，因为有铁矿、煤矿、石灰矿等原料的
来源，有比较先进的炼铁炉和炼钢炉设备，又有必要的技术人员，问题虽然不少，
但经过一些整顿和加强领导，是有发展前途的。但靠运动轰起来的"小土群""小
洋群"，除个别的生产了一些含硫量高的生铁外，大多数都不能维持生产，不得
不停产，但已浪费了许多煤炭和木材（"小土群"主要是用大木头去烧的）。至
于人才和粮食的浪费，则是无法计算的。所以建议国务院要迅速研究并解决钢铁
计划和生产问题。其他副总理也向周恩来马上作书面报告，总的情况是差不多的。

周恩来根据自己的调查和各位副总理的报告，在国务院会议进行研究后，即
向中央写了报告。主张迅速调整钢、铁和钢材的生产指标。

由于"大跃进"，钢铁被放在优先发展的地位，各方面给它让路，轻工业被
挤掉，农业丰产没有丰收，粮食和副食品严重匮乏，工作被动，人民生活受到严

重影响。陈云、邓小平等同志主张降低钢铁生产的指标，中央书记处决定，1959年产钢 1300 万吨，铁 1900 万吨，钢材 900 万吨。各部门才得以对严重失调的现象进行调整。周恩来思想上的压力也有所减轻了。

庐山"神仙会"

1959 年 6 月 13 日，毛泽东主持召开中央政治局会议，中心议题是讨论工业、农业和市场问题。毛泽东、周恩来和李富春都指出了"大跃进"的主要问题，就是对综合平衡、有计划按比例地发展国民经济重视不够。周恩来说："在跃进中间，综合平衡抓得不够，抓了这个方面，其他方面忽视了；企业内部的综合平衡，几个方面的综合平衡都抓得不够。"毛泽东说："不晓得讲了多少年的有计划按比例发展，就是不注意，横竖是一样，就是高炉、平炉、小高炉、小转炉，各个工业部门的联系，重、轻、农的联系，就没有顾到。""世界上的人，自己不碰钉子，没有经验，总是不会转弯。"为了总结"大跃进"中的经验教训，研究一些具体政策，进一步纠"左"，中央决定 7 月初在庐山召开政治局扩大会议，即俗称的庐山会议。

毛泽东这个时候的心情是比较舒畅的。6 月 24 日，毛泽东由武汉乘专列到达长沙，当天畅游湘江，在橘子洲"中流击水"。

25 日上午，毛泽东一行人从长沙乘汽车来到他阔别 32 年的故乡韶山。下午，约了一些老人座谈、照相，同他们吃家乡菜。晚上就写出那首脍炙人口的诗篇《到韶山》：

别梦依稀咒逝川，
故园三十二年前。
红旗卷起农奴戟，
黑手高悬霸主鞭。
为有牺牲多壮志，
敢教日月换新天。
喜看稻菽千重浪，

遍地英雄下夕烟。

27 日毛泽东在韶山，曾到毛家祠堂谒祖，参观了韶山学校，在水库游泳，又接见了许多乡亲。28 日返长沙乘专列到武汉，后乘轮船到九江，于 7 月 1 日上庐山。当晚他又兴致勃勃地写了一首《登庐山》：

> 一山飞峙大江边，
> 跃上葱茏四百旋。
> 冷眼向洋看世界，
> 热风吹雨洒江天。
> 云横九派浮黄鹤，
> 浪下三吴起白烟。
> 陶令不知何处去，
> 桃花源里可耕田？

刘少奇和朱德是 6 月 30 日上山的。周恩来带秘书顾明、李岩等于 7 月 1 日由北京乘专机到武汉，然后经九江上山。

陈云本来上了庐山，因庐山海拔高（五老峰 1400 米，会场和住地 1200 米），他身体不适应，中央决定让他下山休养，不用参加会议。

邓小平因会前打台球滑倒伤了腿骨，在北京治疗，没有上山。所以书记处由彭真负责，但许多事情他都找周恩来商量。为了工作方便，周恩来和彭真、杨尚昆以及中央办公厅的同志都住在庐山交际处的一幢大楼里。周恩来除了要童小鹏、顾明、李岩分别参加大区的小组会，将小组会的重要意见向他汇报外，还要童小鹏帮助办公厅编会议简报。小组的简报由各组长签字后交会议科印发。

会前，已传出毛主席对形势估计的三句话，即"成绩伟大，问题不少，前途光明"。大家听了认为这次会议要好好总结大跃进以来的经验教训，克服缺点错误，对前途是有信心的。

庐山会议开始时，毛泽东提出要讨论读书、形势、今年的任务、明年的任务、综合平衡等 18 个问题。周恩来提出增加国际问题，共 19 个问题。7 月 2 日中央开了常委会，把会议要讨论的 19 个问题确定下来。7 月 3 日，会议分 6 个组，东北、华北、西北、华东、中南、西南。

会议开始时，大家都轻松愉快，称这次会议为"神仙会"。周恩来在谈到大家初上庐山的心情时说："那时候，是本着一年来党的总路线的执行情况，跃进了一年，大家都很忙，找到庐山来把经验总结总结。主席说了，也带一点休息的意思。这一年的大跃进成绩伟大，有些问题，逐步在解决，已经解决了不少，剩下的还在解决中，在认识上前途是光明的。是以这样的心情，这样的意思上山的。"庐山会议是本着解决"大跃进"的问题、争取1959年继续"跃进"而召开的，起初大家的心情是舒畅的。

在庐山，周恩来最关心的是经济问题，除了参加常委会外，在7月23日以前，他多次找国务院各部门负责同志开会，讨论形势与任务，李富春、李先念都参加，有时刘少奇也参加。7月12日，周恩来作了长篇讲话，谈形势，摆问题，算细账。他认为：1958年是一次新的革命，当然问题不少，突破了旧的平衡，要解决新的平衡。从北戴河会议到现在将近一年，应如何认识将措施过程缩短。他说，这次在庐山比以前认识多了一些，如财政赤字是否即通货膨胀？物价只少数有变化。过去陈云同志总强调财政、物资、现金三个平衡，要略有节余，去年全冲乱了。主要是货币与财政不一致，银行的货币多发行了。他将工业、农业、商业分头算了细账，单生铁，国家即补贴25亿元。商业透支了50亿元，用于赊销和预付款。今年上半年银行支出，工业有30亿元不正常，摊子铺大了，一机部等出现生产任务多次变动，品种不齐，不能配套，质量下降，次铁退货等问题。冶金部今年24亿元投资，上半年已用去19亿元。他认为，继续跃进，过分紧张，综合平衡工作没做好，特别是三材（钢材、木材、水泥）太不平衡，不能这样过日子。国家一定要把账算清楚，要收权，去年四权分给省、市，要收到中央与省、市两级，上下纳入计划。要归口管理，不能一个人四个口袋，流动资金不能当基建使用。最后，要号召增产节约，解决商品与货币比例的正常化。大家采取积极态度，不要隐瞒问题，也不要埋怨和推诿。

李富春、李先念也都发了言，主要也是谈经济问题和总结正反两方面的经验。

17日和18日的小组会，组长传达了16日刘少奇和周恩来的讲话。大家认为刘少奇讲的"成绩讲够，缺点讲透，鼓足干劲"，可以解决问题；只有把成绩讲够了，才能把缺点讲透。周恩来讲话中算了一笔账，虽然大炼钢铁补贴了40亿元，但是取得了经验，争取了时间，不仅大大提高了我国钢铁生产的设备能力，而且大大缩短了投入生产的时间。"小土群"为"小洋群"作了准备，小高炉为大高炉作了准备。"两小"充分利用了分散的煤铁资源。钢铁账要算，但既要算经济账，也要算政治账；既要算现在的盈亏账，也要算将来的盈亏账。只能两条腿走路，不能一条腿走路。许多人认为，总理的说法有说服力。周恩来的讲话是持平之论，他考虑的主要是如何解决问题。

7月14日，彭德怀给毛泽东写了一封信，彭德怀首先肯定了"大跃进"的成绩，又批评了大跃进中的缺点错误，指出大炼钢铁"有失有得"。信中批评了"小资产阶级狂热性"。16日，毛泽东把彭德怀给他的信批给中央办公厅印发给到会同志，并加了一个大字标题：彭德怀同志的意见书。这以后，庐山气氛逐渐紧张，阴云密布，一场暴雨即将到来。

这时，周恩来还在召开国务院各部门负责人会议，讨论国家计委提出的今明两年的计划安排，落实各项主要指标。有一天晚上举行舞会时，李锐正在周恩来旁边，有意地问道：你看彭总的信怎么样？周恩来回答：那没有什么吧。意思指这是一种正常现象。当时对彭德怀的信已经议论纷纷了，有直截了当表示赞同的，也有提出种种非难的。

7月19日，周恩来参加小组会发言时，没有提到彭德怀信的事情，只是说，他同意毛主席讲的三句话（成绩伟大、问题不少、前途光明）和少奇同志讲的"成绩讲够，缺点讲透"。现在争论的主要点是中间"问题不少"这句话，两头是一致的。他还说：检查缺点使我们前进，不会使我们后退。毛主席教育我们要天天扫地、洗脸，检讨了缺点，我们就会更加健康，就会干劲更足，更踏实。当时毛泽东指定胡乔木、谭震林、曾希圣、周小舟、田家英、吴冷西和李锐7人起草《庐山会议诸问题的论定记录》，写了12个亟待解决的问题，作为会议的总结性文件。周恩来讲了同意其中讲的三条缺点，并补充了以下几条：一、对农业生产成绩估计过高；二、比例失调；三、1959年计划指标过大。头一条起了主导作用，后两条与之有联系。周恩来还没有意识到彭德怀的信将引起轩然大波。

风云突变

7月23日，早饭后，毛泽东吃了三次安眠药还睡不着，他就要机要秘书告诉办公厅会议科立即通知大家开大会，他要讲话。大家当然以最快速度赶到"庐山大会堂"（20世纪30年代蒋介石在庐山办军官训练团时盖的两层楼，楼下是戏院，楼上是会场）。毛泽东在会上作了长篇讲话。大意如下：

　　我看了同志们的发言记录、文件，和一部分同志谈了话，感到有两种倾向：一种是触不得，大有一触即跳之势。吴稚晖说，孙科一触即跳。因之，有一部分同志感到有压力，即不让人家讲坏话，只愿人家讲好话。不愿听坏话。两种话都要听。我劝这些同志要听坏话。嘴巴的任务，一是吃饭，二是讲话。长了耳朵，是为了听声音的。话有三种，一种是正确的，二是基本正确或不甚正确的，三是基本不正确或不正确的。两头是对立的，正确与不正确是对立的，好坏都要听。

　　现在党内外都在刮风。右派讲，秦始皇为什么垮台，就是因为修长城。现在我们修天安门，一塌糊涂，要垮台了。所有右派言论都出来了。有人就是右派、动摇分子。他们看得不完全，有火气，做点工作可以转变过来。这些话都是会外讲的。我们这一回是会内外结合。

　　不论什么话都让讲，无非是讲得一塌糊涂。这很好。越讲得一塌糊涂越好，越要听。"硬着头皮顶住"，反右时发明了这句名词，我对某些同志讲过，要顶住，顶一个月，两个月，半年，一年，三年五年，十年八年。有的同志说"持久战"，我很赞成。这种同志占多数。在座诸公，你们都有耳朵，听嘛！难听是难听，要欢迎。你这么一想就不难听了，为什么要让人家讲呢？其原因在神州不会陆沉，天不会塌下来。为什么呢？因为我们做了一些好事，腰杆子硬。我们多数派同志腰杆子要硬起来。为什么不硬？无非是一个时期猪肉少了，头发卡子少了，没有肥皂，比例有所失调，工业、农业、商业、交通都紧张，搞得人心也紧张。我看没有什么可紧张的。我也紧张，说不紧张是假的。上半夜你紧张紧张，下半夜安眠药一吃，就不紧张了。

　　说我们脱离群众，我看是暂时的，就是两三个月。群众还是拥护我们的，现在群众和我们结合得很好。小资产阶级狂热性有一点，不那么多。我同意同志们的意见：问题是公社运动。我到遂平详细谈了两个钟头。嵖岈山公社党委书记告诉我，七、八、九三个月，平均每天 3000 人参观，三个月 30 万人。徐水、七里营听说也有这么多人参观。除了西藏都有人来看了。到那里去取经的，其中多是县、社、队干部，也有省、地干部。他们的想法是：河南人、河北人创造了真理，有了罗斯福说的"免于贫困的自由"，想早点搞共产主义。对这种热情如何看？总不能说全是小资产阶级狂热性吧。

我劝另一部分同志，在这样的紧急关头，不要动摇。据我观察，有一部分同志是动摇的。他们也说大跃进、总路线、人民公社都是正确的，但要看讲话的思想方向站在哪一边，向哪一方面讲。这部分人是第二种人，"基本正确，部分不正确"的这一类人，但有些动摇。有些人在关键时刻是动摇的，在历史的大风浪中不坚定。

我劝一部分同志，讲话的方向问题要注意，讲话的内容要基本正确。要别人坚定，首先自己要坚定；要别人不动摇，首先自己不动摇。这又是一次教训，他们还不是右派，是中间派。我所谓方向，是因为一些人碰了钉子，头破血流，忧心如焚，站不住脚；动摇了，站到中间去了，究竟是中间偏左偏右，还要分析。他们重复 1956 年下半年、1957 年上半年犯错误的同志的道路，自己把自己抛到右派边缘，只差 30 公里了。现在他们这种论调，右派欢迎。这种同志采取边缘政策，相当危险。这些话是在大庭广众当中讲的，有些伤人。但现在不讲，对这些同志不利。

有话就要讲。口将言而嗫嚅，无非是各种顾虑。上半个月顾虑甚多，现在展开了，有话讲出来了，记录为证。口说无凭，立此存照。有话就讲出来嘛，你们抓住，就整我嘛。不要怕穿小鞋。成都会议上我说过，不要怕坐班房，不要怕杀头，不要怕开除党籍。一个共产党员、高级干部，那么多的顾虑，就是怕讲得不妥受整。这叫明哲保身。病从口入，祸从口出，我今天要闯祸。两部分人不高兴：一部分是触不得的，一部分是方向危险的。不赞成，你们就驳，说主席不能驳，我看不对。事实上纷纷在驳，不过不指名。

……

毛泽东的这个长篇讲话，措辞的严厉，出乎许多人的意料。主要是针对彭德怀以及那些"离右派差三十公里"的"动摇分子"。如果说前几天是阴云密布，这次讲话就是一声惊雷了。

毛泽东为了证明党内外出现了"右派猖狂进攻"的形势，7月26日，他又批示印发了《李仲云的一封信》，并写下了《对于一封信的评论》。评论说："现在党内党外出现了一种新的事物，就是右倾情绪、右倾思想、右倾活动，大有猖狂进攻之势。这表现在此次会议印发各同志的许多材料上。这种情况远没有达到1957年党内外右派猖狂进攻那种程度，但苗头和趋势已经很显著，已经出现在地平线上了。这种情况是资产阶级性质的。"《评论》号召那些"得失相当"论的中间派不要再摇摇摆摆。"我们不怕右派猖狂进攻，却怕这些同志的摇摆。"《评论》最后说："我们党三十八年的历史，就是这样走过来的。反右必出'左'，反'左'必出右，这是必然性。"还说，现在是讲这一点的时候了。不讲于团结不利。现在这一次争论，如同我们在革命时期各次重大争论一样。

当天，各小组还传达了毛泽东的几句话。"事是人做的，不仅对事，也要对人。要划清界限，问题要讲清楚。不能含糊。"

这样毛泽东已经把彭德怀的问题定性为"右倾活动""猖狂进攻"。

毛泽东讲话后，会议形势突变，各小组纷纷揭发批判彭德怀、张闻天。一些"左派"更加劲头十足。彭德怀被罗织的"罪状"很多，有历史的，有现实的。揭发批判彭德怀等"罪状"的小组将其"罪状"制成简报，每天有好几期，都印发给全体到会者。

在这种情况下，7月26日上午，周恩来专门向北京来的各部委负责同志作了一个长篇讲话，苦口婆心地关照他们：要接受这个突然发生的连他也没有料到的严峻形势，怎样渡过今后难关——既要反右倾，又要把工作做好。他的讲话大意是：

> 谈政治方向与工作态度两个问题。弄清政治方向，划清界限。在政治方向上，绝不能动摇和否定党的总路线；如果对总路线有怀疑，就是根本立场问题。但是，在工作上，应该采取积极态度解决已经出现的问题。这两者间有联系，又有区别。会议形势的发展，事先我也无思想准备。也许有人感到"山雨欲来风满楼"；许多人是"不识庐山真面目"。一个时期会议的发展，大家慢慢懂得了。不是两年的经验总结，

而发现是方向问题，是一场政治斗争。党内思想动态不能不反映党外思想动态。到了时机成熟时，主席才讲明这个问题。主席一开始就讲过"得失论"。

去年是一场社会主义思想教育革命。总路线为群众所掌握，九千万人上山，食堂遍及全国。怀疑者认为得不偿失。党内有天津干部、江西党校的议论和东北李仲云的信。会内也有人怀疑总路线。左、中、右，站在哪一方。彭总的信是右的代表。

主席论十大关系，1956年提出了多快好省，已经奠定了总路线的基础。不能单算经济账，还要算政治账。去年绝非得不偿失、得失各半，而是得多失少。

是投身于群众运动的热潮，还是对之泼冷水？每一个单位炼钢、炼铁得不偿失，都登报，行不行？算总账，划得来。说"右"了，实际是说"左"的人右了。

现在要回答的问题是：总路线是否正确？

补贴几十亿元划不划得来？这是先念提出来的。先念是不怀疑总路线的。落实指标，落实到可靠的程度，是否是机会主义？大家"焦头烂额""精疲力竭"，算了四个礼拜的账，是否是机会主义（会议期间，周恩来一直抓计委和工交部门算细账，落实1959年、1960年的主要指标）。

落实指标以后继续前进，绝不是机会主义。这就是政治态度。泄气思想是动摇总路线，我们只是去掉一部分虚气。

动摇总路线有两种表现：基本肯定，得失各半，都是泄了气，没有看到广大群众的积极性。

另一种偏向是，尽说空话，看到许多问题不去解决，熟视无睹，放心得下。这同样是右倾。表面积极，总责备下面，光说空话，这实际是帮助了怀疑派。否认失调，否认紧张，这也是一类工作态度。

到底是否有赤字？是否通货膨胀？

会议初期要回答这些问题。会议中期，许多意见提出来了；怀疑、动摇出现了。中央领导同志中的态度问题也出现了。引起了大家注意。

23日毛主席讲话之后，会议进入第三阶段。究竟站在什么方向。

还是采取批评、团结方针。彭总在主席处讲过匈牙利事件。个别地方可能出现，但整个国家绝不会出现，出了偏差，中央马上纠正了。

执行总路线过程中发生的偏差，不是路线问题。鼓足干劲，力争上游是主观客观相结合。今年850万吨钢材，最后算账只700万吨。也不要被此吓倒，不要沉溺在"小洋群"中，两条腿要走稳当，如意算盘不能打得太多，不要拍王鹤寿的桌子，各部是否有这类事？

有错误，也不能动摇总路线，问题只是偏差与不力。有的人一碰到问题，就怀疑一番；只看到个别现象，忘记了全局和真理。置身其中，我心焦如焚。

另一种态度，是站在局外指手画脚，做旁观者、中间派。尽管有的指责是对的，但根本问题是方向，包括立场与目的。两种目的，两种态度。定要弄清政治方向，才能划清界限。各人按自己的思想情况作回答。北京来的人占一半多，当此紧急关头，要表态。

第二个问题讲工作态度。要正确算账，把账算清楚。地平线上出现了右派进攻，还不到猖狂程度。公布了落实的指标，最高国务会议、人大常委会开后，必定议论纷纷，会发生各种怀疑，甚至反对总路线。郑州会议后，纠正了许多偏向，局部地区还有夏荒问题。

6月13日分配了850万吨钢材，加进口52万吨。但国内实际只有700万吨，将影响各方面的工作。对这些问题，应当采取既严肃又积极的态度，不要被吓倒了。

财政信贷、物资、劳动三平衡，即货币总发行数同商品总额相除，这是公式，不是教条。一切要同中国实际结合。面对客观事实，提出解决办法。商品跟货币流通的矛盾，承认商品、市场的紧张。去年不仅吃多了，也用多了，因而要大力提倡节约。

我不安了半年，并非是对总路线动摇。但绝不可盲目乐观。钢材订货，找不到厂长，心里着实难过的。总之，积极负责，不说空话，面对铁的事实。从武昌会议至今已8个月了。大家在小组会上要作适当自我批评，不要怪地方。

今年基建用材要减32%，共250万吨。生产用材减52万吨，减9.2%。

从不切实际到切实际。对远景，要增强信心，要保持"二五"跃

进速度，实干、苦干、巧干，落实各项指标与措施。大家想办法，同
心同德，不埋怨，不畏难。

……

这篇讲话的言辞之间，也显出了周恩来内心的矛盾。周恩来是大管家，在庐山自始至终务实。他知道国务院各部门负责人着急的是今年指标如何落实，怎样完成任务。正如他自己说的，对此是"忧心如焚"。在当时对彭德怀等批判升级的情况下，周恩来一方面要坚持和维护总路线这面旗帜，遵从毛泽东的指示和意图，对彭德怀有所指责；另一方面又要保证工作正常进行，完成各项计划指标。既要务虚，又要务实；既要正视存在的问题和困难，又不能为困难所吓倒。他已感到即将会出现他不愿意看到的巨大风暴，又谆谆告诫大家站稳脚跟，努力把工作做好。真是煞费苦心啊！

23日毛泽东讲话之后，各小组都纷纷揭发、批判彭德怀，也包括张闻天。彭德怀的罪状多得很，有历史的，也有现实的。小组简报每天几期，立即印发送给全体人员。这里面也有张闻天的罪状。

在这种情况下，彭德怀不作检讨是不行的。聂荣臻、叶剑英两位老帅也抱着关心老战友的热忱劝彭德怀作认真检讨，这样对党有利。

彭德怀经过激烈的思想斗争和内心痛苦的煎熬，不得不于7月26日下午在小组会上作了违心的检讨，承认思想方法有片面性，信中对如何肯定大跃进的成绩，以及研究经验教训的方法，是有错误的。关于他写信的动机，"是希望在这次会议上能够深刻地研究和总结一下经验教训，使我们的建设工作做得更好一些"。"我感谢主席的严正批评，纠正我的错误。"他坚持说：这封信，"当时考虑只是供主席作参考用的"。

这样的检讨，当然是过不了关的。

因为7月23日晚上，周小舟、周惠、李锐等几个人到黄克诚住处闲聊，又碰到彭德怀，因为他们在小组会上发表过类似的意见，又都是湖南人，此事一传出，就变成有组织的"湖南集团""军事俱乐部"了，一下子都把他们挂上了"纲"和"线"。

7月29日，毛泽东召集了中央常委和六个大区组长会议，决定召开八届八中全会，实际上中央委员都已上了庐山。接着，召开大会。毛泽东讲话，主要内

容是：

商量召开中央全会的事。

庐山会议已经一个月了，是政治局扩大会议。想做两件事：

一、修改指标。武昌会议定了指标，上海会议改了，现在看来改得不彻底。武昌定的指标是达不到的，但在八大会上通过了，要改指标，应由八中全会决定，向人大常委会建议通过。去年的事情，全世界都议论纷纷。

二、路线问题。究竟是采取哪一条路线，大家扯了很多，再开全会扯几天。方法是开门见山，不搞外交辞令，横竖讲老实话。疙瘩不解开，不好工作。当面不扯，背后又有意见，那不好办事。

此外，还有业务问题，由国务院搞文件。

有些同志发表议论，说民主不够，谈得不充分，想把民主搞够一点。因此，8 月上旬开中央全会。全会的方式，分大会、小组会两种。

7 月 30 日，周恩来向彭真、李富春、杨尚昆等书记处同志说：常委考虑对彭德怀进行批判时，有两种办法，一种是就事论事，只批他的《意见书》和对总路线、大跃进的错误；另一种是连他在历史上犯的错误一起清算。主席主张后一种办法。

一场十分激烈的党内斗争，在毛泽东亲自挂帅下，开展起来。

7 月 31 日和 8 月 1 日，由毛泽东主持，连续开了两天的中央常委会，约 14 个小时。参加会议的人除常委刘少奇、周恩来、朱德、林彪外，还有彭德怀、彭真、贺龙。黄克诚、周小舟、周惠、李锐四人旁听。会场是在毛泽东住的"美庐"（原蒋介石的行宫）。大部分时间都是毛泽东讲话，彭德怀有许多对话，刘少奇、周恩来、朱德等中间插话。

毛泽东的讲话主要内容有：

关于"得失论"。九千万人上阵炼钢，有一点损失，横竖没有经验。从根本上论，是得多于失。没有失，哪来的得？总是失小得大。

彭德怀过去几次路线斗争都动摇。立三路线、王明两次路线错误。抗战时期闹独立性，听王明的。由于犯错误挨了整，恨得要死，今后也很难说。

说彭德怀和他（毛泽东）的关系，31 年来是三七开，合作三成，不合作七成（彭德怀承认：他是是非各半的人，同主席的关系是对半开）。

彭德怀在过去多次重要时期都不写信，这次为什么上万言书？写信的目的是希望发表的（彭德怀说，他写信只给主席作参考，没准备发表），目的在于争取群众，组织队伍。有野心，有右倾活动，你就是右倾机会主义。

信中说"小资产阶级狂热性"，主要是指中央领导机关，锋芒是攻击党中央，反对中央。

彭德怀的世界观是经验主义，非马克思主义，不懂马列主义理论。党性、组织观念和纪律性差，等等。

毛泽东批评张闻天时说，洛甫的马克思主义哪里去了？你们要瓦解党，这回是有计划、有组织、有准备，从右面向正确路线进攻。

刘少奇说，长征中，过金沙江后会理会议前，彭德怀批评军委领导，不守纪律。彭德怀表面讲的不是真心话，要检查记仇记恨的事。

朱德发言比较温和，只是就信的内容而谈，没有上纲上线，当然没有"击中要害"。毛泽东听了很不高兴，他抬起腿来，用手指抓了几下鞋面，说"隔靴搔痒"，朱德只得停止了发言。会议快结束时，朱德对彭德怀说，要投降无产阶级，彻底改正错误，永远跟毛主席走。

周恩来在会中，问过彭德怀一件事，他们一起同斯大林说话后，出门时，斯大林同他讲过什么话。周恩来也批评彭德怀，他写信的方向是对总路线进攻，站在右倾立场，锋芒对着总路线。希望彭交心，要一改二帮。

林彪是7月29日才上山的，情况都没有搞清楚，但他看清了毛泽东的面色。他声色俱厉地批彭德怀是野心家、阴谋家、伪君子，看风使舵，老奸巨猾，攻击毛主席。他说只有毛主席能当大英雄，彭德怀不要打这个主意。

这两次常委会，已把彭德怀定性为野心家、伪君子，说他组织"军事俱乐部"，反对总路线、党中央、毛主席，历史上是同毛泽东三分合作七分不合作，等等。

在这场尖锐的斗争中，周恩来的心情是复杂的。8月1日晚上，他召集大家开了个短会，宣布将在8月2日召开八届八中全会，由毛主席讲话。他还说：彭德怀、张闻天的《意见书》出来后，"问题不少"已出现了右倾思想，怀疑和动摇总路线，会议动态逐渐明朗。

8月2日上午9时，八届八中全会在庐山大会堂举行。主席台设在舞台下面，就座的有毛泽东、刘少奇、周恩来、朱德、林彪。围着主席台摆有三排藤椅，大家散着坐。

八届中委共191人，到会147人，列席15人。

毛泽东主持会议并讲话。他说,这次会议讨论两个问题: 修改指标和路线问题。

关于修改 1959 年生产指标问题。他说:武昌六中全会决定的今年指标,上海七中全会时有人主张改,多数人不同意。那次改也改不彻底。今年还有五个月,改了好,向全国人大常委会建议。高指标成为一种负担,改了就轻松了。自己立的菩萨自己拜,现在还得自己打破。

关于路线问题。他说,这是此次中央全会的主题,有些同志对总路线产生怀疑,究竟对不对? 上山后,有些同志要求民主,说讲话不自由。后来才了解,他们要攻击、破坏总路线,要有批评总路线的自由。庐山会议已开了一个月,今天开全会。新来的同志莫名其妙。开几天小组会,再开大会,最后作出决议。

关于开会的方法。他说,历来是从团结的愿望出发,中央全会是分裂,还是团结? 这关系到中国之命运,社会主义之命运。我们应该团结。现在有一种分裂倾向。对犯错误的同志,经过批评与自我批评,惩前毖后,治病救人,在新的基础上,达到团结的目的。

毛泽东讲到过去同王明路线斗争的经过。他说,从遵义会议到七大,10 年时间。中间经过 4 年整风,经过长时间等待,有的人才改正过来。他特别点洛甫(张闻天)的名说,经过 10 年很必要,有材料才能说服。洛甫这次旧病复发,打摆子,疟原虫在体内作怪,潜伏下来,有机会就出来。

最后他特别强调,现在是反右倾,是右倾机会主义向党的领导机关,向人民事业猖狂进攻的问题。

为了彻底揭发张闻天的“旧病复发”,毛泽东在当天又写了封《给张闻天的信》,并立即印发给大会。信中正式提出了“军事俱乐部”这个名称。信的开头说: “怎么搞的,你陷入那个军事俱乐部去了,真是物以类聚,人以群分。”信的结尾又说: “你把马克思主义的要言妙道通通忘记了,于是乎跑进了军事俱乐部,真是武文合璧,相得益彰。”毛泽东的这封信,把会议推向揭批“军事俱乐部”有组织、有准备向党猖狂进攻的高潮。

毛泽东又连续批了许多材料并亲自加上批语,为会议提供向“右倾机会主义分子”进攻的武器,而且把问题说得很严重,使批判的调子越来越高。大会、小会、“机关枪”“迫击炮”不停地向着“右倾机会主义分子”轰击。

经过几天小组会的批判斗争后,8 月 11 日下午开大会,毛泽东作了长篇讲话。主要清算彭德怀的所谓历史旧账。说彭德怀三十几年来阶级立场没有转过来,还是资产阶级立场，资产阶级宇宙观。

13日上午起开大会，张闻天作检查，下午彭德怀作检查，14日上午黄克诚作检查。这里，特别说一下13日大会情况。

彭德怀首先表示：一个月来的批判，"对我有极深刻的教育意义，是我有生以来的第一次，我诚恳地感谢同志们对我的耐心教育和帮助"。他检讨了在土地革命时期历史上犯过的几次"路线错误"，也承认了过去对毛主席的主张不理解，不赞同，贯彻不力，等等。他还着重检讨了这次在庐山所犯的右倾机会主义的错误。

彭德怀表示："我坚决地、全部地抛弃那封信的错误立场、观点，坚决抛弃对毛泽东同志的一切成见，坚决回到党的立场上来。"

对于彭德怀的这次检讨，不少人点头称赞，可是仍有很多人表示不满。

周小舟是在小组会上被斗争的，没有在大会上检讨。

这次大会，斗争火力之猛烈，许多老同志都从来没经历过。有些人推开藤椅站起来对彭德怀指着鼻子批，许多坐在后排的人，就站起来看。刘少奇主席，还站起来当面批，并拍了桌子。很多人都吃惊地站起来看。

8月16日上午，八中全会最后一次大会。刘少奇主持会议，议程是：

一、彭德怀讲话。他简单地表态，承认错误，接受全会的决议。

二、通过决议：①通过《八届八中全会公报》；②通过《关于增产节约的决议》；③通过《关于以彭德怀同志为首的反党集团的错误的决议》；④通过《为保卫党的总路线，反对右倾机会主义而斗争》的决议；⑤通过撤销黄克诚同志中央书记处书记的决定。

三、毛泽东同志讲话。

8月17日，还开了一个政治局扩大会，中央委员都到了会。毛泽东主持会议。这次会议撤销彭德怀的国防部部长、军委委员职务；撤销黄克诚的军委委员、国防部副部长、总参谋长职务。任命林彪为军委第一副主席兼国防部部长，贺龙、聂荣臻为军委第二、第三副主席；任命罗瑞卿为国防部第一副部长、军委秘书长、总参谋长；撤销张闻天的外交部副部长职务；撤销周小舟的湖南省委第一书记职务，保留省委委员。

开了40多天的庐山会议，就这样闭幕了。

但是，事实是无情的。庐山会议的"反右倾"，助长了"左"的发展，加剧了国民经济比例失调，轻工业急剧下降，许多日用品十分缺乏。遭到破坏最大的

1960年4月，周恩来总理在贵阳花溪人民公社试验田里观看小麦的生长情况

是农业。1959年粮食产量只有3400亿斤，比1958年的4000亿斤减少了600亿斤。1960年又下降到2870亿斤，比1951年的2874亿斤还低。在三年困难时期，城市人民因缺乏粮食和副食品，普遍发生浮肿病，饿死不少人。各地向国务院要粮食的电报像雪片飞来，堆满周恩来的办公桌，使他难于应付。他只好让粮食部和铁道部准备好几列装着粮食的火车，哪里急需，火车就往哪里开。有一次，上海库存粮食只够供应3天，这个全国最大的城市一旦缺粮，后果是不堪设想的，周恩来就用这个办法解决了上海的燃眉之急。"大跃进"和庐山会议的错误，给国家造成了多么深重的灾难呀！

历史是公正的。22年后的1981年6月27日，中国共产党第十一届中央委员会第六次全体会议通过的《关于建国以来党的若干历史问题的决议》否定了发生在庐山的这场斗争。《决议》中说："庐山会议后期，毛泽东同志错误地发动了对彭德怀同志的批判，进而在全党错误地开展了'反右倾'斗争。八届八中全会关于所谓'彭德怀、黄克诚、张闻天、周小舟反党集团'的决议是完全错误的。这场斗争在政治上使党内从中央到基层的民主生活遭到严重损害，在经济上打断了纠正'左倾'错误的进程，使错误延续了更长时间。主要由于'大跃进'和'反右倾'的错误，加上当时自然灾害和苏联政府背信弃义地撕毁合同，我国国民经济在1959年到1961年发生严重困难，国家和人民遭到重大损失。"

这是多么深重的教训啊！

22　勤政爱民重民生

以人民群众为本，想群众之所想，急群众之所急，是周恩来的一贯思想。他勤政爱民，重视民生。以下摘取的是周恩来总理生涯中倾注民生的几个片断。

在 26 年的共和国总理生涯中，周恩来勤政爱民，重视民生。老百姓没有洗澡的地方，他带头捐钱给群众建澡堂；邢台地震，他不顾余震的危险迅即赶往灾区；延安人民生活穷困苦熬，他流下了难过的眼泪……这一切，使得老百姓亲切地称他为"人民总理"。

周恩来批评说：都知道洗温泉好，能治病，可当地群众祖祖辈辈生活在这个地方，却洗不上温泉，修干部疗养院就有钱，给当地群众建浴池就经费有困难？你们说，群众会怎么想？周恩来捐了 200 元给群众建澡堂。

广东从化，是著名的温泉疗养胜地。

1959 年 1 月，周恩来来到从化，看望因病在这里疗养的邓颖超，并视察了从化县（今广东省从化市）。

1 月 8 日这一天，周恩来和邓颖超一起，来到从化县委办公楼。

在县委的会议室，周恩来询问起了县里的生产和建设情况。

汇报中，县委书记张永信见周恩来非常关心县里的水电建设情况，便拿出一幅从化的水电建设规划图，周恩来高兴地接了过来，从衣袋里掏出眼镜，仔细地察看起来。

"全县规划多少个水电站？发电量多少？"周恩来边看边问。

"规划建 404 个，装机容量 1.5677 万千瓦。"张永信回答说。

"已建好的有多少个？"

"已建好的有 25 座，但由于发电机供应不上，正式发电的只有 20 座，发电量 278 千瓦。"

1959年，周恩来和邓颖超在从化

周恩来点了点头，取下眼镜，没有表示什么。全民大办，设备、原材料都很紧张。

张永信又汇报了农业生产和整社的情况。

告一段落后，邓颖超对周恩来说："礼堂还有许多同志等待和你见面呢！"

"哦，我一谈起来就忘了，这就看他们去。"

县委礼堂内，聚集了县直属单位干部、工人、教师、学生代表和解放军官兵共600多人。当周恩来等来到大礼堂时，礼堂里响起了雷鸣般的掌声。

周恩来满脸笑容，一边随张永信走上主席台，一边向群众挥手致意。

"同志们，周总理和邓大姐在百忙中，到我们从化视察工作，这是我们从化的光荣。现在我们欢迎周总理给我们作指示。"张永信先作了开场白。

掌声四起。周恩来抬起双手，示意性地向下压了压，说："请不要这么说，我也没有什么重要指示。我是来参观学习的。到从化来，看到大家非常亲切。从化地近港澳和外国，做好这里的工作很重要，不仅对全省，而且对全国和外国都有重要意义。"

周恩来的讲话很简短，十来分钟。讲完话后，周恩来和邓颖超走下主席台，来到群众的中间，亲切地与他们握手，并不时地与他们讲几句广东话。

从县委礼堂出来后，周恩来和邓颖超又到街口公社视察深耕改土情况，而后又视察了门口江小学。

门口江小学的对面，是街口公社雄锋生产队的公共食堂，没有列入视察计划。

"那个地方是做什么的？"周恩来站在学校门口，指着食堂问。

"是生产队的食堂。"

"走，看看去。"说着，周恩来先迈开步子往前走。张永信等人在后面跟着。

这时，正赶上社员收工到食堂吃饭，见周恩来来到大饭厅，一下子都愣住了。

食堂的主任个子不高，但很机灵，连忙热情地迎了上来，动作麻利地倒水请周恩来喝。

周恩来接过茶碗，和蔼地问："你是堂长吧？"

矮个子主任不习惯讲普通话，加之又激动又慌乱，嘴巴张了又张，就是蹦不出一个字来。

周恩来见状，连忙说："你用广东话说好了，我能听得懂。"

矮个子主任这才用广东话说："我系堂长。"

矮个子本来是食堂主任，见周恩来问他是不是堂长，干脆就说自己是堂长。

周恩来风趣地说："啊，你系堂长！"

"哈哈哈……"大家都被逗笑了。

"到了开饭的时间吗？"周恩来又问矮个子主任。

"还没有，6点钟才开饭。"

"可以到里边看看吗？"周恩来指着伙房问。

"欢迎总理检查。"

周恩来进到厨房，在灶边，揭开锅盖，两口锅里分别放着干饭和稀饭。

菜柜里，码放着已煮好的菜。

周恩来打开柜门，伸手拈了一块熟菜，正要放进嘴里尝尝，旁边站着的一位地方摄影记者连忙抓住这一难得的瞬间，"咔嚓"一声，揿动了相机快门。

由于屋子里光线较暗，照相机距周恩来不过一米，闪光灯"唰"地一亮，把没有提防的周恩来吓了一跳，拈在手里正要往嘴里放的那块熟菜也掉在了地上。

张永信又急又气，冲记者连瞪眼带摇手。

周恩来回过神来，见是摄影记者，笑了："呀，原来是个记者！"说着，又拈起一块熟菜尝了尝，"嗯，味道不错，吃多少个菜啊？"

"三菜一汤，有肉，有青菜。"

周恩来又详细地询问了食堂的吃饭人数、伙食安排计划等，堂长一一做了回答。

黄昏时节，周恩来出了食堂，乘车观看县城街口镇容貌。

当路过百货大楼门口时，周恩来吩咐："停车，去百货大楼看看。"

"欢迎总理来视察、指示。"百货大楼经理朱澄迎了出来。

"谈不上指示，随便走走。你是经理吗？"周恩来握住朱澄的手问。

"是的。"

"店里有多少员工？"周恩来与朱澄谈开了。

"25个。"

"是不是一班到底？"

"目前是一班到底。"

"最好还是能够组织同志们一条柜台一条柜台地轮流休息。"

周恩来又问："一天有多少营业额？"

"平时一天有7000多元，圩日时有10000多元。"

"一个月的费用开支多少？"

"这个大楼新建不久，现在尚未单独核算，是整个经理部统一核算的。"

一番环顾之后，周恩来又问张永信："这间百货商店算是全县最大的吗？"

"是的，是全县最大的一间。"张永信回答说。

周恩来又问了整个从化县的商业网点分布情况，直到7点多，才回到住地。

从化的温泉，全国闻名，是各级领导人的疗养地。

但是，这也带来了一个问题，就是温泉都给干部疗养院占了，当地的普通百姓却难以享受到温泉的沐浴。

细心的周恩来在从化视察时，发现了这个问题。

谈话是从孩子的问题开始的。

11日下午，周恩来视察温泉小学。也许是从孩子们的脸面和手脚看出了问题，周恩来问旁边的老师："孩子们有没有洗澡的地方？"

"洗澡房眼下还没有修建。"老师如实地回答道。

名为温泉小学，学生却没有洗澡的地方。

周恩来转过身来问陪同的当地负责人："普通群众有没有洗澡的地方？能不能洗上温泉啊？"

大队的干部看了看县里的负责人，欲言又止地说："社员们一般就在池塘边洗，有的是打水回家洗。洗温泉还有一定困难。"

"为什么不给群众建一些浴池？"

"因为经费困难，还没能给当地群众修建浴池。"有关负责人解释说。

"修干部疗养院就有钱，给当地群众建浴池就经费有困难？"周恩来生气了，批评说："都知道洗温泉好，能治病，可当地群众祖祖辈辈生活在这个地方，却洗不上温泉，你们说，群众会怎么想？你们在温泉地区修建这么好的房子给我们住，我们随时都可以享受温泉，温泉地区的老百姓却洗不上温泉，我和小超都感到不安。"

一旁的有关负责人都低着头，无言以对。

"我提一个倡议，"周恩来对当地负责人说，"凡是到温泉疗养的同志，向他们募捐，给温泉人民建一座温泉浴室。我和小超带头，每人捐一百元。"

那时的钱含金量高，一百元钱能办不少事。

当地负责人见状，连忙说："我们一定想办法给群众建浴室，总理的钱就不要捐了。"

"不，这是我和小超的一点心意，你们一定要收下。"

回到住处后，周恩来果真让秘书送来了 200 元钱。

管理局的同志觉得不好收，又派人把钱送回去了。

周恩来还是叫秘书把钱送到管理局，并交代秘书说："告诉他们，这 200 元钱一定要收下，下次来从化，还要检查，看看到底给群众修了没有。"

管理局的王局长都掉了眼泪。

此后不久，广东省有关部门拨专款专料，给温泉地区的人民修建了浴室。根据周恩来的意愿，还特地为儿童设计建造了两间浴室。

1962 年，周恩来到从化开会时，仍记挂着为普通群众建温泉浴室的事。他专门询问有关负责人：温泉浴室好不好用？群众满不满意？

当得知一座 150 平方米，共有冲凉房 18 间，同时可容纳 50 多人洗澡的温泉浴室已经建成时，周恩来满意地笑了。

茂密的森林遭到严重的破坏，周恩来忧心忡忡地说：毁林开荒等于饮鸩解渴啊！森林破坏这么严重，发展下去，绿洲也会变成沙漠。一定要把这个问题好好抓一抓，否则，我们这一代人将成为历史的罪人。

1961 年的春天，西双版纳的山显得格外的青，水显得格外的绿，天显得格外的蓝，花也开得格外的艳。

青山绿水，蓝天白云，鲜花香草，把本来就很美丽的西双版纳装扮得更加美丽，迎接尊贵客人的到来。

1961 年 4 月，中缅两国正式签订了边界条约，合理解决了历史上遗留下来的边界问题。在两国的友好关系进一步发展的气氛中，周恩来邀请缅甸总理吴努到四季如春、气候宜人的云南度假，并到西双版纳过傣族人民的隆重节日——傣历新年。

名义上是度假，实际上是一次周恩来精心安排的重要外交活动，对进一步巩固和发展中缅两国的友好合作关系有着重大的意义。

从 4 月 6 日至 12 日，周恩来委托国务院副总理兼外交部部长陈毅和中国驻缅甸大使李一氓陪同吴努游览了保山、大理、楚雄、昆明等地。

4 月 11 日，周恩来专程飞抵昆明，亲自陪吴努前往西双版纳，参加为时 3 天的傣历新年庆祝活动。

周恩来在西双版纳的 3 天，是欢乐的 3 天，也是辛劳忙碌的 3 天。在完成重要的外交使命之余，共和国总理还把他对边疆各族人民的深情厚谊洒在了青山绿水之间。

4 月 13 日上午，周恩来陪同吴努等贵宾从昆明乘专机到思茅。陪同前往的还有陈毅副总理的夫人张茜、云南省委第一书记阎红彦及夫人、昆明军区司令员秦基伟及夫人等。

飞机航行一个多小时后到达思茅机场。稍事休息后，周恩来与吴努等换乘汽车，前往西双版纳傣族自治州人民政府所在地允景洪。

当年的西双版纳，交通不便。从思茅到允景洪只有 160 多公里，但全是蜿蜒曲折、坎坷险峻的土路，需要行驶 4 个多小时。

上车时，周恩来要思茅地委书记史怀璧与他同坐一车，他要利用路上行车的时间了解边疆人民的生产生活情况和民族政策执行情况。

当时，中央正在纠正"大跃进"以来"左"的急躁冒进的错误做法，整顿人民公社。因此，周恩来问："怀璧同志，你认为现在边境地区办人民公社的条件成熟了吗？"

"根据我们地委调查的情况分析，边境地区不仅不能办人民公社，办高级社也比较困难。所以我们把思茅地区 12 个县划分为外 7 县，内 5 县，西双版纳的 3 个县都是属外 7 县之列。在这类地区，只办合作社。"史怀璧如实地汇报说。

"这样做好。我们办任何事都不能想当然，也不能生搬硬套内地工作的经验，一定要结合边疆的实际，一定要根据边境的特点和人民的觉悟办事，不能一哄而上，不能搞强迫命令。否则，就会脱离群众。"稍顿，周恩来像想起什么似的问道："听说边境上有的老百姓不理解我们的政策跑到外国去了，有这种事吗？"

"有。"史怀璧不敢隐瞒。

周恩来严肃地说："这个问题一定要引起高度重视。共产党把蒋的残部赶到了境外，现在再把老百姓也吓跑了，会是一种什么样的影响，还用人家去宣传吗？"

"我们一定注意这个问题。"

"这里的棉布供应问题怎么样？是不是与内地一样每人发 24 尺布票？"周恩来问这个问题，是考虑到边疆地区少数民族人民在服装服饰上的用布比内地人民多。

"不一样。对边境地区，采取按户口的实际人数供应，不加限制。"

"对，对边疆是应该有些特殊政策，不能与内地一样。"周恩来点头称道。

西双版纳地区山川秀丽，资源丰富，素有天然"森林公园"的美称。

周恩来透过车窗，看到公路两旁的有些地方茂密的森林遭到严重的破坏，眉头深深地皱了起来，忧心忡忡地对史怀璧说："毁林开荒等于饮鸩解渴啊！森林破坏这么严重，发展下去，绿洲也会变成沙漠。过度砍伐森林是个大问题，一定要把这个问题好好抓一抓，不然，我们对不起子孙后代。"

后来到了允景洪住地，周恩来还特地把自治州州长召存信找来谈这个问题。他说："这次到西双版纳，沿途看到许多地方都在毁林开荒，这样下去怎么得了？西双版纳也会变成沙漠的。你是州长，要教育我们的人民，逐步改变过去遗留下来的落后耕作方式，不要大面积地毁林开荒，要充分认识到生态平衡对人类生存的重要作用，注意保护好森林资源，在维护生态平衡的前提下，合理开发森林资源。否则，我们这一代人将成为历史的罪人。"

车队是上午 11 时从思茅机场出发的。下午 1 点 30 分，车队行进到大渡岗。按计划，要在这里吃午饭。

午饭安排在路旁的一棵直径 2 米多粗、几十米高的大榕树下。思茅地委的同志为每个人准备了一份熟食，还有蛋糕和牛奶。

大榕树的四周森林茂密，鸟语花香，在如此风光宜人的野外用餐，别有一番风味。

周恩来和大家一样，手捧便餐盒，边吃边聊，兴致很高。他围着大榕树边转边看，时而仰起头看看枝叶繁茂的大榕树，时而放眼望一望无际的原始森林，赞叹不已。

"西双版纳的森林一定要保护好。"周恩来转过身来，对阎红彦和秦基伟等人说，"这是我们国家宝贵的资源，要经常教育当地民族兄弟注意防火，让他们真正认识到保护好了森林，就是保护他们自己，没有了森林，人类就难以生存。保护动植物，防止水土流失，都离不开森林。"

周恩来还指着那棵大榕树说："这棵大榕树一定要保护好，即便今后修公路也必须绕开它，只能人让树，不能树让人。几十年后，这里就会变成一块宝地了。"

30 多年过去了，周恩来的预言早已得到了应验。如今的西双版纳，不论从生态环境的意义，还是从旅游经济的角度，都是一块名副其实的宝地。

吃过午饭后，包括工作人员、警卫人员和文工团员乘坐的十几辆汽车组成长长的车队，按着规定的行动序列，继续在高山陡坡中朝允景洪驶去。

由于思茅到允景洪一带靠近边境，山高林密，敌特活动频繁，加之盘踞在中缅边境的一部分蒋军残余常常窜入云南边境制造暴乱，杀害边民，安全情况不太好。云南省公安厅与昆明军区领导为了保证周恩来和缅甸贵宾的绝对安全，在从思茅到允景洪的沿途，都采取了严密的警卫措施，公路两旁每隔几百米就布置了一个暗哨，无关人员不能接近公路。因此，快要到达允景洪了，但 160 多公里的沿途却难得见到一个人影，连田里耕作的农民都见不到。

周恩来很纳闷，再细一琢磨，已明白了八九分，问史怀璧："为什么沿途没有见到一个群众？田里也没有人劳动？是不是你们为了安全，不让群众出来？"

史怀璧有些紧张地说："是按照特级警卫的要求布置的。"

"没有必要搞得这样草木皆兵嘛！这样做，一方面是脱离群众，事先通知沿

1961 年 4 月，周恩来在云南西双版纳傣族自治州和傣族群众欢庆泼水节

途老百姓回避，反而把事情复杂化，更不安全；另一方面，外宾看到我们如此戒备森严，说明我们的边境地区不稳定，给外宾造成不好的印象，群众对我们这样做也有意见。前不久，我到一个地方，看到一条标语，说'书记出巡，地动山摇'。这还得了。"周恩来流露出明显的不满。

下午 4 点多，车队到达距允景洪城 2 公里的澜沧江北岸轮渡码头。

这里，已是一片欢乐和鲜花的海洋。世世代代生活在边疆，连省长都难得一见的各族人民听说周总理要到允景洪，哪能错过这千载难逢的好机会。城里及城郊附近几十个村寨的几千名群众早已聚集在这里翘首以待。如花似玉的傣族小"卜哨"在清脆的象脚鼓声中跳起了迎宾孔雀舞，各族群众用不同的民族语言热烈地欢呼着：欢迎敬爱的周总理！欢迎缅甸贵宾！中缅友谊万岁！

看到这激动人心的场面，周恩来也很感动。等轮渡把小车渡过来后，工作人员请周恩来上车。周恩来问："我们步行进城不行吗？"

"从码头到宾馆还有 1 公里多路程，事先也没有布置警卫，最好坐车。"工作人员回答说。

周恩来摆了摆手，风趣地说："这里又不是'敌占区'，当年重庆街头我都走过来了，今天到这里难道还怕群众吗？"

于是，周恩来与缅甸贵宾在自治州工委书记周凯和州长召存信等的陪同下，从渡口码头穿过3里多长夹道欢迎的人群，步行前往宾馆——自治州政府招待所。他们走到哪里，欢呼的浪潮就响彻到哪里，沿途许多身着艳丽服装的各族少女和少先队员，不断从欢迎的队伍中走出来，向周恩来和缅甸贵宾献上鲜花。

下榻宾馆后，周恩来没有休息，而是利用吴努总理休息的这段时间，接见了思茅地区和西双版纳州的党政军负责人，一一询问了大家的姓名、籍贯、民族、做什么工作等。

在听完有关负责人关于泼水节准备工作及其他工作的汇报后，周恩来再次批评毁林开荒的现象。他说：在从思茅到允景洪的路上，我看到毁林开荒的问题很严重，这样下去怎么得了？必须立即采取措施，否则，一个美丽富饶的西双版纳将会变成一片沙漠，我们共产党人就要成为历史的罪人，我们的子孙后代也要骂我们的。因此，你们一定要教育群众保护好自然资源，保护好森林，防止水土流失。

周恩来批评水库总指挥部："你们的图表中缺少了一样很重要的标志，那就是'人'！你们对水库这5万多移民都做了哪些安排和工作？你们这是见物不见人啊！"

在距首都北京100公里处的京郊密云县城北燕山群峰中，在潮河、白河的主河道上，横跨着一座大型水库。这就是华北地区第一大水库——密云水库。

今天，密云水库的水已是北京乃至天津的生命之水。

历史不能假设。但是，如果今天没有密云水库，构成华北电网的石景山发电总厂等4大热电厂将会因无水冷却而停机，像首钢、燕化等一些大型企业也将因此停产，京、津地区的几百万名居民也将成为涸辙之鲋。

喝水不忘挖井人。从1958年6月开始选择水库坝址，到1960年水库修建完工，周恩来曾先后10余次到水库工地视察，亲临指导。潮白河两岸，处处留下了周恩来的足迹；碧波荡漾的密云水库，每一滴清水都凝聚着周恩来的心血。

1958年9月1日，在周恩来的亲自运筹下，经过两个月的紧张筹备，密云水库正式动工。

密云水库投资2.4亿元人民币，计划工期2年，库容43.75亿立方米，要完成土石方量 3000 多万立方米。

在这么短的工期内，要建成这么大的一个水库，质量保证是周恩来万分牵挂的问题。

更重要的是，密云水库建成后，等于是悬在首都人民头上的一盆水。一旦出现质量问题，后果不堪设想。

开工一个月之后，周恩来就来到工地视察。

水库总工程师张光斗回忆说："10 月，周总理又一次来密云水库工地视察，先听取设计汇报，提出了许多问题和在工程技术上都是很关键的改进意见，指示设计一定要做到使工程多快好省。接着，听取施工汇报。周总理对 20 多万名民工工区的安排、施工机械设备等十分关心，指示必须重视施工质量。"

在听取汇报时，周恩来反复强调，既要保证进度，更要保证质量，绝不能把密云水库建成一个水害工程或是一个无利可取的工程，要把工程质量永远看作是对人民负责的头等大事。

水库总指挥王宪曾回忆：在一次水库工地座谈会上，总理站起来，双手举过头，比喻说，"这座水库坐落在首都东北，居高临下，就如同放在首都人民头上的一盆水，一旦盆子倒了或漏了，洒出大量的水来，人民的衣服就要被打湿了。"

周恩来这里所说的这"湿"字的含义，可不是一般地指湿了衣服，而是指千百万人民的生命财产的安全。

密云水库白河大坝的坝底河床，是沉积了四五十米厚的沙子卵石层。大坝建在这样的地基上，就要解决好一个基础渗漏问题。这个问题不彻底解决，就会危及建成后的大坝的安全。

周恩来对这个问题非常重视，发动专家们积极想办法。当时，解决大坝基础渗漏有好几种方案：一是挖掉，二是灌浆，三是做混凝土防渗墙。经过比较优化后，专家们认为采取做混凝土防渗墙的方案比较好。但这一方法只是在有些国家用过，中国和苏联都还没有使用过的先例。

周恩来在听取这一问题的详细汇报后，支持采用做混凝土防渗墙的方案。他说："对新技术在尚未完全掌握时，首先要摸索、消化。"又说："对密云水库这样重大的工程，应当特别慎重，必须一切通过试验，有把握再正式施工。"

修建水库很重要的一个环节就是拦洪。从 1958 年 9 月开工到 1959 年汛期到来之前，要使水库能够达到拦蓄潮河、白河汛期洪水的程度，就必须完成近

2000 万立方米的沙石土方的开挖、搬运和填筑。这就等于要在短短的 10 个月工期内，把一座大山搬到一二十里地之外。

如果不能按计划实现拦洪或者一旦拦洪失败，不仅已建成的大坝及其他工程将被洪水冲毁，更重要的是关系到首都安全和潮河、白河下游千百万人民的生命财产安全。

密云水库建设的每一个关键时刻，周恩来都亲临工地现场。

1959 年 5 月 19 日，在汛期即将到来之时，周恩来又一次来到密云水库工地视察。

他先是到指挥部看了沙盘模型和各项工作进度表，听取了水库工程总指挥王宪和工程技术人员的汇报。当他看到白河主坝的工作量几乎比潮河主坝多一倍，且开工又比潮河晚的情况后，有点不放心，担心在汛期来到之前，白河主坝难以筑到拦洪要求的高度。他说："密云水库是首都人民头上的一盆水，一旦倒下来，毛主席、党中央及首都人民的安全就会受到威胁。因此，你们一定要保证在汛期到来前使大坝达到拦洪高度。"

周恩来略为思索了一会儿，又说："我给你们再调一万名解放军来支援白河，务必确保全面拦洪，你们看如何？"

水库指挥部的人一听，喜出望外。对于白河主坝实现拦洪要比潮河主坝更紧张、更困难的情况，指挥部也看得很清楚，并多次开会研究过，只是觉得不好再向中央和其他省、市要人。

后来的事实表明：还多亏了周恩来及时调来的这一万名解放军。否则，白河大坝在汛期到来之前，是难以筑到 48 米的拦洪高度的。

在视察过程中，周恩来对库区的移民工作十分关心。

在总指挥部，周恩来仔细看着挂在墙上的地形图和工程图表，细心听完指挥部负责人的汇报后，发现无论从工作安排还是工作汇报，都没有提到库区移民的安置工作。

周恩来的眉头皱了皱，说："你们对工程安排得不错，执行得也很好，但是为什么在图表中没有安排移民的措施？"

稍稍停了一下，周恩来又严肃地说道："你们的图表中缺少了一样很重要的标志，那就是'人'！你们对水库这 5 万多名移民都做了哪些安排和工作？你们这是见物不见人啊！是一条腿走路。"

一旁的王宪、阎振峰等水库指挥部负责人都觉得他们是遗漏和忽略了这个问题，一句话也说不出来。

"我们的一切工作，是为了人民群众。因此做任何工作，首先心里要想着群众，关心群众。水库移民是为响应党和国家的号召，而离开他们祖祖辈辈的故土的，我们怎能只要求他们为国家做贡献，而忽视对他们今后生活和生产的安排呢？"

说到这里，周恩来对密云县委书记兼水库建设指挥部副政委阎振峰说："你是县委书记，老乡的房子盖了多少？你要赶快盖，不然老乡要对我们有意见的。以后我每月都问你，房子要是不盖好，我就月月催你。"

以民为本，是周恩来的一贯思想。他多次说过，没有人民，我们将一事无成。

同样，没有那几十万名日夜奋战的民工，那些现实生活中的"愚公"们，你就是有一座座金山，密云水库也不会从天而降。

"见物不见人"，周恩来批评得多深刻！这种批评直到今天仍不失它的锋芒。

君不见，那些成千上万的民工用自己的双手和汗水，为国家，为城里人建起了一座座高楼大厦，而有些城里人却视民工如异类，处处歧视他们，排挤他们。

出了总指挥部工棚，周恩来又来到白河大坝指挥棚。

指挥棚内只有几个用4根木桩埋在沙土中，上面钉块木板做成的简易凳子。周恩来坐在木板凳上，把民工带队的干部招呼到一起，询问民工的劳动情况和生活情况。

"民工们每天吃多少粮食？有菜没有？供应好不好？"周恩来问。

"我们自己种了一些菜，加上北京供应一部分菜，民工的生活很好。"

"要保证民工的身体健康，有病要及时治疗。"周恩来问身边的一位支队干部，"你们每个团都有医生吗？"当时民工的编队与管理都是按军队建制，团是县，营是公社。

"有。"

"一个团有几个医生？"

"有的团1个，有的团3个。"

"那好。"周恩来又问，"民工一天劳动几个小时？"

"每天12个小时。"

"民工从住地到工地要走多远的路程？上工下工要走多长时间？"周恩来问得很细。

"来回路程大概要走两个来小时。"

"再加上吃饭，总共多少时间？"

"需要 15 个小时左右。"

"那怎么行呢？"周恩来从凳子上站了起来，"民工劳动时间太长了，得不到很好的休息。应当实行三班制嘛！三班制不仅能够保证民工有足够的时间休息，保持充沛体力，而且还可以改善目前工地上劳动拥挤的现象。"

"民工能看到电影吗？多久看一次？"周恩来这一问，把大家都问哑了。

由于工期紧，工地指挥部确实还没有考虑过给民工放电影的事。于是，只好如实回答。

"还是要坚持两条腿走路，既要看到物，更要看到人。"稍顿，周恩来又问，"民工每天的补助是多少？"

"每天每个人发 4 毛钱的饭费补助。"

"太少了！民工在工地上除吃饭外，还要补衣服，缝鞋子，会抽烟的每月还要买点烟叶和火柴，有时有个头疼脑热的，不想吃食堂的饭菜，还要到小馆子吃点片儿汤。天这么热，民工们也要买个冰棍吃。他们离家很久了，总要给家里写封信，还得花钱买邮票。每天只发给 4 毛钱的伙食费怎么行？一定得发些零用钱。要把民工生活当作一件大事来抓，要使民工知道每天每人补助多少，并把钱发到民工手里，防止任何人克扣。"

后来，水库指挥部根据周恩来的指示，每天每人另发 3 毛钱零用。完成任务多、劳动好的，还可多发一点。民工的劳动积极性更高了。

1960 年，周恩来陪外宾到密云水库。在向指挥部负责人询问水库建设收尾工作时，周恩来没有忘记前一年交代的移民住房问题，特意问道："库区移民的房子都盖好了没有？"

"只盖好了一部分，还有一部分没有盖好。"

周恩来的眉头顿时皱了起来，生气地说："你们的确是见物不见人啊！你们再不把移民的房子盖好，我再也不来了，什么时候盖好了，给我打个电话，我要亲自来看的。"

继 1959 年 5 月那次视察时的批评，周恩来这是第二次批评库区的移民工作了。

周恩来走后，总指挥部立即成立了移民指挥部，加紧移民的安置工作。到1962 年，库区移民都已搬进了新居。

23　特赦战犯促"月圆"

　　1959 年，毛泽东的一个重要"建议"使许多特殊家庭有了"月圆"的希望。溥仪等特赦战犯成了西花厅的客人。

一个特赦战犯的建议

1959 年 9 月 14 日，一个特殊而影响巨大的建议在中国共产党领导层中酝酿出台：

中国共产党中央委员会的建议

全国人民代表大会常务委员会：

　　中国共产党中央委员会向全国人民代表大会常务委员会建议，在庆祝伟大的中华人民共和国成立 10 周年的时候，特赦一批确实已经改恶从善的战争罪犯、反革命罪犯和普通刑事罪犯。

　　我国的社会主义革命和社会主义建设已经取得了伟大胜利。我们的祖国欣欣向荣，生产建设蓬勃发展，人民生活日益改善。人民民主专政的政权空前巩固和强大。全国人民的政治觉悟和组织程度空前提高。国家的政治经济情况极为良好。党和人民政府对反革命分子和其他罪犯实行的惩办和宽大相结合、劳动改造和思想教育相结合的政策，已经获得伟大的成绩。在押各种罪犯中的多数已经得到不同程度的改造，有不少人确实已经改恶从善。根据这种情况，中国共产党中央委员会认为，在庆祝伟大的中华人民共和国成立 10 周年的时候，对于一些确实已经改恶从善的战争罪犯、反革命罪犯和普通刑事罪犯，宣布实行特赦是适宜的。采取这个措施，将更有利于化消极因素为积极因素，对于这些罪犯和其他在押罪犯的继续改造，都有重大的教育作用，这将使他们感到在我们伟大的社会主义制度下，只要改恶从善，都有自己的前途。

中国共产党中央委员会提请全国人民代表大会常务委员会考虑上述建议，并且作出相应的决议。

中国共产党中央委员会主席　毛泽东

1959 年 9 月 14 日

这个由毛泽东代表中共中央提出的建议很快传向党内外。9 月 15 日，毛泽东邀集各民主党派、各人民团体负责人、著名无党派人士和著名文化教育界人士举行座谈会，通报了新中国成立 10 周年特赦问题的有关情况并作了说明。

9 月 17 日，第二届全国人民代表大会常务委员会第九次会议，根据毛泽东的建议，通过了关于特赦确实改恶从善的罪犯的决定。随后，刘少奇发布中华人民共和国主席特赦令。

第二天，《人民日报》在头版显著位置上，发表了毛泽东的建议、人大常委会的决定和刘少奇的特赦令，同时配发了题为《改恶从善，前途光明》的社论。这张报纸立即在全国各地战犯管理所内引起轰动，一双双盼望的眼睛盯住了《特赦令》的第一条："蒋介石集团和伪满洲国战争罪犯，关押 10 年而确已改恶从善的予以释放。"这天正赶上中秋佳节，往年这一天，总不免有人因月圆人不圆而惆怅，今年则大不相同了，许多特殊的家庭有了"月圆"的希望。

正是毛泽东、周恩来等人，用巨人的大手，拨动了月圆的时针。

1959 年 12 月 4 日，首批特赦在人民解放战争时期被人民解放军俘虏的战争罪犯大会在北京、抚顺、济南、西安等地隆重召开。此举在国内外引起强烈反响。它对调动各方面积极因素参加社会主义建设，特别是对推动祖国和平统一事业产生了积极而深远的影响。

在解放战争时期被人民解放军俘虏的战犯一直没有进行正式审判，而是分别关押在各地的战犯管理所。他们在战犯管理所一边治疗伤病，一边接受党的政策教育，交代所犯的罪行。

对这批人究竟如何处理，党中央一直持慎重态度，研究过各种方案。最初，中央曾考虑对他们进行正式审判，但经过反复讨论，权衡利弊后，还是决定采取慎重态度，对他们不判不杀，暂时放在那里。历史证明，中央的决定是正确的。

1956 年，争取和平解放台湾方针确定后，如何处理战犯的问题又提到议事日程上来。1 月 30 日，周恩来在《中国人民政治协商会议第二届全国委员会常务委员会工作报告》中号召"为争取和平解放台湾，实现祖国的完全统一而奋斗"。当天，他在陆定一起草的《为配合周恩来同志在政协所作的政治报告向台湾展开相应的宣传工作问题给中央的报告》的批示中，最早提出了"政协会后，可放十几个战犯看看"的意见。

中共中央非常重视周恩来的意见，中央政治局就这个问题进行了专题讨论，并对各方面情况做了分析和研究，认为已经具备了释放一批战犯的条件。当时国内生产资料私有制的社会主义改造已获得了决定性的胜利；第一个五年建设计划提前完成，政治、经济稳定。从战犯本身的情况看，他们虽多是有过重大罪恶，但一般高高在上，同人民群众直接接触较少，不像直接压迫人民群众的恶霸地主那样，不杀掉一批不足以平民愤。再者，经过几年的关押改造，他们之中的多数已经有了不同程度的悔改表现。在这种情况下，如果释放一批战犯，不仅有助于孤立、动摇、瓦解境内外敌人，并且有助于安定社会上和统一战线内部对我们抱有疑惧的人的思想，使人民民主统一战线获得进一步的巩固和扩大。

另外一个重要因素是，当时，根据周恩来阐明的对台方针和中央的部署，政府宣布，国民党去台人员只要回到祖国，不管什么人将一律既往不咎。在这种时候，释放一批战犯，有利于加强台湾与大陆的关系。

3 月 14 日，全国政协二届十九次常委扩大会议专门讨论了周恩来关于释放战犯的提议。周恩来根据毛泽东主张的对国内战犯"一个不杀"的原则作了发言，具体说明这一重大决策的目的、方针和步骤。他明确指出：我们的目的就是要"转消极因素为积极因素"。他说："杀他们是容易的，杀了他们，他们就不能再起积极作用。只能起消极作用。对台湾的影响相反，使他们觉得战犯的下场只能被杀，增加了台湾的恐慌，这与我们的政策不相符合。"

那么，如何实施这一决策呢？当时会上有两种意见：一种意见认为应该立即全部释放；另一种意见认为应该逐步释放。周恩来主张后一种意见，他说："虽然前一种意见处理起来很简便，但工作不完满，收获也不大，一下子轰动一时，过去后就没有下文可做了。"他提出："我们要影响台湾还是一步一步地来做好，先放少数的，试一试，看看有效没有，放出后的工作也要循序渐进，急不得。"对战犯释放后的安排，周恩来也提出了具体意见，他说：第一步先集中他们在北京参观，然后再到各地去参观，允许亲友看望他们。等这些人对新生活适应后，对祖国的形势有所了解后，再做第二步工作，即同他们一起讨论如何开展对台湾的工作。周恩来表示，如果他不是总理，倒愿意跟这些人多谈谈。他还强调："他们出去后，愿意到台湾的到台湾，愿意到香港的到香港，允许来去自由，允许言论自由，我们说话是算数的。"

4月25日，毛泽东在中共中央政治局会议上作《论十大关系》的报告，进一步就宽大战犯的政策问题作了说明。毛泽东指出，党的政策总的精神是化消极因素为积极因素，杀了这些人，一不能增加生产；二不能提高科学水平；三对我们除四害没有帮助；四不能强大国防；五不能收复台湾。如果不杀或许对台湾还会产生影响。对释放战犯的时间问题，毛泽东经过反复考虑后，在5月2日的一次会议上表示：目前马上释放，时机尚不成熟。其理由是："放早了，老百姓不那么清楚，我们也不好向老百姓说明，还要过几年，老百姓的生活过得更加好了，我们再来放。""不讲清楚这个道理，一下子把他们放掉了，人家就不了解，也没有这个必要。"

经过上上下下的充分酝酿与讨论，对战争罪犯实行特赦的方针终于确定下来。

西花厅的特殊客人

1956年初，为加强对战犯的统一管理和改造工作，中央决定实行战犯集中管理。战犯中的两百名国民党高级将领被集中到北京功德林战犯管理所。管理人员向他们宣布，可以与家属自由通信，可以接待来访亲友。

为加强对战犯的改造工作，管理所根据周恩来的指示，采取了多种办法。首先组织他们成立学习委员会，学习党的政策，开展讨论，进一步清理思想。接着，组织他们到东北各大工业城市以及天津、武汉等地参观，让他们亲眼看看祖国社会主义建设的伟大成就。管理所还坚持思想改造与劳动相结合的方针，安排他们到北京远郊五云山下参加劳动。与此同时，周恩来还委托原国民党高级将领及爱国民主人士张治中、程潜、邵力子、章士钊、傅作义、蒋光鼐、张难先、郑洞国、侯镜如等先后到功德林看望，做说服开导工作。他们带去了毛泽东、周恩来的问候，并把周恩来的意思转告大家：今后谁愿意留在大陆为祖国建设服务，一律妥善安排，愿意去台湾或海外者，政府也给予方便，保证来去自由。这一系列的工作和措施，推动了战犯们的思想转变。从 1959 年 6 月至 10 月，这批战犯先后三次给中共中央写"感恩信"，除表示服罪外，还表示愿在解放台湾的斗争中贡献自己的力量。廖耀湘在北京参观后说："我虽是一个旧社会遗留下来的犯人，但我是一个中国人，对这种复兴祖国的伟大神圣事业，不能不虔诚的热烈拥护。"王耀武还建议组织工作小组，研究统一祖国的具体办法。

1959 年 9 月 14 日，国庆 10 周年前夕，毛泽东代表中共中央向全国人大常委会建议，在庆祝中华人民共和国成立 10 周年的时候，特赦一批确实改恶从善的战争罪犯、反革命罪犯和普通刑事罪犯。9 月 17 日，第二届全国人大常委会第九次会议讨论并同意毛泽东提出的建议，决定在国庆 10 周年之际，对一批罪犯实行特赦。同日，刘少奇主席发布特赦令。

12 月 4 日，最高人民法院宣布特赦首批战犯 33 名，其中在功德林战犯管理所的有 10 名。他们是：杜聿明、王耀武、陈长捷、曾扩情、周振强、杨伯涛、郑庭笈、宋希濂、邱行湘、卢浚泉。10 个人中，除陈长捷、卢浚泉外，都是黄埔军校的毕业生。根据周恩来的指示，这 10 个人和从抚顺战犯管理所释放的末代皇帝溥仪专门组成一个小组，集中住在北京崇文门内旅馆，由周恩来总理办公室的同志负责他们的学习和生活。周恩来这样安排是有特殊意义的。因为，蒋介石曾任黄埔军校的校长，他的亲信多数来自黄埔系。而周恩来曾任黄埔军校政治部主任，在黄埔同学中也深有影响。依靠这批黄埔军校的毕业生来联络大陆与台湾的关系，的确是再合适不过了。

这批人刚刚迈出监狱的大铁门，就受到周恩来无微不至的关怀。周恩来深知，走出功德林的大门，对他们来说意味着新生活的开始，但他们所处的环境将更为复杂。他们能很快适应新生活吗？他们能抵御住复杂环境中的各种影响吗？他们能跟上时代的步伐吗？显然，周恩来关心的不仅是他们的生活，更重要的是他们的思想。

不久，周恩来收到曾扩情以学生身份请求"赐教"的来信。他认为这正是开展工作的很好机会，无论从旧情还是新谊来讲，自己都有不可推卸的责任。因此，他立刻通知有关部门安排会见。

12 月 14 日，周恩来在自己的住所中南海西花厅会见了这批特殊的客人。当周恩来出现在大家面前时，大家惊喜万分。后来，杨伯涛回忆说："当时，能够见到周总理感到很幸福。但是，想起自己从黄埔军校毕业之后，走了一段漫长的反革命道路，成为罪行累累的战犯，真不知该说什么好，喜悦和羞愧之情顿时交织在一起。"

周恩来同客人一一握手，分别询问了每个人的学习、家庭、身体健康情况以及出狱后的感想。

当他走到黄埔一期毕业生曾扩情面前，叫一声"曾扩情"时，这位在大革命时期曾与周恩来共过事的汉子不禁泪盈眼眶。他想不到事隔几十年，周恩来还记得他的名字。周恩来握住他的手说："我在黄埔军校时还不到三十岁，当时感到压力很大。"曾扩情连忙说："我那时已经三十开外了，我这个学生比老师还大几岁哩。"当时，曾扩情在黄埔军校政治部任少校科员。

转过身，周恩来看到了坐在一旁的溥仪。这是他第一次同溥仪见面，所以叙谈的时间较长。他同溥仪说起满族人的习俗礼节。陪同前来的陈毅在一旁风趣地说："我当年在北京读书时，还是你的臣民呢！你出来时，我们还要看看你这个皇帝呢！"引起了一片笑声。

周恩来的目光又转向杜聿明。杜也是黄埔一期毕业生。解放战争时期他任国民党东北保安司令长官，后任徐州"剿总"副总司令。淮海战役中被俘后，陈毅要见他，他态度顽固拒不见面，因此在今天的场合深感不安。他面带愧色地对周恩来说："学生对不起老师，没有听老师的话。"周恩来忙说："这不怪你们，怪我这个当老师的没有教好。"一席话感动了在座的所有人。

周恩来又走到郑庭笈面前。郑庭笈是黄埔五期学生。解放战争期间，他任国民党第四十九军中将军长，辽西战役时被人民解放军俘虏。陪同前来的张治中在一旁介绍："这是郑介民的堂弟。"郑介民在1946年时任国民政府军事委员会军令部第二厅厅长，是北平军调处执行部国民党方面的代表。周恩来说："我知道！"接着他详细询问了郑的家庭情况。周恩来为什么这么关心他的家庭问题呢？原来，郑庭笈的妻子冯莉娟在郑被俘后原准备去台湾。临行前，她听到郑在哈尔滨发表的一篇广播讲话稿后，决定留下来。1954年，她回到北京。因作为战犯的妻子难以安排工作，她提出和郑庭笈离婚。郑庭笈如实地把家庭情况告诉了周恩来。周恩来听后沉思片刻，转过脸来对张治中说："那你们应该动员他们复婚嘛！"这件事，郑庭笈以为周恩来顺便问问就过去了，没想到当他后来再次遇见周恩来时，周恩来的第一句话就是："你复婚了吗？"郑庭笈激动得不知该如何

1960年10月，周恩来和邵力子、张治中、陈赓在颐和园宴请被特赦的原黄埔军校学生、国民党高级将领

回答。几十年后，郑庭笈回忆起当年的情景仍记忆犹新。他说："我至今还无法判断，周总理这样待我，究竟是由于他有超人的记忆力，还是有超人的情感。"郑庭笈出任全国政协文史专员后，在周恩来关照下，有关部门将他妻子调到他身边当打字员，促进了这对夫妻感情的再度结合。郑庭笈逢人便讲："如果没有周总理，我们夫妻不会破镜重圆，我的家庭也不会像现在这样幸福。可以说，周恩来就是我们的红娘。"

……

——询问情况后，周恩来招呼大家坐下，在祥和的气氛中开始了严肃的谈话。他说："你们出来几天了，有些问题先谈一谈好。我们党和政府是说话算话的，是有原则的。我们是根据民族利益、人民利益来释放你们的。"谈话中，周恩来要求他们着重解决四个方面的问题，即立场问题、观点问题（包括劳动观点、集体观点、群众观点）、工作和生活问题、前途问题。

谈到立场问题，周恩来强调："首先要站稳民族立场、热爱新中国。"他激动地说："从鸦片战争到今天，经过将近一百二十年的斗争，中国人民翻了身，取得了伟大的胜利，这一事实连帝国主义也是承认的。这样的国家不爱还爱什么？"大家深为周恩来强烈的民族感情、爱国热情所感动。接着，周恩来阐述了民族立场的重要性及争取台湾回归祖国等政策性问题。他说：民族立场很重要，我们对蒋介石还留有余地，就是因为他在民族问题上对帝国主义还闹点别扭，他反对把台湾交联合国"托管"，反对搞"两个中国"。针对1958年夏，美国政府制造台湾海峡危机，想以退出金门、马祖来换取侵占台湾合法化的阴谋，周恩来说："我们认为台、澎留给蒋介石比留给美帝国主义好，将来这些地方总有一天会回到祖国怀抱。"正如章士钊先生所说："现在真正支持蒋介石的是北京。"周恩来希望蒋氏父子与陈诚团结起来反对美国。他说，要坚持民族立场，祖国的领土是完整的，不容许帝国主义分割，损害我们的一根毫毛也不行。

谈到观点问题，周恩来充分肯定他们有做新人的愿望，但也指出还要继续树立和加强劳动观点、集体观点和群众观点，不要把十年改造所得抛于一边。

谈到工作、生活安排时，周恩来嘱咐中央统战部部长徐冰作出妥善安置。对准备与台湾方面联系的人，周恩来叮嘱："可以做点工作，但写信也不要太急，不要挖苦，要以民族利益为重，工作要从长计议。"

最后，谈前途问题，周恩来向他们提出两点希望。第一，要相信党和国家，要用自己的力量为国家为民族多做贡献。第二，倘有不如意的事可以写信，可以与中央统战部联系，有话就要说，不要积少成多，结成疙瘩。对今后的去向，周恩来挽留他们在首都工作。后来，他们之中一些人因家庭原因未能留在北京。其他凡留在北京的除溥仪之外，都安排到京郊中朝友好公社劳动。经过一段时间的锻炼，又陆续分配到政协文史馆等单位工作。

第一次会见，周恩来谈了整整三个小时，使大家如沐春风。杨伯涛把这份讲话记录珍藏至今，每逢遇到困难、挫折，常以此激励自己。他曾对人说："这种对待俘虏的做法自古以来是没有的。我为什么拥护共产党？因为我是过来人，我看到过国民党的兴盛，也看到过它的衰败。我为国民党做过 19 年事，又在共产党领导下工作了 20 多年，我感到只有共产党才有这种胸怀。而周恩来使我形象化地认识了共产党。"在周恩来关怀下，杨伯涛一直坚持做对台工作。多少年来，他经常对台湾方面进行广播讲话，劝导过去的同事或部下早日回到家乡来。他还根据亲身经历撰写了数万字的关于陈诚军事集团的兴起和衰落的材料，对了解台湾及陈诚的情况，制定相应的争取方针很有帮助。

末代皇帝的新生

至于溥仪，为了将这位清朝的末代皇帝改造成为社会主义的新人，周恩来更是给予了极大的关注，并付出了心血。

周恩来接见的第二天，溥仪在一封私人信件中是这样记述这次会见的：

> 这是在 12 月 14 日，我坐着国务院派来的汽车，从前井胡同 6 号到了国务院西花厅。我的七叔载涛也在那里等我。我一进屋门就看见周总理了。总理起来和我握手。我心里是何等的感激、激动，我紧握总理的手，不知不觉地说："呀，周总理！"满肚子想说的话，激动得反而说不出来了。
>
> 周总理又为我介绍了陈毅和习仲勋副总理，见了张治中、傅作义、章士钊等各首长，以及中央统战部副部长徐冰等。
>
> 在座还有最近释放的蒋介石集团战犯杜聿明、王耀武、郑庭笈、

1960 年 1 月，周恩来接见被特赦的爱新觉罗·溥仪（中）及其亲属载涛等

宋希濂、邱行湘、陈长捷、曾扩情、周振强、杨伯涛、卢浚泉等 10 人，
也一一和我握了手。

我们坐下后，周总理对我们 11 个人，一一恳切地询问了个人情况、
家庭情况，并对我们勉励，指出我们前进的方向……

为安排溥仪工作，周恩来费了一番思量。1960 年 1 月 26 日，周恩来再次接
见溥仪及其家族成员，便有了下面一段谈话：

周恩来：……你后几年进步了，但不能说巩固。改造，第一是客
观环境，第二是主观努力，现在环境变了。那时，你不那样做不许可，
现在环境变了，可做可不做。而且，现在也不一定每个人都能把你当
成平民看待，可能有的人还会向你下跪打躬。

溥仪：这次回来后还有两个老头，拿着用清朝官名写的信来见我，
当时我说要出门，没空儿，没见他们。我想，没法说服他们，没办法。

周恩来：在现在的环境下，一定要起变化，一定要认识这个环境，要战胜这个环境。

溥仪：自己的立场坚定，就可以帮助落后；自己如不坚定，就会受到影响。

周恩来：这一点不容易，共产党革命了几十年，有的还犯错误。

……

周恩来：今天和你谈谈，给你安排一下。你愿意在工业部门吗？想搞哪一种工业呢？

溥仪：想搞轻工业，或在公社中，都可以。

周恩来：你看，究竟哪一种更适宜？

溥仪：反正都是学习，现在我自己也说不清楚哪种适宜。

周恩来：你多大年岁？几月生日？

溥仪：正月生日，快满 54 岁了。

周恩来：按选举年龄，你已经 54 岁，还要学工业，比我先进了。学工业倒不难，车床活儿主要看你的眼睛怎么样。

溥仪：眼睛 700 度近视。

周恩来：操作精密仪器恐怕不成了，我看可以找找各部的研究所，找一个合适的工作。你过去喜欢化学还是物理？

溥仪：我什么也没学过，物理、化学完全不会。过去只学孔家店这一套。

周恩来：你写的那份《我的前半生》还不错嘛！

溥仪：那是我说，由我兄弟执笔写的。另外，阮振铎帮忙。

周恩来：那么，你的文学能力也不行吗？

溥仪：这恰恰能说明封建时代的特点。我小的时候贪玩不念书，老师也不敢管，后来长大了，简直就成了老师听学生的话。学《四书》《五经》时，只念不讲，即使讲了，也不往心里去。虽然我从 6 岁一直念到 17 岁，但念得不行。英文学了 3 年也忘了，简单的话还能说。至于物理、化学，都没学。

周恩来：日文会不会？

溥仪：不会。溥杰会。

周恩来：轻工业活儿很细，可能更累。你再想想，主要看能否研究点什么？

溥仪：现在，党认为怎样适当，我就怎样做。

周恩来：你的身体怎样？要照顾你的身体。

溥仪：现在没什么病，在抚顺时检查过，仅有痔疮。

（这时，周恩来转身对陪见的国务院副秘书长、总理办公室主任童小鹏，总理办公室副主任罗青长和中共中央统战部联络委员会主任马正信等三人说：给他找个医院，做一次全身检查。多活几年总好嘛！）

溥仪：那当然！我现在新生了，希望多活几年，多给国家做事。

周恩来：你自己再想想，看在哪里工作合适？我看还是找找各部的研究所，一半学习，一半做工，既照顾你的身体，也学一点儿自然科学。可以让研究员教你，他们都很年轻，你受教不受教呀？我们可以告诉他们，要互相帮助，你可以教给他们历史知识，现在的青年多数不知道历史。到研究所去有政治生活，可以参加学习、讨论。住在集体宿舍里好，星期天再回到家里。先学几年，你愿不愿意这样做？这样，基础更巩固一些，有利于今后的发展。

溥仪：可以。

周恩来：你读了不少医书，但是你不要给人家治病，治好了没事，治坏了就会有闲言闲语，这样不好。

溥仪：其实也没读过太多的医书，主要是那时自己的身体不好，如果还照过去那样生活下去，我的生命也保不住了。

周恩来：你先检查身体，然后再联系几个研究所，看在哪里合适。定个三年计划，把自然科学学会一点儿。

溥仪：我对算术一点儿也不行，连加减乘除也不大会。

周恩来：你在抚顺时，对自然科学方面的东西看得懂吗？生产知识大概更差了。

溥仪：旧社会把我造成一个大废物，只知道坐享其成。

周恩来：在抚顺时搞过农业没有？

溥仪：只浇浇水，抬抬东西，还剥过蒜。

周恩来：搞过农业生产没有？

溥仪：农业生产归国民党战犯，不归伪满战犯。电机，原来由伪满战犯管理，后来也交给国民党战犯了。忙时曾帮助养猪，或到伙房帮厨。

周恩来：那你可以炒菜啦？

溥仪：做菜也不会。

周恩来：那你只好洗碗了。

溥仪：那会。

周恩来：我不晓得你的底子，最好找容易学的，可以先学点儿物理、化学、数学。

参加陪见的童小鹏在旁插嘴说：可以到农业研究所搞搞农业机械。

周恩来：农业机械是比较简单，但也不一定。……如果你觉得农业劳动在室外好，也可以。主要是学点儿科学，也可以在试验农场。

溥仪：最好搞简单的，由无到有，由浅到深。

周恩来：准备定个三年计划。……能学点儿本事最好。能不能改造，环境是客观存在，客观可能性和主观能动性要结合起来。《毛泽东选集》你看过几遍？

溥仪：没整遍看过，只是挑着看。

周恩来：我回去查查看，家里可能还有两部《毛泽东选集》，那就送给你一部。你要学嘛，当然要送给你一部。

溥仪：我的生命是属于党、属于人民的，我要尽一切力量做好工作，一定不辜负毛主席和总理的期望，一定不辜负。

……

面商结束，周恩来立即与平杰三、童小鹏等人逐个分析国务院各部研究所的情况，最后决定把溥仪放在中国科学院植物研究所所属的北京植物园。位于首都西郊的这个绿色王国，空气清新，环境优雅，是个非常美丽的地方。

安排既定，周恩来亲自跟中国科学院院长郭沫若打了招呼，同时，又让平杰三把他的有关意见转达给北京植物园。当时已确定，溥仪在北京植物园的劳动期限为一年，原则上半日劳动，半日学习，要照顾他的身体，劳动时间也可以缩短。周日休息，活动自由，最好能隔一个星期安排他进城看看，探亲或购物。他的生活遇到困难，要及时给予补助。

1960 年 2 月 10 日，也就是农历庚子年正月十四日——溥仪的 54 周岁生日，中共北京市委统战部部长廖沫沙约见溥仪等 5 人，宣布了新的工作安排。2 月 24 日，溥仪给金源写信，记述了这个隆重的时刻：

> 市委统战部廖部长（还有几位统战部与民政局的首长），在政协文化俱乐部，约杜聿明、王耀武、宋希濂、郑庭笈和我谈话，对我们的工作、学习、劳动进行了安排。我是到中国科学院北京植物园（香山）去工作，研究热带植物。杜聿明等 4 人是到红星人民公社去工作。我们每天是一半学习，一半劳动，有时到京听首长们的报告。政府仍照常给我们生活补助费。廖部长对我们作了最恳切的叮咛和勉励。

从此，这位退位的清朝皇帝，开始了一个普普通通的新中国公民的生活。溥仪在另一封信中还谈到了其他战犯的工作去向：

> 统战部首长关怀我们的生活、学习和工作，并根据个人的志愿，给每个人适当的安排。我们 11 人中，有曾扩情、卢浚泉、邱行湘、陈长捷回到自己家乡，各在本地找工作；杨伯涛、周振强回家后仍愿回北京，政府发给每人来往的路费；杜聿明、宋希濂、王耀武、郑庭笈和我则留在北京，将来政府给适当安排。

这些安排，也都是周恩来亲自决定的。

24　从化读书

1960 年二三月间，周恩来召集了一个《政治经济学（教科书）》读书小组，前后二十天，留下了一份珍贵的历史档案。

20 世纪 50 年代末 60 年代初，党中央和毛泽东提倡的读马列著作和理论书籍的活动，对党的领导者深层次地思考社会主义建设的问题，起了重要的促进作用，对中国共产党进一步领导中国的社会主义建设，作了很好的理论储备。人们已经披露和探讨过毛泽东、刘少奇的读书活动及其理论思考。但对周恩来和他主持的读书小组的读书活动及其理论思考，却极少涉及，尤其对周恩来 1960 年二三月间在广东从化组织读书小组的情况，几乎是一片空白。这是一份有重要价值的历史资料。

读苏联《政治经济学（教科书）》的背景

新中国成立后，作为全国政务尤其是经济建设的"总管家"，周恩来很少有时间坐下来集中读书，这是由"日理万机"的客观条件决定的。然而，作为一个杰出的马克思主义者，周恩来对理论指导实践的渴望和对新知识的渴求，却是始终如一的。当"大跃进"和人民公社化运动严重地破坏了国民经济，搞乱了人们的思想时，周恩来要求冷静下来思考社会主义建设规律，读点理论著作的愿望，更加强烈。正在这时，毛泽东于 1958 年 11 月 9 日写信给中央、省市自治区、地、县四级党委委员，建议读斯大林的《苏联社会主义经济问题》和《马恩列斯论共产主义社会》，强调："要联系中国社会主义经济革命和经济建设去读这两本书，使自己获得一个清醒的头脑，以利指导我们伟大的经济工作。"这一建议，周恩来非常赞同和重视。在某种程度上说，周恩来早就急切地希望全党认真研究社会主义建设中的理论问题。这一希望，也反映在家庭生活中。当郑州会议结束后，中央决定 11 月 21 日至 27 日在武昌召开政治局扩大会议时，周恩来于 11 月 17 日抽空给邓颖超写信说："连日下午中央在开会讨论郑州会议的文件，现在还没结束，内中关于两个过渡两个阶段，都有所探讨，望你加以注意研究，以便见面时与你一谈。"对于社会过渡、所有制、社会阶段以及商品生产等重大问题，如何正确认识和处理，早已成为周恩来和邓颖超注意研究、探讨的重点。

11 月下旬，中央宣传部的内部刊物上登载了中国科学院经济研究所整理的有关苏联《政治经济学（教科书）》（简称《教科书》）第三版的重要修改和补充的材料。毛泽东立即提议参加武昌会议的同志阅读，并指示给每人发一本《政治经济学（教科书）》。周恩来就是在这个时候开始详细阅读这本书的。武昌会议期间，周恩来经常深夜抽出一定时间读书。1959 年 1 月，《教科书》修订第三版正式出版发行。是年六七月间，在庐山会议前期，毛泽东拟定了关于庐山会议所要讨论的 18 个问题，其中第一个议题就是"读书"。毛泽东提出："有鉴于去年许多领导同志，县、社干部，对于社会主义经济问题还不大了解，不懂得经济发展规律，有鉴于现在工作中还有事务主义，所以应当好好读书。""中央、省、市地委一级委员，包括县委书记，要读苏联《政治经济学（教科书）》（第三版）。时间 3—6 个月，或 1 年。""去年有了一年的实践，再读书会更好些。学习苏联，要读《政治经济学（教科书）》，教科书有缺点，但比较完整。……他们的缺点我们不要去学，但在去年，把苏联一些好的经验也丢了。"根据这一要求，周恩来又对《教科书》进行了一些研读。庐山会议后，党中央于当年秋冬重新强调学习《教科书》，刘少奇在海南岛，毛泽东先后在杭州、上海和广州，分别组织了学习苏联《政治经济学（教科书）》读书小组，周恩来受到启发。1960 年 1 月，周恩来在上海出席中央工作会议时，赞同毛泽东提出的"中央各部门的党组，各省、市、自治区党委，应组织起来读《政治经济学（教科书）》，先读下半部（社会主义部分）"的建议。1 月 31 日和 2 月 11 日，周恩来先后两次到广州见毛泽东，2 月 11 日还见了邓小平，向他们谈了组织《教科书》读书小组的事。

1960 年 2 月 13 日，周恩来到广东从化，召集李富春、李雪峰、陶铸、宋任穷、吴芝圃、许涤新、薛暮桥、王鹤寿、吕正操、陈正人等国务院、书记处、部分部委和中南局的有关领导同志组成了《政治经济学（教科书）》读书小组。这个小组，前后用了 20 天时间，把《教科书》的社会主义部分近 27 万字的内容通读、研讨了一遍。其间，曾邀请《红旗》杂志社副总编辑胡绳到组内作辅导。胡绳参加过毛泽东组织的读书小组，并整理了毛泽东在读《教科书》时边读边议的谈话记录。这一以笔记形式整理的谈话记录，胡绳在周恩来的读书小组内作了宣读，后来又留在周恩来手中。周恩来对毛泽东的谈话内容作了仔细的研究和深入的思考。3 月 6 日，周恩来回京，次日把胡绳留下的两本笔记送给毛泽东看，并说："我们已告诉参加学习的同志，只能在省、市委书记处和各部、委党组中学习使用，不下传。"

从 2 月 13 日到 3 月 2 日，周恩来在从化《政治经济学（教科书）》读书小组的研讨会上共作过三次系统发言。每次发言之前，他都先写出比较详细的提纲；发言之后，由参加学习的同志作了记录。周恩来的发言记录，在 4 月份他出访时，经李富春、薛暮桥等人商议，以"从化读书会学习笔记"形式印发国家计委、经委、建委等部委的读书小组和党组，作为学习材料，对这些部委的领导干部学习《教科书》起了重要的指导作用。从周恩来三次发言的内容来看，第一次（即 2 月 23 日）着重讲了"过渡问题"，阐述我国过渡时期的五条基本方针；第二次（即 2 月 25 日）主要阐述上层建筑尤其是思想意识与经济基础的关系及前者的先导作用；第三次（即 3 月 2 日）主要讲学习《教科书》的方法，并对整个学习作了总结。

读《教科书》的态度和方法

读《政治经济学（教科书）》的态度、方式、方法问题，周恩来在读书过程中反复地作过强调。读书小组刚组成，他就明确提出：必须批判地学习。批判的态度和方法，在刘少奇和毛泽东的读书小组中，同样如此。毛泽东在 1960 年 1 月上海工作会议上提倡组织学习小组时就专门说过："国庆节以前，把苏联经济学教科书读完。读的方法是用批判的方法，不是用教条主义的方法。"毛泽东和周恩来所强调的"批判"之意，并不是全盘否定，而是实事求是地进行分析、评论，对正确的东西加以肯定、学习、借鉴，对错误的东西加以否定、舍弃。在学术问题上，"批判"一意，是与不加分析、盲目接受的教条主义做法相反的。"批判"的态度，是周恩来历来坚持的学习态度和思考风格。早在他青年时期接受马克思主义时，就具备"审慎求真"的批判性态度，从不盲从。周恩来与中国其他真正的马克思主义者一样，在革命时期就饱尝了教条主义的危害，历经了千辛万苦，才探索出一条适合中国社会发展的革命道路。但是，进入建设新中国的时期，由于主观上的"左"倾思想和客观上的苏联模式及其老子党做法，致使教条主义的东西始终在时隐时现地干扰中国共产党。"大跃进"和人民公社化运动中存在的严重问题，再次向中国共产党提出了进一步清理教条主义的客观要求。这一要求是符合周恩来反对"洋"冒进、瞎指挥和共产风的思想的。因此，借学习苏联《政治经济学（教科书）》的机会，从理论上批判教条主义，重新思考建设问题，这是读书小组首先要解决的课题。

周恩来在 2 月 23 日的发言中开宗明义地提出："我们这次学习是运用毛泽东思想批判地学习《政治经济学（教科书）》。"在 2 月 25 日的发言中，讲到思想意识、上层建筑变革问题时，又引发了对苏联《教科书》的态度和方法问题："苏联当时只是一个社会主义国家，为了避免与资产阶级形式上的对立，在法律、司法方面，有许多形式上与资本主义国家相同，甚至在某些原则问题上妥协，这是错误的，我们批判了这些，批判了《政治经济学（教科书）》。但是，我们的人民大学还在用《教科书》当教本，这也是矛盾的。我们中央负责同志都到北大、清华去作报告，就是没有去人大，吴老（吴玉章）说过好几次。我们的马列主义教科书和教员都是从那里出来的。"周恩来在讲话中对中央社会主义学院、中央党校、国际关系学院等学校使用教本的情况也提出了看法，认为："我们的实际和理论有矛盾。"周恩来所说的人民大学使用《教科书》的问题，侧重点是在担心部分教员和学生缺乏批判态度上面，而不是否定大家学习这本《教科书》。在他看来，只有掌握了批判的武器，解决好理论与实际的矛盾，才能达到教书、育人的目的，也才能有利于中国的社会主义建设。3 月 2 日下午，读书小组召开了"学习《政治经济学（教科书）》（下册）结束会"，周恩来对这次学习作了总结。他在开场白中又一次讲到了学习的方法问题："毛泽东同志告诉我们要批判地学习《政治经济学（教科书）》。怎样批判地学习呢？这次学了 20 天，仅仅是学习的开始。精读一下，20 天是不够的，参考资料那么多；如果要把各个问题研究一下，不是两个月，时间要更长。学习是长期的问题。要分析这本书：哪些是对的，哪些是错的，好的加以肯定、发展，错的加以否定、批判；批判要有武器，就是要以马列主义、毛泽东思想作武器来批判，这样才完全。……在我们的学习中，掌握和运用这个武器，本身也就是学习。运用这个武器，要有个实践过程，需要有个时间，不能说我们马上就会用了，顺手拈来就行了，不要看得太容易，还要有个长期的过程，要看作是个不断学习、实践、发展的过程。这次学习是需要的，通过这次学习，基本上是提高了一步，还要继续学习下去。"这一总结性的发言，首先明确了批判的态度和方法即是马列主义的科学态度和方法，是实事求是的、分析的态度和方法；其次表明，理论学习是必要的，无论从理论发展还是从实践前进的角度，都是有益的；再次强调，理论学习是长期的任务，要学会运用批判的武器，真正把正确的理论用于指导实践，还需要不断地学习和实践。这次发言，进一步概述了周恩来对待《政治经济学（教科书）》、对待这次学习、对待理论思考的态度和方法。

对过渡问题的思考

"过渡"问题，是周恩来读书小组学习、讨论的重点问题，也是苏联《政治经济学（教科书）》社会主义部分所阐发的一个主要问题。《教科书》的社会主义部分开篇就提出了资本主义向社会主义过渡的问题，认为："社会主义经济不可能在资产阶级社会的范围内，在资本占统治地位的情况下产生，因此，为了用社会主义制度代替资本主义制度，在每一个国家中都需要有一个特殊的过渡时期，这个过渡时期开始于无产阶级政权的建立，完成于社会主义革命任务的实现——建成社会主义即建成共产主义社会的第一阶段。'在资本主义社会和社会主义社会之间有一个前者变为后者的革命转变时期。与这个时期相适应的是一个政治上的过渡时期，这个时期的国家不能是别的任何东西，只能是无产阶级的革命专政。'（引自马克思《哥达纲领批判》）"周恩来赞同《教科书》关于存在过渡时期的说法，并在发言中进一步指出："我国十年的历史证明，这个过渡要贯穿从资本主义到共产主义的整个时期，是一个比较长的过渡时期。"采取什么样的措施促进和实现这一过渡？周恩来认为必须根据中国自己的特定条件而定。为此，他提出："整个过渡时期的任务是两句话，第一句话是把革命进行到底。""第二句话是生产力不断提高。"周恩来讲的这两句话，实际上就是如何解决生产力和生产关系的辩证关系问题。他认为：第一句话的涵义就是生产关系的变革，第二句话的内容就是在第一句话的基础上发展生产力。这两句话实现了，自然就解决了生产力和生产关系的辩证关系，过渡时期的任务也就得以完成。这就是他所说的："革命主要是生产关系方面，生产关系解放了，生产力才能更好地发展。"在周恩来看来，鉴于中国的特定条件，实现过渡时期总任务的关键是搞好生产关系的变革，这对提高生产力有着决定性的反作用。他指出："一般地说，生产力、经济基础起主要的、主导的作用，但是，在一定条件下生产关系、上层建筑能够起决定的作用。我们中国有自己的特定条件。"这一认识，无疑是在社会主义条件下发挥了毛泽东在《矛盾论》中阐述的生产关系在一定条件下的决定作用的思想。

从周恩来所提出的"过渡时期的任务"和当时的历史条件来看，"革命"的含义主要是指在社会主义条件下为发展生产力而进行的各种变革。因此，过渡时期的任务主要是指实现整个社会主义建设的目标。所以，在提出了过渡时期的任务以后，周恩来阐述了中国为了保证实现这一任务所必须采取的五条方针。

一、"社会主义时期总路线"。他在解释总路线时，一方面，揭示了"鼓足干劲，力争上游"蕴涵的主客观关系，认为"上游是客观存在，上游是无止境的。如何争，要鼓足干劲，发挥最大限度的主观能动性"。从"最大限度"地发挥主观能动性和"无止境"地力争上游这一意思来看，表明了周恩来心目中对社会主义建设复杂性和长期性的充分认识。另一方面，指出了资本主义国家的"计划"经济与社会主义国家的"计划"经济的区别，他认为这种区别主要表现在处理整体和局部、宏观和微观的关系问题上。从发言中看，他并没有否定资本主义的经济手段，只是作了实事求是的客观评述。

二、"两条腿走路"。这一方针，实际上是由毛泽东在《矛盾论》中所提出的对立统一的思想发展而来的。周恩来在 1959 年 5 月 3 日曾对文艺界人士作过解释，他说："两条腿走路，就是对立面的统一。这个问题毛主席在《矛盾论》中早已解决了。对立统一本身就是两条腿，既要有机地结合，也要有主导方面（也就是矛盾的主要方面）。这是我们的哲学思想，也是我们重要的工作方法。"提出这一问题，主要是因为在实践中往往出现背离这一马克思主义辩证法的问题。尤其在"大跃进"和人民公社化运动中，走极端、狂热的"左"倾错误造成了严重的损失。周恩来为了纠正"左"的错误，极力提醒人们注意学习毛泽东的《矛盾论》，把对立统一规律运用在实际工作中。在读苏联《教科书》时，他进一步发挥了两条腿走路的思想。他发现《教科书》并没有注意到对立统一的矛盾内涵，指出：在这一点上，"教科书就是片面性"。对立统一，两条腿走路的思想，在他指导新中国经济建设过程中，是一以贯之的。

三、"五大革命"。周恩来所说的"革命"，是指生产关系的变革，包括经济方面的三大改造，政治思想方面的百花齐放、百家争鸣，以及科学技术、文化教育和所有制等方面。这五大变革，从社会发展战略方面来说，应该是正确的。但是，限于当时的认识水平和客观条件，关于这些"革命"的内容上的提法，有很多欠妥当的地方，例如，在所有制革命方面，周恩来提出："从集体所有制进到社会主义单一全民所有制，以至过渡到共产主义单一全民所有制，也还要革命。"当然，这一提法，也是苏联《教科书》的提法，明显地受到了苏联所有制模式的影响。

四、"四个现代化"。读《教科书》过程中的理论思考，对周恩来完善四个现代化的思想是有帮助的。他在发言中提出：四个现代化的内容是"工业、农业、科学、国防四个现代化"。并提出了实现这一社会发展总体战略目标的两个步骤："第一阶段要实现这四个现代化，第二阶段要实现得更好。"他还对今后10年到13年的社会发展指标提出了设想。这一提法，显然比1954年9月一届全国人大一次会议时提出的工业、农业、交通运输业、国防四个现代化的提法前进了一步。在次年9月周恩来主持起草的《中共中央关于当前工业问题的决定》中，这一提法被吸收进去。到1963年1月，周恩来在上海科学技术工作会议上，最终把我国四个现代化的提法完善为："我们要实现农业现代化、工业现代化、国防现代化和科学技术现代化，把我们祖国建设成为一个社会主义强国。"

五、"逐步消灭三大差别"。《教科书》主要讲了城市和乡村、脑力劳动和体力劳动两大差别，并认为这些差别会自然消失。周恩来明确地提出，过渡时期的一个主要方针是"逐步消灭三大差别"——工农差别、城乡差别、脑体差别。同时他指出《教科书》中关于到了共产主义社会"差别自然消失"的说法是模糊的，"究竟怎样才能自然消失，没有说清楚"。他认为："我们总要在过渡时期使这三个本质差别逐步消灭。"这就强调了人们主观能动性的作用。

总之，周恩来认为这五个方针是解决生产力和生产关系、经济基础和上层建筑的矛盾的关键。这五个方针的内容，按照今天的认识来看，不一定完全正确，提法上也有许多欠妥之处。但是，它代表了当时中共领导层对社会主义建设的认识，也表明了中国共产党力图摆脱苏联模式的影响，走中国特色社会主义道路的胆识。

对思想意识先导作用的思考

在读书小组中阐述生产关系的变革的同时，周恩来自然地提出了上层建筑的变革问题。作为彻底的唯物主义者，周恩来历来承认物质决定意识、生产力决定生产关系、经济基础决定上层建筑。然而，在人类历史发展的长河中，物质的或经济因素的最终决定性，不是一种机械的决定。人类生活的生动性，往往表现在思想意识的主观能动性作用上面。

马克思主义经典作家认为，物质的本原的决定作用，和主观因素在一定条件下的决定性的反作用，是并行不悖的，不能以前者否定后者。恩格斯在晚年曾说过："如果有人在这里加以歪曲，说经济因素是唯一决定性的因素，那么他就是把这个命题变成毫无内容的、抽象的、荒诞无稽的空话。经济状况是基础，但是对历史斗争的进程发生影响并且在许多情况下主要是决定着这一斗争的形式的，还有上层建筑的各种因素。"（《马恩选集》第 4 卷，第 477 页）恩格斯还说："我们称之为思想观点的东西，又对经济基础发生反作用，并且能在某种限度内改变它，我们认为这是不言而喻的。"（《马恩选集》第 4 卷，第 484 页）列宁用"没有革命的理论，就不会有革命的运动"等方式来表达这种"反作用"，并把这一"革命的理论"变成"革命的运动"，在苏联第一次建成社会主义国家，把理论的辩证法变为革命的辩证法。列宁曾经说过："马克思主义中有决定意义的东西，即马克思主义的革命辩证法。"（《列宁选集》第 4 卷，第 689 页）继列宁之后，以毛泽东为代表的中国共产党人又把这一理论在中国变成现实。毛泽东把这一理论进一步地表述在《矛盾论》中："生产力、实践、经济基础，一般地表现为主要的决定的作用，谁不承认这一点，谁就不是唯物论者。然而，生产关系、理论、上层建筑这些方面，在一定条件下，又转过来表现其为主要的决定的作用，这也是必须承认的。"周恩来正是亲自参与导演把这一理论变为现实的中共核心人物之一。

历史进入 20 世纪 60 年代，当中国共产党人冷静地总结社会主义建设经验，学习苏联《教科书》时，如何发挥上层建筑、思想意识的先导作用问题，仍然是一个重要的理论和现实课题。

周恩来在 2 月 25 日的讲话中指出："在生产关系革命，也就是经济革命的同时，要不断进行上层建筑的革命，也就是通常说的思想意识的革命。思想意识的革命常常是居先的，只有思想先变革了，才能变革所有制。主席又说，思想认识又常常是落后于客观现实的。先驱者的作用，就是在事物还处在萌芽状态，甚至还在胚胎之中时就能认识它，并推动人们去认识它，实现它。马克思、列宁的作用就在于此。所以，我们要认识思想认识的居先和落后两个侧面。有时思想就是认识了，但事物在不断发展，一时认识了，一时又不认识，这个问题认识了，那个问题又落后了。……因此，要不断认识、不断实践。我们几十年来的经验极其丰富。苏联的经验也丰富，只是后来它没有总结。正因为这样，每个人的思想革新要居先。"

由此可见，周恩来对马克思列宁主义的"革命辩证法"的理解，是非常深刻和透彻的。他认为，在唯物主义的基础上运用辩证法来指导实践，最大限度地发挥人的主观能动性，这就是马列主义的作用所在。他把思想变革的重要性，放在很高的位置上。这对人们解放思想、提高认识、避免盲从，都起到了一定的推动作用。应该说，恩格斯晚年对社会意识决定性的反作用于经济基础的补充论述，无论在理论上还是在实践上，都得到了巨大的发展。当然，真理越过"雷池"一步，就会变成谬误。思想意识革命的先导作用必须建立在经济基础的最终决定性之上，周恩来历来就注意这一点。早在新中国成立初期的 1950 年 6 月 8 日，他在全国高等教育会议上提出："文化教育一方面是政治的先导，另一方面它的改造又要在经济、政治变革之后才能完成。所以文化教育既是'先锋'，又是'殿军'。"1952年，周恩来又在政务院第 156 次政务会议上强调："我们不应该把文化建设看作是将来的事，不能等待，现在就应着手。经济建设和文化建设，好像一辆车子的两个轮子，相辅而行。我们要建设，干部、人才就成为一个决定性的因素。"显而易见，周恩来运用和发挥了马克思主义关于在历史长河中经济因素与上层建筑各因素交互作用的思想。

对毛泽东思想的理解

20 世纪 50 年代末和 60 年代初，学习和宣传毛泽东思想的群众性运动，进入又一个高潮。一方面，人们在反思 10 年建设以来的经验时，迫切需要从毛泽东思想中找立场、观点和方法；更特殊的一方面，中共与苏共在理论上、意识形态上的不同看法的加深、加剧，自然使中国共产党人进一步注意捍卫和发展毛泽东思想。周恩来在分析、批判苏联《政治经济学（教科书）》时，用很大的篇幅来阐述毛泽东思想，并要求人们正确理解和宣传毛泽东思想。这既是理论发展的要求，也是历史发展的要求。

在 2 月 25 日的发言中，周恩来阐述了上层建筑、思想意识变革之后，单独提出了如何理解、学习毛泽东思想的问题。概括起来，有如下几个方面内容。

其一，毛泽东思想的时代意义。周恩来认为："如果说，马克思主义是产生在资本主义时代，列宁主义是产生在帝国主义时代，毛泽东思想就是产生在社会主义和帝国主义两大体系决战的时代，毛泽东思想要贯穿下去，一直到共产主义建成。"这就是说，毛泽东发展了资本主义时代产生的马克思主义和帝国主义时代产生的列宁主义。但是，周恩来还讲到毛泽东使马列主义学说在由社会主义走向共产主义的时代形成了体系，并找到了建设共产主义的途径。他既强调了毛泽东思想在新的历史时期对马列主义的发展，同时在社会主义建设初期，尤其在总结失败的经验教训时，又过早地提出了建设共产主义的任务。

其二，毛泽东思想的哲学基础。周恩来指出："《矛盾论》《实践论》是毛泽东思想的哲学基础，它创造性地运用和发展了马克思主义，它不仅仅使马克思主义和中国革命实践相结合，而且进一步发展了马克思主义的辩证法，发展了辩证法的核心——对立统一的学说，并把它用之于各方面。"作为党和国家领导人，从理论高度概括毛泽东思想的哲学根基，这一点周恩来堪称独创者。它也反映出周恩来具有较高的马克思主义哲学素养。20 世纪 50 年代经毛泽东修改过的《实践论》《矛盾论》重新发表以后，国内、国际对这两篇伟大著作的理论意义都作了较高的评价，但像周恩来这样从这两篇著作在整个毛泽东思想中所处的哲学基础的角度进行探讨的伟人，却为数不多。

其三，点明毛泽东思想在形成方式上的特点。周恩来指出，马克思几乎一生、列宁一半时间都在从事理论工作，而毛泽东则一直是处在革命的风暴中，没有多少时间专门从事理论工作，只能在很忙的情况下进行写作，"主席的学说，是在革命的风暴中生长的"。因此，周恩来提出："我们在学习毛泽东思想的时候，要把毛主席的著作前后贯穿起来看。至于整理毛泽东思想，要靠秀才，更重要的是要靠少奇、小平同志这样的党的领导人来总结。"

此外，在这次发言中，周恩来还提到了毛泽东思想的政治学说、国家学说、党的学说等。

在 3 月 2 日的发言中，周恩来由如何理解、宣传毛泽东思想出发，引出毛泽东思想与马克思列宁主义的关系问题。有三点具有重要的理论意义。

（一）周恩来强调了毛泽东对马列主义的创造性发展。他说："马列主义在斯大林后期停滞了，但在中国革命中找到了代表人物。""马克思、恩格斯、列宁的革命理论是在不同的时代背景、不同的革命斗争实践中发展的，而毛泽东同志则是运用马列主义指导中国革命实践，在中国革命实践中又发展了马列主义。"因此，"毛泽东同志创造性地发展了马列主义，是有他的历史条件的，有他的发展背景的"。无论从理论上还是实践上，毛泽东对马列主义的发展都得到了国际上的广泛承认，苏联《教科书》也多次提到了毛泽东的这种创造性地发展。

（二）周恩来指明了毛泽东思想的"根"。这种根有两个方面：一是中国人民革命运动的实践基础；二是马列主义的理论基础。这两者的结合即产生了中国的马列主义。周恩来提醒人们，既不能把毛泽东思想说成是毛泽东个人的，因为它包含着人民群众的集体智慧和中国共产党领导群体的智慧；也不能把毛泽东思想与马列主义割裂开来。这实际上是解决了毛泽东思想的来源问题，也解决了毛泽东个人与毛泽东思想的关系问题。

（三）周恩来果断地反对"毛泽东主义"的提法。在当时的情况下，无论是群众中、理论界，还是党内，都有些欲把毛泽东思想称为"毛泽东主义"，与马克思主义、列宁主义相提并论的想法。这种趋势和要求，当然与毛泽东同志和毛泽东思想的威信、威望有关。但是，周恩来认为，"毛泽东主义"的提法，既不符合马列主义发展史的惯例，也不符合毛泽东本人的意愿；把毛泽东思想说过头了反倒会损害这一思想，也会使兄弟党产生误会。他告诫大家："毛泽东主义，最好不提"，"这不仅仅是个谦虚问题"，"现在还是宣传学习马列主义和毛泽东思想，这个提法比较好"，"这一点很重要，希望大家采取谨慎的态度"。周恩来在 1960 年初提出的这一意见，无疑在国内、国际和党内、党外维护了毛泽东思想的科学性和严肃性。在以后的宣传中，"毛泽东主义"的确未曾正式提出来，但是，人们对于毛泽东个人的崇拜和对毛泽东思想的夸大，却越来越盛，有过之而无不及，尤其在"文革"中更为严重，达到登峰造极的地步。这些，都是与周恩来的想法背道而驰的。

周恩来读苏联《政治经济学（教科书）》的理论思考，对深化社会主义建设的认识和思想解放，有着重要的意义。周恩来读书小组成立于 1960 年 2 月中旬，当时离庐山会议闭幕只不过半年时间，人们对庐山会议的阴影还心有余悸，因此，对总路线、"大跃进"、人民公社这"三面红旗"中存在的"左"倾错误，自然避而不谈。但是，周恩来在 2 月 25 日读书小组会议上发表了"党的总路线，按比例、高速度再怎么好，总还是会出点漏子。不要把话说满了，盲目自满了就会失去警惕。自然现象如此，社会现象也是如此"，"总不能天天跃进，总有波浪"这样一番反对"左"倾盲动思想的讲话。这一思想，既反映出周恩来善于运用马克思主义关于认识全面发展和事物辩证运动的观点，也反映出周恩来作为一个真正的马克思主义者的极大勇气和高度责任感。

七、多事之秋大调整

25　邯郸调查

调整拉开序幕，欲"动大手术"，先下去蹲点，搞农村调查。在邯郸农村调查以后，周恩来果断地向毛泽东反映：社员都愿意回家吃饭，不赞成供给制，他们迫切要求包产到生产队。在伯延公社，他结识了一个叫张二廷的农民。

新中国成立 10 多年来，人们无论如何也没有想到，共和国总理的语言是如此的凝重：

> 虽然情况已经比前两年大有好转，但是由于工作上缺点错误的影响和连续两年灾荒的影响，我国国民经济仍然处在困难时期，尤其是粮食情况陷于被动，库存已经减到最低限度……
>
> 解决粮食问题的根本办法，是从城市压缩人口下乡。人从哪里来，回到哪里去。
>
> 三个人的饭三个人吃，不要五个人吃。
>
> ……

这是 1960 底、1961 年初周恩来经常讲的几句话。在国务院系统，当人们听到主持经济工作的周恩来总理说出这番话时，一点也没有感觉到这是危言耸听。

1961 年，是中国经济形势极为严峻的一年。

进入 1961 年，人们明显地感觉到：一个"实事求是年""调查研究年"开始了。然而这一年，领导干部们对中国的基本国情，却越来越陌生了。周恩来肯定地提出："只要讲清楚真实情况，只要情况明了，大家下决心就大，办法就会对了。"

当 1961 年来临的时候，人们明显地感觉到，中国的经济建设已经到了不得不"动大手术"的时候了。

这一年，也正是扭转国民经济严重困难形势的一个开端，无论是党内还是党外，从事实际工作的人都有一个共同的感受：肩上的担子变得更加沉重。这是共和国经济艰难的一年！

而在中国共产党内，进入 1961 年，人们还有一个更为明显的感觉：一个"实事求是年""调查研究年"开始了。

年初召开的中共八届九中全会表明：国民经济的调整，首先要从农业着手。

会前，毛泽东郑重地向全党提出："今年搞一个实事求是年。"就在这次全体中央委员参加的会议上，毛泽东又掷地有声地向全党发出了一个响亮的号召：希望 1961 年成为一个调查年，大兴调查研究之风，一切从实际出发。

会后，由中共中央主要领导人率领的调查组陆续前往各地基层（主要是农村）进行调查研究活动。毛泽东亲自带领三个调查组，南下浙江、湖南、广东农村进行调查研究，起了表率作用；刘少奇率调查组回乡，到湖南长沙、宁乡农村开展深入的调查；朱德西去四川、陕西等地，对农村情况作了调查……而周恩来则决定，为不影响内政外交工作，找一个离京近一点的农村进行调查研究。周恩来最后选定了河北省邯郸地区。

对于主持全国国民经济调整工作的周恩来来说，要率领调查组长时间深入农村做调查研究，并非易事。1961 年年初的工作，是千头万绪的；而这一年又是调整工作起步的一年，因此，在下农村之前，内政、外交许多事情都需要做出周密的安排和谨慎的部署。

2 月份以后，为贯彻国民经济调整的方针，周恩来侧重抓了调整基本建设，压缩基建规模等问题。他在审改《中央关于安排 1961 年第一季度基本建设计划的紧急通知》时，赞同这样的分析：今年一二月份工业生产指标，比年初预计的

周恩来在八届九中全会上

要低，许多产品没有完成计划。主要原因是农业连续两年遭受严重自然灾害，部分原因是经济工作中还有不少缺点。而基本建设战线仍然拉得过长，分散使用了人力、物力、财力，也是重要原因之一。为此他同意采取如下措施："必须继续坚决地迅速地缩短基本建设战线，把有限的财力、物力用到最急需的方面去，以争取扭转目前生产上的被动局面，转入主动。"

为解决 1 月份以来工业生产出现的严重问题，扭转东北进而扭转全国的工业生产状况，2 月 23 日，周恩来动身前往沈阳，亲自解决东北的困难。东北之行，拉开了周恩来在实事求是年中外出调查研究的一个序幕。

行前，周恩来仍担心人们对粮食问题的严重性缺乏足够的认识，在 2 月 22 日晚召开的中共中央政治局常委会上，他与中央常委们研究了 1961 年的基本建设计划安排，还专门就当年的粮食情况指出：粮食问题是对灾荒的估计问题，去年以来对灾荒的估计是不足的，因此一下子不易恢复，今年的粮食进口量需要由原来的 400 万吨增加到 500 万吨。

一个星期后，他在写给毛泽东的一封信中报告了粮食进口的情况：

截至 2 月 22 日的计算，今年二三季度的粮食尚差 74 亿多斤。因此，

决定今年进口粮食100亿斤（合500万吨）。现已签好合同52.4亿斤，
正在谈判中的还有50亿斤。

到沈阳后，周恩来作了仔细的调查研究，全面了解了东北的工业生产情况，并与东北局和东北三省的领导人共同研究解决问题的办法。东北是我国的老工业基地，东北的工业问题解决了，全国的问题才好解决。经过几天的工作，周恩来对东北的调整工作有了进一步的感性认识。2月26日，他回到北京。

抵京的当天，周恩来在中共中央统战部召开的各民主党派负责人、党外市长座谈会上介绍国际国内形势。会上他提出了四句话："认清形势，增强信心，战胜困难，继续前进。"

他还解释了我们在困难面前为什么要肯定成绩的问题，认为：我们肯定成绩是为了增强战胜困难的信心，而不致畏难苟安，不致泄气松动。今、明两年需要很好调整，这是前进中的困难和新事物发展中需要做的工作。

周恩来坚信，只要情况明，决心大，就会找到克服困难的办法。他特别指出：

只要讲清楚真实情况，只要情况明了，大家下决心就大，办法就会对了。

这期间，毛泽东在2月6日至12日分别听取了江华、霍士廉、林乎加、田家英、胡乔木等人在调查研究基础上所作的关于农村人民公社问题和农村整风整社工作的汇报。毛泽东做了一些重要讲话或插话，其中谈到：公社太大，是出现平均主义、瞎指挥的原因；生产和核算单位不宜大；准备搞一个人民公社工作条例，规定其职责和权力，生产小队的权力必须增加；政策不宜多变，要固定下来，以解除农民的顾虑；要使干部懂得不能剥夺农民、等价交换、按劳付酬等原则；办食堂一定要适合群众的要求，否则势必要垮台；政社合一后党委不能什么都管，党和社要有明确的分工；干部一定要接受群众监督。

毛泽东这些关于人民公社体制和一些政策问题的谈话纪要，周恩来是3月2日看到的，当天他批示："提议将这个谈话纪要印给三北会议到会同志。"

"三北"会议，即中共中央将在北京举行的东北、西北、华北三大区工作会议。为开好这次会议并向毛泽东汇报其他一系列的问题，周恩来于3月4日飞赴

广州。在广州，他出席了中共中央政治局常委扩大会议，在会上对国内的一些情况作了说明。在谈到压缩城市人口的措施时，周恩来提出：首先要解决盲流问题。在谈到钢、煤的产量时，他又提出：今年后三个季度，钢、煤产量的计划指标将比第一季度有所增长。他还认为，在调整时期，必须提倡厉行节约。中央政治局还讨论了人民公社的体制及起草一个农村人民公社工作条例等问题，拟将人民公社及其核算单位划小。三天以后，周恩来返回北京。

就在调查研究变得必要而紧迫的时候，人们新发现了毛泽东 1930 年写的一篇文章——《关于调查工作》。周恩来读后感慨：这篇文章讲的是世界观，也是方法论。现在读起来，还是对症下药。他还说："是好是坏，要从客观存在出发，不能从主观想象出发。进行调查研究，必须实事求是。"这时，周恩来主持起草了一系列对国民经济"动大手术"的文件。而毛泽东则亲自为党内拟定了 11 个重点调查的题目。

1961 年 3 月 11 日，周恩来和刘少奇在北京主持召开了东北、西北、华北三大区工作会议。会上，听取了各省委第一书记汇报当前农村公社的组织规模和体制变动情况。还听取了粮食部门负责人陈国栋、姚依林汇报粮食的调拨、市场供应及进出口情况。会议期间，周恩来就解决粮食进口问题专门约参加会议的有关负责人谈话。为集中决策，周恩来、刘少奇等人作出决定："三北"会议合并到广州，与毛泽东召集的"三南"（中南、西南、华东）会议一起开。

3 月 14 日，周恩来等人到广州。

在周恩来到达广州的前一天，毛泽东就认真调查公社内部的两个平均主义的问题，给刘少奇、周恩来、陈云、邓小平、彭真及正在参加"三北"会议的中央各同志写了一封信。这封信，提出了调查研究的主题。信中有恳切的期望，有批评、质问，也有自责，他说：

> 大队内部生产队与生产队之间的平均主义问题，生产队（过去小队）
> 内部人与人之间的平均主义问题，是两个极端严重的大问题，希望在
> 北京会议上讨论一下，以便各人回去后，自己并指导各级第一书记认
> 真切实调查一下。不亲身调查是不会懂得的，是不能解决这两个重大

问题的（别的重大问题也一样），是不能真正地全部地调动群众的积极性的。也希望小平、彭真同志在会后抽出一点时间（例如十天左右），去密云、顺义、怀柔等处同社员、小队级、大队级、公社级、县级分开（不要各级集合）调查研究一下，使自己心中有数，好做指导工作。

毛泽东不客气地批评道：

我看你们对于上述两个平均主义问题，至今还是不甚了了，不是吗？我说错了吗？省、地、县、社的第一书记大都忙于事务工作，不作亲身的典型调查，满足于大会议上听地、县两级的报告，满足于看地、县的书面报告，或者满足于走马看花的调查。这些毛病，中央同志一般也是同样犯了的。

毛泽东提醒并自我反省地说了两句话：

我希望同志们从此改正。我自己的毛病当然要坚决改正。

他在信中还要求大家认真研究他早在 1930 年写的《关于调查工作》一文。毛泽东的语气，带有批评的味道，但却讲到周恩来和刘少奇、陈云、邓小平等人心里去了，他说：

我的那篇《关于调查工作》的文章也请同志们研究一下，那里提出的问题是作系统的亲身出马的调查，而不是老爷式的调查，因此建议同志们研究一下。可以提出反对意见，但不要置之不理。

毛泽东讲的这篇文章，是不久前发现的。后来收入《毛泽东著作选读》时，它的题目改成了《反对本本主义》。

"三南"会议和"三北"会议合并后，15 日至 23 日，中共中央在广州举行了工作会议。会议期间，在工作内容上，周恩来最关心的还是粮食、经济作物和对外贸易等问题；但在思想方法和工作方法上，他强调得最多的仍是如何真正做到实事求是、搞好调查研究的问题。

3月19日，周恩来到中南、华北小组参加讨论，并发表了一番很有针对性的讲话，着重谈的是调查研究、实事求是和民主集中制。他毫不掩饰地指出：

> 进城以后，特别是这几年来，我们调查研究较少，实事求是也差，因而"五风"刮起来就不容易一下子得到纠正。

对新发现的毛泽东1930年论述调查研究的文章《关于调查工作》，周恩来谈了自己读后的感受：

> 讲的是世界观，也是方法论。我们要以辩证唯物主义和历史唯物主义的观点来读它。这篇文章现在读起来，还是对症下药。
> 一切要从客观实际出发，不能从主观愿望出发。

他将实事求是与调查研究联系起来，刻意强调：

> 是好是坏，要从客观存在出发，不能从主观想象出发。进行调查研究，必须实事求是。我们下去调查，必须对事物进行分析、综合和比较。事物总存在内在的矛盾，要分别主次；总有几个侧面，要进行解剖。各人所处的环境总有局限性，要从多方面观察问题；一个人的认识总是有限的，要多听不同的意见，这样才利于综合。事物总是发展的，有进步和落后，有一般和特殊，有真和假，要进行比较，才能看透。下去调查要敢于正视困难，解决困难。一个困难问题解决了，新的困难问题又来了。共产党人就是为不断克服困难，继续前进而存在的。畏难苟安，不是共产党人的品质。

最后，他直言相告，毫不护短：

> 目前的毛病，还是我们发号施令太多，走群众路线太少。

应该说，这番讲话，是周恩来对调查研究和实事求是问题的基本观点和态度，也是他在即将下去搞调研之前所表明和遵循的一个基本原则和方法。

在这次会议上，周恩来还坦诚地作了自我批评，主动承担了责任：

> 如讲责任，不少是从中央，主要是从政府方面搞下去的。如生产高指标，瞎指挥，两本账，基本建设搞多了，职工招多了，学校办多了，现场会议开多了，许多事情没有经过试点试行就普遍推广，报纸宣传有浮夸毛病，1958 年、1959 年两年粮棉钢煤四大生产指标没有经过核实就发表了，等等，不少是从政府方面向中央提出来的，或者直接搞下去的，我负有一定的责任。

在调查研究的态度和方法问题基本解决以后，这次中央工作会议讨论和通过了《农村人民公社工作条例（草案）》（简称《农业六十条》）。

对摆脱粮食困境一事，会议作出决定：同意周恩来和陈云等人的意见，增加粮食进口；1961 年至 1965 年，每年进口 500 万吨左右。

这就是说，在我国国民经济调整期间，每年需要从国外进口 500 万吨左右的粮食，才能渡过难关。天灾和人祸，给中国的领导人带来了巨大的难题。

广州会议提出了解决问题的思路，但并没有完全找到彻底解决难题的办法。为此毛泽东和周恩来的心情并不轻松。

中国是一个农业大国，要真正解决上述难题，必须从农业着手。

而要解决大国的难题，必须改变领导干部以往脱离实际的形而上学的思想方法和工作方法。

会议结束的当天，中共中央发出了《关于认真进行调查工作问题给各中央局、各省、市、区党委的一封信》，同时印发了毛泽东的《关于调查工作》一文。信中提出：中央要求县级以上党委领导，首先是第一书记，要认真学习毛泽东注重调查研究的思想方法和工作方法，把深入基层、蹲下来亲自进行系统的典型调查，当作领导工作的首要任务。

中央确定了"首要任务"以后，为带头落实，周恩来回京后便召集自己办公室的工作人员开会，商谈如何做好调查研究工作的问题。他决定：暂时放下手中的工作，先深入农村搞调查研究。

　　4月初，周恩来派办公室副主任许明打前站，先带领一个工作组，到河北邯郸地区农村做本次调研的前期工作。

　　此后，周恩来主持起草了一系列对国民经济"动大手术"的文件。其中包括：

　　——《关于基本建设问题的报告》提纲，这份提纲的核心意思是：（一）三年来基本建设取得了很大成绩，但战线拉长了，需要进行调整、巩固、充实、提高；（二）基本建设既要集中力量打歼灭战，又要留有余地，缩小缺口；（三）基建和生产，都应照着农、轻、重的方针安排；（四）基建不仅决定于投资，更重要的决定于设备、材料的生产和技术条件的不断提高。

　　——中共中央对国家计委党组《关于安排 1961 年基本建设计划的报告》的批转意见，其调整的精神是显而易见的：各地方、各部门在接到这一计划方案后，应当立即进行安排；不论施工单位、维持单位或者停建单位都应当在群众中进行充分动员，说明道理，以利集中力量，缩短战线，打歼灭战。

　　——《关于调整农村劳动力和精简下放职工问题的报告》，内容包括：为了支援目前的煤炭、森工、金属和非金属矿山、运输部门劳动力不足和不小部分职工离职回乡的情况，基本建设部门继续精简下放的二百多万人，可以先行安排到以上这些部门参加生产，作为回乡职工的顶替。

　　……

　　调整就要调查研究，调整就必须从实际出发。在这点上周恩来的态度是极为明确的。他在这一时期的讲话中，着重强调了从实际出发和调查研究的问题，正像他在 4 月 3 日召开的全国人大常委会第 37 次扩大会议上所强调的：我们的工作要更加切合实际，1961 年、1962 年我国经济建设的方针打算放在调整关系、巩固成果、充实内容、提高质量上面。他还表示："过农业第一关，使每人每年达到 800 斤粮食"和"加强调查研究工作"是我们经济建设的主要任务。

　　许明等人离京赴邯郸不久，周恩来利用去广西与越南领导人会谈和去云南会见缅甸总理吴努的机会，沿途对武汉、南宁、成都、昆明、西双版纳等地的农村工作进行调查。在这些地方，他了解到，各地在试行农村整社和《农业六十条》中，存在着分配制度上的问题。

　　回到北京，周恩来就所掌握的情况，于 4 月 19 日写信给毛泽东，表明了自己的看法：

　　我这次在武汉、南宁、云南、成都与省委和云南五个县委书记谈（农村）整社和《农业六十条》时，均接触到"三包一奖"和"三七"开这两个问题。广州会议和《农业六十条》中对"以产定分"没有深入讨论，所以在分配上没有作出明确规定。（当然，生产收入低的不一定非实行"三七开"不可，还可"二八开"或更少于"二八开"。）现在看起来，这一问题是具有普遍性的。不仅西南、中南各省如此，回京后听小平、彭真同志谈，北京各县也是要求"以产定分"，而黑龙江则早已实行"以产定分"。其他按劳动等级或按工作定额定工分的，都为群众所不赞成。

　　他同时将四川省委有关这一问题给中央的一个会议简报和省委批转的南充地区关于一个公社和生产大队贯彻执行"三包一奖"办法和决算分配经验的两个报告推荐给毛泽东。

　　周恩来在京期间，毛泽东于4月25日致信主持中央书记处工作的邓小平：

　　　　请你起草一个召开中央工作会议的通知，各中央局，各省、市、区党委的负责同志于5月15日到达北京，农村人民公社工作条例起草委员会的委员们（列举名单，照广州原样）则于5月9日到达北京。

　　毛泽东动议的这次北京中央工作会议，是为了解决广州中央工作会议没有解决的问题。他在给邓小平的信中明确规定：

　　　　此次会议的任务是继续广州会议尚未完成的工作：收集农民和干部的意见，修改工作条例六十条和继续整"五风"（指"共产风"、浮夸风、命令风、干部特殊风和对生产瞎指挥风——注）。

　　离正式开会还有20天时间，毛泽东信中要求到会各同志："应利用目前这一段时间，对农村中的若干关键问题进行重点调查，下10天至15天苦功夫，向群众寻求真理，以便5月会议能比较彻底地完成上述任务。"

　　毛泽东在信中列举了11个亟待进行重点调查的"关键问题"：

食堂问题

粮食问题

供给制问题

自留山问题

山林分级管理问题

耕牛、农具归大队所有好还是归生产队所有好问题

一、二类县、社、队全面整风和坚决退赔问题

反对恩赐观点，坚决走群众路线问题

向群众请教，大兴调查研究之风问题

恢复手工业问题

恢复供销合作社问题

当天，邓小平等人起草的中共中央会议通知下发，把上述"关键问题"作为调查题目向所有与会者公布。

周恩来赴河北邯郸蹲点，出发时是午夜，到达时已是第二天清晨。顾不得休息，他便听取了当地干部汇报情况。他选的点，是武安县伯延公社。调研的结果，使他彻底地否定了公社办集体食堂的办法。他对毛泽东直言相告：食堂要散伙，"全体社员，包括妇女和单身汉在内，都愿意回家做饭"。

带着毛泽东拟定的一些题目，4 月 28 日午夜，周恩来安排好各项事务后，前往火车站，正式赴邯郸进行调查研究工作。这次调研，从 4 月 28 日午夜第一次赴邯郸，到 5 月 14 日上午最后一次离开，前后共半个月。中途为解决中国代表团出席扩大的日内瓦会议等重大问题，周恩来曾两次回京，每次返回邯郸的时间都是午夜。这期间，"日理万机"的周恩来更是忙上加忙。

周恩来到达邯郸时，已是 4 月 29 日清晨。当天，他找来中共邯郸地委书记庞均等人，听取他们汇报邯郸地区的有关情况。以后几日，他每天听取以总理办公室副主任许明为首的先遣工作组汇报情况，并同时召集河北省省长刘子厚等人开会。

此次下邯郸，周恩来本来是打算专心搞调研，不受任何其他事务干扰的。

正在周恩来进行调查研究的时候，国际局势发生了一些重要的变化。5月2日，周恩来获悉：由于老挝国王西萨旺·瓦达纳在美国总统特使进行阻挠性活动后，反对召开任何国际会议讨论老挝问题，使得西哈努克于5月1日在万象宣布撤回他在年初提出的关于召开十四国会议（即扩大的日内瓦会议）的建议，并决定取消日内瓦之行。

这一变化，是原先没有想到的。中国是扩大的日内瓦会议的主要参加国，当西哈努克1月1日提出召开由14个国家参加的扩大的日内瓦会议的建议时，正在缅甸访问的周恩来立即表示："如联合国对老挝进行干涉，会像在刚果一样造成恶劣的后果。解决老挝问题最好的办法是召开日内瓦会议，并吸收老挝的邻国参加。如果老挝执行和平中立政策，对于亚洲和平很有好处。"他还说："我们认为西哈努克在1月1日所提出的召开由14个国家参加的日内瓦扩大会议的建议很好。"当初就这一建议，西哈努克还专门写信给周恩来征求意见，周恩来于1月14日复信西哈努克，表示支持他的建议。2月11日，当周恩来获悉西哈努克提出的召开扩大的日内瓦会议的建议得到更多国家的支持时，又一次致信西哈努克，表示："中国政府认为，不干涉老挝内政，尊重老挝统一、领土完整等原则如果得到有关国家的认真遵守，这无疑将有利于有关国家的国际会议的召开和老挝问题的和平解决。"之后，周恩来多次表示过：召开西哈努克亲王所建议的由14个国家参加的扩大的日内瓦会议，是和平解决老挝问题的唯一有效途径。这就是西哈努克关于召开扩大的日内瓦会议建议的前后经过。

而现在，风云突变。这一突如其来的重要变化，对于在党内主管外事工作和政府工作的周恩来来说，日内瓦会议问题，暂时打乱了原先在邯郸蹲点调研的安排。

5月2日，周恩来不得不返回北京，下火车后，他立即主持中央有关部门负责人会议，研究中国政府代表团出席日内瓦会议的方案问题。

事情基本谈妥以后，周恩来决定返回邯郸。当晚，他利用在京仅有的一点时间，接见了参加中缅边界联合委员会第六次会议的缅甸代表团，对中缅关系，他乐观而欣慰地说了这样几句话：1961年是中缅友好继续发展的一年，两国之间的来往"就像走亲戚一样"，并且两国人民后一代之间的亲戚关系也建立了起来。

5月3日清晨，周恩来又踏上了去邯郸的专列。两天来，他几乎没有合眼。

再次到邯郸后，为进一步了解农村情况，周恩来除了继续听取地委书记和许明等人汇报外，还亲自选择了一个最基层的调查点。3日，他带人前往武安县伯

国民经济困难时期，周恩来在河北省武安县伯延公社向老农了解情况

1961年四五月间，周恩来到河北省邯郸地区调查研究。这是他在磁县农村召开座谈会

延公社进行定点调查。

在伯延的日子里，周恩来忙得不亦乐乎：他与公社、大队和小队干部座谈，了解人民公社的基本情况和社员对党的农村政策的反映；他走访了几十户贫下中农家庭，了解群众的生产、生活和身体情况；他视察生产队的集体食堂，查看社员的伙食，并与群众同吃一锅玉米面糊；他参观公社百货商店和农机站，了解商品价格、销售和农业机械等情况……在伯延公社，周恩来待了四天。

在伯延公社，无论是走在路上还是挨家挨户地了解情况时，周恩来老问这样一个问题：大家为什么吃不饱，为什么大锅饭不好，调动不起农民的积极性？他走了许多家，处处都是一样的情景：农民兄弟们太穷了，饭吃不饱。

一天，他走进伯延公社先锋街第六食堂。进去时社员们已经吃过饭了。食堂的司务长和炊事员见总理进来，忙迎上前去。他们之间开始了拉家常式的聊天……聊着聊着，周恩来走向灶台，想看看群众吃的都是些什么。揭开锅一看，里面只有一些吃剩下的玉米面糊糊。

一阵心酸之后，周恩来向炊事员提出："我在你们这儿吃点饭行吗？"

炊事员一听总理说要吃饭，恨不得做最好吃的东西给总理吃，可此时真是巧妇难为无米之炊，食堂里仅剩的就是锅里的这点玉米面糊糊了。他很为难，不知说什么好："这，这……"

周恩来为了安慰他，接过话去说："这就可以嘛！群众能吃的我就能吃。"

炊事员看总理真的要吃，拦是拦不住了，只好找了一个碗，为难地准备给总理盛饭。农村用的碗，由于条件所限，再加上习惯问题等原因，看起来里面有些脏。随同周恩来前来的人把碗接了过去，从口袋里掏出手绢准备擦一下再给总理用，周恩来立即说："这没关系。"说完又把碗接了过去，递给炊事员。炊事员给周总理盛了一碗玉米面糊糊。

接过玉米面糊糊的周恩来，几口就喝了下去。他安慰地笑着对司务长和炊事员说："这饭不错。"

但食堂是不是还要办下去，周恩来越来越怀疑。为了征求群众的意见，他除了挨家挨户了解外，还召集一些群众开座谈会。

在最初的一次座谈会上，人们不敢讲真话。启发了一阵，一位年近五旬、衣着俭朴的老农站了起来。一开口，就知道他是一位说话直爽、性格开朗的人。他冲着周恩来，带着怨气说："如果再吃大锅饭，再过两年，恐怕你们也会饿死……"

此语一出，惊动四座。在场的人都为他捏了一把汗。这个人叫张二廷。坐在周恩来身边的地委干部悄声说："这是个落后分子。"

周恩来表情严肃地表明了自己的态度："他的话是真理，只有把我们看作自己人，才会说这样的话。"

……

座谈会结束后，周恩来提出要亲自登门拜访张二廷。这是随行的地委领导没有想到的。

来到张二廷家，一进门，周恩来就十分亲切地招呼："二廷，二廷，在哪屋住？"张二廷也没有想到总理会上门来，急忙迎到院子当中，激动地说："周总理，快到屋里坐。"周恩来说："以后不要叫我总理，叫我老周就行。"他一边说，一边热情地拉着张二廷的手，一同走进屋内，像久别重逢的亲人一样，拉起了家常。从张二廷这里，周恩来得到了不少的心里话。

第二天上午，周恩来一个人又步行走到了张二廷家中，进了门就招呼："二廷，二廷……"声调又亲热又熟悉。可是没人应声。周恩来见门开着，就走进屋内，这才发现张二廷因劳累在炕上和衣睡着了。被惊醒的张二廷睁开眼睛，周恩来坐在炕上，轻轻地用手拍拍他的腿说："二廷，累了吧，你先休息。今天下午咱还开会，你准备参加。"张二廷急忙起身，要挽留总理再坐会儿时，周恩来已经走出了屋门，在门口，他又回过身关切地说："我不多打搅你了，休息吧。"

后来，周恩来了解到张二廷头年失去了妻子，一个人带4个孩子，要料理家务，又要参加集体生产劳动，生活确实有许多难处。周恩来主动跟张二廷商量："4个孩子你照管有困难，如果你愿意，我帮你抚养两个，长大了再让他们回来，你看行不行？"张二廷打心眼里高兴，但想到总理日夜为国家大事操劳，他不忍心再给总理增添麻烦，便谢绝了周恩来的好意。

伯延之行，周恩来与张二廷交上了朋友。当周恩来就要离开伯延，最后一次跟张二廷交谈时，张二廷依依不舍地对周恩来说："以后抽空再回伯延看看。"周恩来微笑着说："有机会一定来，如果我不来，也一定派人来看你。"后来，在国民经济调整时期的5年中，周恩来每年都派人来看望张二廷。周恩来曾对人说过：张二廷的话对我教育很大，这是我在调查中听到的最生动的话。

深入伯延期间，由于内政外交诸事缠身，周恩来把一些工作也带到了伯延，利用调研之余的时间插空处理。5月4日，他审批了我国政府《关于老挝停火和召开扩大的日内瓦会议的声明》。这份声明指出：中国政府支持召开日内瓦国际会议，为维护老挝的和平、中立和独立，为老挝解决自己的问题创造条件。中国政府理解西哈努克亲王5月1日在万象记者招待会上所表达的心情，并希望他继续为和平解决老挝问题而努力。5月6日，周恩来致信西哈努克亲王，指出某些国家一直在阻挠和破坏扩大的日内瓦会议的召开，我们不能让这种阴谋得逞，希望西哈努克重新考虑不参加日内瓦会议的决定。5月8日，西哈努克复信表示感谢，并说明他对日内瓦会议的积极态度和目前不参加会议的原因。经过各方努力，最终使西哈努克亲王改变了主意。5月12日，西哈努克致电周恩来，决定将率柬埔寨代表团参加会议。

5月6日早上，几乎在周恩来致信西哈努克的同时，他看到了毛泽东的一封信。毛泽东的这封信是写给中共中央西南局第一书记兼中共四川省委书记李井泉和正在四川简阳县（今四川省简阳市）做调查研究的农业机械部部长陈正人的，讲的全是调查研究的问题，反映了毛泽东对发起此次大规模的调研活动的严肃态度及其急迫心理。信的全文是这样的：

> 陈正人同志5月1日给我的信收到，很高兴。再去简阳做一星期，最好是两星期的调查，极为有益。井泉同志：你为什么不给我写信呢？我渴望你的信。你去调查了没有？中央列举了一批调查题目，是4月25日通知你们的。5月4日又发了一个通知，将会期推迟到5月20号，以便有充分调查研究的时间，将那批问题搞深搞透，到北京会议时，比起广州会议来，能够大进一步。我在这里还有一个要求，要求各中央局，各省、市、区党委第一书记同志，请你们在这半个月内，下苦功去农村认真做一回调查研究工作，并和我随时通信。信随便写，不拘形迹。这半个月希望得到你们一封信。如果你们发善心，给我写信，我准给你们写回信。此信并告中央。

毛泽东

1961年5月6日于上海

末了，毛泽东又加上一句话：

你们来信，用保密电话直达我的住地及火车上，勿误为要。

毛泽东的这封信，虽然是用"渴望"的心理要求大家"发善心"给他写信，但明眼人一看便知，毛泽东一方面对调查研究工作极端的重视，另一方面对不给他反映情况表示了一定程度的不满。

此信一发出，毛泽东的保密电话不断地传来领导同志赴各地调研得到的情况————这其中也有周恩来的声音。

5月6日夜，很难停下工作的周恩来又是通宵未眠。凌晨3点，他按毛泽东的要求，就几天来的调查情况，向在上海的毛泽东作了电话汇报。记录如下：

主席给李井泉和陈正人同志的信6日早上我就看到了。我到邯郸后，听了3天汇报，就到武安县伯延公社，现在已经有5天了。5天中，我找了公社、大队、生产队的干部和社员群众谈了话，开了座谈会。现在有下面4个问题简要地向主席汇报一下。

（一）食堂问题。绝大多数甚至于全体社员，包括妇女和单身汉在内，都愿意回家做饭。我正在一个食堂搞试点，解决如何把食堂散好和如何安排好社员回家吃饭的问题。

（二）社员不赞成供给制，只赞成把"五保户"包下来和照顾困难户的办法。现在社员正在展开讨论。

（三）社员群众迫切要求恢复到高级社时评工记分的办法，但是已有发展。办法是：包产到生产队，以产定分，包活到组。这样才能真正实现多劳多得的原则。因此，这个办法势在必行。只有这样，才能提高群众的生产积极性。

（四）邯郸专区旱灾严重，看来麦子产量很低，甚至有的颗粒不收，棉花和秋季作物还有希望。目前最主要的问题是恢复社员的体力和恢复畜力问题。

我明天还要看一个食堂，8日返回北京，帮助陈总解决出席日内瓦会议的一些问题。以后再给主席写报告。问题解决了之后，我还要返回邯郸。

我到邯郸之前，已经派许明同志带领一个工作组在这里工作了20天。

接到电话的毛泽东，在高兴之余非常重视。对周恩来的汇报记录，毛泽东郑重地批示："发给各中央局，各省、市、区党委参考。"

当天中午，周恩来又到另一个县——涉县继续做调查研究，晚上回到邯郸。

为解决中国政府代表团出席日内瓦会议的有关问题，5月8日，周恩来再次返回北京，当天就与中国政府出席日内瓦会议代表团团长陈毅等人商议有关方案。同一天，周恩来在欢迎越南、老挝两国政府赴日内瓦会议代表团的宴会上，就召开扩大的日内瓦会议问题发表讲话，谴责由于美国的破坏和挑拨行为使老挝三方面的政治会谈至今未能举行，甚至使西哈努克亲王倡议的扩大的日内瓦会议的召开遭到威胁。他重申我国政府坚决支持扩大的日内瓦会议的召开，并愿意同具有和平解决老挝问题的真诚愿望的与会国代表团一道，为争取这次会议的成功而作出努力。

9日，陈毅作为出席日内瓦会议的全权代表率领中国政府代表团离京赴日内瓦。

临时回京的周恩来赶紧处理完几件大事后，于5月10日午夜又一次踏上了去邯郸的专列。

此后，从5月11日至13日，周恩来继续在邯郸进行调查研究。他把刘子厚和工作组汇报的情况作了汇总，并与邯郸地委书记核算了粮食账，为进一步了解情况，他还到成安公社社员家中作了详细的访问。

这些工作做完以后，周恩来于5月14日最后返回北京。至此，周恩来长达半个月的邯郸农村调查活动告一段落。

从邯郸回京后，除继续关注日内瓦会议的有关情况外，周恩来主要关心的还是粮食问题，他多次约有关方面人士商谈解决粮食问题的办法。为解决粮食困难，他还于5月18日专程去了一趟天津，听取河北省委负责人汇报河北的粮食情况。

至5月20日，赴各地调研的中央领导和各地前来参加中央工作会议的代表云集北京。

1961年5月21日至6月12日，历时23天的中共中央工作会议在北京举行。周恩来在会上作了两次报告。

一次讲的是实际问题——5月31日，他在大会上作关于粮食问题及压缩城市人口的报告。周恩来对 1960 至 1961 粮食年度的形势作了初步估计和总结，对 1961 至 1962 粮食年度尤其是 1961 年第三季度的粮食情况作了说明，提出了解决粮食问题的办法。报告指出：虽然今年农业形势已有好转，但是粮食形势还在继续紧张，库存已经减到最低限度。1961 至 1962 年度粮食形势将继续紧张，解决粮食问题的根本办法，是从城市压缩人口下乡。人如何压？最重要的方针，就是人从哪里来，回到哪里去。我们的职工人数还可以压低，压低并不影响我们的建设，反而可以节约劳动力，提高劳动生产率。"三个人的饭三个人吃，不要五个人吃。"

另一次，周恩来讲的是理论问题——会议期间，他就有关总, 10 年建设经验等问题讲话，侧重谈到了思想方法。周恩来向全党提出，必须解决六个方面的认识问题：

（一）不断革命论与革命发展阶段论相结合，不能只要不断革命，从而超越了革命发展阶段；

（二）主观能动性与客观可能性相统一，如果过分强调主观能动性，对客观可能性估计不足，结果必定要破坏生产力；

（三）革命热情与科学精神相结合，有了创造性、预见性，还要有科学性，不能以感想代替政策；

（四）正视困难与克服困难是一致的，承认矛盾，就要允许讲困难，只有发现矛盾，解决矛盾，矛盾才能统一；

（五）理论与思想不应脱节，在具体执行中，不能把理论问题歪曲了；

（六）必须认识经济发展的规律性，违背客观规律，必然要碰壁。

周恩来还说："为了解决上述六个方面的认识问题，就要按主席指示的三句话办事：一是从实际出发，一是从六亿五千万人民着想，一是群众路线。要实现这三句话，就要调查研究，就要实事求是，实行民主集中制，坚持真理，修正错误，发扬党内民主。"

会议期间，为了说明尊重实际、尊重客观规律、尊重群众的道理，周恩来向大家讲了张二廷的故事：

　　我在邯郸伯延公社听到了最生动的一句话。经过工作组做了两个多礼拜的工作以后，我下去跟农民谈话，有一个社员（他劳动很好，老婆死了，家里还有四个孩子都不进学校，全部在家劳动）告诉我："这两年，生活一年不如一年。"还指着我说："如果再这样下去两年，连你也会没饭吃的。"他解释说，为什么会这样呢？因为我们当然首先要顾自己，你们征购不到，还不是没有吃的！这句话对我教育很大，我很受感动。当时在场的地委干部听了以后，说这个人是个落后分子。我跟他们解释，这样看不对，这个社员说的是真理。一个农民把我们看作他自己的人，才会说这样的话，这是最一针见血的话。

　　周恩来亲历的这个故事，令出席会议的领导人们感到震惊：再不认真地进行国民经济的调整，我们共产党就会失去群众基础，就会没饭吃了！

　　会议在中央和各地负责人调查研究的基础上取得了如下成果：

　　讨论和修改了《农村人民公社工作条例（草案）》，形成了《农村人民公社工作条例（修正草案）》。修改后的条例取消了供给制；对公共食堂问题则规定：办食堂"完全由社员讨论决定"，"实行自愿参加、自由结合、自己管理、自负开销和自由退出的原则"。

　　制定了《关于减少城镇人口和压缩城镇粮食销量的九条办法》，规定3年内减少城镇人口2000万人以上，本年内减少1000万人。

　　决定本年钢产量由原定的1800万吨降为1100万吨。

　　……

　　与会的人都明显地感觉到，这次会议通过的文件和决定，比较符合实际，体现了实事求是的精神。一个实事求是年，的确带来了新的气象。要不是毛泽东发起这次大规模的调查研究活动，这些成果的取得几乎是难以想象的；而要不是在调研当中中央领导同志鼓励农民们说真话，实际情况的获得几乎是不可能的。

　　仅就周恩来来说，通过这次调研，他对中国的粮食问题和农业问题又有了进一步的了解，此后他在提出解决问题的办法时，心中更有底了。正如会议期间他所说的：

农业上的问题，是组织生产问题，小农经济反映的是小资产阶级的东西，不管是进行土地改革、组织互助组、成立合作社，都要经过许多步骤和时间，把小资产阶级个体经济组织起来，要有个过程。要根据农民需要，因地制宜，不能强制，要引导他们。命令方式和强求一致，反而效果不大。

建设社会主义是个复杂困难的事情，而且无先例可循。虽然苏联的经验可以学习，但各国情况不同，还是得靠自己摸索经验。自己走出来的道路是最可靠的。

走一条中国式的社会主义建设道路的思路，在周恩来等人心中更加明朗化了。

会议期间和会后，周恩来在解决粮食问题方面，办法也更加明确。他在与各大区负责人讨论的基础上，主持起草了《关于粮食问题的九条办法》。其主要内容是：城镇减人必须各级党委亲自领导，进行充分的政治动员，迅速造成声势；全国城镇只许减人，不许加人；中央和地方共同核实城镇人口，严禁虚报冒领；1961 年至 1962 年城镇口粮标准不能提高；1961 年 7 月到 1962 年 6 月粮食产、购、销、调、存的数字，待 8 月以后再作最后决定；职工的升级、转正和工资的调整，推迟到今年下半年城镇人口减到一定程度以后再进行；中央各部门在会后应即提出中央各部直属企业、事业、学校、机关单位的精简计划；城市征兵；中央和地方应在整风整社和贯彻十二条、六十条、中央指示信以及其他文件的同时，拟定工业和商业支援农业的计划。

在中央工作会议闭幕会上，周恩来说了这样一句话：

增加农村劳动力、发展农村经济的事情，只许办好，不许搞乱。

我们从留下的周恩来工作台历中可以看出，这一年，他约人谈话中谈得最多的内容是：粮食、外贸、基建和农村工作。

从 1961 年起，通过调查研究，从中国的实际情况出发去寻找解决中国难题的办法，以退为进地将中国的经济建设逐渐纳入稳妥发展的轨道，可以说，周恩来的工作，进入了又一个艰难而辉煌的时期……

26   新侨会议上的争论

"新侨会议"是在周恩来的直接关怀下召开的。为了不打乱会议的安排，周恩来给会议代表来了个"突然袭击"。几天以后，他的一次重要讲话引来了赵丹的不同意见。

夜访新侨饭店

1961 年 6 月，中共中央宣传部和国务院文化部同时在北京新侨饭店召开"全国文艺工作座谈会"和"全国电影故事片创作会议"，目的是贯彻中央提出的调整、巩固、充实、提高的八字方针，总结"大跃进"以来的经验，改进对文艺工作的领导方法，并讨论文艺工作和电影创作的有关条例。这就是文艺界有名的"新侨会议"。

6 月 16 日这天晚上，周恩来谁也没有通知，就来到新侨饭店，走到楼梯口，碰巧遇上赵丹。一问才知道当晚全体代表观摩两部影片，而赵丹惦记着病在房间里的夫人黄宗英，看完一部片子便回来了。周恩来与赵丹早已是老朋友，便问："都有谁在？"赵丹点了几个人的名字。周恩来听说黄宗英病了，亲切地对赵丹说："走，我们看看去。"赵丹也不客气，一路嚷着把周恩来带到了黄宗英的房间："宗英，快，快！总理来啦！总理来看你，看大家啦！"

周恩来笑声朗朗地进了屋，端详着黄宗英那身打扮，觉得奇怪：素布衫裤、家制布鞋，有点乡下妇女的味道。他笑着问："怎么？连花衣服也不敢穿啦？"黄宗英急忙解释："常下乡……"周恩来赞许地说了一句："好。"随后又说了一句："改造，也不在外表。"

说话间，赵丹已把其他几位未去看电影的代表找来，有文化部副部长兼电影局局长陈荒煤，上海天马电影制片厂党委书记丁一、厂长兼导演陈鲤庭和沈浮等人。来人一多，房间显小，再加上赵丹跑前跑后，已是气喘吁吁。周恩来招呼赵丹坐在自己对面，顺手把服务员送来的橘子水递给他。赵丹平时就不太修边幅，在总理面前也无所顾忌，他边擦汗边嘿嘿发笑。就连新侨饭店的服务员也感到新鲜：总理怎么与艺术家们这么熟，像老朋友似的！

周恩来冲着黄宗英摇摇头说："更瘦啦！什么病？让医生仔细查查。"黄宗英赶紧解释："总理，我没什么大病，一多半是急出来的。老完不成任务，白吃人民的饭。"

黄宗英的话，是有所指的。她长期当演员，1959年，她被任命为上海电影制片厂的专职编剧。编剧和演员，是两种职业，对黄宗英来说，这样的转行，来得太突然，用她的话来说，"我一下脑子涨得老大"。再加上当时文艺创作的政治性要求太强，任务压得太紧，而层层领导对剧本审查关口又过多。因此黄宗英当了一年的编剧，剧本绝少成活，一急之下，竟然病倒了。这次会前她还请着病假，但为了不失去这次极好的学习机会，她带病来京参加会议。

大家见周恩来总理来了，好像见到了亲人似的，满肚子话想说，三言两语就讲到了会上讨论的情况。周恩来微仰起头，靠在沙发上。这个动作大家很熟悉，表明总理很愿意多听一些，甚至希望人们当着他的面展开争论。黄宗英鼓足勇气问："总理，在会上各组讨论都涉及艺术规律问题。我有个意见，不知该说不该说。"周恩来毫不犹豫地回答："想说就说呗。"黄宗英便说："总理，如果科学家搞导弹，火箭，外行们（领导也好，我们隔行的也好）对他的专业没有发言权。但是，我们电影这一行，谁都有发言权，而艺术家本身的发言权……就难说了。我们是不怕文责自负、戏责自负的，老实说，历次运动也没人替我们负。可是我们工作的时候，负责的人……好像太多了些，大家管这种现象叫'婆婆多'。我们的党——各级党委，究竟以什么方式、怎样来领导剧本创作，领导艺术生产，我们认为应该研究、讨论。"为言之有据，她讲了"五个书记挂帅"的例子：

不久前，上海市委为了塑造基层党的书记的光辉形象，交给上海电影局一个重大题材，创作电影剧本《好当家》。这一任务落到黄宗英等人头上，可偏偏她这一辈子不认识几个书记，更没有当书记的体会。上级要求他们用两个星期去体验生活，一个星期交出创作提纲，再一个星期交出剧本初稿。为保险起见，市委第一书记亲自关怀、过问，上海电影局第一书记、电影厂第一书记、公社第一书记（还加上县委负责人）层层挂帅，电影厂副书记亲自坐镇。这样的阵容，把创作组的人员压得脑汁绞尽，灵感全无。艺术家们也有招，有一天晚上，趁坐镇创作组的电影厂副书记生病睡觉之机，黄宗英等人一口气搞了个通宵，好不容易把提纲顺了下来。大家私下里称：五个书记挂帅，也养不出"胖娃娃"来。原因是艺术有它自身的规律。

黄宗英在总理面前一股脑儿地把自己的想法道了出来，周恩来陷入了沉思。在来之前，他早就听说艺术家们对几年来党对文艺工作的领导方法有些怨言，文艺工作中"一言堂"的现象比较严重，甚至有动辄套框子、抓辫子、挖根子、戴帽子、打棍子的事。许多艺术工作者思想受到束缚，既不敢想，又不敢说，更不敢做。周恩来此次来，就是为了倾听文艺工作者的意见，以朋友的身份同大家谈心。

黄宗英说完后，大家你一言我一语地向周恩来反映会上的情况和艺术家们的呼声，一起有说有笑地探讨党如何领导文艺工作、如何尊重艺术规律和如何尊重艺术家的问题。

对会上放映的电影《达吉和她的父亲》，与会者有两种意见，有人认为小说写得好，有人则认为电影改编得好。这篇小说酝酿和创作于 1957 年。作者高缨是在毛泽东《关于正确处理人民内部矛盾的问题》的讲话发表以后，受"百花齐放、百家争鸣"方针的鼓舞而创作的。作者以饱满的热情、舒畅的心情，试图反映彝族人民真实的生活。小说于 1958 年初发表，很快受到文艺界和广大读者的注意，报刊、出版社、广播电台、舞台剧等均予以好评。1960 年，长春电影制片厂和峨眉电影制片厂决定拍摄同名电影，请作者高缨将小说改编成电影文学剧本。恰在这时，社会上对这部作品的批评也逐渐多了起来，有人认为这篇小说宣扬的是"人性论"；还有人干脆批评这部作品表现的是"小资产阶级温情主义"。文艺工作者是最怕被人批评为"人性论"和"温情主义"的。导演王家乙和高缨顾虑重重，总觉得搞这部电影是"走在刀刃上"，生怕被戴上"人性论"的帽子。为此，高缨在将小说改编成电影文学剧本时，把那些涉及"人性论"和"温情主义"的地方删的删、改的改。尽管如此，对这部作品的议论仍然不断。

电影拍成后，恰逢全国电影故事片创作会议召开，会上放映了这部片子，并把小说发给与会者，让与会者用小说对照影片进行讨论。赵丹和黄宗英等人看了以后，有些失望，认为电影不如小说好，电影把小说中最感人的地方给删去了……

周恩来听大家说完，更感兴趣了。他伸手向陈荒煤问道："能不能发给我一本？"正巧赵丹手头上有这本书，但上面画了许多道道，还有批注意见，他正要递过去，黄宗英轻声提醒道："你别把画得乱七八糟的书给总理。"周恩来却笑着从赵丹手中接过书来，说："我倒很愿意研究研究阿丹的意见。"

周恩来离开新侨饭店时，已经很晚了。走时他要求陈荒煤："每期的会议简报出来后，请当天送给我看看。"艺术家们争论的焦点，也成了周恩来总理感兴趣的问题；周恩来思考的，也正是如何改进党对文艺工作的领导。

周恩来刚走，看电影的代表就回来了，他们听说总理来过了，纷纷埋怨自己错过了这么好的一次机会，他们串到黄宗英屋里，问这问那，恨不得把所有的细节都问清楚，把总理说过的每一句话都听一遍。有人点着黄宗英的鼻子羡慕地说："因病得福，因病得福！"还有人捶着赵丹说："小子走运，好心好报。"有些代表还提出一些问题，说要向总理反映，似乎觉得光在会上反映是不过瘾的。

新侨会议期间，周恩来异常繁忙。仅 6 月 17 日，他就要出席中共中央书记处会议、约有关人士研究日内瓦会议问题、处理国内外各种重大事情……内政外交诸事缠身，更让他挂心的是，邓颖超前几日生病住院，他每日都要去医院探望。然而，周恩来还是抽时间把《达吉和她的父亲》这篇小说看完了。当天（6 月 17日）晚上，周恩来从医院出来，又直奔新侨饭店，倾听艺术家们的意见。同时，他专门找了一些文艺部门的党政领导干部谈话，研究如何发扬民主、改进领导的问题。6 月 18 日下午，他再次约陈荒煤等人到中南海西花厅座谈。

给艺术家们"树个活靶子"

代表们在向周恩来反映情况时，也多次要求他能到会上与大家谈一谈。

6 月 19 日下午 3 时半，周恩来如期到大会会场，发表了意义重大、影响深远的《在文艺工作座谈会和故事片创作会议上的讲话》。

周恩来开门见山地说："现在有一种不好的风气，就是民主作风不够。我们本来要求解放思想，破除迷信，敢想敢说敢做。可只许一人言，不许众人言，岂不成了'一言堂'吗？'一言堂'从何而来？是和领导有关的，所以，我们要造成一种民主风气。我首先声明，今天我的讲话允许大家思考、讨论、批判、否定、肯定……"这篇讲话，正如周恩来所说，是根据前两天文艺工作者们反映的问题而准备的，"心有所感，言之为快"。

周恩来的"心有所感"，总"感"是："我们要造成民主风气，要改变文艺界的作风。"怎么改？他毫不犹豫地提出："要改变干部的作风；改变干部的作风首先要改变领导干部的作风；改变领导干部的作风首先从我们几个人改起。"

为了提倡民主风气，他在讲话中首先表示："我今天的讲话，你们做了记录带回去，希望你们谈谈，把意见寄来。但是如果你们寄来的意见都是'完全同意''完全拥护''指示正确'之类，我就不看。这并不是说你们讲假话，而是因为看了没意思。如果你们有不同的见解，有提出商量的问题，就写信寄来。"

除了"开场白"，周恩来一共讲了七大问题，也就是他"心有所感"中的七大感想。这些问题，都有很强的针对性，并且站得高、看得远，既有理论色彩，又动之以情。在"物质生产与精神生产问题"中，他讲：精神生产是不能限时间限数量的；过高的指标，过严的要求，有时反而束缚了精神产品的生产。物质生产的某些规律，同样适用于精神生产，搞得过了头，精神生产也会受到损害，甚至损害更大。在"阶级斗争与统一战线问题"中，他强调：要区别何为政治问题，何为思想问题，何为习惯势力，不能不分清问题性质事事斗争。思想问题、世界观问题要慢慢改造，不能急，思想改造是长期的，哪能一下子就改造好？我们的党是伟大的、光荣的、正确的党，但从我们个人来说，还是不成熟、不完全的马克思主义者，共产党人还会如此，如何能责备一般的非党朋友呢？在"为谁服务的问题"中，周恩来特别指出："为工农兵服务，为劳动人民服务，为无产阶级专政制度下的人民大众服务，这只是文艺的政治标准。政治不等于一切，还有艺术标准，还有个如何服务的问题。服务是用文艺去服务，要通过文艺的形式。文艺的形式是多种多样的，不能框起来。"他甚至对场内的文艺界领导说："我们懂得少，发言权很少，不要过多干涉。在座的同志都是做领导的人，希望你们干涉少些，当然不是要你们不负责任。第一，要负责任；第二，要少干涉些。"周恩来还讲了"文艺规律问题""遗产与创造问题""话剧问题"，最引起文艺界领导注意的是，周恩来专门讲了"领导问题"。

对领导的要求，自然要比群众高，周恩来严肃地说："缺点和错误的改正要从领导做起，首先领导上要自我批评，要多负一些责任，问题总是同上面有关系的。……光有自我批评还不行，还要深入群众，才能知道自己的意见对不对。怎么办？要实行调查研究。"他还提醒大家："毛主席说，11年来忙于建设，对干部的教育注意不够。我今天讲这么多话，为的也是把这个问题讲清楚。要造成一种风气，使大家敢于讲话。只要对社会主义有利，即使思想不一致，也要说出来。"

周恩来最后说："我今天所说的这些话不一定对，我是树个'的'让大家来射，树个活靶子，让大家来攻攻。"

周恩来把自己的话树成活靶子，让大家来攻，给文艺界人士以极大的震撼。

引人注意的是，周恩来在讲话中多次提到《达吉和她的父亲》，并谈了赵丹、黄宗英和他自己的感受：

"感谢上海的同志，你们建议我看《达吉和她的父亲》，我看了，小说和电影都看了，这是一个好作品。可是有一个框子（指"温情主义"。——引者）定在那里，小说上写到汉族老人找到女儿要回女儿，有人便说这里是'人性论'。赵丹同志和黄宗英同志看电影时流了泪，我昨天看电影也几乎流泪，但没有流下来。……导演在那个地方不敢放开手。这不是批评王家乙同志，而是说这里有框子，'父女相会哭出来就是人性论'，于是导演的处理就不敢让他们哭。一切都套上'人性论'，不好。《达吉和她的父亲》，小说和电影我都看了，各有所长。小说比较粗犷，表现了彝族人民的性格，但粗糙些。电影加工较小说好，但到后来该哭时不敢哭，受了束缚，大概是怕'温情主义'。我们无产阶级有无产阶级的人性，为什么有顾虑？是有一种压力。"

香山"争论"

赵丹坐在台下仔细地听了周恩来的讲话，倍受鼓舞，感觉太过瘾了，尤其是国家总理讲到"民主作风必须从我们这些人做起，要允许批评，允许发表不同的意见"时，赵丹非常感动，他忘却了台上的周恩来是总理，只觉得自己是在听一位朋友讲话。对整个讲话，赵丹心服口服，只是有一点，他有不同意见，这就是《达吉和她的父亲》究竟是小说好还是电影好的问题。

尽管赵丹"看电影时流了泪"，但他仍认为小说比电影强；尽管周恩来看电影"几乎流泪，但没有流下来"，并且对小说和电影作了各有所长的评价，但他还是讲"小说比较粗犷"，"电影加工较小说好"。赵丹认定了他的看法，想找周恩来论论理。周恩来也准备着让艺术家们提出意见，他的目的之一，就是从自己开始，树个"的"让大家来射射，树个活靶子，让艺术家们毫无顾虑地来攻一攻。

6月19日讲话以后，周恩来又在22日约请各电影厂的一些编剧、导演和演员到中南海西花厅家中座谈，倾听他们的意见，交流心中的感想。

7月1日之前，周恩来通知文化部党组，建议会议不要开得太紧张，他愿意在7月1日党的生日时和大家一起到西郊登香山休息一天。

党的生日这天，周恩来兴致勃勃地来到香山，和参加会议的代表举行登山活动。烈日炎炎，翠谷青青，花鸟欢笑。周恩来与大家拾级而上，谈笑风生。赵丹此时心中的想法，就像离弦之箭，他拽着周恩来讨论起《达吉和她的父亲》来。

"总理，我对您作的报告有不同意见。"赵丹的"箭"开始攻周恩来树的"的"。

"你有什么意见？"周恩来感兴趣地问。

赵丹大胆直言："您说电影比小说有所提高，可我看还是小说好。"

周恩来也阐述自己的观点："电影的时代感比较强，场景选择得比较广阔……"

赵丹毫不示弱："那不过是电影这门综合艺术的表现手段比小说丰富罢了……"

他俩就这样各抒己见，说个不停。最后赵丹语塞，却坚持他的观点说："总理，我保留我的意见，觉得小说就是比电影好。"

周恩来听完，略停脚步，偏过头来看着赵丹微笑，用人们熟悉的那种神情、目光和姿势，冲赵丹提高声音以既亲切又不示弱的语气说：

"你完全可以保留你的意见，我也可以坚持我的意见，你赵丹是一家之言，我周恩来也是一家之言嘛！"

周恩来说完哈哈大笑，赵丹也嘿嘿地跟着笑，周围的人也被他们逗笑了。看到这一场景，香山的游人早已认不出谁是国家领导人，谁是普通的艺术工作者。更让大家感到不一样的是，在山上照合影时，周恩来几乎都是站在后排的角落上，有时他甚至像小孩似的歪坐在栏杆上，自然、随便、平易近人。

后来赵丹回忆游香山之事时，感慨地说："我有时很怕部长、书记，但是我不怕总理。"

原来，赵丹在新侨会议刚开始时不敢讲话，一直在寻求"免斗牌"。事情是这样引起的：在来北京开会之前，上海市委某负责人曾告诫他们，去北京开会不要发言，上海的工作没有什么要检查的。因此，赵丹在刚开会的头几天一句话也不说。为此，主持会议的陈荒煤很纳闷，就问他："阿丹，你为什么不发言？"

赵丹心中有气，便信口回了一句："除非给我一块牌子，上面写着'此人说话不

1961 年 7 月，周恩来和出席全国故事片创作会议的代表们同游北京香山

算数'，我才敢言。"

赵丹的话后来让周恩来知道了。第二天周恩来参加会议时，亲自点名叫赵丹发言说：

"听说你不敢讲话了？你说吧，在我面前还有什么顾虑呢？"

在总理的鼓励下，赵丹等人才解除了心中的顾虑，尽情地倾吐了自己的意见。后来，就自然地发生了香山的争论。事后有人和赵丹开玩笑说：总理承认你赵丹是"一家之言"，总算使你得到一块"免斗牌"了。

一路上，周恩来谈笑风生，好像年轻了许多。他与大家边探讨问题边游览，最后又说："你们还有什么问题？如果现在讲觉得不方便，以后可以写信给我。"他还指指身边的总理办公室副主任许明补充说道："你们把信写给他，我就可以收到了。"

游香山的第二天，新侨会议闭幕了。会后，中宣部和文化部根据会上讨论的情况和周恩来讲话的精神，制定了《文艺八条》和《加强电影生产领导三十二条》，以期促进"双百"方针的贯彻，使党的文艺工作和电影工作沿着更健康的道路发展。由于当时的历史条件，"左"的思想得不到根除，这两个文件也未能真正实施。但是周恩来的讲话，一直深深地印在文艺界人士的脑海中，他身体力行，从我做起的民主作风，深远地影响着党的文艺工作。难怪文艺界参加过新侨会议甚至所有接触过周恩来的人都这样认为：周总理从不把自己的意见强加于人，我们把他当成朋友，在他面前什么话都可以说。

27　经济调整东北行

　　1962年夏天，百忙中的周恩来去了一趟东北，带去了一个由80余人组成的工作组，全面落实国民经济调整措施，这是在一个"特殊时期"的一次特别的出行……

　　1962年，是一个特殊的年份。

　　为彻底纠正"大跃进"以来的错误，挽回由于"天灾"和"人祸"所带来的重大损失，自年初召开扩大的中共中央工作会议（"七千人大会"）后，以"恢复和发展农业生产""坚决缩短工业生产战线和基本建设战线""大力精简职工和压缩城镇人口"等为主的调整国民经济的措施，开始全面地推向中国广袤的大地。

　　这年夏天，百忙中的周恩来去了一趟东北，带去了一个由80余人组成的工作组，其中有国务院各有关部的部长、副部长，还有一些重要部门的司局长。邓颖超也跟着去了，这是她与周恩来在新中国成立后少有的一路同行中的一次。下面太困难了，他们都想亲自到基层去看看。

　　这是在一个"特殊时期"的一次特别的出行……

　　当1962年这个"非常时期"来临的时期，周恩来不得已提出了一些特殊的办法："'精兵'必先'简政'"；"'拆庙'，同时'搬菩萨'"。为贯彻中央有关调整的重大决策，他自告奋勇北上，前往我国重工业基地东北。

　　进入1962年，在中共中央的许多正式文件中，人们看到了这样一些词句："1962年是对国民经济进行调整工作最紧要的一年。""我们现在在经济上是处在一种很不平常的时期，即非常时期。"

　　进入1962年，经过自己的亲身体会，人们仍普遍感觉到："最困难的时期还没有过去！"

1962 年初，周恩来和毛泽东、陈云在"七千人大会"上

　　当初掀起"大跃进"高潮时，人们根本没有想到，主观愿望与客观现实之间的差距是如此之大！中国不仅没有迎来国民经济的"大跃进"，甚至"小跃进"也没有出现。出现的，却是国民经济的全面失调，原有的平衡被严重打乱，造成各行各业的全面性灾难！

　　现实，给党内党外重重地敲响了警钟。

　　在党内，以周恩来为代表的一批务实的领导人基本形成了这样的共识：争取国民经济的根本好转，关键在于做好当前的调整工作；下大力气调整国民经济，是走出困境的唯一出路。

　　在"七千人大会"闭幕会上，周恩来曾详细地列举了历年的粮食细账并说过这样几句话：

　　　　在 1961 年我们初步压缩城镇人口和职工人数后，1962 年国家统
　　一支配的粮食还差 100 亿斤左右。1962 年是国民经济计划以调整为主
　　的关键年。

国库里的粮食已基本空了！这并不是周恩来危言耸听。

为从根本上解决问题，他还提出了克服目前困难的一些具体办法。其中有："坚决精简机构，压缩城镇人口，精减职工人数，减少粮食供应。"他说过："这是克服当前困难的最重要的一着，也是调整工作的一个重要环节。""'精兵'必先'简政'。党政机关，首先要裁并机构，'拆庙'，同时'搬菩萨'。"

为切实搞好财经工作，扭转财经状况，中共中央于西楼会议后决定恢复中央财经小组，并调整这个小组的成员，由一些真正懂得经济工作的人组成中央财经小组。组长陈云，副组长李富春、李先念，组员包括国务院总理周恩来和副总理薄一波、谭震林、罗瑞卿，还有程子华、谷牧、姚依林、薛暮桥等人。

这期间，周恩来与李先念主持起草了《中央财经小组关于讨论 1962 年国民经济调整计划的报告（草稿）》，国家计委党组也根据周恩来等人的意见向中央提交了《关于调整 1962 年国民经济调整计划的汇报提纲》。在这两份文件中，系统地提出了关于国民经济调整的方针、政策和具体措施。

4 月 30 日，中共中央发出了经周恩来改定的《中共中央关于批发 1962 年国民经济计划的指示》。这份《指示》，以不容乐观的语言分析了国民经济的形势和调整工作的现状。其中批评一些地方和部门主要干部，对当前财政经济存在着的严重困难认识不足、对国民经济必须进行大幅度调整决心不大，以致调整工作进行得很迟缓。《指示》再次提醒全党：

> 争取财政经济情况根本好转的关键，是争取尽快地恢复农业生产，采取切实有效的措施，加强农业战线，加强农村基层工作，力争粮食、棉花、油料等农产品能够多种一些，多生产一些，多收购一些。
>
> 当前最急迫的措施，是要坚决缩短工业生产战线和基本建设战线，关掉、合并、缩小一批工厂，拆掉那些用不着的架子，收起那些用不着的摊子，大力精减职工和压缩城镇人口。

5 月 19 日，《中共中央批发〈中央财经小组关于讨论 1962 年国民经济调整计划的报告〉的指示》稿，由周恩来亲自审改，这里面有几句话颇能表达他的心境：

充分地估计困难，有准备地应付困难，对于每一个具体困难都认真对待，创造必要的条件，讲究对付的方法，在最大的困难面前也能够挺起胸脯，顽强斗争，尽最大努力，一个一个地、一批一批地去克服困难，这是真正的勇敢，是革命家的气概，是马克思列宁主义者对待困难的唯一正确的态度。

周恩来还给方方面面的人这样打气："只要我们全党、各民主党派、全国人民动员起来一条心，没有克服不了的困难。"

5月，中共中央在北京举行工作会议，作出了全面贯彻执行"调整、巩固、充实、提高"八字方针和对国民经济进行大幅度调整的重大决策。为扭转国民经济的困难局面，中共中央同意了由周恩来、陈云、李先念等人提出的进一步缩短工业生产建设战线，大量减少职工和城镇人口，切实加强农业战线，增加农业生产和日用品生产，保证市场供应，制止通货膨胀等一系列调整国民经济的措施。

5月26日，中共中央向全党发出了经周恩来审改过的《中共中央批发〈中央财经小组关于讨论1962年国民经济调整计划的报告〉的指示》。一个大幅度调整中国国民经济的工作，正式在全国范围内展开了。

……

从1月份全党召开"七千人大会"到5月份中央财经小组正式提出国民经济调整计划，总算是有了措施。但要真正落实，并非易事。特殊时期，如果没有点特殊行动，看来是难以达到目的的。

为此，上述《指示》发出的同时，中共中央决定：中央财经小组的一些成员分赴各地，进行调查研究和督促调整计划实施工作。

周恩来自告奋勇北上，去我国重工业基地东北。

根据中央决定，中央财经小组的其他人员，李富春去华东，李先念去中南，薄一波去华北……

分赴各地的中央财经小组成员们十分清楚，他们肩上的担子非常重。中央关于大幅度调整国民经济的重大决策，一定要贯彻下去！

东北之行的第一站，周恩来选择了从小学习、生活过的沈阳。这次回到自己的"第二故乡"，却是在国家极度困难的时期，周恩来坚定地告诉东北的干部：

"困难到了顶点就要走向反面。""天将降大任于斯人也，必先苦其心志，劳其筋骨，饿其体肤……"

5月28日，也就是中共中央的指示发出后的第三天，周恩来登上了北去的火车。随行的有邓颖超和国务院工交系统的几位部长。

行前，周恩来曾派国家计委主任顾卓新率领一个由国务院各工交部门的副部长、司局长等80余人组成的工作组，先期前往沈阳，进行调查研究。

这次东北之行的第一站，周恩来选择了沈阳。

在全国众多的省会城市中，沈阳恐怕是周恩来最熟悉的城市之一。当1910年周恩来离开江苏淮安的老家到沈阳投奔伯父时，他的一生便由此改变了。他后来对这次离家作过这样的评价：

> 12岁的那年，我离家去东北。这是我生活和思想转变的关键。没有这一次的离家，我的一生一定也是无所成就，和留在家里的弟兄辈一样，走向悲剧的下场。

从1910年到1913年，周恩来在当时还叫"奉天府"的沈阳度过了三年的少年时光。在这里，他以一个南方少年的瘦弱身躯，经过艰苦的磨炼，终于适应了北方的生活，并习惯了吃高粱米。对少年时期在东北的生活，他曾多次提及。他对辽宁大学的学生风趣地说过：

> 我是1910年到沈阳的，住了3年。我是带着辫子来的。我身体这样好，要感谢你们东北的黄土、大风、高粱米饭，给我很大的锻炼。

有一次他还对亲属说过：

> 到东北有两个好处：一个好处是把身体锻炼好了。在上小学时，无论冬天、夏天都要做室外体育锻炼，把文弱的身体锻炼强健了。再一个好处是吃高粱米，生活习惯改变了，长了骨骼，锻炼了肠胃，使身体能适应以后的战争年代和繁忙的工作。

更重要的是，3 年的辽宁生活，使周恩来培养了强烈的爱国主义思想和感情，留下了"为了中华之崛起而读书"的千古绝句。当年在沈阳郊区的魏家楼，他还发出过"吾党何日醒？！"的疾呼。

沈阳，可以算是周恩来的第二故乡。新中国成立后，周恩来曾多次回过辽宁。而 1962 年的这一次，却是在国家困难时期来的。无论是随同前往的人，还是接到通知的辽宁省方面的人都知道，这次周恩来总理是为坚决地贯彻党中央调整国民经济的方针而来的。大家都有一个共同的目标：必须找到东北摆脱困境的出路。

5 月 29 日中午，火车缓缓驶入沈阳站。稍事休息后，周恩来于下午召集先期到沈阳的顾卓新等人开会，听取他们汇报到沈阳后的准备工作。

接下来的数日，周恩来多次听取随同前来东北的中央各部部长汇报情况，有第三机械工业部部长孙志远和国务院国防工业办公室常务副主任赵尔陆汇报东北军工生产的情况，还有东北局及东北三省负责人汇报精减职工、工业调整、粮食生产、市场供应、农业恢复、煤炭生产、木材生产等情况……这些汇报，为周恩来全面了解东北经济存在的问题，进一步研讨调整经济、克服困难的办法提供了重要的依据。

周恩来提醒大家，东北的情况是与全国联系在一起的，东北的问题也反映了全国的面貌。在听取汇报时他多次强调：东北要摆脱困境，必须进行调整；而东北的调整，必须对照全国的情况进行；除坚决调整外，别无出路。

刚到东北，周恩来就发现东北存在 4 月 30 日中共中央发出的《关于批发1962 年国民经济计划的指示》中所批评的问题，一些地区和部门的主要干部，对当前财政经济存在着的严重困难认识不足、对国民经济必须进行大幅度调整决心不大，以致在贯彻中央调整方针及精减职工和城镇人口方面行动比较迟缓。周恩来立即提出了严厉的批评。经过他耐心说服，有关的领导干部认识上有了提高，并立即行动起来，落实调整方案，全面贯彻中央的决策。

认清形势，是搞好调整的前提，为此周恩来多次与同来的中央各部部长以及东北局和东北三省领导人谈当前形势，从大局着眼看问题。在大家理解全国的大局后，他便与他们进一步地研究企业的关、停、并、转，研究压缩基本建设规模，研究城市人口的精减和机构的精简，研究农业的恢复……他一再告诫：东北的同志们要充分认识"全国一盘棋"的重要性。

辽宁，是我国重要的工业基地，也是国民经济严重困难的"重灾区"。到辽宁后，周恩来还用当年红军进行二万五千里长征的精神鼓励辽宁的同志战胜灾荒、克服困难。他乐观地说："现在，难道比长征、抗日的时候还困难吗？有毛主席的英明领导，依靠广大群众，一切都好办。"

他还以一种似乎不可思议的辩证观点对辽宁的干部说："困难到了顶点就要走向反面。"这是想提醒干部们：在我们承受了如此严重的困难后，我们对困难已经有了足够的思想准备，已经有了一整套的措施，应该对克服困难有足够的信心。

在沈阳期间，因柬埔寨王国政府第一大臣宾努亲王来访，周恩来于6月4日在沈阳接见了宾努亲王，随后又抽出时间陪同宾努亲王去了一趟大连。在飞往大连的专机上，他感叹地对宾努亲王说："在国家建设问题上，有了正确的方向、路线后，具体的建设方法还需要进一步地摸索。各国情况不同，不仅取得民族独立的方法不同，而且建设的方法也是不同的。建设比革命的时间要更长些。"利用在大连的时间，周恩来又与旅大市（现大连市）的党政负责人谈了如何节约粮食的问题。当天，对外宾作过安排后，他急匆匆地赶回了沈阳。

自到辽宁以来，周恩来亲身体会到，东北的困难是极为突出的，一些方面甚至比全国其他地方还严重。仅粮食的紧张，就是燃眉之急。尽管全国的粮食依然非常紧张，这方面的情况及中央的措施周恩来也向东北局的同志详细地介绍过，但是，鉴于辽宁当前粮食十分紧张的情况，以及东北在革命和建设时期都对全中国人民做出过重大贡献，周恩来还是与中央有关方面进行了联系，决定增拨粮食5000万斤使辽宁人民渡过难关。他还明确地告诉东北局的同志说："东北是全国的重要基地，成绩很大。但是，仍存在一些较大困难，必须全国支援。"

然而，要想解决东北的困难，周恩来考虑的远远比"救济"要深远得多，他到东北的目的之一，是要鼓励东三省的人民"自救"。

为激发东北的干部和人民克服困难的信心，周恩来想起了2000多年前中华民族的先贤孟子的一段话：

天将降大任于斯人也，必先苦其心志，劳其筋骨……

他沉思：在困难时期，祖国建设之大任，不正需要人们以"苦其心志，劳其筋骨"的艰苦奋斗精神担当起来吗？

这段话出自《孟子·告子章句下》，读《孟子》，周恩来始于 1903 年 5 岁之时，那时虽不能全读懂，但却对他后来思维习惯和个性特点的形成，起到了启蒙的作用。快 60 年了，为鼓励全国人民建设的斗志，周恩来在来东北之前再次仔细地研读了《孟子》，尤其是其中的《告子》篇。他对一些段落作了详细的摘录，并记下了读书心得。为挖掘《告子》篇的现实意义，周恩来作了许多新的解释。

6 月 8 日，借东北地区军工干部会议在沈阳召开之机，周恩来来到了会场。出人意料的是，他在会议讲话的开场白中，长篇引用并逐句解释了孟子的一段话。他说：

孟子讲这段话，是两千年以前的事情，今天引用，是引古鉴今。他总结了经验，今天谈一谈，还感到亲切。

周恩来开始一字一句地读道：

天将降大任于斯人也，必先苦其心志，劳其筋骨，饿其体肤，空乏其身，行拂乱其所为，所以动心忍性，曾益其所不能。人恒过，然后能改；困于心，衡于虑，而后作；征于色，发于声，而后喻。入则无法家拂士，出则无敌国外患者，国恒亡。然后知生于忧患，而死于安乐也。……

长文读罢，周恩来接着逐句往下解释：

"天将降大任于斯人也"，孟子是拿自然规律来解释的。拿社会规律解释也是一样：胜利了的、解放了的中国人民，这么大的国家，这么多的人，在世界上，在今天的时代，应当担当大任；则"必先苦其心志"，就是要一个人经受各种锻炼，思想、意志必须得到锻炼。中国共产党 28 年，加上建国（新中国成立）以来 13 年，都是这样过来的。"劳其筋骨，饿其体肤，空乏其身，行拂乱其所为"，做事不遂心，

到处碰壁，难得很，有对立面，总有那么一些不一致的意见。……总
之，就是工作累，肚子不饱，常常别扭，按孟夫子说，这就叫作锻炼。
饱食终日，就一定无所用心。吃得好，不劳动，享受得好，做事很顺利，
就不能受到锻炼。……因此，他的结论是"动心忍性，曾益其所不能"，
要动脑筋，想问题，千方百计想办法。经过这些锻炼，把我们锻炼的
有涵养了，不那么急躁了，也能够忍受了，既克服了困难，也增强了
自己的本领。

说到这，周恩来惊叹道："孟夫子的这些解释，相当合乎逻辑。"他接着又
往下阐释了"人恒过"以至"而后喻"几句。

再向下引申，周恩来继续说：

孟子不仅说了个人方面的，也说到了国家"入则无法家拂士，
出则无敌国外患，国恒亡。"人总要讲不同意见的，如果没有不同意
见的争论，一切都顺利得很，国家就要衰亡。国内不讲法制，不讲纪
律，没有人管束，没有对立面不行，一人挂帅，一呼百应这个局面也
不行。……如果一个国家，国内不讲法制，国外无敌国外患，这不是
很顺利吗？孟子的结论，这样的国家就会灭亡。因为他不能发愤图强，
不能卧薪尝胆。……如果一个国家，一切都顺利，一切都不感到困难，
好逸恶劳，一定亡国。孟夫子说得很重。他是个论辩家，说得很有逻
辑。因而他的结论是"然后知生于忧患，而死于安乐也。"因为有患，
人就可以经受锻炼，少犯或不犯错误，就可以动员起来鼓励大家去干。
可以卧薪尝胆，就不会亡国，人民就可以担当大任。如果能在忧患中
成长起来，那就是"生"。如苟安图乐，就得灭亡，则"死于安乐也"。
如果一个人苟安图乐，很早就会衰老。这是泛论，不是指一人、一事。
总之，锻炼能生存，不锻炼就要衰老。……

这篇精彩的、具有极强现实意义的古文新解，出自困难时期的人民共和国总
理之口，不要说是在座的东北局干部，就是同去的国务院各部部长，都很少有幸
完整地聆教。原先，对孟子的这段话，他们或曾在课堂上听老师讲解过，或曾在

旧式私塾的教鞭下听教书先生吟咏过。那大都是字面意义或旧式解说。就是读过宋代大学者朱熹的《四书集注》这部最有名的诠释、解注之作的人，也只能从中看到简单的字面之义。像周恩来总理这样极富现实意义的系统阐发，东北局的干部们所听是第一回。

东北局的干部们被深深地打动和震撼了，在敌国外患、国内经济困难时期，周恩来总理的话，中心是让大家不要好逸恶劳，不要苟安图乐，而要艰苦奋斗、发愤图强、卧薪尝胆，带领人民群众战胜困难，走向胜利。

周恩来还告诫大家：

> 孟夫子不愧为圣人。历史给我们的好处是可以使我们接受丰富的历史教训和历史经验，可以借古鉴今。我很有所得，所以今天给大家讲讲，希望大家也看看。……

在对孟子的话作出解释后，周恩来恳切地告诉东北地区的军工干部和地方领导人：

> 当前我们的困难还很多，最困难的时候也还没有过去。
> 现在看，阶级敌人还好打一点，自然敌人就难一点。"大跃进"是我们这一代搞的，有很大的成绩，也犯了一些错误，我们这一代一定要克服这些困难，决不留给后一代，应该有此信心。……

经过多次听取汇报，周恩来对东北三省的基本情况有了大体的了解。接下来的时间，他决定下到基层去调查。

下基层的第一站，周恩来选择了东北的特大型企业——鞍山钢铁公司。

6月12日，周恩来赴鞍山。作为总理，为避免下基层形成前呼后拥的局面，临行前他嘱咐有关人员："要轻车简从，尽量减少车辆和随行人员。"

早在1956年，周恩来就来过鞍山，那年他来到这里时，鞍山钢铁公司第一炼钢厂的负责人向他汇报了这样一个设想：准备在第一个五年计划结束时钢产量比日伪时期最高年产量翻一番。周恩来当时大加称赞："你们干得好！就是要跳出日本人的圈圈，独立自主、自力更生，增加新钢种，多快好省地建设社会主义。"

他还叮嘱厂领导："要永远发扬艰苦奋斗的革命传统。"事隔6年，周恩来又到鞍钢。可这次来，面临的却是国民经济的严重困难，鞍钢也受到影响。周恩来的心情是沉重的。

到达鞍钢后，周恩来便得知接待人员已经安排他住新建的宾馆，他断然拒绝："你们这个楼盖得这样好，可全国还有许多地方比较困难，我不能住！"他执意要他们换一个普通房间。当他在鞍钢冷轧厂看到建设中的一米二轧机由于苏联不履行合同，再加上中方经济困难，正停工待料时，便感叹地说："要是把盖宾馆的钱花在这上面，该有多好啊！"为此他鼓励大家：一定要自力更生、打破封锁。（根据这一指导方针，经过工人们的努力，鞍钢于1964年独立自主地把一米二大轧机建成投产。）

中午吃饭时，服务员为周恩来等人做了四菜一汤，周恩来走进餐厅后，亲自端下去两个菜，并特意交代说："留着下顿热热吃。"吃完午饭，利用中午休息时间，周恩来走访了住地的厨房、传达室、服务员休息室、医务室、理发室、小卖店等处，向群众了解他们的工作和生活情况。

一天的参观结束后，周恩来利用晚上的时间与鞍钢负责人谈话，研究克服困难的办法。谈完话已经比较晚了，他又马不停蹄地返回了沈阳。

6月13日，沈阳的天空下起了雨。工作人员提出是不是取消原先的参观计划。周恩来仍坚持要出门。上午，他冒雨来到沈阳拖拉机厂。在这个厂，他仔细地询问了拖拉机的质量、农民是否欢迎及农具配备情况等。问完后，他要求厂技术科整理有关这些方面的材料，并说："要核实好，一台拖拉机需要多少钢铁，尤其是铜。"就要离开拖拉机厂时，他再次坚持与工厂职工一起在雨中步行，直到走出厂门，才上车与工人们告别。下午，他继续冒雨参观了沈阳的松陵机械厂（飞机厂）。在厂里，他向工人王传康询问了工人们对政府工作的意见，从工人师傅们口中了解实情。当有的工人不忍心让64岁的周恩来在雨中行走，主动过来为他撑伞时，他多次拒绝。

经过两天的参观，周恩来对辽宁的城市和工业情况有了进一步的了解。6月14日，他先后约同来的中央各部部长和东北局、东北三省负责人商谈下一步的工作，对东北如何搞好工业调整、减少城镇人口、节约粮食、发展林业、搞好市场和清仓核资等提出了更详细的意见。

在当年学习、生活过的辽宁铁岭，周恩来有意向小孩子暴露自己的身份，"你认识我不？""认识，你是周恩来！"老百姓感觉，有总理在身边，困难只是暂时的。到达吉林长春后，周恩来专挑了几个"龙头"企业：一汽、长拖、长影……

6月15日，周恩来赴铁岭县，开始进行农村问题的调查。

铁岭，是周恩来少年时期生活和学习过的地方。1910年春天，12岁的周恩来到沈阳（即当时的"奉天府"）投奔伯父时，由于沈阳一时还没有合适的学校可读，他便随三堂伯周贻谦转赴奉天省银州（今辽宁省铁岭市），进银岗书院读了半年书。那时的东北，是帝国主义在华争夺的重点，也是民族危机格外深重的地方。日本和沙俄两个帝国主义国家，为争夺在华势力范围，刚刚在东北进行了一年半之久的日俄战争，使数十万名无辜的中国人惨遭战争劫难。周恩来刚到东北那年，日本帝国主义用武力吞并了与东北仅一水之隔的朝鲜。朝鲜人民遭受的惨祸，更使东北人民感到惊心动魄、寝食难安。在中华民族处于生死存亡的紧要关头，以孙中山为代表的革命党人组织起来，为拯救中国正在进行殊死的斗争。初到东北的周恩来，油然升起了满腔的爱国激情……铁岭，应该说是周恩来最早接受爱国主义教育的地方之一。

52年后，周恩来再次来到铁岭。这次虽然与52年前大不一样，中国的地位和国家的性质已经完全变了，人民已经翻身当家做了国家的主人了，周恩来也已是国家的总理，但是，再到铁岭的周恩来，脑海中依然带着一种强烈的爱国主义情绪；而铁岭人民给他留下的，依然是一种"国家有难，匹夫有责"的志气。

到达铁岭的当天，周恩来便来到平顶堡公社地运所大队，召集社员开座谈会。在他的鼓励下，社员们在座谈会上谈了当前农村的实际困难，大到党和政府的农村政策，小到生产用的铁锹、农田鞋短缺等，社员们都坦诚相告。这些情况引起了周恩来的高度重视，他仔细地询问社员们的生活、生产情况后表示："我一定把大家的心意转告给党中央和毛主席。"并说："困难是暂时的，我们面前的一切困难都是可以得到解决的。"

他深入到社员家中访问，仔细地问了社员家里有多少人口，还数了数被格上有几床被子，看看铺盖够不够。看到铁岭人民，周恩来感觉格外亲切。当他从一户社员家出来的时候，见门口正围着一帮小孩，便俯下身去，与一个七八岁的小男孩开玩笑说："你认识我不？"小男孩瞪着天真的大眼睛说："认识，你是周恩来！"周恩来抚摸着小朋友的头顶，爽朗地大笑起来，连声说："对，对！这回我也认识你啦！"两人的对话，引来周围的人一阵欢笑，铁岭人顿时也有了一种亲人回老家的感觉。他们知道，有总理过问，有总理与大家同甘苦、共患难，困难只是暂时的，一定能够克服！

在铁岭，周恩来还走到田间，和社员一边拔草一边交谈。他鼓励大家："我们国家还不富裕，人民生活还有困难，一定要把生产搞上去！"过横垄的时候，周恩来大声地提醒随行人员："要走垄沟啊，别踩伤了小苗！"

铁岭人民多么希望周恩来在这里多留一些时间，可他还得赶回沈阳，因为当天下午还要到沈阳火车站去迎接途经这里的朝鲜最高人民会议代表团。下午，周恩来与邓颖超抽空一起登上了铁岭的龙首山，这里是周恩来当年在铁岭读书时经常去的地方。在龙首山上，他回忆了少年时期在铁岭的读书生活……

离开铁岭前，周恩来与铁岭县委负责人谈了话，就如何带领铁岭人民克服困难并改变铁岭面貌等问题交换了意见。

赶回沈阳后，他设宴款待了朝鲜客人们，并进行了交谈。当晚，周恩来结束了在辽宁的活动，离开沈阳赴长春。

这次赴吉林省，是周恩来在新中国成立后的第二次。第一次到吉林省是在1950年2月28日，当时他陪同首次成功访问苏联的毛泽东主席归国，路过长春。他们在长春停留期间，听取了长春市党政领导汇报新中国成立以来长春的政治、经济和文化建设等情况。那时候的长春人民，正在为医治战争创伤、恢复国民经济和建设社会主义而奋斗。当天在长春视察时，市区欣欣向荣的建设景象给他留下了深刻的印象。第二年初，当我国决定建设第一汽车制造厂时，针对当时人们在厂址选择上的争论，周恩来当即指示：第一汽车制造厂可以设在长春附近。这一重大决定，对长春市、吉林省以至全中国的汽车工业发展都具有重要的意义。1953年3月，由周恩来呈送毛泽东批准，将我国自己制造的汽车命名为"解放"牌。中国的汽车工业进入了扬眉吐气的岁月。1958年5月，当"一汽人"又把"东风"牌轿车送到中南海怀仁堂时，周恩来再次指示："在汽车制造上我们要独立自主搞设计，自力更生搞建设，不要依赖外国。"

时隔多年，周恩来在国民经济困难时期又一次来到长春，作为我国的重工业基地之一，吉林省的困难是可想而知的。自然灾害和人为造成的困难，再加上苏

1962 年 6 月，周恩来视察长春拖拉机制造厂

联撕毁援助中国的合同、撤退专家后带来的不利影响，给吉林省的经济建设造成了重大的打击。

到达长春后，周恩来首选参观的，就是我国的大型企业第一汽车制造厂和长春拖拉机制造厂。

6 月 16 日，周恩来来到长春第一汽车制造厂视察。一进厂，他直奔车间，先后走了铸造、发动机、车身、总装四个分厂，到发动机分厂时，陪同的省、市领导怕周恩来累着，安排他在这里稍事休息，周恩来为了赶时间，婉言谢绝了。他边看、边走、边与工人们交谈，与满手沾着油污的工人握手，从工人的生产情况到生活、学习、思想等情况他都问到了。他鼓励工厂的干部职工："我们的困难是暂时的，只要我们团结起来，是完全能够克服这些困难的，中国人民有这样的信心。"在视察总装配线时，陪同的人请周恩来坐坐中国自己生产的"解放"牌汽车，他欣然同意。他亲手开门上车，正在驾驶室的司机杨春余见周总理要上车，赶紧摘下帽子去擦座垫上的灰尘，周恩来连忙制止并亲热地对杨春余说："请戴上帽子开车。"第一次见到总理的杨春余激动得不知说什么好，他没想到周总理如此平易近人。周恩来坐上杨师傅的车，行车中，周恩来勉励杨春余说："你们厂是咱们国家的第一个汽车厂，你们是咱们国家的第一代汽车工人。汽车厂不光要出车，还要出人才，今后要学习毛主席著作，多出车，出好车，为社会主义建设多做贡献。"车停下来后，周恩来伸出双手，紧握住杨师傅的手表示感谢。随后，周恩来打开车门，站在脚踏板上，双手叉腰，以自豪的语气对在场的人说："我坐上了我们自己的解放牌汽车了！"

在一汽，他还鼓励干部职工："对符合科学的管理制度还要承认、尊重；对外国设计的生产线要加以改造。"听了厂里汇报汽车生产任务后，他说："工厂除了生产汽车外，同时还要有两个任务，一个叫支援农业；一个叫支援国防。此外，还要担负援外任务。"

在东北，面临停产下马的企业很多，按国家要求，不符合条件、盲目建设的那些企业，该停就停，该关就关，该合并就合并，该转产就转产，该下马的就得下马，否则只能走进死胡同。但是，在具体的处理措施上，既不能一刀切，也不能在关、停、并、转后不给予工人们出路。周恩来在视察中向当地的负责人详细地交代了中央的政策。

6月16日这天，周恩来还来到长春拖拉机制造厂视察。这个厂的一些项目正面临着停建下马的困境，工人们深切地担心着工厂的命运。周恩来听取厂领导汇报后，又到车间视察，鉴于长拖厂的特殊性，周恩来当场嘱咐随同前来的中央有关部门和兄弟工厂的领导说："一定要及时帮助拖拉机厂解决发展中的困难。"他又勉励工人：虽然有的项目不得不下马了，但我们仍要坚持"独立自主，自力更生，艰苦奋斗，勤俭建国"的方针，多生产拖拉机，生产好拖拉机，为实现农业机械化做贡献。

6月17日，周恩来来到了我国电影行业的"龙头"企业——长春电影制片厂。在长影厂，他看了录音车间、洗印车间，还看了正在录音的故事影片。当他发现音乐声音太大，压过了人物的对话时，对创作人员说："电影音乐不能喧宾夺主，要突出人物形象和语言。"在座谈中，周恩来强调：影片要突出主题。还说："你们作为电影工作者，一定要认真学习毛泽东主席《在延安文艺座谈会上的讲话》，努力为工农兵服务。"听了周恩来所谈的一些意见，电影工作者感叹：虽然周恩来不是搞电影的，但谈出来的意见却处处体现了行家的风格！

从长影厂出来，周恩来还参观了合成纤维厂。

在长春，周恩来待了两天，听取吉林省党政负责人汇报工作，并详细研究了如何落实中央关于调整国民经济的措施等问题。经过对大型企业所面临的问题进行了解和剖析，周恩来对如何克服困难，心中有了一些底。

在黑龙江，周恩来告诫大家："我们要相信群众，做好发动群众的工作；工人是国家的主人，我们要充分信任他们，依靠他们。"深夜，他赶往大庆油田，到那后便称："来一次不容易，多看看！"当他再度进入吉林时，直奔少数民族聚居的延边朝鲜族自治州。

6 月 17 日下午，周恩来离开长春，前往黑龙江省会城市哈尔滨。

当周恩来来到黑龙江的时候，黑龙江的经济也与全国一样面临严重的困难。这里有许多大型企业当初是苏联援建的，自从苏联单方面撕毁合同、撤走专家、带走了所有的技术资料和停止供应设备后，给黑龙江的重点建设工程造成了重大的打击。而这几年的天灾人祸，对黑龙江的经济困难来说更是雪上加霜。这是东北面临的普遍问题，周恩来深知这一情况。

在抵达哈尔滨后的两天里，周恩来连续参观了这里的炮弹厂、轻合金加工厂、飞机修理厂和哈尔滨发电厂等重点企业。他以坚定的语气对这些大型企业的干部、工人和技术人员们说："我们中国人要有志气，要靠我们自己的力量干起来。现在苏联卡我们的脖子，我们一定要自力更生，奋发图强，搞好我们的社会主义建设。"

6 月 18 日，周恩来来到黑龙江省农业机械化研究所，因为农业机械对农业生产的恢复有着举足轻重的影响，他对农业机械化问题也特别关心。他得知黑龙江省农业机械化研究所设计了垄作七铧犁，很感兴趣。到研究所后，他首先观看了"犁后喘"的表演。表演开始时，七名工人扶着犁杖，紧张地跟在开动的拖拉机后面打垄。此时烈日当头，土壤干燥，在拖拉机和犁铧的后面，扬起了许多的尘土，扶犁的人汗流浃背，苦不堪言。周恩来跟出了 80 多米后，让拖拉机停了

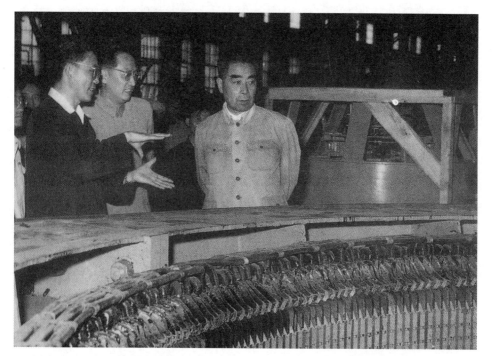

1962 年 6 月，周恩来在哈尔滨电机厂视察

下来，若有所思地说："这样干贫下中农太吃力了，又累又吃土，质量还不好，一定要解决'犁后喘'的问题。"紧接着，他又观看了垄作七铧犁表演。他再次跟在拖拉机后面仔细观察。当看到垄作七铧犁代替了"犁后喘"，大大减轻了贫下中农的劳动强度，并且质量好、效率高时，他非常高兴地称赞道："这个好，应当多生产，解决'犁后喘'。"

6 月 19 日，周恩来召集中共黑龙江省委负责人开会。在听取他们汇报工作时，周恩来讲了自己在参观中发现的一些问题。黑龙江省委的负责同志听后非常紧张，出了身冷汗。他们这才体会到，总理这次来东北，是不达目的不罢休的。看来在一些问题上不动真格的是不行了。周恩来的讲话，毫不护短，在讲到精简工作和艰苦奋斗等问题时说：

> 今年下半年抓住精减职工和减少城镇人口这项工作，是克服困难的一条基本出路。下去做调查工作的同志，首先要检讨上级机关的错误，

对"不自觉地造成一个特殊阶层"的错误,要自己克服,不要给后代留尾巴了。

讲到农业机械问题,周恩来断然说:

> 不能跟着苏联搞大型的农业机械,而要大、中、小结合,为第三个五年计划打下基础。

针对黑龙江省在困难时期却花费2000万元修建了北方大厦一事,周恩来严肃地提出了批评,他不客气地说:

> 这几年我们占老百姓地,拆老百姓房,应引为教训。

6月19日晚,周恩来离开哈尔滨,赴齐齐哈尔市市郊的富拉尔基。这里以重型机器制造工业闻名,来黑龙江,不看这里似乎是不全面的。到富拉尔基后,他便视察了这里的重型机械厂和特殊钢厂。

在富拉尔基期间,周恩来以肺腑之言谆谆告诫有关负责人说:

> 我们要相信群众,做好发动群众的工作;工人是国家的主人,我们要充分信任他们,依靠他们。

参观完富拉尔基,周恩来当天又赶赴齐齐哈尔。在齐齐哈尔,他白天参观,晚上听取汇报。

在这里,他见到了专程从大庆油田赶来的余秋里和康世恩,他俩是来接周恩来一行去大庆的。当晚,他们一同赶往大庆。在开往大庆的列车上,周恩来和邓颖超等人听取了关于大庆石油会战的有关情况汇报,会议一直持续到深夜1点多钟。陪同的人见时间太晚,劝周恩来休息,他却笑笑说:"年纪大了,更应该多做工作啊!"这一夜,他又是几乎没有休息。到达大庆时,已是6月21日上午。

这是他第一次到大庆视察。这片地方原来叫萨尔图,自从探明有丰富的石油蕴藏后,中共中央作出了"开发大庆油田"的英明决策。作为总理和决策者之一,

1962 年 6 月，周恩来在大庆参观 1202 钻井队

周恩来是积极支持开发大庆、大力发展中国石油工业的。当周恩来来到大庆的时候，这里正处在艰苦创业、进行石油会战的时期，大庆的全体干部群众为了抛掉"贫油国"的帽子，住牛棚、干打垒，以 5 两粮加野菜保一日三餐，进行着艰苦的油田开发建设，为把大庆建设成为中国的石油化工基地而流血流汗。

10 点 30 分，当列车缓缓开进萨尔图车站时，周恩来看到，一面是千里油田、碧空如洗、芳草萋萋的景象，另一面是石油部组织的大庆会战大军精神抖擞、意气风发的场面。周恩来敏捷地走下列车，与在站台上迎接的会战指挥部负责人和干部群众紧紧握手，他动情地说："同志们辛苦了！"有中共中央和毛泽东主席关心，有共和国总理亲自前来看望，大家表示：不辛苦；辛苦也是值得的。他们请周恩来先休息一下再到下面去视察，周恩来赶紧说："时间不多，要抓紧在大庆多看几眼。"

周恩来接见了石油部在大庆参加会战的工程技术干部和专家教授后，来到正在打井的1202、1203钻井队。看到石油工人们热火朝天的工作场面，周恩来深受感染，他不由得健步登上钻台，和工人们一一握手问候。当班工人见自己手上满是油污和泥浆，不好意思地在衣服上猛擦，周恩来抢先一步，主动上前紧握住钻工的手，和蔼地说："没关系，我也当过工人。"接着他又亲切地和围在身边的工人拉家常："多大年纪了"，"当了几年钻井工人"，"老家在哪里"，"冬天野外钻井冷不冷，穿的工作服暖不暖，爱人接来没有"。他一面细心询问，一面耐心倾听大家的回答，不时点点头，谈到有趣处还发出爽朗的笑声。当他听说我国自行生产的钻机性能还不错时，非常高兴，一再鼓励大家要再接再厉，多打井，打好井。

在钻井队，他看到一位柴油机司机坚守岗位不能站到近前，便马上从司钻操作处很窄的地方挤过去，一把握住这位司机那满是油污和老茧的手，边握边谈，久久没有松开。快要离开井队时，周恩来听说钻井工人想和他合影留念，便愉快地答应了。他把工人们叫了过来，伸出两个胳膊，搭在身边的两位老工人的肩上，让摄影师拍下了难忘的镜头。

离开钻井队，周恩来又来到大庆首先创立岗位责任制的试点单位——北二注水站。在这个注水站的墙上，他看到了贴在那里的各项岗位责任制度，便仔细地端详起来，边看边点头说："好，你们这样做很好。"当他发现泵站流程图没有填写绘图时间时，嘱咐道："要把时间标上。"一旁的邓颖超也补充说："记上日期，别人看着明显。"周恩来对化验员意味深长地说："对整个大庆而言，这里只是一个小小的岗位，但你们的工作很重要啊！"

从泵房出来，陪同人员示意说："总理，时间不短了。"周恩来却说："来一次不容易，多看看！"接着他又来到附近的职工宿舍、食堂，想实际了解一下大家在大庆的生活怎么样。走进食堂，他边和炊事员握手、问候，边拿起锅盖，用勺子搅了搅正在煮着的红高粱米粥，又亲口尝了尝另一个锅里的菜汤，他深知大庆的职工们生活的艰辛，便体贴地对炊事员说："你们很辛苦啊！"当炊事员说"不辛苦"时，周恩来喉咙哽了下，为有这样的职工而感动。随后他环视了一下周围的人，大声说："艰苦是一个事实，说不艰苦是假的，人家卡着我们脖子要债，我们又遇上自然灾害，现在确实存在困难，但我们只要坚持艰苦奋斗，自力更生，将来一定会好起来的！"对总理的理解和鼓励，在场的人们报以热烈的掌声。

从食堂出来，周恩来一回身发现 200 米外一位家属从"地窝子"里出来倒垃圾，就朝"地窝子"走过去。陪同的人一看，那里哪是总理去的地方啊，赶紧劝周恩来不要下去。周恩来却一个劲地向前走。一位住在里面的家属又激动又担心，她对周恩来说："里面又黑又暗，首长就别进去了。"周恩来坚持说："你们能住，我就能进。"他弯腰走进"地窝子"。在"地窝子"里，他深情地端详着躺在土炕上刚刚满月的孩子说："同志们现在生活得确实很艰苦，但将来一定会好起来！"这时，照相机留下了总理走进"地窝子"的难忘镜头。

在这次视察中，周恩来充分肯定了大庆艰苦奋斗、自力更生的创业精神，肯定了大庆按科学态度办事，注意充分搜集和掌握各种相关资料的做法。对大庆结合实际情况，分散建设居民点、工农村等做法也很赞赏。他热情地对有关负责人说："像大庆这样的矿区，不搞集中的大城市，分散建设居民点，家属组织起来参加农副业生产，可以做到工农结合，城乡结合，对生产、生活都有好处。"之后，他又把这一经验概括为"工农结合，城乡结合，有利生产，方便生活"，这一概括，成为大庆矿区的建设方针。

"周总理来到咱大庆啦！"这一消息不胫而走，迅速在油田上传开。当晚周恩来就要离开大庆时，人们不约而同地聚集在萨尔图车站，秩序井然地为总理送行。在余秋里等人的陪同下，周恩来上了火车，见大家仍恋恋不舍地望着他，他又再次走下火车，频频向群众挥手告别，并说："有机会我还会再来的。"大庆的石油工人记住了周总理的这句话。后来周恩来的确没让他们失望，在 20 世纪 60 年代，共和国总理的身影又多次出现在大庆油田。

火车离开大庆，在夜色中逐渐驶离黑龙江省，再次向吉林省的东部开去。车窗外一片漆黑，路还很远。而车厢里，周恩来仍在与同行的农业部部长廖鲁言、农垦部部长王震和农业机械部的一位副部长等人谈话，研究东北的农业恢复问题。

6 月 22 日，火车终于在吉林省延边朝鲜族自治州首府延吉市的火车站停了下来。下火车后，周恩来顾不上休息，径直来到延边农机厂参观。在农机厂，当听说生产一副五铧犁需要一吨半钢材时，他鼓励说："能不能改革？要大胆设想，生产出更多更好的农业机械来支援农业。要开展技术革新和技术革命。"周恩来

1962 年 6 月 22 日，周恩来总理访问吉林省延吉市延边农机厂

告诉大家，在国家钢材和其他资源有限的情况下，工厂的生产要多在技术革新上下功夫。随后，他又来到延边大学和延边医学院参观。在延边大学，他走进学生宿舍了解学生的生活、学习环境和学习进展等情况。他摸摸学生的被子，看看他们睡的床是否舒服。为保证学生们的视力，他还检查了灯泡的亮度够不够。征得学生同意，他又翻阅了学生记的笔记。在延边医学院，他详细地察看了实验设备，还到教室亲自听教师授课……

在延边视察了一天后，第二天周恩来约延边朝鲜族自治州和延吉市的负责人谈工作，谈得更多的，是如何贯彻中央关于调整国民经济的方针以及如何使延边的农业走出困境等问题。

延边是个美丽的地方，山清水秀，但如果不注意环境保护，不久将会受到自然界的惩罚，给子孙留下后患；像经济建设一样，如果不注意综合平衡和协调发展，单纯追求高速度，就必然受到经济规律的制裁。因此在召集中共延边朝鲜族自治州委常委会议时，周恩来明确地指出："军队修工事、修营房、修公路、开荒、打靶五件事，都要保护好森林。城镇人口太多，要让职工家属搞农业，这是一条出路。"

6月23日，周恩来前去延边农学院视察。在路上，他看到有的山上还没有绿化，又语重心长地说："我们要为子孙后代着想。""千万要保护好森林，这是关系到国计民生的大问题。森林保护不好，子孙后代要骂我们的；水利是农业的命脉，修水库要好好勘查，切实计算一下，提个计划，一个一个地搞。"他还叮嘱有关人员："要与农民商量如何搞好水土保持的问题。""要挖沟栽树，治山治水。"他还提出了具体要求："延边要修好安图水库和亚东水库。治山治水要有个规划，在山坡地开荒，要保留一部分沟渠，防止水土流失。"

在延边农学院，他察看实验田和果树苗圃，当看见学生正在劳动时，赞扬说："学习和劳动相结合好，这样培养出来的人能解决实际问题，用得上。"在听了关于建校的汇报后，他说："你们要继续把教学与生产劳动结合起来，更多地培育出适合当地种植的苹果树苗和梨树苗，栽遍沟坡山岭。"还交代说："校办农场要搞好，要起到示范作用。"

鉴于"大跃进"以来过分工业化，使得工农业的比例关系失调的经验教训，在延边，周恩来一再叮嘱自治州的领导同志：要努力学习毛主席关于以农业为基础的思想，一定要抓好农业，只有大力发展农业，才能实现国家的工业化，要注意研究工农业关系。

这天，周恩来还冒雨来到延吉市长白公社新丰大队，走进朝鲜族社员金再洙家。按朝鲜族的习惯，他一进屋就脱鞋上炕，盘腿要坐下。主人拿出花坐垫请总理坐，周恩来摆摆手表示不用，翻译告诉他这是朝鲜族招待尊贵客人时的风俗习惯，客人不坐，会使主人扫兴的。周恩来这才笑着："尊重，尊重。"周恩来接过花坐垫坐下，与大家攀谈起来。他关心地问："你们经常学习吗？是用汉文学习，还是用朝鲜族文学习？"大家回答说："用朝鲜族文学习。"周恩来又问，队里有多少土地、人口？水稻产量有多高？黄牛饲养得怎样？养不养猪？粮食够不够吃、柴够不够烧……一连串的问题，看起来是小事，其实在周恩来心目中，这些都是与人民群众生产、生活密切相关的大事，为的是了解困难时期基层群众的实情，给党中央决策提供依据，他从生产到生活的每个环节都问到了……

直到晚上，周恩来一行才乘火车离开延吉市，前往吉林市。当火车到达吉林市时，正是深夜。市委负责人请周恩来等人到宾馆休息，但周恩来为了不打扰吉林市的干部和群众，决定天亮后再下车，他说："夜深了，不要惊动同志们了！"他在火车上度过了后半夜，第二天清晨，又在火车上吃过早饭，就直接去丰满发电厂视察了。在视察途中，周恩来看到地里的庄稼有些打蔫，担心地说："这里旱情不轻呵！"他嘱咐同去的地方领导人要发动群众搞好抗旱。晚上，在参加吉林市宾馆举行的晚会时，窗外淅淅沥沥地下起雨来，听到雨声，周恩来离开座位，走到窗前把窗户打开，伸手去试了试雨下得有多大，然后兴奋地对市、县的负责人说："这雨能解除旱情吧？"随后又交代："下了雨也别放松抗旱，这样你们的庄稼就有希望了。"

6 月 24 日下午，周恩来还参观了吉林化肥厂。在厂里，他鼓励大家说："我们要坚持独立自主、自力更生的方针，努力发展化肥生产，为战胜困难，为建设社会主义多作贡献。"他来到压缩车间，详细询问合成氨生产工艺流程，设备状况。当听说有 台压缩机是我国自己制造的时候，周恩来非常感兴趣，立即问道："是哪一台？"随后走到国产的 9 号压缩机旁，仔细观看，并同操作工人亲切地握手交谈。他还关心地问："农民喜欢用硫铵还是硝铵？硫酸是不是对土地没有好处？除硫铵、硝铵以外，还能不能生产其他高效氮肥？"他几次强调："不要让二氧化碳白白放空。"当听到工人们提出用氨和二氧化碳做尿素的合理化建议时，周恩来热情地赞扬说："造尿素这个意见很好啊！"他还和工人、技术人员、干部一起探讨了如何扩建、搞综合利用、生产高效氮肥尿素的规划。他询问："还需要多少投资？""还需要多少煤？""还需要什么设备？"最后嘱咐随行的工作人员记下，以便回去帮助解决。在车间，周恩来又与许多工人交谈，并详细地询问："你是什么地方人？""哪年入厂的？""几级工？""一个月工资多少？""吃饭花多少钱？""生活费用够不够？""操作条件怎么样？""累不累？"……当他来到合成车间闻到空气中有氨的气味时，立即问厂里的负责人："空气中氨的允许浓度是多少？""应该多送进些新鲜空气来。"他还亲自到通风口前用手试了一下风量。随同视察的人们很惊异：日理万机的国家总理，怎么知道那么多的专业知识！

在两次进出吉林的日子里，周恩来白天深入到工厂、机关、学校、农村，视察参观，听取汇报，和群众交谈，接待各方面的人，了解下情；晚间他每天都要工作到深夜，常常是翌日两三点钟才休息。在东北的每一天，他几乎都是这样度过的。

6月25日，就要结束此次东北之行了，为了节省时间，周恩来乘飞机抵达沈阳。

在东北近1个月的时间里，周恩来和邓颖超对自己的生活要求达到了近乎苛刻的地步。他再三表示："全国人民都在憋着口气战胜困难，你们给我弄好的吃，我怎么能咽得下去呢？！"回到北京后，他向中央建议：抽调足够的人员组成调查组，立即开赴全国乡村进行调查。

自5月28日从北京出发，周恩来在东北进行了近1个月的工作。这次在特殊的形势下来东北，他心里非常清楚，由于"大跃进"和自然灾害所带来的破坏，农业的恢复至少要3到5年的工夫，而工业的恢复亦非常艰难。在这种情况下，为了以身作则，他在东北期间对自己的生活要求也达到了近乎苛刻的地步。

刚到达辽宁时，为了便于在基层工作且不增加当地的麻烦，周恩来自带了一套行李，有一床战争年代就开始用的毯子，一床薄薄的旧军被，枕巾已磨得断丝透亮，还有一条用旧毛巾重新对折起来的擦脸巾。他的衣服更是特别，一件洗得发白的灰布外衣，底边是放过的；一件毛边了的白衬衣，领子上还缀着补丁；一条膝盖上补着补丁却干干净净的旧衬裤；最好的，要数那一件接待外宾穿的"礼服"，但就是这件"礼服"，上衣的后部也有一处是刮破且用线织补上的。难怪有人建议："总理，你这套'礼服'早该换换啦！"周恩来却笑着回答："这就挺好啦。织补的那块有点痕迹也不要紧，别人看着也没关系，丢掉了艰苦奋斗的传统才难看呢！"

到沈阳刚刚住下，周恩来就对管生活的同志交代："现在，全国人民都在勒紧裤带，我们这次到东北，有几样东西不能吃，包括鸡、鱼、肉、蛋、木耳、海米等，肉制品也不行。每顿饭的伙食标准不能超过五角钱，群众有困难，做领导工作的更不能特殊。毛主席在党中央带头，我在国务院带头，希望你们配合。"这样，在东北期间，周恩来都严格按照自己的规定饮食。当工作人员试图想办法给他改善一下时，他再三表示说："现在，全国人民都在憋着口气战胜困难，你们给我弄好的吃，我怎么能咽得下去呢？！"

在辽宁的 18 天里，周恩来处处以身作则，严于律己。有一次接待外宾后，随行人员给周恩来沏了公家的茶，周恩来发现后立即付了款，但服务员坚持不收。周恩来解释说："现在是我们国家的困难时期，更需要我们带头执行国家的有关规定。"最后他还是用自己从北京带来的茶叶补上了。

这种对自己的苛刻要求，体现在他的一言一行中。在沈阳期间，他有一次抽空想回到自己少年时期就读过的东关模范学校（已改为沈阳市第六中学）参观，可他却硬要坚持自费坐车去。

在长春和哈尔滨，周恩来也同样如此。长春的服务人员曾在早餐时给周恩来炸了几根油条，当周恩来在餐桌上看到油条的时候，用责备的口气说："做这东西多费油啊。"接着他询问了这里每人每月供应几两油，计算了炸一次油条要用多少油，然后，语重心长地说："我们不能搞特殊，我们国家还很穷，要精打细算，学会过日子，将来形势好了，仍然要勤俭节约，有了油也不能一顿吃完。"他还说："我们大家都要节衣缩食，来克服现在的暂时困难。"他点名要的东西只有两样，一个是地瓜粉，早晨冲着喝；一个是高粱米，保证每天吃一顿粗粮。有人担心不好消化，周恩来却说："东北人民能吃高粱米，我当总理的为什么就不能吃呢？"

在哈尔滨，服务人员在周恩来住的房间里准备了沙发床，铺上了新的毛毯，放上了新的缎被。目的是让总理在繁重的工作之余能够休息得好一点。可周恩来没有使用这些东西，而是每天睡在硬板床上，用的仍是自带的旧行李……

6 月 26 日，经过 29 天的奔波，周恩来终于返抵北京。

东北之行，周恩来感触极深。对我国国民经济的严重困难局面，他有了更深一层的了解；对如何带领全国人民克服困难，他心中更有数了。

通过这次东北之行，周恩来对如何深入实际进行认真的调查研究，如何从实际出发解决中国的现实问题，如何克服主观主义、真正按照客观规律办事，也有了更深的体会。在东北期间，周恩来曾就调查工作指出：下去不仅要调查，还要解决问题，摸出解决问题的经验。回京以后，他除了在中共中央政治局常委会议上汇报东北工农业等各方面情况和调整工作进展外，还向中央提出：为了解全国各省县以下吃商品粮和吃机动粮的人口的情况，建议中央从党、政、民三方面抽调足够的人员，组成调查组，分赴各地农村进行深入的调查研究。中共中央采纳了周恩来的建议，很快决定从上述部门抽调 100 多人，成立 45 个调查组，立即开赴全国乡村进行调查。

7月12日，在中央机关下乡调查组出发之前，周恩来给调查组的全体人员专门作了一次动员报告。

在报告会上，周恩来明确交代：

> 中央调查组的任务，第一是深入调查，第二是反映情况，第三是提出意见。

根据自己下基层的亲身体会，他提出要求：

> 深入到基层去的时间要长一点，起码3个月或者更长；也不要搞特殊化，生活要艰苦一点，处理事情要更慎重一点。要抱着学习的态度，然后调查研究，然后反映情况，然后逐步提出意见。生活上不能随波逐流，但也不能与当地格格不入。就得采取辩证的态度，原则性、灵活性这两方面都要注意。

为了让调查组在调研过程中加以注意，他还向大家点明了我国目前政治、经济生活中迫切需要解决的十个问题：（一）农业问题，这是当前的一个中心问题；（二）国家如何支援农业；（三）粮食问题；（四）财政金融问题；（五）市场问题；（六）精简问题；（七）调整问题；（八）清仓核资问题；（九）体制问题；（十）干部作风问题。

东北，又一次在周恩来的思想深处打下了极为深刻的烙印。从东北回京后，尽管由于毛泽东对阶级、形势、矛盾等问题有不同看法，从而使中国共产党内不久就迎来了北戴河中央工作会议和八届十中全会的认识转向。但是，在中国共产党的领导集体中，以周恩来为代表的一大批求实的领导人在对中国国情和经济建设规律的认识方面，却越来越清醒了。正如周恩来这年年底在全国棉花集中产区县级干部会议上所说的：

> 过去我们总说成绩是主要的，三面红旗要高高举起；但还要看到我们对棉花生产领导中的三个缺点：一是"高指标、高估产、高征购、

高分配"；二是"瞎指挥，不实事求是，不注意抓重点"；三是"没有运用领导、群众、专家三结合的领导方法"。

做领导工作的，不能只是简简单单地加加减减。领导工作，应该是观察形势，全面调查，作出正确的结论。领导干部必须实事求是。

在领导方法上，一般号召不行，要有具体指导。由一般化转到实事求是、具体分析、具体抓中心，是增产棉花和做好其他工作的一个重要方法。

从棉花工作引申到其他一切工作，无论在思想方法还是在工作方法上，周恩来都更加求实了。

28 接到班禅"七万言书"的前前后后

1962 年，是一个多事之秋。班禅向周恩来写了一个"七万言书"，周恩来评价："七个认识有许多错误，八个问题都是事实，宗教五项原则很好，可以拿过来。"

1962 年，藏传佛教的领袖班禅额尔德尼·确吉坚赞又一次成为中国政治舆论的焦点。

5 月 18 日，第十世班禅向国家总理周恩来递送了一份后来被人们称作"七万言书"的报告。此后，人们谈及班禅额尔德尼·确吉坚赞，总要与他 1962 年写的，以致后来 20 多年间一直背了黑锅的"七万言书"相联系。而班禅谈及自己的这段历史，又总要与他的"敬爱的周总理"密不可分。当历史翻过这一页之后，它留给后人的是众多的遗憾和深深的沉思……

"我从幼年起一直受到毛泽东、周恩来的教育、培养和关怀"

班禅额尔德尼·确吉坚赞，又称贡布才旦，1938 年 2 月 19 日，诞生在青海省循化县文都乡玛日村一个贫苦农民家里，系第九世班禅转世灵童。当 1949 年 6 月李宗仁代总统代表国民党政府颁布命令批准宫保慈丹继任第十世班禅额尔德尼，免于金瓶掣签，并派新蒙藏委员会委员长关吉玉为专使前往西宁，于 8 月 10 日在塔尔寺主持坐床大典时，第十世班禅便面临着是留在大陆还是随国民党一起去台湾的重大抉择。在国民党方面玩弄的"和谈"阴谋破产以后，人民解放军以排山倒海之势摧毁了国民党军的一道道防线，新中国诞生的前景已经展现在人民的面前。此时的班禅，不满 12 岁，回答"向何处去"的问题，对于他来说是极其重要的。在人民解放战争的隆隆炮声中，班禅毅然率领堪布会议厅全体成员留在大陆，9 月 5 日，迎来了西宁解放，并与人民解放军的代表取得联系。10

月1日，中华人民共和国成立，班禅立即指定在塔尔寺的堪布会议厅主要成员詹东·计晋美以班禅额尔德尼·确吉坚赞的名义，致电毛主席和朱总司令，拥护中央人民政府。

11月23日，毛泽东和朱德联名复电班禅，表示：中央人民政府和中国人民解放军必能满足西藏人民爱国统一的愿望，"希望先生和全西藏爱国人士一致努力，为西藏的解放和汉藏人民团结而奋斗"。从这时起，班禅与毛泽东和中共中央取得了直接联系。

班禅后来说：我从10岁开始参加政务活动，十一二岁就有了自己的见解，不会随声附和，更不会任人摆布。这话指的就是上述之事。

尔后，班禅成为毛泽东、周恩来等人的座上宾。38年后的1987年，班禅曾在日喀则谈及新中国成立初期他在毛泽东眼中和中央的地位，他说："那时，我是个'小鬼'，深得毛泽东主席的宠爱，可以说是他的宠儿，他对我几乎是有求必应。"这一前提，是后来班禅写作"七万言书"，向周恩来和中共中央秉笔直言的一个重要原因。

新中国成立后，和平解放西藏也提到议事日程上来。1951年初，第十四世达赖喇嘛亲政后，中央人民政府致电达赖，欢迎派代表来京进行和谈。同时，中央特别邀请班禅来北京，共同协商和平解放西藏的大计。1951年4月27日，第十世班禅额尔德尼·确吉坚赞率领堪厅的僧俗官员一行45人，第一次抵达北京，实现了亲自向毛主席和中央人民政府致敬的愿望。其时，这位少年活佛刚满13岁。到北京的当天晚上，周恩来设宴款待班禅一行，为他接风洗尘。这是班禅第一次见到仰慕已久的周总理。在这之前，班禅曾听长期在内地生活、并担任班禅驻重庆（后又随国民党政府迁往南京）办事处处长的詹东·计晋美介绍过中共全权代表周恩来的情况，对周恩来的杰出才能和高尚人品有所了解。初次见面，周恩来虽然已经年过半百，双方年龄和经历、信仰悬殊极大，但周恩来以他那让世人为之倾倒的特有的谦逊和真诚接待了班禅。班禅虽然年少，但由于从小受到经师的指点，懂得礼仪，因此显得落落大方，彬彬有礼。双方进行了十分融洽的长时间交谈。这次见面，各自给对方留下了永远难忘的印象。班禅意识到：坐在自己身边的这位伟人，既是党和国家的卓越领导人，又是自己最可以信赖的导师和长辈。周恩来的印象是："少年活佛，英俊潇洒。"会见之后，周恩来要求有关人员，在中央人民政府和西藏地方政府的谈判中，要十分尊重、充分听取班禅和堪厅主

1960 年 1 月，会见班禅额尔德尼·确吉坚赞时，接受他献的表达藏族人民敬意的哈达

要成员的意见。因此，不久达成的《关于和平解放西藏办法的协议》也凝聚了班禅等人的智慧。

首次进京，奠定了周恩来与第十世班禅之间长久而深厚的友谊基础。从这时起，班禅暗下决心：为了听懂总理的讲话，我也要好好学习汉语。随后，中央护送第十世班禅返藏的重大事宜，都是在周恩来的亲自安排下完成的。11 年以后，班禅把"七万言书"直接通过周恩来转交中央，是与这种个人友谊有密切关系的。与周恩来的交往、倾谈，对班禅一生的道路具有深刻的影响。

1954 年 9 月，无论是对于全国人民，还是对于西藏地方的政治生活，都是一段具有重大意义的岁月。此时，第一届全国人民代表大会在北京召开。达赖和班禅同时当选为人大代表，又同赴北京开会，受到党和国家领导人的高规格的热情接待。周恩来和朱德偕同中央人民政府、政务院、全国政协、全国妇联、北京市党政军等各级负责人以及民族界、宗教界人士共 800 多人，到北京火车站迎接两位西藏地方领袖。次日，朱德、周恩来等人在中南海紫光阁举行宴会，欢迎达赖和班禅。席间，班禅在祝酒词中说："承蒙中央各位首长对我们热烈欢迎与设宴招待，这是我们深为感激的。现在我以最兴奋愉快的心情，向各位首长致以恳切的感谢和崇高的敬意。""为各民族大团结而干杯！为朱副主席、周总理及各位首长的健康干杯！"对班禅等人在京期间的一切活动，包括饮、食、住、行各方面，周恩来都亲自作出周到的安排。会上，班禅当选为一届全国人大常委会委员。同年，又在全国政协三届一次会议上当选为全国政协副主席。班禅时年 16 岁，成为我国最年轻的国家领导人。在政协内部，班禅与周恩来主席之间又加上了一层"同事关系"，他得到毛泽东名誉主席和周恩来主席更多、更直接的关怀。

1955 年 3 月 9 日，为了进一步建设和发展西藏，并解决历史上遗留下来的达赖和班禅之间的悬案，周恩来主持召开国务院第七次全体会议，讨论通过了《国务院关于成立西藏自治区筹委会的决定》（任命达赖为西藏自治区筹备委员会主任，班禅为第一副主任委员）、《国务院关于西藏地方政府和班禅堪布会议厅委员会之间关于历史悬案问题的谈判达成的协议的批复》。这两份文件，既解决了历史遗留的问题，又规划了西藏自治区的发展蓝图，又一次成为连接西藏地方与中央之间，达赖、班禅与毛泽东、周恩来之间团结的纽带。为此，周恩来曾经做过众多的、细致的工作。文件通过的次日，达赖、班禅等人离京返藏，周恩来再次举行宴会，为他们送行。此时，周恩来与班禅之间已建立了既是友好合作的同事，又是情谊深厚的朋友的密切关系。正因如此，当 1956 年 11 月至 1957 年初达赖和班禅应印度政府之邀，参加佛事活动时，班禅能够以祖国统一和民族大义为重，毅然摆脱叛国分子的纠缠。其间，周恩来正在印度访问，他多次与达赖和班禅谈话，并代表毛泽东对达赖说："西藏的工作要靠你和班禅做主，班禅帮助你，你们互相商量，把西藏的事情办好。"周恩来充分信任和尊重班禅，班禅也向周恩来表示：请中央放心，我一定会按照中央的安排办事，决不会受外界影响。对于刚刚成年（时年 19 岁）的班禅来说，第一次走上国际政治舞台就能不为当时的复杂环境所左右，这是非常难能可贵的。而周恩来的谈话和信任，对他有着举足轻重的作用。回国以后，毛泽东、周恩来对班禅在印度的表现给予了高度的评价。

由于有了班禅与周恩来等中央领导人的这种互相尊重、互相信任、友好合作、亲密交往的关系，所以，他才坚持直接给他信任的周恩来和党中央写出书面意见。这一原因，班禅在重新出来工作后提及过。他在 1982 年 7 月 17 日拉萨干部大会上说："我是在共产党和老一辈无产阶级革命家毛泽东主席、周恩来总理、刘少奇主席、朱德委员长、陈毅元帅、贺龙元帅等的教育、培养和关怀下长大成人的。我的一切同党的关怀是无法分开的。我对党、对老一辈无产阶级革命家怀有特殊深厚的感情。"这种"特殊深厚的感情",最突出地体现在他与周恩来之间。这就是"七万言书"的标题上唯独出现周恩来个人名字的原因。

"这意见书,完全是我亲手书写"

历史的发展,往往不是或不完全是按照人们的设想进行的。在中央关于和平改革的方针指导下,从 1955 年下半年起,四川、甘肃、青海等藏族地区开始实行民主改革。但是,一开始,改革的意图、措施、办法得不到群众的理解,有的地方也采取了一些"左"的、粗暴的、急于求成的做法,再加上少数叛乱分子的唆使,一些藏族群众感到自己的利益受到"红汉人"的侵犯,各地不断出现武装叛乱。1956 年 7 月 22 日,中共中央讨论了四川省甘孜藏族自治州和凉山彝族自治州等地在民主改革过程中出现的一些较为严重的问题。会后,周恩来亲自出面召集在京的民族界、宗教界有关上层人士,传达了中央的精神。周恩来指出:藏区和彝区的改革是必要的。但是,必须采取"和平改革"的方式,有关改革的一切问题,都要根据群众的意愿,经过和上层人士协商,取得他们的同意后再去进行;对藏区的寺庙,我们应采取更慎重的态度,从来没有人主张不尊重兄弟民族的宗教信仰自由;在民族地区处理任何事情都要考虑到民族问题,任何事情都要和少数民族干部商量。周恩来还提出:对于目前还在山上的叛乱武装,解决的办法是"停战"。

然而,由于地方各级干部中间"左"的思想作祟和一些地区少数叛乱分子煽动、破坏,少数民族地区出现的问题越来越多,甚至有些地方出现饿死人的情况。叛乱尚未彻底平息,而新的矛盾又产生出来。为解决这些矛盾,周恩来忧心如焚,他不断地指示、责成有关方面去迅速解决,做了大量的工作。1957 年 6 月 14 日,周恩来主持国务院第 52 次全体会议,专门讨论个别少数民族地区饿死人的问题。他指出:"事情的性质是严重的。我们国家的制度之所以优越,就是因为我们的政权是人民的政权,我们的人民政府是为人民服务的、与人民息息相关的,不关心人民的疾苦或者关心不够,都是不容许的。"他特别强调:"我们对人民负责。"

1955 年 2 月，周恩来和毛泽东、刘少奇出席庆祝藏历木羊年新年宴会。这是宴会前同达赖喇嘛·丹增嘉措、班禅额尔德尼·确吉坚赞在一起交谈

　　但是，中央的精神并没有被完全贯彻到各少数民族地区；而一些地区的叛乱分子也并未停止活动。1959 年 3 月，西藏地方政府和上层反动集团公开撕毁和平解放西藏办法的十七条协议，在拉萨举行武装叛乱，达赖逃离拉萨。3 月 20 日，周恩来发布命令责成中国人民解放军西藏军区部队讨伐叛国集团，叛乱被迅速平息。3 月 28 日，周恩来再次发布命令，解散西藏地方政府，由西藏自治区筹委会行使西藏地方政府职权，并任命班禅为筹委会代主任。

　　由于西藏的特殊情况，中央在讨论西藏问题时，改变了原来决定的在西藏六年不进行民主改革的政策。在平息拉萨叛乱的同时，周恩来草拟了《中央关于在西藏平息叛乱中实现民主改革的若干政策问题的指示（草案）》。这份文件中提出："中央认为在这次平息叛乱的战争中，必须同时坚决地放手发动群众实行民主改革。"决定西藏采取"边打边改"的方针，逐步推行民主改革运动。

　　班禅对平叛和民主改革是积极拥护的。周恩来发布命令的次日，班禅立即致电毛泽东、周恩来，坚决拥护国务院解散西藏地方政府和平息叛乱的命令。4 月，班禅前往北京，参加全国政协三届一次会议和二届全国人大一次会议，拥护会议关于西藏问题的决议。班禅当选为全国政协常委和全国人大常委会副委员长。会议结束后，班禅立即返回西藏，主持自治区筹委会的工作，并领导西藏人民大张旗鼓地开展了民主改革运动。他参与领导制定的一系列文件，大大地推动了西藏的民主化进程。对这些卓有成效的工作，毛泽东、周恩来等中央领导作了充分的肯定。同年 10 月班禅到北京参加新中国成立 10 周年庆典，周恩来、朱德特地在中南海紫光阁设宴欢迎，祝贺平叛和民主改革取得的成绩。

但是，在庆贺成绩的同时，一些不尽如人意的事情也逐渐在藏区滋生出来。班禅参加完庆典后，与全国政协副主席帕巴拉·格列朗杰一道，赴各地参观访问。在访问过程中，了解到一些藏族地区在民主改革问题上存在着一系列的"左"的、过头的做法。因此，在他心中留下了越来越多的阴影。再加上看问题角度和认识深浅的不同，他对平叛以来的成绩产生了越来越多的怀疑，并因此与一些地方干部发生争执，对地方干部开始产生不信任。

在班禅参观结束回京后，周恩来于 1960 年 1 月 25 日接见了他。周恩来听取了班禅的意见，认为：班禅大师"出发点是好的"。并指出，虽然有些意见不同，但是"我们之间要有一个基本信任。互相信任，才好交换意见"，"我们之间不要有隔阂，这很重要"。周恩来历来认为，在同志、朋友和合作共事者之间，最重要的是相互信任，消除隔阂，这样才能较好地合作相处。谈话中，周恩来提出与班禅之间订立这样一个协定："你不怀疑我们，我们是相互信任的。我们今后是要长期合作共事的，共同合作把西藏建设成为一个民主和社会主义的新西藏。"班禅当即赞同说："这个协定，我自己很喜欢。"周恩来又补充道："以后就遵守这个诺言，有事谈清楚了好。"应该说，这一"协定""诺言"，两年以后鼓励班禅直接上书周恩来。

以后，班禅在参加完新中国成立 11 周年、12 周年庆典活动之后，都由中央有关部门领导人陪同，到各地去参观访问。足迹遍及四川、湖北、江西、浙江、江苏、上海、福建，以及青海、甘肃、云南等省、市。走时，周恩来设宴为他送行；回时，周恩来设宴为他接风洗尘。但是，这期间班禅与一些地方领导干部和中央有关部门的领导之间的看法出入越来越大。在藏区，他发现农业合作化、人民公社、"大跃进"等运动带来了许多消极的影响，而在平息叛乱和实行民主改革方面，以及执行党和政府的民族政策、宗教政策、统战政策方面，存在着严重的失误。对这种失误程度的大小、范围宽窄的估计，对成绩和错误的估计，班禅与中央和地方干部都有着重大的分歧，甚至与藏区的党政领导发生意见冲突，闹得很不愉快。例如，在视察四川时，四川省委和西南局的领导向班禅介绍了甘孜和阿坝两个藏族自治州的情况，介绍中充分肯定了平叛和民主改革以来，社会生产发生了巨大的变化，人民生活有了很大改善。班禅对此估计很不满意，不以为然。他说："甘孜、阿坝是开展平叛、改革最早的地区，平叛平了五六年，到现在还平息不下去。你们这里平叛扩大化现象非常严重，匪民不分，把大批劳动人民、基本群众、国家干部打成'叛匪'。群众的生活也不像你们说的那么好，生产下降了，很多老百姓吃不饱肚子，甚至有饿死人的现象。在改革时，大批寺院被毁坏，喇嘛被迫还俗，群众的宗教信仰自由得不到尊重和保护。"

他还质问四川省的有关领导："共产党的宗旨是全心全意为人民服务，你们为什么不为老百姓说话？为什么不向中央反映真实情况？为什么在人民的痛苦面前闭上眼睛？"他觉得，地方的领导干部对藏区的情况不敢讲"真话"，自己与他们交换意见，很难像与周恩来等中央领导那样坦诚相见。他极反对一些干部只看成绩，不看错误、缺点的思想方法。

在西藏，随着民主改革的深入，班禅也发现了同样的问题，并曾向中共西藏工委领导人反映过，但由于看法不一致，班禅的意见和建议未能引起足够的重视。这是班禅写作"七万言书"的一个导因。

早在1960年10月至12月，班禅在李维汉等人的陪同下，参观访问四川、江西、浙江、上海等地期间以及回到北京后，曾与李维汉作过13次长谈。这些谈话，多少增进了些双方的了解。用班禅回京后对周恩来讲的话来说，他与李维汉"谈了日喀则地区和扎什伦布寺在改革中发生的一些本来不应该发生的问题"。李维汉代表党中央耐心地听取了班禅的意见，并把谈话的主要内容整理成为《李维汉同志和班禅副委员长谈话纪要》。这一纪要，虽然不是班禅所书，但是，它成为后来班禅写作"七万言书"的一个最初的框架。毛泽东和周恩来看到这一纪要后，分别约班禅进行了交谈。1961年1月24日，周恩来在与班禅谈话时指出：西藏的改革，一切要从群众的需要出发；运动中出了点"左"倾，这是不可避免的；但从领导上来说，掌握得是不够的，你们回去后还要注意纠正"左"的错误；只要不背叛祖国、压迫群众，"保守一点、慢一点，不要紧"。最后周恩来提出：今后班禅和西藏工委以至和中央领导人之间要多谈心，要成为"随便、自由、不客气"的朋友。可见，毛泽东、周恩来充分理解班禅的出发点，对藏区发生的问题的看法是一分为二和实事求是的，对社会改革的态度是辩证、稳妥的。毛泽东和周恩来都是鼓励班禅纠"左"的。周恩来强调了我党对于民族工作、宗教工作历来采取的"慎重缓进"的方针。这次谈话，解除了班禅心中的许多顾虑。但是，班禅觉得中央领导虽然能够理解他，却不一定完全了解下面"左"倾错误的详细情况。他认为自己了解到的很多情况尚未完全吐出来，且光口头谈谈，也不会引来多大的重视。鉴于此，班禅打算写一个书面意见，全面系统地向中央报告自己的想法。但这一打算遭到堪厅主要负责人、经师和身边人员的反对。从性格上讲，班禅认准了的事，就有一种不达目的决不罢休的精神。因此，他尽量说服了身边持反对意见的人，于 1961 年底开始草拟书面报告。

当 1989 年 1 月，班禅再次看到归还回来的"七万言书"手稿时，感慨地说："这意见书，完全是我亲手书写、亲自修改的。为了它，我花了不少心血。"并说："我要把它好好保存，作为永久的纪念。"

"看法有出入，是思想问题"

班禅在起草书面报告的过程中，还于 1962 年三四月间，与来京参加二届全国人大三次会议、全国政协三届三次会议和民族工作会议的各藏区代表进行了交谈，了解近几年来民族工作中"左"的错误。这些接触，使班禅更加感觉到藏区存在问题的严重性。

在写书面报告时，班禅的汉语仍然不是很好。他先用藏文写作，到 1962 年 5 月初，藏文稿已基本写完，班禅又亲自组织人翻译成中文。

对于班禅写作书面报告一事，周恩来早有耳闻，也很关心此事。当班禅报告的汉文翻译基本结束并开始校对之际，周恩来于 1962 年 5 月 18 日下午，特约班禅、阿沛和帕巴拉等人详谈，并通知乌兰夫、习仲勋、李维汉、平杰三、刘春、童小鹏、张经武、张国华等有关方面负责人参加，为的是取得广泛的协商意见。这是周恩来就书面报告一事与班禅等人的第一次会谈。

在周恩来约见前，班禅很长一段时间都在思考报告的内容、语气甚至递送的方式。得知周恩来要约见后，他更是加班加点地组织翻译、校对工作，原本想等周恩来接见时就把报告呈上，但是由于工作量大，校对工作未完，报告没有赶在 5 月 18 日这天完成。但完成后的报告标明的日期，仍为"1962 年 5 月 18 日"，由此可以看出班禅对周恩来的尊敬、信赖。

　　谈话一开始，周恩来开门见山地问："听说你要写个书面报告给我？"班禅把书面报告的进展情况作了汇报。周恩来接着请班禅把报告的主要内容和基本看法直言相告。这次谈话，以班禅为主要发言人，阿沛也谈了一些补充意见。周恩来始终侧耳细听。听完班禅、阿沛等人的发言后，周恩来用他那善于寻求共同点和指出不同点的才能，从总体上谈了自己的几点看法，分析了双方意见的实质，认为：班禅和阿沛两人肯定了西藏和平解放 11 年来的成绩是主要的，至于在具体工作上，尤其在平叛以来出现了一些缺点和错误，这是第二位的。"这一点我们的看法也一致。"当然，对缺点的估计多少，和事实符不符，范围广不广，彼此在认识上是会有出入的。"看法有出入则是思想问题。"周恩来的话，首先找出了双方分歧的主要点，在于对具体工作中缺点、错误的看法上，并指出这种分歧仅仅是思想问题、认识问题。但是，周恩来并没有小看具体工作中的问题，他严肃地指出："错了的应该纠正。你们不安，我们更不安，因为是一个大家庭。错误一定要纠正，这一点党中央、毛主席、国务院是肯定了的。从一个领导政党的地位来说，发生了不好的事，我们比你们更负责，更关心。"这就是说，双方的出发点和人的思路是一致的，"认识问题"是可以通过谈心解决的，班禅心中的疑虑是可以解开的。在这次谈话中，周恩来也诚恳地给班禅指出："不是说连你说错了的也要听。说错了，要给你指出来的。不这样就不是同志的态度。"同时与班禅约定，周恩来先去东北视察，等班禅报告的汉译和校对工作全部完成，他回京仔细阅看后再谈一次。谈话结束后，周恩来一如往常地在人民大会堂新疆厅设宴款待班禅、阿沛和帕巴拉等人。双方气氛极其融洽。

　　这次谈话以后，班禅更是认真地对待书面报告的后期工作。汉文翻译、校对工作经过数次反复，终于在 6 月初定稿付印。正如班禅多次对翻译们说的："我之所以这样做，是为了更准确、更全面地把我的意见报告党中央、毛主席。"

　　这份书面报告，题名为《通过敬爱的周总理向中央汇报关于西藏和其他藏族地区群众的疾苦和对今后工作的建议》。这个题目，是班禅经过反复斟酌后选定的。因为他觉得，既然是书面报告，就必须讲究形式，选择理想的送达途径。在他心目中，周恩来总理是中央领导人中，最了解包括西藏在内的少数民族地区情况的人，也是与自己关系最亲密的人；周恩来心胸宽广，从来都是民主作风的楷模，能听取党内外任何一种不同意见，从不以势压人；周恩来善解人意，以诚待人，是非分明。这份报告的形成，体现出他对周恩来的充分信任。

书面报告翻译成中文后，有 7 万多字。后来人们简称其为"七万言书"。内容共分为 8 个部分：

（一）关于平叛斗争；

（二）关于民主改革；

（三）关于农牧业生产和群众生活；

（四）关于统一战线工作；

（五）关于民主集中制；

（六）关于无产阶级专政；

（七）关于宗教；

（八）关于民族工作。

报告主要讲了西藏的问题，也涉及其他藏族地区的问题，系统地对藏区平叛和民主改革中存在的问题提出了批评和建议。周恩来后来看到报告，精辟地概括了主要内容和自己的基本看法："班禅的报告，分作七个认识、八个问题、五个宗教原则。七个认识有许多错误，八个问题都是事实，宗教五项原则很好，可以拿过来。"

周恩来所指的"八个问题"，即上述"七万言书"的 8 个部分中提出来的问题。这些问题，都是班禅在各地参观访问中亲眼所见或亲耳所闻的事实。班禅指出，西藏和平解放以来发生了巨大的变化，尤其是各藏区在民主改革后取得了一定的成绩。但是，藏区在平叛和民主改革过程中，出现了扩大化和"左"的偏差，使得藏族群众和藏传佛教受到了损害。这些损害，有的是不可避免的，有的是可以避免的。在藏区，群众的生活极苦，与全国水平差距极大。包括西藏在内的一些地方党政干部，民主作风不够，听不进不同意见。在民主改革中，有的干部、积极分子甚至采取了投机的做法。

周恩来所指的"五个宗教原则"，是班禅极有见地之处。一是放弃剥削；二是民主管理；三是执行政府法令，"宪法进庙"；四是从事生产劳动；五是对老弱和专门念经的喇嘛，生活上由政府补贴。李维汉首先听到了这五项原则，赞赏道："这五条好。寺庙问题，还是你内行。"

在"八个问题"和"五个宗教原则"方面，班禅的看法是基本正确的。与事实有出入或看法有较大分歧的，主要是周恩来所指的"七个认识"。这"七个认识"包括：一是对自治权利的认识；二是对中央和地方干部过问西藏问题的认识；

三是对是否要消灭藏族问题的认识；四是对是否要消灭宗教问题的认识；五是对叛乱原因的认识；六是对地方错误的认识；七是对国家前途问题的认识。简而言之，班禅认为：自治区筹委会的权力受到的限制太多；中央和藏区的一些领导干部，很少真正过问藏族的疾苦和今后的发展，"几年来，藏族人口有很大减少，这对藏族来说，是个很危险的问题"；由于不重视藏语文、藏族风俗习惯，以及在平叛扩大化中，大部分青壮年男子被逮捕关押，大有"消灭民族"之势；改革后佛教遭受巨大衰败而濒于灭亡"，大有"消灭宗教"之势，我们藏人于心不忍；藏区错误的发生，既有地方干部工作上的问题和执行政策上的偏差，也有中央政策上失误方面的问题。在"七个认识"中，班禅对西藏及其他藏区工作提出了严厉的批评、指责，言辞尖锐、激烈，带有刺激性。甚至认为，平叛和民主改革中出现的错误和问题是极其严重的，若不加以纠正，藏族将面临"灭族灭教"的危险，国家也将没有前途。在"七万言书"的酝酿、写作和完成过程中，班禅的情绪是非常激愤的，他与一些地方领导干部和中央统战部、中央民委有关领导的矛盾日益明显，有时甚至达到不可"调和"的地步。

5月下旬，周恩来赴东北。行前特别交代中央有关方面领导同志及中央统战部、中央民委、西藏工委的同志，要与班禅多加协商、谈心。"七万言书"印出后，班禅分送给中央有关领导和有关部门，引起了高度的重视。

"你谈得很坦率，我也谈得很坦率"

遵照周恩来的指示，由中共中央统战部部长李维汉主持，多次召开有西藏工委和自治区筹委会领导同志张经武、张国华、王其梅、夏辅仁、阿沛、帕巴拉以及中央统战部和中央民委负责人平杰三、刘春等人参加的会议，与班禅共同研究"七万言书"中提出来的问题，商讨解决的办法。这期间，国务院副总理兼秘书长习仲勋受周总理委托，多次去看望班禅并同他交谈。一开始，由于意见分歧较大，班禅"火气很大，说了些激烈的话"。但是，大家本着搞好藏区工作，促进西藏繁荣发展的共同愿望，进行了近两个月的深入交谈、研究。最后，终于在7月19日形成了四个重要的文件：

《加强自治区筹委会工作，改进合作共事关系》；

《关于继续贯彻执行宗教信仰自由政策的几项规定》；

《继续贯彻执行处理反叛分子规定的意见》；

《培养帮助教育干部的具体办法》。

这四个文件，充分涉及了"七万言书"中提出的问题和建议，对进一步落实党的民族、宗教政策，纠正平叛扩大化，加强对民族干部的培养和教育，都具有重要的指导作用，被人风趣地称为"虽然没有流血，但却流了不少汗"的文件。习仲勋称之为"纠'左'防急的四个好文件"。为此，周恩来称赞他们"这两个月任务完成得很好"。

周恩来从东北回京后，仔细地研究了班禅的"七万言书"，又审阅了上述四个文件。7月24日下午，周恩来再次约见班禅等人。听取班禅介绍情况后，周恩来详细地回答了"七万言书"中提出的问题。从总体上，周恩来坦率地指出：在"七万言书"中，"问题摆出来了，就必须要解决。但并不等于说你提的问题都对，有对的，有不对的。因为有这两方面的情况，所以要慎重研究。对的就接受过来，不对的正面给你提出意见，提出批评。你有意见可以保留，也是许可的。"周恩来还把班禅"七万言书"中提出的八个问题归纳成六个问题，谈了自己的看法：

（一）关于平叛问题。周恩来指出："中央的方针是有反必肃，有叛必平，有错必纠；在平叛中丝毫不受损害是不可能的；也应当承认，平叛和改革中有缺点和做过头了的地方，但缺点错误的出现，不应当掩盖成绩。"

（二）关于民主改革问题。周恩来认为：应该肯定民主改革是对的，当然也应该承认有些行动搞得过早了点；对于改革中的错误和少数干部投机、言行过头等现象，必须"有错必纠"。

（三）关于群众生活问题。周恩来称赞班禅的建议是好的，并要班禅回去后继续进行研究。同时提出两点需要注意的问题：第一，必须要关心最穷苦人民的生活；第二，要以西藏的水平来谈改善人民的生活，不可能与全国拉平。

（四）关于民主集中制。周恩来一方面要求班禅"首先是相信党中央和毛主席的领导，在西藏具体说就是相信西藏工委"；另一方面，又要求西藏工委和自治区筹委会"要发扬民主，多同各方面协商，听取意见"。他提出，要做到这一点，"就须藏、汉族领导同志互相尊重，互相信任"。

（五）关于宗教问题。周恩来说：我很欣赏你提出的宗教五项原则。他把班禅提出的宗教五项原则与自己倡导的处理国际关系的"和平共处五项原则"并提，取名为"潘查希拉"（印地语指五项原则），还风趣地说："政治上的'潘查希拉'我有一份，宗教上的'潘查希拉'是你创造的，版权归你所有。"并强调指出："消灭宗教，就是消灭人民了，就成了消灭自己了，帝国主义才这样干的。社会主义不存在'消灭宗教'的问题。"

（六）关于民族问题。周恩来提醒大家："在座的都相信，党中央是扶持民族发展的。""在民族问题上，汉族同志要批判大汉族主义倾向，藏族同志也要批判地方民族主义倾向。"

周恩来最后指出："国家有前途，藏族有前途，个人也有前途。关键在于领导，在于政策，在于团结。"

周恩来的回答，贯穿了一分为二的观点，充分地体现了马克思主义的辩证法。他的谈话，始终是亲切的、和蔼的、循循善诱的、以理服人的。班禅听完周恩来的一席话后，基本赞同周恩来的意见，说："今天总理作了宝贵、坦率的指示。"周恩来谦虚地说："我的话不一定都对，我只是在几个大的方面指出来了。哪能够都对呢，除非是不说话。"他让班禅回去后"慢慢消化"，有不同意见还可以提出来。周恩来还对谈话作了这样的总结："你谈得很坦率，我也谈得很坦率。"

这次谈话，使班禅疑虑顿消。8月初，班禅一行返回西藏，用阿沛的话来说："班禅大师和我们都满怀着喜悦的心情返回了西藏。"班禅到达拉萨后，西藏工委于8月13日至9月2日召开了第六次扩大会议，传达了周恩来等中央领导同志关于西藏工作的意见，讨论了如何贯彻4个文件精神的问题。会后成立了4个小组，分别着手贯彻，班禅专门负责宗教政策的小组。这期间，班禅心情是舒畅的，对西藏工作充满了期望。

"班禅的事，要分清敌我与人民内部"

在对待班禅"七万言书"的问题上，周恩来始终认为："班禅的事首先有一个问题，就是要分清敌我与人民内部。对班禅、阿沛，从基本立场上看，他们是站在爱国立场上的。"他甚至对西藏工委的负责同志说："活佛不能换。"可见，他对班禅具有基本的信任。同时，他也毫不客气地指出班禅思想认识中的错误一面。并指示中央和西藏工委的同志：对待班禅，"一要尊重职权，二遇事要取得同意，三要有等待"。

然而，事物的发展，往往受到多重因素的制约，有主观的、有客观的，有国内的、有国际的。班禅的事也同样如此，到后来连周恩来也难以驾驭了。

自1962年9月中共八届十中全会重提阶级斗争问题，并将阶级斗争形势严重化后，班禅的问题，也被逐渐当作阶级斗争问题处理。虽然，在8月份的北戴河会议上，周恩来曾强调，对班禅"要有正确的政策"，也"要有必要的批评"。但是，一个月以后，周恩来的这一思想便被阶级斗争扩大化的冲击波覆盖了。由于后来党的很大一部分注意力转向阶级斗争，这个问题在民族宗教领域内又越演越烈，"民族问题的实质是阶级问题"这一错误论点成为指导全国民族工作的总原则。在这种形势下，周恩来指明的党在民族、宗教问题上的"正确的政策"，得不到体现；他要求的"必要的批评"，也被升级到改变了性质。班禅的"七万言书"，被当成"反党反社会主义的反动纲领"，与彭德怀写给毛泽东和党中央请求全面审查自己历史的"八万言书"并提。代表党中央、国务院与班禅等人较妥善地解决了"七万言书"问题的李维汉和习仲勋，也在中共八届十中全会前后被批判、撤职。西藏工委第六次扩大会议关于全面贯彻四个文件的精神，也由此被迫中断。班禅那刚刚平息下来的火气，再次升了起来；他与西藏工委领导人之间的分歧又一次拉大了。

1962年，是一个多事之秋。国际上，印度军队在不断蚕食、推进方针的指导下，越过非法的麦克马洪线，大举向我国边境地区发动进攻。我国边防部队被迫进行自卫反击。由于西藏在地理位置和宗教上，与印度之间的千丝万缕的联系，再加上少数叛乱分子不断地活动，使得班禅与西藏工委的矛盾自然地成为引人注目的问题。国内方面，我国许多少数民族地区尤其是边境地区也动荡不安。再加上台湾当局不断制造"反攻大陆"的沿海登陆事件，这样的客观情况，必然使人们强化敌情观念。加之当时"左"的思想作怪，人们心中"阶级斗争"这根弦越拉越紧。

箭在弦上，势在必发。"七万言书"在这样一种大的社会背景下，自然被卷进了阶级斗争的历史旋涡中，由原来的"认识问题""思想问题"逐步升级，成为严重的政治问题。尽管班禅的本意、"本性"或出发点是好的，如他后来所说："我这个人看到'左'的错误，看到不合理现象，看到老百姓吃苦受难，从心底里感到气愤，根本坐不住。要我不讲话，或者讲好听的假话，或者闭上眼睛，我根本办不到。……看来我这个毛病改不了，我也不愿意改。这大概叫'江山易改，本性难移'吧。"尽管周恩来多次强调：班禅的问题是人民内部问题，他的基本立场是爱国的，对班禅应采取正确的政策。但是，后来的历史发展，远远超出了班禅"七万言书"的本来性质，也出乎周恩来的预料。历史，使伟人也无能为力了。

1964年9月18日至11月4日，班禅在西藏自治区筹委会第七次扩大会议期间，受到了严厉批判，"七万言书"也被当成反党反社会主义的主要证据。班禅被撤销了西藏自治区筹委会代理主任职务，扣上了"反人民、反社会主义、蓄谋叛乱"三顶帽子。人民内部矛盾，变成了敌我矛盾。随后，班禅在三届全国人大一次会议和全国政协四届一次会议上又被撤销了全国人大常委会副委员长和全国政协副主席的职务，只保留了全国政协常委一职。

"我在监狱里没有死掉，主要是周恩来先生的恩情"

对班禅这样的宗教界、民族界的头面人物的处理，周恩来是知道的。但是，自从中共八届十中全会以后，周恩来就很难左右中国政坛上阶级斗争的动向和发展了。尤其是1964年我党作出"全国基层三分之一甚至更多的领导权已不在我们手里"的判断后，周恩来对"从资产阶级手中"（在西藏便是从过去的"农奴主"手中）夺权的运动内容和方向是不很清楚和不理解的。这种真实心情在后来的"文化大革命"10年中，更是困扰着他。但是，为了保证国民经济和国家机器的正常运转，他不得不带着忧虑的心境艰难地工作；有时也不得不讲一些违心的话，做一些违心的事。更重要的是，他利用自己的威望和特殊地位，起到了中流砥柱的作用。他力图保护党内外一大批民族精华和杰出人物，对班禅，周恩来同样倍加关照。

就在西藏自治区筹委会第七次扩大会议批判班禅后不久，周恩来担心班禅在西藏会发生意外事情，特意指示有关部门，让班禅离开拉萨到北京居住。1964年11月，班禅全家搬来北京。周恩来亲自安排他们住在已故的沈钧儒副委员长的寓所里，这实际上仍然是按副委员长的待遇安排班禅。周恩来还特意交代有关部门，要照顾好班禅的生活。在周恩来的批示下，中央有关部门对班禅问题采取了极其慎重的态度。一直到"文化大革命"初期，班禅过了一段平静的生活。由

1963 年 5 月，周恩来和朱德、董必武、邓小平等同全国少数民族参观团代表合影

于周恩来的极力劝阻，红卫兵也未能擅自冲击班禅。

但是，随着"文化大革命"的发展，周恩来保护干部的工作，越来越艰难，危局也越来越难以支撑。1966 年 8 月下旬的一个晚上，中央民族学院的一些人不顾周恩来总理的批示，强行冲进班禅住处，把班禅押到中央民族学院。之后，又召开了声势浩大的批斗大会。周恩来得知后，立即派自己的联络员，会同中央统战部负责人和解放军代表，到中央民族学院去制止武斗行为。周恩来向各派红卫兵组织做了很多的说服工作后，把班禅转移到北京卫戍区监护。在卫戍区，班禅无论政治上、生活上都得到了很好的照顾。卫戍区领导曾告诉他："周总理指示我们要好好保护您，绝对不允许红卫兵再把您弄走。"班禅得知：卫戍区必须向党中央负责，向周总理负责，不能让班禅出来。为此，班禅内心充满了感激。他很想见周总理，但却只能感受到总理的关怀、温暖，见不到自己尊敬的人。他在被监护期间，深深理解了周总理的困难处境。两个多月后，局势稍稍好了一些，周恩来指示卫戍区把班禅送回了寓所。直到 1968 年夏天，班禅又过了一段修身养性、静心反省的生活。

1968 年，班禅再次被带走，送去"隔离监护"。这次与上次不同，他完全与外界隔离开来。就连周恩来的关怀，也几乎被"四人帮"一伙隔断了。在 10 年动乱期间，周恩来始终惦记着班禅。林彪叛逃后，周恩来主持中共中央和国务院的工作，一大批受到迫害的老干部相继解放。他也曾考虑了班禅出来工作的问题，因各种阻力，未能如愿。1974 年 3 月，重病期间的周恩来又一次找来阿沛·阿旺晋美，商议促成班禅出来工作事宜。但是，不久以后"批林批孔"运动的狂潮，又使周恩来的愿望成为病榻上的遗愿。

直到 1977 年 10 月，第十世班禅才得以获释，这时，他所尊敬的周恩来总理已长眠于九泉之下了。

在狱中以至出狱后，班禅一直在反省自己"七万言书"的是是非非。他明白了周恩来当年提出的总的看法："七个认识有许多错误，八个问题都是事实，宗教五项原则很好，可以拿过来。"对自己认识上的错误，他是清楚的。同国家的灾难和一大批老一辈革命家的遭遇比较，他并不感到委屈。他恢复自由后曾说："过去我确实犯了错误，说了一些错话，做了一些错事，今后我准备好好总结一下，再给中央写个检讨报告。"他不理解的是，为什么周总理早已定论的人民内部问题，却被一些人当成反党反社会主义问题来处理。但是，班禅坚信，"七万言书"的出发点是好的，动机是好的，周总理是理解自己的，党和国家是会对自己做出公正结论的。这种信念，使他熬过了九年多的铁窗生涯。

班禅出狱后，每逢周恩来总理的忌日（1 月 8 日），他总要早早地起床做好祈祷的准备。然后在上午 10 点左右，到天安门广场的人民英雄纪念碑前，恭恭敬敬地为周总理献上精致的花圈（或花篮）和质地优良的洁白的哈达，寄托自己深深的哀思与怀念，为周总理的灵魂祈祷。在他的心目中，周恩来不仅仅是中国共产党和国家的优秀领导人，而且是我们整个中华民族的杰出代表，还是自己最亲密、最崇敬的一个挚友。

1980 年 9 月在五届全国人大三次会议上，班禅与彭冲、习仲勋、粟裕、杨尚昆一道，被补选为全国人大常委会副委员长。从此，这位藏传佛教的杰出领袖和西藏地方政府的主要领袖，重新走上了国家领导人的岗位。

班禅大师的复出，了却了周恩来总理的遗愿。复出后的班禅，也始终没有忘记周恩来的"恩情"。

1988 年 4 月 4 日，班禅在七届全国人大一次会议新闻发言人举行的中外记者招待会上，回顾自己的历史时，向全世界表露了他对周恩来的深情：

"我在监狱里没有死掉，主要是周恩来先生的恩情。"

1989年1月7日，班禅到自己亲自创建的中国藏语系高级佛学院检查、布置工作。因为两天以后，他将离京赴西藏，主持五世至九世班禅大师遗体合葬灵塔祀殿——班禅东陵扎什伦布寺南捷开光典礼，行前还有很多工作要安排。在佛学院的事忙完后，有人问及他第二天的安排，班禅深情地说："明天是周总理逝世纪念日，念完晨经，我还要祈祷祈祷，早上不能安排别的活动。"这是一位少数民族界、宗教界的杰出领袖对自己祖国的总理最感人的怀念。1月9日，清晨，班禅离京赴藏。1月28日，由于操劳过度，第十世班禅大师突发心脏病，经抢救无效，与世长辞。

29　处理"跃进号"事件

1963 年, 中国首航日本的万吨巨轮"跃进号"突然在济州岛附近海域沉没, 是被敌人的鱼雷击中, 还是触礁? 周恩来定下规矩: 我当总理的要抓; 主要领导干部要亲临第一线, 抓住关键问题不放。

1963 年的五一国际劳动节, 是热闹而又极不寻常的。

4 月 30 日, 北京人民大会堂宴会厅灯火辉煌, 四周的鲜花和常青树把人们的心情带入了喜庆和温暖的氛围中。中华全国总工会等 11 个人民团体在这里举行盛大的招待会, 千余名中外友人欢聚一堂, 为团结, 为和平, 为胜利, 为健康举杯共庆。周恩来、宋庆龄、董必武、贺龙、罗瑞卿、郭沫若等党和国家领导人出席了招待会。会上, 周恩来代表中国政府和人民热情洋溢地说: 感谢各国人民对中国社会主义革命和建设事业的巨大支持……

这天, 中华人民共和国的一艘名为"跃进号"的巨轮, 从青岛港热热闹闹地起锚了, 它的目的地, 是日本的门司港。这是新中国第一艘行驶中日航线的万吨远洋货轮。许多人不解其中的奥秘: 中日之间并未建交, 尚无外交关系, 如此重要的一艘巨轮, 怎么会驶往日本?

5 月 1 日下午 1 时, 正当人们沉浸在五一国际劳动节的欢庆中时, 中国第一艘开往日本的万吨远洋货轮"跃进号"突然在海上沉没。"跃进号"出事的消息, 当天很快就报告到了共和国总理周恩来那里: "跃进号"因被命中三发鱼雷而沉没……陷入深深焦虑中的周恩来立即命令中国人民解放军海军派军舰以最快速度前往出事地点进行营救, 并组织联合调查小组。随后, 周恩来决定亲自前往第一线指导调查工作。

"跃进号"刚刚出港, 前去采访的中国新华社记者便从青岛发出了一则电讯:

中华人民共和国第一艘行驶中日航线的万吨远洋货轮"跃进号"今天从青岛启航驶往日本门司港。

"跃进号"是中国远洋运输公司上海分公司的货轮。

这艘万吨远洋货轮是为发展中日贸易和增进中日两国人民的友谊，根据中日贸易的规定，满载着我国出口的玉米和矿产品等货物驶往日本的。

"跃进号"轮在启航之前，曾经在青岛市副市长王云九主持下举行了开航仪式。

短短150个字的电讯，刊登在5月1日的各大报纸的头版，虽不是显著位置，但却引人注目。因为"跃进号"毕竟是我国第一艘开往日本的万吨远洋货轮，所以它牵动的不仅是中日两国人民的心，而且引起了国际舆论的普遍关注；它不仅是中国远洋史上的一件大事，而且也是新中国外贸史上的一项重要的举措。这一举措的由来，反映了中日政治和经济关系的深刻背景……

中华人民共和国成立后，为重建和发展中日睦邻关系，实现中日关系正常化，中国政府作了不懈的努力。然而，由于日本当年侵略中国的那段不光彩的历史以及中日两国长期的恩恩怨怨，再加上日本政府长期追随美国，尤其是吉田政府和岸信介政府采取了敌视中国、阻挠中日两国发展政治和贸易关系的政策，使得中日关系陷入长期的不正常状态。为推动中日政治和经济关系的发展，中日两国的许多有识之士采取了各种办法。以民促官、贸易先行的策略，便是在周恩来的亲自领导和部署下实施的。

1960年6月，日本岸信介内阁下台，由池田勇人继起组阁。上台后的池田表示："可以和中国大力开展经济、文化的交流。"中日关系出现了转机。

对于中日关系的改善，中国方面态度极为明确：必须遵循中日政治三原则和贸易三原则。8月，周恩来在会见日本日中贸易促进会专务理事铃木一雄时，重申了中日政治三原则：

一、日本政府不能敌视中国；二、不能追随美国，搞"两个中国"的阴谋；三、不阻碍两国关系向正常化方向发展。

同时，周恩来还明确地提出了中日贸易三原则：

一、政府协定：由于日本政府过去不愿保证中日民间贸易协定的执行，因此，今后一切贸易协定必须由双方政府缔结，才有保证；二、民间合同：中国有关贸易公司同日本有关团体和人士向中国推荐的"日本友好商社"之间，既可签订个别民间合同，也可签订长期合同；三、个别照顾：按照贸易中断时的做法，对陷入困境的日本中小企业继续给予照顾。

上述原则在日本各界产生了广泛的影响，贸易三原则尤其受到日本经济界的欢迎，一些中小企业纷纷要求同中国进行交易，不少大企业则希望在开展中日贸易方面迈出更大的步伐。

在这样的背景下，1962 年秋天，两位日本自由民主党的重要人物——顾问、众议院议员松村谦三和前通商产业大臣、国会议员高碕达之助相继访华。根据周恩来与他们的谈话精神，双方代表起草了中日民间贸易备忘录。11 月 9 日，中方以廖承志为代表、日方以高碕达之助为代表，在北京签订了带有半官方性质的中日民间贸易备忘录及有关文件。周恩来出席了签字仪式。"备忘录"规定，从 1963 年至 1967 年作为第一个五年安排，平均年贸易额为每方各 3600 万英镑……

"跃进号"货轮所载的货物，就是中国方面 1963 年对日贸易的 3600 万英镑的一部分。这艘船的载重量为 15930 吨，开航时实际载重为玉米近万吨、矿产品和其他杂货 3600 多吨。仅就载重量来说，还有 2000 多吨的富余。

该船预定 1963 年 5 月 2 日上午到达日本门司港。

自这艘船离去之时起，人们就盼着它早日到达，安全到达！无论从轮船本身还是从船上的货物来看，这艘船的离去，都是非同寻常的。这第一艘有着特殊意义的远航日本的大型货船，也牵动着中国总理周恩来的心！

"跃进号"启航后，一直同我国的有关港口保持着正常的联系……

5 月 1 日下午 1 时，正当中国人民沉浸在五一国际劳动节的欢庆中时，"跃进号"巨轮行驶到南朝鲜济州岛西南海域即北纬 31 度 54.5 分、东经 124 度 59.5 分的海面上。突然，伴随着几声巨响，"跃进号"货轮上的人们感到了天翻地覆的震荡，人们的脑海与船上的一切物品一样，骤然间乱成一团……船上人的第一感觉是："跃进号"出事了！

1 小时 10 分钟后，船上人员向中国方面发出了紧急求救信号。随后便失去了联系。

出事以后，经过 3 小时 15 分钟左右的顽强挣扎，幸存的人们眼睁睁地看着"跃进号"沉入海里……

"跃进号"出事的消息，当天很快就报告到了共和国总理周恩来那里。这一不幸事件，使周恩来陷入了深深的焦虑中。此事非同小可，当务之急是迅速采取救援措施和调查事故原因。周恩来立即命令中国人民解放军海军派军舰以最快速度前往出事地点进行营救。自接到"跃进号"出事的消息后，周恩来时刻关注着事件的进展。当天晚上，他彻夜未眠。

5月2日清晨6时，周恩来致信在杭州的毛泽东、彭真，汇报初步情况：

"昨日下午跃进轮出事，一直注意到现在，大致情况弄清如下：……"

信中说：据我船员报称，"跃进号"因被命中三发鱼雷而沉没。对此周恩来作了分析："如弄清鱼雷发自潜艇，则此事必为美帝所为，因台韩两方均无潜艇。如发自快艇，则可能为美蒋合谋。"但真实情况到底如何，周恩来不能做出最后判定。因此他在信中建议：为慎重起见，"待情况弄清后，再发表正式声明"。

2日这天，周恩来指示新华社自北京发出两份电讯，这是"跃进号"启航以后人们从报纸和电台方面第二次得到它的消息。

一份电讯说：

我国远洋货轮"跃进号"于5月1日下午自青岛驶向日本门司途中，在南朝鲜济州岛西南海域突然遇难沉没。

……

这艘船有59名船员。据日本日中贸易促进协会方面通知，这些船员分乘三艘救生艇在海上漂流时，经日本渔船"壹岐丸"救起，并且转登在这个海域的日本巡视船"甄"。今天下午北京时间7时30分，这些船员已经由我国派往营救的护卫舰之一的"211"号接回，现正在返回祖国大陆的途中。

中国政府对于"跃进号"的突然遇难沉没，十分重视，现正对沉没原因进行严密调查。

另一份电讯说：

自获悉我国"跃进号"货轮紧急呼救的讯号后，我国政府即命令中国人民解放军海军派出205、206、211、224四艘护卫舰，前往营救。我上述护卫舰于5月2日北京时间8时到达出事海域……并于2日下午返航。

看到或听到这一消息后，几乎全中国"关心国家大事"的人们都在议论着"跃进号"的事，并在思绪中存下了许多的疑团：是什么原因致使这艘巨轮沉没，是遇海上风暴，还是敌人破坏？是经验不足，还是准备不充分，或者是自身的其他原因？……人们都在关注着事件的结果。

这期间，周恩来急召罗瑞卿、廖承志等商议对策。随即决定成立由有关方面负责人雷英夫、孙大光、张学思、张致远、孟平组成的五人调查小组。此后，为弄清情况，周恩来几乎每日约有关方面负责人谈"跃进号"沉没事件，有时一日谈两次，谈话时间有时安排在上午，有时安排在半夜。

调查小组根据周恩来要求的实事求是的调查原则，经过仔细的分析研究，于5月7日向周恩来初步提交了《关于调查"跃进号"货轮遇难事件的报告》。这份报告极为珍贵，它的特别之处是提出了一个令人意外的观点："跃进号"沉没的原因，极大可能是触礁。谁都清楚，这一判断的结果，其性质与被击沉没是大不一样的：若是因被敌方鱼雷所击而沉没，则主要原因来自客观方面；若是因触礁而沉没，则主要原因来自主观方面。两种结果必然带来两种不同的责任，并得出两种不同的处理办法。因而作出哪一种判断都绝非儿戏！况且此事必须对全国甚至全世界有所交代。

5月8日，周恩来接到交通部党组《关于调查"跃进号"探测工作准备情况的报告》和新华社声明稿及部队的有关报告后，当晚召集在京的中央领导和有关方面负责人开会，出席的有朱德、邓小平、贺龙、聂荣臻、罗瑞卿、李富春、李先念、谢富治、廖承志、王首道等人，讨论有关"跃进号"货轮遇难事件的声明和到现场进行潜水调查问题。会议经过实事求是的分析，基本同意调查小组在报告中提出的关于沉船原因"极大的可能性是触礁"的判断。并决定：为进一步贯彻科学求实的精神，作出最后判明，必须到现场进行海中调查。

会后，周恩来再次致信毛泽东和彭真：

> 大家都同意雷英夫五人小组的报告判断，"跃进号"的沉没，极大可能为触礁，但还不能最后排除遭受水下攻击的可能性，因此，最后判明，须到现场进行海中调查。

根据种种情况分析，周恩来个人是倾向于调查小组的判断的。因此他在信中又说：

> "跃进号"触礁沉没，几乎可以肯定，现在进行现场调查，既表示我们实事求是，利于取得世界公正舆论的同情，又可以借此锻炼我们海军部队和交通船员出海作业……

对"跃进号"事件，周恩来想得很深、很远，他也始终采取了高度负责和认真处理的态度。他在信中最后说：

> "跃进号"遇难事件，取得教训极大，首先暴露了交通部门的严重官僚主义，次之海军系统也有一定责任。为了切实检查这次出海作业的准备工作，并进一步查明上海海运局和东海舰队上次关于商定"跃进号"赴日航线和护航工作的具体情况，我拟约同瑞卿或者成武同志于5月10日赴沪一行。

为周密调查和慎重处理此事，周恩来作好了飞赴上海的准备工作。5月9日，他约见苏联驻华大使契尔沃年科，就中国共产党将派以邓小平和彭真为首的代表团赴莫斯科同苏共进行两党会谈一事与苏方磋商。当天，他又会见索马里新闻部长阿里·穆罕默德·希拉维，就非洲国家首脑会议等问题交换意见。会谈从下午一直持续到晚上，原想当天还要与希拉维谈中国对索马里的经济和财政援助问题，但由于时间太紧张，周恩来不得不遗憾地说："今后4天我不在北京，到下星期一才能回来。你能否等？如果可以的话，我愿意同你再谈谈。"

这期间的其他一些外交应酬，周恩来基本上都取消了。"跃进号"这样的突发事件，一时间成为周恩来的头等大事。

当中共上海市委和东海舰队的负责人在浓密的大雾中见到走出机舱的周恩来时，惊奇地问："总理，您为什么非要亲自来？！我们都准备好了，只要您来个电话，我们就可以出航调查了！"周恩来一边同大家握手，一边用非同寻常的语气说："这样大的事，我能不来？！"从机场出来，周恩来直奔会议室亲自主持汇报会。他强调: "调查'跃进号'沉没的原因一定要实事求是, 要有科学态度。"

1963年5月10日清晨, 几乎一夜未眠的周恩来急匆匆来到机场, 赶往调查"跃进号"事件的前线指挥所——上海。

由于毛泽东要当面听取有关"跃进号"事件的汇报, 且周恩来还将"在杭州同各大区书记谈谈粮贸、精简和农业生产问题", 因此, 周恩来一行先飞杭州。

经过4个多小时的飞行, 周恩来于当天下午2时15分抵达杭州。在杭州, 周恩来只能停留一天多的时间, 他的工作日程排得满满的。他三次约各大区书记谈粮食、精简和农业生产问题, 并出席毛泽东从5月2日开始召集的有部分中央政治局委员和各大区书记参加的小型会议, 讨论中共中央《关于目前农村工作中若干问题的决定(草案)》的修改稿, 在发言中, 周恩来谈了自己对修改稿的意见。为了缩小运动的打击面, 他建议将原稿中"团结百分之九十几"改为"团结百分之九十五以上", 这一意见得到毛泽东的同意。

对"跃进号"沉没事件的有关情况, 周恩来当面向毛泽东和彭真等人作了详细的介绍, 并谈了自己的看法。毛泽东同意周恩来的分析和周恩来等人对此事的处理方法。

5月12日上午, 沪杭一带上空浓雾弥漫, 能见度极低。9时, 周恩来乘坐的飞机从杭州机场起飞。在另一头的上海虹桥机场, 中共上海市委和东海舰队的负责人早已接到通知, 正焦急地等候在那里。看着像洒满了乳白色牛奶的天空, 迎候的人们不时地发出这样的疑问: "这么大的雾, 总理能来吗? "人们越等雾越大。不一会儿, 他们接到报告说: "由于雾大, 飞机改到龙华机场降落! "迎接的人们又忧心忡忡地驱车赶往龙华机场。9时20分左右, 人们终于在龙华机场听到了周恩来总理乘坐的专机的轰鸣声。

当周恩来稳健地走出机舱时, 大家悬在半空的心总算落了地。见到总理, 舰队的负责人憋不住关切地问: "总理, 您为什么非要亲自来? ! 我们都准备好了, 只要您来个电话, 我们就可以出航! "周恩来一边同大家握手, 一边用非同寻常的语气说: "这样大的事, 我能不来? ! "

从龙华机场出来, 周恩来坐车直奔锦江饭店, 他告诉有关方面负责人: 马上通知各有关方面在锦江饭店开会, 汇报和讨论出海调查的准备工作。

10 时 40 分，周恩来在锦江饭店会议室亲自主持召开汇报会。会议一开始，他首先说："我是从杭州来，从毛主席身边来！毛主席正在主持写一个文件……"随后，他话题一转，把与会者的思想引导到毛泽东思想的实事求是这一精髓上来："我们在调查'跃进号'沉没的原因时，一定要贯彻执行毛主席的指示，不仅要注重和阶级敌人作斗争，而且要注重和自然界的敌人作斗争，要实事求是，要有科学态度。"

言下之意，只有采取实事求是的科学态度，才能得到准确的结论，不能单纯地依赖阶级斗争的政治观点看问题。

周恩来让海军参谋把海图拿来，一边看图，一边认真地听取东海舰队和海上打捞局对出海调查准备工作的汇报，还不时地询问情况。

当海军司令部副参谋长汇报出海舰队编队的领导干部组成情况时，周恩来突然问："怎么都是舰队的副司令员、副政委出海？舰队司令员、政委呢？"

舰队领导面面相觑，没想到总理会提出并强调这一问题。

周恩来又一次用非同寻常的语气对舰队领导们说："'跃进号'沉没事件，已成了国际事件了。对于这样的大事，我当总理的要抓；你们这些当司令员、当政委的，也要亲临第一线，不能只交给第二把手、第三把手！"

这个原先在海军领导机关中不成其为问题的问题，被周恩来一说，还真使他们茅塞顿开。东海舰队的司令员和政委当即向周总理表示："我们亲自去！"

周恩来点点头说："好，对于重大问题，我们主要领导干部，一定要亲自出马，这要成为一条规矩。"

他接着强调："主要领导干部不但要亲临第一线，还要善于抓住带有关键性的问题不放，一抓到底！"

周恩来的到来，无论对出海准备工作，还是对有关部门的制度建设，以及对有关的各级领导干部的思想方法等方面，都有着重大的影响。

调查"跃进号"的沉没原因，潜水工作是一个重要的环节。为检查潜水员的准备情况，周恩来在当天下午来到海军医学研究所。当时潜水员正在做加压试验。技术人员首先向周恩来介绍了高压设备和加压情况。加压试验开始时，周恩来坐到了加压仓前，身体微微向前倾，右手扶在加压仓上，左手握着电话机，神情专注，面容慈祥。他不断地问潜水员："感觉怎么样？""感觉好吗？"当压力加到 6 个大气压时，周恩来又担心地问："能不能抗得住？还能不能活动？"潜水员回答："可以。"为使总理放心，潜水员还在仓内拿起哑铃做了各种动作，显出很轻松的样子。试验结束时，周恩来高兴地站起来说："很好，很好！"当潜水员走出加压舱时，周恩来急忙走向前去，一边握手问好，一边拉过一个潜水员，用手轻轻地按住他的脉搏，默默地数着每分钟跳动的次数，然后把数据记在随身携带的小本子上。

离开海军医学研究所时，周恩来想起一件事，突然转身问随同的几位负责人："'跃进号'装了那么多玉米，船沉以后，船舱已破，玉米会流出来，鲨鱼肯定要去吃，潜水员的安全怎么办？"

几位负责人显然又被周恩来的这一问题难住了，他们一阵惭愧，承认说："没有考虑到。"

周恩来第三次用非同寻常的语气说："这么大的事，你们怎么能不考虑呢？"

自舰队领导接到周恩来以来，共和国总理连续三次用"这么大的事"的语气来强调他们原先并未考虑到的问题，这种考虑问题的细密和对待工作的高度的责任心，给舰队领导留下了极为深刻的印象。

周恩来还来到海军观通部门检查通信联络工作。他在同报务班的战士们交谈时，又提出了一个重要的问题："你们军舰一旦受到损坏，没有电，通信联络怎么办，还能不能跟北京沟通联络？"军士长如实回答："不能。"周恩来虽然对此有些失望，但他并没有责备大家，只是讲了一个在战争年代用手摇发电机保证通信畅通的故事，并意味深长地启发说："你们在公海上第一次执行这样的任务，可能会遇到各种各样的情况，需要及时报告中央，中央也要及时发布处置的指示，通信联络搞不好，可要误大事啊！"军士长明白了周恩来这番话的重要性，送走周恩来以后，他马上带着战士们去领导机关领了一台手摇发电机，以备万一。

为确保出海工作万无一失，5月13日上午9时，周恩来亲自前往吴淞口检查出海编队的舰只。总理上舰视察的消息很快就在各舰上传开了，接受出海任务的海军战士们精神抖擞地在各自的岗位上等待总理的检阅。

周恩来首先登上指挥舰。他清楚地知道，寻找"跃进号"沉没地点的主要手段是声呐，为此，他来到指挥舰的水中探测仪室，认真听取了声呐班班长的介绍。他一边听，一边手摇声呐回音操纵柄，仔细地辨别过往船只、泥土、港岸的回音，并观察了声呐的各个部位。最后，周恩来勉励声呐班班长说："你们这个岗位很重要。能不能找到'跃进号'，就看你们各个舰艇上的声呐兵了。"

1963 年 5 月 12 日，周恩来总理视察东海舰队

　　共和国总理的信任，给了声呐班的战士们以极大鼓舞。在指挥舰上，周恩来还从舰首走到舰尾，一边看一边问舰长：舰艇有多长、多宽，性能怎样，能装多少油、水、副食品，能不能保证参加调查的工作人员在海上 10 天的生活……待舰长一一作了回答后，周恩来又特别叮嘱了一句："准备得越充分越好。"在会议室前的甲板上，周恩来问一名干部：你在舰上是做什么工作的？干部回答说他是舰上的舰务长。周恩来风趣地说："噢，这个职务相当于营参谋长吧？"甲板上的战士们没想到总理以如此形象而生动的比喻与大家开起了玩笑，舰上的气氛顿时活跃起来，大家与总理有说有笑，没有任何距离感。

　　随后，周恩来走遍了每一艘舰船，对各方面的准备情况作了全面的检查，尤其对带有全局性的关键岗位，他检查得更细。他在与战士们交谈中，鼓励大家要有信心，以敢于斗争、敢于胜利的精神完成好这次任务。

　　5 月 13 日下午 3 点，周恩来按事先约定，给东海舰队干部和出海船员作了一次报告。当时，许多干部战士还以为"跃进号"是因受到鱼雷攻击而沉没的。

因为当战士们把 59 名遇难的船员从日本渔船接回来时，许多船员就说过："跃进号"是由于被鱼雷攻击而沉没的。日本"全亚细亚广播电台"正是根据遇难船员的反映发布"跃进号"是因腹部被命中三发鱼雷而沉没等消息的。战士们此时早已做好了出海应付一切挑战的准备。

周恩来在报告中开门见山地说："根据我们的调查，'跃进号'极大可能是触礁沉没的。"这句话，引起了战士们的不解。

周恩来进一步解释可能是触礁的理由：

"'跃进号'沉没的地区有三个礁石，很大的可能是遇到一个浅水，也就是在北纬 37 度 7 分，东经 125 度 11 分这个地区，有一个苏岩礁区，叫珊瑚礁，这是火山爆发出来的，火山岩上的珊瑚礁。因为它水浅，在水下有 5.4 米，而我们'跃进号'最大的吃水深度是 9.7 米，我们装货装到 9.4 米的样子，很可能要碰到它。如果碰到它，那就触礁了。"

按预定的航线，"跃进号"距离苏岩礁有 7 海里远，怎么会触礁呢？针对这一问题，周恩来又解释道：

"7 海里是很远的距离，但是，那是在大海里，是深海区，当时有风，有了风，这就不能照平常的速度前进，这是第一件；第二件是，有潮汐，有涨落，就影响快慢；第三件是潮流，从南面来的流，往东北推，就把船往北偏。还有其他因素。'跃进号'出事前，虽然定了八次船的方位，但是，由于上面说的原因，所以实际位置并不正确，这样，就出了事故。所以，我们判断'跃进号'极大可能是触礁。"

在周恩来的分析中，并没有断言排除了"跃进号"受到水下攻击的可能性。最后，周恩来以实事求是的科学态度强调：

"我上面的分析对不对，是不是符合实际，这要由你们去现场进行调查，再作最后的判断。"

在东海舰队，周恩来对出海调查寄予了很大的希望，他还与出海的战士们合影留念。

晚上 7 点半钟，周恩来又接见了"跃进号"获救返回的全体船员，代表中共中央和国务院对他们表示慰问，并进一步了解"跃进号"遇难的详细经过。

随后，周恩来再次找来军队有关部门的负责人，研究了海军、空军和航空兵协同行动的问题。

晚 10 点 40 分，周恩来约交通部部长王首道等人谈话，对"跃进号"出海调查及其善后工作做出周密的安排。

在所有的事情布置完毕后，已是午夜，周恩来就要离开上海返京。临走时他再次叮嘱出海人员："再给你们三天准备时间，你们去公海调查，这是第一次，要用毛主席《实践论》的思想指导自己的行动。不管世界舆论怎样，我们是共产党人，一定要实事求是，是一就是一，是二就是二。证明'跃进号'沉没的原因，不能用'大概''可能'这种语言，一定要找到它，一定要有充分的证据。"他信任地握着他们的手说："好！等待你们的好消息。"

带着对出海调查的期待和信心，周恩来回到了北京，他随时关注着"跃进号"事件出海调查工作的进展情况。

参与调查"跃进号"的海上编队，在周恩来离去后又进行了几天的细致准备……

在调查作业船队启航之前，新华社奉命发表了经周恩来审定的第一份声明："'跃进号'的沉没，极大可能系触礁所致，但是，还不能最后排除遭受水下攻击的可能性。"归航之后，新华社奉命发表了经周恩来审定的第三份声明："经过周密的调查，已经证实'跃进号'是因触礁而沉没的。"借"跃进号"事件，周恩来告诫工交部门："去掉官架子，建立新风气"，"不要在小事、细节上滑过去"。他痛恨地说："绝不能容许官僚主义再继续发展下去。"

5 月 17 日下午，周恩来在北京再次召集新华社、交通部和解放军等有关部门的人员开会，针对调查工作中可能会涉及的一些问题进行研究。

会后，新华社奉中国政府之命发表经周恩来审定的有关"跃进号"事件的第一份声明：

我国远洋货轮"跃进号"由青岛港驶往日本门司港途中，在 1963年 5 月 1 日下午航行到朝鲜济州岛西南海域时，突然遇难沉没。这一事件引起国内外各方人士的普遍关注。

中国政府责成交通部对"跃进号"货轮的遇难经过和原因进行了初步的调查。根据对"跃进号"船长的报告和船员所提供的各种情况的分析，交通部认为"跃进号"的沉没，极大可能系触礁所致，但是，还不能最后排除遭受水下攻击的可能性。

为了进一步查明"跃进号"货轮遇难的确实原因，中国政府决定由交通部负责进行现场调查，并由中国人民解放军海军派遣必要的舰船和飞机予以协助。为此，确定在苏岩、虎皮礁、鸭礁之间，以北纬31度58分、东经125度11分为中心，半径15海里圆周内的海域为调查作业区，并自1963年5月19日起，开始调查作业。希望各国舰船和飞机避免发生误会，不妨碍在这一规定海域内调查作业的进行。在调查作业结束后，将另行发表公告。

在这份声明的最后，还根据周恩来的指示特别强调了这样一句极富人道主义精神的话：

中国政府深切感谢日本渔船"壹岐丸""对马丸"，巡视船"甑"对"跃进号"遇难船员的营救和护送，深切感谢"跃进号"遇难以来日本各界人士所表示的关怀和慰问。

"跃进号"航行的任务是中日备忘录贸易的一部分，而"跃进号"出事后，又得到了日本船的营救，所以上面这句话加得很有必要。

第二天，出海编队终于驶出吴淞口……

与此同时，新华社奉命发表了第二份声明：

为了进一步查明"跃进号"货轮沉没的确实原因，由中国交通部派出的调查作业船队和中国人民解放军海军协助调查的舰艇，已经在18日从上海启航，预定19日可以到达调查作业区。这个调查作业区如前次所公布的，是在苏岩、虎皮礁、鸭礁之间……这个调查作业区并不是禁区，各国渔船和飞机仍可通过这一区域。但是为了避免发生误会，不妨碍调查作业的进行，希望通过这一区域的各国渔船和其他舰船，在必要的时候，同进行调查作业的中国舰船保持联络。

同时，新华社还发表了两则电讯，其中一则说到：为查明"跃进号"货轮遇难的确切原因，中华人民共和国交通部奉命指定上海海难救助打捞局在"跃进号"遇难地点，组织现场调查作业，并决定派遣"和平61号"货轮为调查作业船，"救捞1号""救捞8号""海设号"等为辅助船只。另一则透露：中国人民解放军海军派遣205、206、263、264、328、377六艘舰艇，协助交通部的调查作业舰队到规定的作业海域进行现场调查。在需要的时候，海军还将派出飞机到现场负责空中的联络、观察、救护事宜……

5月19日，肩负重任首次前往公海作业的联合编队到达调查海域，经过一天的搜索，有了初步的结果。

5月20日上午，周恩来接到了第一份电报，内称："发现苏岩礁！"苏岩礁的发现，为找到"跃进号"提供了重要的线索。周恩来立即打电话给海军和交通部："告诉他们，向他们祝贺，希望他们继续努力，一定要把'跃进号'沉没的真正原因查清楚。"

此后，一份接着一份的报告送到周恩来那里：

"5月22日下午，发现'跃进号'沉没位置：苏岩礁方位148度，距离一二海里，即北纬32度06分，东经125度11分42秒。"

"5月24日下午，潜水员下潜成功摸到沉船船首'跃进'两字，锚孔朝上，甲板近似垂直，船体左倾侧卧海底。"

……

经过几天的潜水调查，"跃进号"沉没的原因终于被确认。出海编队迅速向周恩来报告了调查结果：

对苏岩礁进行了4天18次的摸索，在它的西面角发现一块长约3.5米、宽不到1米的平坦岩礁；岩礁上有遭受触撞的显著痕迹，在被撞处的周围有许多岩石碎块（已取回8块），潜水员在水下见到部分礁石上有紫红色漆皮存在。

"跃进号"的破损情况：摸到破洞三处，凹陷五次，舭龙骨折裂一次。

从沉船中和苏岩礁被撞处取出航海日记等物件29种。

"跃进号"船体三段合龙的两条焊缝，经多次核查，并无异样。

这份调查报告最后说："根据上述情况分析，可以证实'跃进号'确系触礁而沉没的。"这一报告，完全证实了周恩来等人的判断。

对这种在实事求是基础上得出的准确结论，周恩来非常欣慰。然而，面对"跃进号"沉船的整个事件，周恩来的心情却并不轻松。

5月28日中午，周恩来再次主持会议，进一步讨论"跃进号"的善后工作和发表政府公告等问题。

6月1日，海上调查作业正式结束。这时距"跃进号"遇难下沉海底的时间正好一个月。第二天，出海编队离开作业区，胜利返航。

后来，海军领导机关在一篇名为《海军战士倾四海之水写不尽周总理的丰功伟绩》的文章中这样说道：

> 周总理以对党对人民高度负责的精神和实事求是的科学态度，反复认真地检查各项准备工作，从出海力量的配备到指挥干部的调整，从通信联络、水下作业到后勤保障，每一个细小环节都不放过，保证了这次调查任务的胜利完成……

6月3日，新华社奉命发表了经周恩来审定的第三份声明：

> 中华人民共和国交通部为了进一步查明"跃进号"货轮遇难的确实原因而派出的调查作业船队和中国人民解放军海军协助调查的舰艇，在苏岩、虎皮礁、鸭礁之间，以北纬31度58分、东经125度11分为中心，半径15海里圆周内的海域，经过15天调查作业，在北纬32度零6分、东经125度11分42秒处发现沉没了的"跃进号"船体。
>
> 经过周密的调查，已经证实"跃进号"是因触礁而沉没的。

至此，引人注目的"跃进号"货轮沉没事件真相，终于大白于天下。悬在许多人心中的疑团总算是解开了，然而，事件本身留给人们的思索却太多了……

就在"跃进号"货轮沉没事件发生前后，交通部门又连续发生了多起事故，造成许多人员伤亡和财产损失，为此，交通部部长王首道致信主管副总理薄一波，请示：拟召开一次电话会议，动员交通部门结合增产节约和"五反"运动狠抓安全生产。

薄一波很快就批准了王首道的请求，并将他的信和交通部附来的《电话会议计划》一起报到了周恩来那里。

交通部采取的这一措施，正是周恩来所期望的。对交通部门连续发生的一些事故，如不及时总结经验，将严重影响安全生产，造成更大的损失。

周恩来仔细审阅了报来的《电话会议计划》，然后批道："同意。有点意见，见批注。"

周恩来所写的"有点意见"，看起来是一句轻飘飘的话，然而，交通部的领导们看到批示时，都感到总理的意见中是字字千斤重。

周恩来在《电话会议计划》所述"会议内容，主要是号召直属企事业及地方交通系统，立即行动起来，坚决接受'跃进号'的沉痛的经验教训"后批注：

> 什么叫作"行动起来"，太抽象了。应该要求交通部直属企业事业单位和地方交通系统，首先是电话会议所提到的各单位，将报告中要点、事故及其经验教训和紧急措施，向各单位全体职工进行传达，动员他们讨论，并提出改进意见，保证实施。一句话，就是有领导地走群众路线。首长带头，大家动手，同心协力，保证安全。去掉官架子，建立新风气，这是交通部"五反"的中心环节。

"五反"，指的是本年初中共中央提出的在城市中开展"反对贪污盗窃、反对投机倒把、反对铺张浪费、反对分散主义和反对官僚主义"的新"五反"运动。为此，中共中央还在3月1日向各地发布了《关于厉行增产节约和反对贪污盗窃、反对投机倒把、反对铺张浪费、反对分散主义、反对官僚主义运动的指示》。为进一步开展这一运动，中共中央又专门提出在领导机关和领导干部中开展反官僚主义、反分散主义、反铺张浪费斗争，这就是"五反"中的"三反"。

新的"五反"和"三反"对象，是客观存在着的。正如周恩来5月8日在致毛泽东等人的信中所说的："'跃进号'遇难事件，取得教训极大，首先暴露了交通部门的严重官僚主义……""跃进号"遇难事件，正好处在"五反""三反"运动期间，再加上一系列的事故发生，官僚主义问题自然成为交通部门的严重问题。

借"跃进号"遇难事件，周恩来对"五反"运动的开展，又有了进一步的思考。交通部门的电话会议开过以后，他于5月28日找来薄一波等人，听取薄一波汇报工业交通各部领导干部开展"三反"斗争的情况。同日，他详细审阅了《工业交通各部（局）"五反"运动情况简报》，并在上面批了这样几句话：

> 一波同志：听了你今天的汇报，又看了这个简报，工交各部领导的"三反"阶段算是搞开了。我看，领导"三反"洗澡的重点应是政治、思想、工作作风，而不要在小事、细节上滑过去，我明天也要讲讲。

在这样的历史背景下，5月29日和6月13日，周恩来在中共中央和国务院直属机关负责干部会议上分两次所作的一个经典性的报告《一次伟大的社会主义革命运动》产生了。它的部分内容，后来以《反对官僚主义》为题，收入《周恩来选集》下卷中。

周恩来的报告，开门见山："官僚主义是领导机关最容易犯的一种政治病症。"他分析了官僚主义产生的思想根源和社会历史根源，列举了20种官僚主义的表现形式及其严重危害。并明确地说：

> 如果我们对官僚主义不提起足够的注意，不论干部，不论群众，都会慢慢地退化下去。官僚主义最严重的就是革命的意志衰退。
>
> 必须看到，官僚主义在我们执政党内，在我们的国家机关内，的确是十分有害、非常危险的。在我们领导干部中，官僚主义严重的虽然是少数，然而，正如党中央3月1日的指示上所说，官僚主义的态度和作风已经给我们的工作造成许多损失，如果听其发展，不坚决加以克服，必将造成更大的危害。

他铿锵有力地表明了这样的态度："我们绝不能容许官僚主义再继续发展下去。"

"跃进号"事件，最终总算妥善地处理了，然而，一个事件所引起的连锁反应，所引来共和国总理的高度牵挂和他对一场运动的深入开展的进一步思索，所留给人们的深刻教训……这些，都在共和国的史册中刻上了重重的印迹。

八、脚踏实地创辉煌

30　与戴高乐密使富尔商谈中法建交

　　戴高乐敢于傲视美国的指挥棒，派秘密特使富尔访华，同周恩来商谈中法建交事宜。周恩来对戴高乐赞誉有加。建交谈判中，周恩来充分显示了原则性与灵活性的高度统一。

富尔的特殊使命

　　1963 年，深秋的北京，天高云淡。

　　10 月 22 日下午，首都机场，一架大型专用客机徐徐降落。法国参议员、前总理埃德加·富尔携其夫人微笑着从机舱走出。

　　早已在机场等候的全国人大常委会副委员长郭沫若、全国政协副主席包尔汉、中国人民外交学会会长张奚若及外交部西欧司司长谢黎等有关方面负责人迎上前去，同客人热烈握手。两个美丽的首都少女向富尔夫妇献上了芳香四溢的鲜花。

　　这是富尔第二次来到这个美丽而辽阔的国度。1957 年 5 月，他作为法国前总理曾来过中国。

　　富尔首次访华时，周恩来热情地接待了这位富有外交经验的政治家，并与他作了多次交谈。富尔首次访华后，由于亲眼看到新中国的实际情况，并对我国的内外政策作了某些了解和研究，所以他对以美国为首的国际反华势力制造"两个中国"提出了不同看法。他说："法国没有理由奉行'两个中国'的政策，除非断绝同台湾的关系，否则，不承认中华人民共和国不仅是一种无用的行动，而且实质上是一种不友好的姿态。"

富尔还将他的上述看法向法国总统戴高乐作过陈述，戴高乐及其周围的一些决策者在不同程度上也同意富尔的看法。正是由于这个原因，当戴高乐决定采取建立法、中正常外交关系的试探性行动时，他选派富尔作为他的秘密特使，来同中国领导人面谈。

8月间，富尔通过中国驻瑞典使馆提出访问中国，并要求：为避开国际新闻界的视线，他这次访问对外公开宣称纯系私人性访问，没有任何官方使命。

中国方面答应了富尔的要求。周恩来指示：以中国外交学会会长张奚若的名义邀请富尔访华。

对外交巨擘周恩来来说，他非常清楚富尔此次中国之行的使命和意图。

自从 1958 年戴高乐将军重新执政法兰西共和国后，法国与美国的矛盾日趋尖锐。法国作为北大西洋集团的重要成员国之一，按照"龙头大哥"美国的要求，应该和美国保持密切的"盟友"关系。这种"盟友"关系实际上就是依附关系。自认为是北大西洋集团首脑的美国，依仗其各方面的优势，对其他各成员国发号施令，并以北大西洋集团的共同利益为借口把各成员国牢牢拴在美国的侵略和战争政策的车轮上，要它们的一切行动唯美国之命是从。但是，随着各国的发展，以法国为代表的北大西洋集团的一些西欧成员国同美国在政治、军事、经济各方面关系中的利害矛盾不断增加，并同美国发生了"谁是欧洲的主人"的争论和分歧。尤其是 1958 年戴高乐重新执掌法国后，法国政府不断强调维护国家主权、民族利益的独立自主方针，不再完全听从美国的"指挥棒"了。这样，法、美之间的裂痕与争执不断扩大和增加，最终爆发了一场控制与反控制的激烈斗争，并导致形成了北大西洋集团中两种明争暗斗的对立势力较量。

美国千方百计地要推行其"在美国领导下的大西洋共同体的欧洲"的计划，并拉拢英国结成特殊盟友关系，力图把整个西欧置于它的绝对影响和控制之下。

而以法国为主要代表的西欧一些国家，则提出了"欧洲人的欧洲"的主张，作为反对美国控制西欧斗争的纲领性口号。法国还把除英国外的意大利、联邦德国、荷兰、比利时、卢森堡等西欧五国团结在自己的周围，以加强与美抗衡的力量。

面对法国这种桀骜不驯的挑战，美国又使出了军事、经济双管齐下的撒手锏，向法国步步紧逼。它一方面抛出自己一手炮制的多边核力量计划，逼迫法国交出自己的核武器；另一方面又采取向欧洲共同市场"掺沙子"的办法，推着英国尽早挤入欧洲共同市场，牵制和削弱法国在欧洲共同市场中的地位和作用，并拉拢意大利、荷兰、比利时、卢森堡、联邦德国，破坏法、德一体化合作计划。

戴高乐在美国的压力面前并不示弱。1963 年春，他公然蔑视美国的权威，拒绝在美苏共同炮制、旨在加强美苏核垄断的部分禁止核试验条约上签字，并退出了北大西洋公约组织的军事一体化机构。法、美之间的矛盾到了白热化程度。

为了更好地与美国抗衡，戴高乐不得不对外交政策进行新的调整。他把眼光从西欧局部投向了亚洲东方社会主义大国——中国。无疑，正确处理好同在美国遏制下反而变得越来越强大的中国的关系，对加强法国抗衡美国的力量，提高法国在欧洲的战略地位，具有非常重要的作用。一句话，戴高乐急于同中国建立正常的外交关系，这就是他派富尔出使中国的全部意义，周恩来对此作出了准确的判断。

在周恩来的主持下，中国外交决策核心缜密地分析了当时的形势，认为：

（一）法国是西欧大陆的重要国家，通过同法国建交可以从美帝国主义的包围圈中打开一个缺口，扩大我国同西欧国家的政治、经济联系，对我国打破美国的封锁，反对苏联的控制，挫败帝国主义和国际反华势力妄图孤立包围反对我国的阴谋是有利的。

（二）中法建交有利于最大限度地孤立和反对美帝国主义。

（三）戴高乐奉行维护民族独立和国家主权的政策在西方世界具有代表性，支持这一政策既表明了我国的一贯立场，又有助于打破超级大国对国际事务的垄断。

（四）如果法国以其他形式和手法搞"两个中国"，则要旗帜鲜明地加以反对和揭露，即使法国政府由于内外原因和某些困难一时难以就中法两国正常外交关系达成最后协议，但这样做可引导中法两国关系朝健康的道路发展，并为以后尽快建立两国的正常外交关系奠定良好的基础。

基于上述分析，中国政府决定响应戴高乐同中国发展良好关系的姿态，积极推动中法建交。为此，中国政府给予了富尔最高规格的礼遇。毛泽东主席和刘少奇主席分别接见了富尔，周恩来和陈毅单独或共同与富尔先后在北京、上海等地会谈了 6 次。

谈判桌上，富尔步步为营，周恩来稳扎稳打，灵活变通，中法达成默契

就富尔个人来说，他认为在对华关系上玩弄"两个中国"的做法是不可取的，法国政府没有理由奉行这一对中国不友好的政策。

然而，当富尔作为戴高乐的特使代表法国政府访华与我国进行建交问题的谈判时，他却在台湾问题上采取含含糊糊的态度，实际上是企图以变相的"两个中国"方案为筹码，同中国讨价还价。

因此，在和平的谈判形式和轻松的谈判气氛的表象背后，存在着一场坚决反对"两个中国"的尖锐斗争。

10月23日，富尔抵京的第二天上午，周恩来在西花厅同富尔进行了第一次会谈。张奚若、谢黎在一旁陪见。

"很高兴再一次见到阁下。"周恩来精神饱满，微笑着与富尔握手。

"已经6年多了，总理一点也不见老。"富尔端详着修饰整齐、风度翩翩的周恩来，又问，"总理到过巴黎？"

"是的，那是40多年前的事了。"

"现在是再去巴黎的时候了。"富尔的这句话意味深长。

短暂的寒暄后，谈话转入实质性内容。

富尔说：法国元首戴高乐将军希望同中国领导人就两国关系问题进行会谈。他认为，像我们这样两个大国的领导人现在还不能进行会谈是不正常的，因此，戴高乐将军要我来中国，代表他同中国领导人会谈。他认为，我这次访华的使命不宜公开，这并不是想掩盖他对中国的感情，而是因为一旦公开出去，报界就会大做文章，那样就不能安安静静地深入讨论问题。不过，此次访华还是正式的、官方性质的。戴高乐将军有一封亲笔信给我，信中授权我代表他同中国领导人会谈。

富尔当场把信的内容念了一遍，并把信交给了周恩来，说："你们可以留下看一看，过两天再给我。"

富尔此举，是想让中国方面把信的原件拿回去翻拍下来，作个证明，同时，

也是表示一种诚意。

周恩来明白富尔的意思。他接过富尔递过来的信，看了看，随即又把信递回给了富尔，说：从戴高乐将军的信中可以看出，法国很注意如何增进中法两国的关系。我们一向有这种愿望。阁下上次来华时，我已谈过这个问题，但是，当时觉得时机尚未成熟，我们愿意等待。

周恩来对戴高乐将军在维护国家主权和独立方面所采取的一些行动表示赞赏。他说：这几年，戴高乐将军当政，做了一些工作，特别是在维护国家独立和主权方面采取了勇敢的步骤。有些大国可能不高兴，我们觉得，一个国家应该如此，不受任何外来的干涉，因为一个国家的事务只能由这个国家自己解决。

富尔很注意地听着并揣摩周恩来的每一句话。他明白自己这次所担负的使命重大，而戴高乐给他的时间只有两个星期。两个星期内要使相互隔绝了十几年的两个不同社会制度的国家达成正式建交协议，这在世界外交史上的确是史无前例的。好在富尔面对的是一个注重诚意的大国和一个闻名世界的外交巨擘。

在一番法国很重视独立政策的表白后，富尔迫不及待但又以高悬的姿态提出中法建交议题。他说：我们一开始就没有承认中华人民共和国，而保持同蒋介石的关系。我们一致认为这是不正常的，而且产生了很多问题。我不愿意像一个商人来谈这个问题。我们没有什么特别的要求提出来，因为目前的局面对我们没有什么特别的坏处。但是这种局面是不正常的，是奇怪的，因此，我们愿意同你们交换意见。希望总理考虑我提的问题，会谈的方式也请总理决定。

周恩来充分地理解法兰西民族的"自尊"。他接过富尔的话说：我了解你的意思。可以不只谈一次，可以谈几次，自由交换各种意见。除了你要我考虑的问题外，今天我想问一个问题，中法建立正式关系，法国同台湾的关系是一个困难。我想了解一下，除了这个困难，还有什么困难。

周恩来提这个问题是试探法国同中国建交是否要看美国的脸色，因为法国政府过去曾经表示，承认中国要经过国际协商，要西方一致。实际上是要服从于美国的指挥棒。

对此，富尔爽快地回答说：法国奉行独立政策，不需征求苏、美的意见，自己可以作出决定。我认为总统这种决定是勇敢的，因为这有可能要受到苏、美的指责。

但富尔同时又表示：在戴高乐将军采取这种具有历史意义的步骤时，中国方面也不要强加使他不愉快或有失体面的条件。

周恩来也明确了我方的态度：我们的态度很清楚。采取拖泥带水的办法，像英国、荷兰，双方都不大愉快。英、荷承认中国 13 年，但同中国一直是半建交的关系，没有互派大使。因为英、荷一方面承认新中国，一方面又在联合国支持蒋介石集团，这使双方都不愉快，与其如此，不如等待，这是第一点。第二，如果法国认为采取勇敢的行动，断绝同台湾的关系，同中国建交的时机已到，我们欢迎这种决心，也愿意同法国建交，直截了当交换大使，这是友谊的表现，而不是交易。

对周恩来表明的这两点，富尔表示：第一点不成问题，法国不会采取拖泥带水的办法，要么交换大使，要么维持现状。但对第二点，即同台湾断绝关系，富尔采取含糊的态度，他一方面说，法国不迁就"两个中国"的主张；另一方面又说，台湾则是个微妙的问题，对法国来说，同台湾断绝一切关系有困难。因为戴高乐将军没有忘记战时同蒋介石站在一边，不愿突然切断关系。

"这就困难了。"在原则问题上，周恩来决不迁就和退让，他严正指出，"蒋介石集团是被中国人民推翻和赶走的，这是中国人民的意志表现的结果。首都在北京的中华人民共和国政府是全国人民选择的，并且已经存在 14 年了。而蒋介石集团之所以能留在台湾，完全是由于美国的庇护和对我国内政的干涉。这一点全世界人民都清楚。"

"不能把个人关系掺杂到国家关系中来。"周恩来缓了缓语气。接着，又借对方引喻："如果法国处在中国的地位，将如何考虑这个问题呢？现在法国政府是戴高乐将军领导的，如果外国势力在法国本土以外扶植一个反戴高乐将军的傀儡政权，说这是法国政府，法国对此采取什么态度呢？举一个更可笑的设想。皮杜尔是反对戴高乐的，如果他在外国势力扶植下成立流亡政府，中国是否能因为一度与他有关系，不承认法国现政府，而承认这个流亡政府或者两个都承认。你一定说这个设想很可笑。法国是一个有民族自尊心的和奉行独立政策的国家，中国也是这样一个国家。何况中国是受帝国主义势力侵略一百多年的国家，现在美国还占领着台湾，欺侮和干涉我们。"

最后，周恩来斩钉截铁地告诉富尔："不解决对台湾的关系问题，中法不可能建立大使级的外交关系。那只好建立非正式的关系。"

听了周恩来这番坚定明确而又入情入理的话，富尔的口气不得不软下来。他连忙表示：要找前进的办法，不要先前进一步，又后退一步。这些问题可以研究，可以研究各种方案。

富尔还说：戴高乐没有授权我表示对台湾问题的态度，但我想征求你们的意见，中法建交后，可否在台湾保留一个人，降低级别。

"这不可能。"周恩来一句话顶了回去，"英国承认中国政府为唯一的合法代表，在英国没有蒋介石的代表，但英国在台湾有领事，在联合国支持蒋介石，所以造成目前的半建交状况。如果法国也采取同样的办法，对双方都不愉快。"

"你们提出的理由都对，困难的是这种情况已经延续了 13 年。"富尔一脸苦相，"法国在 13 年前就犯了一次错误，我个人很愿意承认这次错误，但作为一个大国，很难承认这种错误。我愿意同你们共同找出一个办法，使法国不致对过去的错误表示忏悔。"

富尔说的法国在 13 年前犯了一次错误是指没有承认中华人民共和国，而同台湾保持了关系。

会谈到这个程度，双方都了解了各自的想法、立场。周恩来也基本摸清了法方的意图，他提议第一次会谈就此结束。

10 月 25 日，周恩来在西花厅与富尔举行了第二次会谈。

这次会谈一开始，富尔就以先入为主的办法，提出了对华建交的三个方案。这三个方案的具体内容是：

（一）无条件承认方案，即法国政府正式宣布承认中国，中国表示同意。

（二）有条件承认方案，即法国政府表示愿意承认中国，中国提出接受承认的条件。

（三）延期承认方案，即法国政府对中国先不作政治上的承认，但两国间形成特殊关系局面。

富尔对这三个方案作了解释，并说：戴高乐希望能争取立即实现第一方案，如果戴高乐主动承认中国，而中国提出先决条件，这对他将是不愉快的。

第一方案的实质在于：它试图避开法国公开正式声明同台湾断绝外交关系，而想以法国政府自以为冠冕堂皇的无条件承认方式绕开这个矛盾。

显然，富尔是想以"含糊战术"来达其一箭四雕之目的。

但是，富尔也知道，中国方面在原则问题上是不会作出让步的，所以又准备了第二方案，留下可进可退的机动余地。至于第三方案，富尔只是提提而已，根本无意采取。

周恩来一生中与各种各样的人物进行过交往与谈判。长期的谈判生涯使他成为世界上屈指可数的杰出谈判专家。富尔的意图，周恩来岂能不明白！

为了不给富尔更多的含糊余地，周恩来采取一点一点明确的方法。他说：为了使双方的愿望有更明确的基础，我提出三个问题向阁下解释。第一，双方都愿意建立外交关系，互派大使，这一点是肯定的。第二，法国承认的是中华人民共和国，不承认有另外一个中国，戴高乐是否也是这样认为？

富尔说：戴高乐也是这种想法。但是保留台湾这一点，需要进一步了解情况。

富尔的最后一句话，含有把台湾划出中国版图之外单独成为一个国家的伏笔。

周恩来听话听音，他脸色顿时严肃起来：台湾保留是什么意思？是指承认台湾是中国的一个省，但由于目前还在蒋介石手中，这样一个复杂问题需要有些时间和手续来处理呢，还是指台湾地位未定？

富尔推托说：戴高乐在这个问题上没有明确的指示。

"你的看法如何？"

"作为戴高乐的代表在这个问题上不能明确表示意见，因为我没得到指示，但我个人认为台湾是中国的一个省。戴高乐不管这一问题，他所管的是承认中华人民共和国的问题。"关键问题上，富尔又施展起含糊战术来了。

周恩来毫不放松："如果这一问题解决了，下一问题就可以讨论。现在要明确这一点，戴高乐是否还不明确台湾的地位？"

周恩来没有说出口的话是：如果戴高乐还不明确台湾的地位，还幻想有朝一日搞"台湾共和国"，这比搞"两个中国"更伤害中国人民的感情。如此，中法建交断不可能。

富尔不得不放弃台湾地位未定的想法回到周恩来提出的问题上来，他说：不是戴高乐不明确台湾的地位，戴高乐要我来了解你们的看法。

"我们的看法我和陈毅元帅都说了，很明确，也就是我要说的第三点，台湾是中华人民共和国的一个省，在这一问题上，法国无意承认两个中国，是不是这样？"

"是的，法国只承认有一个中国。"

"好，这一点肯定了，那么'中华民国'从客观上说就不存在了。台湾是中国的领土这一点应该肯定。"周恩来紧接着说。

"戴高乐想要了解的是在承认了中国的同时，是否能不完全割断同台湾的关系。这样做不是为了便于美国制造'台湾共和国'，而完全是出于方便的考虑。既然你们的答复是要法国完全割断同台湾的关系，我可以把这一意见转告戴高乐。他没有要我拒绝，也没有要我接受。"富尔似乎在为他以前的"模糊"作解释，同时，在台湾问题上也打上了一个"活结"。

"了解你的立场，"周恩来说，"但我还是要把问题说得更清楚，以便你回去报告戴高乐将军时把事情弄得更明确。我所要谈的第三点，关于台湾问题有两种情况，一种是认为台湾地位未定，这就不是一个小问题，这会引导到美国阴谋制造'台湾共和国'这条道路上去。另一种情况是作为一个复杂问题，台湾、法国互相设有领事馆，为了摆脱这样一种关系，需要通过一些手续，从礼遇上说，不使得台湾代表太难堪，也不使戴高乐为难。这是个手续问题。"

富尔连连点头。

"如果认为台湾地位未定，这对两国建交是个很大障碍。如果属于第二种情况，我们想些如何摆脱的办法，这可以研究。"在明确了法国政府承诺不搞"两个中国"和承认台湾是中华人民共和国的一个省这两点后，周恩来也不失时机地退了一步。

谈判的主动权完全掌握在周恩来的手中。

富尔又露了一点口风：戴高乐说目前同中国的相处情况应该结束了，派我来同你们接触。他说，你自己去看、去谈了以后再说。我想，他不会像你们那样对台湾问题这样重视。我已知道的是现在要缩减在台湾的外交机构，也即试图摆脱这样一种关系，但是，必须先了解情况后再进行摆脱。这一点总理是否清楚了。

"清楚了，希望你把我们的态度转告给戴高乐将军。"

不知不觉中，会谈已进行了近4个小时，中南海里，早已是灯光一片。

周恩来站起来，邀富尔共进晚餐。

席间，周恩来对富尔说："我刚才讲的三点，第一、第二两点是肯定下来了，第三点是接近了。这点如果解决得好，可使第二点更加肯定。解决得不好，会影响第二点。"

周恩来还谈到了柬埔寨承认新中国时的情况，说："西哈努克宣布承认我们，蒋介石集团的领事就走了。"

富尔说："这是一个先例。"

"因此，要事先达成默契，确实只承认一个中国，无意将台湾搞成第二个中国或'独立国'，这样迟早能找到解决办法。"

说罢，周恩来和富尔同时举杯。

为了使双方有充足的时间来考虑、商量并找出解决问题的办法，25日会谈后，双方好几天没有接触。趁此空隙，周恩来安排富尔参观了山西大同等地，并指示各地热情接待。

周恩来也在积极思考如何促成中法建交的迅速实现。

经过前几次与富尔的会谈，法国政府的态度已基本明确了。法国表示不支持"两个中国"的主张，也无意于搞"台湾共和国"，从法国政府以往的态度来看，这应当还是可信的。法国政府虽然与台湾有外交关系，但长期以来关系一直比较冷淡。法国在台湾的外交机构仅维持代办级规格。

1959年，美国操纵联合国大会讨论"西藏问题"提案时，法国投了弃权票，这与英、美的立场截然不同。在中印边界冲突问题上，法国与美、英态度也不同，没有公开攻击中国。况且，这次法国是真心想同我国建交，以打击美国。那么，现在中法双方剩下的分歧就是在两个问题上。

一是承认中国是否附加条件的问题。戴高乐认为他承认新中国不能有附加条件。如果戴高乐无意搞"两个中国"，那这个附加条件的问题实际上就是戴高乐照顾法国政府的面子问题，没有多少实质意义。这样，我方就可以灵活变通一下，即不再要求法方以书面形式声明它的"两个中国"的立场，而由我方单方面在照会中予以申明，法方以实际行动默认的方式加以肯定就可以。

第二个分歧就是断交建交谁先谁后的问题。法方一再要求先同中国建交而后再同台湾断交，并声明这不是从政治上考虑，而仅仅是出于礼遇问题，即戴高乐不好主动驱逐蒋介石驻法代表。根据当时法台关系的实际情况，要法国政府主动驱逐台湾的驻法代表，的确有些困难，只能寄希望于自动断交比较现实，即法国宣布同中国建交后，台湾驻法代表自动撤离，法国也相应召回它驻台湾的外交代表。

思前想后，反复权衡，周恩来决定在手续程序的问题上作适当的让步和灵活变通。他酝酿了一个新的方案，中共中央批准了这一方案。

周恩来作为一个成熟的外交家，其高超的谈判艺术不仅表现在勇于和善于坚持原则，而且还表现在勇于和善于进行退让和妥协，尤其表现在能够准确地把握退让妥协的时机、场合和分寸。只讲斗争不讲妥协，其结果往往是使谈判陷于僵局甚至破裂；只讲妥协而丧失原则，其结果可能导致外交失利，甚至丧权辱国。周恩来恰恰在这些具有决策性意义的关键时刻表现出雍容大度和超群的外交才智。

10月31日下午5时，北京钓鱼台国宾馆15号楼，周恩来与富尔的又一次会谈开始了。

会谈一开始就直入正题。

周恩来说：中国政府认真研究了阁下提出的三个方案。基于中法双方完全平等的地位和改善中法两国关系的积极愿望，我提出了一个新的方案，就是积极地、有步骤地建交方案。周恩来对这个方案作了解释。他说，方案分三个步骤。第一步骤，即富尔提出的法国通过中国驻瑞士大使馆向中国政府提出正式照会，承认中华人民共和国，并且建议正式建立外交关系和互换大使。中国政府接到上述照会后复照表示愿意建交和互换大使，并在照会中申明我们认为法国政府采取这一行动意味着法国只承认中华人民共和国政府为代表中国人民的唯一合法政府，不再承认台湾的所谓"中华民国"和它在联合国的代表权。

第二步骤，中法双方相约同时发表上述来往照会，在照会公布以后，双方派出筹备建馆人员主动去对方国家建馆。

第三步骤，上述两个步骤做出后，可能会出现三种情况。一是蒋介石驻法代表看到照会后会主动撤走，这样，法国也应相应撤回台湾的外交代表及机构。二是蒋介石驻法代表赖在法国不走，法国政府不把他作为外交官员看待，只作为普通侨民看待；同时，法国相应撤回它驻台湾的外交代表，不降级保留任何代表。如果出现上面两种情况，中法双方立即可派出大使，完成全部建交步骤。第三种情况是，蒋介石驻法代表赖在法国不走，法国政府仍将他作为外交代表看待，同时法国把它在台湾的代表降级后仍用为外交代表。这样，实际上是一种变相"两个中国"的出现。如果出现这种情况，中国政府将不得不中断同法国的建交步骤。

周恩来提出的这个方案，实际上是在关于是否附加条件的问题上略为变通了一下，即没有要求法方公开声明对"两个中国"的立场，而以我方单方面照会申明、法方默认的方式代替。但在断交建交谁先谁后的问题上，还留有余地。

让步也要有步骤。周恩来不会一下迈出两步，他先迈出一步，然后要看看富尔的反应。

　　果然，富尔对周恩来在附加条件上的变通表示了愿意靠近的兴趣。他说：经过研究，法方把有条件的承认变为附加解释的承认。戴高乐需要了解中国对承认是怎样解释的。你们的解释完全符合国际法，主权是不可分割的，法国承认中华人民共和国，就不能承认两个中国。我可以向戴高乐报告，中国的解释不是条件，而是国际法的实施。

　　富尔也让了一步。

　　但是，对方案中要求法国与台湾完全断绝关系后才答应互派大使这一点，富尔仍面有难色。

　　他说：如果蒋介石自动断交，那问题很简单。如果蒋介石不动，戴高乐也不会自己采取驱蒋步骤，这是他的立场。这不是要承认"两个中国"或帮助美国关于台湾地位的活动，而是形式问题，礼遇问题。蒋不走，戴高乐也不采取驱逐措施，会出现怎样的情况呢？事实上，法驻台代办和台湾驻法代办仍存在，但他们的地位不可能是外交地位。台湾代表如果到法国外交部去，说他代表"中华民国"，我们的回答是：不可能。

　　富尔的这种设想，周恩来早已考虑到了。只要法国政府坚持不承认台湾驻法代表的外交身份，不承认他代表"中华民国"，在断交的程序和方式上采取模糊的办法，是可行的。因为中华人民共和国的大使一去，台湾的驻法代表会因得不到外交身份的承认而感到难堪，最终导致自动断交。

　　周恩来问：如果台湾驻法代表走了，法国理所当然地要相应召回它在台湾的代表。

　　富尔承诺：当然。

　　"我们的大使去了，如果外交部请客，台湾的代表请不请？"周恩来考虑问题周到细致。

　　"我也在想，但不能作为中国代表请他，"富尔笑了笑，"有可能有好多人可怜他，外交部的人认识他，有人会请他吃饭。"

　　"只要原则定了，那方法上完全可以灵活。"周恩来心中暗自想道。但他对富尔表示："还得与党和政府说一说，到上海再回答你。"

　　当时，毛泽东在上海。富尔也将去上海见毛泽东。

　　11月1日晚9时，上海和平饭店。周恩来与富尔继续进行会谈。

　　会谈一开始，周恩来根据双方愿意建立正式外交关系的愿望，提出了一个新的直接建交的方案，这一方案包括下列内容：

一、法国政府直接向中国政府提出正式照会，承认中华人民共和国政府，并建议中法两国立即建交，互派大使。

二、中国政府复照表示：中华人民共和国政府作为代表中国人民的唯一合法政府欢迎法国政府的来照，愿意立即建立外交关系，互派大使。

三、双方相约同时发表上述照会，并立即建馆，互派大使。

中国政府之所以采取这一公开行动，是由于中法双方（周恩来总理与富尔先生）根据富尔先生转达的法国总统戴高乐将军不支持制造"两个中国"的立场，对下列三点达成默契：

一、法国政府只承认中华人民共和国政府为代表中国人民的唯一合法政府，不再承认在台湾的所谓"中华民国政府"。

二、法国支持中国在联合国的合法权利和地位，不再支持所谓"中华民国"在联合国的代表权。

三、中法建交后，在台湾撤回它驻法国的"外交代表"及其机构的情况下，法国也相应地撤回它驻在台湾的外交代表及其机构。

周恩来宣读完这一方案后，问富尔：你现在还有没有困难？

对这样一个既有原则性又有高度灵活性，既合情又合理的方案，富尔觉得难以提出任何异议了。他说：我觉得这个方式好，没有反对意见。我是受委托来的，有权利答复。但还要经过总统批准。

接下来的气氛就活跃多了。

周恩来说：你不是正式的全权代表，不能要求你给予正式答复。实质上是双方把不同意见都排除了，达成一致，可能比正式全权代表更有效，因为是把双方所要解决的问题都谈了，双方立场彼此都清楚了。

"我完全同意，要中国作出其他的让步是不合理的。现在可以说是到了该结束我们谈判的时候了。如果戴高乐同意，只要实施就行了。如果他在实质问题上有不同意见，我没有必要再来一次谈判，我自己也不愿干了。"说到这里，富尔耸肩扬手笑了笑，继续说道，"我相信总统会同意的，因为我认为你的方案是正确的，形式也是很好的。你们明确一下（指达成的三点默契）有好处，但又不是一个条件，而是你们的一个声明。事实上，你把第一方案和第二方案融合在一起了。不是无条件建交，也不是有条件建交，是附加解释的承认。"

此时，富尔已沉迷于品评周恩来高超的谈判艺术。

周恩来笑了笑：就这样吧，我们把不一致的意见排除了，从共同的愿望出发达成了协议。上次你说要看我们的，以后就看你的了。

"我将尽力而为。"富尔站了起来，准备告辞，大厅内的时针已指向22点。

"我们马上准备一个文件给你，明天毛泽东主席要接见你，中午两位上海市市长请你和夫人吃饭，一位是前任市长陈毅元帅，一位是现任市长。"周恩来告知富尔。

"你们没有'两个中国'，倒有两个市长。"富尔这句法国式的幽默把周恩来和在场的人都逗得哈哈大笑。

11月2日凌晨，中方将直接建交方案以"周恩来总理谈话要点"的形式交给富尔。上午11时，周恩来与富尔在和平饭店就这个方案进行最后的敲定。除文字上的几处修改外，富尔还提出把第二点默契中的"不再支持所谓'中华民国'在联合国的代表权"这一句去掉。他认为前一句已说清楚了。

周恩来坚持要把这个意思写进去，但答应在措辞上可以变换一下。经过双方协商，最后，"不再支持所谓'中华民国'在联合国的代表权"这一句改为"这就自动地包含着这个资格不再属于在台湾的所谓'中华民国政府'"。

大的方案定下来了，剩下建交的具体事宜双方将派代表在瑞士洽谈。

1964年1月27日，中法两国发表联合公报，正式宣布建立外交关系，并在三个月内任命大使。与此同时，根据双方事先协议，中国外交部发言人于28日奉命就中法建交发表声明，指出："中华人民共和国政府是作为代表中国人民的唯一合法政府同法兰西共和国政府谈判并且达成两国建立协议的。按照惯例，承认一个国家的新政府，不言而喻地意味着不再承认被这个国家的人民所推翻的旧的统治集团。"

在这种情况下，台湾当局灰溜溜地撤走了它驻法国的"大使馆"。

法国是西方大国中第一个同中国建立正式外交关系的国家。对我国来说，这是同西方国家关系的重大突破，其政治意义和影响远远超过了两国本身的范围，这对美国孤立中国的政策无疑是一次沉重的打击。中法建交后，意大利、加拿大、比利时、葡萄牙等西方国家相继表示愿意同我国讨论建交问题。一直摇摆不定的英国也不得不考虑在对华关系上迈出实质性的步子。

历史的遗憾

中法建交，把中法两国领导人之间的感情距离拉得更近了。

毛泽东、周恩来对奉行独立自主政策、敢于反对美帝国主义控制和干涉的戴高乐十分赞赏。

1964 年 4 月，周恩来在接见日本外宾时，称赞戴高乐为"反映民族独立精神、摆脱外国控制的了不起的政治人物"。周恩来说：松村先生刚才称赞戴高乐是了不起的人物，我想在日本像松村先生这样称赞戴高乐的人多了，日本就会产生戴高乐这样的人物。人物是时代造就的。法国受了三次战争的摧残，在这样的情况下出现了戴高乐这样的人物，代表了法国的独立要求。

戴高乐对毛泽东、周恩来很是崇敬。他生前一直希望能访问中国。他说：中国"是真正的国度，比历史还古老的国家，那里有真正的人，自豪的人"。

1964 年 7 月，法国驻缅甸大使奉戴高乐之命向中国驻缅大使耿飚表示：希望戴高乐总统和周恩来总理互访。

8 月，法国驻印度尼西亚大使向中国驻印尼代办透露：戴高乐最近要到拉美各国访问，也想去中国访问，以加强同中国的关系。

10 月，和戴高乐关系密切的西哈努克亲王向国务院副总理兼外交部部长陈毅建议邀请戴高乐访华。这当然不仅仅是西哈努克的意思。

12 月，富尔又向我驻法国大使黄镇提出：希望中国邀请戴高乐访华。

短短的几个月中，法国方面通过种种渠道频频向中国表示戴高乐愿意访华的要求，实际上是希望中国方面能在两国领导人互访问题上迈出第一步。自尊心极强的戴高乐怕给世人留下屈尊就驾、有求于中国的印象。

在中国，当时根据国际形势也有一条原则：党和国家领导人同资本主义大国领导人互访，必须"他先我后"。

法国似乎也知道。为打破僵局，戴高乐先迈出了一小步。1965 年，他派出了仅次于总理的主要部长马尔罗访问了中国。

1966 年 2 月 17 日，法国外交部亚澳司司长马纳克向中国有关方面人士表示：法国政府去年已派出了马尔罗访问中国，为使中法关系继续发展，法国最高当局决定，拟邀请一位中国政府领导人访法，法方首先考虑的是周恩来总理。

5月16日，戴高乐在爱丽舍宫私宅召见中国驻法国大使黄镇，亲自表示了邀请周恩来总理访法的愿望。

戴高乐此举，除想加强中法政治对话外，主要还是想争取周恩来先访法，以便他下一年访问柬埔寨和日本时访问中国。

然而，此时的中国，史无前例的"文化大革命"开始了。周恩来没日没夜地忙于内政，难以脱身出国访问。

6月22日，黄镇大使奉周恩来之命转告法国总理蓬皮杜说：周恩来总理表示愿意访法，并感谢戴高乐总统的邀请，但遗憾的是，周恩来总理下半年的日程已有安排，不能应邀访问贵国。他愿意邀请蓬皮杜总理下半年访华。

蓬皮杜说：如果周恩来总理在他时间允许的时候来法国访问，他将受到同我们两国关系相称的接待。我很满意地听到周恩来总理邀请我访问中国，我也希望能访问中国，但下半年议会讨论预算和明年年初大选在即，政府首脑不能出国访问。

1969年4月22日，戴高乐召见即将赴任的法国驻华大使马纳克，希望他促成中国领导人访问法国，戴高乐说："至于派谁来，我也不知道。只要中国领导人愿意访法，你都可以我的名义邀请，并将受到我的很好接待。如果中国方面回请，德姆维尔总理将接受邀请。"

这次，戴高乐没有说明邀请谁，可能是对他1966年邀请周恩来被婉言谢绝一事有点不快。

不料，6天之后，戴高乐因"建立区域"和"改革议院"两个法律草案举行公民投票失败，不得不宣布辞去总统职位。

戴高乐从总统的位置上下来后，访问中国的愿望更加强烈。也许，戴高乐认为他不在位比在位更能实现他访华的夙愿。

1970年3月2日，戴高乐非常器重的老部下、法国驻华大使马纳克没有忘记戴高乐下台前6天召见时交给他的促成中法两国领导人互访的使命，致信戴高乐，建议戴高乐访华。

马纳克在信中这样写道：

"中国人总带着钦佩的心情同我谈到你。有一天，我告诉周恩来先生说，我在北京曾接到你的信。当时，他停下脚步来，默然不语。然后，他对我说：'我们对于戴高乐将军怀有最大的敬意。你能替我把这话告诉他吗？'"

"有一件大事可做，我的将军，对于法国，对于历史，都是一件大事，无论对于未来还是对于保持我国的光辉来说，都会是一桩重大的行动。这个行动从现在起会把我国放在未来局势的中心，而且历数十年不衰。一桩同你相称的、永世不忘的行动，而且世界上只有你能够以一种既明智又自立的自由来完成：这就是远行到中国来。有了这样一件大事，现代世界历史就完整了。"

4月10日，戴高乐给马纳克回信，他写道："尽管我目前还不能明白答复，请你至少了解，我已经把这事记录在卷了。"

7月，法国总理府计划和领土整治部部长安德烈·贝当古率领政府代表团访问中国。周恩来、毛泽东都接见了他们。对毛泽东来说，接见一个法国政府的部长，这是一个特例。这样做全是因为戴高乐。

在谈话中，毛泽东、周恩来的话题不断地停留在戴高乐身上。

参加陪见的法国驻华大使马纳克在7月30日给戴高乐的信中又特意向戴传递了这个信息。大使在信中写道："你本人、你的榜样和你的行动，在所有的谈话中占压倒地位，而且毛泽东和周恩来对你表示了极大的崇敬。"

将军感动了，也动心了。他决心要去中国了。

9月8日，戴高乐对即将前往北京的在法国驻华大使馆任参赞的外甥女科尔比说："到中国去，对我来说是一个美梦，说真的，我很想到那儿去。"他还问到去中国哪一个季节为最好。不过，戴高乐又说："自然我需要接到中国政府的邀请。"

在这之前不久，刚果（布）驻法使馆武官对中国驻法使馆武官说，戴高乐拟于1970年底前访华，并计划在其回忆录中最后一章写"与毛泽东的会见"。

就在戴高乐计划访问中国的时候，中国方面也正准备着转达给戴高乐一份正式邀请书。但是，中国方面想要事先确知戴高乐是否会接受邀请。为此，周恩来派了一位秘密使者到巴黎，这就是英籍华人著名作家韩素音女士。

韩素音女士与世界一些政界要人有联系，她同中国领导人一直保持密切的关系。

1970年10月20日，韩素音在巴黎法兰西科学院找到了戴高乐非常信任的货币和财政政策顾问雅克·吕夫。韩素音对雅克·吕夫转达了周恩来的口信："中国政府愿意邀请戴高乐将军访问中国，政府将尊重将军的全部意愿，他想什么时候来就什么时候来，他要到中国哪里旅行就去哪里，他愿会晤什么人就会晤什么人。中国等待着将军。"韩素音还说明："这是正式邀请。是周恩来总理要我来完成这项任务，并以他的名义邀请将军的。毛泽东主席和周恩来总理所最钦佩的，就是戴高乐将军拒绝在强权面前屈服以及他维护国家独立的意志。但在直接向将军发出邀请以前，中国领导人想确知将军能否接受。你能否把这个信息告诉将军，并把他的答复告诉我，我立即向北京转达。"

雅克·吕夫表示他立即准备完成托付他的使命。但是，吕夫想到当时法国总理德姆维尔应邀正在中国访问。他想等到德姆维尔访问回来后再向戴高乐报告。

然而，一切都晚了。

1970年11月9日晚上7点25分，戴高乐将军因动脉瘤引起胃动脉破裂而撒手尘寰。将军死前没有任何痛苦，他不知道自己在今晚就会死去。这一天，他还是像往常一样撰写他的回忆录。

戴高乐终究没有接到周恩来传递过来的信息。然而，他知道这个信息必将到达。

中国政府惊闻戴高乐去世的消息后，决定以高规格吊唁戴高乐的逝世，以表达对他的深切敬意和悼念。毛泽东、周恩来分别给戴高乐夫人和法国总统蓬皮杜发去唁电。唁电称戴高乐为"反对法西斯侵略和维护法兰西民族独立的不屈战士"。周恩来等中国领导人到法国驻华使馆吊唁，并委派黄镇大使为特使参加法国政府为戴高乐在巴黎圣母院举行的宗教悼念仪式。中国北京天安门、新华门、外交部降半旗以示哀悼。

法国科龙贝戴高乐墓地上的两个写有中文的大花圈，寄托着毛泽东和周恩来对戴高乐的哀思。

戴高乐逝世后的很长一段时间内，周恩来与人谈话时常常提到戴高乐。

1970年11月11日，周恩来在会见柬埔寨民族团结政府首相宾努时说："前天戴高乐去世，对法国有一定的损失。他本想来中国，我们也欢迎他来。但因时间还没有到，他要把回忆录写完，错过了这个机会。"

31　首访非洲十国

首访非洲，中国代表团十万八千里探路。周恩来大度地致歉："我们来得不是太早，而是太晚了。"

进入非洲第一站：阿联

人类文明的发展，由于种种复杂原因，曾经青睐了欧美大陆，冷淡了亚非大多数国家。尤其是非洲大陆，这块土地被人称为"黑暗大陆"。然而，非洲是一片美丽、富饶的土地。正如周恩来所说："非洲遍地是宝，有广大未开垦的处女地。""西方的近代文明，在很大程度上，是依靠牺牲亚非国家取得的。"

20世纪60年代初期，"黑暗大陆"非洲正在觉醒，非洲国家相继挣脱殖民主义的羁绊宣布独立。继1955年万隆亚非会议之后，1957年和1958年，加纳和几内亚先后独立，拉开了非洲独立高潮的序幕；1960年，撒哈拉以南的非洲国家就有15个获得独立，这年成为"非洲独立年"；1963年5月，30多个非洲国家的首脑召开了非洲统一组织成立大会，非洲人民开始掌握自己的命运。

对非洲国家的民族独立解放运动，新中国都给予了积极的支持。毛泽东主席和周恩来总理纷纷电贺和承认非洲独立国家。新中国也在这个时候，进入了第二个建交高潮期。

正是在这样的形势下，1963年12月13日至1964年2月5日，周恩来总理在陈毅副总理等陪同下，率领中华人民共和国政府代表团第一次踏上正在觉醒的非洲大陆，对阿拉伯联合共和国（今埃及）、阿尔及利亚、摩洛哥、突尼斯、加纳、马里、几内亚、苏丹、埃塞俄比亚和索马里等十个国家进行了友好访问。这次出访，"是我们国家对外关系中的一个重大事件"（周恩来语），揭开了中国对非洲外交工作的新篇章，也加深了周恩来与非洲国家领导人之间相互的了解。

非洲大陆及其非洲国家，无论是对于中国政府代表团还是对于周恩来本人，都是比较陌生的。为此，出访前，中国科学院亚非研究所专门编写了一整套《非洲问题参考资料》，供代表团阅读。在笔者所看到的原始材料中，代表团团长周恩来阅看这套资料是最认真的。例如他在阅看参考资料第 25 辑即《非洲概况》时，逐字逐句地画线、标点，甚至批注、修改，这辑材料上留下了他的密密麻麻的笔迹，可见其认真关注的程度和为了了解非洲概况所下的功夫。为准备出访，周恩来一行先飞抵西南边陲的云南昆明。

1963 年 12 月 13 日，虽然北方的气候寒气袭人，但昆明机场的欢送人群为即将远行的中国政府代表团热烈欢呼，鲜艳的服装、花环、彩旗、气球与春城的美丽一道，使代表团成员感到了昆明的温暖春意。周恩来总理带领国务院外事办公室副主任孔原，外交部副部长黄镇，国务院总理办公室主任童小鹏，外交部部长助理乔冠华、新闻司司长龚澎……登上租来的荷兰皇家航空公司的"波罗的海"号专机，上路了。陈毅副总理兼外长在这之前应邀访问肯尼亚，他将由肯尼亚直飞开罗与周恩来等人会合。

由北京出发，需要飞行十几个小时，才能抵达这次出访的第一站——阿联首都开罗。中间停留缅甸首都仰光和巴基斯坦第一大城市卡拉奇两个机场。在这里稍事停留之时，周恩来召见了中国驻缅甸、巴基斯坦、柬埔寨、印度尼西亚和锡兰（今斯里兰卡）等国大使，向他们详述了中国的外交政策和战略方针，他用战略家的语言富有远见地提出：

"我们必须打破两个超级大国企图在我们周围筑起的高墙。我们必须走出去，让别人看到我们，听到我们的声音。"

1963 年 12 月 14 日中午，中国政府代表团乘坐的专机徐徐降落在阿拉伯联合共和国首都开罗。这里的气候，与中国首都北京的寒冷正好相反，烈日当头，酷似盛夏。陈毅先由肯尼亚抵达开罗，同开罗机场叠叠重重、热烈欢呼的人群一起迎接周恩来和代表团成员。受纳赛尔总统的委派，阿联部长执行委员会主席阿里·萨布里等高级官员专程到机场迎接周恩来一行。他与周恩来是熟悉的，这年 4 月，他曾访问过北京，受到周恩来等中国领导人的热烈欢迎。正是那时，周恩来向萨布里系统地阐述了著名的"中国人办外事的一些哲学思想"——"要等待，不要将己之见强加于人"，"决不先开第一枪"，"来而不往非礼也"，"退避三舍"……使外国人了解到，"我们中国人办事，就是根据这样一些哲学思想。这些哲学思想，来自我们的民族传统，不全是马列主义的教育"。

纳赛尔总统缘何未到机场去迎接周恩来？对这点，外国人有他们自己的一套看法。英籍作家韩素音在她所撰写的《周恩来与他的世纪（1898—1998）》一书中这样认为：

"中国驻埃及大使陈家康感到有点为难，因为他不得不告诉周，纳赛尔不会到机场去迎接他。因为苏联驻开罗的大使曾警告过纳赛尔，如果他对中国人表现得过于友好，苏联将拒绝向埃及提供一项大宗贷款。于是，突然间，纳赛尔有了'急事'，无法分身。大约过了 24 小时以后才和周见面，一个劲儿地向周表示歉意。周对这种失礼行为显得毫不介意……"

韩素音还认为，"这是一个不吉利的开端"。

其实，韩素音女士在这个问题上的判断失之偏颇，只看到了问题的表面现象。周恩来的这次出访，从一开始就受到包括阿联人民在内的所访非洲国家的最高礼仪的接待。随访的外交部副部长黄镇是这样说的：

"各国人民以最热烈的方式，最高的礼仪接待周总理。访问中，无论到达哪个城市，都是万人空巷，倾城而出，男女老少都穿着大红大紫、大蓝大绿的民族服装，伴着非洲鼓激昂的节奏欢歌狂舞。老人、儿童争着上来摸摸中国客人的汽车，妇女按当地风俗脱下身上的花袍，铺在路上让中国客人的汽车碾过，好让她们心爱的衣服上留下友谊的印痕。到处有纵情的欢笑和激动的泪水，到处有热烈的掌声和绚丽的鲜花，充分表达了非洲人民对中国客人的深情厚谊。"

在阿联，正好是一个"吉利"的开端，是中国政府代表团遇到的第一个热烈的欢迎场面。随访的专职摄影杜修贤（这次出访，周恩来给"老杜"取了一个雅号叫"杜山"，系"杜三"的谐音），就是在开罗机场"密密匝匝的手臂和沸沸扬扬的彩旗，眼花缭乱地迎面而来"中，目不暇接地抢拍镜头的。他拍下的照片，是一份真实的写照。他也回忆道：

"周恩来和陈毅分别站在前后的敞篷车上，街两边的人群像密集捆扎的篱笆墙，绵延数十里长，不断摇晃的手旗上，弯弯绕绕的阿拉伯字发出欢迎的盛意，这是一种不用翻译便能知解其意的语言！"

是啊，这既是阿联人民的语言，也表明了阿联官方的语言！作为部长执行委员会主席，萨布里亲赴机场迎接，并代表总统欢迎。这样的礼仪，也无可挑剔。

与韩素音女士所说的"大约过了 24 小时以后才和周见面"相反的是，当天下午 7 时，也就是周恩来一行抵达开罗稍事休息几个小时后，纳赛尔总统就亲自在住所接待了周恩来和代表团全体成员，并把一枚精制的"共和国勋章"亲自挂在了中国总理的胸前，并授予陈毅"尼罗河勋章大绶带"。随后，纳赛尔总统和夫人举行盛大招待会，为远道而来的中国客人接风洗尘。

周恩来在招待会上发表了热情洋溢的讲话：

> 这是我第一次正式访问友好的阿拉伯联合共和国。1924 年，当我从欧洲回国途经苏伊士运河的时候，埃及刚刚摆脱保护国的地位，几乎整个非洲大陆还处在帝国主义的黑暗统治之下。1954 年，当我在日内瓦会议期间途经开罗的时候，埃及人民已经推翻法鲁克王朝，阿尔及利亚人民正在酝酿反抗殖民统治的武装斗争，整个非洲处在暴风雨的前夕。今天，当我们作为中国人民的友好使者来到非洲的时候，我们看见的是一个觉醒的大陆，一个战斗的大陆。在这一片被帝国主义者叫作"黑暗大陆"的辽阔土地上，自由的晨曦已经升起，帝国主义的殖民体系正在不可避免地走向土崩瓦解。

12 月 16 日，纳赛尔总统在阿联第九届科学节大会上，称赞周恩来为"亚洲的杰出战士（英文报纸译为'杰出领导人'），人类最初思想世纪古老的先锋文明创造者和目前站在现代历史潮流有影响力量和其动力的中国革命创造者，伟大的中国人民的活生生象征"。这些称赞，是少见的。也许是释义上的问题，或者是电码的疏漏，这些称谓有些绕口和晦涩，但是，这确是当时孔原、黄镇、童小鹏联合发回北京的综合报告中的记载。

当纳赛尔总统在科学节大会上称赞周恩来是创造人类古老文明的中国人民的"活生生象征"时，周恩来对古埃及的灿烂文化也同样有着极深的了解。金字塔和狮身人面像就是古埃及高度文明的一种标志。

12 月 19 日上午，周恩来、陈毅一行在总统会议委员会委员里法特陪同下，来到开罗郊外，参观大金字塔、狮身人面像和 178 米高的开罗塔。它们都是阿联人民的骄傲，尤其是建于古埃及王国第四王朝时期（约公元前 2650 年—公元前 2500 年）的金字塔，更是被誉为古代世界奇观。当周恩来等人来到金字塔下时，周围除了陪同参观的官员外，几乎没有其他游客。只见几名身着白色运动衫的阿联运动员站在金字塔下，个个身强力壮、精神抖擞。显然是阿方有意安排的。中

1963 年 12 月，周恩来和陈毅访问阿联期间参观狮身人面像时留影

国客人一开始不知他们要干什么。待大家站定，只见运动员们连跑带跳、健步如飞地冲上金字塔，这一动作把周恩来和陈毅等人的注意力全集中过去了，他们的视线随着运动员的跑动，被不断引向塔尖。不大一会儿，白衣点就站到了塔尖上，参观的人刚刚吁了一口气，只见运动员们又以更快的速度往下飞奔，一眨眼就到了塔底。这一精彩的登塔表演，赢来了大家热烈的掌声。周恩来快步走过去，握着运动员的手夸奖道：

"你们身手不凡啊！7 分钟就在 146 米高的金字塔上跑个来回。"

原来，细心的周恩来从一开始就为运动员们计时。他边说边拉过一名运动员的手，用中国老中医特有的方法给这位运动健将号脉。周恩来的老岳母杨振德就是一位很有名气的老中医，邓颖超也很相信中医理论，周恩来也就自然熟于此道。他看着自己的手表秒针转了一圈后，惊奇地告诉大家：

"哎，还真的是脸不变色心不跳！脉搏和正常人的一样，一分钟 80 多下，这就叫生命在于运动啊！我们不运动有时还心跳不正常哩。"

在大家的笑声中，阿联运动员们感到无比的欣慰，没想到中国总理这么喜爱、赞赏他们。

周恩来与纳赛尔、萨布里等阿联领导人进行了多次会谈。在会谈中，周恩来根据和平共处五项原则和万隆会议十项原则，提出了著名的"中国处理同阿拉伯国家和非洲国家关系的五项原则"：

其一，支持阿拉伯和非洲各国人民反对帝国主义、争取和维护民族独立的斗争。

其二，支持阿拉伯和非洲各国政府奉行和平中立的不结盟政策。

其三，支持阿拉伯和非洲各国人民用自己选择的方式实现团结和统一的愿望。

其四，支持阿拉伯和非洲各国通过和平协商解决彼此之间的争端。

其五，主张阿拉伯和非洲各国的主权应当得到所有其他国家的尊重，反对来自任何方面的侵犯和干涉。

12 月 20 日，就在中国政府代表团将要结束对阿联的访问前夕，周恩来在开罗举行记者招待会，出席的有阿联、美国、英国、印尼、印度、法国等国家的多家报社、通讯社、电视台、电台的记者。周恩来思路清晰，反应敏捷，机智应答，妙语如珠。

他谈到对阿联的"最主要的印象"是：英雄的城市，灿烂的文化，现代的建筑，英勇、热情、勤劳、智慧的人民，有能力的领导人，团结的力量以及新兴的气象。

有记者问："你访问非洲有什么目的，以至你认为有必要离开办公桌达两个月之久？"

周恩来恳切地回答："我们是第一次到非洲访问，而新中国建立已经14年了。我们来得不是太早，而是太晚了……我这次来到阿联首先要向纳赛尔总统表示我来晚了的歉意。这就是我访非的第一个重要的任务。

"我们访问非洲国家的目的，是寻求友谊，寻求合作，多了解一些东西，多学习一些东西……我们自远东来到非洲，路很远，不容易，既然来了，就多访问一些国家，以表达中国人民对非洲人民的友好愿望……"

带着这种友好愿望，12月21日，中国政府代表团离开开罗，飞往阿尔及尔，进入访非第二站——阿尔及利亚。

"周恩来是阿尔及利亚最好的朋友"

当12月21日下午周恩来和陈毅等人飞抵阿尔及尔，走出机舱时，感受到了又一幅热烈的场景：阿尔及利亚总统本·贝拉和第一副总理兼国防部部长布迈丁率领30万阿尔及尔人民正迎候在机场上。当本·贝拉总统在盛大的欢迎仪式上热烈地拥抱周恩来时，他称周恩来为："阿尔及利亚最好的朋友。"这句话有它深远的含义。

中国对阿尔及利亚人民的民族解放战争始终给予了大力的支持。阿尔及利亚爆发抗击法国殖民主义者的武装起义后，1956年2月底，阿拉伯联盟总秘书处照会中国政府，希望中国政府支持阿尔及利亚人民的斗争。周恩来迅速作出了积极的响应，他在6月间召开的全国人民代表大会上庄严宣布：中国人民站在阿尔及利亚人民一边。1958年4月，阿尔及利亚民族解放阵线代表团到北京访问，受到周恩来的热情接待，他对他们说："中国人民愿意为阿尔及利亚人民的正义斗争提供军事援助，并为阿尔及利亚方面设想了恰当的军援途径。"阿方对此深表赞赏。中国是第一个承认阿尔及利亚临时政府的国家，1962年3月阿尔及利亚独立后，中国又向它提供了经济援助，帮助它恢复战争创伤、发展民族经济。

1963年12月，访问阿尔及利亚时，看望烈士子弟之家的孩子们

　　中国政府和人民的深厚情谊，阿尔及利亚人民铭记在心。他们早就盼着周恩来的到来。另外，无论是周恩来还是阿尔及尔的市民们都是荣幸的，因为在这里，他将成为他们中间特殊的一员。

　　为对本·贝拉总统的热情表示感谢，周恩来下午2时刚踏上阿尔及利亚的土地，就以最快的速度于5时30分到达总统官邸约丽别墅拜会了本·贝拉。从机场到住地，安顿好代表团，再到总统官邸拜会，在这么短的时间内完成好这一切，这是少有的神速，可以说周恩来在这一过程中没有一分钟的喘息时间。

　　12月22日，阿尔及尔市政府和市民用两件事来表达他们对中国人民和中国总理的感情。一是专门命名一条大街为"北京大街"，把北京和阿尔及尔联结起来。周恩来出席了命名典礼。另一件事，恐怕周恩来原先也没有想到，阿尔及尔市政府授予周恩来"阿尔及尔荣誉市民"称号，这一荣誉，既是给周恩来本人的，也是给中国人民的，所以周恩来欣然前往市政府大厅参加授予仪式，接受了这一称号。

在阿尔及利亚，周恩来除了与阿方领导人进行许多非正式会谈外，主要与本·贝拉总统举行了四次正式的政治会谈。周恩来声称："我们这次到非洲来，是为了寻求友谊，寻求合作，并且借此机会全面了解同我国建立外交关系的非洲国家的情况，增进我们的知识，向这些国家的人民学习有益的东西。"对阿尔及利亚，中国代表团成员（包括周恩来）自认为了解得还太少。尤其是阿尔及利亚独立后选择了社会主义道路，它的形势、任务、方针、政策，我方知之甚少。因此，前两次政治会谈主要由本·贝拉介绍阿方的情况。

相应地，阿方也急切地想了解中国的情况，想从社会主义的先驱者那里学到一些有益的建设经验。因此，从 12 月 24 日第三次政治会谈开始，本·贝拉便请求周恩来"赐教"。周恩来风趣地以"提出一点意见"谦让，他说：

"才学习三天，第四天就讲话，发言权是很低的。对于阿尔及利亚，我们是刚进课堂的小学生。"

他称赞："阿尔及利亚的革命胜利，是继中国和古巴革命后，20 世纪 60 年代的伟大事件，也可以说是奇迹。"并说："任何国家进行社会主义革命，首先应该依靠自己。我们历来这样主张。"

应本·贝拉的请求，周恩来也介绍了新中国经济建设、政治思想建设和外交政策等方面的情况。本·贝拉越听越感兴趣，他觉得自己听了还不过瘾，又要求周恩来给阿方的干部们作一次报告。周恩来答应了，并细致地作了准备。当周恩来在台上给阿方的干部们作报告，介绍中国的建设经验时，本·贝拉总统和布迈丁副总理亲自在一旁认真地做笔记，也做了一回"课堂的小学生"。两国领导人的谦逊，竟是如此相似！

阿尔及利亚的独立，是从法国殖民统治下挣脱出来的。阿、法之间自从 1962 年 2 月签署《埃维昂协议》，结束战争以来，中国和法国的关系的阻碍，也由此扫除一大块。周恩来访问阿尔及利亚之前，曾于 10 月在北京接待了法国戴高乐总统的特使富尔，就中法关系及建交事宜进行了磋商。自然，法国人对周恩来访问非洲有着极大的兴趣，一些法国记者进行了跟踪采访。

在阿联开罗的记者招待会上，法国电视台的记者就问过周恩来："你对法国有什么要谈的吗？"

周恩来的回答，使用了带有怀旧之情的外交辞令，巧妙、贴切："我和陈毅元帅 40 年前都在法国勤工俭学，我们是在法国参加共产主义组织的。我愿借此机会，向法国人民致意。我和陈毅元帅都希望有机会到法国访问。我们对法国热情的人民印象很深。"

开罗之后，法国记者又追到了阿尔及尔。法国《观察家》记者克鲁德·高达，似乎觉得 12 月 26 日周恩来在阿尔及尔人民宫举行的记者招待会意犹未尽，他又使出全身解数要求单独采访周恩来。

12 月 26 日晚 11 时 40 分，这是一个人们进入梦乡的时刻，克鲁德·高达得到了周恩来的特殊礼遇，再次进入人民宫，单独采访了周恩来。

周恩来对这位法国记者说：作为一个普通人，我对阿尔及利亚"最强烈的印象是阿尔及利亚人民的革命热情很强，他们医治了战争的创伤，在革命的道路上前进"。

这一夜，周恩来几乎未睡。但是访非期间，他偶尔也尝到了"午觉"的甜头。因为非洲国家中午的气温一般都在 40 度以上，当地活动都安排在早晚，中午不办公。在没有外事活动的中午，周恩来被炎热所逼只好穿着衣服打个盹。后来回国他跟邓颖超讲："这次出国访问，我才算知道了睡午觉的好处。"

次日上午，本·贝拉和布迈丁等阿方领导人再次前往机场，为周恩来、陈毅等人访问摩洛哥送行。

摩洛哥用烤全羊招待中国贵宾。周恩来戏称哈桑二世为"皇帝委员会委员长"

摩洛哥王国，地处北非地中海和大西洋沿岸，东邻阿尔及利亚，1956 年获得独立。它的面积只有 45.9 万平方公里，人口在 1963 年只有 1200 万。也许正是这种国情，使得摩洛哥独立后采用了欧洲式的"廉政国宴"——西式两菜一汤，奢华、复杂的宴请早已取消了。

中国客人远道而来，却受到摩洛哥国王哈桑二世的破例款待。12 月 27 日上午，当中国政府代表团抵达摩洛哥首都拉巴特时，王宫里将要出人意料的国宴已经在紧锣密鼓地准备着。当周恩来、陈毅带领中国政府代表团成员进入王宫拜会哈桑二世国王时，哈桑二世打破了西式两菜一汤接待外国元首的惯例，改用极为丰盛的"烤全羊""巴斯提拉""古斯古斯"等传统名菜来盛情招待中国贵宾。这一

1963 年 12 月，访问摩洛哥时，和穆莱·哈桑二世国王在招待会上

席菜，就连 1961 年起任中国驻摩洛哥大使的杨琪良也未曾领受过。这也使出席宴会作陪的一些外国使节感到意外，惊喜万状！

摩洛哥的传统饭菜，是用手抓着吃的。哈桑国王依照本国的风俗，陪主宾周恩来围着一张矮脚长方桌席地盘膝而坐。一只烤好的整羊已经放在了直径八九十厘米的瓷盘中。哈桑国王首先用手挑选一块最好的羊肉放在周恩来的食盘里，以后每上一道菜都如此进行，以示对中国贵宾的尊重。周恩来历来是入乡随俗的，他有流鼻血的毛病，"上火"的东西很少吃，在国内时也极少吃羊肉，但是，主人的盛情，他乐意客随主便。每次上菜后，周恩来也依样回敬主人哈桑国王。

另一边，哈桑国王的弟弟、年仅 19 岁的亲王与陈毅同桌。这位亲王不仅说话不拘小节，而且动作也稍有"出格"，他抓起一块烤肉，自己先用嘴舔一舔，然后再送给陈毅。陈毅见亲王如此"破例、热情"，也洒脱地接过肉大口地吃起来，一点也没见外。双方人员都极为感动。满场气氛亲切融洽，为这次访问创造了极好的氛围。

席间，周恩来、陈毅和其他代表团成员吃得都很尽兴，周、陈一再盛赞东道国的饭菜堪称"世界佳肴"。哈桑国王很满意，他也反过来称赞中国的烹调乃"举世之冠"。

宴毕，哈桑国王把周恩来、陈毅和杨琪良大使请进他的会客室品茶。摩方所饮的茶，是中国供应的绿茶"喜珍眉"，加上一把鲜薄荷和一些"面包糖"（面包状，近似于冰糖，由白糖加工而成），放入特制的大铜茶壶里用木炭火煮。室内有茶官专司此职，经他品尝认为合乎标准后，再斟入特制的精美的银托玻璃杯内，送到客人面前。随同周总理访问的细心的卫士长成元功发现：哈桑国王手下的这位"茶博士"，在烧茶时，一会儿用小杯子尝一口，尝剩下的茶水，又倒回大茶壶里去。他就这样一丝不苟、专心致志地做着这件事。成元功感叹：茶在摩洛哥是多么宝贵啊！此茶烧好以后，茶色呈淡绿色，清凉香甜，别具风味。

周恩来喜欢饮茶，他的家乡也盛产茶叶，但摩洛哥特有的饮茶方法，他也是头一回看见。周恩来对此表示欣赏。这一效果，正合哈桑二世意，他连忙说："这是80多年前流传下来的吃法。面包、茶叶、糖，是摩洛哥1200万人民生活的三大必需品，须臾不可少。光绿茶就年需12000吨，没有茶叶，人民会造反的。因此，希望中国多供应一些茶叶。"

周恩来客气地回答："贵国喜欢的那种绿茶品种，在中国只产在一个不大的特定地区，产量有限，国内市场没有出售，通通供应了贵国。我回国后一定请有关人员再研究一下能不能扩大生产，如能，问题就好解决了。"

按哈桑国王的说法，这一问题的解决，等于解决了他的人民的生活问题，解决了"造反"问题。后来到索马里，索方也向周恩来提出在茶叶方面给予援助的请求。周恩来特意交代有关人员，对摩、索这样的国家，我们要派专家来做些调研，看能否种植他们所需的茶，若能，让我们的专机送些茶叶苗来，这才是从根本上诚心诚意地帮助人家。

摩洛哥从历史上就延续了王国制，这一体制进入20世纪60年代将如何发展？哈桑国王不无考虑。趁这位对世界局势有所影响的东方大国总理在此，哈桑国王突然巧妙地提出一个难以回答的问题。

"当今世界像我们这样的国王、皇帝已为数不多了，不知以后会怎么样？"

周恩来和陈毅听后都笑了起来。周恩来风趣地回答：

"你们可以组织一个委员会，开个会商量商量嘛！"

陈毅接着说："亚洲有个西哈努克亲王，我们是好朋友，可邀请他参加。"

周恩来又说："陛下可以担任这个委员会的委员长嘛！"

说罢，三个人哈哈大笑。这一巧妙的回答，既安慰了哈桑二世，又表明了中国尊重这些国家人民的选择的态度。机智诙谐而又含有深意。

访问摩洛哥期间，中国代表团成员还向已故的摩洛哥国王穆罕默德五世的陵墓敬献了花圈，以表明对摩洛哥独立革命运动的支持。摩洛哥革命以及哈桑二世的前辈的事迹，周恩来早在 40 年前留法时就知道。这次访问摩洛哥，他与哈桑二世谈及此事，说："摩洛哥的革命，为独立而奋斗的英雄事迹，我们在青年时就知道。我在法国时，第一次大战后北非的民族解放斗争是从摩洛哥开始的。我们留法学生的共产主义青年团组织，在提到民族独立斗争时，就以摩洛哥为例子。后来先王（注：哈桑国王的父亲）陛下被放逐，我们也知道。"

周恩来青年时期就对摩洛哥革命和哈桑国王的父亲如此关注和称赞，令哈桑二世甚为惊叹！

周恩来、陈毅在与摩洛哥方面会谈时，有关摆脱帝国主义、殖民主义封锁、剥削的问题，自然是一个主要的话题；而中美关系和中美之间已经开始了的谈判，也无可回避。虽然美国到处干涉别国内政，以"世界警察"的面目出现。但是，也有人散布"中国好战"的谎言。周恩来在会谈中这样告诉哈桑二世：

"尽管美国如此（新中国成立后遭到美国的敌视、包围、封锁、禁运等），中国并不打算向美国发动武装冲突，根本没有这种设想。我们主张和平谈判解决争端。对于中美谈判，我们主张先达成原则协议，再解决具体问题。但美国都不同意。我们只有等待，同时继续谈下去，要谈多长就多长，除非美国宣告谈判破裂。已谈了八年多，可再谈八年多，甚至八十年。历史上有百年战争，现代可以有百年谈判。我们相信中美最终总要达成协议的。"

这一认识和态度，周恩来后来也向其他非洲国家表明了。中国人对改善与包括美国在内的西方国家的关系的决心、耐心和诚意，逐渐被非洲第三世界的兄弟们所认识、了解。

当中国代表团在 1963 年的最后一天离开摩洛哥时，新年即将来临。周恩来带着哈桑二世国王赠送的剑鞘镶有闪闪发光的宝石的一把宝剑，率中国代表团前往欧洲社会主义的兄弟国家阿尔巴尼亚访问。这是首访非洲期间唯一访问的欧洲国家。

突尼斯邀请中国客人把"停机加油"升级为正式访问。周恩来 与布尔吉巴"有话直说"

按原定出访日程安排，访问完阿尔巴尼亚之后，便要进入撒哈拉沙漠以南非洲的加纳共和国。但是，一件预料之外的喜事却在这之前发生了。

由阿尔巴尼亚直飞西非的距离是一万余里，中途必须在突尼斯给飞机加油。但突尼斯当时并未与我国建交。有趣的是，1963 年 12 月 26 日当中国客人在阿尔及利亚受到极高礼遇时，突尼斯作为阿尔及利亚的邻国，给予了高度关注。突尼斯方面派人向中国政府代表团传递了信息：邀请中国政府代表团访问突尼斯，并愿意建立外交关系。这一信息正合周恩来、陈毅之意，他们立即与代表团其他成员取得了共识。但此事关系重大，必须立即请示国内。第二天清晨 7 时，也就是代表团即将上飞机飞往摩洛哥之时，周恩来和陈毅联合给"中共中央并外交部"电传《关于中突建交问题的报告》，明确提出：鉴于突尼斯方面表示过同中国建交的愿望，并邀请访突，"我们同团中同志作了研究，认为可以借这次访问非洲的机会顺道过突尼斯一下，解决同突建交问题"。

《报告》发往国内以后，代表团继续在摩洛哥和阿尔巴尼亚访问。其间，突尼斯方面又一再热情邀请中国客人把"停机加油"升级为正式访问。中共中央和外交部很快同意了周、陈的报告。代表团接到答复后，立即决定由阿尔巴尼亚前往突尼斯，一边正式访问，完成中突建交，一边给飞机加油。

1964 年 1 月 9 日上午，中国代表团离开地拉那飞抵突尼斯，在机场受到突尼斯政府全体部长和新宪政党全体政治局委员的欢迎。

中突两国领导人之间毕竟缺少交流，中国人进入的是陌生的突尼斯，而突尼斯领导人同样面对的是陌生的中国政府。为此，在当天下午周恩来与突尼斯总统布尔吉巴的第一次单独会谈中，双方意见就出现了分歧，布尔吉巴不赞成新中国的一些外交政策。

1964年1月,访问突尼斯时,在答谢宴会上欣赏哈比卜·布尔吉巴总统(左)赠送的影集

布尔吉巴倒是十分坦率,对周恩来直言不讳。他认为中国政府"激烈"的言辞得罪了一些潜在的朋友,说:"你们想让我们与西方为敌,你们跟印度发生冲突,谴责铁托,又谴责赫鲁晓夫……别人不会对你说真心话,可我要告诉你,你们这种调子在非洲是没有人愿意听的。"

尽管布尔吉巴有些为西方人说话的味道,用周恩来的话说"简直是替美国辩解"。然而,周恩来还是耐心地向他解释了中国的外交政策和中国领导人对时局的看法。周恩来以极大的"求同存异"精神与布尔吉巴会谈,他说:

"亚洲国家有共同目标,这就是摆脱殖民主义强加给我们的落后状态,实现经济发展,促进友谊。不论各国属于什么制度,只要这个制度是人民自己选择的,亚非各国之间就一定能找到共同点。""我们的目标相同,但使用的方法不一定相同。每个国家有自己的情况。各国领导人根据国内的具体实践和人民的要求确定自己的方法,不同的方法可以相互尊重,也可以相互影响。所以加强彼此间的接触非常重要。"

布尔吉巴，可以说是非洲第一个当面批评中国领导人的首脑。出人意料的是，周恩来却很感谢他，说：

"这才是真正的朋友。有话直说，毫无保留。你的话有助于我们了解情况。"

布尔吉巴终于被周恩来的精神所打动，说：

"我同意周恩来总理求同存异的方针，我们还是要反帝反殖。突尼斯需要伟大的友谊，并一定要同中国建立外交关系。"

一个"伟大的友谊"，就这样缔结了起来。1月10日，中国和突尼斯发表联合公报，正式宣布建立外交关系。随访的黄镇兴奋地说：

"这是访问非洲的一个大收获，也是与某些大国外交斗争中取得的重要胜利。"

恩克鲁玛遇刺，周恩来从容地走入戒备森严的奥苏城堡

老子曰："祸兮福所倚，福兮祸所伏。"祸福相随之理，也体现于这次访问非洲的过程中。

当代表团成员在阿尔巴尼亚欢度新年，并为决定即将访问突尼斯、完成中突建交这件喜事而高兴时，一件不幸的事也同时发生了。

1964年1月2日，正当中国和阿尔巴尼亚领导人开始会谈时，突然传来消息：中国政府代表团即将前往访问的加纳共和国发生了刺杀恩克鲁玛总统的政变；恩克鲁玛幸免于难，但情况不明。

一个现实的问题摆在中国政府代表团面前：是否还去加纳访问？

周恩来找来陈毅、乔冠华、黄镇、孔原、童小鹏和外交部的几位随访的司长商议。周恩来提出自己的意见：按原计划前往加纳访问，我们不能因为人家遇到暂时的困难就取消访问，这是不尊重人家，不支持人家；这个时候去才能体现我们是真正的友好，真正患难的友情；至于外交仪式，我们可以打破通常的礼宾惯例。

作为亲密战友和身经百战的元帅，陈毅是赞同周恩来的意见和胆略的。但代表团的其他成员却不同意，他们为周恩来的安全担心，一再劝说：加纳政局仍不稳定，随时都有可能出现危险，总理不能去；问题还不仅是我们应不应去，还有

加纳的愿望和困难也需要我们认识考虑；按照惯例，这一访问也应取消。

周恩来的意见，是经过深思熟虑的。他和陈毅说服了大家，决定按原计划前往。

为了了解情况并把我方的意见通知加纳方面，周恩来派黄镇作为特使，先行前往加纳，并对他说："你先去吧，到加纳与黄华同志多商量，有什么问题马上电报联系。"

黄华，这位后来被基辛格大加称赞的具有"中国式的外交风格"的外交家，曾作为周恩来的"第一代"翻译跟随周搞外交，深得周恩来的信任。当时他任中国驻加纳大使，正赶上恩克鲁玛遇刺的政变。他经过自己的观察、分析和判断，主张代表团可以前来加纳访问，并给周恩来等人发去了可贵的第一手材料。1月9日，黄镇坐另一架由荷兰租来的专机飞抵加纳后，立即与黄华取得了联系。中国的"二黄"外交官，一起前往恩克鲁玛的秘密住处面见这位总统。

这时的恩克鲁玛，惊魂未定，住在奥苏城堡里，伤势仍然明显，脸上贴着纱布，缠着绷带。黄镇和黄华代表周恩来总理，对恩克鲁玛遇刺表示关切和慰问。二黄与恩克鲁玛商量周恩来访问加纳的具体安排。他们向加纳总统转达了中国总理的一个独特的建议：为了照顾恩克鲁玛总统的安全，我们打破礼宾常规，凡有总统参加的一切活动都在总统住地进行，总统不必到机场迎送，也不要在城堡外面举行会议和宴会。这一建议，充分照顾到恩克鲁玛的困难处境，体现了一个大国总理的风度和胸怀。恩克鲁玛听了，非常高兴和感激，表示完全同意。他原来估计，在加纳局势如此动乱的情况下，中国总理是不会再来访问的，因为在他前一次遇刺时，印度总理尼赫鲁正在尼日利亚访问，尼赫鲁得悉恩克鲁玛遇刺后，就取消了原定对加纳的访问。恩克鲁玛感到，危难之中方见中国总理的真诚。

在代表团出发去加纳访问前，中共中央也十分关注加纳局势的发展，担忧代表团的安全。用周恩来后来在出访报告中的话来说，就是：

"我们代表团是有几个同志，他们天天在考虑这个问题；我们的后方'司令'——杨尚昆同志，也是经常打电报，这是他们的任务。我跟陈毅同志就不大想这个问题，因为有一种力量把我们鼓舞了。"

何种力量？周恩来说：

"我们看到人民群众那样欢迎我们，支持我们，我们不仅感到不被孤立，而且对我们的安全问题都不考虑了。"

1964年1月11日上午8时，周恩来率中国政府代表团飞抵加纳共和国首都阿克拉，进入撒哈拉沙漠以南的非洲国家访问。在阿克拉机场，遵照周恩来的建议，恩克鲁玛没有露面，他特派三人委员会成员代表他率阿克拉各界人士来迎接中国客人。机场和街道两旁热情欢呼的群众，略为冲淡了刚刚发生过谋杀所产生的恐怖气氛。由于各国记者得知有预谋政变的发生，早已云集加纳，周恩来、陈毅等中国领导人的到来，也引起了他们极大的报道兴趣。恩克鲁玛遇刺的情况，他们早已作了报道。中国客人还看到了这样一张照片：在凶手行刺恩克鲁玛的那一刻，恩克鲁玛勇敢地把凶手压在身子底下。这张照片，不知是哪位记者的杰作。

当日下午，尽管刺杀事件带给人们的余悸未消，周恩来和陈毅等人还是在代表总统的三人委员会成员——外交部部长博齐约、交通和工程部部长本萨和加纳驻华大使麦耶的陪同下，乘车从容地视察了阿克拉市容。随后，代表团全体成员又在周恩来的率领下，乘车直奔阿克拉城的另一端，去恩克鲁玛总统居住的奥苏城堡。

当周恩来等人进入奥苏城堡时，只见周围戒备森严，门口站着全副武装的士兵，四周停放着许多军用车辆和轻重武器。随着一声短促的口令，传来一阵哗啦啦的枪栓声。这里的人似乎个个都成了惊弓之鸟！

周恩来和陈毅是见过世面的军事家，他们面对这一切，嘴角却挂着风趣、平稳的微笑，只当是在视察军事演习部队。他们从容镇静地在门外的空地上等待着加纳官员进去通报恩克鲁玛总统。过了一会儿，恩克鲁玛飞快地迎出来把中国客人们从黑洞洞的枪口下接进门内。

这也难怪，行刺恩克鲁玛的人就是被美国等国收买的加纳警察，他不得不在这一时期利用军队来高度戒备。中国代表团的成员发现，这位加纳总统身上穿的是一套极为熟悉的中山服，这才想起，1961 年 8 月中旬恩克鲁玛访问中国时，对中国领导人穿的中山服很欣赏，当时周恩来就曾指示有关部门给恩克鲁玛特做了一套。周恩来还陪同恩克鲁玛去杭州、上海参观、访问，并签订了中加友好条约。这次恩克鲁玛特意穿着中山服出来迎接周恩来，既表示了对中国客人的尊重，又勾起了许多美好的回忆。

进了屋，恩克鲁玛满含歉意地向周恩来解释门外的情景。周恩来微笑着表示理解。随后，周恩来面交了毛泽东给恩克鲁玛的慰问信，并告诉他："首先，我要对总统阁下最近遇刺表示关心。毛主席给阁下发了慰问电，今天已广播。"

年轻的总统异常感激，他握着周恩来的手许久没有松开。为感谢周恩来冒着

1964年1月，访问加纳期间，宣布中国对外经济技术援助的八项原则。这是和陈毅前往总统官邸拜会弗朗西斯·恩威亚·科瓦米·恩克鲁玛总统（右二）

危险前来，恩克鲁玛在城堡里举行便宴招待周恩来一行。周恩来代表中国政府和人民对企图暗害恩克鲁玛总统的卑鄙行为表示了极大的愤慨。

恩克鲁玛还亲自带着周恩来等人参观了他所住的这座奇特的奥苏城堡。加纳从1471年开始就相继被葡萄牙、荷兰、英国等国殖民者侵入，他们在这里掠夺黄金、贩运奴隶，残酷地剥削、压迫加纳人民。奥苏城堡就是殖民者留下的建筑。城堡地下室直通大海，室内存放着当年殖民者整治黑奴用的刑具，从头到脚的刑具应有尽有。周恩来和中国代表团看了以后，被这些殖民主义的酷刑和监牢深深震撼。周恩来后来在缅甸额不里海滩上与奈温主席谈起过参观这座城堡的深刻印象：

"恩克鲁玛总统现在住的城堡是过去英国总督住的。城堡建筑在海滩上，是15世纪时葡萄牙殖民者开始修的，后来接着修建的是西班牙、荷兰，最后是英国。他们修这样的城堡干什么用呢？就是作为掠夺、贩卖黑奴的滩头阵地。西方殖民者通过收买当地酋长，用酒、布换人，把黑人当货物，贩运、骗往美洲。像这样的滩头阵地，从西非海岸的摩洛哥，沿海岸直到非洲西南部的安哥拉，每百十公里一个。这些城堡，就是为了在黑人反抗时进行镇压而修建的。"

为了冲淡地下室的殖民主义恐怖气氛，恩克鲁玛又破例引导周恩来、陈毅等人上楼，到夫人和孩子们住的房间参观。上了楼，气氛就大不一样了。他的家庭，是一个"种族团结"的家庭，夫人是一位漂亮的埃及白种人，孩子的皮肤呈棕色。恩克鲁玛把夫人介绍给周总理认识，并亲切交谈。这样的礼仪，是极少的。因为在非洲，只有自家人才能看见家中妻子的容貌。可见恩克鲁玛没有把中国贵宾当外人。

从楼上下来，周恩来意外地发现城堡里还放着一台乒乓球案，知道恩克鲁玛与自己有着同样的爱好，立即提议与恩克鲁玛"赛"一场球。他俩愉快地拿起拍子上阵，由陈毅元帅当裁判，总理的卫士长成元功作副裁判，你一来，我一往，乒乓球桌上发出了轻快的、有节奏的响声。虽然两人球技都不算高，但意味深长。当时就有人赞叹："这是国际乒乓球赛中级别最高的一次，在国际乒乓球赛史上应该占有辉煌的一页！"在恩克鲁玛处境维艰、十分危险的时刻，周恩来提出如此轻松愉快的建议，它深远的政治含义，是不言而喻的；对恩克鲁玛的紧张心理，也是一个极好的调节。

以后的会谈，都是周恩来亲赴奥苏城堡进行。他劝恩克鲁玛：不必到宾馆去回拜。对中国总理在最危难的时候送来巨大的力量和慰藉，且处处体谅和照顾对方，恩克鲁玛甚为感激。他也知道，这件事在世界政治、外交史上是罕见的。为此，恩克鲁玛在会谈中对周恩来说："我代表大家一致的意见认为，过去我们也有客人，你这次访问对我们的情况作了仔细的分析，所以你的访问，是所有对加纳的访问中最好的一次访问。"

这件事，给周恩来本人也留下了极深的记忆，以后他多次提及。1964 年 2 月和 1965 年 8 月他曾分别对锡兰（今斯里兰卡）和阿尔及利亚领导人说过：

"在我去访问加纳以前，情况发展到最严重的地步，两个国家联合起来搞颠覆活动，其中有美国，它们收买警察，行刺恩克鲁玛总统。恩克鲁玛只能用军队来保护自己，现在正在改组警察。我就是在这样的时候去访问加纳的。加纳遇到如此重大的困难，我们应该前去访问。"

"我去年访问加纳时，正是阿克拉最不安全的时候，总统不能出来。我看，只有中国的总理肯这样去。"

这件事，在非洲大陆产生了深远的影响。中国代表团访问加纳后，立即就有几个尚未与中国建交的国家向周恩来发出了访问邀请。

遗憾的是，1966 年初恩克鲁玛执意要去越南调解越南战争，2 月 24 日，他途经北京并进行访问时，加纳国内再次发生军事政变，他领导的政府被推翻。周恩来在这之前就曾劝他不要离开首都阿克拉，但他既然来了，国内已发生了急剧的变化，就提出让他留在北京，但中国离非洲太远，他还是经莫斯科去了几内亚。几内亚总统塞古·杜尔热情地接待了他，并给予他"几内亚共和国两总统之一"的名誉称号。1972 年 4 月 27 日，恩克鲁玛因癌症不治与世长辞。9 月 14 日周恩来在北京接见加纳政府贸易和友好代表团时，对团长、工业部部长阿格博少校回忆起老朋友恩克鲁玛：

"恩克鲁玛这位老朋友，他一定要去调解越南战争问题。我劝他不要来，但还是来了。结果，来了就回不去了。如果他当时要留在北京，那当然是没有什么问题，我们不会使他为难的。但他觉得离非洲太远心不安，去几内亚了。我在 1964 年 1 月访问加纳时，在城堡里会见恩克鲁玛，当时他没有出来，待在城堡。当时我劝他不要出国，我离开加纳的时候没有要他送。1966 年恩克鲁玛来调解越南问题和印度支那问题，那是没有办法调解的嘛！所以他一来就出了事情。这件事对他教训很大。1966 年以后我们就见不着面了。"

周恩来最后补充了一句：

"不管怎样，他是你们非洲解放运动的杰出领导人。"

由周恩来拟定的中国外援八项原则在加纳、马里出台

首访非洲，对于中国政府来说，一个重大的任务就是对这些新独立的第三世界国家提供力所能及的、真诚的援助，这些援助除了道义上的以外，更主要的是看得见、摸得着的经济援助。周恩来每到一个国家，几乎都要谈定一笔援助数额。实事求是地讲，我国的财力有限，与超级大国的某些援助相比，援助的数额并不算多，但却是雪中送炭，真正用来扶助他们的民族经济，帮助解决人民日常生活必需品，即"用在刀刃上"。在中国政府的帮助下，一些国家的米厂、皮革厂、卷烟厂建立起来了，一些国家的编织业、茶叶种植业……迅速发展起来了。中国

的援助，最大的特点是真诚、无私、相互平等、不附带任何条件、不要求任何特权。这点得到受援国家的高度赞赏和感谢。

在加纳和马里，周恩来彻夜不眠。他在考虑：中国的真诚援助，必须产生深远的影响，应当让非洲国家更好地了解中国政府的对外经济原则。一个重要的举措，便在撒哈拉大沙漠以南的非洲地区酝酿、出台了。

1964年1月14日，周恩来在同加纳总统恩克鲁玛进行了两次单独会谈后，晚上从奥苏城堡回到住处仍在思考，不能入睡。明天将是访加的最后一天，是该适时地宣布中国政府的对外经济援助原则了。当晚，他沉思良久，提笔写下了这样一份提纲：

"援外原则八项：一、平等互利；二、尊重主权，不附条件；三、无息或低息贷款；四、有利自力更生；五、有利国家收入，积累资金；六、国际价格，按价论值，保证质量；七、技术出口；八、专家待遇一律平等。"

这份提纲，笔迹苍劲有力，内容简明扼要。虽然是用来做全面阐发的提纲，但是完整的内容，经过一夜的酝酿、思考，已经存入周恩来的脑海中。

第二天，即1月15日，周恩来与恩克鲁玛举行最后一次会谈，他首次在非洲大陆提出了"中国政府对外经济技术援助八项原则"。

与恩克鲁玛谈完，已是晚上7点钟。当晚，周恩来会见加纳通讯社记者，在答记者问时，正式地向外界宣布了中国的外援八原则。一个完整的、开创国际经济合作新秩序的举措，在这里正式出台了：

中国政府在对外提供经济技术援助的时候，严格遵守以下八项原则：

第一，中国政府一贯根据平等互利的原则对外提供援助，从来不把这种援助看作是单方面的赐予，而认为援助是相互的。

第二，中国政府在对外提供援助的时候，严格尊重受援国的主权，绝不附带任何条件，绝不要求任何特权。

第三，中国政府以无息或者低息贷款的方式提供经济援助，在需要的时候延长还款期限，以尽量减少受援国的负担。

第四，中国政府对外提供援助的目的，不是造成受援国对中国的依赖，而是帮助受援国逐步走上自力更生、经济上独立发展的道路。

第五，中国政府帮助受援国建设的项目，力求投资少，收效快，使受援国政府能够增加收入，积累资金。

第六，中国政府提供自己所能生产的、质量最好的设备和物资，并且根据国际市场的价格议价。如果中国政府所提供的设备和物质不合乎商定的规格和质量，中国政府保证退换。

第七，中国政府对外提供任何一种技术援助的时候，保证做到使受援国的人员充分掌握这种技术。

第八，中国政府派到受援国帮助进行建设的专家，同受援国自己的专家享受同样的物质待遇，不容许有任何特殊要求和享受。

八项原则所包含的真诚、无私、平等、互利、公正、合理等中国精神，一目了然。

一些国际问题专家认为，这八项原则的提出至少有三个方面的国际意义：为打破国际经济旧秩序（不平等、附带条件、要求特权、以富压贫、干涉别国内政、攫取别国资源等）提供了有力的思想武器，提出了挑战；为建立国际新秩序（平等互利、尊重主权，以自力更生为主、以外援为辅，以公正、合理为基础，等等）提供了基本准则；为开展新型的国际经济合作提供了范例。

1月16日，中国代表团离开加纳，前往独立后"选择了发展民族经济的社会主义道路"（马里总统莫迪博·凯塔语）的马里共和国访问。在这里，周恩来再一次详述了中国外援八项原则。1月21日，中国同马里共和国发表两国政府联合公报，正式写入了上述八项原则。从此，国际舞台上诞生了"南南合作的新模式"。

在马里，凯塔总统等领导人试图让周恩来对社会主义的马里共和国提些看法。周恩来明确地说出了中国政府对非洲国家道路选择的态度：

"尊重各国人民自己选择的道路，任何人不得干涉。换句话说，友好的国家、友好的人民只有尊重你们的义务，没有干涉或把自己的意见强加于你们的权利。"

无论在马里人民还是在凯塔本人心中，中国客人的地位都很高。这不仅因为中国奉行和平共处五项原则，真诚地与亚非各国合作，而且与中国派专家对马里进行援助有关。在周恩来访马之前，他曾派出我国水稻、茶叶等方面的专家援助马里。中国专家到达马里以后，正赶上凯塔总统星期一接见，他们立即提出要到工作的地方去。凯塔说，还不能去，因为暂时没有汽车，得等到星期三或星期四。中国专家问有多远的路。回答是二三十公里。中国专家脱口而出地请求：那没关系，我们走路去。身材高大的凯塔总统惊呆了：这些中国专家，竟如此朴实、无私、吃苦耐劳、充满工作热情。他哪里知道，中国专家在来马里之前，周总理就教导他们要学习雷锋精神，让他们以"对待工作像夏天般的火热"的态度和"公而忘私的共产主义风格"援助马里人民。中国专家到达工作地点后，没有桌椅，就坐在床上办公，既不像他国专家那样要求住高级宾馆、坐高级轿车、吃好的，又从不提带家属问题。相反，他们耐心地传授技术，默默无闻地工作。这些，深深地打动了凯塔总统，也在马里人民心中赢得了极高的声誉。凯塔总统规定：中国专家可以随便出入总统府。这些事，周恩来到来后听说了，也很高兴、满意。与中国专家的威信相呼应，中国总理的谦逊、热忱，更进一步地打动了马里人民。

在马里期间，中国代表团的随员们对团长周恩来的两个行动感到意外：

一是在抵达巴马科的当天晚上，继凯塔总统带领倾城出动的人民欢迎中国贵宾后，凯塔又在市内为周恩来举行了一个有一千多人出席的盛大招待会。在洋溢着友好、团结的气氛中，周恩来被马里人民的热情所感染，带头和马里总统一道跳起了欢快的舞蹈。尽管随员们在国内见过总理优美的舞姿，但是这种在异国他乡融合了中、非舞蹈各自特点的舞步，大家都是头一次见到。

二是周恩来在马里对动物产生了很大的兴趣。1月17日，他在巴马科第二副市长库利巴利和国民议会副议长西索科的陪同下，参观了巴马科市的动物园。这里，有许多生长在非洲的特有的动物，中国人没有见过。这件事的新鲜感还未过去，第二天周恩来又叫上陈毅等人，在凯塔总统的亲自陪同下，前往巴马科郊区的索图巴动物研究所。这个研究所原来是法国殖民主义者的一个企业，1960年9月由马里政府收归国有后，发展成为集生产和科研为一体，并在全马里六个经济地区设有附属研究站的大企业。原来的法国技术员、管理人员全部由非洲人接替。周恩来听了所长介绍其历史发展后，对他的经营管理方法产生了浓厚的兴趣。他参观了养牛场、家禽饲养场、饲料仓库、实验室以及这个企业的其他部分。临走时，为了表示感谢，还向所长赠送了礼物。

代表团成员深深地感到：周恩来所说的向非洲人民学习，是多方位的、深入的。

1月21日上午，周恩来在马里共和国首都巴马科机场发表了"独立和自由的亚洲和非洲，一定能够一天一天繁荣和富强起来"的一番讲话后，飞离马里，前往几内亚共和国访问。

踏上慷慨、好客、富饶、美丽的几内亚，周恩来进入了杜尔总统所说的"百宝箱"

首游非洲，许多国家都在赤道附近。北京的寒冷，代表团成员早已忘得一干二净；相反，他们刻骨铭心地感受到了什么是"炎热"。再加上非洲人民的热情和友好，又给天气的热度加了温。

几内亚共和国，西濒大西洋，与马里等国相邻，是一个具有典型的热带风光的国家。1 月 21 日上午，当中国代表团飞抵几内亚首都科纳克里时，又一次进入了一个真正的"火炉"。

在科纳克里的欢迎人群中，周恩来一眼就认出了老朋友塞古·杜尔。这位几内亚总统当月刚过完 42 岁生日，但他早已是非洲杰出的、有远见的政治家。1958 年 10 月 2 日几内亚共和国独立以后，他便设法与中华人民共和国建立外交关系。1959 年 9 月 30 日，在中国庆祝新中国成立 10 周年前夕，他委托教育部部长转告周恩来：几内亚准备同中华人民共和国互派外交代表；从现在起，几内亚就准备接待中华人民共和国派遣的外交代表。次年 4 月，中国驻几内亚大使柯华到任；9 月，杜尔总统应刘少奇主席邀请率政府代表团远道而来，访问中国。周恩来参加了接待杜尔并与他会谈的全过程，还分别代表两国政府在中国和几内亚友好条约上签字。那年，周恩来亲自陪同杜尔总统从北京到上海访问，他们一起下工厂参观，走大街观市容，进工人住宅慰问，到少年宫联欢……沿途交谈，相互了解，建立了初步的友谊。

1962 年中印边境发生冲突后，塞古·杜尔领导的政府发表了有关解决冲突的四项主张：中印双方立即停火，双方部队各从"天然边界线"（即中国政府所说的"实际控制线"）后撤 20 公里，双方政府和平谈判解决边界问题，并且谴责任何外国的干涉。这些主张，反映了坚持亚非团结、共同反对帝国主义的亿万人民的正义呼声。这些主张提出后，受到中国政府和周恩来总理的高度重视，11 月 13 日，周恩来致电塞古·杜尔总统，称几内亚政府的主张"是公正的、建设性的，有助于和平解决中印边界问题"，"中国政府十分赞赏贵国政府的这一公平、合理的主张"。这时，两国领导人之间的了解，又进一步加深了。

这次周恩来访问几内亚，与杜尔可以说是老朋友见面，格外亲切。

在访非所受到的倾城欢迎中，几内亚尤为突出。在机场上，塞古·杜尔总统让礼兵鸣放了21响礼炮，这显然是按国家最高元首的规格来接待周恩来的。科纳克里全城群众的欢迎方式更是热烈。按几内亚方面的安排，在机场休息室稍事休息后，立即乘敞篷汽车前往宾馆"美景别墅"。敞篷汽车共有四辆：杜尔总统陪周恩来乘一辆；其余三辆分别由几内亚国防部部长、外交部部长、国民议会议长陪同陈毅、孔原、黄镇乘坐。当时新华社记者给《人民日报》发回了这样一份报道：

"从机场到宾馆的15公里的公路两旁，密密层层的群众夹道向周总理欢呼：'中国，几内亚友谊万岁！'当成千上万的市民热情洋溢地向中国客人挥舞手帕的时候，大街变成了一条白色的河流。有许多人爬到沿街的屋顶上向中国客人欢呼。

"一路上，都有男女老少表演各种民间歌舞，尽情地敲打着在欢庆节日和欢迎贵宾时用的'塔姆塔姆'鼓，向中国贵宾表示欢迎。

"鼓声、巴利风（木琴）声以及其他各种非洲乐器的动人的音乐，给这个城市增添了节日的欢乐。

"今天，科纳克里的市民都穿上了最漂亮的衣服。当车队缓缓驶过的时候，几内亚姑娘唱起了歌颂中国和几内亚友好的歌曲……"

在这热烈欢呼的场景中，周恩来和陈毅以生动的笑容，向欢呼的人群频频挥手致意。当车队行至卢蒙巴印刷厂时，热烈的欢迎达到了最高潮。敞篷汽车不得不在人山人海中停下来。这时，早就等候在那里的两名几内亚女工在暴风雨般的掌声和欢呼声中代表大家向周恩来献花，然后又以几内亚民族特有的传统赠送几内亚出产的柯拉果……

好不容易，汽车才缓缓开到位于海滩旁边漂亮的"美景别墅"。这是一座按几内亚民族风格建造的宾馆，客厅里，挂着毛泽东主席和杜尔总统的巨幅画像。尽管工作人员已经作好了安排，但杜尔总统似乎还不放心，他亲自陪同周恩来到了卧室里，直到各处都准备妥当后，才慢慢离去。杜尔总统是个活泼、开朗的人，胆大而且心细。这些倒有点像周恩来的性格，他俩后来成为"老朋友"，也能说一些交心的话。

当晚，杜尔总统和夫人特意举行盛大的文艺晚会，为中国政府代表团接风。

周恩来在文艺演出开始前发表了热情洋溢的讲话。他大加称赞了几内亚美丽富饶的国土和勤劳勇敢的人民。他说：我们带着中国人民对几内亚人民的真挚友谊，前来访问你们共和国，我们有机会同总统阁下，同几内亚各界人民的代表欢聚一堂，感到亲切和愉快。几内亚政府对我们的殷勤接待和人民对我们的热情欢迎，使我们深受感动。"我以陈毅副总理和我个人的名义，向慷慨、好客的几内亚人民表示诚挚的感谢。""几内亚共和国是富饶和美丽的，几内亚人民是勤劳和富有才干的。正如塞古·杜尔总统所说，几内亚是一个没有被打开的'百宝箱'。我们深信，几内亚人民一定能够用自己勤劳的双手将这个'百宝箱'打开，一定能够把自己的国家建设得繁荣富强起来。"

周恩来还表示："几内亚人民可以相信，在反对帝国主义和新老殖民主义、维护民族独立、发展民族经济和保卫世界和平的斗争中，六亿五千万中国人民将永远是几内亚人民可靠的、忠实的朋友。"

在这样美丽、富饶的国家，面对热情、好客的总统和人民，周恩来的心情也显得很舒畅、轻松，谈吐风趣、诙谐。

一天傍晚，吃过晚饭后正巧没安排外事活动，周恩来便提议大家，到临海的宾馆外面去散散步，放松放松。沿着海岸线，大家很惬意地跟着周恩来漫步林间道，欣赏着热带海滨的美，感受着赤道线海面的独特气息和随海风飘过来的热浪。

突然，周恩来招手把摄影师杜修贤和陈毅的秘书杜易叫了过来，让他们俩站在一起，望着他们笑而不语。二杜丈二和尚摸不着头脑，奇怪地你看看我，我又看看你。过了一会儿，周恩来才扭头问陈毅："老总，你看看老杜像不像非洲人？"

杜修贤整日扛着摄影机在阳光下跑，自然要比其他人黑一些。但他没料到总理以此开起了玩笑。

陈毅饶有兴趣地回答：

"可不是嘛！非洲的太阳硬是太厉害喔。"

没想到周恩来更风趣地指着"二杜"说道：

"你叫杜易，几内亚的总统叫杜尔，我看啊，你老杜就叫杜山，一（易）二（尔）三（山），不是正好嘛。"

陈毅用他那元帅外交家的风度开怀大笑，一口四川腔渲染了气氛：

"哈哈——对头对头，杜氏家族。一二三。一家子兄弟！"

"杜山"，这个在异国他乡从周恩来那里拾来的名字，后来居然比杜修贤的本名还叫得响！

自从抵达科纳克里当天接受几内亚群众按民族传统赠送的柯拉果后，周恩来对几内亚以及非洲的水果印象极深。1月23日这天，塞古·杜尔总统陪同他乘汽车前往金迪亚市访问。在这个市，他还特意参观了水果研究所，了解热带水果的情况。最引起周恩来注意的是几内亚的热带粮食作物——木薯。这种东西我们国内也有，但却是有毒的，不能生吃。几内亚的木薯则是无毒的。杜尔总统用手掰下来两块，当场吃了一块，又拿了一块给周恩来品尝，的确无毒。几内亚方面向周恩来介绍了木薯的特点和栽种情况。热带植物，令中国客人们大开眼界。

从金迪亚回科纳克里时，杜尔总统又换了花样。他执意要与周恩来总理一起乘直升机回去。这件事是头一天晚上就酝酿好的，但考虑到几内亚大部分为高原和山地，在热带气候中乘坐苏联制造的直升机是有一定危险的，尤其是中国政府代表团刚刚从加纳的险情中舒缓了一口气，怎能让周总理再冒一次险呢。中国礼宾官就和卫士长等人商量，认为直升机坐人有限，又有安全问题，不同意几内亚方面的这·安排。礼宾官报告了总统。杜尔却说：你们不要担心，这事由我自己去给周总理说。晚饭时，杜尔真的向周恩来谈了这项冒险而又有趣的安排。他有几分得意地说：我开飞机送你和陈总，我们的议长、国防部部长陪同，有一个翻译随行就可以了。周恩来愉快地答应了。但中方人员还是私下里向总理表示了担忧。没想到周恩来却笑着说："人家总统、议长、国防部部长，一、二、三号人物都能坐，我为什么不能坐？"第二天，果然只有一个翻译跟着周总理和杜尔总统等上了直升机。成元功等人只好赶紧坐上汽车追赶，还不断地仰望天空，为总理和总统等人的安全捏着一把汗。直到看见杜尔总统驾驶的直升机安全降落，大家心里的石头才落了地。随员们知道，周恩来是从来不怕危险的，他一生多次遇险、履险，每次都化险为夷。

几内亚民族，的确是一个勇敢和热烈的民族，他们对中国客人的热情，有时超出人们的想象。周恩来总理每次外出回到住地，担任警卫的士兵都要朝天鸣枪示意，表示热烈的欢迎。有几次，总理没回来，只有随员们先回来了，几内亚士兵看见中国客人的汽车驶回，同样朝天鸣枪欢呼。等中国总理回来时，他们再次鸣枪。这种奇特的欢迎方式，有时真叫随员们受宠若惊。

1月26日晚上，在即将结束对几内亚的访问时，周恩来特意设宴招待杜尔总统；宴会之后，代表团又在大西洋畔的"美景别墅"宽敞的阳台上，举行告别招待会，与杜尔总统等人面海告别。随后，前往科纳克里机场。

午夜，周恩来在机场向几内亚《革命之声》广播电台发表了早已准备好的告别词。不同的是，这份告别词在发表的当天又经周恩来等人紧急做了修改。修改源起于几内亚独特的歌舞。

这天白天，将要离开几内亚的周恩来，脑海中又回荡起他称赞"慷慨、好客、富饶、美丽的几内亚"那天晚上所看过的几内亚歌舞，他在几内亚深深地感受到了这一歌舞所蕴藏的生命力。他觉得在告别词中应该表达这种感受。随即，他给乔冠华写了一个意见稿：

冠华：

请将告别词中加上下述一段意思（文句请你们改写），即：

几内亚人民在民主党和总统领导下，大力推动和支持非洲各国人民的反帝反殖斗争。在几内亚的歌舞中，不仅强烈反映出几内亚人民的历次反帝斗争，而且广泛歌颂非洲各国人民的民族独立运动。卢蒙巴的名字在几内亚人民中同几内亚民族英雄萨摩里·杜尔一样受人尊敬，受人怀念。这一些充满着政治内容的革命歌曲的传播，大大鼓舞着非洲人民的民族觉悟，促进着非洲国家的统一和团结。

周恩来

1月26日

午夜零时30分，在周恩来发表完告别词后，代表团踏上专机，前往第八个非洲国家苏丹共和国访问。

周恩来与阿布德主席谈到了可恶的戈登。塞拉西皇帝却驱不散美国的阴影

离开西非的几内亚，又折返到红海边的东北非的苏丹共和国访问。由于中途需要飞行十几个小时，代表团途中又在马里首都巴马科作了短暂的停留。1月27日下午3时，终于抵达苏丹首都喀土穆。在这个尼罗河畔的国家，代表团安排了

1964年1月，周恩来和陈毅访问苏丹时，接受儿童献花

两天半的访问时间。

中国政府代表团到达苏丹之时，正值苏丹局势动荡不安之际。但是，苏丹政府有意安排了极富政治意义和高礼仪的接待方式。他们提议周恩来和陈毅从机场到市区再到宾馆一路上乘坐敞篷汽车行进，好让首都喀土穆的人民一睹中国贵宾的风采；也表明苏丹现任领导人的政治影响。然而，代表团负责安排礼仪的官员考虑到安全问题，对苏丹政府的提议表示了异议，并未经周恩来、陈毅知晓而改变了苏丹的计划。

进了城，周恩来才知道改变了苏丹政府原先安排的事。他非常生气，因为错过了一个与苏丹喀土穆人民直接、亲近地见面的机会。他严厉地批评了有关人员，说他们顾虑太多，没有从大局考虑。他立即指示代表团有关人员，尽快同苏丹官员协商，在代表团离开喀土穆时安排他和陈毅从宾馆到机场沿途乘坐敞篷汽车。

为何这样？周恩来觉得，这不仅仅是个礼仪的问题，这一行动的含义远远超过礼仪方面的考虑。这样做是为了表示声援一个处境困难的被压迫国家的领导人，也表示支持苏丹人民的正义斗争。

再者，中国和苏丹在反对殖民主义侵略的历史中，曾有一次际遇，碰到一个共同的敌人。1860 年 10 月，在第二次鸦片战争期间，一个名叫查尔斯·戈登的英国侵略军工兵队指挥官，作为主犯之一参与了进攻北京和抢掠焚毁中国圆明园的罪恶行动。此人还参与了镇压太平军的行动，对中国人民犯下了不可饶恕的滔天罪行。1884 年，此人被派往苏丹任殖民总督。1885 年 1 月，在苏丹人民打败侵略者的武装起义中，马赫迪·穆罕默德领导的起义军在喀土穆击毙了刽子手戈登，也替中国人民出了一口气。

周恩来在喀土穆与苏丹武装部队最高委员会主席阿布德中将会谈时，提到了这个被愤怒的苏丹人民称为"喀土穆的戈登"的英国人，周恩来说："他还有一个名字，叫'中国的戈登'，他杀害了很多中国人。你们结果了他的性命，我们得感谢你们。这样他就不能再害人了。"

1 月 30 日上午，为满足喀土穆人民的愿望和挽回上次改变苏丹政府安排的影响，周恩来和陈毅在阿布德主席的陪同下，坐上了敞篷汽车。由宾馆到机场，一路有摩托车队护卫，沿途有群众夹道欢送……

同日上午 11 时 12 分，中国代表团的专机在六架埃塞俄比亚战斗机护航下，飞抵埃塞俄比亚东北部的阿斯马拉机场，受到沃尔德首相和其他大臣的欢迎。

代表团还未进入埃塞俄比亚，就感觉到了美国的阴影。中国政府代表团访问埃塞俄比亚，是埃政府主动邀请的。但是埃塞俄比亚当时还未与中国建交，他们在很大程度上受美国政府控制。埃方向周恩来发出邀请后，却矛盾重重，陷入一副为难的局面。一方面，他们希望周恩来去访问，发展同中国的关系；另一方面，他们又怕美国施加压力，影响埃美关系和美国对埃方的援助。

迫于这种外来的因素，埃塞俄比亚皇帝别出心裁地提出，他不能在首都亚的斯亚贝巴接待周恩来，改在东北部的阿斯马拉市接待。这一安排，立即引起代表团里一些外交官的反感。按国际惯例，对一个国家总理，如果不在首都接待是不礼貌的。周恩来却微笑着给自己的属下做工作：我们应该着眼于发展中非人民和中埃人民的友谊，美国对埃方有压力，我们要体谅埃方的困难处境，尊重他们的民族自尊心。

当周恩来率领中国政府代表团欣然到达阿斯马拉市时，美国的报刊趁机大做文章，喊喊喳喳地说这是埃塞俄比亚有意降低对中国人的接待规格。周恩来等人却一笑了之，对此置之不理。

中国政府代表团到达不久，埃塞俄比亚皇帝海尔·塞拉西一世便于中午在阿斯马拉皇宫接见了代表团成员。下午 4 时 30 分，双方举行会谈。

美国的阴影，干扰着中埃会谈，双方意见出现分歧，争论起来。塞拉西指责中国在埃塞俄比亚和索马里边界争端中支持索马里。周恩来耐心地作了解释，说：中国对索马里的经济援助与埃、索领土争端是两回事；况且中国先与索方建交，而与埃方未建交；中国也并未向索方提供军事援助；中国愿意同非洲各国友好，不介入争端的立场是坚定不移的，我们不会支持冲突中的任何一方；亚非国家的问题应该由自己来解决，不应让外国干涉、破坏。周恩来还明确地指出："我们是不会拿武装去帮助别人进行领土侵犯的。"相反，"凡是非洲国家向我们提出经济援助要求的，我们一般都给予满足。"

第一次会谈结束后，塞拉西一世又在皇宫里举行欢迎中国客人的宴会。等宴会散夫，皇帝一走，中国政府代表团的随员们便感到刚才还热热闹闹的皇宫，顿时变得冷清起来，甚至给他们带来一丝的不悦。

阿斯马拉的皇宫，原为美国人的军事基地，埃塞俄比亚接管以后，作为塞拉西皇帝的"冬宫"。虽为皇宫，但却是孤零零的一座建筑，只有两套住房，一个客厅，一个厕所。到了晚上，极为不便。周恩来住一间，陈毅住一间，剩下的就只有中间的客厅了。中国政府代表团的工作人员被埃方安排到很远的宾馆居住。但此地有美国的势力，所以卫士长成元功格外警惕，他与医生卞志强等人都不能离开总理和陈老总，只好与埃方接待人员协商能否在过道里加几个简易床。可直到半夜，埃方人员仍没有把床弄来，成元功等人只得在客厅的沙发上坐了一夜。这一夜，周恩来屋里的灯光一直亮着，他彻夜工作已成习惯，何况还要准备第二天进一步与塞拉西皇帝会谈。

正是由于美国的影响，在 1 月 31 日双方的最后一次会谈中，涉及中、埃建交问题时，塞拉西皇帝考虑到与美国的关系和美国对埃的援助问题，不同意宣布中埃建交，只是表示："不久将使两国关系正常化。"当天，双方签署了联合公报。

本来，在联合公报签署的当晚宴会上，周恩来是要宣读一篇讲话稿的，但他考虑，既然双方存在分歧，我方的许多观点在会谈中都已阐明，不如改变一下方

1964 年 1 月，周恩来访问埃塞俄比亚

式，不宣读此稿。他征得代表团同志一致意见后，让礼宾司司长俞沛文把讲话稿先送给塞拉西皇帝看，征求他的意见。塞拉西看后说：请转告周恩来总理，他的意见和观点，我们都知道，我们是尊重他的，请他最好不要讲这篇稿子了。周恩来心领神会，自然地放弃了宣读这篇稿子的打算。他说：我们可以等五年、十年、十五年，直到对方方便时我们再建立外交关系。

在告别宴会上，周恩来只是发表了简短的祝酒词，他不点名地批评了美国：

"这个公报的签署和发表，将会进一步促进中埃两国关系的发展，并且使那些制造无根据的谣言来破坏中埃两国关系的外来企图遭到失败。"

中国政府和埃塞俄比亚政府的等待，历时七年，直到 1970 年中美关系开始松动之前，中国和埃塞俄比亚才建立了外交关系。当初替周恩来递送未发表的讲话稿的中国外交部礼宾司司长俞沛文，出任了驻埃塞俄比亚首任大使。

周恩来告诉舍马克总理："非洲觉醒了！"

1964 年 2 月份的第一天，埃塞俄比亚皇帝海尔·塞拉西一世在皇宫门口，目送着中国代表团离开埃塞俄比亚，前往邻国索马里民主共和国访问。

中午 12 时 10 分，中国代表团到达索马里首都摩加迪沙，在机场受到舍马克总理和各界人士的热烈欢迎。这是此次出访的最后一个非洲国家，中国人又一次感受到了非洲人民的热情。

晚上，在索马里总理舍马克举行的宴会上，周恩来把中索两国人民的传统友谊追溯到 9 世纪和 15 世纪。他说：

"中国人民和索马里人民有着悠久的传统友谊。早在 9 世纪初叶的中国文献上，就有关于索马里的记载。15 世纪中国的大航海家郑和，在他著名的远航中，曾经多次访问过摩加迪沙和索马里的其他地方。在此期间，也曾有过索马里的友好使者到中国进行访问。"

次日上午 9 时，周恩来拜会索马里总统欧斯曼，再次强调了"我们两国早在一千多年前就有了来往"的传统友谊。

当中国人进入索马里时，一些不怀好意的西方国家所散布的"中国好战"和"中国主张有色人联合起来反对白人"的谣言也传入了索马里。鉴于此，周恩来和陈毅在与索方的会谈中驳斥了"帝国主义和修正主义"所造的谣言。他们用事实说明：中国人是和平的使者，"首先倡导和平共处的是中国"，"我们同许多国家签订了友好条约，我们一方面主张和平共处，一方面主张坚持反帝，如容许帝国主义侵略就没有和平共处"。周恩来有力地向舍马克说明："事实上，不是我们好战，是美国好战！"

索马里是东非独立较早的国家，1960 年索马里从英国占领区和意大利托管区先后获得独立，组成了索马里共和国。次年 6 月。我国便向索马里派出了大使，他就是我方向东非派出的最早的大使张越。鉴于此，周恩来曾在与欧斯曼总统的会谈中出现了一次口误，他说："二次大战后，索马里成为东非第一个独立的国家。"欧斯曼一听，赶忙更正："是第三个。"周恩来也从另一个角度纠正了自己的说法："我驻索使馆是东非最早的一个。"欧斯曼总统微笑着点点头。

1964 年 2 月，周恩来访问索马里

　　中国恢复在联合国的合法席位问题，所访非洲国家对此都很关心。在索马里，周恩来向舍马克总理阐述了中国政府不容置疑的立场：虽然国际上承认中国成为一种趋势，但是联合国里的多数国家是否能支持恢复中国合法权利并且驱逐蒋介石集团，那还不能肯定。因为美国在联合国操纵了多数。美国会蛮不讲理地提出把台湾变成一个独立的政治单位，硬说台湾地位未定；英国也就会赞成，一部分亚洲国家也会动摇，会劝我们先进联合国，把台湾问题除外。但这样做是没有法律根据的，是违反国际法的。把台湾除外我们是绝对不能接受的。不然，等于我们承认台湾被割出去，承认美国占领台湾。蒋介石都不承认的事，我们承认，我们就会变成民族的罪人，出卖领土！只要中华人民共和国存在，只要共产党在领导，我们绝不会承认把台湾割出去。

　　对这一点，舍马克也有些想不通，为何中华人民共和国政府非要把恢复合法席位问题与驱逐蒋介石集团问题扯在一起呢，这使中国迟迟进不了联合国。周恩来再次解释：

"这两个问题一定得联系在一起。中国的席位一恢复，蒋介石集团应该是不存在的。"

他还提醒索马里领导人："问题不是那么简单，而是复杂的。世界上的事才复杂哩！"

周恩来所阐述的立场在 1970 年 10 月 25 日得到了完全的证实：第 26 届联大以压倒性多数的选票通过了恢复中华人民共和国在联合国的一切合法权利和立即把蒋介石集团的代表从联合国的一切机构中驱逐出去的提案。

正是基于绝不承认"两个中国"的立场，在访非期间周恩来亲自指导了中法双方在瑞士的建交谈判。他在来索马里的前几天起草了中国政府关于中国和法国建交的声明。1 月 27 日，中法两国发表了联合公报，宣布建立外交关系，在 3 个月内任命大使。

2 月 3 日，法国新闻社总编辑特塞兰又追到了摩加迪沙，采访即将结束非洲十国之行的周恩来。周恩来肯定地告诉这位法国人："中法建交是当前国际局势发展的一个重要事件。"

遵照协议，几个月后，周恩来把这次随同访非的外交部副部长黄镇派到法兰西共和国当了首任大使。

和平与反对帝国主义、殖民主义的侵略，是中索双方会谈的一个主题。周恩来告诉舍马克：

"到非洲以后，我们感到非洲觉醒了、站起来了，当然还有一部分国家未独立，正在为独立而奋斗。毫无疑问，整个非洲大陆各国一定会独立，不管时间长短，最后都会取得胜利。"

为此，周恩来在摩加迪沙提出了震撼世界的著名论断：

"整个非洲大陆是一片大好的革命形势。"

他表明了中国人对非洲形势的看法：非洲已经不是 19 世纪末叶或者 20 世纪初叶的非洲了，非洲"已经成为一个觉醒的、战斗的、先进的大陆"，给我们印象最深的是，非洲人民站起来了，觉醒了，再没有任何力量能够阻拦他们前进。

后来非洲历史的发展，证实了周恩来的论断。今天的非洲，发生了巨大的变化，确实再没有什么力量能够阻拦非洲人民和非洲国家前进的步伐。伟人的预言，令世人折服！

当然，周恩来这一论断的发生地——索马里首都摩加迪沙，在 20 世纪 90 年代由于战乱几乎变成一片废墟；非洲其他一些地区也由于复杂的原因成为严重动乱的地区。但是，从当今世界发展的潮流来看，和平与发展仍然是主流，非洲也如此！从国际战略学的高度来看，周恩来的著名论断并没有过时。

1964 年 2 月 4 日，周恩来带着摩加迪沙市赠送的"自由钥匙"，结束了对非洲十国的访问，率领中国政府代表团离开索马里回国。

按原计划，代表团回国后在昆明、成都稍事休整，过完春节将再访亚洲三国——缅甸、巴基斯坦、锡兰（今斯里兰卡）。这就是后来所指的"亚非欧十四国之行"（首访非洲十国，欧洲的阿尔巴尼亚，亚洲的缅甸、巴基斯坦、锡兰）。

周恩来畅谈"非洲印象"。荷兰机组人员却依依不舍

结束对非洲十国的访问后，对非洲大陆和非洲各国形势的感性、理性认识，都深深地刻在了代表团尤其是团长周恩来的脑海里。当春节以后代表团继续出访亚洲三国时，"非洲"仍在他们脑海中萦回，以至于他们与这三国的朋友们不由自主地谈起非洲的观感。

1964 年 2 月 16 日，周恩来与缅甸联邦革命委员会主席、革命政府部长会议主席奈温将军，在额不里海滩上的一棵古老的大树下，进行了长达 6 个小时的谈话，"非洲印象"是谈话的主要内容。

周恩来侃侃而谈："我们对非洲总的印象是，那里存在着反对帝国主义和殖民主义的大好形势，非洲人民迫切要建设自己的国家。同亚洲相比，非洲的觉醒迟了一步。但是，在二次大战后，特别是万隆会议以后，非洲各国人民的民族自觉性空前提高，都要求站起来。当时，参加万隆会议的非洲国家仅有阿联、埃塞俄比亚、加纳、利比里亚、利比亚和苏丹。可是，万隆会议在整个非洲的影响却很深。作为亚洲国家的成员，中国代表团在非洲受到很热烈的欢迎。非洲人民对包括缅甸在内的亚洲人民的印象是，亚洲比非洲先走一步，在维护民族独立、发展民族经济和文化、增强自卫能力等方面，亚洲是他们的榜样。亚洲和非洲人民之间存在着兄弟的友谊、战斗的友谊、革命的友谊，休戚相关。

"在非洲我们印象最深刻的是，受所谓西方文明压迫和剥削了四五个世纪的

非洲人民比亚洲人民受到的苦难更多更深……西方资本主义不仅压迫、剥削本国人民，而且基本上消灭了美洲土人，奴役了非洲人，剥削了亚洲人。陈毅副总理为此作了一首词（注：即访非期间所作的《满江红·黄金海岸》，其中有'惊世间残暴竟如斯，两洲血'句），其中'两洲'指的就是非洲和美洲。因此，资本主义这一名词在非洲人民中印象最坏，一听到就讨厌，这已经变成了非洲的民族感情。

"非洲有两类国家，一类已经取得独立，一类尚未取得独立。在非洲有 59 个国家和地区，已经独立的有 34 个，未独立的 25 个，现在只能这样分。

"已独立的国家都有一个共同认识，即单是政治独立是不够的，还要求经济独立。对于这一点，非洲有见识的首脑也认识到了。当前非洲还是贫穷落后的，几乎没有像样的工业，城镇过去是为殖民者享受建设的。既然这些地区如此落后，建立独立的民族经济是否可能呢？

"我们认为非洲遍地是宝，有广大未开垦的处女地。矿产虽然被殖民者掠夺了一些，但大部分未被开采，有石油、煤、铁等丰富的矿藏……总之，农、林、牧、渔资源都很丰富……只要非洲开发起来，农业发展起来，就能自给自足，从而打下可靠的国民经济基础，再逐步发展工业。未来的非洲一定是一个繁荣的非洲。"

周恩来认为，非洲的发展和繁荣，必须解决"彻底消灭殖民主义者的统治"和"把民族革命和民主革命进行到底"的问题。他指出了三个解决问题的环节：第一，建立民族自卫武装；第二，粉碎旧的国家机器，建立民族的国家机器；第三，继承和发展民族文化。

中国总理首访非洲，就得出如此全面、深入的了解和独到的见解，不得不令奈温将军惊叹和佩服。

3 月 1 日，中国政府代表团再次回到昆明，结束了这次马拉松式访问。

中国人的访问结束了，荷兰皇家航空公司"波罗的海"号专机的使命也算圆满完成了。机组人员为中国政府代表团访问非洲、了解非洲、留下深深的非洲印象，立下了汗马功劳。专机的飞行，有时整天整夜都在天上，正如黄镇在飞机上的一首即兴诗所说"一日飞行万里天"。机组人员都是尽心尽力的。周恩来也没有忘记他们，沿途对他们的工作和生活给予了细致、亲切的关怀。这些荷兰人说：

"我们荷兰飞机差不多跑遍了全世界，但没有看到任何国家的领导人像中国总理这样平等待我们，他同我们握手、照相，对我们十分尊重。"

俗话说，"以心换心"，友谊都是互相的。正因为中国总理平等待他们，关心、尊重他们，他们反过来全心全意地为中国总理服务。奇怪的是，欧洲人对这架飞机反而评价不高。英国著名记者兼作家迪克·威尔逊就说过：

"周恩来乘坐的飞机是一架租来的荷兰皇家航空公司的客机，这种飞机被欧洲新闻界不客气地描绘为一种'非常老式的由美国人制造、德国人驾驶的螺旋桨式飞机'，并被不恰当地命名为'波罗的海'号。"

欧洲人哪里知道，中国的总理却能与"波罗的海"号机组进行最好的合作。在中国代表团访问阿尔巴尼亚后，本来应该另换一批机组人员飞突尼斯的，但是他们机组的18个人联名给荷兰公使写了一份报告说：我们决心继续为中国总理访问非洲服务到底。荷兰政府同意了这一请求，机组人员也实现了自己的愿望。

访问结束到达昆明时，荷兰机组人员提出想到北京看一看。周恩来同意给他们以特殊礼遇。他与陈毅专门招待了机组人员，后来又派我们自己的飞机送他们到北京，并派人带领他们参观了北京的名胜古迹。当荷兰机组人员回国时，他们依依不舍，临行还诚挚地表示：周总理以后有出访的任务，我们非常愿意再来服务，一定圆满地完成任务。

独特的出访报告——周恩来给翻译人员最高评价

1964年3月15日，中国政府代表团终于回到了离别3个月的北京城。毛泽东、刘少奇、邓小平等党和国家领导人，早已在首都机场与各界群众一道迎接代表团的到来。晚年的毛泽东，很少到机场去迎接出访归来的党政领导，对周恩来来说，这是毛泽东难得的一次亲自到机场迎接。足见非洲之行的重大意义。

回国以后，首要任务是对此次出访作出总结，向中央作报告。此次首访非洲，非同寻常；要作报告，亦非易事。2月9日，在代表团中途回国休息期间，周恩来曾给中共中央和毛泽东主席发电说明情况：

"归来已四日，本拟写系统报告送中央，因环境突由紧张而松弛，反而睡眠不好，连电话都未打给尚昆同志，报告也就未能着手。

"在国外时，本拟分国报告，但从阿尔巴尼亚后，硬分不出执笔起草报告提纲时间，致报告中断，心甚不安。幸好所遇问题，均未超出在出国前中央批准的外交部请示报告中所提的方针……

"现离再度出国还有五天，拟先草一报告大纲并与陈毅等同志商定后即先电中央，全面报告待下次归国后再写。请中央予以批准。"

可见，访非之紧张和报告之不易。按周恩来意，访非报告大纲应在访亚洲三国之前写出报中央，但代表团在昆明稍事休息后，又赶往成都与各界群众欢度春节，因此直至出访缅甸的前一天，报告大纲仍未写出。周恩来和陈毅只好又电中央说明情况：

"访非报告大纲尚未写出。明日即将首途续访亚洲三国。3月1日回国，经大家商定，拟仍来成都小憩，并写成报告提纲。"

报告"难产"，除了时间紧张、诸事缠身等原因外，还因为这次访非是一次丰富、生动且意义深远的出访，必须安下心来写作。

3月1日，代表团由亚洲三国回来时，周恩来与陈毅商定：索性写成访问十四国的报告，一起报中央。3月6日，周恩来和陈毅在成都召开我部分驻外使节座谈会，总结访问十四国，重点是访问非洲十国的情况。

回到北京以后，更是紧锣密鼓地赶写这份出访报告。周恩来还多次与陈毅及外交部的有关人员讨论、修改。3月29日，《关于访问十四国的报告》终于拟就。

1964年3月30日、31日两天，第二届全国人大常委会和国务院召开联席会议，听取周恩来作长达151页的《关于访问十四国的报告》。

这是怎样一个报告？以至于我国最高权力机构和最高行政机关的官员们一连听了两天仍不感到厌倦？

报告讲了五大部分：（一）访问的经过和收获；（二）阿尔巴尼亚之行；（三）非洲的革命形势和任务；（四）南亚三国之行；（五）我们对亚非国家的政策和任务。

题目本身并不吸引人，引起人们兴趣的是报告的内容。人们当时对非洲极其陌生，很想了解这块大陆，也想得知中国政府代表团进入非洲后那里的官方和人民的反应。更感兴趣的是，周恩来在这一报告当中，加进了访问中的许许多多情节、所发生的趣事奇闻、所引发的各种感慨等，使得报告生动、活泼，有血有肉……

令大家感到另有含义的是，周恩来把这次跟随出访的三位翻译请到了会场，坐在显眼的位置。他在全国人大常委和国务院全体委员面前，异乎寻常地称赞了翻译人员，给了他们最高的评价。他在报告词中这样提到：

"我还要提到翻译人员，翻译人员不仅是翻译，还可以作政治工作。我要特别给大家介绍一下，我们今天请了三位翻译来，特别是前两位，一位是齐宗华；一位是冀朝铸，冀朝鼎的弟弟。一个是法文翻译，一个是英文翻译。另外一位是阿尔巴尼亚文的翻译，叫范承祚。我们要是没有他们三个人，那就寸步难行，相对无言，根本说不了话。我们这些工作，不经过他们三位，就根本做不成。而他们三个人，如果在政治上不发展，就翻译不好。不仅文字上要好，还得政治强，才能把我们的话翻译出来。而中国的话，又是没有什么章法的，一个人一个说法，我一个说法，陈总一个说法，我们两个人的口音又不同，说话的方式也不一定都相同，他都能翻译出来，而且意思不走。所以，没有政治上的发展是不行的。所以我说，翻译工作是最有政治发展前途的工作。"

这些被周恩来称赞和举荐的，政治上和文字上都强的翻译人员，后来都成了很有发展前途的人。其中，那位叫"冀朝铸，冀朝鼎的弟弟"的人，后来成为中外闻名的外交家、政治家，担任了联合国副秘书长。

接着，周恩来又动情地历数了与自己共过事的五批翻译：

"与我共事的翻译有五代：第一代是黄华，第二代是龚澎，第三代是章文晋，第四代是浦寿昌，第五代是冀朝铸。这是讲的英文翻译。他们都是向政治方面发展，这个是必然的。所以，应该培养广大的翻译；现在翻译太少了，跟我们的国家大不相称，七亿人口才这么几个翻译，我想起来就难过……"

周恩来所点的这些翻译，都是世界熟知的中国外交家。在共和国总理眼中有如此高的地位，他们倍受鼓舞。

首访非洲十个国家以及其他亚欧四国，"前后共经历了72天，行程十万八千里"（周恩来语），终于完成了它伟大的历史使命和外交使命。尽管周恩来谦逊地说，"我们这一次去访问，可以说是走马观花，去做探路的工作"，但是他仍然充满信心地预言：

"这个探路的工作可以为以后政府的、民间的、从各方面去的人打开一个关系，所以，这个影响会跟着以后的工作越来越发展。"

历史，印证着伟人的预言！

32 原子能事业的主帅

　　为了中国的"蘑菇云"，刘少奇提议：发展原子能这件事要请总理出面才行。周恩来担任主帅，"先抓原子弹"。

　　1964 年 10 月 16 日，是一个极为特别的日子。这天下午 15 时整，中国在其西部成功地爆炸了一颗原子弹。由于这一声巨响，世界力量的对比，发生了重要的变化；超级大国的核垄断、核讹诈，被中国打破了。

　　为了这一天的到来，周恩来率领中国核工业战线上的科技工作人员和管理人员们进行了长期的艰辛努力。

　　……

　　当新中国在隆隆的炮声中诞生的时候，世界已进入一个以核能的广泛开发利用为标志的科学技术革命的新时代——原子能时代。在这个时代来临之际，除少数科学家以外，一般中国人基本上对原子能无所知，只是对原子弹的威力有所耳闻；而对核战争应持的态度，中共领导人也有明确的认识。

　　1946 年 8 月，毛泽东接受美国记者安娜·路易斯·斯特朗的采访，阐述了中国共产党对原子战争的态度。斯特朗问："如果美国使用原子炸弹呢？如果美国从冰岛、冲绳岛以及中国的基地轰炸苏联呢？"毛泽东回答说："原子弹是美国反动派用来吓人的一只纸老虎，看样子可怕，实际上并不可怕。当然，原子弹是一种大规模屠杀的武器，但是决定战争胜败的是人民，而不是一两件新式武器。"

　　3 年后，正如毛泽东所说，中国共产党领导的军队，依靠"小米加步枪"，依靠人民的力量，推翻了拥有原子弹的美国支持的国民党反动派，建立了新中国。毛泽东对原子弹、核战争在战略上要藐视，在战术上要重视的基本看法，成为新中国发展原子能事业的指导思想之一。

决策之初：自己动手，从头摸起

新中国的原子能事业，创始于 20 世纪 50 年代初。

1949 年 2 月底，中共中央决定派出代表团，出席将于 4 月在法国巴黎召开的保卫世界和平大会。代表团成员包括：团长郭沫若，副团长马寅初、刘宁一，秘书长钱俊瑞，中国科协会员丁瓒，世界科协会员钱三强等 40 人。钱三强当时在北平研究院原子学研究所工作，并在清华大学任教，正着手培训原子核科学干部和筹建实验室。苦于缺少必要的仪器和图书资料，他向有关方面提出：想借到巴黎开会的机会，托在法国留学时的老师约里奥·居里教授帮助定购中型回旋加速器的电磁铁和其他一些仪器、图书、资料等，预算需要外汇 20 万美元。中共中央对发展新中国的尖端科技极其重视，同意了钱三强的意见。随后，周恩来派中央统战部部长李维汉在中南海约见钱三强。李维汉对钱三强说："你想趁开保卫世界和平大会的机会，定购一些研究原子核科学需要的器材，中央很支持。……中央对发展原子核科学很重视，希望你们好好筹划。"3 月 27 日，刚刚随中共中央进入北平才两天的周恩来，又在北京饭店亲切会见了出席保卫世界和平大会的中国代表团全体成员。

在周恩来等中央领导的关怀和支持下，中国科学家后来利用这次采购来的仪器、资料和自己制造的一批核科学技术实验设备，在 20 多个学科领域开展了研究工作，培养了一批科研骨干，获得了一定的科研成果，为创建我国原子能事业打下了基础。

新中国的科学技术基础很薄弱。原子核科学，几乎是白手起家。中国科学院成立以后，在原北平研究院原子学研究所和中央研究院物理研究所原子核物理研究机构的基础上，组建了近代物理研究所，由钱三强担任所长，专门从事原子核物理和放射化学的研究。1953 年底，近代物理所改名为物理研究所。

1953 年春，周恩来批准中国科学院组织访苏代表团，考察苏联的科学研究工作，商谈中苏两国间的科研合作问题。代表团访苏期间，恰逢斯大林逝世，周恩来率中国党政代表团到莫斯科参加斯大林的葬礼。在繁忙中，周恩来听取了中科院代表团的情况汇报，并与同来莫斯科的李富春共同与苏方交涉，使得中科院代表团团长钱三强有机会参观了苏联保密性很强的一些核科学研究机构和培养这方面人才的专门院系。参观中，钱三强向苏方提出，能否提供有关核科学仪器和实验性反应堆。苏方回答，可以通过外交途径解决。周恩来得知这一情况后，极其重视，遂通过外交途径与苏方磋商了帮助中国和平利用原子能的问题。

1954 年，我国地质部门首次发现了铀矿资源。这一情况，引起毛泽东和周恩来等中央领导的高度重视。1955 年 1 月 14 日，周恩来找来国务院第三办公室主任薄一波、著名科学家李四光、钱三强和地质部负责人刘杰，详细询问了我国核科学研究情况、核反应堆和原子弹的原理、发展核能技术所需要的条件以及我国的铀矿资源，等等。周恩来告知：中央要讨论发展原子能问题，你们作好汇报准备，届时带着铀矿石和简单探测仪器，做些操作表演。

1 月 15 日，毛泽东在中南海主持召开中共中央书记处扩大会议，专门讨论中国发展原子能事业问题。出席会议的有刘少奇、周恩来、朱德、陈云、彭真、邓小平、彭德怀、李富春、薄一波等。会议听取了李四光、钱三强和刘杰关于核反应堆和原子弹的原理以及我国核科学研究情况的汇报。根据周恩来会前的嘱咐，他们向中央领导人作了用仪器探测铀矿石的操作表演。大多数中央领导人还是头一次接触到原子核反应原理，产生了极大的兴趣。接着，毛泽东又询问了发展原子能事业的有关问题，周恩来帮助李四光等人补充情况，并提醒科学家用最通俗易懂的语言把这一问题讲清楚，以利中央作出决策。

毛泽东听完汇报后，高兴地说："我们国家现在已经找到铀矿，进一步勘探一定会找出更多的矿床。新中国成立以来，我们训练了一些人，科学研究有了一定基础，创造了一定的条件，过去几年你们也经常反映，但其他事情很多，来不及抓这件事。这件事总是要抓的。现在到时候了，该抓了。只要排上日程，认真抓一下，一定可以搞起来。"毛泽东还强调："现在苏联对我们援助，我们一定要搞好！我们自己干，也一定能干好！我们只要有人，又有资源，什么奇迹都可以创造出来！"周恩来在会上强调，对人才的培养需要大力加强。

这次会议，正式作出了发展原子能事业的战略决策，揭开了发展中国核科学技术研究和核工业建设的帷幕。

在中共中央作出这一重大决策的时候，美、苏两个拥有核武器的大国对中国采取了两种不同的态度。美国继续用原子弹恐吓中国；苏联则同意在和平利用原子能方面提供给中国一座实验性反应堆和一个回旋加速器。

对美国的恐吓，国际上有些人很担心。1955 年 1 月 28 日，芬兰驻华大使孙士敦在向毛泽东主席递交国书时，过分夸大原子弹的作用，说"有几个氢弹投在中国，中国差不多就完了"。周恩来当即表示："人是活的，不是死的，原子弹危害，最厉害的是工业集中、人口集中的国家。"毛泽东坦然且风趣地回答："即使美国的原子弹威力再大，投到中国来，把地球打穿了，把地球炸毁了，对于太阳系来说，还算是一件大事情，但对整个宇宙来说，也算不了什么。"

对苏联许诺帮助，中国政府迅速作出了反应。1955 年 1 月 18 日，《人民日报》等报纸刊登了苏联部长会议关于苏联帮助中国和平利用原子能问题的声明。随后，在周恩来主持下，起草了中国政府有关和平利用原子能问题的决议。1 月 31 日，周恩来向国务院全体会议第四次会议作了《关于苏联在促进原子能和平用途的研究方面给予中国以科学、技术和工业上的帮助问题的报告》，首次在国务院系统通报了情况，并作了动员。周恩来说："对中国来说，这是个新问题。现在是原子时代，原子能不论用于和平还是用于战争，都必须懂得才行。我们必须要掌握原子能。"他还从两个方面阐述了掌握原子能的意义和作用："从积极方面来说，我们要公开地进行教育，认真地进行工作，积极促进原子能的和平利用。从消极方面来说，要号召人民起来反对使用原子武器，反对进行原子战争。"最后，周恩来向国务院系统布置了几件需要立即着手进行的事情。他提出："这是一件大事情，又是一次生产革命。"

党和国家领导人的英明决策和宏大气魄，鼓舞了干部群众的斗志，也激励了尖端科技工作者加速利用原子能的信心和决心。

对于苏联的援助，党中央一开始就指示我国的科技工作者：既不能无限期地依赖苏联专家，更不能放松对苏联和其他国家的先进的科学技术进行最有效的学习。根据这一指示，我国在创建原子能事业的初期，就非常注重自力更生，充分发挥我国科技人员的积极性，培养自己的设计和设备制造能力，自己动手制造有关的精密设备、元件。

正当我国科技工作者信心十足地创建中国的原子能事业时，1959 年 6 月，苏联政府单方面撕毁了关于援助中国和平利用原子能的协定；1960 年 8 月，苏方撤走了全部专家，并带走了重要的图纸资料，停止供应设备材料，给正在建设的中国核工业造成了巨大的损失和严重的困难。有些外国人认为这是一个"毁灭性的打击"，断言中国"20 年也搞不出原子弹来"。

针对这一情况，周恩来在 1959 年 7 月提出：不理他那一套，自己动手，从头摸起，准备用 8 年时间搞出原子弹。陈毅也风趣地说：即使当了裤子也要把原子弹搞出来。毛泽东也早在头一年就预言："搞一点原子弹、氢弹、洲际导弹，我看有 10 年工夫完全可能。"

在这紧要关头，中共中央决定完全依靠自己的力量发展原子能事业。我国的核工业迅速实行了全面自力更生的重大转变。

加强领导："要请总理出面才行"

在 1955 年 1 月 31 日召开的国务院全体会议上，周恩来就强调过："要促进和平利用原子能，就要进行严肃认真的工作。"为了加强对原子能事业的领导，1955 年 7 月，中共中央决定由陈云、聂荣臻、薄一波组成三人领导小组。1956 年 7 月 28 日，周恩来向中共中央提出报告，建议在国务院成立原子能工业部，并对我国原子能事业如何解决建设速度、投资、技术干部等问题提出了具体的意见。同年 11 月，原子能工业部——第三机械工业部（1958 年以后改名为第二机械工业部）正式成立，由宋任穷任部长，刘杰、袁成隆、刘伟、钱三强、雷荣天任副部长，具体负责我国原子能事业的建设和发展工作。同时，在中国科学院系统，为加快发展核科学技术，还成立了分别以李四光和吴有训为主任的原子核科学委员会和原子核科学委员会同位素应用委员会。根据中央关于要"迅速地建立和加强必要的研究机构"的指示，到 1958 年夏，原子能研究所需的反应堆和回旋加速器等设备建成，原物理研究所改名为中国科学院原子能研究所。9 月，原子能研究所建立了我国第一个比较完整的综合性核科学技术研究基地。随后，又相继建立了铀矿地质、铀矿选冶、核武器等专业性研究机构。从此，我国原子能事业进入蓬勃发展的阶段。

机构组成以后，加紧了规划工作。1956 年 1 月 14 日，周恩来在代表中央作的《关于知识分子问题的报告》中指出："科学技术新发展中的最高峰是原子能的利用。原子能给人类提供了无比强大的新的动力源泉，给科学的各个部门开辟了革新的远大前途。"他认为，科学技术的最新成就，使人类面临着一个新的科学技术革命和工业革命的前景，它远远超过蒸汽和电的出现而引起的工业革命。

1963 年 4 月，周恩来和发展中国原子能事业的中央专委会成员贺龙
（右二）、聂荣臻（左一）、张爱萍（右一）在中南海

他提出我国科学界的任务："就是要在第三个五年计划期末，使我国最急需的科学部门接近世界先进水平，使外国的最新成就，经过我们自己的努力很快就可以达到。"

会上周恩来还宣布："国务院现在已经委托国家计划委员会负责，会同各有关部门，在 3 个月内制订从 1956 年到 1967 年科学发展的远景计划。在制订这个远景计划的时候，必须按照可能和需要，把世界科学的最先进的成就尽可能迅速地介绍到我国的科学部门、国防部门、生产部门和教育部门中来，把我国科学界所最短缺而又是国家建设所最急需的门类尽可能迅速地补足起来，使十二年后，我国这些门类的科学和技术水平可以接近苏联和其他世界大国。"

原子能利用，就是我国科技事业最急需的门类之一。知识分子问题会议以后，在周恩来亲自领导下，李富春、聂荣臻主持制定了我国第一个科学技术发展十二年规划，5 月，在全国科学规划会议期间，周恩来多次听取科学家们的意见，会议最后确定规划的方针是：重点发展，迎头赶上。并选定了原子能、喷气技术、半导体、计算技术、电子学、自动化技术等 57 门重点学科。原子能被摆在最为突出的地位。

苏联单方面撕毁协定、撤退专家后，我国尖端科技界在党中央的领导下，在周恩来的亲自主持下，更加发愤、努力地工作。到 1962 年上半年，核工业建设和核武器的研制取得了很大的进展。

1962 年 8 月，第二机械工业部党组提出了争取 1964 年最迟 1965 年进行第一颗原子弹试验的规划。就这一规划，中国人民解放军总参谋长罗瑞卿专门向中共中央呈送了一份报告，建议成立中共中央专门委员会，以从更高的层次加强对尖端事业的领导。11 月 2 日，邓小平在报告上批示："拟同意，送主席、刘、周、朱、彭核阅。"11 月 3 日，毛泽东批示："很好，照办。要大力协同做好这件工作。"

此后，在一次中央政治局会议上讨论这项工作时，刘少奇提出："这件事要请总理出面才行。"这一意见，得到大家的一致赞同。

1962 年 11 月 17 日，在中共中央直接领导下的中央专门委员会正式成立，由 15 人组成。主任周恩来，成员有贺龙、李富春、李先念、薄一波、陆定一、聂荣臻、罗瑞卿、赵尔陆、张爱萍、王鹤寿、刘杰、孙志远、段君毅、高扬。一位总理、七位副总理、七位部长，组成了中国原子能事业（包括核工业建设、核试验工作、核武器研制、核能的和平利用、核科学技术等）的领导核心。

历史性突破：中国升起第一片蘑菇云

从 1962 年 11 月中央专委会成立，到 1964 年 10 月 16 日我国第一颗原子弹爆炸试验，共召开了九次中央专门委员会会议。另外，还召开了若干次中央专委会小会，及时地解决了原子能工业生产、科研和建设中的 100 多个重大问题。

1962 年 11 月 17 日，就在中央专委会成立的当天，周恩来主持召开了第一次专委会会议。详细听取了第二机械工业部部长刘杰的汇报。11 月 29 日，周恩来主持召开第二次专委会会议，明确提出了国防尖端科技要"先抓原子弹"。这一战略重点的提出，使从事这一工作的同志明确了主攻方向。用专委会办公室专

原子弹爆炸后升起的蘑菇云

职副秘书长刘柏罗的话来说："大家的心情豁然开朗，一下子就把思想集中到原子弹这个重点上来了，中央其他领导同志也都很赞同。此后，中央专委会和国防尖端工业部门的工作，主要放在原子弹的研制上。"

在第一次专委会会议上，还决定从工业部门抽调干部，成立中央专委会办公室。在第二次专委会会议上，还讨论、解决了组织制度、工作条例、队伍建设等问题。周恩来提出，专委会是政策领导、组织领导，负责决策和行政、组织、检查等工作；大家"又是首长又是'脚长'，要做无名英雄"。在这次专委会会议上，针对核工业的薄弱环节，周恩来当即决定加强第二机械工业部的科技力量以及党和行政的领导力量。他限令各有关部门、部队和高等院校、科研单位于12月底前，为二机部选调各方面出类拔萃的人员500名，并调配1100多台仪器设备，同时决定有些技术设备要由外国引进。

12月4日，周恩来又主持召开第三次专委会会议，原则同意刘杰提出的《1963年、1964年原子武器工业建设、生产计划大纲》（简称《两年规划》）。对爆炸第一颗原子弹的准备工作，周恩来讲了四点即十六字方针：实事求是，循序而进，坚持不懈，戒骄戒躁。在这次会议上，他还着重对二机部的工作提出了"三高"要求："二机部的工作必须有高度的政治思想性，高度的科学计划性，高度的组织纪律性。"

在中央专委会成立后的半年时间内，我国原子能工业各条战线迅速形成了一支能打硬仗的队伍，为原子弹的研制和生产提供了有力的保证。

1963年12月5日，当我国第一颗原子弹的研制工作接近成功时，周恩来主持召开了第七次专委会会议，讨论第一颗原子弹试验的工作安排。周恩来提出：关于试验工作的安排，地面试验放在第一位，并继续完成空投试验的准备工作，同时把地下试验作为科研设计项目立即着手安排。会议据此作出了相应的决定。此后，我国核试验一直是沿着这一方向前进的。

在实验科研人员进行的上千次爆轰试验的基础上，1963年12月24日，在西北的核武器研制基地成功地进行了聚合爆轰出中子试验。不久，铀浓缩厂在攻克了一个又一个技术难关后，也于1964年1月14日拿到了可以作为原子弹装料的合格的高浓铀产品。毛泽东和周恩来接到报告后，非常高兴。毛泽东充分肯定了科研、生产战线同志们的成绩；周恩来批示："请转告刘杰同志，庆贺他们提前完成关键性生产和解决了关键性的技术试验，仍望他们积极谨慎、坚持不懈地继续完成今后各项任务。"此后，核燃料的生产和核武器的研制进展更加顺利。到 9 月，除气象、爆炸时间等问题外，爆炸试验的技术问题已基本解决。

1964 年 9 月 16 日、17 日、23 日，周恩来主持召开了第九次专委会会议。会上，他详细询问了试验前的准备工作。会议讨论了燃料保存、点火控制、气象、地形、运输、组织等问题。一开始，对 1964 年 10 月还是 1965 年四五月间进行爆炸试验，有不同意见。经过详细的讨论研究后，周恩来综合大家的意见提出：争取 1964 年试验；由专委会起草有关报告，报请中共中央政治局常委会议决定；同时，二机部、国防工办等单位要积极、充分地做好准备。他还提醒大家注意：对核试验的利弊要充分地估计，不能有丝毫的松懈；并要严格遵守保密制度。

这期间，周恩来还对参加第一次核试验的工作者们提出了又一个十六字方针："严肃认真，周到细致，稳妥可靠，万无一失。"这十六个字，被大家用精心挑选的彩色石块镶嵌在试验基地上，成为我国各尖端科学试验基地长期遵循的座右铭。

9 月 23 日，征得中央常委同意后，中央专委会决定于 10 月 15 日至 20 日期间进行首次核试验。周恩来对专委们说：这次试验，要绝对保密，除了同试验直接有关的人员外，其他人一律不能知道，包括你们的妻子、儿女；邓颖超是我的妻子、老党员、中央委员，由于她的工作同核试验无关，所以我没有告诉她。

随后，解放军副总参谋长张爱萍作为试验场的总指挥，带领二机部的刘西尧等人前往西北核试验场。张爱萍把周恩来以身作则严格保密的话原原本本地向全体参试人员作了传达，使大家深受教育。这对首次核试验保证无一泄密事件，起了重大的作用。

周恩来在组织有关人员对与爆炸试验时间有关的气象等问题进行研究并将意见向毛泽东报告后，于 1964 年 10 月 14 日下达了核装置就位的命令。随后把第一颗原子弹爆炸试验的时间定在 10 月 16 日 15 时。

1964 年 10 月 16 日，周恩来、贺龙、聂荣臻等人坐镇北京，亲自守候在连接试验现场的电话机旁，听着现场的指挥口令和倒计时的声音。毛泽东和刘少奇等人也各自在办公室密切关注着这次试验。15 时，中国西部一声巨响，火球光芒四射，随即向空中升腾翻滚，变成一片巨大的蘑菇云。第一颗原子弹爆炸成功了！

爆炸成功后，国外的反映接踵而至。日本东京方面广播，中国可能在它的西

1964 年 10 月 16 日傍晚，周恩来在人民大会堂向音乐舞蹈史诗《东方红》演职人员高兴地宣布：今日北京时间 15 时，我国第一颗原子弹爆炸成功了

部地区爆炸了一颗原子弹；接着，又收到了美国关于中国爆炸了原子弹的消息。

当晚 22 时，周恩来在人民大会堂向音乐舞蹈史诗《东方红》的 3000 名演职人员宣布了这个喜讯，随后，中央人民广播电台正式向国内外播出了我国首次核试验成功的新闻公报和中国政府对于核武器问题的立场。

我国第一片蘑菇云升起，人民无不欢欣鼓舞，兴奋异常。世界友好国家和人民，纷纷向我国表示祝贺和支持，普遍认为：中国有了原子弹，使世界力量对比发生了变化，有力地打击了少数大国垄断核武器的阴谋，从而使亚洲和世界的和平得到了更有力的保障。

继续前进：发展核科技与和平利用原子能

在首次核试验当天发表的《中华人民共和国政府声明》指出：中国政府一贯主张"全面禁止和彻底销毁核武器"，"中国发展核武器是为了防御，为了打破核大国的核垄断"。中国政府郑重宣布："中国在任何时候、任何情况下，都不会首先使用核武器。"次日，周恩来总理致电世界各国政府首脑，重申了中国政府的上述立场。再次提出建议："召开世界各国首脑会议，讨论全面禁止和彻底销毁核武器问题。"

中国政府的这一立场和态度，充分表明了中国政府研制核武器的目的不是为了进行核战争，而正是为了反对核垄断和核战争，最终禁止和销毁核武器，争取真正的世界和平。但是，一些西方国家对中国的核试验则别有用心地到处造谣中伤。对此，周恩来曾说："中国现在才试了一次，就有人叫起来。真好笑！如果中国没有试验，也没有人来谈禁止核试验，但我们一试验，就有人要中国参加裁军会议，说中国参加了核俱乐部。"他指出，美国提出的美、苏、英三国部分禁止核试验条约，"就是要束缚社会主义国家的手足，束缚民族独立国家的手足，而允许美国试验和扩散"。周恩来还明确地说明："我们愿意促进国际合作，没有任何理由责备我们。"

第一颗原子弹爆炸成功后，为了进一步打破核大国的核控制，中共中央决定，要加速研制氢弹。为此，周恩来找来二机部部长刘杰，研究对研制氢弹的安排。刘杰认为：现在还有许多问题吃不透，大约需要三五年时间。周恩来提出：五年太慢了，要加快发展；下一步的重点是"两弹结合试验"，立即着手抓加强型原子弹和氢弹、导弹。

从尖端科技的发展来看，由原子弹到氢弹又是一个质的飞跃。实现这个飞跃，美国花了7年零4个月，苏联花了4年，英国花了4年零7个月。而当时法国已用了4年多时间研制，仍未成功。但是，在党和政府的领导下，我国科技工作者经过认真调查研究，反复分析论证，认为我们能够在较短的时间内实现这个飞跃。1965年年初，二机部向中央专委会呈报了《关于加速发展核武器问题的报告》。2月3日、4日，周恩来主持召开第十次中央专委会会议审议了这个报告。会议决定："力争于1968年进行氢弹装置的爆炸试验。"

经过我国国防尖端科技工作者的协作努力，终于在1965年年底掌握了氢弹原理，并立即布置进行氢弹试验的"三部曲"，即依次进行热核材料、氢弹原理、全当量氢弹三次试验。1967年6月17日，我国成功地进行了一次300万吨级的可以装载导弹头的空投氢弹试验。从原子弹到氢弹，仅用了2年零8个月，技术水平也超出美、苏的首次氢弹试验，提前实现了原来的预想。

当然，试验过程并不是一帆风顺的，也出现过许多险情甚至事故。

1971 年 12 月 30 日，在我国西北某地进行第一颗实战氢弹的投掷试验，就没有成功。

当时，由飞行员杨国祥驾驶的飞机进入预定地点，机上载有一枚数万吨当量的实战用氢弹。塔台发出投掷命令后，杨国祥用力伸向推脱装置机关，投掷装置却无反应。他又采取超应急措施，仍没有成功。

随着气候、温度、气流、速度的变化，氢弹可能会在空中突然爆炸，不仅会机毁人亡，基地也会成为一片废墟。

在北京一直守在电话机旁的周恩来虽然极为担心，但他镇定下令：除塔台指挥外，所有人员，无一例外，全部撤出。

杨国祥却另有考虑，他坚定地请示说："我要带弹返航。"

周恩来捏着话筒，沉吟半响，沉重地说："要相信我们的飞行员。"

在惊人的寂静中，杨国祥终于稳稳地驾驶着飞机，在某机场降落了。

周恩来这才松了口气，说："带氢弹着陆成功，是一大奇迹，要好好总结经验。"后来查明，事故原因是推脱装置变形。

在取得国防方面巨大成就的同时，我国原子能工业一直注意将原子能用于和平建设上。但"文化大革命"的冲击波影响了原子能工业的发展，造成了一定的干扰破坏。在"文革"之初的 1966 年 9 月 25 日第十六次专委会会议上，周恩来不无遗憾地说："上次专委会会议后，就主要是'文化大革命'了，五、六、七、八月想开专委会会议均没有开成。"他对专委们说：你们要说服二机部等科研、生产机关取消红卫兵，取消派别，使这些部门正常工作。

然而，"史无前例"的"文化大革命"，仍然对尖端科技战线造成了难以估量的损失。

一次，周恩来正在举行欢迎外宾的酒会，突然，得到一个惊人的消息：某导弹研究院一位和钱学森一起在周恩来关怀下从海外归来的著名火箭材料科学家姚桐斌被"造反派"整死了。周恩来震惊得手中的酒杯掉落在地上，砸得粉碎。他震怒了，写下了一批科学家的名单，命令严加保护，"必要时用武力保护"。这批科学家中，不少人后来对我国的尖端科技又作出了重大贡献。

屠守锷，是我国第一枚洲际导弹和长征二号运载火箭的总设计师，1971 年 9 月 10 日，我国首次研制的洲际导弹飞行试验获得成功。

1965 年 6 月，周恩来视察国防尖端科技某基地

梁守槃，研制出了中国的"飞鱼"导弹，性能大大优于法国的。当 1984 年的天安门阅兵式上出现这种导弹时，懂行的外国人十分惊诧！

......

"文革"中，林彪曾下令要把原子能工厂全部迁到三线。周恩来尽力阻止这个毁灭性的破坏。当黄永胜、吴法宪紧跟林彪下令把发射基地迁到陕西西安、渭南、商洛一带，把正在建设的新疆反导弹靶场搬迁到云南时，周恩来指示，仍放在原来的地区不变。

由于周恩来代表中央对原子能工业采取了一系列保护措施，使得这一领域在动乱中仍能继续有所发展。原子能的和平利用，就是在排除干扰的情况下进行的。

1970 年 2 月、7 月、11 月，周恩来先后三次指示原子能工业部门：我国要搞核电站，要靠发展核电解决上海的用电问题。根据他 1970 年 2 月 8 日提出搞核电站的时间，我国的核电站工程被命名为"728 工程"。周恩来还提出，建设核电站，要遵循"安全、实用、经济、自力更生"的方针。从此，我国原子能工业发展的重点转向建设核电站，和平利用核能。1974 年 3 月 31 日、4 月 12 日，周恩来以惊人的毅力忍着病痛主持召开了他生前最后一次专委会会议，对我国原子能事业的发展提出了许多宝贵的意见。在 3 月 31 日的专委会会议上，审批了上海核电站工程（即今日的浙江秦山核电站）的建设方案。会上，周恩来要求，建设核电站要绝对安全可靠。他指示：有关部门要选派好的设计人员支援上海，通过这个工程锻炼一支又红又专的技术队伍；二机部、七机部、国防科委、国防工办要总结经验，要有专人抓这件事；在南方选址要注意防潮、防腐蚀、防风化；要想到 21 世纪、22 世纪，要为子孙后代着想；要从体制上整顿被林彪一伙搞乱了的尖端科研队伍，等等。

十年动乱结束后，1983 年 6 月，秦山核电站在原有的基础上开始了前期工程施工，1991 年 12 月 15 日实现了并网发电。它是我国自行研究、设计的第一座核电站，凝聚了毛泽东、周恩来等老一辈革命家和尖端科技工作者的心血。这座核电站的建设，都对我国核电事业的起步、培养技术队伍、掌握核电技术，起了重要的奠基作用。

33 同东方歌舞团的未了情

东方歌舞团是在周恩来的提议和关怀下成立的。在新中国文艺史上，
周恩来和东方歌舞团的故事，成了凝结在一代又一代的东方歌舞团演员
及所有艺术家心头的永恒！

1960 年 12 月 30 日，北京首都机场，晴空万里，寒风习习。周恩来率领中
国友好代表团即将启程，前往缅甸参加缅甸国庆 13 周年典礼并进行友好访问。
这是新中国建立以来派出的一个最大的友好代表团。

欢声笑语，掌声鲜花，汇成了一股如春的暖流。周恩来登上专机舷梯以他特
有的姿势和微笑，再一次向前来送行的董必武、朱德、邓小平、陈云及有关党政
军负责人，各方面人士，各国驻华使节招手致意。陪同周恩来前往访问的国务院
副总理兼外交部部长陈毅，副总理兼总参谋长罗瑞卿及他们的夫人紧随周恩来身
后，也频频挥手。

一向视文化艺术交流为外交先锋官的周恩来，这次出访没有忘记带一个庞
大的文化艺术代表团。这个代表团主要由总政歌舞团、中央歌舞团东方舞蹈训
练班、云南省歌舞团、中国京剧院及新疆、广东等省的演员组成，由对外文委
副主任张致祥任团长，共 400 多人，是随周恩来访缅的八个专业性代表团中最
大的一个。

早在一个多月前，周恩来就开始筹划随访的艺术代表团之事。考虑到缅甸基
本上是东方舞系，周恩来指示，这次艺术代表团随访，除了带一些表现我国传统
的民族歌舞和戏曲外，还要演出包括缅甸在内的其他一些亚洲国家的歌舞。但是，
在当时，我国擅长东方歌舞艺术的人才还较少，除了从新疆、云南、广东等省、
区抽调几个熟悉东方歌舞的演员外，演出东方歌舞的重任主要是落到了中央歌舞
团东方舞蹈班的演员身上。

东方舞蹈班是在周恩来的关怀下搞起来的。1956 年 9 月，印度尼西亚总统
苏加诺访问中国，周恩来在北京饭店举行盛大宴会招待苏加诺。席间，北京舞蹈

学校的演员表演了一个印度舞，引起了苏加诺的很大兴趣。苏加诺对周恩来说：我们可以派一些印尼舞蹈专家到中国来传授印度尼西亚舞蹈艺术。周恩来当场表示欢迎，并对北京舞蹈学校校长陈锦清说：你们舞蹈学校就搞一个东方舞蹈学习班吧，可得办好、学好啊，将来还要请苏加诺总统看看你们学得怎么样呢！

东方舞蹈班成立后，学习了阿富汗、缅甸、柬埔寨、印度尼西亚、日本等亚洲国家及一些非洲国家的舞蹈。

这次，周恩来在考虑随访缅甸的艺术团时，首先考虑到的就是东方舞蹈班。

12月11日，周恩来特意召集东方舞蹈班的演员谈话。这些演员大多还是20岁的小青年，初次面对他们的总理，有点拘谨和怯场。

周恩来亲切地招呼他们坐下，与大家聊了起来。

"你们会不会印度舞？是不是每个人都会？"周恩来问。

"没怎么学，张均会，她教过我们。"

"哪个东方国家的舞蹈难学？印度舞和缅甸舞哪一个难？"

"印度舞较难。"

"我看也是。印度舞比其他国家的舞蹈更有民族特点。它要求头、手、脚都要配合好，音乐节奏不容易掌握，掌握好必须下功夫。你们要好好学习。本来请好了一个印度专家，但没能来，以后还是要想办法请个专家。"

"东方舞有多少体系？"周恩来自问自答，扳着指头一个一个算了起来，"非洲先放一下，从伊朗以东算起，印度、巴基斯坦算一个体系，缅甸是一个体系，柬埔寨、泰国算一个体系，阿富汗、尼泊尔是一个体系，印度尼西亚是一个体系，朝鲜、日本、蒙古各是一个体系……"

东方舞蹈班的演员们没料到周恩来对东方舞了解得如此全面深入，他们的眼中全都充溢着钦佩的神情。

"你们学这么多舞蹈，一定要每一个都学得深入透彻。要先学好，然后再吸收到我们自己的民族舞蹈中，不要搞得土不土，洋不洋。"说到这里，周恩来问在场的唐枚荣老师："你们东方舞蹈班现在有多少人？"

"10个人。"唐牧荣回答说。

"这太少了，我看起码也得40个人。你们有后备力量吗？"

"有一部分学员。"

"你们可以向舞蹈学校要人嘛，舞蹈学校校长是陈锦清吧，向他要人嘛！"

周恩来继续说:"咱们来定个计划吧,到 1967 年,起码应该发展到 100 人。到时东方舞蹈你们都应该掌握,而且范围应该扩大,亚非拉都要学。以后你们每年都应该增加十几个人。"

周恩来的这次谈话,对东方舞蹈班的全体人员是一次莫大的鼓舞。

东方舞蹈班在随周恩来访问缅甸前,专门进行了一段时间的紧张集训与排练。为了跳好缅甸舞,还专门请了缅甸专家杜钦纽女士作指导。

周恩来导演了世界外交史上的一幕奇迹:驻外大使把中国艺术团的演出当作政治信息向国内首脑报告。周恩来兴奋地说:你们是没有头衔的大使,要考虑成立一个东方歌舞团。

1961 年 1 月 5 日,缅甸首都仰光(今已迁都内比都)。新建的露天剧场,座无虚席。随同周恩来访问缅甸的中国艺术代表团在此举行首场演出。缅甸的吴努总理、奈温将军陪同周恩来总理、陈毅等中国贵宾也在剧场观看演出。

演出中,中国的民族歌舞受到了观众的热烈欢迎,但演员们表演的缅甸歌舞,更是赢得了阵阵掌声。

张均和赵世中表演的缅甸双人舞,细致传神,跳出了缅甸古典舞蹈的韵律和情感,把台下的观众吸引得如痴如醉。当他们跳完最后一个音符时,吴努总理激动地站了起来,高举双手,带头鼓掌。周恩来、陈毅等也站起来鼓掌,场内其他观众也都唰唰地站了起来。顿时,雷鸣般的掌声响彻了露天剧场,大幕过了好一段时间才闭上。

吴努总理兴奋地对周恩来说:"演得太像了,能不能请演员们再为我们演一次?给我们的总统欣赏?"

周恩来愉快地答应了。

第二天,缅甸总统吴温貌和夫人在总统府花园里举行招待会,与身穿民族服装的周恩来等共叙友情。在吴努总理的建议下,赵世中和张均特意为吴温貌总统表演了缅甸古典双人舞,博得了总统和夫人的一再赞誉。

每一个历史事实的诞生,常常得力于某种历史机遇。

1961 年 1 月 8 日,虽然那时东方歌舞团还没有成立,然而,这个日子却以其特殊的意义永远载入了东方歌舞团的史册。这是东方歌舞团光荣而自豪的一天,也是令老一代东方歌舞团演员终生难忘的一天。

这一天，周恩来即将结束对缅甸的友好访问，在中国驻缅甸大使馆举行盛大的告别答谢宴会。

晚上，大使馆的花园中，晚风和煦，乐曲悠扬。绿油油的草坪上，彩灯闪烁。周恩来、陈毅、罗瑞卿等与应邀前来参加宴会的缅甸领导人吴温貌、吴努、奈温等及各国驻缅甸的大使和外交官频频举杯，依依惜别。

席间，中国艺术代表团一口气演出了14个亚非国家的歌舞节目。新疆歌舞团的演员阿依吐拉一人表演了苏联塔吉克族独舞《热孜》、尼泊尔独舞《赞王歌》、印度独舞《婆罗多舞》等三个国家的舞蹈。台上台下，气氛异常热烈。许多国家的使节把中国艺术代表团表演他们国家的歌舞看成是中国对他们国家的尊重和友好的表示。因此，每当演到哪个国家的歌舞时，哪个国家的大使就举着酒杯走到周恩来和陈毅面前表示祝贺和感谢。一些国家的大使当晚就打电报回国，把中国艺术代表团演出他们国家的歌舞当成一种政治信息向国内首脑报告。

使驻外大使把普通的文艺演出当作一种政治信息向国内政府首脑传递，这恐怕是周恩来在外交史上导演的又一幕奇迹。

文艺演出收到了满意得出乎意料的外交效果。周恩来也很兴奋。演出结束，把客人一一送走后，周恩来和陈毅急忙来到演出后台，看望参加演出的演员们。

这次参加演出的大多是在东方舞蹈班的娃娃们。由于人数少，演出的节目又多，且大多是集体舞，节目更换节奏很快，他们一个个满脸通红，气喘吁吁。

见此情景，周恩来又高兴又心疼。他与演员们在一起，激动地说："今天我看了这场演出非常高兴。不简单啊！今天的演出影响很大啊！那些大使们看了都高兴极了。你们演得很像哟。我们不要低估了这场演出，它的政治影响是非常大的，我们表演东方各个国家的歌舞艺术，不仅促进了东方国家的文化艺术交流，加强了我们同这些国家的友谊，而且对世界和平也是起了一定作用的。过去，别的国家是看不起东方国家的，尤其是东方歌舞艺术，可是，现在通过你们的辛勤劳动，把东方歌舞艺术向这些国家的使节介绍出来，这个影响很大啊！"

大概是激动的缘故，周恩来说话时的动作和表情十分丰富。陈毅在一旁笑眯眯地频频点头。

周恩来接着说："今天的演出，东方班的这些小孩太累了，他们人太少了。出来一个节目是这几个人，再出来一个节目还是这几个人。这个事业一定要大大地发展。东方班要补充人。东方舞蹈不但东方班要学，我们各个歌舞团都要学，都要会跳。我们和这些国家搞友好，不只是嘴上说说就成了，还要拿出实际行动。那么，我们学习他们的歌舞艺术，也是搞友好的一种方法。"

张致祥在一旁插话说："许多东方国家的舞蹈在我们国内还没有见过，需要请一些外国专家。"

周恩来说："回去后要好好计划计划。"

在离开缅甸回国的专机上，周恩来、陈毅等似乎还沉浸在昨天那激动人心的演出场面中。周恩来对张致祥说：这次回北京后，你和文化部好好商量一下，把昨天参加演出的那批娃娃保留下来，再补充一些人，考虑成立一个东方歌舞团。"

陈毅连连点头，浓重的四川口音响彻了整个机舱："要得，要得。"

周恩来还说："不要小看这类文艺演出。他们是没有头衔的大使，可以起到我们的大使所不能起的作用。我们做不到的事他们往往可以做到。"

成立东方歌舞团的决定，就这样在飞机上酝酿出来了。

周恩来幽默地对赛福鼎说："我们想从新疆摘一朵花蕾到北京工作，你看怎么样？"一个日理万机的大国总理亲自担起了人事处处长的角色。

成立东方歌舞团，首先面临的一个问题就是调集演员。为此周恩来亲自出马，从各省、市、自治区选调。

周恩来对那天晚上在中国驻缅甸大使馆的告别宴会上一人表演了 3 个独舞的阿依吐拉印象很深刻。但是，阿依吐拉是从新疆歌舞团临时借调到访缅艺术代表团的。从缅甸回国后不久的一天，周恩来找到当时任新疆维吾尔自治区主席的赛福鼎·艾则孜，幽默地说："我们想从新疆摘一朵花蕾到北京工作，你看怎么样？"

赛福鼎笑着说："你说的花蕾是指阿依吐拉吧？"

"噢，你怎么知道？"周恩来本来想赛福鼎抓耳挠腮猜上两个回合，不料，赛福鼎竟一下就揭开了谜底。

"我已得知阿依吐拉参加艺术代表团，随你去缅甸访问，她一人跳了三个独舞，你很欣赏，我猜就是她。"

"这回算你消息灵通，让你猜着了。怎么样，舍不舍得让她到北京来啊？"

"总理点名要，我举双手赞成，哪有阻拦之理？这是新疆人民的骄傲。"赛鼎福知道周恩来非常关心和扶植艺术人才。

"那好，就这样说定了。我再征求一下阿依吐拉本人的意见。"

几天后，周恩来把阿依吐拉等几名新疆歌舞团的演员邀请到中南海西花厅做客。当时，阿依吐拉他们从缅甸回国后，临时住在北京的北方旅馆。当工作人员把总理要请他们到家中做客的消息告诉他们时，他们既激动又不安。他们做梦也没有想到他们会被日理万机的总理请到家里做客。别看他们在舞台上表演时全身自如，但当他们被领进中南海西花厅时，手脚却显得有点僵硬失灵了。周恩来亲切地招呼他们坐下并亲自给他们倒茶，和蔼地问："你们离家时间很长了，想不想家啊？"

阿依吐拉他们很想家，但不好意思说出来，只好硬着头皮说："不想。"

周恩来看出了他们的心思，哈哈大笑。

不一会儿，热气腾腾的饺子端上来了。

"你们离开家很久了，想吃家乡饭了吧。今天特意为你们包的饺子，你们多吃一点，不要拘束。"周恩来一边招呼，一边往大家的碗里夹饺子。

在吃饺子的过程中，周恩来问阿依吐拉："你愿不愿意到北京工作啊？"

"愿意。"阿依吐拉点了点头。不过，她还以为周恩来只是问一问，她此时还不知道要成立东方歌舞团。成立东方歌舞团在当时还是个秘密，仅限于几个有关负责人知道。

周恩来也没有告知阿依吐拉具体调到什么单位工作只是勉励说："你们的事业很重要，很光荣，大有前途，要好好学习。"

第二天一早，阿依吐拉还没有起床，接待人员就把她叫醒了："总理办公室来电话，让你立即准备一下，搭乘今天的飞机回家看一看，期限是5天。5天后回北京有新的任务。"

就这样，阿依吐拉此后就成了东方歌舞团的第一批演员。有幸成为东方歌舞团第一批演员的傣族著名舞蹈家刀美兰、白族舞蹈家赵履珠，还有蒙古族舞蹈家莫德格玛、朝鲜族舞蹈家崔美善等也都是周恩来亲自点名调到东方歌舞团的。

1961年4月，缅甸总理吴努来到我国风景秀丽、气候宜人的云南度假，周恩来专程赴云南欢迎吴努总理。4月15日，周恩来和吴努来到西双版纳傣族自治州首府允景洪，同当地5000多名傣族群众一起欢度泼水节，并观看丰富多彩的民族歌舞。演出中，赵履珠演唱了电影《五朵金花》的插曲。她那宽广嘹亮、颇具民族特色的歌声引起了周恩来的注意。周恩来觉得赵履珠有点面熟，但一时想不起来她的名字，于是便叫人把赵履珠找来，亲切地询问她的名字、多大年纪、哪个民族、在哪里工作。周恩来又问："电影《五朵金花》的插曲是你唱的吗？"

"我仅唱了刚才唱的那几段，唱得不好。"赵履珠第一次面对面地同这么高层的领导人对话，显得有点紧张。

"你唱得不错。你是不是参加了前不久访问缅甸的艺术团？"

"参加了。"

"怪不得我看到你有点面熟。那次怎么没听见你独唱？"

"我只参加了女声小合唱和大合唱。"赵履珠此时做梦也没想到周恩来要把她调到东方歌舞团工作。

送走吴努总理后，周恩来和云南有关领导商量：要把赵履珠、刀美兰、李龙珠、朱培舞等四名云南省的歌舞演员调到北京工作。

周恩来曾经幽默地说：在调集艺术人才方面，要我和地方吵架也行。

不过，只要是周恩来亲自提出来，地方上没有不答应的。

6月16日，周恩来来到北京人民艺术剧院观看中央歌舞团和东方班演出的亚非拉国家的歌舞。演出结束，周恩来走上舞台与演员和工作人员一一握手后，对在场的有关负责人说："我看见东方歌舞团提出的名单了，都调齐了吗？"

"有的调来了，有的正在调。"

"我给云南打过招呼了，要调他们4个演员，其中有一个傣族姑娘叫刀美兰，还有一个白族姑娘赵履珠。"

周恩来又问在场的中央歌舞团的徐杰、资华筠："名单里怎么没见到你们的名字？你们愿不愿意到东方歌舞团工作？"

"我们愿意，但要由团长决定。"

"你们团长那里我去做工作。"

一个日理万机的大国总理，如此苦心细致地过问一个歌舞团的演员调配，这在世界上都是罕见的。

周恩来又问张均："你已经是东方歌舞团的了？"

张均调皮地一笑："我现在还是舞蹈学校的。"

周恩来也笑了："你应该是没问题，陈老总都请过你了，你还不愿意来吗？"

张均说："我愿意到东方歌舞团来，但不知道学校让不让我来。"

"我去找你们的校长陈锦清要人。"说到这里，周恩来环视着周围的演员和乐队成员，"东方歌舞团现在有多少人了？"

"名单还没有正式公布。"

"东方歌舞团要快点成立起来。"周恩来对一旁的有关负责人说。

"已经成立了筹备工作办公室，并开始工作了。"

"陈老总快从日内瓦回来了，成立东方歌舞团的事要抓紧些。"周恩来稍顿了一下，又微笑着补了一句，"东方歌舞团原来是个秘密，今天给公开了。"

在周恩来细致周到的直接关怀下，东方歌舞团于1962年1月13日正式成立。那天，周恩来正好有事不能前去参加成立典礼，便委托陈毅前往。

在非洲舞被斥为"扭屁股的摇摆舞"的年月里，周恩来正言：东方歌舞团不跳亚非拉舞算什么东方歌舞团？动辄是非洲舞的民族风格，你们要都改了，那就不叫非洲舞了。

周恩来为东方歌舞团确立的方针是：学习和演出我国民族民间传统的、优秀的、健康的歌舞节目，同时学习和演出亚非拉各国民族民间优秀的、健康的、进步的歌舞节目，以促进我国和亚非拉各国的文化交流，增进我国人民和亚非拉人民及世界人民之间的友谊。

然而，周恩来确定的这一方针在后来的贯彻执行中程度不同地受到"左"的思想的影响和干扰。这主要是当时有人认为演外国的歌舞革命化程度不够，要求演我国革命现代化的节目。在当时"左"的氛围中，一些演员对演出外国歌舞也有点心有余悸，担心别人说自己不够"革命"。

1965年8月21日，周恩来在人民大会堂开完会后和其他一些领导同志到山东厅参加东方歌舞团的汇报演出晚会。跳舞时，总参谋长兼副总理罗瑞卿与东方歌舞团的演员张均聊了起来。

罗瑞卿问："你们最近刚从印度尼西亚、柬埔寨回来？听说你们在柬埔寨的演出很好。"

张均说："不是太好。现在我们对那些仙女王子的东西都不太爱跳了，也不爱练了。有人说他们的这些节目离我们的革命化太远了。"

"那可不行。我们搞国际统一战线嘛！《赤道战鼓》给非洲外宾鼓舞很大。

刚果的朋友说，在中国的舞台上看到了刚果的情况，对我们有很大的教育和鼓舞。"

正说着，周恩来走过来了。罗瑞卿把张均拉到周恩来跟前，笑着说："总理，张均他们说，一些外国节目和中国革命化的节目比较起来，革命化不够，他们都不愿意跳外国的了。"

周恩来也笑了，说："噢，革命的要跳，外国的也要跳嘛！"

这时，扩音器中正好响起了王昆的《农友歌》，周恩来马上跟着唱了起来，并招呼着周围的演员也跟着唱，还一边打着拍子。他说："《农友歌》我就是这样跟着唱会的。王昆 20 年来唱了两大首歌，1944 年唱《白毛女》，1964 年唱《农友歌》。这《农友歌》有气质。"

中间休息时，张均、李桢丽、郭冰玲等一群演员围住了周恩来。他们对总理早已不再陌生了，说话也无拘无束。

李桢丽笑着说："总理，我想问一个问题。"

"什么问题啊？"周恩来精神爽朗，与这些年轻的演员在一起，他也仿佛变得年轻了。

"我们东方歌舞团前些时候演出了好几场，观众给我们提了好些意见。一种意见说我们演的都是老节目，要求演新的；一种意见说我们演的节目革命化不够。我们的革命化怎样做才好呢？我们都挺苦恼的。"李桢丽一脸愁苦的样子，引得周恩来笑了。

李桢丽接着说："比如，这次我们想尽了办法革命化，演了印尼的《女战士》，但观众还是觉得不怎么样。"

"《女战士》在印尼自己的国家是革命化了的嘛。我们不能用我们的标准去要求人家。要是对所有国家都用我们的一个标准，那就犯主观主义了。"少顷，周恩来又说，"节目可以分为两类嘛，一类是我们革命化的节目，另一类是介绍人家的，选人家一些好的歌舞。但不能用一个标准。"

"观众对革命化的要求挺高的。"

"观众他们不明白嘛，需要我们多介绍。这个介绍解释的工作很重要。你们向观众解释了吗？我看有时的节目说明书就是华而不实，形式主义。没有好好介绍，观众当然不明白。再说，要求革命化，如果所有的节目从头至尾都是一个样，那观众也接受不了。"

说到这里，周恩来指着挂在墙上的毛泽东的一首诗《七律·冬云》，逐字逐句地念了起来：

> 雪压冬云白絮飞，万花纷谢一时稀。
> 高天滚滚寒流急，大地微微暖气吹。
> 独有英雄驱虎豹，更无豪杰怕熊罴。
> 梅花欢喜漫天雪，冻死苍蝇未足奇。

"你们看，主席是在最后才把主题点了出来嘛！还有主席的《浪淘沙·北戴河》也是在最后一句'换了人间'才把主题点了出来嘛！"

周恩来一向要求艺术创作要有起伏，要有波澜，不要一个调子到底。

"为革命化的问题，我们很苦恼……"张均在旁边欲言又止。

"光苦恼有什么用？要坐下来想办法嘛！"周恩来又说，"革命不能输出，人家的舞蹈是什么样就跳什么样。人家的国家是民主革命，我们不能说成是社会主义革命。群众提意见是对的，但我们要好好地解释、介绍。这个问题等陈老总回来还要跟你们好好地议一议。"

可想而知，在当时的那种政治氛围中，东方歌舞团演出的一些在外国朋友看来已经是很革命化的外国歌舞，中国国内有些人尚且觉得革命化程度不够，那么他们演出的一些具有浓郁民族风情的亚非国家的民间传统歌舞，如要露出肚皮的埃及舞和印度舞、胯部和臀部扭摆得很厉害的非洲舞，国内大部分观众就更难接受了。

在那个动不动就可能被扣上资产阶级"毒草"帽子的年月，东方歌舞团当初学习亚非一些国家扭胯摇臀的民族传统舞蹈时就心存顾虑。对此周恩来指出：这是一个民族的舞蹈风格，可以向中国观众介绍，只要演员表演时的精神风貌是健康的，就没有关系。

陈老总也风趣地说："我才不信，我们那么大的一个中国，扭两下肚皮就把国家扭垮了。"

然而，尽管有周恩来和陈毅的话壮胆，但东方歌舞团的一些演员对跳外国舞，尤其是那些热情奔放的非洲民族舞，心中还有顾虑。

1965年11月的一天，东方歌舞团的部分演员参加了在中南海紫光阁举行的舞会。

舞会上，东方歌舞团的演员围住罗瑞卿诉说着他们心中的苦闷。

周恩来从外面进来了。

"总理，他们正在讨论你的指示呢！都讨论混乱了。他们对跳外国舞都有顾虑。现在张均一跳柬埔寨舞，心里就扑通扑通的。以后柬埔寨外宾来了，都没人跳柬埔寨舞了。"罗瑞卿上前迎着周恩来说。

周恩来环视着围在身边的几个演员，语气郑重而严肃："你们东方歌舞团不跳东方舞算什么东方歌舞团？我说的'以我为主'，是指出国演出要以中国舞为基础，演出中国节目有了基础，才能到国外搜集一些他们的节目。以中国舞为基础，并不是让你们排斥外国舞。"

罗瑞卿对演员们说："你们看，我说你们把总理的指示理解错了吧。以我为主，不等于外国节目就不演了。"

"你们是东方歌舞团嘛，不把亚非拉舞跳好，还叫什么东方歌舞团？"周恩来的语气和缓了一些，"柬埔寨这个国家的舞蹈有它自己的特点，宫廷式的，你们把他们的舞蹈动作程式改了，就对人家不尊重了，人家就会有意见。文化这东西是潜移默化的，不能强加于人。要不就要犯主观主义错误。"

东方歌舞团的一位演员说："我们去北非学了很多舞蹈，他们的舞蹈都是扭胯扭得比较厉害的，观众看了接受不了。"

周恩来说："群众接受不了就不一定要普及，不一定要到农村去演，可以在城市、工厂演，可以为接待外宾演。艺术有阳春白雪，也有下里巴人。目前，下里巴人是主要的，但少数的也不能取消。如交响乐，群众接受不了，就不一定要下去演，但城市、工厂还是需要，也还可以为特殊需要演出。"

周恩来停了停，继续说："非洲的舞蹈都是动胯的，这是他们的民族特点，你们要都改了，就没特点了，不叫非洲舞了，但你们可以动得含蓄些。"

"你们去越南什么时候走？"周恩来问旁边的东方歌舞团团长田雨。

"延迟到明年一月中旬走。"

"带了些什么节目？"

"以中国舞为基础，越南的节目要达到百分之五十。"

"那就好嘛。"周恩来发出了爽朗的笑声。气氛由开始时的凝重趋向于轻松活跃了。

苏冰慧（演员）问："总理，你穿得那么少，我们穿得这么多还爱感冒，张均就容易感冒。我们缺乏锻炼。"

"听说你爱感冒，"周恩来把目光转向张均，"我每天用凉水洗脸，你也要想办法锻炼。我四五年难得感冒一次。"

"看报纸上的照片，送卡瓦瓦那天你穿的衣服很单薄。"苏冰慧指的是前一天周恩来到机场欢送来我国访问的坦桑尼亚第二副总统卡瓦瓦回国。

"算你观察仔细。我今天刚开始穿上夹衣，前些时候一直穿单衣。送卡瓦瓦时别人都穿了大衣，我没穿，这也是个锻炼。"说着，周恩来甩出了一句幽默，"我们古代祖先不是都不穿衣服吗？也不吃热食，但身体也很好。"

周恩来的风趣把大家都逗乐了。

"我主张还是穿得少些，越是暖房里的花草，越是要出毛病。"少顷，周恩来又提醒说，"不过，你们可不要盲目学我喽。锻炼也要有基础，我体质好，陈老总向我学，有两次不穿大衣，结果感冒了。你们演员还是要穿暖和些，要保护好嗓子。"

周恩来多次说过：东方歌舞团要扩大。然而，天有不测风云。浩劫肆虐，江青下令解散东方歌舞团。周恩来魂归大地情未了。

东方歌舞团成立时，人员仅 30 余人。后来陆续增加，也不到 100 人，还包括其他工作人员，能上台的演员就更少。但东方歌舞团担负的外事演出任务特别重，常常是一个演员在一场演出中跑马灯似的接连上场。这样，既累了演员又影响了质量。对此，周恩来多次说过：东方歌舞团要扩大，要下决心调人。

1963 年 12 月至 1964 年 2 月，周恩来和陈毅出访亚非 14 国。3 月中旬，周恩来和陈毅回到北京。

3 月 24 日晚，陈毅在人民大会堂设宴，答谢中国领导人刚访问过的这些亚非国家的驻华使节。周恩来也出席了。席间，东方歌舞团的演员们表演了 14 个亚非国家及阿尔巴尼亚的歌舞。

由于人数少，表演的节目又多，演员们累得够呛，有的一人上五六个节目。

周恩来看在眼里，想在心里：东方歌舞团的演员太少了！

3 月 26 日，东方歌舞团接到通知：有关领导和演员晚上到中南海紫光阁，总理要接见。

中南海紫光阁，这个今天是中外首脑出入的政治重地，当年却曾是周恩来与艺术家们欢聚一堂的地方。那时，周恩来常常在紫光阁召集文艺工作者开会、谈话。

东方歌舞团的演员们也有一阵没见着周恩来了。他们很是兴奋。为了欢迎周恩来出访圆满归来，他们七嘴八舌，临时凑了一首快板诗，算是一个小节目。其中最后四句是：东方歌舞一枝花，决心学好亚非拉。党的话儿记心间，誓把青春献给她。

来到紫光阁，东方歌舞团的演员们在周恩来面前表演了这首快板诗。

周恩来笑意盈盈地静静听完，鼓掌表示肯定，说："不错。不过我建议把最后一句中的'青春'改为一生，誓把一生献给她。"

"总理，等我们老了，就跳不动了。"

"你们讲'青春'也有道理，老了不能在舞台上跳了，但跳不了还可以做进一步提高的工作，还可以培养年轻人，可以搞政治工作。"

接着，周恩来询问这次来的人数及东方歌舞团准备出国访问演出的人数。按预定计划东方歌舞团将沿着周恩来、陈毅访问非洲所走的路线去非洲访问演出。

东方歌舞团的领导一一作了回答。

"看来东方歌舞团还没有完全建成，"周恩来面有沉思，"人太少了，到现在还不到100人，能表演的才50多人，独唱才一人，人家又歌又舞。前两天表演15个国家的节目，听说一人就上了五六个节目，外宾连演员们的面孔都认识。你们劳苦功高，但也太累了。"

周恩来脸部表情严肃，气氛变得有点凝重。早在1963年10月，周恩来在同有关负责人谈音乐舞蹈问题时就说过"要好好搜罗民族音乐舞蹈的人才，为此要我和地方吵架我也愿意"。然而，由于种种原因，工作进展不尽如人意。

周恩来继续说："东方歌舞团要扩大，文化部、外办要研究一下，至少要扩大到300人。还要设立政治处。几十个国家，这么点人怎么够？你们学了亚洲、非洲、拉丁美洲一些国家的舞蹈，他们也要你们教我们国家的民族舞蹈，这样，你们300人都不够。要下决心调人，从歌舞团、部队调。"

"搞艺术的没有感性知识不行，"周恩来摇了摇手，"你们去外国学了两个多月，时间太短了，应该长一些，至少要半年或是一年，不仅要学舞蹈，还要学语言，还要做政治工作。你们说誓把青春献给她，我把'青春'改为'一生'，不是强加于人。你们去国外学习，如果回不来怎么办（注：那时非洲一些国家政局动荡不安）？那就要有'青山处处埋忠骨，何必马革裹尸还'的革命气概。我们要学习毛主席，儿子牺牲了，就埋在朝鲜。东方歌舞团的工作是革命工作，对人家是革命，对自己也是革命。"

周恩来的一席话鼓舞了东方歌舞团的士气，坚定了大家为东方歌舞艺术奋斗一辈子的信心。

这次谈话后，东方歌舞团根据周恩来的指示精神，提出了一个把东方歌舞团扩大至 300 人的编制草案报告。其中包括团部 29 人，艺术研究室 30 人，舞蹈队 111 人，乐队 65 人，歌唱队 29 人，舞台工作 22 人，学员班 14 人。

报告还提出：外调演员拟从部队、地方歌舞团及北京、上海、广州等地的舞蹈学校抽调，请文化部尽早考虑外调演员的户口问题。外调演员最好在今年年底陆续调齐，以便明年参加亚非会议的演出。

然而，天有不测风云。当时周恩来自己恐怕也没有想到，他提出的扩大东方歌舞团的计划竟是好梦难圆。

1964 年，作为意识形态的文艺领域已是山雨欲来风满楼，政治上的"左"对文艺的干扰越来越强烈了。等到东方歌舞团从非洲访问演出归来，立即就面临着轰轰烈烈的社会主义教育运动。东方歌舞团的演员被下放到农村"蹲点"。

1965 年 1 月 27 日，还是在紫光阁，周恩来找东方歌舞团的田雨等有关负责人谈话。

"我去年出国回来就在这里讲了要把你们团扩大，要搞政治，要谈政治。后来，因为你们要出国，就把这件事暂时放下了。你们出国回来后，又搞大歌舞（注：指排演大型音乐舞蹈史诗《东方红》），又搞社会主义教育运动，所以一直没有把扩大的事谈定。"周恩来的神色显得有点疲惫，语调异常沉缓。

"你们团现在有多少人？"周恩来问田雨。

"连学员算在一起，一共 130 人。"

周恩来转动着手里的一支铅笔，沉思了好一会儿，说："扩大的问题以后考虑，你们的报告还放在我这里。"

田雨等人从周恩来的神色中感觉到一种沉甸甸的心绪，心头隐隐约约地涌起些许不祥的预感。

周恩来的这番话，既有自己的许诺没能兑现的歉意，又隐含许多难言的苦衷。不过，那时他考虑的只是再等待一个合适的时机，却做梦也没有想到接踵而来的是长达 10 年之久的"文化大革命"。

"文化大革命"开始后，非但周恩来关于东方歌舞团扩大的指示难以落实，而且东方歌舞团已有的生存环境和条件，在"东方音乐是靡靡之音""非洲舞都是扭屁股的摇摆舞"等"左"的大棒的挞伐下也难以保证了。

江青在一次大范围的会议上，当着周恩来的面说：一些所谓的文艺节目，美其名曰"民族音乐""民歌"，其实是很下流的。那叫什么舞呢？在资本主义世界就叫摇摆舞。穿着解放军的衣服在那里扭来扭去的，气得我根本睡不着觉。

据说，江青还下令要彻底解散东方歌舞团。

后来，东方歌舞团与其他一些文艺团体合并，演员下放到河北劳动锻炼。

东方歌舞团的一些老演员感慨地说：在那种年月，把文艺团体下放到农村、工厂、部队锻炼，是周恩来对文艺团体的一种保护。

在一片内乱之中苦撑危局的周恩来很长一段时间见不到东方歌舞团的演员了。他心里惦念着。

1971 年的一天，一个偶然的机会。原东方歌舞团的演员李亚媛被借调到一个为外宾演出的晚会担任报幕员。那天，周恩来正好陪外宾观看文艺演出。李亚媛是"文化大革命"前不久由舞蹈学校分配到东方歌舞团的。周恩来得知她是东方歌舞团的演员后，像见到久别的老朋友似的，格外亲切。他深情地对李亚媛说："你们忘没忘记非洲舞？没忘记就好。东方歌舞团这个名字很光荣，你们要保持这个光荣称号。"

周恩来的这一番话，既有对东方歌舞团过去成绩的肯定，也有对东方歌舞团被拆散的愤懑，更有对重建东方歌舞团的信心、嘱托和希望。

1971 年 9 月，蒙古温都尔汗的那场烈火，宣告了林彪反党集团的彻底覆亡。周恩来抓住林彪集团灭亡的历史契机，在各个领域大力纠"左"。

1972 年，周恩来通过外交部，以招待外宾演出的名义指示将东方歌舞团的演员调回北京参加演出。

东方歌舞团的演员终于见到了他们日夜思念的总理。然而，总理的样子不再是过去那样的红光满面，步履矫健，而是脸容瘦削，步履沉重，眉宇间透出深深的忧虑和凝重。当东方歌舞团的演员们围到周恩来的身边时，千言万语涌塞心头，瞬间又化作滚滚的泪水。

此时此景，周恩来的心情也不好受。他关切地询问大家的身体和工作情况：

"现在有许多人替你们说话，要你们回来。"

周恩来还指示在场的有关负责人，就调回下放的文艺团体写一个报告。

······

1976 年 10 月，"四人帮"被粉碎。一年后，东方歌舞团恢复原建制。

在整个历史的长河中，周恩来与东方歌舞团的关系只是匆匆而过的历史瞬间。走过去的是历史，留下来的是永恒。周恩来对东方歌舞团的嘱托——你们要保持东方歌舞团的光荣称号，周恩来对艺术事业的特殊关怀以及他与艺术家们那种其乐融融的朋友之情，以及他作为一个政治家所包容的如此丰富的人文精神，则成了凝结在一代又一代的东方歌舞团演员及所有艺术家心头的永恒！

34 音乐舞蹈史诗《东方红》的总导演

1964年，周恩来导演了"文革"前文艺界的最后一幕辉煌《东方红》。
演员感叹："在总理面前，我觉得比在我们团长面前还受尊重。"

1964年国庆15周年之际，首都文艺界隆重上演的大型音乐舞蹈史诗《东方红》
是周恩来倾注了自己的心血浇灌出来的"文革"前文艺界的最后一幕辉煌。这部
有3000多人参加演出的大型史诗融歌、舞、诗于一体，艺术地再现了中国共产
党的诞生、壮大和发展这一波澜壮阔的历史画卷，受到国内外的普遍赞誉。

提起《东方红》，当年参加这部史诗创作和演出的文艺工作者们不约而同说
出的第一句话就是："周总理是《东方红》的总导演。"然而，当我们今天打开
历史案卷重新审视这部史诗诞生的那段历程时发现，周恩来为《东方红》耗费的
心血及其包含的意义，远非一般纯粹艺术上的"总导演"这个职衔所能容纳得了的。

策划一部史诗性作品

1964年7月13日晚，访问缅甸刚刚回到上海的周恩来与陈毅一起，观看了
上海文艺工作者演出的大型歌舞《在毛泽东旗帜下高歌猛进》。这部大型歌舞以
不同形式的歌舞为主，用幻灯投影作背景，表现了在毛泽东思想指引下，中国共
产党领导中国人民进行新民主主义革命和社会主义建设的历史。

面对亲身经历过的一幕幕激动人心的场面，周恩来心潮澎湃，思绪万千。就
在观看演出时，周恩来的心中酝酿着一个更大的创作设想：在国庆15周年之际，
上演一部大型的歌、舞、诗结合的史诗性作品，来完整地、艺术地反映中国共产
党的光辉历程。

搞出一部思想性与艺术性完美结合的歌舞一直是周恩来的心愿。自20世纪
60年代初以来，他几次谈到，在歌舞方面，没有搞出一个称心的东西来。他还说，

新中国成立初期看大秧歌还可以接受，现在还保持那样的水平，就不行了。

这回周恩来是下了决心，准备亲自抓。

回到北京后，周恩来找周扬及文化部、总政治部文化部有关负责人谈了他的设想，得到一致赞同。7月18日，周恩来在国务院各部党组书记会议上公开透露了他的设想。他说，我们这回国庆要大庆祝一下。这回我到上海，陈总把我拉去看了一个上海3000人的歌舞，很动心，我看还不错。有这么一个想法，就是最好在15周年国庆，把我们革命的发展，从党的诞生起，通过艺术表演，逐步地表现出来。请周扬、徐冰同志及有关方面的同志帮助搞一下。现在离国庆只有两个月了。总之，要有人写，要写几首壮烈的史诗，请周扬同志主持一下。北京可以和上海合作。上海那个歌舞，它是一个国际歌一唱，下一幕马上就到了井冈山，这个也太突然了。

7月20日，周恩来在人民大会堂召集国务院外办、对外文委和文化部负责人研究"北京音乐节"问题时，又提到搞一部反映中国共产党革命历史的大歌舞。他说，现在很需要表现革命的精神和新的气象，这个大歌舞非搞不可。他还认为，时间虽然紧了些，但有上海的大歌舞，总政文工团有革命歌曲大联唱，还有飞夺泸定桥等表现革命历史题材的舞蹈，以这些为基础进行加工，是有可能搞出来的。

根据周恩来的意见，周扬召集文化部、总政治部文化部、北京市委宣传部等方面有关负责人进行了仔细研究，认为周恩来的意见是可行的。7月24日，周扬以中央宣传部请示报告的形式向陆定一、康生并周恩来、彭真写了一个报告，提出创作一个概括地表现中国共产党领导下的中国革命历程的大型歌舞，供国庆演出。报告还就歌舞的规模、内容、艺术表现形式及组织领导工作提出了具体意见。

周恩来仔细地审阅并修改了这个报告。7月30日，他在西花厅召集有关方面负责人开会，最后拍板，决定大歌舞立即上马，争取在国庆节上演。会上，周恩来与大家谈定了一些原则性的问题，并就大歌舞的领导组织工作亲自点将，拟定了一个由13人组成的领导小组名单和组织指挥工作小组名单。领导小组以周扬为组长，梁必业、林默涵等为副组长，齐燕铭、张致祥、陈亚丁、周巍峙、许平、吕骥等为组员；组织指挥工作小组以陈亚丁为主任，周巍峙、许平等为副主任。后来，工作小组又称为大歌舞指挥部。

关于大歌舞的名称问题，考虑到上海的《在毛泽东旗帜下高歌猛进》这个题目太长，有人建议用"东方红"。周恩来立即表示赞同，认为这个题目很好，既精炼又切题。

8月1日，周恩来正式批准了周扬的报告，并对演出队伍、朗诵词等问题作了具体批示。

此后，《东方红》的创作与排演活动就紧锣密鼓地开始了。

用现在文艺界的行话来说，周恩来是《东方红》的总策划。周恩来的这一策划，固然与当时的历史背景有关，但也包含了他的一些良苦用心。1964年，作为意识形态的文艺领域，已是"山雨欲来风满楼"，火药味越来越浓了。自称是意识形态领域的"哨兵"、中宣部文艺处的特殊"处长"的江青在文艺界到处煽风点火，"棍子"遍扫。1963年12月和1964年6月，毛泽东先后写下了有关文艺的两个批示，对新中国成立以来的文艺状况作了不切实际的"左"的估计。这种估计又被江青、康生之流所利用，大肆否定新中国成立以来的文艺成就，对文艺界大张挞伐。一大批优秀的作品和作家、艺术家遭到批判和打击。在这样一种气氛下，周恩来策划并批准一个有3000多人参加的大型歌舞，其用意除了要证明新中国成立以来的文艺成就外，还想通过这个题材让一些优秀的艺术家、文艺界权威参与《东方红》的创作与演出，给他们加上一层保护。因为《东方红》是以歌颂中国共产党、宣传毛泽东思想为主题的。

周恩来的这一用意在他当时的一些讲话中及对有关问题的处理上表现得很明显。如在参加《东方红》创作与演出的队伍问题上，考虑到当时毛泽东提倡大学解放军，他决定以军队文工团为主。但是，周恩来又特意强调说，总政文工团是主力，但不能骄傲，中央歌剧团、中央乐团、东方歌舞团等政府所属文艺单位都要参加。他还说，要挑选最优秀的演员，毛主席的诗词一定要写出最好的曲，用最好的演员来唱。又如，周恩来指示在《东方红》中选用大量的民主革命时期的音乐作品，其中包括贺绿汀作词作曲的《游击队歌》和田汉作词的《义勇军进行曲》。当时因贺绿汀和田汉受"批判"，有人主张拿下这两首曲子。江青说，《游击队歌》又松又软。对此，周恩来说，对民主革命时期的作品，包括对20世纪30年代的作品，要一分为二。有些是人民群众批准了的东西，我们为什么不能采用？不能以人废言，以过改功。艺术家有失误，我们就没有失误？

名副其实的总导演

《东方红》上演后，1964 年 10 月 15 日，周恩来陪日本芭蕾舞代表团的清水正夫和松山树子观看《东方红》，并领着他们到演出后台参观。清水和松山提出了许多绝对属于艺术上的专业问题包括灯光设置上的一个具体问题。周恩来娓娓道来，十分内行地一一作了使他们满意的解释。清水惊奇地睁大了双眼："总理，你怎么会这样清楚地知道这些事情？"在一旁的中国演员自豪地回答说："总理是我们的总导演啊！"清水和松山泪光闪闪，说："你们是幸福的，只有你们中国有这样的总理。"

的确，在《东方红》的创作与排演中，周恩来是名副其实的总导演，从作品主题的确立到艺术表现手法和原则的把握，从某些细节的处理到道具的使用、服装颜色的选择，周恩来无不亲自过问。作为一个大国总理，周恩来具有的丰厚的文艺素养和深入细致的领导工作作风，真是十分难得，令人倾倒。

关于《东方红》要表现的主题，周恩来明确指出是总结党的历史经验，学习和宣传毛泽东思想。整个作品要贯穿毛泽东思想这条红线，要说明毛泽东思想是从革命实践中总结出来的，是马克思主义的普遍真理与中国革命实践结合的产物。

但是，艺术不是对历史进行简单、机械的复写，《东方红》也不可能把党史上的每次重大事件都搬上舞台，艺术需要集中，需要典型化。如何在历史长河中抓住最本质最主要的东西，直接关系到能否充分表现作品的主题。对此，周恩来对编创人员说，毛主席在总结我党的历史经验时曾指出，党的建设、武装斗争、统一战线是我党战胜敌人的三个主要法宝。正确理解这三个法宝及其关系，就等于正确领导了中国革命。因此，《东方红》所要表现内容的选择和情节的安排都应围绕正确表现这三个法宝及其相互关系进行。

主题确定了，但在艺术上如何表现，却是一个不小的难题。在当时，用艺术形式，特别是用歌舞这种形式来概括地表现中国共产党领导下的中国革命的历史，还处于探索阶段，有相当的难度。正如周恩来所说："史诗要用史诗的写法，它不是写故事性的剧本，是粗线条的，又要很深刻，能打动人。"从内容取舍来说，要把中国人民革命这幅宏伟的长篇历史画卷浓缩在一方小小的舞台上，只能粗线条地勾勒。但如果处理不好，粗线条的勾勒往往容易流于平板、单调，成为某种政治说教，收不到深刻、打动人的效果。为此，周恩来指出："中国革命本身就是一首壮丽的史诗，是一个伟大的创作。文艺工作者要从中学习些名堂出来，这次要努力做到用艺术形式将这首史诗再现在舞台上。"他强调，一定要注意把握所表现对象的特点，注意艺术风格、艺术手法的多样化。他还说，平板、单调、贫乏的东西不仅不能使人受到政治教育，也不能使人得到艺术享受；不仅不能宣传毛泽东思想，反而违反了毛泽东思想。在谈到如何表现我党经历的北伐战争、土地革命战争、抗日战争、解放战争、抗美援朝战争等五次武装斗争时，周恩来说，这五个阶段各有不同的特点，标志着中国革命发展的不同阶段，只有把握了这五个阶段的不同特点，艺术表现上才会有特色。他还说，表现这五次战争要注意不要千篇一律，不要一提战争就只是打仗，一提打仗就只是枪炮子弹。表现革命，有的时候需要雄壮的东西，有的时候也需要轻快的东西，有刚也要有柔，有统一也要有变化。我们党的斗争历史是刚的，因此，《东方红》这部作品的基调是刚的，这是统一，但也应该有优美抒情的歌和舞。革命是广阔的，革命感情是丰富的。

为了使《东方红》的创作达到历史真实与艺术真实的统一，周恩来一方面或亲自或请熟悉党的历史的中央、军队方面的负责人给编创人员作党史报告；另一方面，在具体创作中一一进行指导、纠正。比如，在"星火燎原"一场中，原来只表现了共产党人在蒋介石叛变革命后视死如归、慷慨就义的英雄气概，没有提及陈独秀的问题。对此，周恩来指出，对我党来说，蒋介石的叛变只是大革命失败的外因，陈独秀的错误路线才是内因。否则，蒋介石举起了屠刀，我党也能组织有效的抵抗，情况会大有不同。这是血的教训，证明只有执行以毛主席为代表的正确路线，开展工农运动，发展革命武装，坚持又联合又斗争的统一战线，革命才能取得胜利。写清楚这一点，不仅是为了正确表现历史，而且对国际国内都有重大的现实意义。

又如，在表现"遵义会议"这个问题上，起初编创人员认为难表现，就用几句朗诵词一带而过。周恩来看后说，表现不表现遵义会议，是个原则问题，一定要用专场来表现。如果实在想不出好的艺术表现方法，就把遵义会议的现场搬到舞台上，用解说员向参观者解说的方式。后来，编创人员在舞台上设置了遵义会议的场景，加上了《红军战士想念毛泽东》这首歌，以表现红军战士渴望毛泽东

1963 年 8 月，在文化部召开的音乐舞蹈座谈会上作报告，强调"艺术的表现形式，要统一、和谐、明确、生动"

回到红军的指挥岗位上来的迫切心情。周恩来审看后又提出，上场的战士人数太少了，可以增加红军女战士和革命群众。按照历史的真实来说，当时的广大群众，包括红军战士，不可能知道我们党正在召开这次会议，但是，毛主席的思想和他所代表的正确路线有深厚的群众基础，是群众意志的集中表现。周恩来是从艺术真实的高度去要求的。

在把握历史本质的前提下，周恩来十分注重细节的真实。在表现红军长征一场中，如何正确表现红一、红二、红四三个方面军，当时有些争议。有人主张统称为红军就行，有人认为只提中央红军就可以。周恩来不同意这样处理。他说，张国焘虽然很坏，但红四方面军广大指战员是好的，不应歧视。毛泽东也同意周恩来的看法。后来，三个方面军都表现了，欢庆三个方面军会师的歌也是周恩来亲自改定的。

以上只是就作品主题、艺术表现手法、真实性把握等几个问题挂一漏万地叙述了周恩来对《东方红》的精心指导，实际情况还远远不止这些。可以这样说，《东方红》的每一场、每一个细节，包括歌词、朗诵词的修改，都渗透了周恩来的心血。每一次分场排演，周恩来都亲自审看；正式公演前预演八场，周恩来完整地看了五场。每场结束后，周恩来都亲自主持座谈会，征求意见。

回顾历史，令参加《东方红》创作和演出的作家、艺术家们难以忘怀的不仅仅是周恩来对《东方红》的辛勤指导以及他对艺术规律的深刻把握，而且还有他在艺术上表现出来的民主的领导作风。

周恩来一向强调艺术民主，他在指导《东方红》的实践中也是这样做的。他提倡领导、专家、演员一起讨论，鼓励大家在创作中打破框框。他说，在创作上有许多框框，洋的有框框，中国的也有框框，20世纪30年代有框框，新中国成立后十几年搞的也有框框。如果被这些框框框住，怎能搞好《东方红》？在讨论中，周恩来谈自己的看法时总是先声明：我生活在这个社会上，对很多问题不可能没有感触，包括文艺问题。我说错了，大家议论改正；说得不充分，大家补充；说得对的，供大家参考。人不可能不说错话、不做错事，我谈这些问题，就是提倡互相切磋，造成民主气氛。参加《东方红》演出的一名年轻演员当时感叹说："在总理面前，我觉得比在我们团长面前还受尊重得多。"

"《东方红》电影一定要拍好"

辛勤的汗水终于赢来了热烈的掌声。大型音乐舞蹈史诗《东方红》终于在1964年10月2日上演了。这是文艺界空前的盛举。《东方红》的演出，不仅在国内引起轰动，而且还受到前来参加国庆15周年观礼的许多外国友人的盛赞。当时，在北京连演14场，观众场场爆满。许多外国朋友建议把《东方红》拍成电影。

面对掌声和赞誉，周恩来谦虚地说，这首先归功于毛泽东思想，再就是广大文艺工作者的共同努力。

1964年10月16日晚，周恩来陪毛泽东观看了《东方红》演出。毛泽东很满意，接见了参加《东方红》创作和演出的全体人员，并要周恩来把我国成功地爆炸了第一颗原子弹的好消息告诉大家。

也就在这天晚上接见结束后，周恩来把有关负责人召集到西花厅，综合中外朋友的建议，提议把《东方红》拍成电影。他说，这部影片的拍摄成功，对全国人民和世界人民都有教育意义。

根据周恩来的建议，大歌舞指挥部扩大和调整了领导小组成员，增加了文化

毛泽东、周恩来、刘少奇、朱德和大型音乐舞蹈史诗《东方红》的演员们合影

部电影局司徒慧敏和八一、北影、新影等三个电影制片厂的负责人,确定王苹、李恩杰为导演,薛伯青、钱江等为摄影。为了加强艺术领导,指挥部还专门成立了《东方红》电影导演团。

把舞台演出搬上银幕,并不是将演出简单地拍摄下来即可了事,而是要进行一次再创作。与舞台演出一样,周恩来自始至终指导了电影《东方红》的摄制工作。

12月的一天,周恩来约请参加全国人大和全国政协会议的电影艺术家和《东方红》导演团成员到人民大会堂北京厅,就如何拍好电影《东方红》进行座谈。彭真、周扬、江青也参加了座谈。

会上,江青跳了出来,说对把《东方红》拍成电影"我非常担忧"。接着又信口开河,说《东方红》自始至终没有东西贯穿,艺术上也平,革命乐观主义不够突出,"舞蹈像小孩捉迷藏",等等。

如果说,江青是抱着支持的态度来对《东方红》提出修改意见,倒也没有什么。然而,江青所言却是醉翁之意不在酒。她的目的是要彻底否定周恩来亲自领导创作的《东方红》,以此来发泄她对周恩来的个人私愤。20世纪60年代初以来,周恩来在文艺界大刀阔斧纠"左"的同时,为进一步繁荣文艺,亲手抓起了文艺界的工作。这一时期,周恩来过问文艺问题比以往及以后任何一个时期都要多。有些问题,周恩来是一抓到底。这招致了自称是文艺领域"哨兵"的江青的不满。

江青的这种不满以及她否定《东方红》的用心后来在"文化大革命"中暴露无遗。1966年2月，江青在上海召开的部队文艺工作座谈会上露骨地攻击周恩来说：前年，根据主席的指示，我开了一次音乐座谈会。在会上，我提出乐队要中西合璧，有人说这是非驴非马。周恩来又另外召开了一次音乐座谈会，讲要先分后合。这是错误的，不符合毛主席思想的，他是应该作检讨的。江青还指责有关负责人把《东方红》列为新中国成立以来优秀剧目，硬说《东方红》的问题也不少。

其实，对江青的这种居心叵测，周恩来早有所察觉。因此，周恩来在指导创作《东方红》时，非常谨慎。比如，在是否表现他领导的南昌起义问题上，编创人员一再主张要专场表现，但周恩来坚决不同意。这其中有周恩来的谦虚，也有谨慎——避免给江青之流留下口实。

针对江青对《东方红》的否定态度，周恩来坚决顶住，坚持把《东方红》拍成电影。他说："我既然背上了这个包袱，我也不害怕。"就在1964年12月的那次座谈会上，周恩来接过江青的发言说：《东方红》电影一定要搞好，只能比舞台演出有改进和提高，不能落后。我们不搞小圈圈和宗派主义。1965年1月8日，周恩来再次召集导演团成员座谈，就拍好电影《东方红》提出了几点原则性指示：第一，把《东方红》拍成电影，指导方针还是学习和宣传毛泽东思想。第二，把《东方红》搬上银幕，要进行再创作，不要急于赶任务，不要怕再三再四地修改。第三，要敢于标新立异，敢于突破，敢于打破框框。第四，走群众路线，提倡艺术民主，原领导小组可以扩大一些，吸收一些舞蹈、音乐、导演、摄影、灯光、美工等方面的人进来从各个角度进行讨论，然后分各专业小组讨论。第五，电影《东方红》拍摄到1949年新中国成立止。

在《东方红》的摄制过程中，周恩来始终关心着每一步工作。每隔几天，他就要同编导人员一起审看样片，听取汇报，不放过任何一个细节。在"情深谊长"一场中，反映了红军在长征途经少数民族地区时，团结少数民族头人，头人给红军带路的事。后来在拍摄中，有人觉得表现头人不好，就改成老人。周恩来看后指出，把头人改成老人不好。没有头人，还搞什么统一战线？民族民主革命阶段，北上抗日，不团结头人怎么行。党的政策总是同具体历史条件结合起来的。

1965年9月18日，电影《东方红》拍完最后一个镜头。这天晚上至第二天拂晓，周恩来不辞辛苦，一口气审看完了全部样片。这样，电影《东方红》在1965年国庆节如期在全国范围内上演了。

35 最后一次访问苏联

中国原子弹"上天"，苏联赫鲁晓夫"下台"，周恩来飞往莫斯科摸苏联新领导人的底，没曾想苏共"换汤不换药"。最后一次访苏，乘兴而去，失望而归。

就在中国西部地区升起了第一片巨大的蘑菇云的这天——1964年10月16日，一件巧合的戏剧性事件发生了：

苏联塔斯社发表苏共中央全体委员会和苏联最高苏维埃主席团公报：鉴于赫鲁晓夫"年迈和健康状况恶化"，解除他苏共中央第一书记、苏共中央主席团委员和苏联部长会议主席的职务，选举勃列日涅夫为苏共中央第一书记，任命柯西金为苏联部长会议主席。

一个"上天"（原子弹），一个"下台"（赫鲁晓夫），同一天公之于众，它们成为震撼世界的两大爆炸性新闻。当时就有国际人士说："两个令人欢迎的消息，在彼此相隔不到24小时的时间内在全世界传开了……"

国际国内焦点关注：赫鲁晓夫下台，中国共产党采取何种态度？周恩来坦言：我们的态度，第一，欢迎，拍贺电支持。第二，做工作，推动苏联的变化。在苏联方面并不准备举行大庆典的十月革命47周年之际，中共中央决定：派出以周恩来为首的中国党政代表团赴莫斯科祝贺。此种考虑，自有意图：摸摸苏联新领导的真实意向，寻求团结对敌的新途径。中共中央还倡议：各社会主义国家也派党政代表团去。

赫鲁晓夫下台的消息，中共中央是在10月15日深夜（即16日凌晨）得知的。

这天夜里，苏联驻华大使契尔沃年科忙得不亦乐乎。为赶在塔斯社公布这项消息之前通知中共中央，他深夜紧急约见中共中央联络部副部长伍修权。

伍修权是这样回忆的：

　　苏联驻华大使契尔沃年科突然打电话到我党中央办公厅，说有重要事情要向我党中央通报。当时谁也没有想到是怎么回事，中办主任杨尚昆同志就交代中联部与他接谈，部里就由我出面会见了他。由于机关早已下了班，我就在家里的会客室接待了他。他当即向我告知了苏共中央在今天的最新决定：撤销赫鲁晓夫的领导职务，由勃列日涅夫接任其苏共中央第一书记职务，由柯西金接任其部长会议主席职务，米高扬留任最高苏维埃主席。在此之前，我们同这位大使打交道，总免不了发生争执以至争吵，这次却因为他带来了这个意外的消息，受到了我的格外欢迎。他走后，我立即将这一重要情况报告杨尚昆同志，再由他转报中央的其他领导同志。第二天一早，我又向部里的同志们宣布了，大家也都感到意外和十分高兴。同时，这条消息也迅速在全世界传播开了。

　　赫鲁晓夫突然下台，中国共产党采取什么样的态度？这是国际社会和国内人民关心的一个焦点。周恩来以他那资深政治家和外交家的敏感对此迅速作出了反应：我们的态度，第一，欢迎，拍贺电支持。第二，做工作，推动苏联的变化。这两种态度，决定了中共中央在赫鲁晓夫下台后对苏关系上的两大工作。

　　10月16日，就在原子弹爆炸试验成功的这天，中共中央决定由毛泽东、刘少奇、朱德、周恩来联名给苏联新领导发贺电。毛泽东还交代外交部，贺电要发给勃列日涅夫、柯西金、米高扬三个人，表示对他们寄予希望。随后，这份有中共中央四位主要领导人联名的贺电由外交部苏联东欧司副司长徐明交给了苏联驻华大使契尔沃年科，并于当天夜里广播，次日见报。贺电表示：我们衷心希望兄弟般的苏联人民，在苏联共产党和苏联政府的领导下，在今后各方面的建设工作中和维护世界和平的斗争中，取得新的成就。祝中苏两党、两国在马克思列宁主义和无产阶级国际主义的基础上团结起来。

　　贺电发出去后，中共中央进一步讨论下一步的行动。经反复考虑，毛泽东和中共中央决定：派出中国党政代表团赴莫斯科，祝贺十月革命47周年。对这种考虑，周恩来向中国外交部苏联东欧司司长余湛透了底：今年不是十月革命的大庆日，苏联也没有邀请，我们本可不派代表团去。但为了了解苏联新领导的真实意向，寻求团结对敌的新途径，我们还是决定主动派代表团赴莫斯科祝贺，并倡议各社会主义国家也派党政代表团去祝贺，借此机会同苏联新领导直接接触，交换意见。

决定作出以后，10月28日，中共中央召开会议，决定先试探苏联方面的态度。会后，立即由周恩来接见苏联驻华大使契尔沃年科。一见面，周恩来主动而又感慨地说："今天是10月28日，两个礼拜来的变化很多……我们对变化不甚了了，所以想在两党两国之间进行一些接触。"

契尔沃年科急切地想知道是什么样的"接触"。作为驻华大使，他对接触一事求之不得，接触总比对抗好。

周恩来诚恳地说："现在我们有这样一种提议。第一个提议：十月革命节快到了，我们有意派一个党政代表团到你们那里去祝贺，顺便同你们的党政负责同志进行接触。"就在契尔沃年科惊喜之时，周恩来的话题更进一步："如果这样对你们有困难的话，那么我们的第二个提议是，我们欢迎苏联的负责同志到中国来，进行接触，不论是公开的，还是不公开的，我们都欢迎。"

在这样的时期，中共中央如此重视并非整日子的十月革命节，做出如此重大的提议，并为苏联领导人作了如此周密的考虑，契尔沃年科原先并没有预料到。这位驻华大使甚为感谢，并说将立即把周恩来的重要想法转告莫斯科。他顺便问了一句：中国将派谁去，是一个什么级别的代表团？因为他知道，这个代表团的级别将决定苏联方面的重视程度和接待规模。周恩来对此留有余地，只告诉他：现在还未最后确定。

从周恩来那里出来，契尔沃年科以最快的速度把中共中央的提议传回苏联。

在中共中央方面，派谁去最合适呢？毛泽东主持中共中央政治局会议经过多次讨论，认为周恩来是最佳人选。周恩来既是国务院总理，又是党的副主席，他一生多次赴苏联，对苏联的情况比较了解，且与苏共领导人比较熟悉；他既熟知中苏两党的历史发展，又深谙国与国之间的外交事务；他即能坚持原则，又会灵活地运用策略；他温文尔雅，刚柔相济，善于协调和处理各种复杂的关系及矛盾；他学识渊博，思维敏捷而缜密。在中苏两党关系恶化的趋势下，在国际关系复杂多变的关键时期，担负这一重大的历史使命，非周恩来莫属。

10月29日，周恩来再次约见契尔沃年科，告知："中共中央决定派以我为首的党政代表团去莫斯科，也就是说，是党中央副主席、政府总理一级的。"同时提出建议：苏方能否利用十月革命节，邀请除苏联外的12个社会主义国家（中国、朝鲜、越南、古巴、蒙古、罗马尼亚、阿尔巴尼亚、保加利亚、匈牙利、捷克斯洛伐克、波兰、德意志民主共和国）派代表去，以便进行接触。他坦率地告知：我们要把这个建议告诉兄弟国家，希望他们同意我们这样做。

最后，周恩来又一次风趣地试探说："你们欢迎，我就去。"

为"做工作，推动苏联的变化"，当晚，周恩来在人民大会堂福建厅约见朝鲜、越南、罗马尼亚、阿尔巴尼亚、古巴五国驻华大使或代办，请他们向其党中央和政府转达中共中央和中国政府关于 12 个社会主义国家派党政代表团赴苏联庆贺十月革命 47 周年并进行接触的建议。他对这五国的外交官说："苏联的情况是起了变化，这个变化不仅限于苏联，而且影响到兄弟国家、兄弟党和国际共产主义运动，也影响到我们共同的敌人——帝国主义和它的代理人。"

周恩来对五国外交官表明了中国的态度："我们应该做些推动工作。这就是我们说的，第一，它做的积极的事，我们应该支持。第二，我们推动他们向好的方向变化。第三，有些事情，需要等待看一看。"

周恩来还表示：对苏联发生的这一事件，我们知道一些情况，但还不甚了解。因此，各社会主义国家有必要派出党政代表团前去庆祝十月革命 47 周年，同时进行必要的接触。

他进一步建议：最好是派总理级的领导人率团前往。

30 日，周恩来又接见了民主德国、保加利亚、匈牙利、捷克斯洛伐克、波兰、蒙古六国驻华大使，请他们转达同样的建议。并说明："这次苏联十月革命纪念，虽然不是逢五逢十，但它是一个重要时机。各社会主义国家的党政代表团前去庆贺，也可以彼此接触，是一个难得的机会。"

中共中央的这一提议，很快得到了上述国家的响应。中共中央的建议，也迅速传到了莫斯科。

10 月的最后一天，苏共中央有了回音。10 月 31 日，契尔沃年科紧急求见周恩来，转告苏共中央和苏联政府欢迎中国党政代表团前去苏联参加十月革命 47 周年庆典的意见，并把苏联方面的庆祝安排告诉了周恩来。在谈话中，契尔沃年科代表苏共中央也代表他自己说："感谢中国这样重视十月革命节。"周恩来表示："这是个国际节日。这首先是你们的节日，但不仅仅是你们的节日。十月革命给我们开辟了道路。毛泽东同志早在纪念中国共产党成立 28 周年的文章中谈到十月革命时说，'走俄国人的路——这就是结论。'"周恩来的这席话，表明了中国共产党的谦逊无私和无产阶级革命家的战略眼光。

行程定下来后，周恩来便着手出发前的准备工作。他需要做的事太多了。除了国内的正常工作外，还要围绕着"上天"和"下台"两个焦点事件做很多的事情，周恩来不知疲倦地日夜操劳。

10月31日与契尔沃年科谈过话后，当晚，周恩来在中南海西花厅家中接见并宴请前来采访的老朋友埃德加·斯诺。听斯诺谈完他这次来中国的采访计划后，周恩来坦诚地对这位老朋友说：你的要求太广泛了，你要求见那么多人！但是谈问题还是找那些掌握第一手材料的人去谈好。

周恩来提醒斯诺：现在世界上有两件大事，赫鲁晓夫下去了，我们的原子弹上去了。在原子弹这个问题上，我是掌握第一手材料的人，我可以对你讲我能讲的，把那些我认为应当对你讲的告诉你。周恩来曾多次说过，对朋友他是不会吝惜时间的。所以他与斯诺约定："三两天内再找个机会和你谈，可是我得声明，是要在夜间12点以后。"

斯诺此次来华，原拟写一部有关长征的历史著作。他的这一打算已经有30多年了，但一直未能实现。赶巧的是，他到中国来时，又碰上了震惊世界的两件大事，作为一个资深记者和作家，斯诺决定：再次推迟写长征，首先报道这两件大事。

周恩来为斯诺的采访作了周到的安排："你要是想了解国际活动方面的情况，可以找唐明照，经济问题找勇龙桂，外交和新闻方面的问题找龚澎，文化方面的问题找陈忠经。剩下的问题我来谈，一个是谈政治问题，一个是谈技术问题，原子弹也可以说是个技术问题。"对此安排，斯诺非常感激，在中国，他就像回到家似的。当夜，周恩来把12幅中国原子弹爆炸的第一手照片交给斯诺，告诉斯诺可以立即回瑞士去发表。

斯诺回到住处后仍欣喜若狂，他对陪同的人表示："我真做梦也没想到周恩来总理答应把特号消息告诉我，还有照片，这照片恐怕会惊动世界。我真想不通他怎么有时间看我的计划，我真有些难为情，真没想到周总理能在这么忙的时候挤出时间来见我。看来，这件事唯独对我一个人说了，这样也好，我的思想事先也有个准备。"在回忆一些几十年前的往事时，斯诺还说："像周总理这样的人真了不起，有用不尽的精力，有刚强的意志。"

11月1日上午，周恩来主持召开国务院第149次全体会议，作关于国际形势的讲话。他在讲到对赫鲁晓夫下台的态度时说：我们的态度，第一，欢迎，拍贺电支持；第二，做工作，推动苏联的变化；第三，要观察一个时期；第四，在一些国际会议上，必要时还要同苏联争一争，该反对、该弃权的我们还要反对、弃权。他还说：目前国际形势大好，我们国内的工作更要做好。下去工作的人要蹲好点，总结好经验；留在家里的人一定要抓好生产、分配、收购、救灾等工作。

1 日中午，周恩来到机场迎接马里总统莫迪博·凯塔及其夫人。在机场休息室，周恩来又一次见到也来参加欢迎仪式的契尔沃年科。契尔沃年科传递了苏方安排方面的一个变化了的信息：在 11 月 6 日庆祝十月革命节大会上，苏方经过重新考虑，认为不安排外宾在庆祝大会上讲话为好。尽管周恩来对此安排有些遗憾之意，但他还是从良好的愿望出发说："事情的变化已有了一个开端，总应该希望会一步一步地好起来。"契尔沃年科也诚恳地说："祝周恩来同志莫斯科之行顺利成功。我们真诚地希望，您的访问将成为中苏关系中的转折阶段。"

的确，中共中央和中国党政代表团是抱着"希望会一步一步地好起来"的良好愿望来对待这次重大行动的。当天，周恩来还仔细地审阅修改了《中国党政代表团同苏共接触时的一些方针政策问题》等有关文件。

从 11 月 1 日至 4 日，在出发前的这段紧张而短暂的日子里，周恩来接见或陪同外宾的活动就达 18 次之多。在接待来访的马里总统莫迪博·凯塔时，周恩来又一次坚定地表明了中国在全面禁止和彻底销毁核武器方面的态度："核垄断的危险性很大，关系到全世界人民的生命。不要全世界各国参加会议，只有几个大国来决定，哪有这种道理？有核武器的国家是少数，没有的是多数，发生核战争是关系到所有国家的问题；少数人反对销毁，多数人主张销毁，少数服从多数，禁止和彻底销毁核武器才有可能。"

11 月 2 日，周恩来召开中央专门委员会小型会议，次日，他再次约刘杰、张爱萍、徐子荣、刘西尧谈话，议题都是讨论进一步发展中国原子能事业的问题。中国进行核试验，发展核武器，是被迫而为的，是用于防御的。正如原子弹爆炸试验成功的当天中国政府发表的声明中所说：在任何时候、任何情况下，中国都不会首先使用核武器。当然，正是由于中国原子能事业取得的突飞猛进的发展，使得中国的国际地位大大地提高了，也使得以周恩来为首的新中国外交家们在世界舞台上说话的分量陡然增大了。周恩来说过：没有这一声响，就不会有人理睬我们。

11 月 3 日，周恩来在接见英国贸易大臣道格拉斯·贾埃时，以一种良好的愿望谈道："我们对苏联新政府的看法是，赫鲁晓夫被苏联党和政府撤职是一件好事。这种撤职不能不影响到苏联的政策，因此，这是苏联国内、国际关系变化的开始。"在谈到中英贸易时，他请大臣回国后告诉首相：中英贸易要克服障碍。我们很愿意进口设备、器材、仪器，但限额、禁运使贸易受到限制；我们愿意相应地供应你们需要的商品。贾埃说，他已经向中方负责外贸工作的叶季壮等人谈过希望消除障碍，减少限制的问题。在这次谈话中，贾埃直率地谈了这样的看法："我看你比我更了解英国事务。"

11月4日，周恩来和罗瑞卿专程前往上海，欢迎访问朝鲜后回国途经上海的印尼总统苏加诺。上海之行，是他出访之前最后未办完的一件大事。他在上海的活动，安排得非常紧张，除当日与苏加诺会谈外，他还在晚间举行盛大宴会，欢送苏加诺总统。

在飞往莫斯科的途中，周恩来与范文同一路会谈，对到达苏联后的情况，他们的估计有喜有忧。周恩来心中没底地说：关于苏联的内部情况，我们也不大清楚。到莫斯科后，周恩来有意与老朋友米高扬叙起了旧情：我已经有三年没有来了；新中国成立后，我这是第十次到莫斯科了，新中国成立前来过三次。我来的次数最多……为表达中方的诚意并配合周恩来等人在莫斯科的访问，北京还举行了一系列纪念活动。

1964年11月5日，北京已是深秋时节，秋风带来阵阵凉意。这天清晨，当周恩来从上海飞回北京时，西郊机场的寒风扑面而来。他知道，北边的莫斯科此时已是大雪纷飞了。从机场出来，周恩来急匆匆赶回中南海，因为离他出发前往苏联的时间，只剩下几个小时了。他根本来不及休息，收拾一下行装，安排好工作，便再次来到机场，和贺龙登上了北去的飞机，率中国党政代表团飞往莫斯科。

代表团成员除了团长周恩来和副团长贺龙外，还有各有关方面的负责人刘晓、伍修权、潘自力、乔冠华、姚溱、余湛以及其他随员共五六十人，这样强大阵容的代表团，显然不是去进行礼节性的访问，而是有着更高的目的和任务。随行的伍修权后来这样说：

我们代表团赴苏的使命，首先是想摸一下苏共新领导的态度，希望他们能改弦更张。同时还想解决一个具体问题，即赫鲁晓夫当权时曾通过一个决定，预定于1964年底召开一次实际上是围攻中国党的国际会议；苏共新领导上台后，将这次会议改期到1965年3月召开。我们是反对召开这个会议的。现在赫鲁晓夫已经下了台，我们希望将他过去决定的这次会议取消。

为壮其行，中共中央派刘少奇、邓小平、彭真等人专门到机场为周恩来等代表团成员送行。同机前往的还有以范文同为首的越南党政代表团。

在飞行途中，周恩来与范文同一路会谈，在估计到达苏联后的情况时，有喜有忧。周恩来说道：关于苏联的内部情况，我们也不大清楚。从公开报纸看来，《真理报》同《红星报》的调子有些不同。《真理报》11月1日的社论还是坚持原来的路线不变，《红星报》则提到反帝、支持古巴等。从到新西伯利亚时苏方的接待和派顾大寿来接我们的情况看，苏方的态度是比较冷淡的。到莫斯科时，有可能柯西金来接，这是最好的估计，也可能派一个部长会议副主席来接。总不会超出这个范围。

飞机上，周恩来还把早已准备好的一份讲话稿拿出来给范文同看，他仍抱着希望但又不无担心地说："我们准备在庆祝大会上讲话，不知道苏方是否让我们讲。"这份讲话稿，高度评价了十月革命的世界意义，认为这次革命"是国际性质的革命"，"是人类历史上由资本主义旧世界进到社会主义新世界的根本转变。从此，开始了无产阶级世界革命的新时代"。而"中国革命是伟大的十月革命的继续"。周恩来在讲话稿中还着重强调了"大敌当前，我们两党两国没有理由不团结起来"之意。

下午6时15分，当周恩来和范文同率领的中越两国党政代表团抵达莫斯科时，苏联部长会议主席柯西金等人早已迎候在机场上。柯西金来接，应了周恩来的那句话："这是最好的估计。"

到达苏联的第二天，周恩来率中国党政代表团拜谒列宁墓并献花圈。花圈上的题词是："献给无产阶级革命的伟大领袖和导师弗·伊·列宁。"这一活动，是中方有意安排的，充分表明了中国共产党坚定地维护在马列主义旗帜下的团结。

11月6日，上午11时10分，周恩来和贺龙等人前往苏共中央大楼，拜会苏共中央第一书记勃列日涅夫，在半个小时的谈话中，周恩来首先提出了中国党

1964 年 11 月，率领中国党政代表团赴苏联参加十月革命 47 周年庆祝活动时，拜谒列宁墓并献花圈

政代表团团长希望在庆祝十月革命 47 周年大会上讲话的问题。没想到勃列日涅夫对此并不感兴趣，他托词婉拒，似乎并不在意周恩来在讲话稿中呼吁中苏两党在马克思列宁主义和无产阶级国际主义的基础上团结起来。首次与勃列日涅夫接触，周恩来感到了一阵不祥之兆。这次谈话没有什么实质性的进展。

从勃列日涅夫办公室出来，周恩来于 12 时 25 分率中国党政代表团来到克里姆林宫苏联部长会议主席办公室，拜会柯西金，谈了 20 分钟。由于他们两人在党和政府中的地位相似，所以他们既谈经济又谈政治。在谈到领导问题时，柯西金说："有集体领导就可以正确解决经济和政治问题。"他还引用了苏联的一句谚语："两个人总比一个人聪明。"周恩来接过话说："一个人总没有三头六臂，群策群力总是好的。"他俩都深知：一个政党如果缺乏集体领导，必定是没有发展前途的。在谈话中，周恩来还强调了政治领导与经济工作的关系，他认为：必须纠正在经济工作中的不正确的政治领导，正确的领导要善于总结经验，掌握事物的规律，找出实现这些规律的有效办法。

离开柯西金5分钟以后，周恩来又到克里姆林宫的另一个办公室拜会了老朋友——苏联最高苏维埃主席团主席米高扬。他们的谈话是从叙旧开始的。周恩来回忆，1928年到莫斯科出席中共六大时，很遗憾没有与当时的"米高扬部长"见面；1949年初，米高扬代表斯大林秘密来华，到西柏坡拜会中共中央五大书记，这是双方认识的开端……老朋友见面，既有朋友之谊，又有国家之别。这样便有了一段有趣而微妙的对话：

　　米高扬：你休息得很少，但气色很好。
　　周恩来：马马虎虎……
　　米高扬：……我想，周恩来同志，你是有经验的人，是不是带来了恢复我们之间关系到10年、15年前那样的计划。
　　周恩来：我们的愿望已经在我们的贺电中表达了。我们希望两党、两国在马克思列宁主义、无产阶级国际主义的基础上团结起来，共同对敌，为我们的共同事业而斗争。正是根据这一目的，我们这次来除了参加庆祝活动外，还希望进行接触，交换意见。我们希望，这会为今后打下一个好的开端。（周恩来再次叙旧）我已经有三年没有来了。新中国成立后，我这是第十次到莫斯科了，新中国成立前来过三次。我来的次数最多，但在苏联的时间是刘晓同志最长……

在短暂的时间里，周恩来连续拜会三位苏联领导人，谈话时间由30分钟，20分钟，最后到米高扬这里，只停留了10分钟。这既是时间所限，也是一种苦心的安排。这一天的主要活动安排在下午。

为庆祝十月革命47周年，11月6日下午5时，苏共中央在克里姆林宫安排了一个大会。周恩来和中国党政代表团其他成员出席会议，听取勃列日涅夫代表苏共中央作报告。为配合中国党政代表团在莫斯科的访问，以期改善中苏关系，中共中央决定在北京破格隆重庆祝十月革命节。为真心表达对十月革命的纪念和对苏联新领导的支持，11月5日，毛泽东、刘少奇、朱德、周恩来联名给苏联新领导发了贺电；11月6日，中国首都各界举行了十月革命47周年庆祝大会；

11 月 7 日，刘少奇、邓小平、彭真等还出席了苏联驻华大使馆举行的国庆招待会。与此同时，中国各大报纸第一次不作为反面材料转载了苏共中央的有关文章，《人民日报》还发表了《在伟大的十月革命旗帜下团结起来》的社论，并把勃列日涅夫在莫斯科庆祝十月革命 47 周年大会上的报告全文安排在 11 月 8 日的《人民日报》上发表。这些，都是中苏关系恶化以来所没有的举措，充分表明了中国党和政府希望改善中苏关系的诚意。

11 月 7 日上午，周恩来等人来到莫斯科红场列宁陵墓上，与苏联领导人一起检阅苏联传统的阅兵式和群众游行。前来参加这一活动的外国客人除了兄弟党的代表团外，还有阿联副总统阿密尔元帅，阿尔及利亚国民议会议长本·阿拉等。在列宁墓上，周恩来见到了好几位苏联元帅，他们问起中国在帝国主义国家的核威慑下所进行的原子弹试验。其中，索科罗斯基元帅对周恩来说：你们中国的原子弹炸得好，可以多炸几个。周恩来说：我们还要搞火箭。索科罗斯基赞成道：应该多搞。

阅兵式和群众游行结束后，周恩来率中国党政代表团与罗马尼亚党政代表团进行了半小时的会谈。提到许多国家领导人都在莫斯科，周恩来风趣地说："我们在这里不只是要谈兄弟国家的关系，也要办外交。"在谈话中，双方都感觉到了苏方在细小问题上与赫鲁晓夫的差别（如允许各代表团进行接触，在勃列日涅夫的办公室内可以自由地抽烟，等等），但到底有多大不同，还有待进一步观察。周恩来告诉罗方人员：勃列日涅夫要我们多留几天，说有商量的可能。明天是星期天，他们少数几个人（勃列日涅夫、柯西金、米高扬、安德罗波夫）到我们住的地方共同吃饭，进行接触。

本来就笼罩在中国代表团头上的不祥之兆，终于在 11 月 7 日这天晚上发展成为苏联国防部部长马利诺夫斯基的挑衅事件，这位苏联元帅行为阴险，口出狂言："我们俄国人搞掉了赫鲁晓夫，你们也要搞掉毛泽东……"第二天，周恩来严肃地向苏联新领导提到了这个"比较严重的问题"。勃列日涅夫等人辩解：马利诺夫斯基不是苏共中央主席团委员，他是"酒后失言"。周恩来一语道破天机：他是"酒后吐真言"，这不是简单的偶然的个人行动，而是反映苏联领导层中仍有人继续赫鲁晓夫那一套。愤然永别莫斯科，周恩来感慨万千。

正当周恩来准备着"谈兄弟国家的关系，也要办外交"，且等待着苏共领导人说的"有商量的可能"时，一件严重的不愉快事件发生了。

11 月 7 日晚上，苏联政府在克里姆林宫举行庆祝十月革命 47 周年招待会。招待会上，周恩来先与一些苏联领导人交谈，然后向苏联元帅们聚集的地方走去，也打算与他们谈谈。此时，迎面走来苏联国防部部长马利诺夫斯基。看他的神情，来者不善。

马利诺夫斯基劈头盖脸便对周恩来冒出一句阴险的话来："中国人不要要政治魔术！"

此言一出，周恩来虽然十分惊讶，但立刻就明白了他的意图。由于当时在场的有一些西方国家的使节和美国等国的记者，周恩来有意用别的话把马利诺夫斯基的意思叉开了。可马利诺夫斯基却进一步口出狂言：

"不要让任何鬼来妨害我们的关系。……俄国人民要幸福，中国人民也要幸福，我们不要任何毛（泽东），也不要任何赫鲁晓夫来妨害我们的关系。"

周恩来心中不悦，但在这种场面上不便与他论理，只是严肃地故意对他说："你的话我不懂。"说完就走到旁边去与别的元帅说话，却听到马利诺夫斯基还在继续冲着中国代表团的人高声嚷嚷："我们俄国人搞掉了赫鲁晓夫，你们也要搞掉毛泽东……"

马利诺夫斯基见周恩来已经走开，又跑去找贺龙元帅胡言乱语。他鼓动贺龙说："我们现在已经把赫鲁晓夫搞掉了，你们也应该仿效我们的榜样，把毛泽东也搞下台去。这样我们就能和好。"贺龙立即严肃地对他说："这是根本不能相比的两回事，我们党和你们的情况是完全不一样的，你的想法是根本不会实现的，而且是错误的。"

马利诺夫斯基更为放肆，竟使用了一些极端粗鲁的语言，恶毒攻击、侮骂斯大林和毛泽东。对此，贺龙都严词顶回。

由于发生了马利诺夫斯基的挑衅事件，中国代表团的成员气愤地离开了宴会大厅，回到中国驻苏联大使馆。当晚，周恩来在这里与代表团的同志一起仔细地分析了马利诺夫斯基挑衅的全部情况。考虑到苏联曾经有过颠覆兄弟党的历史记录，代表团成员认为此事绝非偶然事件，这不仅是对中国党和人民及其领袖毛泽东的严重侮辱，而且是公然煽动要推翻我们党和国家的领袖，必须严肃对待。

第二天上午，勃列日涅夫率柯西金、米高扬、安德罗波夫、葛罗米柯到中国党政代表团驻地回拜。在谈话中，周恩来首先问了头一天的书面贺词苏方如何处理的问题。勃列日涅夫显然没有顾上考虑这件事，他仓促回答，打算出版一个贺词专集，在集子上登载。但他没有说是否马上在报纸上发表的事。

接着，周恩来提到了第二个"比较严重的问题"："昨天，在公开的有帝国主义国家的使节和西方记者在场的时候，马利诺夫斯基提出一些侮辱的、挑衅的话……"他把马利诺夫斯基的丑行复述了一下后，提出了强烈的抗议，并要求苏方澄清：苏共欢迎我们来的目的之一是不是你们要当众向我们挑衅，是不是期待中国共产党也撤换毛泽东的领导。

勃列日涅夫等辩解说，马利诺夫斯基挑衅一事他们是事后得知的，感到不安和愤怒。但马利诺夫斯基不是苏共中央主席团委员，他是"酒后失言"，不代表苏共中央，而且翻译上也有错，他已受到中央委员会的谴责。勃列日涅夫说，他现向中国同志表示道歉。

周恩来义正词严地指出：马利诺夫斯基并非"酒后失言"，而是"酒后吐真言"，这不是简单的偶然的个人行动，而是反映苏联领导层中仍有人继续赫鲁晓夫那一套，即对中国党政代表团侮辱中国人民和中国党的领袖毛泽东同志，这是连赫鲁晓夫在位时也未曾采用过的恶劣手段。周恩来还表示，这事他回国后要报告中共中央。

8日这天，美国、英国等国的通讯社根据头一天马利诺夫斯基的恶性事件从莫斯科发出报道，报道称：这里的权威人士说，苏共已和中共达成协议，要毛泽东下台，由周恩来当中共中央主席。

西方记者虽然善于捕风捉影，但此等拙劣的报道却事出有因。气愤的周恩来对苏共领导人说：这并不是什么巧合，如果不是苏联领导人中有这种思想，马利诺夫斯基敢于这样胡说八道？苏方赖账说：马利诺夫斯基是胡说并已经道歉，这个问题已经结束。周恩来说：问题没有结束，我们还要研究，要报告中央。勃列日涅夫无话可说，只好回答："那当然，那当然！"

马利诺夫斯基事件，给本来就蒙上阴影的中苏关系设置了极其严重的障碍。即将正式开始的中苏会谈，显然困难重重。

11月9日、11日、12日，周恩来正式率中国党政代表团同勃列日涅夫、柯西金、米高扬、安德罗波夫会谈。

在9日的第一次会谈中，周恩来表明了中国党政代表团前来参加庆祝十月革命活动并与苏共领导人进行接触的良好愿望：“我们的接触总是希望改善中苏关系，并使之一步一步地前进。”他着重提出：“我们要求了解赫鲁晓夫被解职的政治原因。”

对赫鲁晓夫被解职的详细原因，勃列日涅夫讳莫如深，故意搪塞，说可以下次再谈。他反而提出了一个莫明其妙的问题——建议停止中苏两党之间、其他党之间以及整个共产主义运动中的公开论战。其实勃列日涅夫何尝不清楚，首先挑起公开论战的不是别人，恰恰是赫鲁晓夫。但勃列日涅夫对赫鲁晓夫首先挑起论战，对苏共中央对中国共产党的不可胜计的攻击、对中共中央关于停止公开论战的建议，却一概避不作答。因此周恩来对勃列日涅夫的这一议题未予回答。

为摸清苏联新领导与赫鲁晓夫究竟有多少差别，周恩来又提出了有关兄弟党国际会议的问题，他希望了解我方在与赫鲁晓夫存在严重分歧的这一关键性问题上，同苏联新领导有无商量的余地。

周恩来说：“勃列日涅夫同志在十月革命节庆祝会上的讲话中说，召开兄弟党的会议的条件成熟了。依我们看来条件并未成熟，还要创造。”

勃列日涅夫却说：“只有开会才能消除分歧，别无他途。”

中国共产党显然不是笼统地反对开会，关键在于开什么样的会，什么时机下开。所以周恩来又问：“你们是否不再提你们过去决定在今年 12 月 15 日召开的那个筹备委员会会议？”

这点勃列日涅夫倒是回答得很干脆：“不！我们讲的就是这个筹备会议。”

周恩来说：“不能把召开兄弟党国际会议与 12 月份将要召开的筹备会议连在一起。采用兄弟党协商的办法，找出一个途径，达到最后的目的，即召开兄弟党的会议，这是一回事；坚持苏共中央 1964 年 7 月 30 日信中通知召开的 12 月 15 日的筹备委员会，起草一个兄弟党会议的文件，这实际上是赫鲁晓夫下的命令，这是另一回事。如果把兄弟党会议同赫鲁晓夫下令召开的那个筹备委员会联系在一起，就没有谈判余地了。所以这个问题还是回到赫鲁晓夫问题上来了。”

勃列日涅夫诡辩说：“开会是苏联党的决议，是建议，不是命令。”

周恩来再次说明：“8 月 30 日我党给你们的信中已经答复，你们召开的那个会议是分裂会议，我们主张开团结的会，反对开分裂的会。如果你们一定要开，我们坚决反对，决不参加。这是我们党的决议。”

勃列日涅夫反过来说：“中国共产党对我们的复信是命令。”

　　周恩来理论道："我们的信是我们两党来往的信，是建议；而你们则是由一个党决定，通知其他25个党来开会，不来不行嘛！即使有一部分党不参加也要开，这不符合兄弟党协商的愿望，也不符合1960年声明中兄弟党关系的准则。我们从多方获悉，早在1964年2月12日，苏共中央就背着中国共产党向各兄弟党发出了一封反对中国共产党的信，号召对我们党进行'反击'，并且要对我们采取'集体措施'。到了7月30日，赫鲁晓夫就下达了开会的通知。显然，这是个有预谋的反对中国共产党的分裂会议，怎么能指望我们党参加呢？迄今为止，已有7个党决定不参加12月15日那个会，如果你们要开，那就是分裂。"

　　善于求同存异的周恩来从苏共新领导的态度上明显地感觉到，要劝阻他们改变召开分裂会议的决定是不可能的。倒是米高扬比较坦率地说，在同中共的分歧问题上，他们同赫鲁晓夫是完全一致的，甚至没有细微的差别。米高扬的话最后证实了苏联新领导还是要坚持搞赫鲁晓夫那一套。

　　在11日的谈话中，周恩来敏锐地指出："我们认为，在你们还是继续执行赫鲁晓夫的路线不变，中苏两党、各兄弟党的原则性分歧基本上解决以前，谈不到停止公开争论。"周恩来还指出，苏联新领导中赫鲁晓夫的"以老子党自居的那种倾向还在发展"。

　　尽管双方在谈话中争论激烈，分歧较大。周恩来还是诚恳地说："应该说，我们来这里庆贺和接触的任务是完成了。虽然这时双方谈话的气氛不好，但是我们绝不后悔，因为我们这次到这里来的倡议得到苏联人民和苏联党、兄弟党和国家以及世界人民的支持和赞许。在这一点上，我们在中苏关系上做了一件好事。"

　　在12日的最后一次正式谈话中，勃列日涅夫不得不简单地回答中国党政代表团心中的疑团，"通知关于赫鲁晓夫下台的有关问题"。他说：赫鲁晓夫下台，是由于赫鲁晓夫工作作风、领导方法引起的，而苏共的路线、纲领是不可破坏、毫不动摇的。

　　勃列日涅夫关于赫鲁晓夫下台的解释，显然是敷衍，周恩来表示"不满意"。

　　事已至此，周恩来只好说："这次我们没有能够更广泛地讨论问题，但是，我们两党协商的门是开着的。"

　　谈话就要结束的时候，周恩来留下了这样一句话："为了使我们两党协商的门开着，为了能够创造良好的气氛，寻求新的途径，建立共同团结对敌的愿望，我希望不要在创造新的气氛中又来一个障碍。"

从几次谈话来看，中苏双方会谈的气氛已经被破坏，但苏联新领导却为自己破坏这次高级会谈辩解，企图把责任推到中方。周恩来坚决驳斥道：第一，米高扬说你们和赫鲁晓夫在中苏分歧上完全一致，那就没有什么好谈的了；第二，你们坚持召开 7 月 30 日通知要开的会，就是坚持老子党的态度不变；第三，马利诺夫斯基的挑衅，把谈判气氛也破坏了。

在与苏共领导进行接触的同时，周恩来还与各兄弟党和国家的领导人对共同关心的问题交换了看法。这些谈话中，我们也看到了中国党政代表团访苏的良好愿望以及对苏联新领导的看法的变化过程。

11 月 7 日、8 日、12 日，周恩来连续三次率中国党政代表团与罗马尼亚党政代表团谈话。在谈话中，周恩来表明了中国党政代表团的最初愿望：赫鲁晓夫下台是好事，对政策的影响会引起国内和国际关系的变化；我们想做一点推动工作，推动他们向好的方面变化。但是，结论并不令人满意。在 8 日的会谈中，周恩来向罗方谈了自己的印象：苏联新领导是动荡的。从代表团来庆贺的一些问题上，就看出他们摇摆不定。周恩来通报了马利诺夫斯基事件，并分析说："我们中国有句老话，'酒后吐真言'。我们是辩证唯物主义者，存在决定意识，思想里总有个根苗才说出这个话来。我就在克里姆林宫被赫鲁晓夫灌醉过一次，我怎么没有说这样性质的话呀？……这不仅是品质问题，而且包含很多本质上的问题。"在 12 日的谈话中，周恩来透露说：苏方用 20 分钟介绍赫鲁晓夫为什么下台。不出我们所料，他们的理由就是赫鲁晓夫的思想方法、工作方法和作风。因此我们对他们所作的解释不满意。我们也不要求他们再作解释了，但是我们还保持我们对赫鲁晓夫下台的看法，就是说，我们有权利、有自由评论赫鲁晓夫下台的政治原因。

11 月 7 日、9 日，周恩来又连续两次率中国党政代表团与波兰党政代表团谈话。在谈话中，针对哥穆尔卡所提希望中苏两党停止公开争论的建议，周恩来说："争论是赫鲁晓夫提倡的。"周恩来想让波兰领导人明白，争与不争，并不取决于中国方面。他讲，"首先要问：争论如何解决？能否马上解决？不可能。苏联同志也这样讲。他们甚至说，在争论的问题上，他们的意见一丝一毫也不能改变。这就是说，一下子谈不拢。"周恩来一方面指出，"我们现在看不出目前有停止争论的可能"；另一方面又从积极的方面说，"当然还要想办法。我们同意创造一种好气氛，寻求新的途径和办法，实现大家要团结的愿望。这就需要时间，需要接触"。

8 日，周恩来在会见英国共产党代表团后，还会见了正在苏联访问的阿联副总统阿密尔元帅，他在谈话中诚恳地说："关于苏联内部，这是他们自己的事，但是我们总希望他们更强大，而不是更削弱，希望工农业发展，而不是像去年那样。但这些可能性不是一下就能实现的。我们也不是期待甚急。"

9 日和 12 日，以周恩来为首的中国党政代表团又与以格瓦拉为首的古巴党政代表团进行了两次谈话。周恩来在谈话中表示愿意增加对古巴的粮食援助，还介绍了中苏会谈的情况和中方立场。

10 日这天，周恩来在率中国党政代表团与德意志民主共和国党政代表团谈话时，再次表明了自己对苏联新领导的看法：苏联新领导是要在没有赫鲁晓夫的领导下，继续执行赫鲁晓夫的政策。当天，他还会见了正在苏联访问的阿尔及利亚国民议会议长本·阿拉。

11 月 10 日、12 日，周恩来又率中国党政代表团与越南党政代表团举行了两次谈话。他在介绍中苏会谈的情况后遗憾地说："通过这几天的接触，我们发现情况比原来预计的更坏。现在的苏共领导软弱，内部存在矛盾、混乱和动荡的状况，各方面面临的压力大，这是原来没想到的。"

在与各党代表团进行了广泛接触和会晤了一些国家领导后，周恩来在莫斯科的任务基本完成。直到 11 月 13 日，他才得以在中国驻苏联大使馆接见使馆的全体人员、中国在莫斯科的留学生和杜布纳联合原子核研究所的中国工作人员。面对周恩来总理亲切的笑容，这些在莫斯科的中国人看不出周恩来在苏联期间遇到的波折；然而，在周恩来内心中，却掀起了极不平静的波澜。

接见完工作人员和留学生后，当天，周恩来和贺龙率领中国党政代表团乘专机回国。行前，柯西金提早来到了中国党政代表团所住的宾馆，他要从这里把周恩来等人送到机场。在赴机场途中的汽车上，柯西金很想了解周恩来此次访苏的感受。

柯西金问：你对这次访问印象如何？

周恩来回答：我认为会见总是有益处的，如同我们对勃列日涅夫同志所说的，了解情况。但是，我们并不满意，因为我们原来希望情况会好一些。米高扬同志清楚地表示，他们坚持站在过去的立场上，原地不动。这就很难寻找途径团结对敌了。

对周恩来来说，他并没有放弃寻找双方的共同点。

为了缓和气氛，修正米高扬所说的苏联新领导与赫鲁晓夫在思想上毫无差别的话，柯西金说：我们和赫鲁晓夫还是有所不同，不然为什么要解除他的职务？

周恩来问他：区别何在？

柯西金闪烁其词，避不直言。他却提议，希望举行中苏两党和两国的最高级会谈。周恩来表示将把这一意见转告中共中央。

告别柯西金，告别莫斯科，告别苏联，周恩来意识到，以后将很难再来了，他不禁感慨万千。飞机是夜间飞行，周恩来却难以入睡……

随同访问的外交部苏联东欧司司长余湛后来撰文是这样概括"周总理访苏的重大意义"的：

> 周总理这次对苏联的访问，坚决而机智地执行了中央的出访方针，虽然并非由于我方的原因未能找到中苏团结对敌的新途径，但这次访问的重大意义不可磨灭。第一，了解到苏联新领导的政治动向，阐明了我们党和政府维护中苏团结的严正立场，和各兄弟国家领导人对共同关心的问题交换了看法；第二，为维护 1957 年宣言和 1960 年声明中兄弟党兄弟国家关系准则和中苏两党、两国和兄弟党兄弟国家的团结，同苏联新领导进行了面对面的坚决斗争；第三，捍卫了我党、我国的尊严和独立自主的权利，捍卫了以毛泽东为首的党中央。

11 月 14 日下午，中国党政代表团乘坐的专机飞抵北京东郊机场。从莫斯科遗憾地回来的周恩来，走出机舱时仍然面带笑容。见毛泽东、刘少奇、朱德、董必武、邓小平等党和国家领导人率首都各界群众数千人早已迎候在机场上，周恩来赶紧上前，与毛泽东等人紧紧地握手，他们绕场一周，向欢迎的群众致意。随后，周恩来直接从机场去毛泽东处开会，向中共中央直接汇报此次访苏的情况。中苏关系，显然急需重新审视。

在苏联期间，周恩来曾对米高扬说过，他这是在新中国成立后第十次访问苏联。应该说，这次访苏，也是最令他难忘的一次。由于中苏关系的变化，这次莫斯科之行，成了周恩来最后一次访问苏联。苏联老大哥与中国兄弟之间的关系，也由此进入了新的风雨历程中……

36 带领中国民航专机首次国际远航

1965 年 6 月 1 日是中国民航史上一个极为特殊的日子。中国民航
专机在周恩来带领下首次国际远航，成为飞出去的雄鹰。

"飞出去的雄鹰"

1965 年 6 月 1 日，在中国民航史上是一个极为特殊的、永载史册的日子。

这天上午，天气晴朗，一架维修一新的伊尔 -18 型专机停在北京西郊机场停机坪上，正等待着一群特殊客人的到来。上午 8 点，中华人民共和国总理周恩来，穿着笔挺的中山装，面带微笑，以中国领导人特有的风度走进了机场，跟在他身后的有外交部副部长章汉夫、国务院副秘书长罗青长、外交部非洲司司长柯华等人。前来送行的党和国家领导人有朱德、邓小平、贺龙、陈毅、李先念、罗瑞卿、郭沫若等，邓颖超也怀着特殊的感情来到机场。人们清楚，周恩来总理的这次出访是非同寻常的。

这时，几个身着白衬衫、红裙子的少先队员，向即将登机的周恩来等领导同志献上鲜花。欢乐、祥和的气氛，被摄入了镜头中。执行本次专机飞行任务的是原北京管理局第一飞行总队 208 号专机机组。此时他们的心情也十分激动。

9 点，这架中国民航专机稳健地昂起它的头，升上蓝天，开始了中国民航的首次国际远航。它的目标是巴基斯坦和坦桑尼亚，沿途将经过 12 个国家和地区，在数个国家的机场起降。机组人员在飞机腾空而起的时刻，耳边又响起周恩来总理的话："中国民航不飞出去就打不开局面，我们一定要飞出去！"

共和国总理的感叹

中华人民共和国成立以后，中国民航从无到有，从小到大，逐渐发展起来，很快开通了从东到西、从北到南的多条国内航线。虽然西方国家在对中国实行经济、政治封锁的同时，也实行空中封锁，但是，中国仍然早在 20 世纪 50 年代就开通了南到越南河内、缅甸仰光，东到朝鲜平壤，北到苏联某些城市的国际航线。在当时有限的条件下，这是极为不易的。

尽管如此，一些西方国家人士仍讥讽中国民航是"没有翅膀的雄鹰"，不能飞远程国际航线。这些话重重地打在中国民航广大干部职工的心里。的确，新中国成立以来，他们眼睁睁地看着我国领导人周恩来、陈毅、宋庆龄、郭沫若等人多次租用外国航空公司的飞机出国访问。最令他们痛心的是，1955 年 4 月，周恩来总理率中国代表团赴印度尼西亚万隆出席第一次亚非会议，租用印度航空公司的克什米尔公主号飞机，在香港被台湾的特务放入了定时炸弹，起飞后不久便在南海上空爆炸，造成机毁人亡的后果。幸好周总理临时去缅甸出席小型首脑会议，没有乘坐这架包机。但这一教训，深深地刻在中国民航工作人员的脑海中。

在新中国打破西方国家政治、外交、经济等方面封锁的努力中，中共中央决定，要尽快培养我国自己的飞行队伍，发展中国民航，飞出国门。

进入 20 世纪 60 年代后，非洲国家相继独立，并纷纷表示愿意与中国发展友好关系，新中国也进入了第二个建交高潮期。可民航的落后状况，制约着外交局面的打开。1963 年底至 1964 年初，周恩来和陈毅出访亚非欧十四国，前后 70 天，行程十万八千里，他们戏称："正好是孙悟空一个筋斗！"然而，这个"筋斗"却是租用荷兰航空公司的"波罗的海"号飞机去"翻"的。尽管周总理与这些外国机组人员进行了最好的合作，可那毕竟是别国的飞机。周恩来和陈毅都有同感：老坐着别国的飞机出访，心里不是个滋味。

这次出访回国后，周恩来感叹地问中国民航总局的负责人："什么时候我坐我们自己民航的飞机出国？"他鼓励他们说："要有雄心壮志，和我国建交的国家越来越多，人员来往也增多，需要我们想方设法多开辟国际航线。政治上要动员，提高大家的认识，人员要训练，提高职工的素质，要掌握国际通航知识。"

他还提出了改革民航体制的要求。这些话，中国民航的同志们牢记在心中，他们下定决心，加紧了"飞出去"的准备工作。

1964 年底至 1965 年初，在中国民航机组人员为首次国际远航进行大量的、充分的、细致的准备的同时，周恩来总理多次乘专机离京，远距离来往于国内、国际航线：11 月 4 日，飞往上海，欢迎印尼总统苏加诺；11 月 5 日，率中国党政代表团飞往莫斯科，参加十月革命 47 周年庆典；3 月 1 日，率中共代表团飞往河内，与越南劳动党中央代表团会谈；3 月 7 日，陪同巴基斯坦总统阿尤布·汗元帅飞往杭州、上海等地访问；3 月 22 日，率中国党政代表团飞往布加勒斯特，参加罗马尼亚工人党中央第一书记乔治乌·德治的葬礼，后又飞往阿尔巴尼亚、阿尔及利亚、阿联（今埃及）、巴基斯坦、缅甸等国访问；4 月 16 日，又和陈毅飞往雅加达，出席纪念万隆会议 10 周年庆典，后又飞往缅甸访问……直到中国民航首次远航的前几天，还专程飞往广州欢迎印尼第一副总理兼外长苏班德里约博士。

跨越天险，冲出国门

从位于亚洲东部的北京出发，到南亚次大陆西北部的巴基斯坦，几乎跨越了从东到西的整个中国。巴基斯坦北部为喜马拉雅高山带，与中国新疆相邻。飞往巴基斯坦，必须通过被誉为飞行天险的帕米尔高原、喀喇昆仑山，这一带平均海拔 4000—6000 米，气候严寒，山峰终年积雪，冰川广布。如此险要的地势和恶劣的气候，对中国民航专机机组人员来说，是一个严峻的考验。

按事先安排，当天（6 月 1 日）下午，专机飞抵新疆和田机场。在这里，飞机需要保养，出访代表团需要休息，而周恩来本人，却有安排不完的工作。

到达和田以后，周恩来出席了和田专区干部大会。他风趣地对辛勤工作在祖国西北边陲的干部们说："我今天过路从和田到国外去，新疆第一次来。既来了就要'上税'，同大家见面，讲几句话……"他称赞"新疆是个好地方"，"这几年工作有很大成绩"。还要求新疆的干部、群众进一步做巩固的工作，保证祖国边疆的安全。

再往西，就要飞出国了，代表团成员和机组的同志们在和田安安稳稳地枕着

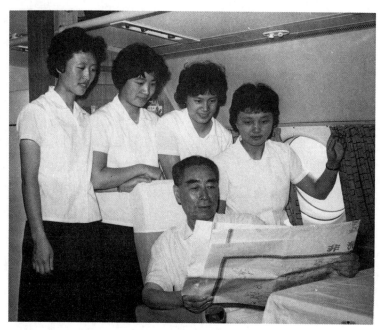

1965 年，周恩来总理在飞机上与乘务员合影

国土睡了一觉。

6月2日一大早，天公好像知道中国总理要从帕米尔高原经过似的，特意放晴。专机迎着朝阳飞向蓝天，飞向南亚。当飞机升到最高点时，俯首望去，脚下就是天险喀喇昆仑山，皑皑白雪，千仞冰峰，万里碧空。正在这时，从帕米尔高原的崇山峻岭中，发来清晰的导航信号。周恩来知道，这是中国人民解放军空军驻帕米尔高原红其拉甫山口导航站的官兵们发来的。周恩来脸上露出了满意的微笑，立即嘱咐机长张瑞霭，给导航站的全体指战员发一封嘉勉电："你们在高山辛勤工作，不畏艰险，克服了重重困难，望你们继续努力。"

国家总理发来的这封 27 个字的电报，对长年驻守在祖国最西端、海拔最高处的导航站的 18 位指战员来说，无疑是巨大的安慰和鼓励。今天，随着飞机设备的日益先进，自身导航技术的高度发展，再也无须像红其拉甫这样的地面导航站导航。但是，对中国民航专机首次国际远航来说，红其拉甫导航站发挥了重要的作用。

专机顺利地跨越喀喇昆仑山，在朝阳的照耀下冲出了国门。周恩来为了活跃气氛，减轻机组人员的心理压力，起了个头，领着全机人员引吭高歌《红梅赞》："红岩上红梅开，千里冰霜脚下踩。三九严寒何所惧，一片丹心向阳开……"一时间，穹宇中回荡着中国代表团和机组人员的歌声。再往西南飞，不久便可抵达巴基斯坦临时首都拉瓦尔品第。

上午8时，专机准时飞抵拉瓦尔品第机场。机组人员长长地舒了一口气，总算完成了南亚第一站的飞行任务。当周恩来走出机舱时，数以万计的拉瓦尔品第市民在巴基斯坦总统阿尤布·汗的率领下，在机场迎接中国贵宾。随同阿尤布·汗总统前来欢迎的还有巴基斯坦国民议会议长、西巴基斯坦省督、东巴基斯坦省督、外交部部长、中央内阁各部部长和省政府各部部长，以及国民议会议员和当地的知名人士。这样的欢迎阵式，对经常出访的周恩来和中国代表团成员来说，已是司空见惯；但对于年轻的中国民航专机机组来说，却是第一次在停机坪上有五星红旗和"中国民航"几个字，它们显得格外的耀眼。一种荣耀感，在机组人员心中油然而生。

在机场，周恩来发表了书面谈话，感谢阿尤布·汗总统、巴基斯坦政府及人民的热情接待。他说："近年来，我们两国人民的友谊有了显著的发展，我们两国的合作是富有成果的。加强我们两国的友谊和合作，是符合我们两国人民的愿望的，是当前国际局势中的一个积极因素……"

的确，中巴友谊日益加深。仅周恩来与阿尤布·汗两人的会面，在上半年这已是第三次。第一次是阿尤布·汗总统3月份到中国访问，周恩来专程陪他游览长城，访问杭州、上海等地。第二次是4月2日周恩来访问卡拉奇，托阿尤布·汗在访问美国时给霸道的美国政府转告四句话：（一）中国不主动挑起对美国的战争；（二）中国人说话是算数的；（三）中国已经做了准备；（四）如果美国狂人滥施轰炸，中国决不会坐以待毙，他们从天上来，我们就要从地上行动，轰炸就是战争，战争就不可能有界限。

6月3日上午，周恩来等人在巴基斯坦外交部部长布托和首都建设局局长法鲁基的陪同下，参观了正在兴建的巴基斯坦新首都伊斯兰堡。这里距拉瓦尔品第11公里，1964年2月21日周恩来在访问巴基斯坦期间曾来参观过，那次也是布托外长陪同。周恩来在乘车观光中发现，这座新首都的建设，比上次来时已有较大的进展。他兴致勃勃地在这里种下了一棵象征中巴友谊的树，还在一个留言簿上写道："中巴友谊万岁。"一旁的布托外长很受感动，因为这种友谊既建立在两国人民之间，也建立在两国领导人的心中。

当日下午，周恩来在布托外长陪同下，再次登上中国民航专机，飞往巴基斯坦最大的城市卡拉奇。中国客人将从这里出境，前往坦桑尼亚访问。

中国民航的专机是在拉瓦尔品第机场上乐队奏响的乐曲声和群众的欢呼声中离开的。机上的服务员注意到，周总理在飞机飞离机场跑道后，还从机舱的窗口向下招手致意，但机场上数千名群众和阿尤布·汗总统的身影，已经模糊不清了。机上的人感佩周恩来总理谦逊的作风和周到的礼仪。

专机服务员准时为周总理端上茶水，可周恩来却把手一摆，微笑着示意服务员先给机上的女同志和其他代表团成员上茶。机组人员早就听年长的服务员讲过，在周总理专机上服务，遵循的是先宾后主、先女后男的原则，总理从来没有领导人和大男子主义的架子，更没有大国沙文主义的架子。每次只要有外宾同机，周恩来都是让服务员先照顾外宾。他还经常把机组服务员介绍给同机的外国领导人，让大家感受到平等、和睦。只要有空隙，他便与服务员们拉家常，对机上人员的工作、生活、家庭情况，他都很了解。

不久，专机安全地在卡拉奇机场着陆。卡拉奇南濒阿拉伯海，1947 年至 1959 年十几年间，曾为巴基斯坦首都，它不仅是巴基斯坦第一大城市，而且是最大的港口城市。同时，卡拉奇机场也是国际上最大的航空港之一。在这样的机场起降，无论是飞行规程还是技术要求，都能反映出一个国家飞行水平的高低。中国民航专机人员以精益求精的态度和必胜的信心，稳稳当当地把周恩来总理的专机安全降落在跑道上。陪同前来的布托外长露出赞赏的笑容。在卡拉奇机场，周恩来只作了短暂停留。他把布托外长送下飞机，感谢他专程陪同前来。在机场上，周恩来还与前来迎接的卡拉奇区专员以及军、政、议会等各界知名人士见了面，接受了他们所献的花环。

由卡拉奇去坦桑尼亚，应沿西南方向在印度洋上空飞行。但考虑到伊尔 -18 型飞机必须在中途加油以及航线等原因，专机先向西北方向飞去。晚 7 点多钟，天色黄昏，专机到达伊拉克首都巴格达上空。巴格达机场打开了灯光，专机也打开灯光准备降落。在机场上等待的，有伊拉克总理塔赫尔·叶海亚和外交部长纳吉·塔列布等人。就在飞机对准跑道放下起落架时，巴格达机场不知何故突然灯光熄灭，顿时一片昏暗，地面的景物变得模糊不清。领队机长张瑞霭和另外两位机长刘崇福、徐柏龄感到事情紧急，有些紧张。张瑞霭马上向周总理汇报了情况。是降下去，还是拉起来？降下去万一出问题怎么办？拉起来以后又该怎么办？周恩来镇静地安慰张瑞霭等人："我相信你们有处置能力，会找到办法的。"机组进行了瞬间商量后，果断地决定降落。好在专机事先试航到过这里，机长们对该机场的地标记得比较清楚。在张瑞霭的指挥下，机长刘崇福和徐柏龄高度注视着昏暗中的机场跑道，抓住地标，靠平时的经验和过硬的技术，将飞机稳稳地降落在跑道上。

当五星红旗随着专机的安全降落出现在伊拉克总理叶海亚等人眼前时，伊方人员对中国民航的精彩着陆报以热烈的掌声。

当飞机停稳时，周恩来抬腕一看手表，正好晚上 7 点 40 分。他走下专机，与叶海亚总理等伊拉克官员热情地握手。专机马上开始加油，等待再次起飞。周恩来则坐上了叶海亚的专车，前往总统府拜会伊拉克总统阿卜杜勒·阿里夫。

在车上，周恩来兴致勃勃地与叶海亚等人谈起了他们脚下这块土地，这块曾经也是世界文化摇篮之一的美索不达米亚平原。底格里斯河与幼发拉底河一起孕育了这里灿烂的文化和勤劳的人民。周恩来告诉叶海亚："我在小时候念世界历史时，就念到过两河流域的文化。"见到阿里夫总统后，他除了谈一些国际问题外，又提起了对两河流域的文化的深刻印象："我从小就在教科书上读到过两河流域的文化和尼罗河流域的文化。"半个世纪前，周恩来在中国东北的沈阳东关模范学校读小学和在天津南开学校读中学时，就对历史有浓厚的兴趣。他在读中国历史和世界历史时，不仅知道了中国的悠久历史和古老、灿烂的文化，而且深深地记住了在遥远的西亚还有一个古老的两河流域文化，东北部非洲还有一个古老的尼罗河流域文化。半个世纪后，周恩来终于踏上了这块土地。他向伊拉克领导人表示："我很荣幸，第一次来到西亚古老文化的首都。"

从巴格达向西，专机飞往尼罗河流域的阿联（今埃及）首都开罗。在开罗机场，周恩来受到了阿联总理阿里·萨布里的迎送。从开罗一直往南，便是茫茫的非洲沙漠，气候更是复杂多变。专机在沙漠上空飞行，需要极高的技术和丰富的经验，稍不留神就容易出危险，更何况是夜间飞行。周恩来沉着冷静地对机组人员说："一定要飞过去，要有信心。不管遇到什么情况，我都不怕。我很信任你们，你们都是很有经验的。"总理沉着冷静、泰然自若的态度，给机组人员无穷的力量，增强了大家战胜困难的信心。沿途，专机还在苏丹首都喀土穆作短暂停留，受到苏丹总理哈利法的迎送。专机每飞经一个国家的上空，周恩来都要致电这些国家的领导人，表示诚挚的问候，并向这些国家的人民致以最美好的祝愿。对专机作过停留的国家，周恩来还致电该国领导人表示衷心的感谢。这些国家，虽然周恩来这次没有正式访问，但是，通过专机的过境，仍把中国和它们之间的友好关系进一步连接起来。

友好的坦桑尼亚人说："尊敬的兄弟周恩来，这里是你的家。"

专机经过一昼夜的飞行，6月4日，终于抵达坦桑尼亚首都达累斯萨拉姆。在斯瓦希里语中，"达累斯萨拉姆"意为"平安之港"。它是坦桑尼亚最大的城市和港口。当周恩来、章汉夫、罗青长等人赶走旅途的疲倦，精神抖擞地走下舷梯时，坦桑尼亚总统尼雷尔、第一副总统卡鲁姆，第二副总统卡瓦瓦以及外长坎博纳等人，早已等候在机场上，宾主双方热烈拥抱，好像久别的亲朋。早在1963年底1964年初周恩来和陈毅出访非洲时，就曾打算找机会到东非国家访问，但未能如愿。这次，是中国领导人第一次进入东非国家，许多感受都是新鲜的。

坦桑尼亚人民对中国领导人的来访，表示了极大的热情。机场披上了节日的盛装，雷鸣般的欢呼声、鼓声和掌声响彻云霄。尼雷尔除了带来他的各部部长们、元老们及其夫人以外，还安排了许多民间舞蹈家、歌唱家、演奏家，在机场上尽情地歌舞、欢乐。他以国家元首的礼仪，给周恩来鸣礼炮21响。

周恩来在机场上发表了书面讲话，说："在我们两国人民中间，早就存在着深厚的、战斗的友谊。我们两国相继取得独立以后，两国的友好合作关系又获得了令人鼓舞的发展。"他称赞："英勇的坦桑尼亚人民，在反对殖民主义、争取民族独立的斗争中，创造过光辉的业绩。勤劳的坦桑尼亚人民，在赢得独立以后，又在建设国家的事业中，取得了显著的成就。"

讲完话，周恩来在尼雷尔总统的陪同下，乘敞篷车从机场沿着长达十英里的大道驶向"国家大厦"。在通往市内的道路上，到处悬挂着两国国旗和横幅，横幅上用斯瓦希里文和中文亲切地写着："欢迎我们尊敬的兄弟周恩来，这里是你的家"，"你来坦桑尼亚访问将加强我们的友谊"，"中国和坦桑尼亚人民互相帮助"，等等。热情友好的坦桑尼亚人民在宽阔的马路上做了一些彩牌楼，把周恩来的画像挂到了牌楼的顶上以及商店、住宅楼的墙上和树干上。达累斯萨拉姆

1965 年 6 月，周恩来访问坦桑尼亚时，接受非洲民族联盟
元老赠送民族服装。右一为尼雷尔总统

城的十多万居民倾城出来欢迎。更感人的是，有许多人是前一天从较远的城镇和
乡村乘火车、公共汽车或骑自行车特地赶来欢迎中国贵宾的。有些人还专门跑到
机场去观看中国民航 208 号专机。中国人的友情和周恩来的魅力，已深深地打动
了坦桑尼亚人民。

　　到了晚上，虽然专机安静地停在机场上，可是坦桑尼亚首都却是一派热闹的
节日气氛。各主要街道上的许多建筑和牌楼都用五彩电灯装饰起来。周恩来将在
这里访问五天，机组人员可以比较从容地欣赏非洲的夜景。

　　尼雷尔总统为周恩来举行了盛大的国宴，专机机组人员也应邀出席。进入宴
会厅的大门，只见贵宾席上方悬挂着周恩来总理的巨幅画像，到处都体现出坦桑
尼亚人民对中国客人的尊重。"我们走在大路上，意气风发斗志昂……"宴会就
在这首《我们走在大路上》的中国名曲中开始，中国民航专机组的成员们感到格

外的亲切。我们走在大路上，道路是宽广的；我们飞在蓝天上，天空是广阔的。机组人员还记得，当他们没有飞出国门时，国际上就有人嘲笑中国民航"飞不出去"。当他们勇敢地飞出来时，有人预言"飞不出来也飞不回去"。周恩来说的一句话，给了他们莫大的鼓励："让他们笑话去吧，我们一定要飞出去，并且还要顺利地飞回来。"《我们走在大路上》这首歌，正好表达了专机机组人员翱翔蓝天的自信、自豪的精神。

从6月4日至7日，周恩来与尼雷尔总统共举行了五次正式会谈。对空中、海上和陆地的交通问题，两国领导人都表示了极大的兴趣。两国的空中航线，已经建立起来了，尼雷尔由达累斯萨拉姆乘专机去过北京；这次周恩来首次率中国民航专机远航，选择了东非的坦桑尼亚。这是个良好的开端。周恩来认为要进一步发展这种往来，以增进双方的了解，他表示："我希望大多数还没有去过中国的坦桑尼亚部长都能去访问。"他还风趣地说："中国有句俗话说，'百闻不如一见'。"空中航行解决了，周恩来又关心起海上航行问题，他希望中国和坦桑尼亚海运公司很快建立起来，并充满信心地说："大海航行必须先试行。我们都是独立国家，有权在公海上航行，我们的国旗必须受到承认和尊重。"尼雷尔钦佩周恩来高瞻远瞩的政治家眼光，同意他的意见。他们又谈起了铁路问题，周恩来再次表明了中国援建坦赞铁路的决心和实施方案。他说："我们将在八九月间先派综合考察组来，做初步勘察，除考察铁路干线外，还要勘察沿线的煤矿、铁矿、水文等情况，因为采矿需要大量水。同时，修铁路如不照顾到水文，即使修成了为了储水也要改造。"中国的援助是无私的，中国领导人早就明确过：坦赞铁路建成后，主权是属于坦桑尼亚和赞比亚的；我们还要教会你们技术。这些承诺，令尼雷尔甚为感动。

坦桑尼亚共和国，是1964年4月由坦噶尼喀和桑给巴尔联合组成的。组建一年来，一直与中国保持着友好的关系。中国客人在这里，到处都有"家"的感觉。6月6日，周恩来一行乘专机从达累斯萨拉姆起飞，越过桑给巴尔海峡，到桑给巴尔访问。飞机停稳后，坦桑尼亚第一副总统卡鲁姆早已迎候在专机旁。周恩来在美丽的桑给巴尔岛进行了为期一天的访问，下午，又乘专机返回达累斯萨拉姆。6月7日，尼雷尔总统亲自陪同周恩来访问了坦噶尼喀非洲民族联盟总部。在这里，热情好客的非洲联盟元老特地为周恩来挑选了一件红、蓝花相间，配有和平鸽图案的民族服装，在尼雷尔总统的协助下，穿在周恩来身上。这件服装，左边披在肩上，右边让手臂露出，下边一直到膝盖以下，色彩艳丽，与周恩来庄重的中山装相配，相得益彰。周围的人兴奋地拍手叫好，笑得合不拢嘴。从非洲民族联盟总部出来，周恩来一行又到达累斯萨拉姆大学学院和国家博物馆等地参观，他与学校师生们一起挽起袖子，参加劳动，愉快交谈，主人和客人、黑皮肤和黄皮肤，融为了一体。

6月8日上午，周恩来和尼雷尔在坦桑尼亚国家大厦签署了中坦联合公报以后，圆满地结束了对这一东非友好国家的访问。他对尼雷尔说："我每次访问友好国家，深厚的友情，给我留下了深刻的印象，我更感到我们的担子加重了。但我决不后悔，而是高兴地带回了这些担子。今后我们要负担更重的国际义务，这是不容推卸的。负担加重对我们是一种鼓舞和推动。"周恩来的真诚，深深地打动了尼雷尔。当周恩来和其他中国客人将要登机回国时，尼雷尔又一次率第一、第二副总统，国民议会议长以及各方面的负责人到机场送行。更令人感动的是，尼雷尔把他的老母亲和夫人也带到机场来欢送中国客人，直到专机飞远了，他们才离开机场回家。

"路是人走出来的，这次不是走得很好吗"

208号专机沿正北方向又一次开始了远距离飞行。按原计划，专机回程时将在坦桑尼亚的北部邻国肯尼亚的首都内罗毕机场加油。肯尼亚共和国自1963年12月12日宣布独立后，第三天便与中国建立了外交关系。周恩来原以为专机在内罗毕机场降落、加油不成问题，没想到在坦桑尼亚期间多次与肯尼亚有关方面交涉此事，却遭拒绝。周恩来只好决定改在更北一点的国家埃塞俄比亚的首都亚的斯亚贝巴机场加油。虽然埃塞俄比亚迫于美国的压力尚未与中国建交，但1964年初周恩来访问非洲时，埃方曾邀请他访问过，中埃两国领导人之间有一定的了解。

6月8日下午，周恩来乘坐的专机飞抵亚的斯亚贝巴机场，这是中国民航专机首次降落埃塞俄比亚首都。上次周恩来访埃时，是乘坐租来的荷兰航空公司的专机进入埃领空的，且只在埃北部城市阿斯马拉降落和起飞。虽然这次来到埃塞俄比亚首都，与上次相比有着不同的意义和特殊的感情，但专机只能作短暂停留，回国的路还很遥远。在亚的斯亚贝巴机场，中国客人受到埃塞俄比亚外交国务大臣伊弗鲁的迎送。专机在加油的时候，周恩来与伊弗鲁在机场进行了亲切的谈话，一方面感谢埃方给予方便，另一方面共叙旧情。

专机加满油，继续北飞，很快进入苏丹领空。正飞着，飞机突然强烈颠簸起来，机舱内一下子失去了平衡，大家不知道是怎么回事，心情既紧张又沉重，不约而同地向周恩来望去，为总理的安全担忧。

只见周恩来泰然自若，微笑着对大家说："没关系，这类事情我遇得多了。我相信你们。大家都系好安全带。"机组的人镇静下来，判断这是赤道负荷线上的气流急剧变化所致。幸而专机飞行员们有这样的飞行知识和娴熟的驾驶技术，终于闯过了强气流，脱离了险境。人们轻轻地舒了一口气，更加钦佩周恩来的胆识。

周恩来在中国领导人中是坐飞机最多的一位，屡次遇险，但他都以超人的胆量、丰富的智慧、充分的信心鼓励同机的人员一道克服困难，化险为夷。

他曾跟机长张瑞霭半开玩笑地说：抗战期间，我经常坐老式的美国飞机奔走于重庆、西安、延安之间，有时半个身子都露在外面呢。张瑞霭也曾与周恩来开玩笑说："总理，你是不是崇拜飞机——怎么那么爱坐飞机呀？"周恩来笑着回答："飞机好啊！它快嘛。坐飞机能节省时间，办事效率高嘛。"可见，为了提高工作效率，多为人民办事，周恩来已把危险置之度外。

专机战胜险情后，于当晚 10 点飞抵开罗机场，又一次来到尼罗河畔作短暂的停留。周恩来在候机室同前来迎送的阿联副总理里法特进行了友好的谈话。顾不得欣赏尼罗河畔的夜景，不久就又出发了。几个小时后，专机于凌晨飞抵叙利亚首都大马士革，在这里将作 3 个小时停留。1 点 14 分，周恩来前往总统府拜会叙利亚总统会议主席哈菲兹，受到了热情的接待。哈菲兹感到很高兴，虽然中国总理是过境性停留，但周恩来很尊重他，待人热情、友好、平等，富有感染力。

在回国途中，专机再一次降落卡拉奇机场。这是专机此次远行的最后一站，也是在国外机场的第 12 次降落。到此为止，专机从达累斯萨拉姆回程飞行已持续了二十几个小时。在卡拉奇，周总理看望了中国大使馆工作人员，并接见了前来拜访的巴基斯坦外交部秘书阿齐兹·艾哈迈德等人。几个小时后，周恩来又登上了 208 号专机。

从卡拉奇机场北飞，下一站就是祖国的领土了。随行人员轮番去劝周恩来在回国前还是先睡一会儿。在大家的劝说下，周恩来终于同意了。飞行员特意把下滑率调得最小，设法让总理多睡一会儿。可是过了不到两个小时，周恩来又起来投入了紧张的工作。飞机就要进入祖国领空，他睡不着。当天下午，专机终于飞抵祖国西北某地 14 号机场。在返回北京前，周恩来和随行人员在这里休整了一个晚上，这一觉，可以说是出国以来睡得最美的一觉。

6 月 10 日早晨，208 号专机载着周恩来、章汉夫、罗青长、柯华等人，划破西北某地上空的宁静，飞向北京。这时，一轮红日从东方升起，把整个机舱映得辉煌灿烂，下面的雪山也在万丈光芒下展示出壮丽的景色。周恩来激动地提议合唱《东方红》，大家簇拥在他身边纵情放歌："东方红，太阳升，中国出了个毛泽东……"云霄里，九天外，回荡着这愉快的歌声，溢满了成功的喜悦。

中午，中国民航 208 号专机圆满地完成了运送周恩来总理远航出访的光荣任务，飞临北京机场上空。从机舱里往下看，已经可以看到北京那熟悉的景物了，还有朱德、邓小平、彭真、贺龙、陈毅、李先念等党和国家领导人正等候在机场上。这次航程 44361 公里、时间 80 多小时的远程飞行即将结束，大家心里有说不出来的高兴。这次成功，在中国民航史上写下了光辉的一页，它结束了我国领导人出访时租用外国专机的历史。周恩来对处在兴奋状态中的专机机组人员说："你们这次组织得很好。准备得很充分，任务完成得很好。民航第一次飞非洲，路是人走出来的，这次不是走得很好吗？你们不仅飞得很好，服务也很好，你们辛苦了，谢谢你们。你们回去好好休息几天，过几天我们还要出去。"他还交代："回去以后要与那些没有参加这次飞行的同志们交流经验，介绍情况，提高水平。"这些赞誉、鼓励、感谢、体谅、关心的话语，深深地打动了中国民航的机组人员。他们暗下决心，尽快作好准备，8 天以后再次送周恩来、陈毅等人去开罗，让中国的雄鹰，从此翱翔在世界的每一片蓝天上。

附　注

意气风发　高歌奋进（1949—1958）

1. 出任"内阁总理"（摘自杨宗丽等著《周恩来二十六年总理风云》）

2. 抗美援朝临危受命（摘自力平《开国总理周恩来》、童小鹏《风雨四十年》等）

3. 建设一支现代化、正规化的国防军（凌云文）

4. 治理水患除害兴利（摘自马永顺《周恩来组建与管理政府实录》、力平《开国总理周恩来》）

5. 坐镇中南海打"老虎"（摘自尹家民《毛泽东、周恩来中南海打"老虎"》）

6. 新中国航空事业的奠基人（摘自段子俊《新中国航空工业的主要奠基人》）

7. 精心绘制第一幅建设蓝图（摘自熊华源文、杨宗丽等著《周恩来二十六年总理风云》）

8. 提出四个现代化（摘自力平《开国总理周恩来》）

9. 开启知识分子的春天（摘自熊华源《周恩来与知识分子问题会议》、杨宗丽等著《周恩来二十六年总理风云》）

10. 在冒进和反冒进中（熊华源文）

11. 苦闷的 1958 年（摘自熊华源文《周恩来在苦闷的一九五八》、杨宗丽等著《周恩来二十六年总理风云》）

12. 对北京人民艺术剧院的厚爱和关怀（陈扬勇文）

13. 为了新中国体育事业的腾飞（陈扬勇文）

14. 为祖国统一探路（摘自廖心文《周恩来与和平解决台湾问题的方针》）

15. 心系香港（摘自廖心文《周恩来与香港》、徐彬《97 香港回归风云》）

16. 组建外交部（摘自王俊彦、南山文）

17. 首次出访苏联（熊华源文）

18. 叱咤风云日内瓦（熊华源文）

19. 求同存异万隆城（摘自熊华源《周恩来与万隆会议》）

20. 外交大师与反共头子的较量（摘自赵兴燕《失之交臂，马戟言语相较量》、王炳南《中美会议九年回顾》）

曲折行进　再创辉煌（1958—1965）

21. 从"大跃进"到庐山会议（摘自童小鹏《风雨四十年》）

22. 勤政爱民重民生（陈扬勇文）

23. 特赦战犯促"月圆"（摘自王庆祥、廖心文等文）

24. 从化读书（杨明伟文）

25. 邯郸调查（杨明伟文）

26. 新侨会议上的争论（杨明伟文）

27. 经济调整东北行（杨明伟文）

28. 接到班禅"七万言书"的前前后后（杨明伟文）

29. 处理"跃进号"事件（杨明伟文）

30. 与戴高乐密使富尔商谈中法建交（陈扬勇文）

31. 首访非洲十国（杨明伟文）

32. 原子能事业的主帅（杨明伟文）

33. 同东方歌舞团的未了情（陈扬勇文）

34. 音乐舞蹈史诗《东方红》的总导演（陈扬勇文）

35. 最后一次访问苏联（杨明伟文）

36. 带领中国民航专机首次国际远航（杨明伟文）